Wahlen und politische Einstellungen

Reihe herausgegeben von

Kathrin Ackermann, Institut für Politische Wissenschaft, Universität Heidelberg, Heidelberg, Deutschland

Evelyn Bytzek, Abteilung Politikwissenschaft, Universität Koblenz-Landau, Landau, Deutschland

Martin Elff, Lehrstuhl für Politische Soziologie, Zeppelin Universität, Friedrichshafen, Deutschland

Heiko Giebler, Wissenschaftszentrum Berlin, Berlin, Deutschland

Markus Steinbrecher, Zentrum für Militärgeschichte und Sozialwissenschaften der Bundeswehr, Potsdam, Deutschland

Wahlen sind ein zentrales Element aller Demokratien. Daher hat die Untersuchung des Wahlverhaltens der Bürgerinnen und Bürger und seiner Erklärungsfaktoren eine lange Tradition in der politikwissenschaftlichen Forschung, insbesondere in ihrem quantitativ-empirischen Zweig. Die Buchreihe „Wahlen und politische Einstellungen", die vom Arbeitskreis „Wahlen und politische Einstellungen" der DVPW herausgegeben wird, bietet ein Publikationsforum für die deutsche und internationale Wahl- und Einstellungsforschung, in dem unterschiedliche Richtungen gebündelt und aktuelle Forschungsergebnisse vorgestellt werden. Die Reihe steht sowohl „klassischen" als auch interdisziplinären, vergleichenden sowie methodisch innovativen Arbeiten offen, um die Wahl- und Einstellungsforschung in ihrer gesamten Breite zu erfassen. Thematisch deckt die Reihe klassische Fragen der Politischen Soziologie bzw. der Wahlsoziologie, der Politischen Kommunikationsforschung, der Politischen Psychologie sowie der Politischen Ökonomie ab.

L. Constantin Wurthmann

Wertorientierungen und Wahlverhalten

Effekte gesellschaftlicher
Wertorientierungen bei den
Bundestagswahlen 2009–2017

Springer VS

L. Constantin Wurthmann [iD]
GESIS – Leibniz-Institut für
Sozialwissenschaften
Mannheim, Deutschland

Dissertation Heinrich-Heine-Universität Düsseldorf, 2022
D61

ISSN 2945-9591   ISSN 2945-9605   (electronic)
Wahlen und politische Einstellungen
ISBN 978-3-658-38455-5   ISBN 978-3-658-38456-2   (eBook)
https://doi.org/10.1007/978-3-658-38456-2

Die Deutsche Nationalbibliothek verzeichnet diese Publikation in der Deutschen Nationalbibliografie; detaillierte bibliografische Daten sind im Internet über http://dnb.d-nb.de abrufbar.

© Der/die Herausgeber bzw. der/die Autor(en) 2022. Dieses Buch ist eine Open-Access-Publikation.
Open Access Dieses Buch wird unter der Creative Commons Namensnennung 4.0 International Lizenz (http://creativecommons.org/licenses/by/4.0/deed.de) veröffentlicht, welche die Nutzung, Vervielfältigung, Bearbeitung, Verbreitung und Wiedergabe in jeglichem Medium und Format erlaubt, sofern Sie den/die ursprünglichen Autor(en) und die Quelle ordnungsgemäß nennen, einen Link zur Creative Commons Lizenz beifügen und angeben, ob Änderungen vorgenommen wurden.
Die in diesem Buch enthaltenen Bilder und sonstiges Drittmaterial unterliegen ebenfalls der genannten Creative Commons Lizenz, sofern sich aus der Abbildungslegende nichts anderes ergibt. Sofern das betreffende Material nicht unter der genannten Creative Commons Lizenz steht und die betreffende Handlung nicht nach gesetzlichen Vorschriften erlaubt ist, ist für die oben aufgeführten Weiterverwendungen des Materials die Einwilligung des jeweiligen Rechteinhabers einzuholen.
Die Wiedergabe von allgemein beschreibenden Bezeichnungen, Marken, Unternehmensnamen etc. in diesem Werk bedeutet nicht, dass diese frei durch jedermann benutzt werden dürfen. Die Berechtigung zur Benutzung unterliegt, auch ohne gesonderten Hinweis hierzu, den Regeln des Markenrechts. Die Rechte des jeweiligen Zeicheninhabers sind zu beachten.
Der Verlag, die Autoren und die Herausgeber gehen davon aus, dass die Angaben und Informationen in diesem Werk zum Zeitpunkt der Veröffentlichung vollständig und korrekt sind. Weder der Verlag, noch die Autoren oder die Herausgeber übernehmen, ausdrücklich oder implizit, Gewähr für den Inhalt des Werkes, etwaige Fehler oder Äußerungen. Der Verlag bleibt im Hinblick auf geografische Zuordnungen und Gebietsbezeichnungen in veröffentlichten Karten und Institutionsadressen neutral.

Planung/Lektorat: Stefanie Eggert
Springer VS ist ein Imprint der eingetragenen Gesellschaft Springer Fachmedien Wiesbaden GmbH und ist ein Teil von Springer Nature.
Die Anschrift der Gesellschaft ist: Abraham-Lincoln-Str. 46, 65189 Wiesbaden, Germany

*Gewidmet denen,
die Familie sind.*

Danksagung

Schreiben muss man eine Doktorarbeit letztendlich alleine, doch wird man auf dem Weg dorthin und auch während des Schreibprozesses von vielen Menschen begleitet. Da der Großteil dieser Arbeit in genau den Monaten verfasst wurde, in denen unsere Welt von den ersten Wellen der Corona-Pandemie heimgesucht wurde, gestaltete sich das herausfordernder als es eigentlich wünschenswert gewesen wäre. Umso mehr möchte ich diese Zeilen nutzen, um meinen Dank auszusprechen.

An erster Stelle möchte ich meinem Doktorvater, Herrn Prof. Stefan Marschall, dafür danken, dass er mich in meinem Vorhaben stets konstruktiv, kritisch-wohlwollend und unterstützend begleitet hat. Ich habe im Rahmen meiner Tätigkeit an seinem Lehrstuhl viele Freiheiten zur Entfaltung meiner wissenschaftlichen Arbeit genossen, die ich nie als selbstverständlich betrachtet habe. Nicht weniger danken möchte ich meiner Zweitbetreuerin, Frau Prof. Susanne Pickel, die mich seit bereits seit vielen Jahren auf diesem Weg begleitet hat. Entsprechend viel habe ich durch sie lernen können, wofür ich ihr unendlich dankbar bin. Unsere fachlichen Diskussionen waren eine enorme Bereicherung; umso mehr aber auch die persönlichen Gespräche, die wir führen konnten.

Für ihren kollegialen Rat sowie ihre Freundschaft möchte ich insbesondere Marco Lünich, Inga Brentel, Hayfat Hamidou-Schmidt, Sabrina Proschmann und Vasilis Manavopoulos danken. Ihr seid allesamt großartige Menschen und ich hoffe, dass wir unser ganzes Leben in Kontakt bleiben.

Katharina Gerl danke ich für motivierende Stimmungsaufheller, wenn manches nicht lief, wie ich es mir erhoffte. Maike Billen für ihren unvergleichbaren Humor und dafür, dass ich mich immer auf sie verlassen konnte. Britta Trost danke ich, weil ich mit ihr wahnsinnig viele Momente verbinde, in denen wir gemeinsam gelacht haben.

Daniel Wechsler hat mir so manches Mal geholfen, wenn eine Graphik nicht aussehen wollte, wie ich es gerne hätte. Jonas Bongartz hat lange Abende im Büro mit mir kultiviert und war daher in jenem Moment dabei, in welchem der – zumindest vorerst – letzte Punkt dieser Arbeit das Licht der Welt erblickte. Janine Baleis hat mich fortlaufend daran erinnert, dass man sich immer wieder der eigenen Stärken besinnen sollte und war eine wunderbare Schreibtischnachbarin. Miriam Detlefs hat mich immer wieder an die frische Luft entführt, wenn sie den Eindruck hatte, dass Fenster auf Kipp nicht ausreicht, um noch adäquate Sätze zu formulieren. Mira Warné hat, wenn auch nicht immer erfolgreich, den Versuch unternommen, mir komplizierte Satzkonstruktionen abzugewöhnen. Ich gelobe Besserung! Miriam Skroblies hat mühsam jede Seite dieser Arbeit Korrektur gelesen und ist auch allgemein eine der besten Freundinnen, die man sich wünschen kann. Daniel Hagemann wiederum ist nicht nur einer der feinsten Menschen, die ich in meinem bisherigen Leben kennenlernen durfte. Er hat sich darüber hinaus mehrere Tage mit mir eingeschlossen, um Fehler in Grammatik, Rechtschreibung und Satzbau zu finden. Ich fürchte, dass alles, was man jetzt noch an Fehlern finden könnte, einzig und alleine auf meine Kappe geht.

Besonderer Dank gilt der Heinrich-Heine-Universität Düsseldorf, welche die Publikation dieses Buches finanziell großzügig unterstützt hat. Meine Tätigkeit vor Ort – als Dozent und Wissenschaftler – war mir eine große Freude.

Meinem Bruder und meiner Schwägerin danke ich für viele schöne und wichtige Momente, die wir in dieser Zeit gemeinsam erleben durften – und dafür, dass sie mich zu einem sehr stolzen und glücklichen Onkel machen. Ohne die Unterstützung, Liebe und Aufmerksamkeit meiner Eltern, die mir so vieles ermöglicht haben, wäre ich heute nicht der Mensch, der ich letztendlich geworden bin und sicherlich nicht an dem Punkt meines Lebens, an dem ich heute stehe. Adrian danke ich für seine bedingungslose Liebe und Unterstützung, die ich immer wieder erfahren darf. Besonders in den Monaten vor der Abgabe und der anschließenden Verteidigung dieser Arbeit hast Du mir genau die Unterstützung zuteilwerden lassen, die ich brauchte.

Widmen möchte ich dieses Buch all denen, die Familie sind. Ich danke Euch allen von Herzen.

Mannheim L. Constantin Wurthmann
im Juli 2022

Inhaltsverzeichnis

1 Warum der Blick auf gesellschaftliche Wertorientierungen für
   die Wahlforschung lohnenswert erscheint – eine Einleitung 1

2 Determinanten des Wahlverhaltens: Von Cleavages zu
   gesellschaftlichen Wertorientierungen 17
   2.1 Der Cleavage-Ansatz und die historischen Wurzeln des
        bundesdeutschen Parteiensystems 18
   2.2 Cleavages und Wahlverhalten 35
   2.3 Werte und Wertewandel 47
        2.3.1 Werte, Wertorientierungen und Einstellungen 48
        2.3.2 Wertewandel 54
        2.3.3 Die Entstehung der Grünen als Produkt des
              Wertewandels 64
        2.3.4 Das Michigan-Modell und die Wahlentscheidung 79
   2.4 Gesellschaftliche Wertorientierungen 86
        2.4.1 Gesellschaftliche Wertorientierungen: Eine
              analytische Annäherung 92
        2.4.2 Links-Rechts-Materialismus 101
        2.4.3 Religiös-Säkular 113
        2.4.4 Postmaterialismus-Materialismus 123
        2.4.5 Kosmopolitismus-Nationalismus 131
              2.4.5.1 GAL-TAN, libertär-autoritär oder
                       Integration-Abgrenzung – viele Ansätze,
                       ein Ziel? 137
              2.4.5.2 Kosmopolitismus – Kommunitarismus –
                       Nationalismus 143

3 Forschungsdesign ... 159
3.1 Fallauswahl ... 160
3.2 Daten ... 168
3.2.1 Messung von Wertorientierungen ... 169
3.2.2 Datengrundlage ... 174
3.3 Operationalisierung ... 182
3.3.1 Abhängige Variablen: Wahlverhalten ... 183
3.3.2 Unabhängige Variablen: Gesellschaftliche Wertorientierungen ... 184
3.3.3 Kontrollvariablen: Soziodemographie ... 191
3.3.4 Ergänzende unabhängige Variablen/Mediatorvariablen: Michigan-Modell ... 194
3.4 Alternative Datenquellen ... 197
3.5 Analytische und methodische Vorgehensweise ... 204

4 Empirische Analyse gesellschaftlicher Wertorientierungen in der Bundesrepublik Deutschland von 2009 bis 2017 ... 217
4.1 Gesellschaftliche Wertorientierungen im Zeitverlauf ... 219
4.1.1 Wähler, Nichtwähler und Wahlverhalten ... 220
4.1.2 Gesellschaftliche Wertorientierungen in der Bevölkerung im Wandel ... 222
4.1.3 Gesellschaftliche Wertorientierungen nach Parteiwählern ... 225
4.1.3.1 Links-Rechts-Materialismus nach Parteiwählern ... 226
4.1.3.2 Religiös-Säkular nach Parteiwählern ... 239
4.1.3.3 Postmaterialismus-Materialismus nach Parteiwählern ... 253
4.1.3.4 Kosmopolitismus-Nationalismus nach Parteiwählern ... 264
4.1.3.5 Zusammenfassende Betrachtung ... 277
4.1.4 Sozio-demographische Kontrollvariablen ... 279
4.1.5 Parteiidentifikation und Kandidatenorientierung ... 283
4.2 Bivariate Analyse der Zusammenhänge gesellschaftlicher Wertorientierungen ... 287
4.3 Effekte gesellschaftlicher Wertorientierungen auf das Wahlverhalten bei den Bundestagswahlen 2009 bis 2017 ... 291
4.3.1 Wahlverhalten zu Gunsten der CDU/CSU ... 293

		4.3.1.1	Bundestagswahl 2009	293
		4.3.1.2	Bundestagswahl 2013	298
		4.3.1.3	Bundestagswahl 2017	302
		4.3.1.4	Zusammenfassung der CDU/CSU-Wahl 2009 bis 2017	307
	4.3.2	Wahlverhalten zu Gunsten der SPD		310
		4.3.2.1	Bundestagswahl 2009	310
		4.3.2.2	Bundestagswahl 2013	314
		4.3.2.3	Bundestagswahl 2017	319
		4.3.2.4	Zusammenfassung der SPD-Wahl 2009 bis 2017	323
	4.3.3	Wahlverhalten zu Gunsten der FDP		324
		4.3.3.1	Bundestagswahl 2009	324
		4.3.3.2	Bundestagswahl 2013	329
		4.3.3.3	Bundestagswahl 2017	334
		4.3.3.4	Zusammenfassung der FDP-Wahl 2009 bis 2017	338
	4.3.4	Wahlverhalten zu Gunsten der Grünen		339
		4.3.4.1	Bundestagswahl 2009	339
		4.3.4.2	Bundestagswahl 2013	344
		4.3.4.3	Bundestagswahl 2017	348
		4.3.4.4	Zusammenfassung der Grünen-Wahl 2009 bis 2017	353
	4.3.5	Wahlverhalten zu Gunsten der Linken		355
		4.3.5.1	Bundestagswahl 2009	355
		4.3.5.2	Bundestagswahl 2013	360
		4.3.5.3	Bundestagswahl 2017	364
		4.3.5.4	Zusammenfassung der Linken-Wahl 2009 bis 2017	368
	4.3.6	Wahlverhalten zu Gunsten der AfD		370
		4.3.6.1	Bundestagswahl 2013	370
		4.3.6.2	Bundestagswahl 2017	374
		4.3.6.3	Zusammenfassung der AfD-Wahl 2013 bis 2017	380
4.4	Zusammenfassung der Ergebnisse der Analyse			381

5 Zusammenfassung und Fazit: Warum sich der Blick auf gesellschaftliche Wertorientierungen lohnt 397
    5.1   Zusammenfassung und Diskussion 397
    5.2   Methodische Reflexion 419
    5.3   Praktische Schlussfolgerungen 424
    5.4   Ausblick und Forschungsdesiderate 428

Literaturverzeichnis 433

Abkürzungsverzeichnis

ADAV	Allgemeiner Deutscher Arbeiterverein
AfD	Alternative für Deutschland
AME	Average Marginal Effects
CDU	Christlich Demokratische Union Deutschlands
CSU	Christlich-Soziale Union Bayern e. V.
DDP	Deutsche Demokratische Partei
DDR	Deutsche Demokratische Republik
DFG	Deutsche Forschungsgemeinschaft
DNVP	Deutschnationale Volkspartei
DVP	Deutsche Volkspartei
FDP	Freie Demokratische Partei
GLES	German Longitudinal Election Study
Grüne	Bündnis90/Die Grünen
KPD	Kommunistische Partei Deutschlands
Linke	Die Linke
NSDAP	Nationalsozialistische Deutsche Arbeiterpartei
PDS	Partei des Demokratischen Sozialismus
REP	Republikaner
SDAP	Sozialdemokratische Arbeiterpartei
SPD	Sozialdemokratische Partei Deutschlands
WASG	Arbeit & soziale Gerechtigkeit – Die Wahlalternative
Zentrum	Deutsche Zentrumspartei

Abbildungsverzeichnis

Abbildung 2.1	Territoriale und funktionale Dimension der Cleavages	23
Abbildung 2.2	Deterministischer Ansatz der Cleavage-Theorie	27
Abbildung 2.3	Katholiken und Arbeiter in den Wählerschaften von CDU/CSU und SPD	42
Abbildung 2.4	Ausdifferenzierung des deutschen Parteiensystems bis in die 1970er Jahre	46
Abbildung 2.5	Trichter der Wahlentscheidung	78
Abbildung 2.6	Ursprüngliches Michigan-Modell in The Voter Decides	82
Abbildung 2.7	Rezipierte Darstellung des Michigan-Modells nach The American Voter	82
Abbildung 2.8	Religiöse Zugehörigkeit und religiöses Gruppenbewusstsein	115
Abbildung 3.1	Wahlergebnisse der untersuchten Parteien bei den Bundestagswahlen 2009 bis 2017	162
Abbildung 3.2	GLES-Komponenten 2009–2017	175
Abbildung 3.3	Formel zur Berechnung von Hosmer-Lemeshows R^2	209
Abbildung 3.4	Grundlegendes Pfadmodell	212
Abbildung 4.1	Links-Rechts-Materialismus und die Wähler der CDU/CSU	229
Abbildung 4.2	Links-Rechts-Materialismus und die Wähler der SPD	230
Abbildung 4.3	Links-Rechts-Materialismus und die Wähler der FDP	231

Abbildung 4.4	Links-Rechts-Materialismus und die Wähler der Grünen	232
Abbildung 4.5	Links-Rechts-Materialismus und die Wähler der Linken	233
Abbildung 4.6	Links-Rechts-Materialismus und die Wähler der AfD	234
Abbildung 4.7	Mittelwerte der Parteienwähler Links-Rechts-Materialismus 2009	236
Abbildung 4.8	Mittelwerte der Parteienwähler Links-Rechts-Materialismus 2013	237
Abbildung 4.9	Mittelwerte der Parteienwähler Links-Rechts-Materialismus 2017	239
Abbildung 4.10	Religiös-Säkular und die Wähler der CDU/CSU	243
Abbildung 4.11	Religiös-Säkular und die Wähler der SPD	244
Abbildung 4.12	Religiös-Säkular und die Wähler der FDP	245
Abbildung 4.13	Religiös-Säkular und die Wähler der Grünen	246
Abbildung 4.14	Religiös-Säkular und die Wähler der Linken	247
Abbildung 4.15	Religiös-Säkular und die Wähler der AfD	248
Abbildung 4.16	Mittelwerte der Parteienwähler Religiös-Säkular 2009	249
Abbildung 4.17	Mittelwerte der Parteienwähler Religiös-Säkular 2013	250
Abbildung 4.18	Mittelwerte der Parteienwähler Religiös-Säkular 2017	252
Abbildung 4.19	Postmaterialismus-Materialismus und die Wähler der CDU/CSU	255
Abbildung 4.20	Postmaterialismus-Materialismus und die Wähler der SPD	256
Abbildung 4.21	Postmaterialismus-Materialismus und die Wähler der FDP	257
Abbildung 4.22	Postmaterialismus-Materialismus und die Wähler der Grünen	258
Abbildung 4.23	Postmaterialismus-Materialismus und die Wähler der Linken	259
Abbildung 4.24	Postmaterialismus-Materialismus und die Wähler der AfD	260
Abbildung 4.25	Mittelwerte der Parteienwähler Postmaterialismus-Materialismus 2009	261

Abbildung 4.26	Mittelwerte der Parteienwähler Postmaterialismus-Materialismus 2013	262
Abbildung 4.27	Mittelwerte der Parteienwähler Postmaterialismus-Materialismus 2017	263
Abbildung 4.28	Kosmopolitismus-Nationalismus und die Wähler der CDU/CSU	267
Abbildung 4.29	Kosmopolitismus-Nationalismus und die Wähler der SPD	268
Abbildung 4.30	Kosmopolitismus-Nationalismus und die Wähler der FDP	269
Abbildung 4.31	Kosmopolitismus-Nationalismus und die Wähler der Grünen	270
Abbildung 4.32	Kosmopolitismus-Nationalismus und die Wähler der Linken	271
Abbildung 4.33	Kosmopolitismus-Nationalismus und die Wähler der AfD	272
Abbildung 4.34	Mittelwerte der Parteienwähler Kosmopolitismus-Nationalismus 2009	274
Abbildung 4.35	Mittelwerte der Parteienwähler Kosmopolitismus-Nationalismus 2013	276
Abbildung 4.36	Mittelwerte der Parteienwähler Kosmopolitismus-Nationalismus 2017	277
Abbildung 4.37	Average Marginal Effects Union 2009	296
Abbildung 4.38	Pfadmodell Union 2009	297
Abbildung 4.39	Average Marginal Effects Union 2013	300
Abbildung 4.40	Pfadmodell Union 2013	301
Abbildung 4.41	Average Marginal Effects Union 2017	304
Abbildung 4.42	Pfadmodell Union 2017	305
Abbildung 4.43	Average Marginal Effects SPD 2009	313
Abbildung 4.44	Pfadmodell SPD 2009	314
Abbildung 4.45	Average Marginal Effects SPD 2013	317
Abbildung 4.46	Pfadmodell SPD 2013	318
Abbildung 4.47	Average Marginal Effects SPD 2017	321
Abbildung 4.48	Pfadmodell SPD 2017	322
Abbildung 4.49	Average Marginal Effects FDP 2009	327
Abbildung 4.50	Pfadmodell FDP 2009	329
Abbildung 4.51	Average Marginal Effects FDP 2013	332
Abbildung 4.52	Pfadmodell FDP 2013	333
Abbildung 4.53	Average Marginal Effects FDP 2017	336

Abbildung 4.54	Pfadmodell FDP 2017	337
Abbildung 4.55	Average Marginal Effects Grüne 2009	342
Abbildung 4.56	Pfadmodell Grüne 2009	343
Abbildung 4.57	Average Marginal Effects Grüne 2013	346
Abbildung 4.58	Pfadmodell Grüne 2013	348
Abbildung 4.59	Average Marginal Effects Grüne 2017	351
Abbildung 4.60	Pfadmodell Grüne 2017	352
Abbildung 4.61	Average Marginal Effects Linke 2009	357
Abbildung 4.62	Pfadmodell Linke 2009	359
Abbildung 4.63	Average Marginal Effects Linke 2013	362
Abbildung 4.64	Pfadmodell Linke 2013	363
Abbildung 4.65	Average Marginal Effects Linke 2017	366
Abbildung 4.66	Pfadmodell Linke 2017	368
Abbildung 4.67	Average Marginal Effects AfD 2013	373
Abbildung 4.68	Average Marginal Effects AfD 2017	377
Abbildung 4.69	Pfadmodell AfD 2017	380

Tabellenverzeichnis

Tabelle 2.1	Cleavages nach Lipset und Rokkan	19
Tabelle 2.2	Konfliktlinien und ihre Verankerung in der Sozialstruktur	36
Tabelle 2.3	Die Grünen aus Sicht der Cleavage-Definition während ihrer Gründungsphase	72
Tabelle 2.4	Potenzielle Konfliktlinien im Parteienwettbewerb nach Niedermayer	99
Tabelle 3.1	Fallauswahl	168
Tabelle 3.2	Die Nachwahl-Querschnitte 2009 bis 2017	180
Tabelle 3.3	Wahlverhalten	183
Tabelle 3.4	Gesellschaftliche Wertorientierungen: Links-Rechts-Materialismus	185
Tabelle 3.5	Gesellschaftliche Wertorientierungen: Religiös-Säkular	186
Tabelle 3.6	Gesellschaftliche Wertorientierungen: Postmaterialismus-Materialismus	189
Tabelle 3.7	Gesellschaftliche Wertorientierungen: Kosmopolitismus-Nationalismus	189
Tabelle 3.8	GLES-Nachwahlbefragungen	191
Tabelle 3.9	Sozio-demographische Variablen	193
Tabelle 3.10	Teilvariablen des Michigan-Modells	195
Tabelle 3.11	World Values Survey – Deutschland	199
Tabelle 3.12	European Values Study – Deutschland	200
Tabelle 3.13	European Social Survey – Deutschland	202
Tabelle 3.14	ALLBUS	202
Tabelle 3.15	Michigan-Variablen in alternativen Datensätzen	203

Tabelle 3.16	Bereinigte Fallzahl	205
Tabelle 3.17	Logik geschachtelter Regressionsmodelle	208
Tabelle 3.18	RMSEA Modell-Fit	214
Tabelle 4.1	Wähler und Nichtwähler 2009 bis 2017 in Prozent	220
Tabelle 4.2	Wahlverhalten 2009 bis 2017 gemäß der GLES-Nachwahlbefragungen in Prozent	221
Tabelle 4.3	Gesellschaftliche Wertorientierungen in der Gesamtbevölkerung	223
Tabelle 4.4	Gesellschaftliche Wertorientierungen als Mittelwerte der Gesamtwählerschaft	226
Tabelle 4.5	Mittelwerte Parteiwähler Links-Rechts-Materialismus 2009 bis 2017	228
Tabelle 4.6	Mittelwerte Parteiwähler Religiös-Säkular 2009 bis 2017	241
Tabelle 4.7	Mittelwerte Parteiwähler Postmaterialismus-Materialismus 2009 bis 2017	254
Tabelle 4.8	Mittelwerte Parteiwähler Kosmopolitismus-Nationalismus 2009 bis 2017	266
Tabelle 4.9	Geschlechterverhältnis der Wähler nach Partei in Prozent	280
Tabelle 4.10	Alter der Wähler nach Parteien im Durchschnitt	280
Tabelle 4.11	Bildungsabschluss der Wähler nach Parteien in Prozent	282
Tabelle 4.12	Stärke der Parteiidentifikation 2009 in absoluten Zahlen	283
Tabelle 4.13	Stärke der Parteiidentifikation 2013 in absoluten Zahlen	284
Tabelle 4.14	Stärke der Parteiidentifikation 2017 in absoluten Zahlen	285
Tabelle 4.15	Kandidatenorientierung nach Parteienwählerschaft im Mittelwert	286
Tabelle 4.16	Faustregeln Korrelation	287
Tabelle 4.17	Bivariate Korrelationen 2009	288
Tabelle 4.18	Bivariate Korrelationen 2013	289
Tabelle 4.19	Bivariate Korrelationen 2017	290
Tabelle 4.20	Binär-logistische Regressionen – Wahl der CDU/CSU 2009	294

Tabelle 4.21	Binär-logistische Regressionen – Wahl der CDU/CSU 2013	299
Tabelle 4.22	Binär-logistische Regressionen – Wahl der CDU/CSU 2017	303
Tabelle 4.23	Binär-logistische Regressionen – Wahl der SPD 2009	311
Tabelle 4.24	Binär-logistische Regressionen – Wahl der SPD 2013	316
Tabelle 4.25	Binär-logistische Regressionen – Wahl der SPD 2017	320
Tabelle 4.26	Binär-logistische Regressionen – Wahl der FDP 2009	325
Tabelle 4.27	Binär-logistische Regressionen – Wahl der FDP 2013	330
Tabelle 4.28	Binär-logistische Regressionen – Wahl der FDP 2017	335
Tabelle 4.29	Binär-logistische Regressionen – Wahl der Grünen 2009	341
Tabelle 4.30	Binär-logistische Regressionen – Wahl der Grünen 2013	345
Tabelle 4.31	Binär-logistische Regressionen – Wahl der Grünen 2017	349
Tabelle 4.32	Binär-logistische Regressionen – Wahl der Linken 2009	356
Tabelle 4.33	Binär-logistische Regressionen – Wahl der Linken 2013	361
Tabelle 4.34	Binär-logistische Regressionen – Wahl der Linken 2017	365
Tabelle 4.35	Binär-logistische Regressionen – Wahl der AfD 2013	371
Tabelle 4.36	Binär-logistische Regressionen – Wahl der AfD 2017	375

1 Warum der Blick auf gesellschaftliche Wertorientierungen für die Wahlforschung lohnenswert erscheint – eine Einleitung

Das deutsche Parteiensystem befindet sich, ebenso wie Teile seiner Wählerschaft[1], in einem Umbruch. Galt es über Jahrzehnte als Hort vergleichsweise hoher Stabilität (Grabow und Pokorny 2018, S. 3), mehren sich zuletzt Veränderungen einschneidender Natur. Setzte nach Gründung der Bundesrepublik Deutschland zunächst eine Konzentrationsphase bis Anfang der 1960er Jahre ein (Alemann 2018, S. 74–75), bei der sich mit der *Christlich Demokratischen Union Deutschlands* (CDU) und ihrer bayerischen Schwesterpartei, der *Christlich-Sozialen Union in Bayern e. V.* (CSU), der *Freien Demokratischen Partei* (FDP) und der *Sozialdemokratischen Partei Deutschlands* (SPD) „sehr schnell ein stabiles Zweieinhalb-Parteiensystem" (Oberndörfer et al. 2009, S. 257) herausbildete[2], haben sich bis zur Bundestagswahl 2017 nur drei strukturelle Umbrüche ergeben, die die Zusammensetzung der im Bundestag vertretenen Parteien betreffen. Die erste Veränderung vollzieht sich durch den Einzug der *Grünen*[3] in den Deutschen Bundestag nach der Bundestagswahl 1983. Sie wird nicht nur aufgrund

---

[1] In dieser Arbeit wird aus Gründen der besseren Lesbarkeit das generische Maskulinum verwendet. Weibliche und anderweitige Geschlechtsidentitäten sind damit explizit inkludiert.

[2] Bei der Christlich Demokratischen Union Deutschlands und der Christlich-Sozialen Union in Bayern e. V. handelt es sich de facto um zwei Parteien, wobei letztere ausschließlich im Freistaat Bayern zu Wahlen antritt. Erstere tritt im gesamtdeutschen Gebiet mit Ausnahme Bayerns an. Sie bilden im Bundestag eine Fraktionsgemeinschaft und firmieren dort unter dem Namen *CDU/CSU-Fraktion im Deutschen Bundestag*. Wenn im Folgenden von den *Unionsparteien*, der *Union*, den *Christdemokraten* oder *CDU/CSU* gesprochen wird, so sind damit stets beide Parteien gemeint.

[3] Historisch gesehen wurde in Westdeutschland die Partei Die Grünen 1980 gegründet, benannte sich aber nach der Fusion mit dem ostdeutschen Bündnis 90 im Jahr 1993 in Bündnis 90/Die Grünen um (Bündnis 90/Die Grünen 2019, S. 53). Aus Gründen der Praktikabilität

neuer ökologischer Schwerpunkte ersichtlich, welche fortan durch die Partei im Parlament eine Stimme erhalten. Auch durch „ihr äußeres Erscheinungsbild, das zum Teil durch lange Bärte, Latzhosen und Strickpullis geprägt war, setzten sich die Ökologen (...) deutlich von den Mandatsträgern der anderen Parteien ab" (Weckenbrock 2017, S. 80). Mit der Bundestagswahl 1990 wird als zweite Veränderung schließlich die *Partei des Demokratischen Sozialismus* (PDS), eine zunächst ostdeutsch geprägte Partei, Teil des deutschen Parlaments, die 2007 mit einer SPD-Abspaltung, der *Arbeit & soziale Gerechtigkeit – Die Wahlalternative* (WASG), zur neuen Partei *Die Linke* fusioniert und alsbald auch verstärkt Wahlerfolge in Westdeutschland erzielen wird (Neu 2018, S. 384–386). Im Jahr 2009 tritt die Partei erstmals als gesamtdeutsche Linke an.

Ging man jahrelang von einer zunehmenden Pluralisierung und wachsenden Polarisierung des deutschen Parteiensystems aus, wird dieser Trend mit der Bundestagswahl 2013 – als dritte Veränderung – insofern umgekehrt, als dass die Traditionspartei FDP erstmals auf Bundesebene an der Fünf-Prozent-Hürde scheitert (Grabow und Pokorny 2018, S. 10) und in der Folge ihre parlamentarische Präsenz im Deutschen Bundestag einbüßt (Schoen und Weßels 2016, S. 14). Durch die darauffolgende Bundestagswahl 2017 ergeben sich erneut weitreichende Veränderungen, zieht hier nicht nur die FDP mit über zehn Prozent der Wählerstimmen wieder in den Bundestag ein, sondern auch die *Alternative für Deutschland* (AfD), welche ebenfalls noch bei der vorangegangenen Bundestagswahl 2013 knapp an der Sperrklausel gescheitert ist (Faas und Klingelhöfer 2019, S. 919–920). Daraus ergibt sich nicht nur die seit über 60 Jahren höchste Anzahl an im Bundestag vertretenen Parteien (Wurthmann et al. 2020, S. 1), sondern auch, dass erstmals seit 1957 einer Partei der Einzug in den Bundestag gelingt, die sich explizit rechts der Unionsparteien positioniert (Dilling 2018, S. 84). Doch wie sind diese Veränderungen in der Struktur des deutschen Parteiensystems zu erklären?

Die Entstehung neuer Parteien oder auch eine zunehmende Volatilität im Wahlverhalten sind nicht selten auf Phänomene zurückzuführen, die sich nicht auf eine singuläre territoriale Einheit begrenzen lassen. Im Gegenteil ist es beispielsweise so, dass westliche Gesellschaften gleichermaßen „in den vergangenen vier Jahrzehnten einen tiefgreifenden Kulturwandel erlebt [haben]. Neue Lebensformen, gleichgeschlechtliche Ehen, Chancengerechtigkeit der Geschlechter, Multikulturalismus und ökologische Fragen" (Merkel 2017a, S. 17) sind dabei immer weiter

---

wird die Partei fortan, sofern nicht dezidiert anders betont, als die Grünen bezeichnet und schließt damit auch jedwede Veränderungen im Namen ab 1993 mit ein.

in den Vordergrund gerückt. Vormals bestehende gesellschaftliche Konfliktmuster sind dabei zwar keineswegs verdrängt worden, jedoch einer zunehmenden Pluralisierung und Fragmentierung von Wertmustern und Interessenlagen gewichen (van Deth 1995, S. 3). Dies ist insofern von herausragender Bedeutung, da Werte und dazugehörige gesellschaftliche Wertmuster als solche „fundamental wichtig für den Zusammenhalt und für die Leistungsfähigkeit sozialer Gebilde und ganzer Gesellschaften" (Hillmann 2001, S. 15) sind. Vor allem treten die auf unterschiedlichen Wertmustern beruhenden gesellschaftlichen Konfliktlinien nicht nur im Wahlverhalten zutage (Schmidt 2007, S. 99), sondern formen darüber hinaus auch den politischen Wettbewerb ebenso wie Parteiensysteme in ihrer Gänze (Lacewell und Merkel 2013, S. 72). Die Veränderungen von Wertmustern, die sodann im Wahlverhalten ersichtlich werden, drückten sich beispielhaft in den 1980ern durch die Gründung grüner oder grün-alternativer Parteien in nahezu allen Demokratien Westeuropas aus (Müller-Rommel 1993).

So ist es keineswegs verwunderlich, dass Werte in der Lage sind, gesellschaftliche und politische Phänomene oder Wandlungsprozesse in einem beachtlichen Ausmaß zu erklären (Roßteutscher 2004, S. 787). Sofern sie in Form von Wertorientierungen zu einem Orientierungspunkt politischen Handelns werden, sind sie zudem als Essenz eben dieser zu verstehen (Roßteutscher und Scherer 2013a, S. 67). Bei der gängigsten Form jenes politischen Handelns, von der hier die Sprache ist, handelt es sich primär um Wahlen, die zur einzigen Form politischer Partizipation geworden sind, an der sich große Bevölkerungsteile beteiligen (Nohlen 2009, S. 28). So haben sich Wahlen – neben Parteien – zu einem zentralen Element repräsentativer Demokratien entwickelt (Hartmann 2011, S. 43; Wassermann 1986, S. 87). Die Freiheit der Bürger, sich zu Organisationen zusammenschließen und ihre Meinung frei artikulieren zu dürfen, sowie das Recht, im Wettbewerb um Unterstützung werben zu können, zählen zu zentralen demokratischen Errungenschaften (Dahl 1971, S. 3). Zu Ende des 19. Jahrhunderts bis zu Beginn des 20. Jahrhunderts gingen Parteien mit in der Sozialstruktur verankerten gesellschaftlichen Gruppen Allianzen ein „und machten sich zu ideologischen Wortführern der auf politische Durchsetzungen drängenden Kollektivinteressen" (Wiesendahl 2006a, S. 75), die es zu dieser Zeit zu verteidigen galt. Parteien wurden so zu „Ausdruck sowie Träger[n] gesellschaftlicher Konflikte" (Korte 2018a, S. 4), die diese aggregierten und im politischen Raum artikulierten, sofern ihnen durch Wahlen dafür eine entsprechende Legitimationsgrundlage gegeben wurde. Parteien sind deshalb als Katalysatoren „ideologisch-programmatischer Vorstellungen und Ziele; als Instrument der Machtausübung; als Vermittler demokratischer Legitimation; schließlich als Interessenvertreter in eigener Sache und als Rekrutierungsfeld politischer Führung" (Jun 2013, S. 121) zu verstehen. Sie nehmen demnach die Rolle von „Vermittlungsinstanzen zwischen Bürgern auf der einen und staatlichen Strukturen auf der anderen Seite" (Korte und Fröhlich 2009, S. 137) ein. So ist zweifelsohne festzuhalten: „Alle modernen, großflächigen Demokratien sind in der Praxis Parteiendemokratien. Ob eine Demokratie ohne politische Parteien überhaupt vorstellbar ist und funktionieren könnte, bleibt der theoretischen Spekulation überlassen, denn empirisch gibt es dafür kein Beispiel" (Decker 2016a, S. 59).

Ging man lange davon aus, dass grundlegende Formen des politischen Handelns, wie beispielsweise die des tatsächlichen Wahlverhaltens, primär durch die Sozialstruktur determiniert werden (Lazarsfeld et al. 1944; Lipset und Rokkan 1967), so zeigt sich heute, dass das Wahlverhalten – ebenso wie politische Konfliktlinien – immer weniger strukturell manifestiert ist (Mair 2001, S. 31). Im Gegenteil ist es so, dass vielmehr von einer inhaltlichen und wertebasierten Kongruenz ausgegangen wird, die ursächlich für die Bildung langfristiger Koalitionen zwischen Parteien und spezifischen Bevölkerungsgruppen ist. Dabei müssen Parteien eine für sie aus Werten gespeiste Programmkontinuität aufweisen, die für die Wähler eine verlässliche Quelle ist, um aus ihnen eine politische Erwartungshaltung abzuleiten. Werden diese Erwartungen in materieller und immaterieller Hinsicht erfüllt, stehen diese Bevölkerungsgruppen loyal zu *ihrer* Partei (Pappi 1979, S. 466–467). Daraus folgt, dass sich nicht nur die Mitglieder, sondern auch die Anhänger oder Wähler von Parteien im Hinblick „auf ihre Einstellungen und Werthaltungen mehr oder weniger ähneln" (Winkler 2010, S. 217).

Wenn es demnach so ist, dass Parteien „Leitideen, Prinzipien, Maximen und Wertvorstellungen sowie weltanschauliche Überzeugungen" (Wiesendahl 2006b, S. 7) benötigen, um entsprechende Unterstützung durch die Bürger generieren zu können, kommt Wahlen zum Ausdruck einer derartigen Unterstützung eine zentrale Rolle zu. Vor diesem Hintergrund ist individuelles Wahlverhalten als Reaktion auf das Handeln politischer Eliten – individueller sowie parteipolitisch institutionalisierter Natur – zu verstehen (Schoen 2009, S. 181), bei der die Bürger aus einer *Bottom-Up-Perspektive* entscheiden, welche Art von Politik sie sich wünschen und welche Partei sie demnach durch ihre Wahlentscheidung unterstützen möchten (Bowler 2017, S. 9). Hierbei spielt die bereits erläuterte Kontinuität der Kongruenz zwischen Wertvorstellungen und daraus abgeleiteten Positionen zwischen Wählern und der von ihnen präferierten Partei eine zentrale Rolle.

Die aus diesen Wertvorstellungen abgeleiteten Erwartungen unterliegen aber ebenso wie „die sozio-politische Umwelt (...) ständigen Veränderungen; aus der Konfrontation von Erwartungen und Umwelt können Zufriedenheit oder Unzufriedenheit folgen, je nachdem, welche Veränderungen erfolgen und wie sie individuell, insbesondere jedoch kollektiv bewertet werden" (Kaase 1979, S. 344). Kompetitive Wahlen bilden demnach

> „das zentrale Strukturelement, durch das sich Demokratien von anderen politischen Systemen unterscheiden. Dadurch, dass die politischen Akteure in regelmäßigem Abstand dem Votum der Bevölkerung ausgesetzt sind, soll ihre Responsivität gegenüber den Wählerwünschen gefördert und dauerhafte politische Unzufriedenheit reduziert werden" (Westle und Niedermayer 2009, S. 11).

Die aus Wertvorstellungen abgeleiteten Wünsche der Wähler sind für Parteien Chance und Risiko zugleich. Sie können sich zu sehr konkreten Politikinhalten weitestgehend flexibel positionieren, eine Verschiebung entlang zentraler gesellschaftspolitischer Konfliktlinien kann allerdings nur allmählich vollzogen werden und ist ausgesprochen selten (Hooghe und Marks 2018, S. 112). Parteien müssen sich demnach immer wieder neuen Herausforderungen stellen und sind folglich keineswegs als in ihrer Position statisch zu beurteilen. Gleichwohl wird auch in der wissenschaftlichen Betrachtung bis heute die durchaus kontroverse Position vertreten: „new issues spawn new parties" (Kitschelt und McGann 1997, S. 135, zitiert nach Stöss et al. 2006, S. 14). Die Annahme ist dort, dass aus neuen Themen- und Konfliktfeldern mehr oder minder zwangsläufig neue Parteien entstehen. Behält man in dieser Frage die Veränderungen des deutschen Parteiensystems im Blick, wirft dies die Frage auf, wie es zu derartigen Entwicklungen – insbesondere in den letzten Jahren – kommen konnte. Dafür ist aus parteipolitischer Perspektive immer die Abwägung, ob und inwiefern es für eine Partei profitabel sein kann, bestimmte Themenfelder und Forderungen in die eigene Agenda aufzunehmen beziehungsweise wie sie sich zu diesen positioniert von essenzieller Bedeutung (Pappi et al. 2019a, S. 276).

Einem grundlegenden strukturellen Wandel der Gesellschaft können sich Parteien aber nicht vollends verwehren – zumindest nicht, wenn ihnen auch weiterhin an Wahlerfolgen gelegen ist. So ist zu beobachten, dass sich beispielsweise die Unionsparteien in einem immensen strukturellen Neuorientierungs- und Modernisierungsprozess befinden. Strategisch setzen sie dabei aber auf einen moderaten und langwierigen Prozess, weniger auf einen schnellen Bruch mit alten Positionen und von ihnen vertretenen Grundwerten (Weigl 2017, S. 70). Andere Parteien wie die erst 2013 gegründete AfD haben in den vergangenen Jahren einen bemerkenswerten Wandel vollzogen. Begonnen als primär professorale euroskeptische Partei, hat sich die AfD inzwischen zu einer rechtspopulistischen bis rechtsextremen Partei entwickelt (Pickel 2019, S. 145–146; Bieber et al. 2018, S. 456–458;

Schmitt-Beck et al. 2017, S. 298; Rosenfelder 2017). Begünstigt wird diese Entwicklung unter anderem dadurch, dass die Partei aufgrund ihrer vergleichsweise kurzen Bestehenszeit über keine ausgereifte Programmkontinuität verfügt, sondern zunächst darauf fokussiert war, ihr programmatisches Profil zu schärfen und ihr Image als monothematische Partei abzulegen (Arzheimer 2015, S. 541). Demgegenüber werden an schon länger bestehende Parteien wie die CDU/CSU, die SPD, die FDP, die Grünen oder auch die Linken Anforderungen gestellt, die sich unter anderem auf langfristige Traditionen begründen. Derartig klar erkennbare und tradierte Werteprofile dienen so auch zur Entscheidungsvereinfachung im Wahlakt (Wiesendahl 2006b, S. 14), weswegen Parteien klassischerweise bemüht sind, entsprechend an sie gestellte Erwartungen zu erfüllen.

Ein weiterer Grund für systemische Veränderungen ist auch in der seit 2015 in Deutschland salient werdenden, so genannten *Flüchtlingskrise* zu finden. Diese führt in Folge dazu, dass die Themenbereiche der Flucht- und Migrationspolitik schließlich bis zur zwei Jahre später stattfindenden Bundestagswahl 2017 zu einem der zentralen Politikfelder werden, denen seitens der Bevölkerung eine hohe Dringlichkeit in der Klärung zugesprochen wird (Forschungsgruppe Wahlen 2017, S. 35). So prägte der „Begriff »Flüchtlingspolitik« (…) nicht nur die persönliche Wahlentscheidung vieler Bürger, sondern auch die Ausdifferenzierung des Parteiensystems" (Korte 2020, S. 341). Hier scheinen demnach externe Effekte der maßgebliche Grund für die Restrukturierung des Parteiensystems zu sein. Mit der Entstehung, Etablierung und Entwicklung der AfD endet sodann auch die Sonderrolle, die das deutsche Parteiensystem unter den Demokratien Westeuropas über lange Zeit hinweg einnahm. So konnte sich in Deutschland über Jahrzehnte keine rechtspopulistische Partei erfolgreich etablieren (Bergmann et al. 2017, S. 57).

Doch worauf ist eine derartige Veränderung zurückzuführen? Während manche darin eine in Teilen der Bevölkerung verursachte Reaktion darauf sehen wollen, „dass eine entmutigte politische Klasse auf die gewachsenen Ansprüche ihrer sozialen Lebensgrundlagen mit Resignation antwortet" (Habermas 2020, S. 9), sehen sich andere darin bestätigt, dass dies einer schon länger schwelenden und nun sichtbar werdenden „Erosion der politischen Mitte" (Birsl und Lösche 2001, S. 375) geschuldet ist. Diese Beobachtung reiht sich in die schon seit Ende der 1990er Jahre bestehende Diagnose zunehmender „Unsicherheiten der Wählermärkte" (Mair et al. 1999, S. 22) ein, die als Reaktion auf globale Veränderungen gesehen wird. Wenn demnach über das Wahlverhalten „Konfliktpotentiale zu entdecken [sind], die sich im offenen Konfliktverhalten nicht oder noch nicht erkennen lassen" (Pappi 1979, S. 466), lässt sich auch zweifelsohne die folgende Beobachtung stützen: „Voters are not alike; it seems that they become less alike all the time" (Weßels et al. 2014, S. 9). Wähler werden sich demnach unähnlicher beziehungsweise lassen sich dementsprechend auch nur unter erheblichen konzeptionellen Schwierigkeiten noch wie in der Vergangenheit typologisieren. Fliehkräfte nach *links* und *rechts,* welche sich auch im deutschen Parteiensystem zeigen, sind demnach nicht Ursache, sondern eher Symptom einer zunehmenden Heterogenität im Wahlverhalten, gleichwohl auch in der Vergangenheit nicht von einer grundsätzlichen Homogenität eben dieses Wahlverhaltens ausgegangen werden konnte (Berelson et al. 1954, S. 313).

Parteien sind zwar weiterhin „traditionell globale Objekte symbolischer Identifikation und Erscheinungen, die politische Umweltkomplexität reduzieren helfen" (Kaase 1979, S. 330), doch zeigt sich hier, wie die bereits Mitte der 1990er Jahre gemachte Beobachtung zutrifft, dass die Parteiensysteme Westeuropas ihre traditionellen Entwicklungspfade verlassen haben (van Deth 1995, S. 1) und als Identifikationsobjekte an Bedeutung verlieren. Langwierige Allianzen zwischen Bevölkerungssegmenten und Parteien werden dabei immer fragiler. Ein möglicher Erklärungsgrund ist in der Abkehr oder auch der Aufweichung von traditionellen Grundwerten zu finden, die als Identifikationssymbol gedient haben (Jun 2009, S. 244). Dies kann beispielhaft der Fall sein, „weil Parteien ungenügende Informationen über die Wünsche ihrer Wählergruppen haben oder ihre Positionen verschieben, um andere Wählergruppen anzusprechen" (Bukow und Jun 2017, S. 5). In der Konsequenz begünstigt dies aber nicht nur die Entstehung möglicher Repräsentationsdefizite (Kriesi et al. 2012, S. 327), sondern birgt darüber hinaus auch die Gefahr, dass die durch Parteien vertretenen Werte nicht mehr eindeutig als ihnen auch originär zugeschriebenen Orientierungspunkte politischen Handelns dienen. Allein durch die steigende Anzahl dadurch wählbarer Optionen nimmt sogleich auch die Komplexität einer spezifischen Wahlentscheidung zu (Dalton und Wattenberg 1993, S. 193). In der Folge verlieren Parteien daher zunächst ihre Stammwähler bis sich diese fortschreitenden Verluste auch auf ihre Gesamtwählerschaft ausweiten und ein ganzheitlicher Bedeutungsverlust droht (Dahrendorf 2007, S. 113).

Sollte eine Kongruenz zwischen Parteien und ihren Wählern im Hinblick auf ihre Wertorientierungen bestehen, sollte sich dies – so zumindest die Annahme – tatsächlich auch im Wahlverhalten zeigen und entsprechende Wählerabwanderungen verhindern. Obgleich Werte beziehungsweise gesellschaftliche

Wertorientierungen zu den zentralsten Konzepten der empirischen Sozialforschung gehören (Arzheimer 2005, S. 285), werden sie im Hinblick auf Wahlanalysen eher stiefmütterlich behandelt[4]. Tatsächlich spielen sie „als Prädiktor für Wahlverhalten (…) in der Wahlforschung nur eine geringe Rolle. Sie haben dort vor allem den Status von Prädispositionen für Issue-Positionen, sie wirken sich also lediglich über diese Einstellungen vermittelt auf die Wahlentscheidung aus" (Fuchs und Rohrschneider 2001, S. 259). Tatsächlich nehmen Werte und die aus ihnen für das Wahlverhalten abgeleiteten Wertorientierungen in allen klassischen Modellen der Wahlforschung stets eine zentrale Rolle ein, die das Wahlverhalten zumindest indirekt beeinflussen. Dies geschieht beispielsweise in Form der Vorstellung dessen, was als Sinnbild einer „guten Gesellschaft" (Downs 1968, S. 45) betrachtet wird oder inwiefern spezifische Wertorientierungen innerhalb einer in der Sozialstruktur verankerten sozialen Gruppe geteilt werden und sich durch diese dann auf das Wahlverhalten auswirken (Lazarsfeld et al. 1944; Lipset und Rokkan 1967). Auch werden gesellschaftliche Wertorientierungen als Prädiktor für die Ausbildung und Intensität einer Parteiidentifikation herangezogen (Campbell et al. 1954; Campbell et al. 1960), die „gemäß einem orthodoxen Verständnis (…) eine langfristige, affektive Bindung [ist], die sowohl die Wahlentscheidung direkt beeinflusst als auch die Kurzfristfaktoren der Kandidaten- und Sachfragenorientierung" (Schultze 2016, S. 1). Demnach nehmen gesellschaftliche Wertorientierungen primär die Rolle als eine Art „Universalschlüssel zum Verständnis sozialer Einstellungen" (Klages 1992, S. 9) oder „als Vermittlung von Sozialstruktur und politischem Verhalten" (Pappi 1977, S. 206) ein, wobei unter diesem Verhalten eine dezidierte Wahlentscheidung verstanden wird (Dalton 1988, S. 178). Direkte Effekte von gesellschaftlichen Wertorientierungen werden aber in den zentralen Arbeiten der Wahlforschung bisweilen nicht untersucht. Dies ist eine hochgradig problematische Auslassung, kann doch Folgendes konstatiert werden:

„Angesichts einer rückläufigen Bedeutung der Sozialstruktur bei der Herausbildung gesellschaftlicher Wertorientierungen sowie einer rückläufigen Bedeutung der Parteien für die Strukturierung des politischen Wettbewerbs scheint es ratsam, (…) Werte und die auf sie bezogenen Wertorientierungen direkt in den Mittelpunkt des analytischen Interesses zu rücken" (Klein 2014, S. 586).

---

[4] Demgegenüber werden politische Werteorientierungen, die als wünschenswerte Vorstellungen eines spezifischen politischen Systemtypus zu verstehen sind (Parsons 1968), in entsprechenden Analysen häufiger berücksichtigt (Fuchs und Rohrschneider 2001). Gemeint ist damit beispielsweise der Effekt, der von der Unterstützung für die Demokratie oder den Sozialismus auf das Wahlverhalten ausgeht.

Vor diesem Hintergrund stellt sich dann die Frage, ob die Ausdifferenzierung des deutschen Parteiensystems, die maßgeblich durch ein volatileres Wahlverhalten bei den Bundestagswahlen 2009 bis 2017 verursacht wurde, auf Veränderungen gesellschaftlicher Wertorientierungen innerhalb der bundesdeutschen Wahlbevölkerung zurückzuführen ist. Daraus leitet sich die folgende Forschungsfrage ab:

Inwiefern haben sich die gesellschaftlichen Wertorientierungen innerhalb der bundesdeutschen Bevölkerung verändert und welcher Effekt geht von diesen auf das Wahlverhalten bei den Bundestagswahlen 2009 bis 2017 aus?

Die hier vorliegende Arbeit tangiert damit im Wesentlichen drei zentrale Forschungsbereiche. So geht es zunächst um die Frage, welche Faktoren das spezifische Wahlverhalten von Individuen beeinflussen – also dem klassischen Gegenstand der Wahlforschung. Darüber hinaus behandelt die vorliegende Untersuchung die Frage, „inwieweit die Parteien politische Repräsentanten bestimmter – über ihre soziale Verortung und/oder ihre Wertesysteme definierter – Bevölkerungssegmente sind" (Niedermayer 2013a, S. 76), also einen Kernbereich der Parteienforschung. Als Schnittstelle fungiert sodann die Fokussierung auf gesellschaftliche Wertorientierungen. Während ihr Einfluss auf das Wahlverhalten klar dem Forschungsbereich der Wahlforschung zuzuordnen ist, ist die Frage danach – wie auch Niedermayer ausführt – ob und in welchem Ausmaß sich gesellschaftliche Wertorientierungen in den Elektoraten spezifischer Parteien spiegeln, eine Kernessenz der Parteienforschung. Besonders die erstgenannte Wahl- und Wählerforschung gilt als eine der zentralsten Anliegen der Politischen Soziologie. Nirgendwo wird der Einfluss der Bürger auf die Ausrichtung der staatlichen Politik ersichtlicher als in diesem Bereich (Gabriel und Maier 2009, S. 522). Gleiches gilt auch für politische Parteien (Jun 2009, S. 235) und die Erforschung von Werten beziehungsweise von Wertorientierungen (Welzel 2009, S. 109). Insbesondere die hier intendierte Fokussierung auf die konkrete Wirkungsweise gesellschaftlicher Wertorientierungen ist als eines der zentralen Kernanliegen der Werteforschung zu verstehen (Bürklin und Klein 1998, S. 135). Entsprechend werden durch die vorliegende Arbeit unterschiedliche Forschungsbereiche der Politischen Soziologie behandelt.

Die hier vorgestellte Forschungsfrage ist daher sowohl aus wissenschaftlicher als auch aus praktischer Sicht in mehrerlei Hinsicht relevant. Zum einen wird mit dieser Vorgehensweise dem Umstand Rechnung getragen, dass es sich bei der Wahl- und Parteienforschung um zwei inhaltlich eng miteinander verwobene Forschungszweige handelt (Siri und Faas 2017, S. 702), die nur schwerlich getrennt voneinander zu betrachten sind, in der wissenschaftlichen Realität jedoch noch zu selten gemeinsam ausführlicher bearbeitet werden. Darüber hinaus soll der bisweilen stiefmütterliche Umgang mit gesellschaftlichen Wertorientierungen in der Wahlforschung hier zumindest ansatzweise aufgearbeitet werden. Dabei soll jene Herausforderung für die empirische Wahlforschung bearbeitet werden, die „in der Entwicklung eines differenzierten Instruments zur Erfassung gesellschaftlicher Wertorientierungen" (Klein 2014, S. 587) liegt und zur Erklärung des Wahlverhaltens bei den Bundestagswahlen 2009 bis 2017 gereicht. Die praktische Relevanz ergibt sich wiederum primär aus den hier vorliegenden Ergebnissen, die zunächst von wissenschaftlicher Bedeutung sind. So können die in dieser Arbeit analysierten Parteien – auf Basis der vorliegenden Ergebnisse – ein besseres Verständnis dafür gewinnen, worin ihre Wahlerfolge oder Misserfolge womöglich begründet sind und inwiefern die für sie ursächlich relevanten Konfliktlinien gesellschaftlicher Wertorientierungen auch heute noch auf Basis ihrer Elektorate wirkungsmächtig sind.

Die vorliegende Untersuchung versucht zusammenfassend auf den bisherigen Forschungsarbeiten zur Entstehung und Ausdifferenzierung von Parteiensystemen ebenso aufzubauen wie auf denen der Wahlforschung. Der zentrale Mehrwert wird hier insbesondere dadurch erreicht, dass gesellschaftliche Wertorientierungen als zentrale Determinante sowohl für die Veränderung des deutschen Parteiensystems als auch für das Wahlverhalten an sich herangezogen werden. Es wird dabei nicht nur der Versuch unternommen, gesellschaftliche Wertorientierungen in Form von manifesten Messkonstrukten abzubilden, sondern auch ihre Wirkung in direkter und indirekter Weise – beispielsweise über die Parteiidentifikation – auf das Wahlverhalten abzubilden.

Im Folgenden werden dafür in Kapitel 2 zunächst die Determinanten des Wahlverhaltens einer näheren Betrachtung unterzogen, welche die theoretisch-konzeptionelle Entwicklung beschreiben sollen, die Grundlage der vorliegenden Arbeit ist. In einem ersten Schritt wird dafür in Abschnitt 2.1 der Ansatz der Cleavage-Theorie erläutert, der maßgeblich für die Erklärung der Entstehung von Parteiensystemen in Westeuropa ist. Dabei haben sich besonders zwei der insgesamt vier Cleavages als besonders konstitutiv für das bundesdeutsche Parteiensystem herausgestellt. Deren konkrete Wirkung auf das Wahlverhalten bei Wahlen zum Deutschen Bundestag wird sodann in Abschnitt 2.2 näher beschrieben. Für viele der Veränderungen wie der sich hier schon beschriebenen neu zusammensetzenden Wertmuster bietet der Cleavage-Ansatz jedoch keine hinreichende Erklärungskraft mehr. Stattdessen werden sich wandelnde Werte und an ihnen ausgerichtete Wertorientierungen als ursächlich für diese Entwicklungen beschrieben. Aus diesem Grund werden in Abschnitt 2.3 Werte und ein sich seit den 1970ern in westlichen Gesellschaften vollziehender Wertewandel näher behandelt. Hierfür ist es essenziell, zunächst Werte, Wertorientierungen und Einstellungen analytisch differenzierter zu betrachten, was in Abschnitt 2.3.1 geschieht.

Eine Kernessenz ist, dass Wertorientierungen als handlungsanleitende Orientierungspunkte verstanden werden, durch die Werte erst abgebildet werden können. Hierfür ist vor allem die Konfrontation mit Zielkonflikten von hoher Relevanz, da nur so eine Abwägung unterschiedlicher Zielvorstellungen auf individueller Basis ersichtlich wird. Wenn diese dann relevant für das Wahlverhalten sind, spricht man auch von *gesellschaftlichen* Wertorientierungen. Diese sind Einstellungen, die einen rein evaluativen Charakter haben und in Form der Zustimmung oder Ablehnung zu einem Thema erfasst werden, konzeptionell und in ihrer Pfadabhängigkeit vorgelagert. In Abschnitt 2.3.2 wird darauf aufbauend erläutert, welche Implikationen ein Wandel derartiger Wertorientierungen für westliche Gesellschaften und Parteiensysteme hatte, um in Abschnitt 2.3.3 schließlich die konkreten Folgen für das bundesdeutsche Parteiensystem in Form der Entstehung der Grünen in den Blick zu nehmen. Um die beschriebenen unterschiedlichen Ansätze zur Erklärung des Wahlverhaltens angemessen berücksichtigen zu können, die auch in Teilen für die empirische Untersuchung herangezogen werden, wird in Abschnitt 2.3.4 die Bedeutung des so genannten Michigan-Modells für die empirische Wahlforschung beschrieben. Kernbestandteil des Modells sind die Parteiidentifikation, die Themen- sowie die Kandidatenorientierung. Die theoretische Annahme des Modells ist, dass Wertorientierungen in erheblichem Umfang auf die Ausbildung einer Parteiidentifikation einwirken und darüber das Wahlverhalten indirekt beeinflussen. Um diese Annahme im weiteren Verlauf überprüfen zu können, müssen zunächst jene Konfliktlinien gesellschaftlicher Wertorientierungen identifiziert werden, die im deutschen Parteiensystem für das Wahlverhalten relevant sein können. Dies geschieht in Abschnitt 2.4 insofern, als dass zunächst in Abschnitt 2.4.1 eine analytische Annäherung an gesellschaftliche Wertorientierungen als solche vorgenommen wird. Damit wird die Grundlage geschaffen, um eine Entscheidung darüber zu treffen, welche Dimensionen für die Bundesrepublik Deutschland als relevant zu identifizieren sind und ob mit einer zwei-dimensionalen oder einer mehr-dimensionalen Herangehensweise operiert wird. Die schlussendliche Entscheidung fällt dabei auf die Untersuchung von vier zentralen Konfliktlinien, die als ursächlich für die Entstehung und Ausdifferenzierung des deutschen Parteiensystems erachtet werden. Es handelt sich hierbei um die Dimension des *Links-Rechts-Materialismus* (Abschnitt 2.4.2), eine *Religiös-Säkulare* Konfliktlinie (Abschnitt 2.4.3), eine Konfliktdimension zwischen *Postmaterialismus* und *Materialismus* (Abschnitt 2.4.4) sowie einer zwischen *Kosmopolitismus* und

Nationalismus (Abschnitt 2.4.5). Insbesondere die letzte der vier Dimensionen betreffend werden umfassende wissenschaftliche und auch gesellschaftliche Debatten geführt. Diese behandeln nicht zuletzt die spezifische Bezeichnung dieser Konfliktdimension. Um diesem Umstand Rechnung zu tragen, werden in Abschnitt 2.4.5.1 zunächst der *GAL-TAN*-Ansatz, die Konfliktdimension zwischen *libertären* und *autoritären* Werten und der Ansatz eines Konflikts zwischen den Gegensätzen *Integration* und *Abgrenzung* vorgestellt. Diese Ansätze sind im Hinblick auf die weiteren schon vorgestellten Konfliktlinien nicht trennscharf, haben aber eine sie untereinander verbindende Komponente, die auch zugleich konstitutiv für die Etablierung der AfD war und ist: die Ablehnung von Migration und Migranten. Dies ist deshalb von Bedeutung, da in dieser Untersuchung das Ziel verfolgt wird, auch die Gründung und Etablierung der AfD anhand gesellschaftlicher Wertorientierungen besser verstehen zu können beziehungsweise dieser Prozess – so hier die These – auch mit einer solchen Wertorientierung erklärt werden kann. Aus diesem Grund wird in Abschnitt 2.4.5.2 ein konzeptioneller Vorschlag dazu unterbreitet, weshalb eine Bezeichnung der Konfliktlinie als Dimension zwischen einer *kosmopolitischen* und einer *nationalistischen* Wertorientierung nicht nur die notwendige theoretische, sondern auch die empirische Trennschärfe ermöglicht. Auch werden die jeweiligen Teilkapitel zu den als relevant identifizierten Dimensionen gesellschaftlicher Wertorientierungen mit den zu untersuchenden Hypothesen ergänzt.

In Kapitel 3 wird das Forschungsdesign vorgestellt, welches Grundlage für die empirische Analyse ist. In Abschnitt 3.1 wird die Fallauswahl begründet, die sich auf die Elektorate von CDU/CSU, SPD, FDP, Grünen und Linken bei den Bundestagswahlen 2009, 2013 und 2017 sowie der AfD bei den Bundestagswahlen 2013 und 2017 stützt. Es handelt sich demnach um eine umfassende Individualdatenanalyse zu den Bundestagswahlen 2009 bis 2017. Die für diese Analyse herangezogenen Daten und die dafür durchgeführte Datenauswahl wird in Abschnitt 3.2 erläutert. In Abschnitt 3.2.1 ist hierfür zunächst ein messtheoretischer Exkurs notwendig, um die adäquate Messung von gesellschaftlichen Wertorientierungen erklären zu können. In diesem Kontext werden Kriterien der für die Auswahl der Datengrundlage notwendigen und hinreichenden Bedingungen formuliert. In Abschnitt 3.2.2 wird dann die Entscheidung für die Nachwahlbefragungen der German Longitudinal Election Study (GLES) als Datengrundlage für die vorliegende Arbeit detailliert beschrieben. In Abschnitt 3.3 wird die empirische Übersetzung der theoretischen Konstrukte, also die Operationalisierung, erläutert. Hierfür wird in Abschnitt 3.3.1 zunächst die Operationalisierung der Wahlentscheidung sowie des konkreten Wahlverhaltens vorgenommen, um in Abschnitt 3.3.2 selbiges mit den Dimensionen

1 Warum der Blick auf gesellschaftliche Wertorientierungen ...

gesellschaftlicher Wertorientierungen vorzunehmen, die als zentrale unabhängige Variablen zur Erklärung individuellen Wahlverhaltens herangezogen werden. In Abschnitt 3.3.3 werden anschließend die für die Datenanalyse herangezogenen Kontrollvariablen beschrieben, um in Abschnitt 3.3.4 selbiges für die Variablen des Michigan-Modells der Wahlforschung zu erarbeiten, die zentraler Bestandteil der vorliegenden Analyse sind und hier als Mediatorvariablen dienen. Diese Variablen sind neben den dann in Abschnitt 3.4 erläuterten Faktoren auch ein Grund dafür, weshalb andere Datenquellen für die hier vorliegende Arbeit nicht herangezogen werden können. In Abschnitt 3.5 wird dann die analytische und methodische Vorgehensweise beschrieben, die zugleich Leitfaden für die Analyse der vorliegenden Arbeit ist.

Diese in Kapitel 4 beschriebene Analyse stützt sich auf drei Schritte: Eine deskriptive, eine bivariate sowie eine multivariate Analyse. Zunächst werden in Abschnitt 4.1 die Veränderungen gesellschaftlicher Wertorientierungen im Zeitverlauf beschrieben. Dafür werden in Abschnitt 4.1.1 die Wahlteilnahmen sowie das konkrete Wahlverhalten ebenso untersucht wie in Abschnitt 4.1.2 die spezifische Veränderung gesellschaftlicher Wertorientierungen in der bundesdeutschen Bevölkerung zwischen 2009 und 2017. In Abschnitt 4.1.3 wird die hier notwendige Verengung auf die zu untersuchenden Parteielektorate vollzogen. Diese werden dann in den Abschnitten 4.1.3.1 für den Links-Rechts-Materialismus, 4.1.3.2 für die Konfliktlinie zwischen einer religiösen und einer säkularen Wertorientierung, in Abschnitt 4.1.3.3 für die Postmaterialismus-Materialismus-Dimension und in Abschnitt 4.1.3.4 für die Kosmopolitismus-Nationalismus-Konfliktlinie nicht nur miteinander, sondern auch im Zeitverlauf vergleichend analysiert. Dafür werden schließlich Mittelwertvergleiche sowie weitere Kennzahlen herangezogen. In Abschnitt 4.1.3.5 werden die deskriptiven Ergebnisse zusammengefasst. In Abschnitt 4.1.4 werden dann die Ergebnisse einer deskriptiven Analyse der sozio-demographischen Kontrollvariablen und in Abschnitt 4.1.5 für die Parteiidentifikation und die Kandidatenorientierung der jeweiligen Elektorate beschrieben. Im darauffolgenden Abschnitt 4.2 werden die Dimensionen gesellschaftlicher Wertorientierungen einer bivariaten Korrelationsanalyse unterzogen, um zu überprüfen, wie stark die Positionen auf den jeweiligen Konfliktachsen miteinander zusammenhängen. Auch wird hier eine Analyse zur Überprüfung auf Multikollinearität vorgezogen. In Abschnitt 4.3 werden schließlich die konkreten Effekte gesellschaftlicher Wertorientierungen auf das Wahlverhalten bei den Bundestagswahlen 2009 bis 2017 einer Analyse unterzogen. Dabei wird mit Hilfe geschachtelter binär-logistischer Regressionsmodelle zunächst untersucht, inwiefern und in welchem Ausmaß der Einbezug gesellschaftlicher Wertorientierungen zur Erklärung von Wahlverhalten bei den genannten Bundestagswahlen beiträgt – insbesondere im direkten Vergleich entsprechender Faktoren. Mit Hilfe der Berechnung von Average Marginal Effects werden dann die konkreten Effektgrößen ausgewiesen, inwiefern einzelne Prädiktoren die Wahlentscheidung für die jeweiligen Parteien zu erläutern vermögen. Abschließend wird mit Hilfe von Pfadmodellierungen untersucht, inwiefern gesellschaftliche Wertorientierungen direkt wie indirekt – in diesem Fall über die Parteiidentifikation – auf das Wahlverhalten zu Gunsten der zu untersuchenden Parteien einwirken. Diese Analysen werden in entsprechenden Unterkapiteln für jeden der Untersuchungszeitpunkte nacheinander durchgeführt, sofern die entsprechende Partei zum besagten Zeitpunkt schon an der jeweiligen Bundestagswahl teilgenommen hat. Auch werden diese Ergebnisse dann für die jeweiligen Parteielektorate noch einmal kurz zusammengefasst. Ferner wird eine erste Einordnung im Hinblick auf die diese Forschungsarbeit strukturierenden Forschungshypothesen vorgenommen. Die Analysen zu Erklärung des Wahlverhaltens zu Gunsten der CDU/CSU werden in Abschnitt 4.3.1 vorgestellt, jene für die SPD in Abschnitt 4.3.2. Im darauffolgenden Abschnitt 4.3.3 wird das Wahlverhalten zu Gunsten der FDP, in Abschnitt 4.3.4 jenes zu Gunsten der Grünen und in Abschnitt 4.3.5 das Wahlverhalten zu Gunsten der Linken analytisch eingeordnet. Im Abschnitt 4.3.6 wird schließlich das Wahlverhalten bei den Bundestagswahlen 2013 und 2017 zu Gunsten der AfD erläutert. Abschließend werden die dort vorgestellten Ergebnisse in Abschnitt 4.4 zusammengefasst und in die theoretische sowie gesellschaftliche Debatte eingeordnet. Auch wird hier die Bedeutung der vorliegenden Ergebnisse kontextualisiert erläutert.

In Kapitel 5 werden schließlich die zentralen Befunde der vorliegenden Untersuchung diskutiert und reflektiert. Zu diesem Zweck werden die Ergebnisse in Abschnitt 5.1 zusammengefasst und vor dem Hintergrund der theoretischen Erwartungen eingeordnet. Im darauffolgenden Abschnitt 5.2 wird die methodische Vorgehensweise reflektiert. Dabei werden mögliche Defizite kritisch eingeordnet, gleichermaßen aber auch gewinnbringende Erkenntnisse dargelegt, die durch diese Verfahrensweise gewonnen werden konnten. Abschnitt 5.3 widmet sich schließlich den praktischen Schlussfolgerungen, die sich aus der vorliegenden Arbeit ableiten lassen. Diese sind als Handlungsempfehlungen – sofern möglich – für jene politischen Parteien zu verstehen, die hier einer Analyse unterzogen wurden. Im Rahmen von Abschnitt 5.4 werden abschließend jene Forschungsfelder und -ansätze genannt, in denen eine an diese Untersuchung folgende Untersuchung lohnend erscheint.

Open Access Dieses Kapitel wird unter der Creative Commons Namensnennung 4.0 International Lizenz (http://creativecommons.org/licenses/by/4.0/deed.de) veröffentlicht, welche die Nutzung, Vervielfältigung, Bearbeitung, Verbreitung und Wiedergabe in jeglichem Medium und Format erlaubt, sofern Sie den/die ursprünglichen Autor(en) und die Quelle ordnungsgemäß nennen, einen Link zur Creative Commons Lizenz beifügen und angeben, ob Änderungen vorgenommen wurden.

Die in diesem Kapitel enthaltenen Bilder und sonstiges Drittmaterial unterliegen ebenfalls der genannten Creative Commons Lizenz, sofern sich aus der Abbildungslegende nichts anderes ergibt. Sofern das betreffende Material nicht unter der genannten Creative Commons Lizenz steht und die betreffende Handlung nicht nach gesetzlichen Vorschriften erlaubt ist, ist für die oben aufgeführten Weiterverwendungen des Materials die Einwilligung des jeweiligen Rechteinhabers einzuholen.

2 Determinanten des Wahlverhaltens: Von Cleavages zu gesellschaftlichen Wertorientierungen

Die Wahlforschung als solche hat verschiedene Gesichter. Sie beschäftigt sich mit den Fragen, aus welchen Gründen und wie Individuen wählen, welche Kontexte Wahlverhalten beeinflussen und wie stabil Individuen in ihrem Wahlverhalten sind (Roth 2008, S. 12). Sie versucht Prognosen über die Kurz- oder Langlebigkeit von Wahlentscheidungen aufzustellen, stellt Querverbindungen zu anderen Forschungsbereichen her und ist demnach als „multidisziplinär" (Schultze 2021, S. 976) zu verstehen. Die Wahlforschung untersucht nicht nur das Wahlverhalten von Individuen für Spitzenpolitiker, sondern auch die Beziehung zu Parteien und den für sie relevanten gesellschaftlichen Trägergruppen, also ihren Wählern und potenziell erreichbaren Wählergruppen (Schoen 2014; Schoen und Weins 2014).

Insbesondere der letztgenannte Aspekt hat einen vielfältigen Einfluss darauf, ob und wie sich ein Parteiensystem verändert. Der Systematisierungsversuch der Wahlforschung besteht demnach ganz essenziell darin, dass nicht nur die Elektorate jener Parteien, die als relevante Untersuchungsgröße ausgemacht werden, sondern auch Veränderungen auf Ebene der Gesamtwählerschaft und der Nichtwähler einer Untersuchung unterzogen werden. Dabei zeigt sich beispielhaft, dass unter den Wählern spezifischer Parteien immer weniger Individuen zu finden sind, die einem für die Partei ursprünglich relevanten Klientel entsprechen (Poguntke 2005; Dalton 2012).

Dies kann einerseits bedeuten, dass die entsprechende gesellschaftliche Trägergruppe immer weiter schwindet beziehungsweise kleiner wird. Andererseits kann daraus auch abgeleitet werden, dass es einer Partei nicht länger gelingt, für sie vormals wichtige Wählergruppen zu erreichen. Der Verdienst der Wahlforschung besteht darin, diese Entwicklungen nicht nur zu beschreiben und analytisch einordnen zu können, sondern auch darin, mögliche neue Wählerpotenziale zu identifizieren und Muster in potenziell neuen Elektoraten abzubilden. Klar ist aber, dass sich die Wählerschaften von Parteien, zumindest in freien und fairen Wahlen, zu einem gewissen Anteil immer neu zusammensetzen. Die Wählerschaft einer Partei kann nur schwerlich identisch zu der Wählerschaft dieser Partei bei einer vorangegangenen Wahl sein. Wohl aber können Schnittmengen bestehen oder gar Muster, die sich über längere Zeiträume entwickeln. Dies trifft insbesondere dann zu, wenn die Rede von Parteiensystemen ist, die über einen längeren Zeitverlauf in sich stabil sind – auch von der Konfiguration der dafür relevanten Parteien.

Um zu erforschen, weshalb durch Veränderungen und Entwicklungen des bundesdeutschen Parteiensystems zuletzt vermehrt der Eindruck entsteht, diese politische Stabilität könnte fragiler werden, erscheint es zunächst notwendig, die historischen Wurzeln eben dieses Parteiensystems herauszuarbeiten. In Abschnitt 2.1 wird dafür zunächst der Cleavage-Ansatz und seine Bedeutung für die Entwicklung des bundesdeutschen Parteiensystems erläutert. Anschließend wird in Abschnitt 2.2 ausführlich dargestellt, ob und inwiefern diese Cleavages das Wahlverhalten und damit auch das Parteiensystem strukturiert haben, aber auch an welche Grenzen dieser Ansatz durch die Entstehung der Grünen 1980 stößt. Im darauffolgenden Abschnitt 2.3 wird erläutert, wie Werte und ein sich vollziehender Wertewandel mit der Entstehung der Partei Die Grünen historisch verknüpft sind und wie dieser die Parteineugründung erst möglich machte. Zusätzlich wird ein weiterer Ansatz vorgestellt, das so genannte Michigan-Modell, welches neben der Cleavage-Theorie zu den wichtigsten Ansätzen der Wahlforschung gehört. Im anschließenden Abschnitt 2.4 werden gesellschaftliche Wertorientierungen und die dazugehörigen individuellen Wirkungsmechanismen auf das Wahlverhalten erläutert und ihre Bedeutung für die Wähler und Parteien des Parteiensystems der Bundesrepublik eingeordnet. In diesem Kapitel werden auf Basis der theoretisch-konzeptionellen Überlegungen die für die vorliegende Arbeit zentralen Hypothesen hergeleitet.

2.1 Der Cleavage-Ansatz und die historischen Wurzeln des bundesdeutschen Parteiensystems

Einer der zentralsten Erklärungsansätze zur Ausdifferenzierung von Parteiensystemen in Westeuropa geht auf die so genannte Cleavage-Theorie von Seymour M. Lipset und Stein Rokkan aus dem Jahr 1967 zurück. In der Einleitung zu dem von ihnen herausgegebenen Werk *Party Systems and Voter Alignments: Cross-National Perspectives* führen die Autoren sodann einige Faktoren an, die

2.1 Der Cleavage-Ansatz und die historischen Wurzeln ...

die Entstehung und dauerhafte Etablierung von Parteien innerhalb unterschiedlicher institutioneller Settings begünstigen konnten. Lipset und Rokkan vertreten dabei den Standpunkt, dass Parteien sich nicht bei jeder Wahl der Bevölkerung von neuem vorstellen (müssen), sondern auf ihre eigene parteipolitische Historie verweisen können, aus der die Bürger spezifische alternierende Politikangebote ableiten können (Lipset und Rokkan 1967, S. 2).

Parteien erfüllen der Cleavage-Theorie nach als Akteure im politischen System ihre Funktion dahingehend, als dass sie konfligierende Interessen in das politische System übersetzen, Interessen dafür bündeln und darauf basierende Forderungen artikulieren, die Ausdruck der Bedürfnisse jener Bevölkerungsteile sind, die sie zu vertreten gedenken (Lipset und Rokkan 1967, S. 5). Zu diesem Zweck beschreiben die Autoren die historischen und gesellschaftlichen Ursprünge, die zur Entstehung entsprechender Konfliktlinien beigetragen haben. So benennen sie die Konflikte zwischen Zentrum und Peripherie, Staat und Kirche, Land und Stadt sowie Kapital und Arbeit als ursächlich für die Ausdifferenzierung westeuropäischer Parteiensysteme. Während die Konflikte zwischen Zentrum und Peripherie sowie Staat und Kirche als direkte Produkte der nationalen Revolution verstanden werden, handelt es sich bei den Konflikten zwischen Land und Stadt sowie Kapital und Arbeit um Folgen der industriellen Revolution (vgl. Tabelle 2.1).

Tabelle 2.1 Cleavages nach Lipset und Rokkan

Cleavages	Kritische Phase	Themenfelder
Zentrum vs. Peripherie	Reformation vs. Gegenreformation: 16.–17. Jahrhundert	Nationale vs. Supranationale Religion; Nationale Sprache vs. Latein
Staat vs. Kirche	Nationale Revolution: ab 1789	Säkulare vs. Kirchlich-religiöse Kontrolle über das Bildungssystem
Land vs. Stadt	Industrielle Revolution: 19. Jahrhundert	Tarife für Agrarprodukte; Kontrolle vs. Freiheit für industrielle Gewerbebetriebe
Kapital vs. Arbeit	Russische Revolution: ab 1917	Integration in das nationale politische System vs. Engagement in der internationalen revolutionären Bewegung

Quelle: Eigene Darstellung und Übersetzung, basierend auf Lipset und Rokkan 1967, S. 47

Die Entstehung der ersten Konfliktlinie, jener zwischen Zentrum und Peripherie, verorten Lipset und Rokkan in die Zeit der Reformation und Gegenreformation des 16. und 17. Jahrhunderts. Diese ist als Ausdruck der konfligierenden Interessen zu verstehen, die sich um die Frage der Staatsbildung entfaltete. Dabei entstanden Konflikte vor allem um die Deutungshoheit der künftigen nationalen Kultur, welche anhand „sprachlicher, konfessioneller oder ethnischer Kriterien" (Kriesi 2007, S. 218) ausgefochten wurden. Antagonistisch gegenüber standen sich insbesondere „auf nationale Vereinheitlichung ausgerichtete Eliten [und] partikularistische Bestrebungen in (z. B. ethnische[n]) Regionalkulturen" (S. Pickel 2018, S. 37). Gleichzeitig sind auch hier schon die Kirchen, insbesondere die katholische Kirche, dahingehend von Bedeutung, als dass diese die Bildung von Nationalstaaten aufgrund ihrer eigenen transnationalen Ausrichtung in Frage stellen (Kriesi 2007, S. 218) und durch die Nationalstaatenbildung einen schwindenden Einfluss ihrer selbst befürchten. In Folge dieser Konfliktlinie entstehen sodann Parteien, die sich über eine gemeinsame sprachliche oder ethnische Basis definieren und abgrenzen.

Mit Beginn der Französischen Revolution im Jahr 1789 entbrennt ein weiterer Konflikt, der die Parteiensysteme Westeuropas auch über 200 Jahre später noch prägen wird, der Konflikt zwischen Kirche und Staat. Hier stoßen die Interessen derer, die einen französischen Nationalstaat neu zu formen versuchen, auf eine wehrhafte katholische Kirche, die ihre bisherigen Privilegien zu verteidigen versucht (Kriesi 2007, S. 220). Dabei gibt es nicht nur gewalttätige Auseinandersetzungen über die Frage des Kircheneigentums und der Finanzierung religiöser Aktivitäten, sondern insbesondere auch darüber, ob und inwiefern die Kirche einen Einfluss auf gesellschaftliche Werte und Normbildung nehmen darf. Der zentrale Konflikt entbrennt schließlich um den Einfluss auf den Bildungsapparat (Lipset und Rokkan 1967, S. 15). In diesem Kontext berufen sich die Kirchen auf ihren Anspruch, den Menschen im *richtigen Glauben* erziehen zu wollen (Kriesi 2007, S. 220), wie dies in den vergangenen Jahrhunderten der Fall gewesen sei (Lipset und Rokkan 1967, S. 15). Im Zentrum und im Süden Europas formieren sich die Kirchen zu einem Konfliktpol, dem eine radikal-laizistische und nicht selten nationalistisch geprägte Bewegung gegenübersteht. Vor allem die Einführung einer allgemeinen Schulpflicht, die den staatlichen Einfluss auf die Bildung von Kindern gewährleisten soll, wird seitens christlicher Autoritäten immens kritisiert. Es kommt in Folge zur Gründung christlicher und katholischer Parteien, die den kirchlichen Anspruch zu verteidigen gedenken (Kriesi 2007, S. 221).

Als Folge der industriellen Revolution ab dem 19. Jahrhundert vollzieht sich ein spektakuläres Wachstum des Welthandels und der industriellen Produktion. Dies führt zu zunehmenden Spannungen zwischen der ländlichen Bevölkerung,

2.1 Der Cleavage-Ansatz und die historischen Wurzeln …

den Primärerzeugern diverser Güter auf der einen Seite und Händlern und Unternehmen in den Städten auf der anderen Seite (Lipset und Rokkan 1967, S. 19). Ländliche Agrarinteressen stehen zu diesem Zeitpunkt konträr und unversöhnlich zu wirtschaftlichen Interessen der Städte (Schmitt-Beck 2007, S. 252). Es kommt zu einem Konflikt über die Ausgestaltung von Preisen für Agrarprodukte sowie über die Freiheit industriell Gewerbetreibender. Basierend auf dieser Konfliktlinie entstehen in der Folge an einigen Orten, an der Seite des Bürgertums, einerseits liberale Parteien und andererseits, auf der Seite der Landbevölkerung, konservative Agrarparteien (Lipset und Rokkan 1967, S. 19; S. Pickel 2018, S. 38). In den meisten Ländern kommt es jedoch nicht zu Gründungen solcher Parteien, da dies, wie beispielsweise in Deutschland, durch Vertreter des liberalen Bürgertums und Großgrundbesitzer auf dem Land verhindert wird (Mielke 2001). An diesem Beispiel ist eine Grundidee von Lipset und Rokkan dahingehend zu skizzieren, als dass diese davon ausgehen, ein Cleavage werde nicht automatisch in ein Parteiensystem übersetzt oder durch Parteineugründungen definiert (Lipset und Rokkan 1967, S. 26). Obgleich diese Konfliktlinie für das 19. Jahrhundert eine hohe politische Relevanz besessen hat (Kriesi 2007, S. 221), wurde seine parteipolitische Institutionalisierung durch bereits existierende Akteure zumeist erfolgreich verhindert.

Als vierte Konfliktlinie machen Lipset und Rokkan schließlich die Konfliktstruktur zwischen Kapital und Arbeit aus. Bereits in der frühen Phase der Industrialisierung entstehen Parteien der Arbeiterklasse. Die steigende Anzahl von Lohnempfängern, unabhängig ob in Forst- oder Großlandwirtschaft, sind zu diesem Zeitpunkt unzufrieden mit ihren Arbeitsbedingungen. Viele dieser Arbeiter fühlen sich sozial und kulturell von ihren Arbeitgebern entfremdet. Erschwerend kommt das Gefühl der Perspektivlosigkeit hinzu, die sich aus der Undurchlässigkeit gesellschaftlicher Schichten mangels fehlender sozialer Aufstiegsmöglichkeiten ergibt (Lipset und Rokkan 1967, S. 21). In manchen Ländern, unter anderem Deutschland, wird dieser Konflikt in Folge noch weiter durch repressive Gesetze zur Verfolgung von Gewerkschaftern und Sozialisten verschärft, die sich als Vertreter der Arbeiter etablieren. Nach der russischen Revolution von 1917 verstärkt sich diese gesellschaftliche Spaltung nur noch weiter, sehen sich Teile der Arbeiterklasse, vertreten durch die kommunistische Bewegung, in einem Kampf gegen die herrschende politische Ordnung motiviert (Lipset und Rokkan 1967, S. 22). Schlussendlich gehen aus diesem Konflikt kommunistische, sozialistische und auch sozialdemokratische Parteien hervor.

Alle Konfliktdimensionen eint, dass sich ein Protest gegen etablierte politische Eliten sowie kulturelle Werte und Standards formierte, die von Teilen der Bevölkerung nicht länger hingenommen wurden (Lipset und Rokkan 1967, S. 23).

Grundlegend ist aber, dass sich so vor allem zwei essenzielle Konfliktlinien identifizieren lassen: Während sich die Konflikte zwischen Zentrum und Peripherie sowie Staat und Kirche als eher kulturell einordnen lassen, handelt es sich bei den Konflikten zwischen Stadt und Land sowie Kapital und Arbeit um ökonomisch definierte Interessengegensätze (Rokkan 1980, S. 121). Darauf basierend bilden sich Parteiensysteme gemäß der Typologie nach Lipset und Rokkan anhand von zwei grundlegenden Dimensionen ab. Zu nennen ist hier einerseits eine territoriale Dimension zwischen Zentrum und Peripherie, aber auch eine funktionale Dimension zwischen Wirtschaft und Kultur. Auf der peripheren Seite der territorialen Dimension stehen der Stadt-Land-Konflikt sowie die ethnisch-sprachliche Spaltung, während auf der zentralistischen Seite die Konflikte zwischen Arbeit und Kapital sowie zwischen Staat und Kirche zu verorten sind. Entlang der funktionalen Dimension spannt sich die Teilung zwischen kulturellen und wirtschaftlichen Interessen. Auf der Seite wirtschaftlicher Interessen entzündet sich der Konflikt zwischen Arbeit und Kapital, aber auch jener zwischen Stadt und Land. Hier geht es also primär um gesellschaftliche Teilhabe, welche durch ökonomische Determinanten bedingt ist. Zentral sind demnach Verteilungskonflikte, welche für die kulturelle Differenzierung per se erstmal nicht relevant sind. Hier stehen die Konflikte zwischen Staat und Kirche sowie die ethnisch-sprachliche Teilung im Mittelpunkt. Diese sind primär auf die konkrete wertbasierte Ausgestaltung der Gesellschaft ausgerichtet. Zentral sind dabei Fragen, ob und inwiefern ein kirchlicher Einfluss auf die Kultur- und Normbildung einer Gesellschaft vorhanden sein soll und inwiefern ethnisch-sprachliche Minderheiten Teilhabe an und in einer Gesellschaft erfahren dürfen (vgl. Abbildung 2.1).

Es ist essenziell, dass die Etablierung einer Partei entlang dieser Konfliktdimensionen keineswegs als Selbstläufer eingeordnet werden darf. Notwendig für die Entstehung neuer Parteien ist, dass es zu einem spezifischen Zeitpunkt zu einer Allianz „zwischen einer sozialen Gruppierung bzw. ihren Repräsentanten und einer politischen Partei" (Pappi 2002, S. 102) kommen muss.

Diese Idee steht klar in der Tradition der mikrosoziologischen Perspektive, die Lazarsfeld et al. 1944 in ihrer Studie *The People's Choice. How the Voter Makes Up his Mind in a Presidential Campaign* dargelegt haben. Zentraler Befund der Untersuchung ist unter anderem, dass die Wahlteilnahme als eine Art Gruppenerfahrung wahrgenommen und beschrieben werden muss, in der „people who work or live or play together are likely to vote for the same candidates" (Lazarsfeld et al. 1944, S. 137). Individuen, die unter den gleichen externen Konditionen leben, entwickeln demnach ähnliche Bedürfnisse und Interessen. Dies führt in der Tendenz dazu, dass sie die Welt und ihre Lebensumstände auf die gleiche Weise beurteilen und sehen, was wiederum dazu führt, dass sie aus ihrer Perspektive

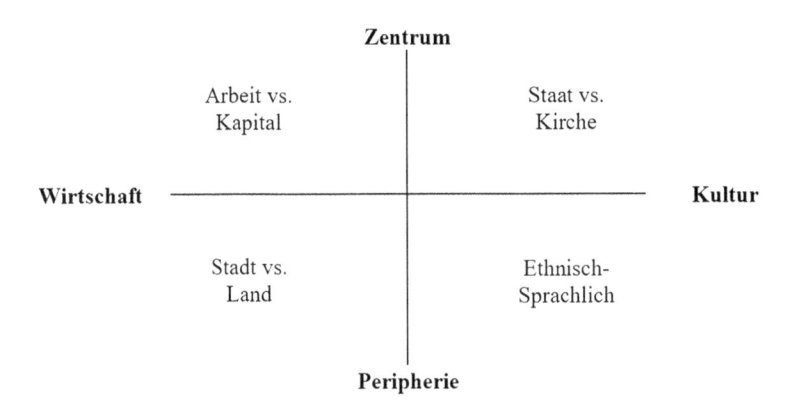

2.1 Der Cleavage-Ansatz und die historischen Wurzeln ...

```
                        Zentrum
                           │
         Arbeit vs.        │        Staat vs.
         Kapital           │        Kirche
                           │
Wirtschaft ────────────────┼──────────────── Kultur
                           │
         Stadt vs.         │        Ethnisch-
         Land              │        Sprachlich
                           │
                        Peripherie
```

Abbildung 2.1 Territoriale und funktionale Dimension der Cleavages. (Quelle: Eigene Darstellung, basierend auf Rokkan 1980, S. 121; Pappi 2002, S. 103; S. Pickel 2018, S. 39)

und ihren Erfahrungen ähnliche Interpretationen der sozialen Wirklichkeit ableiten (Lazarsfeld et al. 1944, S. 148). Der wohl bekannteste Befund der Studie ist jedoch: „a person thinks, politically, as he is, socially. Social characteristics determine political preference" (Lazarsfeld et al. 1944, S. 27). Demnach werden die politische Ausrichtung, die Wertvorstellungen und die Wertorientierungen eines Individuums maßgeblich durch dessen Position in der Sozialstruktur prädeterminiert. An eben derselben Stelle setzen auch die Überlegungen von Lipset und Rokkans hinsichtlich ihres makrosoziologischen Modells der Cleavage-Theorie an.

Mit Blick auf Deutschland ließ sich eine solche auf sozialen Charakteristika beruhende Allianz zwischen der *Deutschen Zentrumspartei* (Zentrum) und den Katholiken einerseits und zwischen der Sozialdemokratie und den Arbeitern andererseits (Pappi 2002, S. 102) durchaus konstatieren. Demnach hat sich die territoriale Dimension als weniger konstitutiv erwiesen als die funktionale Differenzierung von Lipset und Rokkan. Der Konflikt zwischen Arbeit und Kapital wurde durch die Gründung der Sozialdemokratischen Partei Deutschlands in das Parteiensystem übersetzt, während sich die Zentrumspartei als Vertreterin kirchlicher Interessen im Konflikt zwischen Staat und Kirche etablieren konnte. Prägende Faktoren waren folglich ökonomischer und auch kultureller Natur, die im Grundkonzept der Cleavage-Theorie schon angelegt sind. Essenziell ist hier, dass diese Konflikte auf stark ausgeprägten kollektiven sozialen Identitäten beruhten. Der Konflikt zwischen Arbeitern und Arbeitgebern, aber auch zwischen Säkularen und Verteidigern der Kirche, beruht zu diesem Zeitpunkt auf einer immensen Solidarität untereinander, die sich auf mehr als die bloße sozialstrukturelle Zuordnung zu einer spezifischen Gruppe stützt (Hooghe und Marks 2018, S. 111). Geteilt wird dabei die Sicht und Einschätzung auf gesellschaftliche und politische Entwicklungen ebenso wie, dass entsprechende Wertorientierungen innerhalb dieser Gruppierungen dominieren.

Eine weitere verbindende Komponente zwischen der Cleavage-Theorie und dem Ansatz von Lazarsfeld und Kollegen ist jene, dass in beiden Fällen nicht die ursprüngliche Idee war, einen neuen Ansatz zur Erklärung von Wahlverhalten zu finden (Schoen 2014, S. 171). Dennoch hat sich der Ansatz von Lipset und Rokkan in der empirischen Wahlforschung explizit zur Erklärung von Wahlverhalten, welches auf in der Gesellschaft bestehenden Konfliktlinien beruht, schlussendlich als ein möglicher Erklärungsfaktor durchgesetzt (Schoen 2009, S. 203). Dies liegt auch darin begründet, dass entsprechende Muster gesellschaftlicher Polarisierung, die im weiteren Verlauf noch näher erläutert werden, durch ihn erklärt werden konnten und auch heute teilweise noch erklärt werden können.

Im Gegensatz zu Lazarsfeld et al. sind Lipset und Rokkan bei der Beschreibung ihres Konzepts eine konkrete Definition schuldig geblieben, was ein Cleavage ihrem Verständnis nach, abgesehen von einer Art Konfliktlinie innerhalb der Gesellschaft, eigentlich ist (Magin et al. 2009, S. 234). In der Tat hat sich bis heute keine einzige kohärente Definition durchgesetzt, die definiert, was unter dem Begriff *Cleavage* nun eigentlich zu verstehen ist (Römmele 1999, S. 4, zitiert nach Niedermayer 2009, S. 30). Demnach gilt es zunächst diesen sehr zentralen Begriff näher zu klären, da ein Parteiensystem und das darauf basierende Wahlverhalten nur nachvollzogen werden kann, wenn dessen Konfliktlinien auch hinreichend verstanden werden (Schmidt 2007, S. 99).

Als Cleavage wird eine Konfliktlinie oder Spaltung von Mitgliedern einer Gesellschaft verstanden (Rae und Taylor 1970, S. 1). Angelehnt an das Cleavage-Konzept von Lipset und Rokkan (1967), müssen Cleavages jedoch als auf eine territoriale Einheit begrenzt angesehen werden. Sie manifestieren sich nicht ausschließlich innerhalb spezifischer nationaler Territorien, die jeweils eine eigene nationale Entwicklungsgeschichte haben. Jedoch weisen territoriale Eingrenzungen oftmals eine gewisse Pfadabhängigkeit für die Entstehung bestimmter Parteien auf. So gibt es Cleavages, in Abhängigkeit der nationalen Beschaffenheit eines Landes, die sich mancherorts in einer Gesellschaft herausbildeten, in anderen wiederum nicht (Niedermayer 2009, S. 31).

In den meisten wissenschaftlichen Veröffentlichungen wird jedoch insbesondere „eine [über] längere Zeit stabile, konflikthafte und institutionalisierte

2.1 Der Cleavage-Ansatz und die historischen Wurzeln ...

gesellschaftliche Spaltungslinie" (Niedermayer 2009, S. 30) als Definitionsversuch angeführt, obgleich die Form der Institutionalisierung nicht klar definiert ist. In den meisten dieser definitorischen Annäherungen ist aber die Institutionalisierung in Form von Parteien gemeint. Pappi schlägt in diesem Kontext vor, dass unter einem Cleavage „ein dauerhafter politischer Konflikt, der in der Sozialstruktur verankert ist und im Parteiensystem seinen Ausdruck gefunden hat" (1977, S. 195) verstanden werden müsse. Neben der sozialstrukturellen Verankerung spielt aber auch eine politisch-ideologische Identitätsbildung eine Rolle. Dort entsteht durch die parteipolitische Institutionalisierung eine Wechselwirkung zwischen der gesellschaftlichen Sozialstruktur, der Interessenvertretung durch parteipolitische Eliten und der Ausdifferenzierung des Parteiensystems (Eith 2008, S. 26–27). Demnach bringen „aus struktureller, makrosoziologischer Perspektive (...) Parteiensysteme die institutionalisierten Konflikte eines Gemeinwesens zum Ausdruck" (Eith 2008, S. 25).

Von immenser Bedeutung ist folglich, dass die gesellschaftliche Konfliktlinie auch in politischer Unterstützung beispielsweise in Form von einer Stimmabgabe für eine Partei zum Ausdruck gebracht wird (Elff 2018, S. 143). Dafür besteht aber die Notwendigkeit, dass „die Angehörigen der widerstreitenden Gruppen eine oder mehrere Parteien als Verbündete gewinnen können und sich ein Gefüge opponierender politischer Interessenvertretung in einem (...) Parteiensystem entwickelt" (S. Pickel 2018, S. 34). Dafür notwendig ist, dass entsprechende Parteien die gesellschaftspolitischen Interessen und Wertvorstellungen ihrer Anhänger widerspiegeln, da sie andernfalls nicht als deren Verbündete wahrgenommen werden.

Dalton (2018, S. 11) wiederum verwendet den Cleavage-Begriff anders als Lipset und Rokkan oder andere Forscher. Er nutzt ihn, um eine Reihe von Werten oder Weltansichten zu identifizieren, die in politischen Issues[1] ausgedrückt werden. Er betont dabei, dass Cleavages vermehrt auf gemeinsamen politischen Werten denn auf Gruppenzugehörigkeiten beruhen, die wiederum weniger institutionalisiert und fluider in gegenwärtigen Gesellschaften geworden sind. Zwar unterscheidet sich Daltons Definition insofern von der Lipsets und Rokkans, als dass er mit seinem Ansatz eine Verankerung in der Sozialstruktur negiert, gleichwohl Werte und Wertorientierungen immer als Teilaspekt jener Sozial- und Schicksalsgemeinschaften mitgedacht werden, die im Cleavage-Begriff auch bei letztgenannten subsumiert werden.

Aus diesen verschiedenen Ansätzen lassen sich fünf grundlegende Komponenten ableiten, die für die Konstituierung eines Cleavages notwendig sind: 1. Eine

---

[1] Gemeint sind hiermit Sachthemen oder spezifische politische Inhalte.

sozialstrukturelle Basis, die sich beispielsweise in der Zugehörigkeit zu einer gesellschaftlichen Schicht, Klasse oder Religion ausdrückt, 2. eine kollektive Identität, die sich aus dieser sozialstrukturellen Basis ableitet, 3. eine institutionelle Manifestation im Sinne einer Parteibildung (Bornschier 2009, S. 2), wobei es hier 4. nicht zu einer einseitigen parteipolitischen Institutionalisierung kommen darf. Diese parteipolitische Institutionalisierung wiederum muss 5. „eine gemeinsame Ideologie mit den Vertretern der die Konfliktlinie repräsentierenden sozialen Gruppen aufweisen" (S. Pickel 2018, S. 52).

Der makro-soziologische Ansatz in Form der Cleavage-Theorie geht davon aus, dass die parteipolitische Institutionalisierung notwendigerweise aus Sicht der gesellschaftlichen Sphäre gedacht werden muss, die wiederum auf die politische Sphäre wirkt. Diese ist dabei als ein Spiegel der Werte und Interessen der Gesellschaft zu deuten. In der politischen Sphäre sind demnach Akteure anzutreffen, die die Interessen von spezifischen Bevölkerungsteilen aggregieren und artikulieren können, aber nicht notwendigerweise müssen. Um von einem Cleavage sprechen zu können, ist die Repräsentation solcher Interessen aber von zentraler Bedeutung (Lipset und Rokkan 1967, S. 5). Lipset und Rokkan vertreten den Ansatz, dass es sich um eine primär einseitige Einflussnahme auf das Politische handelt, wenngleich politische Akteure entsprechende Anforderungen und Wünsche auch ignorieren können. Dafür besteht auf der gesellschaftlichen Sphäre die Möglichkeit der Sanktion, indem die Zustimmung bei Wahlen entzogen oder auch die Option der parteipolitischen Neugründung erwogen werden kann (vgl. Abbildung 2.2).

Zentral ist hier jedoch, dass politische Eliten durch gesellschaftliche Segmente unterstützt werden müssen, beispielsweise durch eine Stimmabgabe bei Wahlen. Bei dieser Form politischer Unterstützung liegt entsprechend keine wechselseitige Beziehung vor. Wie eingangs erwähnt, muss aus dieser Perspektive die Unterstützung in Form von Wahlverhalten als Gruppenverhalten, nicht als individuelle Entscheidung gedacht werden (Berelson et al. 1954, S. 321) wie auch schon die Studie von Lazarsfeld et al. (1944) zeigt. Die Cleavage-Theorie verfolgt hier den Ansatz, dass einige Bevölkerungsgruppen ein homogenes Wahlverhalten aufweisen (Schoen 2014, S. 185). Treffen beispielsweise Individuen in ihrem privaten und beruflichen Kontext nur auf andere Individuen, die sich der gleichen Gruppe mit kollektiver sozialer Identität zuordnen, so steigt die Wahrscheinlichkeit immens an, dass eine Loyalität für jene Partei entwickelt wird, die die Interessen dieser Gruppe in der politischen Sphäre vertritt (Schoen 2014, S. 174). Dabei darf selbstredend die Prägung durch das Elternhaus in Form einer politischen Primärsozialisation nicht außer Acht gelassen werden

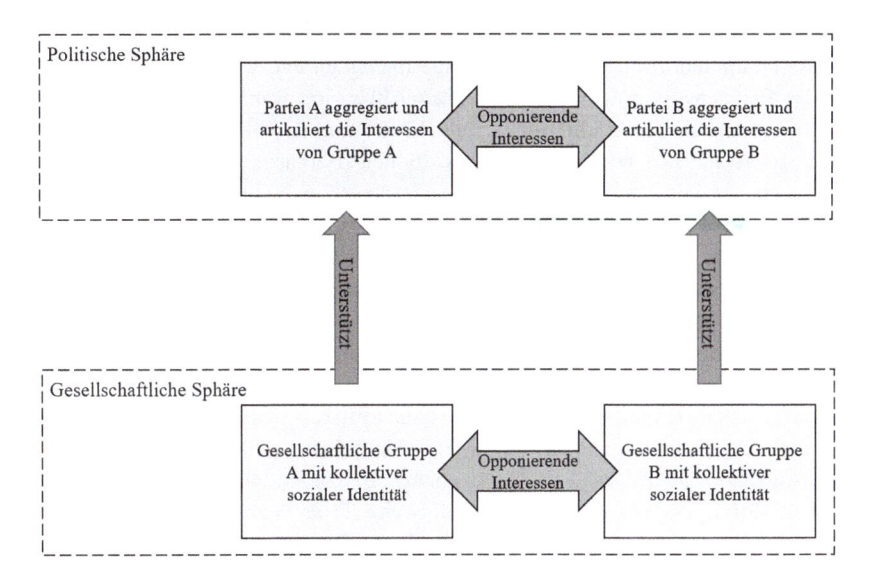

Abbildung 2.2 Deterministischer Ansatz der Cleavage-Theorie. (Quelle: Eigene Darstellung)

(Schoen 2014, S. 177). Demnach determiniert die Zugehörigkeit zu einer spezifischen sozialen Gruppe das Wahlverhalten gegenüber einer spezifischen Partei, beispielsweise die Zugehörigkeit zur Arbeiterklasse, das Wahlverhalten für eine sozialdemokratische, sozialistische oder kommunistische Partei.

Schwieriger gestaltet sich diese Einordnung aber, wenn Individuen zu „mehreren, teilweise auch entgegengesetzten sozialen Kräftefeldern, die auf den einzelnen wirken" (Roth 2008, S. 31) zugehörig sind. Diese auch als *cross-pressures* bezeichneten Einflussfaktoren auf das politische (Wahl-)Verhalten (Lazarsfeld et al. 1944, S. 53; Schoen 2014, S. 179) können zu einem Rückgang an politischem Interesse oder gar der Wahlenthaltung bei Betroffenen führen (Roth 2008, S. 31), da diese in Abwägung ihrer Wertvorstellungen keine Entscheidung für oder gegen eine entsprechende Partei treffen mögen. Ein gängiges Beispiel stellen hier katholische Arbeiter dar, die einerseits durch ihre religiöse Zugehörigkeit für eine christliche oder christdemokratische Partei votieren müssten, aufgrund ihrer Zugehörigkeit zur Arbeiterklasse jedoch auch durch ihr Arbeitsumfeld beeinflusst werden, welches tendenziell eher Sozialdemokraten, Sozialisten oder Kommunisten wählt. Diese Konflikte werden als solche jedoch nur dann im Sinne eines

Cleavages relevant, wenn es eine gesellschaftliche Gruppe gibt, die der Arbeiterklasse kontradiktorisch gegenüberstehende Interessen hat, welche gleichermaßen in das Parteiensystem, in Form einer Partei übersetzt werden. Parteien mobilisieren entlang dieser Konfliktlinien ihre Wähler und es kommt zum politischen Wettbewerb mit klar besetzten Extrempositionen (Bernauer et al. 2018, S. 277).

Dieser soziale Determinismus ist allerdings nicht unumstritten. Im so genannten Parteien-Dominanz-Modell entfaltet sich ein Kontrast zum Lipset-Rokkan'schen Ansatz. Parteien wirken hiernach durch politische Prozesse an der Ausgestaltung von Konfliktlinien mit: Sie schaffen, transformieren, vertiefen oder diffundieren spezifische kulturelle und ökonomische Konflikte (Torcal und Mainwaring 2003, S. 59). Diese Interpretation beschäftigt sich anders als der makro-soziologische Ansatz dezidiert mit Transformationsgesellschaften. Dabei soll die Neuentstehung von Parteien in postautoritären Gesellschaften (S. Pickel 2018, S. 55) erklärt werden. Torcal und Mainwaring (2003) können dies in der Anwendung für den Fall Chile ebenso bestätigen wie beispielsweise S. Pickel (2018a, S. 574) für Ungarn. Für weite Teile Westeuropas kann dieser Ansatz jedoch nicht übernommen werden, da die Parteiensysteme der 1960er mit wenigen, aber signifikanten Unterschieden in den weitesten Teilen den Cleavage-Strukturen der 1920er entsprechen (Lipset und Rokkan 1967, S. 50). Demnach setzt allenfalls ein gradueller Wandel der Parteiensysteme nach dem verheerenden Unglück des zweiten Weltkrieges und der nationalsozialistischen Terrorherrschaft ein, nicht jedoch ein vollständiger Bruch mit den Traditionen aus der Vorkriegszeit. So haben die Parteien in der Nachkriegsphase zwar eindeutig die Transformation in eine demokratische Gesellschaft begleitet und unterstützt, es findet aber keine dezidierte Loslösung von vormals existierenden Strukturen statt.

Eine Art Mittelweg stellt das Interdependenz-Modell von Sartori (1968) dar. In diesem kritisiert er, dass im Cleavage-Ansatz zu stark aus der Perspektive der von der Sozialstruktur ausgehenden Effekte argumentiert werde. Diese dürften nicht als *Einbahnstraße* verstanden werden, die ausschließlich seitens der Gesellschaft auf die politische Sphäre wirken (Schmitt 2001, S. 624). Besonders kritisch äußert sich Sartori über die Ausführungen Lipsets und Rokkans, da bei der Übersetzung von gesellschaftlichen Konflikten in die politische Sphäre die Rolle der *Übersetzer*, also die der Parteien, zu wenig Aufmerksamkeit erfahre (Sartori 1968, S. 20). Von hoher Relevanz ist aber, dass es demnach zu einer gegenseitigen Beeinflussung seitens politischer und gesellschaftlicher Sphäre kommt, also einem interdependenten Verhältnis (Schmitt 1987, S. 11; Schmitt 2001, S. 625). So diskutiert Sartori am Beispiel des Klassenkonflikts wie folgt „It is not the 'objective' class (class conditions) that creates the party, but the party that creates the 'subjective' class (class consciousness). (…) The party is not a 'consequence' of the

2.1 Der Cleavage-Ansatz und die historischen Wurzeln …

class. Rather, and before, it is the class that receives the identity from the party" (Sartori 1968, S. 15). Die Parteien nehmen hier also eine weitaus identitätsstiftendere Funktion ein als von Lipset und Rokkan (1967) beschrieben. Tatsächlich wurde diese aber von ihnen schon in Ansätzen diskutiert. Gleichwohl zeigt sich, dass durch den Cleavage-Ansatz zuallererst die Bestrebung verfolgt wurde, „eine historisch fundierte Begründung dafür [zu] liefern, weshalb Mitglieder einiger sozialer Großgruppen bestimmte Parteien präferieren" (Schoen 2014, S. 186). In der Tat zeigt sich, dass „Lipset und Rokkan eine korrekte Rekonstruktion der Entwicklungsgeschichte westeuropäischer Partei[en]systeme liefern, so daß man an sie auch bei der Analyse heutiger Partei[en]systeme anknüpfen kann" (Pappi 1977, S. 197).

Der Cleavage-Ansatz ist in seiner Darstellung nicht ohne Fehler, worauf auch durch Sartori (1968) hingewiesen wird. So kann mit Hilfe der Cleavage-Theorie zwar stabiles Wahlverhalten sozialer Gruppen, jedoch nur begrenzt ein Wechselwahlverhalten erklärt werden (Schoen 2014, S. 186). Selbstredend versuchen Parteien ihr Angebot anzupassen, um auf dem „Wählermarkt" (Korte 2013, S. 35) ihre Stimmenzahl zu maximieren. Dennoch kann die Frage danach, ob und in welchem Umfang ein interdependentes Verhältnis zwischen Parteien und Wählern besteht oder ob ausschließlich Wähler auf Parteien einwirken, an dieser Stelle nicht geklärt werden. Jedoch ist dies auch kein Bestandteil der Fragestellung der vorliegenden Arbeit. Der Cleavage-Ansatz als solcher hat sich jedoch seit seinem Erscheinen zu einem integralen Bestandteil der Wahlforschung entwickelt. Das Interdependenz-Modell oder das Parteien-Dominanz-Modell hingegen werden im Rahmen der Entstehung von Parteiensystemen und dem darauf basierenden Wahlverhalten nicht diskutiert (Roth 2008; Falter und Schoen 2014). Da die Ausdifferenzierung vom spezifischen Parteiensystem der Bundesrepublik Deutschland von elementarer Bedeutung für die vorliegende Arbeit ist und mit Hilfe des Cleavage-Ansatzes gut beschrieben werden kann, ist nun zunächst wichtig, einen Blick auf die historischen Entwicklungsstränge deutscher Parteien zu werfen.

Das Cleavage-Konzept von Lipset und Rokkan geht von einer immens hohen Pfadabhängigkeit aus, gemäß dem die historische Perspektive von großer Bedeutung ist, um die heutigen Parteiensysteme Westeuropas in ihrer Vielfalt zu verstehen. Insbesondere der Blick auf das Parteiensystem der Bundesrepublik Deutschland offenbart in Teilen eine nicht unwesentliche Kontinuität, die bereits in der Frankfurter Nationalversammlung von 1848/1849 ihren Ursprung findet. Gemessen am heutigen Verständnis sind die damals gebildeten Gruppierungen nicht als Parteien zu verstehen, da sie zwar als Vertreter einer jeweils bestimmenden Weltanschauung, nicht jedoch als Interessenvertreter agierten. Dies liegt unter anderem an einer eher systemischen Komponente, da ihnen die Mitwirkung in der Exekutive verwehrt blieb (Alemann 2010, S. 15–16; Jesse 2013, S. 687). Dennoch wurden Parteien zumeist aus Opposition gegen einen „monarchischen Absolutismus" (Hennis 1998, S. 14) gegründet. Die meisten der infolgedessen entstandenen Parteien, bildeten im Groben die sozialen Gruppen ab, denen sie entstammten: die Liberalen als Vertreter des Bürgertums, die Konservativen als Vertreter des Adels und die Sozialisten als Vertreter der Arbeiterschaft. Einzig die Zentrumspartei war dadurch gekennzeichnet, dass ihre Vertreter aus verschiedenen gesellschaftlichen Gruppierungen entstammten (Jesse 2013, S. 689). Das Zentrum selbst sah sich „für Arbeiter, Handwerker, Mittelstand und Unternehmer, Adelige, Bürokratie und Klerus [als] die Partei der Wahl – wenn man katholisch war" (Alemann 2010, S. 31). Bereits in der Frankfurter Paulskirche hatte das katholische Milieu Versuche unternommen, den staatlichen Einfluss auf das Bildungssystem abzuwehren (Alemann 2010, S. 30). Es handelt sich hierbei um einen Konflikt, der auch noch hundert Jahre später bei Neugründung der Bundesrepublik Deutschland eine Rolle spielt.

Im Jahr 1871, ein Jahr nach Gründung des Zentrums, setzte schließlich der *Kulturkampf* ein, in dem die Katholiken bald als *Reichsfeinde* gebrandmarkt wurden (Beyme 2010, S. 147; Gabriel und Westle 2012, S. 163). Dadurch sollte der kirchliche Einfluss auf die Gesellschaft unterbunden werden – ein Vorhaben, welches politisch nicht folgenlos blieb:

> „Die direkten Auswirkungen dieser Gesetze waren spektakulär. So wurden 300 Ordensniederlassungen mit fast 4.000 Mitgliedern aufgelöst, fünf Bischöfe wurden inhaftiert, sechs abgesetzt und ins Exil getrieben. Anfang der [18]80er Jahre waren über ein Viertel der katholischen Pfarreien verwaist" (Hofmann 1993, S. 101, zitiert nach Alemann 2010, S. 32).

Neben einem hohen Organisationsgrad konnten die Katholiken in dieser Zeit einen hohen Grad an identitätsstiftenden Elementen vorweisen. Religion und Katholizismus standen zu dieser Zeit noch viel zentraler in der Lebenswelt der Menschen (Zolleis 2008, S. 43). Diese identitätsstiftenden Elemente wurden durch den Bismarck'schen Kulturkampf und die dadurch begründete Repression weiter verstärkt, weshalb das Zentrum schlussendlich als zentrale politische Interessenvertretung angesehen wurde, die durch die Katholiken immens unterstützt wurde (Gabriel und Westle 2012, S. 149). Im Gegenzug forderte das Zentrum später in Teilen eine besondere Berücksichtigung von Katholiken bei der Vergabe von öffentlichen Ämtern ein (Weber 2017, S. 21). Der Kulturkampf hatte weitreichende Folgen für die Entwicklung und Entstehung christlich geprägter

2.1 Der Cleavage-Ansatz und die historischen Wurzeln ... 31

Parteien in Deutschland. Es wird heute angezweifelt, ob ohne diesen eine katholische Partei oder gar eine überkonfessionelle Partei wie die CDU/CSU nach dem Zweiten Weltkrieg hätte entstehen können (Alemann 2010, S. 32; Zolleis und Schmid 2013, S. 417).

Neben dem religiösen Interessenkonflikt wird stets ein weiterer genannt, der auf das deutsche Parteiensystem weitreichende Folgen entwickeln sollte: der Klassenkonflikt beziehungsweise der Konflikt zwischen Arbeit und Kapital (Schmitt 2001, S. 623). Die aus diesem Konflikt entstandenen Sozialisten und Sozialdemokraten forderten ein vollends anderes Politik- und Gesellschaftsmodell, das notfalls durch eine Revolution herbeigeführt werden sollte (Alemann 2010, S. 34). Mit Gründung des *Allgemeinen Deutschen Arbeitervereins* (ADAV) wurde schließlich im Jahr 1863 der erste Grundstein zur parteipolitischen Institutionalisierung des Konfliktes zwischen Kapital und Arbeit gelegt. Die im Jahr 1869 gegründete *Sozialdemokratische Arbeiterpartei* (SDAP) fusionierte im Jahr 1875 mit dem ADAV und nannte sich fortan *Sozialistische Arbeiterpartei Deutschlands* (SAP), die wiederum 1891 den Namen Sozialdemokratische Partei Deutschlands (SPD) annahm (Alemann 2010, S. 34–35). In die Zeit zwischen 1878 und 1890 fallen eben auch die so genannten Sozialistengesetze („Gesetz gegen die gemeingefährlichen Umtriebe der Sozialdemokraten") (Alemann 2010, S. 35), welche als Grundlage zur Unterdrückung der Sozialdemokratie dienten. Ähnlich wie bei den Katholiken führte die Verfolgung auch hier eher zur Verstärkung einer gemeinsamen Identität unter der Arbeiterschaft. Auch die Sozialisten und Sozialdemokraten boten eine Weltanschauung an, die als identitätsstiftendes Merkmal fungierte – und explizit in Konkurrenz zum katholisch geprägten Weltbild stand (Alemann 2010, S. 33; Jesse 2013, S. 692). In der Summe waren es bei beiden entsprechenden Repressionen ausgesetzten Gruppen vor allem gemeinsame Werte, die zu einer gegenseitigen Loyalität und einem Zusammenhalt führten.

Der Übergang vom Kaiserreich zur Weimarer Republik verlief – zumindest gemessen am Parteiensystem – ohne große Umstürze. Die grundlegenden vier Strömungen, bestehend aus Sozialisten, Konservativen, Liberalen und politischem Katholizismus blieben ebenso bestehen wie die meisten Führungseliten in ihren Funktionen verblieben (Alemann 2010, S. 38). In der Weimarer Republik sammelten sich Vertreter konservativ-nationaler Gesellschaftsideale in großen Teilen in der *Deutschnationalen Volkspartei* (DNVP), während liberale Interessen in zwei Parteien eine Heimat fanden. Zu nennen sind hier zum einen die *Deutsche Demokratische Partei* (DDP) sowie die *Deutsche Volkspartei* (DVP). Während erstere eine linksliberale politische Ausrichtung verfolgte, war die DVP eher als nationalliberale Partei ausgerichtet. Als Kontinuität erwies sich das Fortbestehen der Sozialdemokratischen Partei Deutschlands (SPD) und der katholischen Zentrumspartei (Jesse 2013, S. 703). Insbesondere das „Zentrum konnte ohne große programmatisch-politische Abstriche aus dem Kaiserreich in die Weimarer Republik wechseln" (Alemann 2010, S. 40). Zusätzlich wurde das Parteienspektrum durch die systemfeindliche *Kommunistische Partei Deutschlands* (KPD) und ab 1920 durch die *Nationalsozialistische Deutsche Arbeiterpartei* (NSDAP) erweitert (Jesse 2013, S. 702). Die Weimarer Republik sollte 15 Jahre überdauern, bis von der NSDAP und ihrem Vorsitzenden Adolf Hitler eine Diktatur installiert werden würde, in der sämtliche andere Parteien verboten wurden und die schließlich im Zweiten Weltkrieg mündete.

1949 wird die Bundesrepublik Deutschland als Staat neu gegründet, wodurch es zu einer Neukonfiguration des Parteiensystems kommt. Die linken Parteien, SPD und KPD, knüpfen an die bereits bestehende Tradition aus der Weimarer Republik an. Die bürgerlichen Parteien erfahren hingegen eine neue Ausdifferenzierung. Erstmals formieren sich die Liberalen in einer neu gegründeten Partei, der Freien Demokratischen Partei (FDP). Die bisherige Trennlinie zwischen der vormals bestehenden nationalliberalen DVP und der sozialliberalen DDP soll so überwunden werden (Decker und Best 2015, S. 205).

Zusätzlich werden mit der Christlich Demokratischen Union Deutschlands (CDU) und der Christlich-Sozialen Union (CSU) erstmals überkonfessionelle Parteien gegründet, die das Zentrum als Vertreterin primär katholischer Interessen ablösen (Jesse 2013, S. 706; Jesse 2018, S. 825). Dem Zentrum war es bis zur Selbstauflösung im Jahr 1933 gelungen, immense Teile der Katholiken im Deutschen Reich als Wähler an sich zu binden. Genau aus diesem Grund sollte es aber auch nie bedeutende Erfolge jenseits des eigenen Milieus verbuchen können (Pappi 1985, S. 264). Dennoch entfaltet der Konflikt zwischen Kirchenwürden und staatlichen Autoritäten auch weiterhin eine immense Wirkung (Pappi 1985, S. 265). Zwar etabliert sich die CDU nach dem zweiten Weltkrieg als überkonfessionelle Sammlungsbewegung, sie ist jedoch zu diesem Zeitpunkt und weit darüber hinaus durch den politischen Katholizismus geprägt (Handwerker 2019, S. 132). Dies hat auch damit zu tun, dass sie durch die katholische Kirche in ihrem Aufbau maßgeblich unterstützt wurde (Handwerker 2019, S. 134), gleichwohl sich diese Unterstützung auch auf die evangelische Kirche erstreckte (Abromeit und Stoiber 2006, S. 186). Ähnlich verhält es sich mit der CSU. Das Zentrum wiederum, welches sich mit der Gründung der Bundesrepublik Deutschland ebenfalls neu konstituiert, kann an frühere Wahlergebnisse nie mehr anknüpfen und wird, auch bedingt durch eine beginnende Säkularisierung, politisch irrelevant. Inhaltliche Differenzen zwischen Protestanten und Katholiken sind politisch nicht länger tragfähig, weshalb dem Zentrum

2.1 Der Cleavage-Ansatz und die historischen Wurzeln ...

zusätzlich seine Existenzgrundlage entzogen wird (Rudzio 2015, S. 115). Die Gründung einer überkonfessionellen Partei führt in Deutschland so dazu, dass die inter-religiöse Konfliktlinie schneller überwunden werden kann, während sie in anderen gemischt-konfessionellen Ländern viel stärkere Dynamiken entfaltet (Dalton 1996, S. 321; Beyme 2010, S. 148; Alemann 2010, S. 54). Zudem führen weitere Gründe dazu, dass zwischen 1953 und 1961 agrarische sowie andere kleinere Parteien und Gruppierungen weitestgehend in CDU und CSU aufgehen (Beyme 2010, S. 148–149).

Die FDP hingegen etabliert sich dezidiert als antiklerikale Partei, die den kirchlichen Einfluss weitestgehend einzudämmen versucht (Handwerker 2019, S. 134). Neben dem Umstand, dass sich mit der FDP erstmals eine gesamtliberale Partei gründete, die eine seit dem Kaiserreich andauernde Spaltung liberaler Parteien überwindet, „verdankte sie [ihren Erfolg] vor allem ihrer laizistischen Orientierung. Als kirchferner Gegenpol zur Union konnte die FDP auf eine distinkte, allerdings soziodemographisch im Rückgang begriffene protestantisch-mittelständische Wählerschaft abzielen" (Decker und Best 2015, S. 205–206). Zudem versteht es die Partei, sich wie andere Parteien im (mitte-)rechten Spektrum als dezidiert antisozialistisch zu positionieren (Alemann 2010, S. 57; Decker und Best 2015, S. 205).

In ihrer antisozialistischen Haltung steht die FDP nicht allein dar, sondern steht Seite-an-Seite mit den christdemokratischen Parteien CDU und CSU. Konträr dazu stehen SPD und die KPD, letztere zumindest bis zu ihrem Verbot im Jahr 1956. Beide Parteien knüpfen mit Gründung der Bundesrepublik nahezu nahtlos an ihre Tradition aus der Weimarer Republik an. Der Klassenkonflikt, repräsentiert durch Arbeiter, Sozialdemokraten und Gewerkschaften auf der einen Seite und den bürgerlichen Parteien CDU/CSU und FDP auf der anderen Seite, stellt die zweite Konfliktlinie dar, die für das Parteiensystem der frühen Bundesrepublik weiterhin immens relevant ist (Nachtwey und Spier 2007, S. 21; Hunsicker et al. 2013, S. 35; Rudzio 2015, S. 112).

Für Nachkriegsdeutschland können demnach ==zwei zentrale Konfliktlinien== ausgemacht werden, die das Parteiensystem definieren: eine ==konfessionelle== und eine ==sozio-ökonomische== (Schmitt-Beck 2014a, S. 180). Die gleichzeitige Spiegelung des Konfessionskonflikts und des Klassenkonflikts im Parteiensystem findet insbesondere in den Ländern Anklang, in denen sowohl katholische als auch protestantische und säkulare Gesellschaftsteile vorhanden sind. Zu nennen sind hier beispielhaft Österreich, Deutschland sowie die Schweiz (Kitschelt und McGann 1997, S. 133–134). Dabei steht Deutschland in einer Reihe mit vielen weiteren Staaten Westeuropas, in denen sich eine ähnliche Konfliktstruktur herausbildet. Das religiöse beziehungsweise konfessionelle und das sozio-ökonomische

Cleavage sind dabei die zentralen Konfliktlinien (Gabriel und Westle 2012, S. 149).

Gerade das deutsche Parteiensystem wird in den Folgejahren durch eine Konsolidierung auf wenige Parteien zusammenschrumpfen, die sich entlang dieser zwei Konfliktlinien bis Ende der 1970er organisieren und ihre dominante Position im Parteiensystem ausbauen (Lijphart 1990, S. 255; Rudzio 2015, S. 108). Der Klassenkonflikt steht stellvertretend für einen ökonomischen Konflikt und staatliche Regulationsmechanismen (Dalton 1996, S. 321). Die relevanten Themen sind beispielsweise Wege zur Bekämpfung der Arbeitslosigkeit, Inflation oder die Steuerpolitik (Dalton 1996, S. 322). Während ökonomisch konservativ orientierte Menschen mehr die Eigenverantwortung des Individuums betonen und nur eine eingeschränkte Handlungsfreiheit der Regierung favorisieren, engagieren sich ökonomisch links orientierte Parteien und Individuen mehr für eine egalitäre Gesellschaft. Dazu sollen der Regierung weitreichende Regulationsmechanismen ermöglicht und insbesondere der Eingriff und Einfluss auf die Wirtschaft geltend gemacht werden (Dalton 1996, S. 321). CDU/CSU und FDP positionieren sich auf dieser sozial-ökonomischen Konfliktdimension eher konservativ bis liberal, während die SPD stärkere Eingriffe des Staates in die Wirtschaft ebenso fordert wie eine grundlegende ökonomische Umverteilung. Auf der sich in eine religiöse Konfliktdimension wandelnden Konfliktstruktur stehen CDU und CSU auf der Seite der Kirchen und religiös orientierten Institutionen, für die sie mehr gesellschaftliche Mitspracherechte beanspruchen, während SPD und FDP diese religiösen Einflüsse zurückzudrängen versuchen (Rudzio 2015, S. 119).

Hier lässt sich zunächst feststellen, dass für die Bundesrepublik Deutschland jene fünf zentralen Komponenten, welche für die Konstituierung eines Cleavages notwendig sind, als gegeben erachtet werden können. Seit dem Kaiserreich konnte sich entlang einer sozial-ökonomischen und einer religiösen Konfliktlinie eine sozialstrukturelle Basis entwickeln, die sich eben, wie zuvor definiert, in der Zugehörigkeit zur Arbeiterklasse oder dem (politischen) Katholizismus manifestierte. Auf dieser Basis und dazugehörigen Vereinen sowie weiteren Organisationen konnte sich schließlich eine kollektive Identität bilden. Diese wurde durch die Bismarck'schen Repressionen in Form des Kulturkampfes oder der Sozialistengesetze nur weiter verstärkt. Die Parteibildung, zunächst in Form von SPD und Zentrum, verlief dazu parallel. Ohne diese repressiven Maßnahmen wäre die Gründung entsprechender Parteien auf lange Sicht zwar auch möglich gewesen, jedoch ist nicht zu bestimmen, ob diese langfristig erfolgreich gewesen wäre. Die parteipolitische Institutionalisierung verläuft entlang beider Konfliktachsen, wobei sich nicht alle Parteien nur an je einem Pol sammeln. Es kommt hier ganz klar zu einer ideologischen Polarisierung, in der die Parteien, angefangen im Kaiserreich, bis Ende der 1970er als Vertreter jener sozialen Gruppen zu identifizieren sind, die sie zu repräsentieren gedenken. Im Mittelpunkt stehen dabei gemeinsame Weltanschauungen und Werte. Dies gilt für die Seite der Elektorate ebenso sehr wie für die parteipolitisch institutionalisierten Seite.

Im Zentrum dieser Allianzen zwischen Parteien und gesellschaftlichen Segmenten steht insbesondere, dass diese sich schlussendlich durch politische Unterstützung zeigen. Gemeint ist hier vor allem das Wahlverhalten, welches als eines der zentralsten Formen konventioneller Partizipation gilt, durch welche zugleich derartige Allianzen auch sichtbar werden. Eine Stabilität solcher langfristig angelegten Wähler-Parteien-Allianzen ist insofern aus parteilicher Sicht wünschenswert, da sie eine stetige Ressource für die Rekrutierung loyaler Wähler darstellt. Aus diesem Grund soll im Folgenden erläutert werden, inwiefern eine Unterstützung entlang sozialer Konfliktlinien, oder auch *Cleavage Voting*, tatsächlich existiert oder existierte und an welche Grenzen es auch stößt, die sich durch die Entstehung und Etablierung der Grünen und deren parteipolitischer Etablierung zeigen.

2.2 Cleavages und Wahlverhalten

Dass das konfessionelle und das sozio-ökonomische Cleavage maßgeblich für die Entstehung und die Wahl von Parteien in der Nachkriegszeit identifiziert wurden, konnte auch die deutsche Wahlforschung feststellen (Schmitt-Beck 2011a, S. 7). Der Erklärungsbeitrag für das Wahlverhalten nimmt im Zeitverlauf jedoch immer weiter ab. Dieser ist, basierend auf der Zugehörigkeit zu den relevanten Cleavage-Gruppen, Ende der 1980er Jahre nur noch sehr gering (Arzheimer und Schoen 2007, S. 91). Dies ist insofern relevant, als dass insbesondere Katholiken und Sozialisten über einen langen Verlauf hinweg die zwei größten nicht-totalitären sozialen Gruppen waren. Dies erfolgte insbesondere darüber, dass Mitglieder dieser Gruppen in sozialen und wirtschaftlichen Gruppierungen mit entsprechender Parteinähe eingebunden waren und ihnen so ein Leben möglich war, in dem sie sich ausschließlich in diesen sozialen Gefügen bewegen konnten (Lipset 1959a, S. 94). Dies ist von besonderer Bedeutung, da

> „früh etablierte politische Parteiloyalitäten, die durch die Parteiorganisationen und institutionelle Verbindungen verstärkt wurden, hoch resistent gegen Veränderungen sind. Die Wähler tendieren dazu, die in ihrem Milieu vorherrschenden Parteien zu wählen, die möglicherweise bereits sogar ihre Eltern oder Großeltern unterstützten" (Inglehart 1983, S. 140).

Wie in Abschnitt 2.1 dargelegt, konnten sich Christdemokraten und Sozialdemokraten bei Gründung der Bundesrepublik Deutschland auf damals schon lange bestehende soziale Gruppen stützen. Weil die SPD schon im Kaiserreich als Repräsentantin der Arbeiterbewegung wahrgenommen wurde (Nachtwey und Spier 2007, S. 13) und dieses Bild auch in der Weimarer Republik aufrecht erhalten blieb, konnte die Partei hier schnell anknüpfen. Ganz grundsätzlich können die Gründungen von Christ- und Sozialdemokraten als Ausdruck von Gruppenkonflikten verstanden werden, die „eine Jahrhunderte weit zurückreichende Geschichte (…) reflektierten" (Schmitt-Beck 2011a, S. 2). Mitglieder sozialer Großgruppen galten dabei lange als natürliche Wählerressource für Sozial- und Christdemokraten (Schoen und Zettl 2012, S. 151), gleichwohl die strukturelle Zugehörigkeit zu jenen Gruppen an Prägungskraft für das Wahlverhalten zuletzt eingebüßt hat (Hennis 1998, S. 83). Um diese Entwicklung zu verstehen, ist ein genauerer Blick auf die Veränderungen des bundesdeutschen Parteiensystems und den dahinterstehenden strukturellen Transformationen notwendig. Die relevanten sozialen Großgruppen waren und sind in Teilen bis heute Katholiken und Arbeiter. Insbesondere Arbeiter, die zugleich Gewerkschaftsmitglieder sind, aber auch regelmäßig in die Kirche gehende Katholiken stellen hier über einen langen Zeitverlauf eine zentrale Wählerressource für SPD und CDU/CSU dar (vgl. Tabelle 2.2).

Tabelle 2.2 Konfliktlinien und ihre Verankerung in der Sozialstruktur

Konfliktlinie	Sozialstruktur	Gruppe
Sozio-Ökonomisch	Arbeiter	Gewerkschaftsmitglieder
Konfessionell-Religiös	Katholiken	Regelmäßige Kirchgänger

Quelle: Eigene Darstellung mit geringfügigen Veränderungen, basierend auf Weßels 2000, S. 136

Zwar gründeten sich CDU und CSU als dezidiert überkonfessionelle Parteien, fanden und finden aber bis heute bei Katholiken den meisten Anklang, verglichen zu Protestanten, Angehörigen anderer Glaubensrichtungen oder Konfessionslosen. Seit den 1970ern vollzieht sich hier jedoch eine fortwährende Angleichung (Walter et al. 2014, S. 175).

Für die FDP stellt sich die Situation anders dar. Sie besitzt weder eine vergleichbare sozialstrukturelle Verankerung wie SPD oder CDU/CSU, noch kann sie sich auf Vorfeldorganisationen wie Gewerkschaften oder Kirchen stützen, die Wähler aktiv für sie mobilisieren. So sind zunächst einzig eine höhere formelle Bildung, ein überdurchschnittliches Einkommen sowie die Zugehörigkeit zum

2.2 Cleavages und Wahlverhalten

Mittelstand kennzeichnend für die FDP-Wählerschaft (Vorländer 2013a, S. 502). Dies verändert sich jedoch immer wieder gravierend. Die Partei hat in ihrer Geschichte einen stetigen Wandel der Sozialstruktur sowohl ihrer Mitglieder als auch ihrer Wähler erlebt. Meist war dies an spezifische Regierungsbündnisse gebunden, in der manche Wählerschichten erschlossen werden konnten oder die durch eine Regierungsbeteiligung wieder von der Partei entfremdet wurden. Beispielhaft dafür „stieg der Anteil der Beamten und Angestellten [in der FDP-Wählerschaft] von 34 Prozent im Jahr 1953 auf 66 Prozent im Jahr 1972" (Dittberner 1987, S. 101). Bis zur Jahrtausendwende machen Angestellte und Beamte weiterhin 56 Prozent der FDP-Wähler aus. Zielgruppe der FDP bleibt aber zu diesem Zeitpunkt der Mittelstand in Form von freien Berufen, Handwerkern sowie kleinen und mittelständischen Unternehmern (Pickel 2000, S. 285–287).

Cleavage-Strukturen sind heute zwar weiterhin verhaltensprägend, jedoch weniger intensiv oder bedeutsam als dies noch bis in die 1970er und 1980er Jahre der Fall war (Gluchowski et al. 2002, S. 203). So gibt es keine Hinweise, dass traditionelle gesellschaftliche Konfliktlinien gänzlich verschwunden sind. In Westdeutschland spielen Indikatoren wie die Klassen- oder Konfessionszugehörigkeit weiterhin eine Rolle beim Wahlverhalten, in Ostdeutschland ist dies zumindest für die Konfessionszugehörigkeit zu attestieren (Elff und Roßteutscher 2011, S. 119). Essenziell ist dabei aber, dass die Größe spezifischer Gruppen keinen Einfluss auf die Existenz von Konfliktlinien hat (Elff und Roßteutscher 2011, S. 109) – im positiven wie im negativen. Dies bedeutet mit anderen Worten, dass auch ihr Einfluss auf die Politik geringer wird, wenn die für gesellschaftliche Konfliktlinien relevanten Gruppen schrumpfen (Arzheimer und Schoen 2007, S. 91). Keinen Abbruch tut dies aber dem Umstand, dass Individuen, die sich einer Gruppe zuordnen und mit dieser identifizieren, welche von den klassischen Cleavage-Strukturen erfasst werden, gleichbleibend oder gar verstärkt in ihrem Wahlverhalten beeinflusst werden. Dieser Effekt einer so genannten *Kondensierung* konnte für die Bundesrepublik Deutschland und das Cleavage zwischen Kirche und Staat bestätigt werden (S. Pickel 2018, S. 593).

Parteien müssen aufgrund dieses strukturellen Wandels stets versuchen, neue Gruppen innerhalb der Gesamtwählerschaft anzusprechen. Für diesen Wandel sind vor allem weitreichende strukturelle Veränderungen verantwortlich. Gesellschaftspolitische und wirtschaftliche Modernisierungsprozesse führen in westlichen Gesellschaften nicht nur zu einem Rückgang der allgemeinen Religiosität und Konfessionszugehörigkeit, sondern in einem viel stärkeren Ausmaß zu einem Rückgang des Anteils der Arbeiter in einer Gesellschaft. Bedingt wird dies durch eine Verschiebung der Wirtschaftssektoren bis hin zum Dienstleistungssektor (Dalton 1984a, S. 106; Winkler 2010, S. 218; Elff und Roßteutscher 2011, S. 108). Die Kernwählerschaft der SPD verändert sich allein dadurch, dass die Zahl der Arbeiter zwischen 1953 und 1998 in den alten Bundesländern um mehr als zwei Millionen Personen sinkt. Gemessen an der Gesamtwählerschaft verringert sich ihr Anteil somit von 36 auf 20 Prozent (Weßels 2000, S. 146). Zwischen 1950 und 1995 und damit im fast gleichen Zeitraum steigt der Anteil der Menschen, die in den alten Bundesländern im Dienstleistungssektor beruflich tätig sind, von 33,2 auf 63 Prozent (Gluchowski et al. 2002, S. 186).

Das Wahlverhalten nach Klassenzugehörigkeit zu Gunsten der SPD war unmittelbar nach dem Zweiten Weltkrieg von immenser konstitutiver Bedeutung. Besonders das Verbot der KPD im Jahr 1956 führt dazu, dass vormals diese Partei wählende Arbeiter bei der Bundestagswahl 1957 zur SPD überlaufen (Spier und Alemann 2013, S. 457). Stimmen in Spitzenzeiten zwei Drittel der Arbeiter für die SPD und unter denen, die gewerkschaftlich organisiert sind und demnach der Kerngruppe der SPD-Wähler zugehören, sogar drei Viertel der Wähler (Schoen und Zettl 2012, S. 152), so hat es von diesem Wahlverhalten mittlerweile eine Abkehr gegeben. Klassenbasiertes Wahlverhalten nimmt in den meisten westlichen Demokratien schon seit geraumer Zeit ab (Dalton et al. 1984, S. 16). In Deutschland beginnt diese Phase in den 1960er Jahren (Spier und Alemann 2013, S. 458) und setzt sich auch weiterhin fort (Schoen und Zettl 2012, S. 158).

War demnach das so genannte *Class Voting* für die Entstehung westlicher demokratischer Parteiensysteme essenziell, wurden Sozialdemokraten, Sozialisten und Kommunisten als Repräsentanten industrieller Arbeiter und ihrer Klasse wahrgenommen (Elff 2007, S. 277), so fällt dies jedoch mehr und mehr als wahlentscheidender Grund weg (Dalton und Wattenberg 1993, S. 199). Für die Bundestagswahlen 1994 bis 2002 lässt sich für Westdeutschland bestätigen, dass die subjektive Schichtzuschreibung in ihrer Erklärungskraft auf das Wahlverhalten sogar höher ist als dies beim objektiven Status, beispielsweise durch die berufliche Verortung, der Fall ist. Für die Wahl der SPD ist aber die Mitgliedschaft in einer Gewerkschaft ein deutlich stärkerer Prädiktor (Arzheimer und Schoen 2007, S. 96–97). Bei der Bundestagswahl 2017 wurde die SPD unter Arbeitern mit 23 Prozent allerdings nur noch die zweitstärkste Partei, nach den Unionsparteien, die von 29 Prozent der Arbeiter gewählt wurden. 18 Prozent der Arbeiter wählten die AfD und machten sie zur drittstärksten Partei innerhalb der Arbeiterschaft, zehn Prozent der Arbeiter votierten für die Linke (Jung et al. 2019, S. 42).

Es würde hier jedoch zu kurz greifen, einzig und allein die Verschiebung der Wirtschaftssektoren als Grund zu benennen, weshalb die SPD nicht mehr innerhalb der Arbeiterschaft reüssieren kann. Dabei spielt zum einen natürlich die

2.2 Cleavages und Wahlverhalten

Repräsentation von Werten eine Rolle, die zu einem späteren Punkt noch einmal ausführlicher behandelt wird (siehe Abschnitt 2.4), insbesondere aber auch das gesamte politische Konfliktfeld, welches sich maßgeblich verändert hat. Angefangen damit, dass sich die SPD 1959 mit ihrem Godesberger Programm vom Marxismus und den vormals revolutionären Aspekten ihres Programms verabschiedet (Dalton 1984a, S. 106). Damit öffnet sich die Partei explizit für neue Wählerschichten und gibt in Folge auch ihren alleinigen Vertretungsanspruch für die Arbeiterschaft auf – wenn auch vermutlich nicht bewusst intendiert. Im gleichen Zug kommt es zu einer Abnahme klassenbasierten Wählens, weil konservative Parteien ganz im Allgemeinen, aber auch die deutschen Christdemokraten im Besonderen, eine soziale Wohlfahrtstaatspolitik nicht nur akzeptieren, sondern auch in Teilen adaptieren oder in ihrem Sinne transformieren (Dalton 1988, S. 159).

Auf struktureller Seite spielen vor allem das Wirtschaftswunder ab den 1950er Jahren und das allgemein steigende Bildungsniveau eine immense Rolle. Zum einen führt das Wirtschaftswachstum zum von Ulrich Beck als „Fahrstuhl-Effekt" (Beck 2016, S. 122) beschriebenen Phänomen. Demnach führt die allgemeine ökonomische Prosperität, die alle Gesellschaftsschichten erfasst, zu einer abnehmenden Wahrnehmung bestehender Klassenunterschiede, wodurch diese ihre „lebensweltliche Identität" (Beck 2016, S. 158) verlieren. Beck meint damit ganz grundsätzlich die sinkende Relevanz „der Klassenzugehörigkeit für die politischen Konfliktstrukturen" (Müller 1998, S. 249). Zugehörige der so genannten Arbeiterklasse fühlen sich demnach fortan immer öfter als der von einem zunehmenden Wohlstand betroffenen Mittelschicht zugehörig (Goldthorpe et al. 1967, S. 12), die sich sodann von staatlichen Umverteilungsmaßnahmen betroffen sieht und diese abwehren will (Görl 2007, S. 19). Auf diese Art werden Parteien oder auch Gewerkschaften vielmehr „zu Konservatoren einer sozialen Wirklichkeit, die es immer weniger gibt" (Beck 2016, S. 158).

Mit steigendem Bildungsniveau und einem gleichzeitigen Wirtschaftswachstum wird ferner die soziale und geografische Mobilität erhöht, was weitreichende Folgen hat. Konkret kommt es „zu einer Erosion ehemals fest gefügter sozialer Milieus (...), das Gruppenbewusstsein [wird] geschwächt und die Einhaltung der Gruppennorm, für eine bestimmte Partei zu stimmen, unterhöhlt" (Arzheimer und Schoen 2007, S. 91). Obwohl der Klassenkonflikt nicht dieselbe Stabilität aufweist wie die religiöse Konfliktlinie (Pappi 1979, S. 473), betrifft dies auch das katholische Milieu. Im Rahmen der gesellschaftlichen Modernisierung werden nicht nur die Einstellungen gegenüber Autoritäten, spezifische Geschlechterbilder oder sexuelle Normen überdacht (Inglehart und Baker 2000,

S. 21), vielmehr werden auch traditionelle Quellen der Legitimation politisch-gesellschaftlicher Ordnungen hinterfragt (Eisenstadt 2000, S. 5), die daraufhin ihrerseits an Einfluss einbüßen. Die fortwährende Säkularisierung hat in industrialisierten Gesellschaften zu einer Abschwächung der Allianz zwischen Katholiken und christlichen Parteien geführt (Norris und Inglehart 2011, S. 211). Gleichwohl muss konstatiert werden, dass die Säkularisierung ganz grundsätzlich als eine Tendenz zu verstehen ist, die insbesondere in wirtschaftlich prosperierenden Gesellschaften aktuell ist, jedoch auch jederzeit reversibel verlaufen kann (Norris und Inglehart 2011, S. 5).

Waren es konservative Parteien, die mit ihrer Akzeptanz und Adaption wohlfahrtsstaatlicher Modelle den sozialdemokratischen, sozialistischen und kommunistischen Parteien ihrerseits eine Grundlage für ihre politische Arbeit entzogen, so verfährt die SPD in der Bundesrepublik Deutschland in ähnlichem Maße auch mit den Christdemokraten. Im Zuge der 1960er Jahre nehmen die Sozialdemokraten Abstand von dezidiert anti-religiösen Positionen, woraufhin die katholische Kirche ihrerseits reagiert. Eine Reihe von politischen Verhandlungen zwischen Repräsentanten der SPD und der Kirche führen dazu, dass beginnend mit den Bundestagswahlen von 1969 Abstand genommen wird vom traditionellen Kirchenzeremoniell, an Wahlsonntagen in den Messen zur Wahl von CDU und CSU aufzurufen (Dalton 1988, S. 163). Dem vorangegangen war das zweite Vatikanische Konzil in welchem die katholische Kirche beschloss, nicht länger Wahlempfehlungen an ihre Gläubigen aussprechen zu wollen (Elff und Roßteutscher 2017a, S. 15; Roßteutscher 2011, S. 113). Die CDU ihrerseits öffnet sich mit ihrem Berliner Programm von 1968 explizit auch für Menschen, die nicht des christlichen Glaubens sind (Handwerker 2019, S. 133).

Gleichzeitig kommt es seit den 1950ern zu einer Erosion der Kirchgängerschaft. Diese ist insofern politisch relevant, als dass regelmäßige Kirchgänger die loyalste Wählerschaft der Christdemokraten sind (Elff und Roßteutscher 2017a, S. 29). Gehen 1953 noch 60 Prozent der Katholiken regelmäßig zum Gottesdienst, so sind es im Jahr 1990 nur noch 26 Prozent. Bei den Protestanten sinkt der Anteil im gleichen Zeitverlauf von 19 auf 7 Prozent (Gluchowski et al. 2002, S. 187). Gleichzeitig hat sich der Umfang der durchschnittlichen Kirchbesuche immer weiter verringert. Zwischen 1980 und 1998 sank dieser in der westdeutschen Bevölkerung von 18 auf 12 Kirchbesuche im Jahr (Pollack und Pickel 1999, S. 474). Zudem sinkt der Anteil katholischer Kirchgänger in der Gesamtwählerschaft von rund sieben Millionen in den 1960er Jahren auf etwas über drei Millionen im Jahr 1998 ab (Weßels 2000, S. 148). Zusätzlich hat die Konfessionszugehörigkeit als Katholik bei den Bundestagswahlen 1994 bis 2005 nur bei der Bundestagswahl 2002, hier auch nur in Westdeutschland, einen signifikanten

2.2 Cleavages und Wahlverhalten

Einfluss auf das Wahlverhalten (Arzheimer und Schoen 2007, S. 102). Die vorher klar bestehende Verbindung von Konfession und Wahlverhalten hat sich folglich deutlich abgeschwächt (Jacobs 2000, S. 144).

Diese sich vollziehenden gesellschaftlichen Wandlungsprozesse, die eine Loslösung des Wahlverhaltens von soziostrukturellen Kontextbedingungen hervorrufen, werden auch unter dem Begriff der *Individualisierung* subsumiert (Beck 2001, S. 3). Individualisierung meint in diesem Kontext die Loslösung von zuvor geltenden Normen und Gruppenloyalitäten. Dadurch entstehen neue Lebensmodi, welche vormals stark durch den Staat oder religiöse Einflüsse beschränkt oder in Teilen auch reguliert wurden (Beck und Beck-Gernsheim 2002, S. 2). So kommt es zwangsläufig zur Auflösung traditioneller Milieus, wovon neben der Arbeiterschaft insbesondere auch die Religion und die Kirche betroffen sind (Pollack und Pickel 1999, S. 465). Dadurch verlieren „soziale Gruppen (…) ihre Kohäsion, ihren inneren Zusammenhalt" (Korte und Fröhlich 2009, S. 166). Dabei greifen „Individualisierung und Milieuerosion (…) Hand in Hand, wobei der Wandel der Sozialstruktur und der postindustrielle Wandel beide Prozesse induzieren" (Wiesendahl 2006a, S. 75). Das allgemein steigende Bildungsniveau hat die Menschen nicht nur von Parteien entfremdet, sondern auch von ihnen unabhängiger gemacht (Weßels et al. 2014, S. 4). Individuen können sich durch die gestiegene Mobilität „einer wachsenden Zahl verschiedener sich teilweise widersprechender und auch wandelnder Kategorien" (Schnell und Kohler 1995, S. 635) zugehörig fühlen. Galt vormals *von der Wiege bis zur Bahre* als eine Art Leitspruch, der die Zugehörigkeit zu einer spezifischen sozialen Gruppe und das dazugehörige Wahlverhalten als prädeterminiert sah, haben die hier beschriebenen Prozesse zur Erosion traditioneller Milieus geführt. Damit verbunden ist in diesem Fall auch die Auflösung von Gruppenbindungen (Gluchowski et al. 2002, S. 188). Gelten in der Sozialstruktur verankerte Cleavages als relativ stabile Muster der Polarisierung (Inglehart 1984, S. 25), so zeigt ihre Erosion, dass soziale Gruppen innerhalb der Gesellschaft für neue politische Ideen offen sind und auch die Adaption neuer Themen oder ideologischer Komponenten in Erwägung ziehen (Dalton et al. 1984, S. 21). Die direkte Folge daraus ist eine zunehmende und fortwährende Wählerheterogenität (Weßels et al. 2014, S. 7).

Abbildung 2.3 zeigt den eindeutigen Bedeutungsverlust sozialer Gruppen innerhalb der Wählerschaften von CDU/CDU und SPD. Besonders letztere ist davon sehr betroffen. Wählten 1972 noch rund 70 Prozent der Arbeiter die SPD, hat sich dieser Wert bis 2017 um zwei Drittel auf 23 Prozent verringert. „Das heutige Elektorat der SPD weist kaum noch das soziodemographische Profil ihrer traditionellen Zielgruppen auf (…), in der Berufsstruktur gibt es keine nennenswerten Schwerpunkte mehr" (Spier und Alemann 2013, S. 458). Auch die katholische Wählerschaft unter den CDU/CSU-Wählern hat sich deutlich verringert, jedoch nicht in einem solch erheblichen Ausmaß, wie dies bei den Arbeitern in der SPD-Wählerschaft zu beobachten ist.

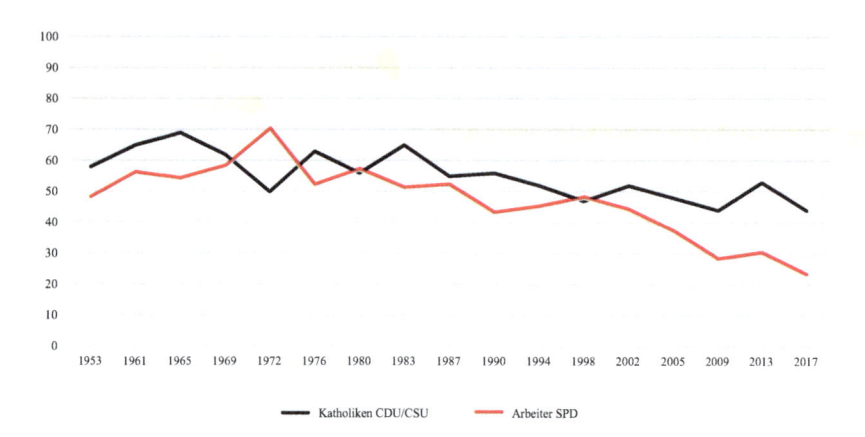

Abbildung 2.3 Katholiken und Arbeiter in den Wählerschaften von CDU/CSU und SPD. (Quelle: Eigene Darstellung, basierend auf Schindler 1999, S. 233–234; Deutscher Bundestag 2017, S. 1–9. Daten bis einschließlich 1987 entstammen Schindler 1999, die Daten von 1990 bis 2017 sind Deutscher Bundestag 2017 entnommen. Für 1957 wurden keine Daten ausgewiesen)

Nichtsdestotrotz ist festzustellen, dass die „engen Verbindungen zwischen Parteien und Wählern, die Teil gesellschaftlicher Massenorganisationen wie Kirchen und Gewerkschaften sind, (…) fragiler [werden]" (Elff und Roßteutscher 2011, S. 107). Wurden diese bis in die 1980er Jahre kaum hinterfragt (Gluchowski et al. 2002, S. 183–184), so sind seitdem enorme gesellschaftliche Veränderungen zu beobachten. Diese haben eine Auflösung sozialer Gefüge und Zugehörigkeitsgefühle weiter gefördert, wodurch die Gesellschaft einerseits pluralistischer, andererseits aber auch fragmentierter geworden ist (Korte et al. 2012, S. 57).

Zwar bleiben Einflüsse von Konfessions- und Klassenzugehörigkeit auf das Wahlverhalten weiterhin bestehen, jedoch bei weitem nicht mehr in dem Ausmaß wie dies in der Vergangenheit der Fall gewesen ist (Evans 2017, S. 185). Das stetig steigende Bildungsniveau sowie der technische und wissenschaftliche Fortschritt begünstigen auch weiterhin fortschreitende Säkularisierungsprozesse (Elff und Roßteutscher 2011, S. 108). Gleichzeitig werden Arbeiter in der Summe immer weniger, sodass die ursprünglich *natürliche* Ressource potenziell sozialdemokratischer Wähler immer stärker schwindet. Auch aus diesem Grund

2.2 Cleavages und Wahlverhalten

konstatiert Ulrich Beck, dass wir „trotz fortbestehender und neu entstehender Ungleichheiten heute in der Bundesrepublik bereits in Verhältnissen jenseits der Klassengesellschaft [leben], in denen das Bild der Klassengesellschaft nur noch mangels einer Alternative am Leben erhalten wird" (Beck 2016, S. 121).

Wenn Cleavages so zu deuten sind, dass diese in relativ beständigen, gesellschaftlich abgrenzbaren und objektiv identifizierbaren Gruppen innerhalb einer Gesellschaft verwurzelt sind (Knutsen und Scarbrough 1995, S. 494), hätte dies für das Wahlverhalten weitreichende Konsequenzen. Demnach wäre zu erwarten, dass mit einem sinkenden Anteil von Arbeitern der Untergang der Sozialdemokratie ebenso besiegelt wäre wie ein Untergang der Christdemokratie bei sinkendem Katholiken-Anteil in der Gesellschaft (Pappi 1979, S. 472). Zudem lässt dieser Ansatz außer Acht, dass mit dem Verschwinden sozialer Gruppen nicht automatisch ein Bedeutungsverlust jener Werte einhergeht, die das Gruppenbewusstsein in diesen prägen und geprägt haben (Bértoa 2014, S. 17).

Die Abnahme der Bedeutung klassischer sozialer Konfliktlinien führt allerdings nicht automatisch zu einer Veränderung oder gar vollständigen Neu-Konfiguration des Parteiensystems (Dalton 1984a, S. 107). Klar ist jedoch, dass sich seit den 1960er Jahren ein immenser gesellschaftlicher Wandel vollzieht, welcher auch die parteipolitische Sphäre und die ihr inhärente politische Konfliktstruktur westlicher Nationen erfasst hat (Inglehart 1983, S. 139). Dies hat insbesondere dahingehend eine enorme Bedeutung, wenn für die ersten Jahrzehnte nach Gründung der Bundesrepublik Deutschland, aber auch grundsätzlich für die meisten westlichen Demokratien die Annahme galt, dass sich der parteipolitische Wettbewerb anhand einer Links-Rechts-Achse ausdifferenziert. Um jene Veränderungen zu beschreiben, die sich im Rahmen eines Wertewandels seit den 1960ern vollzogen, ist zunächst ein kurzer Blick auf diese Achse und die dazugehörigen Implikationen notwendig.

Die Idee, dass sich Politik in einem Spannungsfeld zwischen Reichen und Armen befindet, geht bereits auf Platon zurück. Es ist aber schließlich Marx, der diesen Gedanken in die Moderne übersetzt und ihnen wieder zu politischer Aktualität verhilft. Grundlage dafür bildet eine politische Polarisierung zwischen *links* und *rechts* (Inglehart und Flanagan 1987, S. 1296). Wofür diese Begriffe im Einzelnen stehen, wurde hier schon einmal in aller Kürze erläutert, soll nun aber noch einmal aufgegriffen werden. Die klassische Links-Rechts-Dimension basierte und basiert vor allem auf der Frage, ob und inwiefern die Politik in ökonomischen Fragen intervenieren und beispielsweise durch Umverteilungsmaßnahmen aktiv in das Marktgeschehen eingreifen soll (Norris und Inglehart 2019, S. 50). Der Ursprungsgedanke dieses Konzeptes geht maßgeblich auf Anthony Downs zurück

(Downs 1957a, S. 116). Er vertritt die Ansicht, Parteien aller Gesellschaften könnten auf einem Links-Rechts-Kontinuum verortet werden. Ausgehend von dieser Position, könnten Parteien demnach ihre Positionen nach links oder eben nach rechts verschieben (Downs 1957b, S. 142). Wie in den Ausführungen zur Entstehung der Cleavages angeführt, gelten staatliche Eingriffe in das wirtschaftliche Geschehen als *links*, wohingegen eher wirtschaftsliberale Positionen als *rechts* verstanden werden (Roßteutscher und Scherer 2013a, S. 68). Folglich gilt, dass je mehr Staatseingriffe eine Partei in die Wirtschaft befürwortet, desto linker verortet Downs sie auf diesem Links-Rechts-Kontinuum (Pappi 1983, S. 422). Auf Individualniveau zeigt sich, dass eine solche Selbstbeschreibung als *links* beispielsweise mit der Bekämpfung von Einkommensungleichheit stark korreliert (Inglehart 1984, S. 40).

Zwar ist es oft so, dass Wähler nicht eindeutig benennen können, was unter einem *linken* oder einem *rechten* politischen Grundverständnis zu verstehen ist, gleichwohl sie sich zumeist einem der beiden Lager oder einer eher mittigen Position zuordnen können. Parteien, die von Individuen als ihnen nahe stehend eingestuft werden, erscheinen folglich auch deutlich attraktiver als Parteien, denen gegenüber eine räumliche Distanz empfunden wird (Schmitt-Beck 2019, S. 183). Die Links-Rechts-Skala dient daher einerseits als Identifikationsmerkmal, welches Individuen eine Orientierung im politischen Konfliktraum erleichtert (Westle 2012, S. 257). Aus diesem Grund wird diese Skala auch als eine Art *super issue* bezeichnet, da der identitätsstiftende Moment von besonderer Bedeutung ist (Scherer 2011, S. 26). Andererseits entsteht so eine Grundlage für die wissenschaftliche Perspektive, um Einstellungsdistanzen oder ideologische Polarisierung zu messen (Huber 1989, S. 600).

Für das Verständnis der Links-Rechts-Skala ist hervorzuheben, dass es sich um einen Ansatz handelt, der eine Positionierung zwischen zwei Extremen ermöglicht (Fuhse 2004, S. 210). Mag eine solche eindimensionale Beschreibung für manche Parteiensysteme, insbesondere jene mit einem Mehrheitswahlrecht, als zutreffend gelten, so ist dies für die meisten Parteiensysteme nur schwerlich oder gar nicht aufrecht zu erhalten (Stokes 1963, S. 370). Mit neu entstehenden Konfliktthemen wird eine Verortung entlang dieser singulären Konfliktdimension schwieriger (Inglehart 1984, S. 31), wenn nicht sogar inadäquat für eine Beschreibung des politischen Raums (Dalton 1984a, S. 113). Insbesondere seit Mitte der 1980er Jahre wurde diese Frage stärker in das Zentrum politischer Debatten gerückt, insbesondere auch vor dem Hintergrund des Zusammenbruchs der Sowjetunion und sozialistischer Satellitenstaaten (Mouffe 2018, S. 107). Von einem Bedeutungsverlust des Downs'schen Links-Rechts-Konflikts kann jedoch

2.2 Cleavages und Wahlverhalten 45

keine Rede sein. Vielmehr wurde dieser in andere Konfliktdimensionen übertragen, wodurch dieser vielschichtiger geworden ist (Kitschelt und Hellemans 1990, S. 214). So gibt es zumindest im alltäglichen Politikverständnis sehr klar definierte Bedeutungshorizonte dessen, welche Einstellung oder Wertvorstellung als rechts oder links zu deuten ist. Somit wird durch die Entstehung neuer Konfliktdimensionen der Bedeutungsgehalt der originären Links-Rechts-Konfliktachse höher und zugleich komplexer, allerdings wird die ursprüngliche Bedeutung keineswegs ersetzt, sondern eher in neue Gegebenheiten übersetzt (Magin et al. 2009, S. 235). Es existieren demnach wohl elaborierte Vorstellungen dessen, wie kulturelle oder sozialstaatliche Konfliktthemen in diese Konfliktdimension zu integrieren sind.

Besonders betont werden muss, dass Downs originäres Verständnis der ökonomischen Links-Rechts-Dimension dem eines Wertekonfliktes entspricht (Otjes 2016, S. 582; Niedermayer 2009, S. 37), entlang dessen Parteien und Individuen sich gegenseitig und einander verorten. Der Orientierung an diesen Werten räumt Downs in seiner konzeptionellen Darstellung einen hohen Stellenwert ein. In der direkten Anwendung auf das Parteiensystem der Bundesrepublik Deutschland hat sich die Deutung durchgesetzt, dass insbesondere eine sozio-ökonomische sowie eine konfessionell-religiöse Konfliktlinie für seine Entstehung konstitutiv waren. Vor allem für die sozio-ökonomische Konfliktlinie hat sich eine sehr klare Beschreibung dessen, was dort unter einer linken oder einer rechten Orientierung zu verstehen ist, durchgesetzt. Diese wurde hier auch schon beschrieben. In diesem Verständnis vertritt die Sozialdemokratie sozio-ökonomisch linke Positionen und eine entsprechende Wertorientierung, während Christdemokraten und Liberale primär eine sozio-ökonomisch besitzstandswahrende und zugleich sozio-ökonomisch rechte Positionen vertreten.

Geblieben ist aus den Überlegungen Downs' das Element zur Beschreibung zwei-dimensionaler Konfliktstrukturen. Demnach spricht man von einer Links-Rechts-Verortung insbesondere dann, wenn es um die Beschreibung einer horizontalen Konfliktachse geht. Der konfessionell-religiöse Konflikt, der in den meisten westeuropäischen Staaten wirkungsvoll auf die Ausdifferenzierung des Parteiensystems einwirkte und einwirkt, wird zumeist als vertikal verlaufende Dimension ergänzt. Dem folgend sind die Christdemokraten am konfessionell-religiösen Pol zu verorten, wohingegen Liberale und Sozialdemokraten am säkularen Pol lokalisiert sind. Somit ergeben sich zunächst drei Kombinationen. Die FDP ist als sozio-ökonomisch rechte und säkulare Partei zu deuten, während CDU und CSU zwar auch sozio-ökonomisch rechts verortet sind, sich von der FDP aber anhand ihrer Zuordnung zum konfessionell-religiösen Pol unterscheiden. Gemessen an diesem Modell stellt die SPD hingegen vorläufig den

Antipoden zu CDU und CSU dar, da sie einerseits säkular orientiert ist, andererseits als sozio-ökonomische Kraft links der Mitte zu verorten ist (Siaroff 2000, S. 272). Für ihre Wähler ergeben sich folglich, je nach der eigenen Ausrichtung, verschiedene Kombinationsmöglichkeiten entlang dieser beiden Konfliktlinien (vgl. Abbildung 2.4).

```
                        Säkular
                           |
                           |
                           |
                   SPD     |    FDP
Sozio-ökonomisch           |                 Sozio-ökonomisch
     links      _____|_____           rechts
                           |    CDU/CSU
                           |
                           |
                           |
                  Konfessionell-Religiös
```

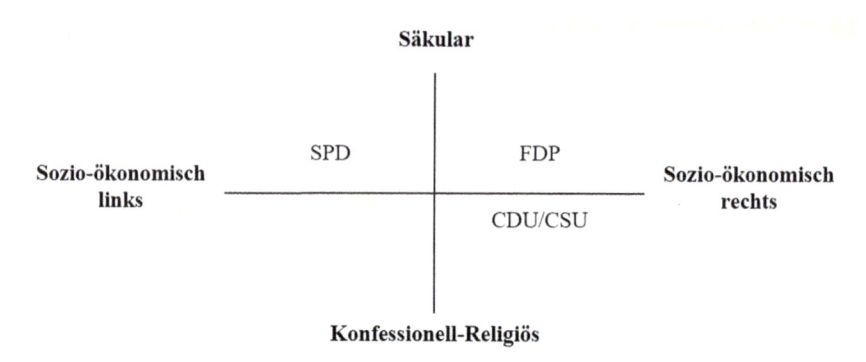

Abbildung 2.4 Ausdifferenzierung des deutschen Parteiensystems bis in die 1970er Jahre. (Quelle: Eigene Darstellung)

Eingangs wurde bereits die von Lipset und Rokkan gemachte Beobachtung beschrieben, dass die Parteiensysteme westeuropäischer Staaten in den 1960ern im weitesten Sinne den Konfliktstrukturen der 1920er entsprachen. Die daraus entstandene *freezing Hypothese* attestiert, dass die gesamtgesellschaftlichen Konflikte und die darin ausgetragenen Wertvorstellungen konserviert wurden oder eingefroren waren. Diese Hypothese wurde in Folge immer wieder zurückgewiesen. So vertritt beispielhaft Mair die Ansicht, keine Gesellschaft könne je *eingefroren* sein oder war je *eingefroren* (Mair 2001, S. 30). Viele sich vollziehende Veränderungen sind demnach eher gradueller Natur und können zunächst nicht direkt beobachtet werden. Auf diesem Ansatz beruht dann auch das vielfach zitierte Werk Ronald Ingleharts, der so genannten *Silent Revolution*. Eine der wichtigsten Beschreibungen Ingleharts direkt zu Anfang seines Werkes ist, dass es in westlichen Gesellschaften einen Wertewandel gegeben hat, der sich insbesondere dadurch auszeichnet, dass die Betonung auf materiellem Wohlbefinden und physischer Sicherheit verschoben wurde, zu Gunsten einer stärken Betonung eines qualitativ lebenswerteren Daseins (Inglehart 1977, S. 3). Dieser von Inglehart beobachtete Wertewandel hat sich demnach kleinschrittig und sozusagen *still* vollzogen.

Um Ingelahrts Ansatz zu verstehen, muss zunächst geklärt werden, was unter einem solchen Wertewandel zu verstehen ist. Im Folgenden soll deshalb einerseits eine Klärung des Wertebegriffs vorgenommen werden, um anschließend die gesellschaftlichen Veränderungsprozesse zu erfassen, die von Inglehart und weiteren Autoren beschrieben wurden. Dazu gehört unter anderem auch die Entstehung grüner oder grün-alternativer Parteien. Diese sollen dann in der theoretischen Debatte eingeordnet und zugleich abgegrenzt werden. Dafür ist es notwendig zu erläutern, aus welchen Gründen es sich bei der Gründung grüner Parteien nicht um das Produkt der Entstehung eines neuen Cleavages handelt. Schließlich sollen die hier angeführten Ideen und Konzepte im *Trichter der Wahlentscheidung* verortet werden, welcher daraufhin als eine modellhafte Grundlage der vorliegenden Ausarbeitung dient.

2.3 Werte und Wertewandel

In welchem Verhältnis Werte und der Wertewandel zueinander stehen, soll im Folgenden erläutert werden. Dafür wird im Abschnitt 2.3.1 zunächst erklärt, inwiefern Wertorientierungen aus Werten abgeleitet werden, beziehungsweise wie Werte über diese erst sichtbar werden. Dazu gehört unter anderem auch eine Erklärung, weshalb gesellschaftliche Wertorientierungen als Sonderfall unter den Wertorientierungen zu verstehen sind. In diesem Kontext werden schlussendlich Einstellungen analytisch von diesen Begriffen – gemeint sind hiermit Werte und Wertorientierungen – abgegrenzt. In Abschnitt 2.3.2 wird dann beschrieben, welche Art von Wertewandel sich in der Bundesrepublik seit den 1970ern vollzogen hat und was Ronald Ingleharts wegweisendes Werk *The Silent Revolution* in diesem Kontext beigetragen hat. Ausgehend von diesen Ausführungen wird in Abschnitt 2.3.3 eine Bewertung vorgenommen, die zur Einordnung dessen dient, weshalb die Grünen als ein Produkt des Wertewandels verstanden werden können oder gar verstanden werden müssen. Hinzukommend wird in diesem Kapitel auch mit dem *Trichter der Wahlentscheidung* ein Modell vorgestellt, welches die hier beschriebenen theoretisch-konzeptionellen Überlegungen durch eine pfadabhängige Darstellung noch einmal nachvollziehbarer machen und verdeutlichen. Mit dem Abschnitt 2.3.4 wird schließlich das so genannte Michigan-Modell aufgegriffen, bei dem es sich um ein zentrales Modell der Wahlforschung handelt und welches ebenso Bestandteil des Trichters jener Faktoren ist, mit Hilfe derer individuelle Wahlentscheidungen erklärt werden können.

2.3.1 Werte, Wertorientierungen und Einstellungen

Wenn der Versuch einer Definition von Werten vorgenommen wird, so wird zumeist Clyde Kluckhohns Definition von Beginn der 1950er Jahre bemüht, die da lautet: „A value is a conception, explicit or implicit, distinctive of an individual or characteristic of a group of the desirable which influences the selection from available modes, means, and ends of action" (Kluckhohn 1951, S. 395). Gemäß dieser Definition sind Werte in unterschiedliche Bestandteile zu zerlegen und unter unterschiedlichen Gesichtspunkten zu betrachten. Essenziell ist zunächst, dass diese nicht direkt sichtbar oder direkt zu beobachten sind. Dies stellt insbesondere für deren Messung oder Erfassung ein Problem dar, die im Verlauf weiter aufgegriffen wird. Weiterhin gelten Individuen und Kollektive beziehungsweise soziale Gruppen als Träger von Werten. Dies ist insofern relevant, als dass die von einem Kollektiv getragenen Werte ihren Beitrag zu einer kollektiven Identität leisten (Thome 2014, S. 43), welche in der Cleavage-Definition bereits verankert ist. Von zentraler Bedeutung ist aber insbesondere die Konzeption einer wünschenswerten Gesellschaft oder einer erstrebenswerten Zielvorstellung, die von vornherein im Wertebegriff angelegt ist. Dadurch wird das Handeln von Individuen und Kollektiven maßgeblich beeinflusst, hat also eine direkte Auswirkung auf beispielsweise das Wahlverhalten, den materiellen Konsum oder aber soziale Interaktionen (Mohamad-Klotzbach 2016, S. 558). Van Deths und Scarbroughs Vorschläge zur Konzeptualisierung von Werten sind diesbezüglich mit denen Kluckhohns deckungsgleich, da sie auch die nicht direkt mögliche Beobachtung von Werten ebenso erfassen wie die ihnen inhärente Vorstellung einer wünschenswerten Gesellschaft. Eine wichtige Ergänzung ist aber, dass sie Werte als zentrale (moralische) Grundüberzeugungen bezeichnen (van Deth und Scarbrough 1995, S. 28). Werte können sich demnach auf sämtliche Bereiche menschlichen Lebens und Verhaltens beziehen und dort Einfluss nehmen, werden sie doch als handlungsanleitendes Motiv betrachtet (Arzheimer und Klein 2000, S. 363; Klages 1984, S. 10).

Eine wichtige Abgrenzung ist dahingehend zu machen, dass Werte nur dann als handlungsanleitender Maßstab wirken, wenn nicht biologische Triebe oder Zwänge als Entscheidungsgrundlage herangezogen werden (Klages 1984, S. 9–10). Ferner müssen Werte nicht zwangsläufig bewusst verankert sein beziehungsweise wahrgenommen werden, sondern können gleichwohl auch eine unbewusste Wirkung entfalten (Abels 2007, S. 15; Klages 1984, S. 10). Sie werden deshalb eher grundsätzlich als allgemeine Leitvorstellungen (Rattinger 2009, S. 184), als Kompass, der grundsätzliche Vorstellungen beinhaltet (Frey et al. 2016, S. 2) oder auch Leitlinien verstanden (Klages und Kmieciak 1979, S. 14), die eine

2.3 Werte und Wertewandel

Erwartungshaltung von Individuen oder Kollektiven zusammenfassen (Keele und Wolak 2006, S. 674). Diese Erwartungshaltung definiert sich darüber, dass darunter „situationsübergreifende Ziele" (Frey et al. 2016, S. 9) subsumiert werden, die erst die Bewertung spezifischer Situationen oder Objekte ermöglichen (Friedrichs 1968, S. 112). Diese situationsübergreifenden Ziele rekurrieren auf das Bild einer umfassenderen gesellschaftlichen Konzeption, die durch Werte definiert wird. Es kommt jedoch zu keiner ideologischen Aufladung oder einer dezidierten Sollens-Erwartung (Beckers 2018, S. 507). Dies grenzt sie auch von Normen ab, die als situationsbezogen (Frey et al. 2016, S. 2) und als eine äußere soziale Kontrolle zu verstehen sind, wohingegen Werte und eine Orientierung an ihnen einer inneren sozialen Kontrolle unterliegen (Reichhardt 1979, S. 25). Sie sind jene Konstrukte, die zum Ausdruck bringen, was für Individuen wichtig ist. Basierend auf den aus individueller Sicht wünschenswerten Zielvorstellungen können Ideen, Konzepte, Menschen oder Ereignisse als wertvoll oder relevant erachtet werden (Schwartz 2016, S. 63). Werte sind demnach „die oberste Instanz zur Entscheidung über Handlungsprobleme" (Meulemann 1998, S. 16) und müssen verstanden werden als „Mechanismen der sozialen Integration" (Meulemann 1996, S. 48). Bei dieser sozialen Integration handelt es sich aber primär um eine „spezifisch soziologische Perspektive" (Meulemann 1996, S. 49). Nichtsdestotrotz ist gerade aus Sicht der politischen Soziologie, die sich unter anderem auch mit der Erklärung von Wahlverhalten beschäftigt, dieser Aspekt der sozialen Integration in Form der Integration in die Wählerschaft einer Partei nicht zu unterschätzen. Verschiedenen Werten werden dabei unterschiedliche Gewichte beigemessen (Schwartz 2016, S. 63–64), die insbesondere dann ersichtlich werden, wenn Individuen mit verschiedenen konkreten Zielvorstellungen konfrontiert werden, anhand derer sie ihre persönliche Präferenz zum Ausdruck bringen können oder müssen (Lupton et al. 2017, S. 502). Sie sind also das entscheidende Kriterium bei der Abwägung und Entscheidung zwischen verschiedenen Handlungsoptionen (Parsons et al. 1951, S. 11–12).

Bei der Abgrenzung von Werten und Wertorientierungen besteht ein essenzielles Problem darin, dass beide Begriffe in der Fachliteratur nicht kohärent verwendet werden, weshalb es zu begrifflichen Inkonsistenzen kommt (Elff 2005, S. 310). Dies führt sogar so weit, dass der genaue Bedeutungsgehalt von Wertorientierungen weiterhin nicht abschließend geklärt ist (Arzheimer und Rudi 2007, S. 168), gleiches gilt aber auch für den Werte-Begriff (Klages 2008, S. 24). Während in der psychologischen Forschung Wertorientierungen durchaus unter dem Werte-Begriff subsumiert werden, ist die Soziologie diesem Umstand als Fachdisziplin deutlich kritischer gegenüber eingestellt (Klages 2008, S. 26). Der

Soziologe Helmut Klages, der seinerseits immense Forschungsbestrebungen in diesem Bereich verfolgt hat, hält in diesem Kontext aber fest:

> „Für einen disziplinspezifisch sozialisierten Normalsoziologen ist ein Werteforscher, der sich empirisch mit den Wertorientierungen der Individuen beschäftigt, ohne auf den sogenannten kulturellen Überbau der Gesellschaft Bezug zu nehmen und nach dem Institutionalisierungs- und Allgemeinverbindlichkeitsgrad von Werten zu fragen, eo ipso ein psychologieverdächtiger Abweichler (wobei im Augenblick die Frage offengelassen sei, ob Soziologen immer genau wissen, womit sich Psychologen beschäftigen)" (Klages 2008, S. 26).

Während in der Soziologie zumeist eine sehr enge und sehr spezifische Definition des Wertbegriffs vorgenommen wird, gibt es mit Klages durchaus auch Soziologen, die für eine durch Offenheit und Unbestimmtheit charakterisierte Auslegung plädieren, durch die auch interdisziplinäre Herangehensweisen möglich werden (Klages 1998, S. 107). Es gibt demnach hinreichende Gründe, eine soziologische Kritik der analytischen Begrifflichkeiten aufzugreifen, jedoch keine Notwendigkeit, sich diese dann zu eigen zu machen.

Wenn sodann der Begriff der Wertorientierungen näher erörtert wird, kann darunter die individuelle „Neigung verstanden werden, sich an bestimmten Werten zu orientieren" (Elff 2005, S. 313). Wertorientierungen werden dementsprechend primär durch die Abgrenzung und Gegenüberstellungen verschiedener Werte sichtbar. Ein tiefergehender Ansatzpunkt ist, dass eine Wertorientierung jene Werte umfasst, die von Individuen oder Kollektiven internalisiert wurden. Aus diesen internalisierten Vorstellungen einer wünschenswerten Gesellschaft leiten Individuen und Kollektive Verbindlichkeiten für das eigene Leben ab (Klein 2014, S. 565; Hillmann 2001, S. 17; Gabriel 1986, S. 43). Auch hier ist der Akt einer bewussten Orientierung zentrales Kriterium, welches eine Wertorientierung von einem Wert als solches abgrenzt. Werte, die für eine Gesellschaft als konstitutiv angesehen werden, werden so für Mitglieder eben dieser zum Sinnbild einer wünschenswerten Gesellschaft (Parsons 1968, S. 136).

Zentral ist hierbei aber die Unterscheidung zwischen individuell-persönlichen Werten und gesellschaftlichen Wertorientierungen, die Vorstellungen für eine ganze Gesellschaft umfassen und um- beziehungsweise beschreiben (Arzheimer und Rudi 2007, S. 168). Gesellschaftliche Wertorientierungen sind bei manchen Autoren wiederum als eine Art begriffliche Spezifikation zu verstehen, bei der die Gesellschaft und die darin inkludierten sozialen Strukturen und Praktiken zentral sind und einer Beurteilung unterzogen werden (Bürklin und Klein 1998, S. 140; Pappi und Laumann 1974, S. 158–159). Lechleiter (2016, S. 27) hält jedoch eine gleichbedeutende Verwendung des Werte- und des Wertorientierungsbegriffs

2.3 Werte und Wertewandel

für wenig zielführend, da Werte eher als abstrakte Konstrukte zu verstehen sind, während Wertorientierungen wiederum einen konkreten Handlungsbezug inhärent haben. Damit steht er zwar im Einklang mit Kluckhohn (1951), obgleich eine solche Unterscheidung von anderen Werteforschern nicht vorgenommen wird (Lechleiter 2016, S. 26). Diese sehen die deckungsgleiche Verwendung der beiden Begriffe als unproblematisch an, da die Differenzierung von Wertorientierungen zu Einstellungen von zentralerer Bedeutung ist (G. Pickel 2018, S. 960). Vor allem jene Wissenschaftler, die sich der Erforschung von Werten und Wahlverhalten widmen, verstehen unter gesellschaftlichen Wertorientierungen primär jene Werte, die für das Wahlverhalten als Leitmotiv herangezogen werden (Klein 2014, S. 575–576; Pappi und Laumann 1974, S. 157). Da in der vorliegenden Arbeit die Untersuchung gesellschaftlicher Wertorientierungen und deren Einfluss auf das Wahlverhalten vorgenommen werden soll, soll der vorgestellten begrifflichen Auslegung gefolgt werden. Die Unterscheidung von Wertorientierungen und Werten gestaltet sich dagegen als problematischer, da diese Begriffe in einer Vielzahl der vorliegenden Fachliteratur eine gleichbedeutende Verwendung finden. Insbesondere die englischsprachige Literatur sieht keine spezifische Unterscheidung zwischen diesen Begriffen vor. Im Folgenden werden die Begriffe daher, sofern nicht dezidiert darauf hingewiesen wird, aus Gründen der Praktikabilität gleichbedeutend verwendet, gemeint ist aber stets die Wertorientierung.

Eine wichtige Einschränkung ist hier insofern zu machen, als dass Werte eher als abstrakte Konstrukte zu verstehen sind, die allgemein nur über Wertorientierungen erfasst werden können (Arzheimer 2005, S. 285–286), obgleich die konkrete Erfassung Teil einer eher methodischen Diskussion ist, die im späteren Verlauf in Abschnitt 3.2.1 noch einmal aufgegriffen wird. Aus theoretischer Sicht ist für diese Ausarbeitung aber die Annahme und Internalisierung von Werten – also Wertorientierungen – priorisiert, da diese erst einen direkten Einfluss auf Handlungsentscheidungen entfalten (Scheuer 2016, S. 417) und erst bei spezifischen Handlungsalternativen sichtbar werden (Pappi und Laumann 1974, S. 162). Wertorientierungen werden demnach nur durch die Konfrontation von Zielkonflikten sichtbar (Roßteutscher 2013, S. 936), in denen Individuen eine Abwägung und Entscheidungen zwischen diesen treffen müssen (Mohamad-Klotzbach 2016, S. 558). Da sie als für das Wahlverhalten relevante Wertorientierungen zu verstehen sind, sind gesellschaftliche Wertorientierungen demnach als ein Sonderfall von Wertorientierungen zu bezeichnen, zumal dadurch doch ein sehr konkreter Handlungsbezug ersichtlich wird. Gemeint ist hiermit der Wahlakt als solcher, der durch Wertorientierungen essenziell, in Abwägung verschiedener Zielkonflikte und entsprechender Orientierungspunkte, beeinflusst wird. Zentral ist in diesem Kontext der Verweis darauf, dass gesellschaftliche Wertorientierungen auch jene

Parameter sind, an denen sich die Entwicklung von Parteiensystemen wie dem der Bundesrepublik Deutschland analytisch erfassen lässt.

Damit unterscheiden sich Werte und Wertorientierungen essenziell von Einstellungen, die „nur eine faktisch positive, negative oder indifferente Haltung gegenüber spezifischen Objekten" (Thome 2019, S. 57) ausdrücken, ausgehend von der Perspektive eines Individuums, nicht eines Kollektivs. Zu verstehen sind unter diesen spezifischen Objekten sowohl Orte als auch Personen oder Sachfragen, die dann einer evaluativen Handlung ausgesetzt werden (Knutsen 2018a, S. 343; Ajzen 2005, S. 3). An dieser Stelle wird wiederum auch klarer, dass Einstellungen keine normative Konzeption einer wünschenswerten Gesellschaft (Kluckhohn 1951, S. 423) innewohnt, welche für Werte, Wertorientierungen und vor allem gesellschaftliche Wertorientierungen konstitutiv ist (Thome 2019, S. 51). Aus dieser Vorstellung einer wünschenswerten Gesellschaft sind Motivationen abzuleiten, „wohingegen Einstellungen nur über Werte motivationale Komponenten enthalten können" (Köthemann 2014, S. 15). So lässt sich aus einer singulären Einstellung kein grundlegendes Werteverständnis rekonstruieren.

Ein zentraler Unterschied zwischen Wertorientierungen und Einstellungen besteht insofern, als dass Individuen und Kollektive Träger einiger weniger relevanter Werte sind (Roßteutscher 2013, S. 936), die dann eine Vielzahl an Einstellungen „zu ‚größeren Strukturen' (…), zu einem ‚integrierenden System'" (Kmieciak 1976, S. 153) zusammenfügen. Diese spezifischen Einstellungen werden erst aus Wertorientierungen abgeleitet (Rokeach 1973, S. 18; Klages 1984, S. 10). Wertorientierungen und Werte sind Einstellungen demnach als Determinanten vorgelagert (Mays und Hambauer 2019, S. 346; Rokeach 1973, S. 24). Wertorientierungen beeinflussen Einstellungen, wenn auch nicht ausschließlich, so doch in einem nicht unerheblichen Ausmaß. Allerdings sind Wertorientierungen oft nur über Indikatoren messbar, die in Form von Einstellungsvariablen operationalisiert oder konstruiert werden (Meulemann 1998, S. 14). Es darf an dieser Stelle aber nicht angenommen werden, dass sich aus Wertorientierungen automatisch Einstellungen ableiten lassen. Dafür notwendig ist zunächst die Anerkennung von spezifischen Werten als Orientierungspunkt, also eine Adaption in den eigenen individuellen Wertekanon (Elff 2005, S. 313). Ebenso wie im Fall von Einstellungen müssen Individuen nicht alle Werte für sich adaptieren und daraus für sich eine Wertorientierung entwickeln. Werte sind nicht als eine konkrete Handlungsanweisung zu verstehen, die Individuen zwangsläufig einhalten müssen (Peuckert 2006, S. 353). Es handelt sich demnach um „keine ewigen, unveränderlichen Tatsachen, sondern jeweils an einen bestimmten gesellschaftlichen Kontext" (Peuckert 2006, S. 353) gebundene Wegweiser.

2.3 Werte und Wertewandel

Während Wertorientierungen bei der Sozialisation von Individuen eine immense Rolle spielen, werden diese doch maßgeblich vor allem im Jugendalter ausgebildet (Welzel 2009, S. 109), können sich Einstellungen im weiteren Lebensverlauf auch immer wieder situativ verändern. Einstellungen fehlt im Gegensatz zu Werten und Wertorientierungen zudem eine gesellschaftliche Verbindlichkeit (Bürklin und Klein 1998, S. 139). Werte übernehmen vielmehr eine strukturierende Funktion, um politische Informationen in ihrer Komplexität zu reduzieren und Einstellungen auf dieser Basis abzuleiten (Lupton et al. 2017, S. 491; Abels 2007, S. 17). Wertorientierungen und vor allem Werte sind folglich umfassender von ihrem Bedeutungsgehalt als Einstellungen (Rattinger 2009, S. 183). Die konkrete Einstellung zu einem Sachverhalt hängt wiederum von den jeweiligen Wertorientierungen eines Individuums ab (Pappi 1977, S. 207). Dabei wirken nicht alle Wertorientierungen gleichermaßen auf das individuelle Handeln ein, sondern primär nur jene, die aus individueller Perspektive als Orientierungspunkte internalisiert sind.

Ähnlich wie bei der Unterscheidung von Werten und Wertorientierungen ist auch eine Unterscheidung zwischen Werten beziehungsweise Wertorientierungen und Einstellungen nicht unumstritten. So argumentieren einige Forscher, dass eine strikte Trennung von Einstellungen und Werten beziehungsweise Wertorientierungen nicht sinnvoll ist, da derartige latente Konstrukte erst über Einstellungen sichtbar gemacht werden können (Rattinger 2009, S. 183; Jagodzinski und Kühnel 2002, S. 206; Thome 1985a, S. 33). Dies ist aber im Rahmen einer größeren Auseinandersetzung zu bewerten, die sich mit der theoretischen und methodischen Erfassung von Werten und Wertorientierungen beschäftigt. Diese Diskussion wird in Abschnitt 3.2.1 ausführlicher beleuchtet. Eine Unterscheidung zwischen Einstellungen und Wertorientierungen wird in der vorliegenden Studie jedoch als zentral erachtet.

Zusammenfassend bleibt zu sagen, dass Werte folglich keiner direkten Beobachtung zugänglich sind. Sichtbar werden sie erst durch die Gegenüberstellung von Zielkonflikten, die als individuelle und kollektive Orientierungspunkte dienen und fortan als Wertorientierungen verstanden werden müssen. Handelt es sich bei diesen Wertorientierungen um Determinanten, die das Wahlverhalten beeinflussen und somit zur Ausdifferenzierung und Prägung eines Parteiensystems beitragen oder beigetragen haben (Klein 2014; Pappi und Laumann 1974), so sind diese im Folgenden als gesellschaftliche Wertorientierungen zu bezeichnen, welche einem spezifischen Sonderfall von Wertorientierungen entsprechen. Wertorientierungen wie auch gesellschaftliche Wertorientierungen sind dabei Einstellungen vorgelagert. Letztere können aus ihnen abgeleitet werden und sind nicht durch die Konfrontation mit entsprechenden Zielvorstellungen, sondern einzig durch eine individuelle Evaluation abzubilden. Abschließend lässt sich festhalten, dass gesellschaftliche Wertorientierungen „die vermittelnde Größe zwischen makropolitischen, makrosozialen und sozialstrukturellen Variablen auf der einen Seite und individuellen politischen Einstellungen und Verhaltensweisen auf der anderen Seite" (Klein 2014, S. 565–566) darstellen. Für die singuläre Betrachtung einer einzigen Wahl sind Einstellungsvariablen als Determinante für das Wahlverhalten ausreichend. Sollen hingegen unterschiedliche Wahlen – wie in der vorliegenden Arbeit – zueinander in Bezug gesetzt und auch Entwicklungstendenzen an ihnen festgemacht werden, so ist ein Rückbezug zu gesellschaftlichen Wertorientierungen sachdienlich (Klein 2014, S. 566).

Nachdem erläutert wurde, was unter einem Wert, einer Wertorientierung oder einer Einstellung zu verstehen ist und wie diese voneinander abzugrenzen sind, soll nun im Folgenden jener Wertewandel beschrieben werden, der fast die gesamte westliche Welt erfasste und maßgebliche Veränderungen in der politischen Konfliktstruktur westlicher Gesellschaften nach sich zog.

2.3.2 Wertewandel

Ist die Rede von einem Wertewandel, so beschreibt dies zunächst einen Prozess, in dem „sich in einer Gesellschaft die Aggregatverteilung der Wertorientierungen ihrer Mitglieder bedeutsam verändert, einzelne Werte also einen Bedeutungsgewinn oder -verlust erfahren" (Klein 2014, S. 565). Dabei gilt grundsätzlich für alle Gesellschaften, dass Kontinuität und Wandel einander immer wieder ablösen. Dies kann auf externe Faktoren ebenso zurückgeführt werden wie auf die Tatsache, dass es für die in Gesellschaften auftretenden Probleme keine Lösungsansätze gibt, die immer und fortwährend Gültigkeit haben (Eisenstadt 1971, S. 75). So ist in den 1970er Jahren zu beobachten, dass ein ökologisches Bewusstsein für die durch die Industrialisierung entstandenen Umweltzerstörungen heranwächst (Wiesendahl 2015, S. 170). Ihren Ursprung findet dieser Bewusstseinswandel in der Industrialisierung, welche erst Rationalisierungs- und Säkularisierungsprozesse begünstigt, die diesen Paradigmenwechsel langfristig ermöglichen (Inglehart und Welzel 2005, S. 1). Dieser hat schließlich „die Aufkündigung des lange Zeit unhinterfragten technischen Fortschritts- und Wachstumskonsens zur Folge" (Wiesendahl 2015, S. 170). Ebenso kommt es zu einem steigenden Bildungslevel, höheren Einkommensniveaus, veränderten Geschlechterbildern, Einstellungsveränderungen gegenüber Autoritäten sowie veränderten sexuellen Normen. Gleichzeitig steigt auch der Grad politischer Partizipation an, durch den politische Autoritäten vermehrt hinterfragt werden (Inglehart und

2.3 Werte und Wertewandel

Baker 2000, S. 21). Ganz grundsätzlich führt dieser Wertewandel zu umfassenden Protesten für einen stärkeren Umweltschutz, dem Kampf gegen die Kernenergie sowie einem Einsatz für mehr Menschenrechte und der sexuellen Entfaltung des Individuums (Dalton et al. 1984, S. 4).

Tatsächlich gestaltet sich die Natur des Wertewandels so, dass durch die postindustrielle Phase neue Werte an Bedeutung gewinnen, die vormals als nicht relevant wahrgenommen wurden oder zumindest keinen hohen Stellenwert in der Perzeption der gesellschaftlichen Wirklichkeit hatten. Die in postindustriellen Gesellschaften dominierenden Werte unterscheiden sich signifikant von denen des industriellen Zeitalters (Huntington 1974, S. 186–187). Damit gehen erhebliche Transformationsprozesse einher, die weitreichende Konsequenzen haben. Dabei sind einige strukturelle Merkmale zu bedenken, die Ausdruck beziehungsweise auch als Auslöser für diesen Wertewandel zu verstehen sind. Diese wurden hier bereits beispielhaft am Wandel der Wirtschaftssektoren beschrieben.

Individuen, welche sich im Rahmen der dadurch gesetzten strukturellen Veränderungen bewegen, werden sodann auch von diesem Wandel erfasst. So werden westliche Gesellschaften als Ganzes zwar nicht Zeugen der Entstehung vollends neuer Werte, jedoch der graduellen Ersetzung traditionalistischer Werte durch weniger traditionalistische oder weniger autoritäre (Denk-)Ansätze (van Deth 1995, S. 2). Dies begünstigt verhaltensrelevante Veränderungs- und Angleichungsprozesse, „durchziehen Werte [doch] in prägender, bestimmender Weise alle Bereiche der Gesellschaft und haben maßgeblich Anteil an der Steuerung des Verhaltens" (Hillmann 1986, S. 1).

Dass sich Wertesysteme von Individuen und Kollektiven durchaus verschieben, ist in jedweden gesellschaftlichen Kontexten zunächst normal. Wären Wertesysteme und die aus ihnen abgeleiteten Wertorientierungen vollends stabil, so wäre individueller und gesellschaftlicher Wandel schlicht unmöglich. Wären diese aber gänzlich instabil, könnte eine gesellschaftliche Struktur auch nie eine gewisse Stabilität und Kontinuität erreichen (Rokeach 1973, S. 5–6). Luhmann hält beispielhaft zurecht fest, dass heute keine Partei „gegen Recht und Gerechtigkeit, gegen Freiheit, Erziehung usw. als Wert zu Felde ziehen" (Luhmann 2010, S. 297) würde. Demnach haben sich diese entsprechenden Werte innerhalb der Gesellschaft etabliert, was gleichermaßen zu ihrer Stabilisierung beigetragen hat. Dabei ist es jedoch von nicht unwesentlicher Bedeutung anzuführen, dass eben diese Werte auch erst bewusst erstritten oder erkämpft werden mussten. Insbesondere um die Frage dessen, was Gerechtigkeit oder Freiheit bedeuten mag, spannt sich noch heute der politische Diskurs. Gleiches ist festzustellen beim Kampf um die Deutungshoheit über das, was als Recht oder Unrecht definiert wird. Die festzustellenden Wandlungsprozesse unterliegen jedoch keiner linearen Logik (Inglehart und Welzel 2005, S. 1). Vielmehr müssen solche gesellschaftlichen Prozesse der Modernisierung verstanden werden als das Ergebnis der Wertorientierungen von Individuen und Kollektiven, die in einem Konkurrenzkampf zueinander stehen. Dieser findet beispielhaft zwischen gesellschaftlichen Wertvorstellungen wie Modernisierung und Bewahrung (Zapf 2006, S. 229) statt, in denen zuvor geltende sittliche Normen und Regeln aufzuweichen versucht werden oder aber der bereits angeführte Wachstumskonsens durch einen ökologischen Bewusstseinswandel hinterfragt wird. Prozesse der Individualisierung, Säkularisierung und Globalisierung im Besonderen haben die Wertorientierungen und Wertprioritäten im politischen Raum nachhaltig verändert (Halman 2007, S. 318).

Aus dem Wertewandel ergeben sich eine Vielzahl an Konsequenzen. Vor allem durch eine fortschreitende Individualisierung sinkt die allgemeine Identifikation mit Parteien. Dadurch wird einerseits ein zunehmendes Wechselwahlverhalten begünstigt, andererseits bedingt dies auch die Loslösung von tradierten Milieus. In der Folge entsteht für Parteien das Risiko, ihre natürlichen Wählerressourcen zu verlieren. Für Individuen entsteht, sofern keine Anpassung an die sich gegebenen gesellschaftlichen Veränderungen erfolgt oder gar erfolgen kann, womöglich eine Art Ohnmachtsgefühl (Jun 2000, S. 214–215). Insbesondere gesellschaftlich-kulturelle Normen, die über lange Zeit hinweg Bestand hatten, erodieren nach und nach (Walter 2000, S. 228). Zusätzlich verlieren sozialstrukturelle Gruppen wie Arbeiter oder Katholiken, in denen über Jahrzehnte ein eigenes gesellschaftliches Leben organisiert wurde, an Bindekraft. Aus diesem Grund darf der Wertewandel nicht nur unter dem Gesichtspunkt verstanden werden, dass sich daraus ausschließlich Chancen ergeben, sondern durchaus auch individuelle Sorgen entstehen können (Klages 1984, S. 384). Rüschemeyer argumentiert vor diesem Hintergrund, dass gerade Modernisierungsprozesse zu einer Revitalisierung vormoderner Wertorientierungen führen können. Darunter zu verstehen sei

> „die Entwicklung von ausdrücklich konservativen Ideologien als Reaktion auf moderne Herausforderungen, das verbreitete Auftreten verklärter Bilder der glorreichen Vorzeit als Reaktion auf Spannungen; und die nationalistische Betonung der Einmaligkeit der sich wandelnden Gesellschaft und ihrer glorreichen Vergangenheit" (Rüschemeyer 1969, S. 384).

Entwicklungen wie ein sich vollziehender Wertewandel müssen dabei von Parteien sehr aufmerksam verfolgt werden. Sofern eine Kompatibilität mit den eigenen Grundüberzeugungen festzustellen ist, kann dies einerseits zur Anpassung des eigenen Werteprofils führen, andererseits muss aber auch erwogen

2.3 Werte und Wertewandel

werden, ob und inwiefern Skeptiker eines solchen Wertewandels von Parteien eingebunden oder von eigenen Standpunkten überzeugt und womöglich integriert werden können. Nur dadurch kann die Anzahl der Wähler aufrecht erhalten bleiben oder vergrößert werden, da andernfalls Wählerabwanderungen zu erwarten sind (Hillmann 1986, S. 15). So können politische Eliten diesen Prozess eines gesellschaftlichen Wandels zwar ignorieren oder sich ihm widersetzen, jedoch ist dies langfristig in vielerlei Hinsicht sehr kostenintensiv (Inglehart und Baker 2000, S. 21). Gemeint ist damit beispielsweise, dass politisches Vertrauen innerhalb der eigenen Wählerschaft verspielt werden kann, wenn auf neue Problemlagen keine zufriedenstellenden Antworten formuliert oder Reformen entwickelt werden. Gleichzeitig hat die Verhinderung eines gesellschaftlichen, politischen oder kulturellen Wandels enorme Konsequenzen. Insbesondere die Negation einer sich verändernden sozialstrukturellen Zusammensetzung in der Bevölkerung und einer sich global verändernden Wirtschaftsordnung kann in letzter Konsequenz bedeuten, dass eine Gesellschaft den Anschluss an sich globalisierende Prozesse verliert. Wenn jedoch davon ausgegangen wird, dass Wertewandel lediglich bedeutet, dass zuvor autoritäre oder traditionalistische Wertvorstellung liberalisiert beziehungsweise weniger autoritär oder traditionalistisch werden, so greift dies zu kurz, denn dadurch wird eine lineare Entwicklung hin zu einer liberaleren und demokratischeren Gesellschaft postuliert. Dies ist jedoch keineswegs zwangsläufig der Fall.

Ingleharts Theorie der Silent Revolution „lieferte die wissenschaftliche Erklärung für die spektakulären Umwälzungen, die europäische Gesellschaften wie Deutschland in diesen turbulenten Jahrzehnten erfuhren" (Roßteutscher und Scherer 2013a, S. 68). Seine Überlegungen beruhen im Wesentlichen auf dem Konzept der Bedürfnishierarchie nach Abraham Maslow. Demnach existieren mit physiologischen Bedürfnissen, Sicherheitsbedürfnissen, sozialen Bedürfnissen, dem Bedürfnis nach Wertschätzung und jenem nach Selbstverwirklichung (Maslow 1943, S. 372–382) insgesamt fünf zentrale Bedürfnisse, die in späteren Interpretationen – so auch Ingleharts – aufeinander aufbauen. Grundlegende Bedürfnisse wie die nach Sicherheit oder nach ausreichender physiologischer Versorgung müssen demnach priorisiert befriedigt werden, bevor sich Individuen anderen Bedürfnissen zuwenden können (Gabriel 1986, S. 90–91). Inglehart hält dazu fest: „In short, people are safe and they have enough to eat. These two basic facts have far-reaching implications" (Inglehart 1977, S. 22). Darauf aufbauend entwickelt Inglehart sein Konzept eines neuen Konflikts beziehungsweise einer neuen **Konfliktlinie**, welche er zwischen einer materialistischen und einer postmaterialistischen Wertorientierungen verortet (Lachat 2017, S. 561). Die grundlegenden Werte einer physischen Sicherheit und ausreichenden Versorgung sind hier als *materialistisch* zu verstehen, wohingegen alle darauffolgenden Bestrebungen und Werte eher *postmaterialistischer* Natur sind.

Gemäß dieses Konzepts wenden sich Individuen erst dann postmaterialistischen Werten zu, wenn grundlegende materielle Bedürfnisse befriedigt sind (Gabriel 1986, S. 85). Diese Gedanken fasst Inglehart in seiner *Mangelhypothese* zusammen. Demnach haben Generationen, die einen Krieg noch selbst erlebt haben, grundlegend andere Bedürfnisse und Wertpräferenzen als Generationen, die ohne diese Erfahrung aufgewachsen sind. So sind in Ingleharts Untersuchungen klare Unterschiede hinsichtlich der Bewertung ökonomischer und physischer Sicherheit nach Altersgruppe und dazugehöriger Involvierung in einen der Weltkriege zu identifizieren (Inglehart 1979, S. 280). Auch ist zu beobachten, dass in Ländern mit einem vergleichsweise niedrigen Lebensstandard besonders materialistische Werte dominierend sind, wohingegen in den Industrienationen der westlichen Welt ein deutlich höherer Anteil an Menschen mit postmaterialistischen Wertpräferenzen vorzufinden ist (Dalton 2003, S. 161). So kann, angelehnt an Inglehart, festgehalten werden, dass Gesellschaften, welche sich in einer wirtschaftlichen oder gar sicherheitspolitischen Schieflage befinden, eher von materiellen Defiziten geprägt sind als Gesellschaften, in der die Wirtschaft prosperiert und die öffentliche Sicherheit gewährleistet ist (Lechleiter 2016, S. 32). Bedürfnisse wie die Zugehörigkeit zu einer sozialen Gruppe oder nach intellektuellen Herausforderungen werden demnach erst sichtbar, wenn materielle Bedürfnisse befriedigt sind (Dalton 1977, S. 459).

Bereits an anderer Stelle wurde ein Kerngedanke der von Inglehart beschriebenen zweiten Hypothese – der *Sozialisationshypothese* – skizziert. Wenn Werte „als in der frühen Sozialisation erworbene Grundorientierung[en verstanden werden], die im Lebensverlauf vergleichsweise stabil bleiben und damit zeitunabhängig sind" (Anstötz und Westle 2019, S. 105), so hat dies weitreichende Konsequenzen. Demnach erklärt es die Beharrsamkeit älterer Menschen, an jenen Werten festzuhalten, die im Jugendalter erworben wurden, obgleich diese womöglich nicht mehr in der Lage sind, in einer sich modernisierenden Gesellschaft ausreichend Orientierung zu geben, vor allem nicht für Angehörige jüngerer Generationen (Welzel 2009, S. 111; Inglehart 1977, S. 23). Es kommt also hier explizit zu Unterschieden zwischen den Angehörigen verschiedener Altersgruppen, die Inglehart in seiner Hypothese beschreibt. Demnach werden Individuen insbesondere in den ersten 20 Jahren vor allem durch jene Werte geprägt, die ein Spiegel der Bedingungen sind, unter denen das Individuum aufwächst (Roßteutscher 2013, S. 939; Inglehart 1995, S. 77; Inglehart 1977, S. 22–23). Dazu gehört selbstredend auch die ökonomische Entwicklung eines Landes, die direkt auf das Individuum im Sinne von strukturellen Rahmenbedingungen wirkt. Demnach sind Kohorteneffekte nachzuvollziehen bei den Wertausprägungen einer Gesellschaft, die den ökonomischen Status klar abbilden. Sofern junge Menschen in einer Phase wirtschaftlichen Aufschwungs sozialisiert wurden, hat dies, wenn man dieser Argumentation folgt, einen bedeutenden Effekt auf die Annahme beziehungsweise Bevorzugung postmaterialistischer Werte (Dalton 2003, S. 162; Inglehart 1983, S. 142).

Diese Kohorteneffekte sind wiederum auch nur Ausdruck eines schrittweisen Wandels. Unterschiedliche Erfahrungen im Jugendalter führen in einer sich modernisierenden Gesellschaft dazu, dass gewisse traditionalistische Wertvorstellungen und Normen innerhalb älterer Bevölkerungsschichten durchaus persistent bleiben, wohingegen jüngere Generationen strukturell liberaler werden (Inglehart 1995, S. 11). Nicht ohne Grund wurde die Jugend in westlichen Demokratien „zum Träger eines postmaterialistischen Wertewandels" (Kaina und Deutsch 2006, S. 157). Werte müssen vor diesem Hintergrund als soziales Produkt verstanden werden, welches über Generationen hinweg in institutionalisierter Weise vermittelt wird (Meyer 1979, S. 46). Wird dabei

> „die heranwachsende Generation an die allgemeinen Wertvorstellungen und Normen einer Gesellschaft herangeführt (…), so erwirbt sie auch bestimmte politische Orientierungen und wird dadurch in die Lage versetzt, ihre soziale Umwelt unter politischen Gesichtspunkten wahrzunehmen und zu bewerten" (Gabriel 1986, S. 31).

Wenn also die Rede von generationalen Effekten ist, so wird klar, dass es sich hier nicht um einen abrupten Wandel, sondern vielmehr um einen langfristigen Wandlungsprozess handelt (Inglehart 1990, S. 247; Inglehart und Welzel 2005, S. 1), in dem der kulturelle und gesellschaftliche Wandel durch die Ablösung einer Generation durch eine darauffolgende erfolgt (Inglehart 1995, S. 14). Der Wertewandel ist aber explizit nur als Teilaspekt eines umfassenden kulturellen und auch strukturellen Wandels zu verstehen (Hoffmann-Nowotny 1979, S. 61). Die strukturellen und kulturellen Faktoren stehen selbstredend in einem interdependenten Verhältnis. Eine Veränderung der Sozialstruktur oder wirtschaftlichen Struktur verändert zwangsläufig auch die in einer Gesellschaft gelebten Werte und dadurch entstehen neue individuelle Bedürfnisse, Chancen und auch Risiken. Andererseits führt eine Veränderung von Wertpräferenzen auch zu einer Neuausrichtung gesellschaftlichen Zusammenlebens und Wirtschaftens. Wenn Werte nun also wie angeführt einen Einfluss auf die Wahrnehmung von Geschehnissen haben und auch entsprechend Handlungsentscheidungen aus ihnen abgeleitet werden können, so können sich diese auch unter veränderten Rahmenbedingungen neu justieren, ohne dafür die Ablösung einer Generation zu bedürfen (Thome 2014, S. 43).

Eine breitere Erläuterung dessen, wie Wertorientierungen als solches zu messen sind, wird im Abschnitt 3.2.1 vertieft und ausführlicher erläutert. Nichtsdestotrotz ist an dieser Stelle ein Blick darauf notwendig, auf welche Art und Weise Inglehart versucht, den Wandel von materialistischen zu postmaterialistischen Wertorientierungen zu erfassen. Dafür entwickelte er ein heute als Inglehart-Index bekanntes Messinstrument, welches im Rahmen von Bevölkerungsumfragen eingesetzt wird. Die erste Entwicklung des Index bestand zunächst aus vier Items, wovon je zwei als Ausdruck einer postmaterialistischen Wertorientierung und einer materialistischen Wertorientierung zu verstehen sind: Die *Aufrechterhaltung von Ruhe und Ordnung in diesem Land* sowie der *Kampf gegen steigende Preise* sind hiernach als materialistische Wertorientierungen zu verstehen, wohingegen *Mehr Einfluss der Bürger auf die Entscheidung der Regierung* sowie *Schutz des Rechts auf freie Meinungsäußerung* als postmaterialistische Wertorientierungen verstanden werden (Inglehart 1977, S. 28; Dalton 1977, S. 462). Die Befragten sind angehalten, darauffolgend anzugeben, welches das für sie wichtigste, welches das für sie zweitwichtigste und welches schließlich das drittwichtigste Ziel ist. Ausgehend davon werden diese dann in vier Typen eingeteilt. Positioniert ein Individuum ausschließlich materialistische Werte an erster und zweiter Stelle, so gilt es als *reiner Materialist*. Positioniert es hingegen postmaterialistische Werte auf den beiden vorderen Prioritätenplätzen, so ist die Rede von einem *reinen Postmaterialisten*. Kommt es zu einer Kombination aus einem materialistischen und einem postmaterialistischen Wert, so entscheidet die Erstpräferenz über die Typisierung. Wurde als wichtigstes Ziel ein materialistischer Wert genannt, so ist das Individuum *eher Materialist*, wurde hingegen ein postmaterialistischer Wert zuerst genannt, so ist das Individuum *eher Postmaterialist* (Bauer-Kaase und Kaase 1998, S. 258–259).

Die neue Konfliktlinie zwischen einer materialistischen und einer postmaterialistischen Wertorientierung (Inglehart 1997, S. 4) ist – im weitesten Sinne gemäß Inglehart – vor allem durch ökonomische Fragen und eine ökonomische Sicherheit prädeterminiert. So kann sehr eindeutig angenommen werden: „Ist der soziale Status einer Familie schwach, wird die Ausbildung von materialistischen Wertorientierungen begünstigt, ist der soziale Status hoch, so entwickeln sich postmaterialistische Wertorientierungen" (Lechleiter 2016, S. 33). Insbesondere die sozio-ökonomische Wohlfahrtsentwicklung westlicher Gesellschaften wie der Bundesrepublik Deutschland (Lauth et al. 2014, S. 223) oder auch der Wirtschaftsboom nach dem Zweiten Weltkrieg (Inglehart 1977, S. 21–22) haben hier

2.3 Werte und Wertewandel

sicherlich ihren Beitrag geleistet. So lässt sich aber durchaus auch erkennen, dass westeuropäische Gesellschaften in der Summe allesamt postmaterialistischer geworden sind, jedoch bedeutend langsamer als zunächst von Inglehart angenommen (Abramson und Inglehart 1987, S. 239). Während die Zahl der Materialisten in den 1980ern zunächst deutlich sinkt, ist eine klare Zunahme bei den Postmaterialisten zu verzeichnen (Hradil 2002, S. 36). Nichtsdestotrotz ist der Aufstieg des Postmaterialismus auch dadurch gekennzeichnet, dass sich dieser Effekt nach den 1980ern zu reduzieren beginnt (van Deth 2001, S. 25–26). Der Anteil *reiner Postmaterialisten* bleibt in Folge ungefähr gleich, wohingegen der Anteil derer, die sowohl postmaterialistische als auch materialistische Werte gleichermaßen präferierten, kontinuierlich steigt.

Ist die Rede von dem Konflikt zwischen Materialismus und Postmaterialismus, so ist damit auch immer die Debatte über *New Politics* und *Old Politics* gemeint. Old Politics meint im Wesentlichen die von Lipset und Rokkan beschriebenen Cleavages (Dalton 1988, S. 133; Knutsen 1995a, S. 2). New Politics wiederum ist im eigentlichen Sinne nichts anderes als eine Umschreibung des Postmaterialismus-Konzepts (Dalton 2008, S. 161). Die Werte und Themen, die darunter subsumiert werden, umfassen und tangieren beispielhaft die Erzeugung von Energie durch Kernkraft, alle Themenfelder der Umweltpolitik, emanzipative Werte wie eine liberale Abtreibungspolitik oder neue Formen unkonventioneller Partizipation (van Deth 1995, S. 10). Tatsächlich legen Materialisten vor allem Wert auf Ziele der so genannten *Old Politics*, also ökonomische und physische Sicherheit sowie politische Stabilität, wohingegen Postmaterialisten den Zielen der New Politics zugeneigt sind (Dalton 2008, S. 162; Kitschelt und Hellemans 1990, S. 211). Ferner sind postmaterialistische Werte und die New Politics dahingehend identisch, als dass sie die gleiche Gruppe von Menschen ansprechen, die sich durch die klassischen Cleavages nicht länger integrieren lassen. Gemeint sind junge Menschen, die neue Mittelklasse, die in Folge der wirtschaftlichen Expansion und der Bildungsexpansion entstand, formell höher gebildete sowie zunehmend auch nicht-religiöse Individuen. Aus diesem Grund wird der Begriff auch äquivalent verwendet (Dalton 2008, S. 161). Eine Annahme Ingleharts ist sodann, dass vormals zentrale und ideologisch aufgeladene Begriffe wie *links* und *rechts* ebenso wie die klassischen Cleavages an Bedeutung verlieren würden und alte Schemata, die vor allem auf einer sozialstrukturellen Basis beruhen, durch Wertekonflikte ersetzt werden.

Wertesysteme von Individuen und Kollektiven sind nie vollends fluide oder vollends stabil, werden diese doch immer wieder auch herausgefordert und setzen sich – zumindest in Teilen – neu zusammen. Zwar sind die Argumente von Inglehart im Hinblick auf die Sozialisation oder die Befriedigung materieller

Bedürfnisse durchaus schlüssig, jedoch können auch externe Effekte jederzeit ein vormals stabiles Wertesystem zum Einsturz bringen (Mays und Hambauer 2019, S. 346–347). Existenzielle Krisen haben beispielhaft durchaus das Potenzial, auch zutiefst postmaterialistisch geprägte Individuen ihre eigenen Wertorientierungen und Wertpräferenzen überdenken zu lassen. So kann in solchen Zeiten die Sicherung materieller Lebensstandards wieder mehr in den Fokus rücken, wohingegen immaterielle Dinge wie die Lebensqualität (Boehnke und Welzel 2006, S. 342) in den Hintergrund treten. Auch als legitim erachtete Herrschaftsordnungen können, beispielsweise ausgelöst durch ökonomische Krisen, immens an durch die Bevölkerung empfundener Legitimität einbüßen (Lipset 1959a).

Ein zentraler Kritikpunkt an Inglehart ist, dass dieser von einer rein sozialstrukturellen Verortung der klassischen Cleavages ausgeht und demnach mit der Auflösung der Strukturfaktoren auch eine Auflösung der Cleavages verbunden sein müsste. Dem widerspricht beispielsweise Knutsen sehr klar. Für ihn sind Cleavages bereits ein Ausdruck und Abbild spezifischer internalisierter Werte, mit anderen Worten: von Wertorientierungen. So bezeichnet er den klassischen Sozialstaatskonflikt als Wertekonflikt zwischen einem sozial- und wirtschaftspolitisch redistributiven Links-Materialismus und einem besitzstandswahrenden Rechts-Materialismus. Dieser und der Konflikt zwischen religiösen und säkularen Werten, die bereits ihren Ausdruck im Kirche-Staat-Cleavage gefunden haben, konstituieren für ihn die *Old Politics*. Dennoch stimmt auch Knutsen der Argumentation Ingleharts in dem Punkt zu, dass sich diese Wertekonflikte weniger über die sozialstrukturelle Zugehörigkeit, denn vielmehr über die Annahme spezifischer Wertorientierungen definieren (Knutsen 1995a, S. 2–4).

Der Religionskonflikt ist für Knutsen in erster Linie ein Konflikt über Werte und kulturelle Identitäten, obwohl er fest in institutionellen Kräften, wie der Zugehörigkeit zur Kirche und funktionalen Organisationen der Gläubigen, verwurzelt ist. Dazu gehören unter anderem auch, neben vielen weiteren, christliche oder christdemokratische Parteien (Knutsen 1995a, S. 16; Knutsen 1995b, S. 463). Durch die Entstehung einer neuen postmaterialistischen Wertorientierung wird das klassische Konfliktfeld der *Old Politics* stärker ausdifferenziert. Materialisten sind, so wie Inglehart sie auch versteht, sowohl auf der Seite der Links-Materialisten ebenso stark anzutreffen wie unter Rechts-Materialisten, wohingegen Postmaterialisten insbesondere unter Links-Materialisten anzutreffen sind (Knutsen 1995a, S. 52). Dennoch werden postmaterialistische Werte nicht ausschließlich von der links-materialistisch orientierten politischen Linken aufgegriffen (Kitschelt und Hellemans 1990, S. 214–215). Es zeigt sich, dass eine Einteilung im Sinne des Links-Rechts-Schemas im Hinblick auf diese postmaterialistische Wertorientierung nur bedingt Erklärungskraft hat. Tatsächlich ist insbesondere das klassische linke Wählermilieu der Arbeiterklasse in dieser Frage eher als materialistisch einzuordnen, was enorme Fliehkräfte in der politischen Linken begünstigt. In Folge entsteht eine materialistische sowie eine postmaterialistische Linke, die in verschiedenen gesellschaftlichen Schichten beheimatet ist (Heath et al. 1990, S. 32). Postmaterialisten sind in allen Ländern aber grundsätzlich eher der politischen Linken zugeneigt, wohingegen Materialisten eher der politischen Rechten zugeneigt sind. Besonders in Frankreich und der Bundesrepublik Deutschland sind diese Effekte um die Jahrtausendwende stark zu beobachten (Dalton 2008, S. 162).

Allgemein wird der ideologische Raum, der den Parteienwettbewerb auffächert, weitaus komplexer. Durch weitere Konfliktdimensionen kommt es mitunter zu essenziellen Verschiebungen. Konnte ein Individuum mit einer säkularen Haltung und der Befürwortung staatlicher Umverteilungsmaßnahmen zuvor einer linken Grundorientierung zugeordnet werden, wird diese Zuschreibung durch die Entstehung der neuen Konfliktachse erschwert. Diese verläuft quer durch die alten Konfliktlinien. Wenn der Materialismus eigentlich eher der politischen Rechten zugeschrieben wird und der Postmaterialismus der politischen Linken, wird die individuelle Zuordnung erschwert, da somit links-materialistisch orientierte Säkulare, die über eine materialistische Wertorientierung verfügen, plötzlich nicht mehr als originär links einzuordnen sind (Roßteutscher und Scherer 2013a, S. 69). Die klare Verortung in einem politischen Lager, die auch identitätsstiftend wirken kann, wird so nachdrücklich erschwert. Die dadurch verursachte steigende Komplexität des Politischen führt zu einer erschwerten Übersichtlichkeit gesellschaftlicher und politischer Veränderungsprozesse.

Nun ist es aber so, dass Ingleharts Vorhersagen keineswegs allesamt eintreffen. Eine seiner Prognosen lautet beispielsweise, dass der neue Wertekonflikt zwischen Materialismus und Postmaterialismus zu einem Bedeutungsverlust der ursprünglichen Konfliktlinien führen werde. Bis in die 1990er Jahre zeigt sich jedoch, dass insbesondere der klassische Konflikt über die (Um-)Verteilung ökonomischer Güter auch weiterhin in vielen Ländern der bedeutendste Prädiktor im Wahlverhalten für Parteien ist (Knutsen 1995a, S. 51). Gerade in Ländern, in denen historisch über Jahrzehnte immense klassenbasierte Unterschiede die politischen Kräfteverhältnisse prägen, verliert dieser Faktor keineswegs an Erklärungskraft (Heath et al. 1990, S. 43). Gemäß der Pluralisierungstheorie müssen sich Wertorientierungen aber nicht zwangsläufig gegenseitig ablösen. Stattdessen werden neben der sozio-ökonomischen und einer konfessionell-religiösen Konfliktlinie zusätzlich weitere Dimensionen gesellschaftlicher Wertorientierungen relevant (Kitschelt und Hellemans 1990, S. 214–215). Nichtsdestotrotz muss anerkannt werden, dass der auf einen eindimensionalen, sozio-ökonomisch definierten

Konfliktraum reduzierte Parteienwettbewerb durch die Postmaterialismus-Debatte aufgebrochen (Inglehart und Flanagan 1987, S. 1307) und zu hinterfragen begonnen wurde, jedoch keineswegs an Bedeutung verloren hat. Die bloße Existenz einer neuen politischen Konfliktlinie bedeutet, wie schon angeführt, nicht zwangsläufig auch eine Übersetzung in den politischen Parteienwettbewerb. Insbesondere die Fähigkeit, sich zu organisieren, bleibt zentral, um sich entlang einer Konfliktlinie etablieren zu können. Dazu gehört unter anderem auch eine entsprechende notwendige parteipolitische Institutionalisierung.

Dies ist aber anhand der Postmaterialismus-Materialismus-Dimension zunächst schwierig, da gerade die Umwelt- und Frauenbewegung zu dieser Zeit sehr heterogen sind und keineswegs mit einer einzigen und gemeinsamen Stimme sprechen. Auch deshalb ist die Gruppenzugehörigkeit und -loyalität weitaus schwächer ausgeprägt als bei kirchlichen Gruppierungen oder Gewerkschaften, die sich über Jahrzehnte organisieren konnten (Dalton 2008, S. 161). Besonders postmaterialistische Werte sieht Lipset als sehr schwierig zu institutionalisieren an, obgleich dies den Grünen beispielhaft gelungen sei (Lipset 2001, S. 7). Wie dies geschah, soll im Folgenden ausführlicher erläutert werden. Dabei wird insbesondere Bezug genommen auf Prozesse des Wertewandels, die diese Entwicklung begünstigten, wenn nicht gar förderten.

2.3.3 Die Entstehung der Grünen als Produkt des Wertewandels

Die in Folge des Wertewandels ausgelösten gesellschaftlichen Transformationsprozesse haben sich auf weite Teile der Welt ausgebreitet. Diese haben dabei jedoch nicht eine einzige Zivilisation oder ein einziges beziehungsweise einzigartiges institutionelles Muster hervorgebracht, sondern die Entwicklung mehrerer moderner Zivilisationen oder zumindest von Zivilisationsmustern. Gemeint ist dabei, dass in vielen Gesellschaften zwar gemeinsame Merkmale und Veränderungsprozesse auftraten und dennoch keine einheitlichen Folgeprozesse ausgelöst wurden (Eisenstadt 1999, S. 285–286). Zwar entstanden in den meisten Staaten Westeuropas bedingt durch die Zuwendung zu einer postmaterialistischen Wertorientierung im Rahmen des Wertewandels der 1970er und 1980er Jahre vielerorts grün-alternative Parteien, jedoch keineswegs überall (Bukow und Switek 2017, S. 106).

Die bis dahin prägende zwei-dimensionale Konfliktstruktur aus einem sozioökonomischen und einem konfessionell-religiösen Wertekonflikt wurde überholt

2.3 Werte und Wertewandel

und durch die Wertedimension zwischen materialistischen und postmaterialistischen Werten erweitert (Weßels 2014a, S. 189). Folgt man der Argumentation einer fortschreitenden Individualisierung und zunehmenden Autonomie dahingehend, dass parteipolitische und wertspezifische Orientierungen nicht länger in der Familie oder die Gemeinschaft, in die ein Individuum geboren wird, *erlernt* werden (Wassermann 1986, S. 107), so hat dies immense Konsequenzen. Die Loslösung von spezifischen Gruppenloyalitäten und -normen hat dann auch zur Folge, dass Individuen viel selbstbestimmter darüber entscheiden, welche Werte sie für sich als relevant und welche gesellschaftlichen Ziele sie für erstrebenswert erachten. Klein bezeichnet diese Auswahl zu adaptierender gesellschaftlicher Wertorientierungen als „gewissermaßen ‚à la carte'" (Klein 2014, S. 569). Dies führt schlussendlich zu einer Offenheit gegenüber neuen Wertvorstellungen, neuen gesellschaftlichen Wertorientierungen und auch Parteien, die diese im politischen Raum artikulieren und aggregieren. Es besteht hier aber kein Automatismus zur Entstehung neuer Parteien:

> „Die Entstehung eines grün- und links-alternativen Wählerpotentials bildete zunächst nicht mehr als den möglichen Nährboden für eine neue Partei. Obwohl sich der beschriebene gesellschaftliche Wandel in allen westlichen Industriestaaten vollzog, gingen daraus nicht überall grüne Parteien hervor" (Switek 2015, S. 94).

Wenn diese aber entstanden, so werden diese klar als Ausdruck eines Wertewandels verstanden (Bauer-Kaase und Kaase 1998, S. 262). So formierten sich daraus „vorwiegend postmaterialistisch ausgerichtete Parteien auf dem linken Flügel (...), wie beispielsweise die Grünen in der Bundesrepublik [Deutschland]" (Inglehart 1995, S. 15). In Teilen wird auch argumentiert, dass diese entlang einer Konfliktlinie zwischen Ökologie einerseits und Ökonomie andererseits (Probst 2018a, S. 212) entstehen konnten.

So ist zwar zweifelsohne festzustellen, dass die sich verändernde gesellschaftliche Umwelt erst Transformationsprozesse ermöglicht (Poguntke 2000, S. 49), doch greift eine Reduzierung wie von Probst (2018a) vorgenommen zu kurz. Die von ihm entsprechend bezeichnete Konfliktlinie ist insofern problematisch, da „Ökologie (...) nicht der begriffliche Gegenpart zur Ökonomie [ist], sondern die Forderung der normativen Neuausrichtung ökonomischen Denkens" (Stifel 2018, S. 34). Gemeint ist hier die schon mit Wiesendahl (2015, S. 170) angeführte Aufkündigung eines unhinterfragten Wachstumskonsenses. Es ist kaum zu bestreiten, dass die Grünen – zum Zeitpunkt ihrer Gründung – Interessen in der Umweltschutzpolitik und im Kampf gegen Atomkraftwerke in den politischen Raum einbringen, der von anderen Parteien nicht ausgefüllt wird (Pappi et al. 2019a, S. 274). Dennoch ist die Reduzierung auf ein singuläres Thema nicht adäquat, handelt es sich doch bei der hierfür vorliegenden Wertorientierung um ein weitaus umfassenderes Konzept. Den Grünen in Deutschland sowie weiten Teilen Westeuropas ist es möglich „eine exklusive Reputation im Bereich der neuen Politik – Ökologie, Umwelt und Nachhaltigkeit, Feminismus und Gleichberechtigung sowie Bürgerrechte" (Bukow und Switek 2017, S. 107) – zu generieren. Die Grünen werden sozusagen zu „neue[n] Agenten sozialer Mobilisierung" (Alber 1985, S. 224), die entlang dieses umfassenden Konzepts der *New Politics* erfolgt. Sie werden darüber hinaus mit ihrer Gründung im Jahr 1980 zur ersten „Partei in der Nachkriegsgeschichte der Bundesrepublik Deutschland, die auf keine historischen Vorläufer zurückgeht und sich dauerhaft als neue politische Kraft im Parteiensystem etablieren konnte" (Probst 2013, S. 509). Nachdem den Grünen im Jahr 1980 zunächst der Einzug in den Deutschen Bundestag nicht gelungen ist, etablieren sie sich vor allem auf lokaler und regionaler Ebene als politische Kraft (Probst 2018b, S. 17). In diesen Jahren ist, auch als Ausdruck des gesellschaftlichen Wertewandels und der Offenheit für neue politische Konzepte und Lösungsansätze, eine steigende Bereitschaft beobachtbar, für eine ökologische Partei zu stimmen (Inglehart 1990, S. 266).

Diese Offenheit für neue Parteien wird begünstigt durch ein so genanntes *Dealignment,* also die Loslösung von Parteibindungen beziehungsweise Parteiidentifikationen, die zuvor beispielsweise durch soziostrukturelle Kontexte determiniert wurden. Solche Dealignments können einerseits der Beginn eines Prozesses sein, indem dann neue Parteibindungen entstehen, sie können aber auch eine endgültige Loslösung jeglicher Parteibindungen bedeuten (Dalton et al. 1984, S. 14). Galt eine Parteiidentifikation über lange Zeit hinweg als ein klares Leitmotiv für eine spezifische Partei zu stimmen, so lässt sich zwischen 1972 und 2009 unter den Wählern deutscher Parteien eine klare und deutliche Abnahme von Parteiidentifikationen nachvollziehen (Dassonneville et al. 2014, S. 146). Mit der Erosion von Parteibindungen werden die Themen- und Kandidatenorientierung für das Wahlverhalten wichtiger. Dies ist insofern hoch relevant, als dass die Parteiidentifikation über einen langen Zeitraum hinweg eine strukturierende Funktion bei der Verarbeitung politischer Informationen hatte, insbesondere für weniger informierte Bürger (Dalton 2012, S. 35–36). Inwiefern diese Faktoren nicht außer Acht gelassen werden dürfen, wird im Folgekapitel näher aufgegriffen.

Dealignment-Prozesse werden durch den Ausbau des Wohlfahrtsstaates, den Wandel der Wirtschaftssektoren hin zu einer Dienstleistungsgesellschaft, die Individualisierung und den Wertewandel sowie die stattfindende Bildungsexpansion und das gestiegene Medienangebot gefördert. Wie schon angeführt, sind alle diese genannten Punkte aber auch interdependent zum Wertewandel. Eben dieser wurde

2.3 Werte und Wertewandel

erst durch die Verbreitung massenmedialer Informationen und durch ein allgemein steigendes Bildungslevel möglich (Decker 2018a, S. 7–8; Elff 2007, S. 284). Zu jenen sozialstrukturellen Ursachen, die Dealignment-Prozesse erst ermöglichten, gehören zentrale Charakteristika, welche auch den Wertewandel ausmachen. Zu nennen sind

> „die zunehmende Ausdehnung des Dienstleistungssektors, die die Arbeitsgesellschaft komplexer werden lässt und die Zugehörigkeit zu einer Gruppe von der Arbeitstätigkeit der Menschen entkoppelt, sowie die Säkularisierung, die konfessionelle Zuordnungen und alte Geschlechterrollen schwinden lässt" (Stifel 2018, S. 139).

Diese Prozesse wurden bei der Beschreibung jener Veränderungen bereits skizziert, die zur Loslösung der Arbeiter und Katholiken von ihnen ehemals besonders nahestehenden Parteien führten.

Eine nicht zu vernachlässigende strukturelle Komponente ist die des modernen Sozialstaats. Übernimmt dieser mehr Aufgaben, die früher – gemäß dem Subsidiaritätsprinzip – von der Familie, dem Freundeskreis oder einer sozialen Gemeinschaft übernommen wurden, der sich ein Individuum zugehörig fühlte, sinkt die existenzielle Bedeutung eben dieser (Gluchowski et al. 2002, S. 184–185). Um dies argumentativ in die Gedankenstränge Ingleharts einzuordnen: Sofern existenzielle materialistische Bedürfnisse einer physischen Versorgung gesichert sind, wendet sich ein Individuum einer postmaterialistischen Wertorientierung zu. Wenn also diese existenziellen Grundbedingungen als Sicherheit bestehen und nicht notwendigerweise erst durch die Zugehörigkeit zu einer sozialen Gruppe beziehungsweise einem sozialen Gefüge wie der Familie geschaffen werden, sinkt auch zwangsläufig die Loyalität zu diesen. Durch diesen Prozess verlieren soziale Gefüge ihre prägende Wirkung. Ideologische Orientierungspunkte und gemeinschaftsbildende Momente werden dann eher nebensächlich. Dies begünstigt auch ein volatiles Wahlverhalten, bei dem womöglich von tradierten Mustern der Wahlentscheidungsfindung und -begründung abgewichen wird (Scherer 2011, S. 24). Besonders zu beobachten ist dies im Entstehungszeitraum der Grünen in der Bundesrepublik Deutschland. Im Rahmen des Wertewandels kommt es zu einem Paradigmenwechsel, der insbesondere die politische Sphäre immens beeinflusst. Die Grünen entstehen damals aus den so genannten *Neuen Sozialen Bewegungen*, zu denen vor allem die Studenten-, Frauen- und Ökologiebewegung zu zählen sind (Rucht 1987, S. 308–309).

> „Der Begriff Neue Soziale Bewegungen (…) bezeichnet politische Protestgruppen und soziale Bewegungen, die im Gefolge der außerparlamentarischen Opposition und insbesondere der Studentenbewegung ab den späten 1960er Jahren aufkamen, deren

Wurzeln jedoch teilweise weiter zurückreichen. Das Adjektiv ‚neu' markiert eine zeitliche und qualitative Abgrenzung zur Arbeiterbewegung als die klassische ‚alte' soziale Bewegung" (Rucht 2003, S. 421).

Diese *alte* soziale Bewegung ist – anders als die Neuen Sozialen Bewegungen – tief sozialstrukturell verankert, eben durch die hier angeführten Lebensrealitäten, die identitätsstiftend und gruppenbindend wirken. Leitend ist bei einem Teil dieser Neuen Sozialen Bewegungen die Angst vor bereits eingetretenen oder weiterhin drohenden Umweltbelastungen. Dadurch wird auch ein Wahlverhalten zu Gunsten der Grünen beeinflusst (Bürklin 1981, S. 359).

In den 1970er Jahren entstehen zunächst verschiedene Initiativen, die sich explizit für Umweltbelange einsetzen (Probst 2013, S. 512–513). Sind wie in der Bundesrepublik Deutschland zu diesem Zeitpunkt Sozialdemokraten Teil einer Regierung, ist es für diese schwerer, responsiv auf ökologisch-postmaterialistische Reformwünsche zu reagieren. Hauptsächlich die Ölkrisen der 1970er Jahre stellen die deutsche Bundesregierung vor eine ökonomische Herausforderung, in der sowohl der liberale Koalitionspartner, die FDP, als auch die Sozialdemokraten schlicht keine Spielräume für weitgehende Zugeständnisse gegenüber postmaterialistischen Reformwünschen sehen. Darauf aufbauend können die Grünen einen alleinigen Vertretungsanspruch für ihre Forderungen entwickeln (Switek 2015, S. 95) und werden fortwährend als Sprachrohr der Bewegung (Rucht 1987, S. 303) wahrgenommen. Dies ist auch deshalb möglich, weil seitens der oppositionellen CDU/CSU kein Versuch unternommen wird, entsprechende postmaterialistisch orientierte Individuen für sich zu gewinnen. Demnach ist hier eine politische Unfähigkeit oder gar der Unwille etablierter Parteien zu attestieren, auf die sich neu entfaltenden Entwicklungen innerhalb westlicher Gesellschaften zu reagieren (Müller-Rommel 1992, S. 191). Mit der Anti-Kernkraftbewegung bietet sich sodann eine außerparlamentarisch organisierte Interessengemeinschaft als natürliche Ressource zur Mobilisierung für grüne Parteien an (Müller-Rommel 1992, S. 205; Probst 2013, S. 528–529). Auch diese ist in sich keineswegs homogen, sondern äußerst heterogen in ihren Forderungen aufgestellt.

Zu fragen ist nun, ob der Konflikt zwischen postmaterialistischen und materialistischen Werten nicht vielmehr eine Weiterentwicklung des klassischen Cleavage-Konzeptes ist oder womöglich doch eine Neudefinition politischer Konfliktlinien zu Wertekonflikten darstellt. Dafür ist zunächst eine Einordnung entlang jener Kriterien notwendig, die für ein Cleavage als solches konstitutiv sind und welche in Abschnitt 2.1 definiert wurden.

Unter jenen Wählern, die die Grünen bereits in ihrer Gründungsphase unterstützen, sind zunächst rein strukturell vor allem Studenten und Arbeitslose

2.3 Werte und Wertewandel

überrepräsentiert. Die Überrepräsentation von Studenten geht folglich mit einem höheren Bildungsniveau einher (Alber 1985, S. 219). So zeigen Untersuchungen aus diesem Zeitraum, dass ein „Drittel bis zur Hälfte der Grünen-Anhänger (…) die Bildungskarriere mit Abitur oder Studium abgeschlossen" (Alber 1985, S. 219) hat. Tatsächlich nimmt dieser Trend nach Gründung der Grünen noch zu. So hat zwischen 1980 und 1983 „der Anteil junger Mittelschichtswähler mit höherer Bildung, die aus Universitätsstädten und Dienstleistungszentren stammen, überdurchschnittlich zugenommen" (Fogt und Uttitz 1984, S. 225). Es lässt sich für das Bildungsniveau ein klarer Einfluss auf Interesse und Offenheit für die neue Politikform der Grünen attestieren, die gleichermaßen junge Menschen einschließt (Dalton 1984a, S. 112). Schon früh zeichnet sich ab, dass die Grünen insbesondere für jüngere Wähler attraktiv sind und sich das Alter zu einem wichtigen Prädiktor für die Wahl der Partei entwickelt (Fogt und Uttitz 1984, S. 215). Nichtsdestotrotz lässt sich die Konfliktdimension zwischen einer postmaterialistischen und materialistischen Wertorientierung „kaum als dauerhafte sozialstrukturelle Opposition festmachen" (Schmitt 1987, S. 13). Stattdessen ist das Gegenteil auszumachen:

„Die soziale Zusammensetzung der Grünen-Anhängerschaft demonstriert par excellence die völlige Ablösung von tradierten sozialstrukturellen Kontexten. Die Grünen-Anhängerschaft unterscheidet sich von den Anhängerschaften aller anderen Parteien durch den formal höchsten Bildungsgrad, den höchsten Konfessionslosenanteil, durch ihr sehr geringes Durchschnittsalter und damit durch den extrem hohen Anteil Nichtberufstätiger" (Veen und Gluchowski 1994, S. 184).

Dies ist aber auch darauf zurückzuführen, dass die Grünen als Sprachrohr der Neuen Sozialen Bewegungen entstanden, deren

„Trägergruppen (…) häufig nicht mehr als über ihre Interessenlage abgrenzbare sozialstrukturelle Gruppierungen angesehen [werden], sondern als Wertgemeinschaften, welche weniger Partikularinteressen vertreten, als vielmehr universelle Werte wie Frieden und öffentliche Güter wie eine saubere Umwelt" (Hoffmann 1998, S. 52).

War die Entstehungsphase der Grünen vor allem durch eine „Bewegungs- und Protestpolitik" (Offe 1986, S. 46) gekennzeichnet, so zeigt sich dies in ihren Anfängen auch anhand der Parteistruktur. Zwar entstand eine bundesdeutsche Grüne Partei, für deren Erfolg, anders als bei den etablierten Parteien, jedoch weniger die Anzahl und der Organisationsgrad der eigenen Mitglieder, sondern vielmehr das Engagement von Individuen, die in den Neuen Sozialen Bewegungen aktiv eingebunden waren, Relevanz besaß (Müller-Rommel 1992, S. 210).

Dies kann auch darauf zurückgeführt werden, dass die Entstehung der Grünen durch die Gründung lokaler Bürgerinitiativen begünstigt beziehungsweise erst durch diese möglich wurde. Mit der 1977 erfolgten Ankündigung der niedersächsischen Landesregierung, eine Atommülldeponie im eigenen Land entstehen lassen zu wollen, wurden erste Grundpfeiler für eine spätere parteipolitische Institutionalisierung der Grünen gesetzt (Müller-Rommel 1993, S. 54). Ihren Wurzeln und den damit angesprochenen Bevölkerungsteilen bleiben die Grünen zunächst sehr verbunden, wodurch in Folge die parteipolitische „Fundierung sozialstrukturell prekär" (Raschke und Hohlfeld 1995, S. 38) bleibt. In diesem Sinne erfüllt der Konflikt zwischen einer postmaterialistischen und einer materialistischen Wertorientierung nicht das Kriterium, um von einem Cleavage sprechen zu können. Neben dieser fehlenden sozialstrukturellen Basis, die sich durch die heterogene soziale Herkunft der Postmaterialisten ausdrückt, fehlt zudem eine alle Anhänger verbindende Ideologie (Rattinger 2009, S. 81; Holtmann 2012, S. 98). Ein weiteres Problem entsteht dadurch, dass Lipset und Rokkan bereits in ihren Ausführungen darauf verweisen, dass eine Mobilisierung durch parteipolitische Eliten erfolgen muss, um von einem Cleavage sprechen zu können (Decker 2018b, S. 21). Diese Mobilisierung darf jedoch nicht einseitig erfolgen. Problematisch wird dies im Fall der Grünen, da Postmaterialisten zwar eher bei grünen oder eher links-alternativen Parteien zu verorten sind, Materialisten hingegen keine eindeutige singuläre politische Heimat haben (Knutsen und Scarbrough 1995, S. 497). Hinzu kommt, dass Inglehart schon in seinem Entwurf der Silent Revolution im Jahr 1977 von der Entstehung eines Mischtyps spricht, nachdem sich Werte durchaus komplementär zueinander verhalten können (Klages 1984, S. 165). Materialistische und postmaterialistische Werte stellen demnach, gemessen wie im Inglehart-Index vorgeschlagen, keinen Widerspruch dar (Klein 2014, S. 584). Tatsächlich wird an verschiedenen Punkten von jenen Wissenschaftlern, die sich mit Werten und deren Wandel beschäftigen, betont, postmaterialistische und materialistische Zielvorstellungen müssten nicht notwendigerweise in einem Gegensatz zueinander stehen (Roßteutscher 2004, S. 772). Stattdessen könne es auch zu einer Wertesynthese kommen (Klages 1984, S. 164–165). Produkt einer solchen Wertesynthese sind beispielsweise Individuen, welche sowohl materialistische als auch postmaterialistische Werte des Inglehart-Index' als wichtig einstufen.

Im Zeitlauf nimmt der Anteil der Menschen, die diesem Mischtyp entsprechen, immer weiter zu, während der Anteil der Materialisten deutlich sinkt. Bei den Postmaterialisten ist, wie schon angeführt, ein deutlicher Zuwachs in den 1980ern zu beobachten. Anschließend fällt der Anteil an Postmaterialisten wieder ungefähr auf den Wert zurück, der zuvor das gesellschaftliche Bild prägte (Klein 2014,

2.3 Werte und Wertewandel

S. 581). Ingleharts grundsätzliche These besagt aber, dass der Anteil an Materialisten in westlichen Gesellschaften langfristig sinkt. Mit einem höheren Anteil von Menschen, die dem Mischtyp zuzuordnen sind, wird die These Ingleharts bestätigt, sofern die Anzahl der Materialisten gleichzeitig sinkt (Thome 2001, S. 486). Dieser neue Werte-Mischtyp nimmt also eine politisch bedeutende Rolle ein (Klein 1990, S. 61–62). Nichtsdestotrotz ist Ingleharts Annahme auch, dass es zur Entstehung von „einem eindimensionalen Konzept menschlicher Wertorientierungen mit den beiden Polen Materialismus und Postmaterialismus" (Klein und Pötschke 2000, S. 203) kommen werde. Erst nach Kritik, angebracht von Forschern wie Klages (1984), die diese bipolare Beschreibung der Wandlungsprozesse gesellschaftlicher Wertorientierungen als unangemessen zurückweisen (Klein und Pötschke 2000, S. 204), erläutert Inglehart seinen Ansatz expliziter. So räumt er schließlich ein, dass auch materialistische Grundbedürfnisse und Werte bei Postmaterialisten vorliegen, diese dadurch aber nicht automatisch zu Materialisten oder einem Mischtypen werden. Um seine eigenen Worte anzuführen: „I never claimed that postmaterialists do not need to eat: they obviously do" (Inglehart 2007, S. 235). Tatsächlich wurde in diesem Zusammenhang an verschiedenen Stellen argumentiert, dass ein Individuum selbst dann, wenn es in höchstem Maße von einer postmaterialistischen Wertorientierung durchdrungen ist, sich schlussendlich nie von grundsätzlichen physischen Bedürfnissen freisprechen kann (Klein und Pötschke 2000, S. 204).

Den Cleavages wiederum ist vom Grundansatz der Gedanke einer bipolaren Zuordnung inhärent, bei dem es nicht um den Konsum überlebensnotwendiger Grundgüter geht. Im Anbetracht des Umstands einer fortschreitenden Zunahme der Anteile jener, die als Mischtyp einzuordnen sind und der bipolaren Zuschreibung nicht entsprechen, aber auch der Tatsache, dass der Urheber des Konzepts eine derartige Beschreibung negiert, kann auch hier der grundsätzliche Anspruch der verwendeten Cleavage-Definition nicht erfüllt werden, da diese eine entsprechende Dichotomie vorsieht (Klein und Falter 2003, S. 29–30). In der Summe erfüllt die Konfliktlinie zwischen Postmaterialismus und Materialismus nur eine von fünf Bedingungen, die zuvor definiert worden sind, um hier von einem Cleavage sprechen zu können. Dabei handelt es sich um die grundsätzliche Parteibildung. Die anderen hier zuvor definierten Kriterien werden nicht eingehalten (vgl. Tabelle 2.3).

Dass „grüne Parteien [als] eigenständige Parteienfamilie" (Müller-Rommel 1993, S. 18) entstehen, kann mit dem klassischen Cleavage-Modell nicht mehr hinreichend erklärt werden. Darüber hinaus ist Müller-Rommel schon zu Beginn der 1990er Jahre in der Lage zu belegen, dass die parlamentarische Etablierung der Grünen in westeuropäischen Parteisystemen unabhängig von der Stärke

Tabelle 2.3 Die Grünen aus Sicht der Cleavage-Definition während ihrer Gründungsphase

Sozialstruktureller Basis im Sinne einer Zugehörigkeit zu einer spezifischen Gruppe	x
Aus der Sozialstruktur abgeleitete kollektive Identität	x
Parteibildung	✓
Keine einseitige parteipolitische Institutionalisierung	x
Gemeinsame Ideologie	x

Quelle: Eigene Darstellung

bisher existierender sozialer Konfliktlinien gelingt. Die Dimension zwischen Materialismus und Postmaterialismus entspricht demnach einem wertebasierten Konflikt, welcher nicht durch die klassischen Konfliktstrukturen absorbiert werden kann. Stattdessen tritt er in Form einer dritten, das Parteiensystem definierenden, Konfliktdimension zu Tage (Müller-Rommel 1993, S. 144–145).

Der sich in westlichen Gesellschaften vollziehende Wertewandel hat weitreichende politische und politisch-strukturelle Konsequenzen nach sich gezogen. Sind nach dem Zweiten Weltkrieg nur die sozio-ökonomische sowie die konfessionell-religiöse Konfliktlinie (Arzheimer und Schoen 2007, S. 90) als strukturierende Elemente des Parteienwettbewerbs relevant, so verändert sich dies schlussendlich mit der Entstehung der Grünen maßgeblich. Dadurch verändert sich aber auch die Anspruchshaltung an das politische System:

> „Gegenüber den traditionellen Sicherheits- und Wachstumszielen engagieren sich die Postmaterialisten für neue Anliegen, wie die Vereinigungs- und Meinungsfreiheit, politische Partizipation und wirtschaftliche Mitbestimmung, den Kampf gegen die inhumanen Tendenzen der Industriegesellschaft, den Umweltschutz, die lokale Autonomie, die Gleichberechtigung der Frauen, die Neudefinition der öffentlichen Moral" (Gabriel 1986, S. 85).

Die Loslösung von tradierten politischen Allianzen aus Parteien und Wählern hat für die Parteien jedoch nicht ausschließlich Nachteile, sondern auch durchaus Vorteile gebracht. Insbesondere die SPD kann sehr davon profitieren, dass soziostrukturelle Faktoren wie die Anzahl der Selbstständigen oder die Kirchgangshäufigkeit, die einen Einfluss auf das Wahlverhalten entfaltet haben, als solche an Bedeutung verlieren, gleichwohl sie keineswegs unbedeutend werden. Dadurch kann die Partei neue Wählerschichten erschließen, die ihr im Rahmen fester soziostruktureller Gruppenloyalitäten zuvor verwehrt blieben (Rudzio 2015, S. 115–118). Dennoch ist nicht außer Acht zu lassen, dass Parteien auch "bei unveränderter Zuordnung zu spezifischen sozialen Gruppen über deren Interessenvermittlung und ihre motivationale Berücksichtigung ohne jede kritische Zuspitzung des Repräsentationsverhältnisses alleine deswegen an Stärke verlieren [können], weil sich die Größenverhältnisse der entsprechenden sozialen Gruppe ändern" (Bürklin 1984, S. 28).

Für die beiden großen Volksparteien CDU/CSU und SPD hat dies immense Konsequenzen. 2009 sind nur noch 23 Prozent der SPD-Wähler Mitglieder einer Gewerkschaft, nur noch elf Prozent der Unionswähler gehen wöchentlich in die Kirche (Eith 2010, S. 122–123). Abhängig von der thematischen Konjunktur muss auch heute noch berücksichtigt werden, dass Kirchen und Gewerkschaften – je nach Wahl – unterschiedlich stark in der Mobilisierung ihrer Mitglieder sind (Weßels 2000, S. 139). Nichtsdestotrotz ist eine gesellschaftliche und politische Veränderung auch an diesen Determinanten deutlich ersichtlich.

Unumstritten ist, dass durch den Wandel der soziostrukturellen Grundlage von Cleavages eine enorme Transformation von Parteiensystemen begünstigt wird (Mair 2001, S. 29). Dieser Wandel wird auch dadurch immanent, dass CDU/CSU und SPD schon zur Jahrtausendwende 85 Prozent ihrer Wähler aus anderen Gruppen als ihrer tatsächlichen Kerngruppe rekrutieren. Damit zeigen und beweisen sie eine hohe Flexibilität und Anpassungsfähigkeit an neue Gegebenheiten, die sie andernfalls zu Kleinparteien hätten werden lassen können (Weßels 2000, S. 153). Nichtsdestotrotz wählten noch bei der Bundestagswahl 2005 über 60 Prozent der regelmäßigen Kirchgänger die Unionsparteien, während annähernd die Hälfte aller Gewerkschaftsmitglieder für die SPD votierten (Korte und Fröhlich 2009, S. 155). Gleichzeitig nimmt die Erklärungskraft solcher sozialstruktureller Variablen für das Wahlverhalten immer stärker ab (Schnell und Kohler 1995, S. 654; Debus und Müller 2020, S. 446). Ein Prozess, der sich nicht nur auf die Bundesrepublik Deutschland, sondern auch auf andere Staaten wie beispielsweise Großbritannien oder Norwegen[2] erstreckt (Schnell und Kohler 1997, S. 795; Nieuwbeerta 1995, S. 109). Nichtsdestotrotz ist es so, dass sowohl „Klassenlage als auch Kirchenbindung und Konfession (…) in Westdeutschland immer noch eine erkennbare Rolle für die Parteipräferenz [spielen] und in Bezug auf Ostdeutschland lässt sich dies zumindest für Kirchenbindung und Konfession bestätigen" (Elff und Roßteutscher 2009, S. 317). Es kommt in Folge zu einer Angleichung zwischen Ost- und Westdeutschland auf dieser

---

[2] Nieuwbeerta (1995, S. 109) weist in diesem Kontext aber explizit darauf hin, dass in einigen Staaten wohl keine signifikanten Ergebnisse ermittelt werden konnten, da nur wenige für die Analyse nutzbare Datensätze vorlagen.

religiös-konfessionellen Konfliktlinie, was ihre Funktionalität für entsprechende Analysen nachdrücklich unterstreicht (Pokorny 2020, S. 163).

Die historisch gewachsenen klassischen Wähler-Parteien-Koalitionen bleiben folglich bestehen (Bürklin und Klein 1998, S. 76), sind jedoch gleichzeitig einem Wandel unterworfen. Aus diesem Grund ist es plausibel, dass es zu einem stärkeren Fokus bei der Wahlentscheidungsfindung auf Wertorientierungen denn auf soziostrukturelle Kontexte kommt.

Bereits Anfang der 1990er Jahre postulieren Kitschelt und Hellemans, dass das Zeitalter vorbei ist, in dem einfache Polaritäten kennzeichnend für den ideologisch-politischen Konfliktraum sind (Kitschelt und Hellemans 1990, S. 234). Das klassische Links-Rechts-Schema nach Downs ist somit nur noch in Teilen erklärungswirksam. Politische Handlungsfelder wie beispielsweise die Energie- und Umweltpolitik und die dahinterliegenden Wertorientierungen lassen sich nur mit Willkür in dieses Schema pressen (Beyme 1982, S. 184). Das ist auch damit zu erklären, dass in der Gründungsphase grüner Parteien ihre politische Ausrichtung nicht von Beginn an vorbestimmt war. Tatsächlich waren viele der Vorfeldorganisationen, die zur Gründung der Grünen beigetragen haben, also Umweltschutzorganisationen und Bürgerinitiativen, im Kern politisch konservativ geprägt (Veen und Hoffmann 1992, S. 10).

Von besonderer Bedeutung wird dieser Themenkomplex vor allem durch die Entstehung grün-alternativer und links-ökologischer Parteien, die in Folge auch die Deutungshoheit über entsprechend postmaterialistisch geprägte Themenfelder und Werte nicht mehr aufgeben. Dabei werden die klassischen Cleavage-Strukturen durch die Ereignishaftigkeit neuer Problemlagen überlagert (Norris und Inglehart 2011, S. 200). Der durch den Wertewandel ausgelöste

> „makro-soziale Wandel verursachte gleichzeitig aber auch Veränderungen in der Sozialstruktur. Es entstanden neuartige Berufsgruppen, die in den alten sozio-ökonomischen Cleavages nicht länger hineinvermittelt sind und folglich neuartige Muster von Wertorientierungen herausbilden" (Klein 2014, S. 566–567).

Die Annahme bestimmter Werte, Einstellungen oder eines spezifischen Verhaltens wird so verstärkt zum Ausdruck einer persönlichen beziehungsweise eigenen Entscheidung, die weniger von traditionellen und sozialen Institutionen abhängig ist (Halman 2007, S. 314). Aus diesem Grund ist davon auszugehen, dass die Volatilität im Wahlverhalten erheblich steigen wird (Dalton et al. 1984, S. 9). Zurückzuführen ist dies darauf, dass gesellschaftliche Wertorientierungen von Individuen und das daraus abgeleitete politische Verhalten nicht länger durch ihre Stellung in der Sozialstruktur prädeterminiert werden (Klein 2014, S. 569).

2.3 Werte und Wertewandel

Daraus entsteht jedoch kein neuer Determinismus. Stattdessen ist das Gegenteil der Fall: Im Konzept gesellschaftlicher Wertorientierungen wird auch der Sozialstruktur eine verhaltensstrukturierende Funktion zugesprochen, obgleich eine Verlagerung zu mehr Individualisierung zu konstatieren ist und berücksichtigt werden muss (Elff und Roßteutscher 2011, S. 124). Knutsen und Scarbrough argumentieren hingegen, dass es zu einer Ersetzung der Ordnung alter Cleavages kommt, bei denen fortan Wertorientierungen der Mittel- und Ausgangspunkt politischen Handelns sind (Knutsen und Scarbrough 1995, S. 492). Dabei weisen sie aber auch explizit darauf hin, dass bereits der Cleavage-Begriff von Lipset und Rokkan voraussetzt, dass eine spezifische Gruppe von Individuen ein bestimmtes *Set an Werten* teilt, die ihr Alltagsleben gleichermaßen beeinflusst. Zentral ist beispielsweise die zuvor schon besondere Rolle institutioneller Einbindungen in Kirchen oder Gewerkschaften (Knutsen und Scarbrough 1995, S. 494). Demnach galt der Wahlakt für eine spezifische Partei lange als Ausdruck der Zugehörigkeit zu einer sozialen Gruppe. Das Wahlverhalten wird aber durch die Erosion klassischer Milieus immer individualisierter. Es wird vielmehr zu einer Bestätigung und zu einem Ausdruck des eigenen Wertesystems (Ignazi 1992, S. 4). Mit der Ablösung von diesen klassischen institutionellen Einbettungen verschwinden dennoch nicht jene Werte und Wertorientierungen, die zuvor über und durch diese vermittelt wurden. Sie verlieren also keineswegs an Bedeutung. In diesem Kontext weisen verschiedene Autoren darauf hin, dass auch die ursprünglichen Cleavages einen Wertekonflikt abbildeten, der für ihre Konstitution ursächlich war. Niedermayer argumentiert beispielhaft am Sozialstaatskonflikt, dass es bei der (Um-)Verteilung von Gütern um das klassische Spannungsfeld zwischen sozialer Gerechtigkeit und Marktliberalität geht (Niedermayer 2010, S. 250; Niedermayer 2009, S. 33), das sich dann eben auch in der Sozialstruktur und dazugehörigen Verteilungskämpfen ausdrückt. Gleiches muss auch für kirchliche Einflüsse auf das gesellschaftliche Gemeinwohl attestiert werden (Niedermayer 2003, S. 266). Andere Autoren sehen in Wertorientierungen vor allem eine Vermittlerrolle zwischen der Sozialstruktur und politischem Verhalten (Görl 2007, S. 49).

Zwar ist in der Wissenschaft nicht unumstritten, ob Cleavages als in der Sozialstruktur verankert angesehen werden müssen (Niedermayer 2009, S. 32), doch wurden bereits ausführlich Gründe dafür dargelegt, dieser Argumentation zu folgen. Insbesondere der Bedeutungsverlust der Zugehörigkeit zu sozialen Gruppen wird unter Berücksichtigung der sozialstrukturellen Komponenten klarer. Nichtsdestotrotz ist gleichermaßen wichtig herauszustellen, dass auch die ursprüngliche sozialstrukturelle Verankerung der Cleavages schon auf Werten beruhte, welche von den darin involvierten Individuen geteilt wurden (Schoultz

2017, S. 34). Für die Entstehung dieser sozialstrukturell definierten Gruppen war, beispielhaft skizziert an den Arbeitern, der wirtschaftliche Aufschwung und die Industrialisierung verantwortlich. „Die wirtschaftliche Entwicklung hat diese gesellschaftlichen Gruppen ursprünglich geschaffen, und es ist wieder die wirtschaftliche Entwicklung, die nun zu ihrer Dekomposition beiträgt" (Mair et al. 1999, S. 13). Erst durch den Wertewandel und die wirtschaftliche Prosperität wird eine Loslösung von diesen sozialen Gruppen möglich. Insgesamt steigt dadurch die soziale Mobilität der Individuen.

Mit der Entstehung grün-alternativer Parteien im Rahmen des Wertewandels ist also eine Verschiebung zu beobachten, die auch im Wahlverhalten ihren Ausdruck findet. Das rein auf sozialstrukturellen Faktoren basierende *Cleavage Voting* wird transformiert zu einem *Value Voting* (Inglehart 2018, S. 188; Klein 2014, S. 569). Inglehart zeigt die auch noch heute bestehende Gültigkeit dieser Beobachtung dadurch auf, dass eine verzögerte Entwicklung inzwischen auch in den USA zu beobachten ist. Gerade am Beispiel der US-Präsidentschaftswahl von 2016 zeigt sich ihm zufolge, dass die einst auf Klassen basierende Polarisierung zu Gunsten einer auf Werten basierenden Polarisierung gewichen ist (Inglehart 2018, S. 191). Folglich war und ist der gesellschaftliche und soziale Bedeutungsaufstieg, inklusive Individualisierung und Bildungsexpansion, der zum Vorteil der Arbeiter gereichen sollte, letztlich zu einer Art *Totengräber* der politischen und sozialen Identität der klassischen Arbeiterschaft geworden. Dies führt dazu, dass Value Voting inzwischen weiter verbreitet als Cleavage Voting ist. Besonders in post-industriellen Staaten wie den skandinavischen Ländern oder Deutschland ist der Effekt hoch signifikant. Mit dem steigenden Einfluss von Value Voting sinkt gleichzeitig der Einfluss von Cleavage Voting. Aus Cleavage Voting wird demnach ein reines Value Voting (Knutsen und Scarbrough 1995, S. 519–520).

Insbesondere für die Bundesrepublik Deutschland bleibt aber der Konflikt über die Umverteilung von Gütern in Form eines Wertekonflikts relevant, jedoch unter dem neuen Label des Links-Rechts-Materialismus. Demgegenüber hat sich das ehemalige Cleavage zwischen Kirche und Staat, welches seinen Ursprung auch in den Religionskonflikten der Reformation findet, in Richtung einer konfessionell-religiösen, religiös-laizistischen oder religiös-säkularen Konfliktlinie verschoben (Bornschier 2012, S. 123; Weßels 2019, S. 190–191). Im Wesentlichen unterscheiden sich die Beschreibungen jenes Wertekonflikts nicht, die verwendeten Begrifflichkeiten unterliegen vielmehr den persönlichen Präferenzen der sie anwendenden Autoren. In der vorliegenden Untersuchung wird die Beschreibung als religiös-säkulare Konfliktlinie verwendet (vgl. Abschnitt 2.4.3), um mögliche Missverständnisse dahingehend zu vermeiden, dass mit dem Begriff

2.3 Werte und Wertewandel

einer konfessionell-religiösen Konfliktlinie auch inter-konfessionelle Spaltungen verstanden werden könnten, die hier nicht Gegenstand der Untersuchung sind. Ebenso kein Gegenstand ist die Einstellung zu einer strikten Trennung von Religion und Staat, demnach also dem Laizismus, sondern ausschließlich individuelle Religiosität. Diese lässt sich mit der Beschreibung einer religiössäkularen Konfliktlinie am besten beschreiben. Wenn im Folgenden noch von einer konfessionell-religiösen Konfliktlinie gesprochen wird, so geschieht dies entweder, um entsprechende Literatur nicht im Sachgehalt zu verfälschen oder aber deshalb, weil tatsächlich eine konfessionelle Komponente relevant und sachdienlich für die getroffene Aussage ist.

Mit dem Wertewandel wird sodann nicht nur die Entstehung einer dritten gesellschaftspolitischen Konfliktdimension zwischen einer materialistischen und einer postmaterialistischen Wertorientierung sichtbar, sondern gleichzeitig auch eine Verlagerung jener Faktoren salient, die ursächlich für Wahlverhalten sind. Ursprünglich primär soziale beziehungsweise sozialstrukturelle Konfliktlinien sind heute, ebenso wie die ökonomische Struktur oder historische Entwicklungen, bedeutsam für die Strukturierung von Parteiensystemen, jedoch weniger für das tatsächliche Wahlverhalten von Individuen (Dalton 1988, S. 177–179). Mit der Theorie des Wertewandels und vielen darauf aufbauenden Studien ist deutlicher geworden, dass Wertorientierungen heute die Rolle von Orientierungspunkten im politischen Wettbewerb übernehmen (Lupton et al. 2017, S. 500). Tatsächlich stellt Knutsen bereits Mitte der 90er Jahre fest, dass der Einfluss von Wertorientierungen auf die Parteiwahl zumeist stiefmütterlich behandelt wurde (Knutsen 1995b, S. 461). Daran hat sich bis heute nicht viel verändert. Stattdessen wird nach wie vor zumeist auf einzelne Aspekte des Trichters der Wahlentscheidung, auch bekannt als *Funnel of Causality* (Campbell et al. 1960, S. 24–37), zurückgegriffen, die räumlich näher an der tatsächlichen Wahlentscheidung verortet werden (vgl. Abbildung 2.5).

Die bisher dargestellten konzeptionellen Überlegungen nähern sich der tatsächlichen Wahl und der Wahlentscheidung für eine spezifische Partei immer weiter an. Angefangen mit den grundsätzlichen Überlegungen der Cleavage-Theorie, die die sozialen Rahmenbedingungen für die Entstehung von Parteien differenziert erklären können, bis das Phänomen eines kulturellen und politischen Wertewandels eintritt (Hoffmann 1998, S. 46). Mit der Entstehung grüner Parteien kommt das ursprüngliche Cleavage-Modell – je nach Auslegung des Cleavage-Begriffs – jedoch an seine Grenzen.

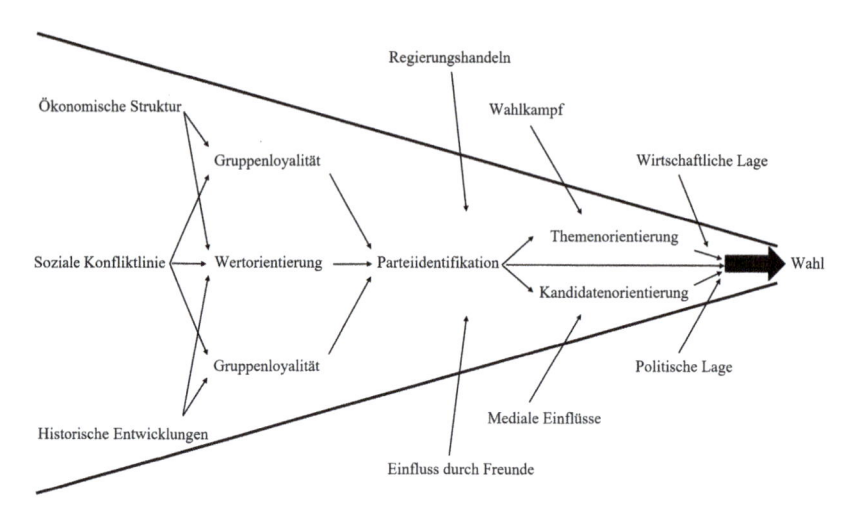

Abbildung 2.5 Trichter der Wahlentscheidung. (Quelle: Eigene Darstellung und Übersetzung, basierend auf Dalton 1988, S. 178)

In den vergangenen Jahrzehnten wurde eine Vielzahl von Ansätzen und Modellen entwickelt, die sich explizit mit der Erforschung der Wahlentscheidungsfindung befassen. Die im Cleavage-Modell angelegten sozialen Konfliktlinien sind im entsprechenden Trichter ebenso wie die ökonomische Struktur einer Gesellschaft oder dazugehörige historische Entwicklungen als langfristige Faktoren eingeordnet. Im Kausalitätstrichter liegen diese räumlich maximal weit von der Wahlentscheidung entfernt. Je näher Faktoren räumlich bei der Wahl eingeordnet werden, desto kurzfristiger sind sie in ihrer Wirkungsweise auch zu verstehen. Wie skizziert lassen sich aus sozialen Konfliktlinien, der ökonomischen Struktur und den historisch-gesellschaftlichen Entwicklungen entsprechend Gruppenloyalitäten und auch Wertorientierungen ableiten. Diese wiederum wirken dann auf die Parteiidentifikation von Individuen ein. Diese Parteiidentifikation wirkt dann ihrerseits zum einen direkt auf das Wahlverhalten ein, zum anderen aber auch indirekt über die individuelle Themen- und Kandidatenorientierung. Demnach liegt dem Kausalitätstrichter (Campbell et al. 1960) explizit die Annahme zu Grunde, dass seitens Wertorientierungen weder direkte Beziehungen auf die Wahlscheidung noch auf die Kandidaten- oder Themenorientierung vorliegen.

2.3 Werte und Wertewandel

Im Modell als solches spielen auch weitere Faktoren eine Rolle, so beispielsweise mediale Einflüsse, die aktuelle wirtschaftliche oder politische Lage, die Handlungen einer amtierenden Regierung, der Einfluss durch Freunde oder auch der Wahlkampf, welcher vor einer spezifischen Wahl geführt wird. Diese Faktoren werden hier jedoch eher als externe Einflussgrößen verortet. Besonders prominent werden im Modell zur Erklärung einer Wahlentscheidung aber kausale Mechanismen ausgemacht. Mit diesen kausalen Mechanismen sind explizite Pfadabhängigkeiten gemeint, in denen langfristig angelegte Einflussgrößen auf nachgelagerte Faktoren einseitig einwirken. Da insbesondere die Parteiidentifikation, die Kandidaten- und die Themenorientierung ebenso wie die an Bedeutung verlierende Einbettung in sozialstrukturelle Kontexte als vor- beziehungsweise nachgelagerte Faktoren für Wertorientierungen im Kausalitätstrichter dienen, müssen diese Begrifflichkeiten näher erläutert werden. Im nun folgenden Abschnitt 2.3.4 soll aus diesem Grund ein besonderes Augenmerk auf die Parteiidentifikation sowie die Kandidaten- und Themenorientierung gelegt werden, wurden doch die sozialen Konfliktlinien und deren sozialstrukturelle Einbettung in den vorherigen Kapiteln bereits umfassender erläutert.

2.3.4 Das Michigan-Modell und die Wahlentscheidung

Bereits Mitte der 50er Jahre legen Campbell et al. in ihrer Studie *The Voter Decides* einen Annäherungsversuch vor, Faktoren zu erfassen, welche einen Einfluss auf das Wahlverhalten haben sollen. Im so genannten sozialpsychologischen Ansatz, auch Michigan-Modell oder Ann-Arbor-Modell bezeichnet, kommen insbesondere drei Faktoren zum Tragen. Zu nennen sind hier die Parteibindung beziehungsweise Parteiidentifikation, die Kandidatenorientierung und die dazugehörige Beurteilung der zur Wahl stehenden Personen sowie die Einstellung zu politischen Sachthemen, welche auch als Themenorientierung bezeichnet wird (Kühnel und Mays 2009, S. 313).

Die Parteiidentifikation beschreibt eine langfristige und stabile „emotionale Bindung des Wählers an seine Partei" (Korte und Fröhlich 2009, S. 156), die als eine Art „psychologische Parteimitgliedschaft" (Falter et al. 2000, S. 237) zu verstehen ist. Das Vorhandensein einer Parteibindung darf keineswegs als bedingungslose Treue zu dieser Partei verstanden werden, sie dient vielmehr als Kompass, an dem Wahlentscheidungen ausgerichtet werden (Schäfer und Staudt 2019, S. 207; Schäfer und Schmitt-Beck 2014, S. 203). Insbesondere aber färben „Parteibindungen (…) politische Einstellungen und beeinflussen das politische

Verhalten, ohne dieses indes vollständig zu determinieren" (Falter et al. 2000, S. 265).

Während die Parteiidentifikation im sozialpsychologischen Kernmodell eine Rolle als langfristiger Faktor einnimmt, die schon im Elternhaus vermittelt werden kann (Campbell et al. 1960, S. 146–148), nehmen die Einstellung zu spezifischen Themen sowie die Kandidatenorientierung die Rollen von Determinanten ein, die eher kurzfristig auf die Wahlentscheidung einwirken (Pappi und Shikano 2007, S. 22–23). So wurden in der *The Voter Decides* Studie durch die Autoren sieben Themenfelder ausgemacht, die im Rahmen des untersuchten US-Wahlkampfs eine zentrale Rolle einnahmen (Campbell et al. 1954, S. 117–118). Um anhand von politischen Themen oder Sachfragen eine Wahlentscheidung zu treffen, müssen Individuen aber entweder einen hohen Wissensgrad über die politischen Programme von Kandidaten oder Parteien haben oder die Themen müssen derart prominent im Wahlkampf kommuniziert werden, dass eine Haltung je nach Partei eindeutig zu identifizieren ist (Kratz 2019, S. 229; Hutchings und Jefferson 2018, S. 21; Pappi und Shikano 2007, S. 23). Um einen Effekt auf das Wahlverhalten zu haben, muss entsprechenden Parteien auch eine Lösungskompetenz für als relevant empfundene Problemlagen zugetraut werden (Plischke 2014, S. 256). Der Prozess der individuellen Informationsgewinnung ist aber in hohem Maß kostenintensiv, da die dafür aufzuwendenden Ressourcen oder die zur Informationsbeschaffung aufgewendete Zeit sehr umfangreich ist (Weßels 2014b, S. 260). Es muss zudem zwischen *valence issues* und *position issues* unterschieden werden. Von valence issues spricht man dann, wenn mehr oder weniger ein parteipolitischer Konsens über die Wichtigkeit von Themen besteht, wohingegen die Rede von position issues ist, wenn es klar voneinander zu unterscheidende Parteipositionen gibt (Kratz 2019, S. 235; Klingemann 1973, S. 230; Stokes 1966, S. 21). Wenn die Einschätzung von allen Parteien zu spezifischen Problemen die gleiche ist, ist insbesondere die individuell und kollektiv zugeschriebene Problemlösungskompetenz für eine Partei relevant, um eine Wahlentscheidung aktiv beeinflussen zu können (Klingemann 1973, S. 231).

Die Kandidatenorientierung wiederum beschreibt die „Einstellungen zu Kandidaten für öffentliche Ämter" (Gabriel und Westle 2012, S. 62). Allerdings wird der Begriff in den parlamentarischen Demokratien westeuropäischer Staaten dahingehend verwendet, als dass er „gleichbedeutend mit den Einstellungen zu den Kandidaten um das Amt des Regierungschefs" (Gabriel und Westle 2012, S. 62) zu verstehen ist. Für das bundesdeutsche System bedeutet dies, dass die „Kanzlerkandidaten als funktionales Äquivalent angesehen werden" (Schultze 2016, S. 63) müssen. Für eine entsprechende Einschätzung spielt neben dem Bekanntheitsgrad des Politikers vor allem eine Rolle, sofern eine detaillierte

2.3 Werte und Wertewandel

Analyse der Kandidatenorientierung vorgenommen werden soll, als wie sympathisch oder durchsetzungsfähig ein Kandidat wahrgenommen wird oder wie sein Sachverstand und seine Führungsfähigkeiten eingeschätzt werden (Roth 2008, S. 51). Auch das individuelle Vertrauen in einen Politiker spielt eine zentrale Rolle (Schoen und Weins 2014, S. 294) wie weitere persönliche Qualitäten, die sich beispielhaft auf seine Integrität oder – zumindest im Ursprungsmodell – sein Familienleben beziehen (Campbell et al. 1960, S. 55). Eine entsprechend differenzierte Einschätzung wird durchaus seitens der Wähler vorgenommen (Ohr 2000, S. 299) und erfolgt gleichermaßen aus einem retrospektiven und prospektiven Blickwinkel (Miller und Shanks 1996, S. 389).

Die heute bekannte Anordnung, bei der die Kandidaten- und die Themenorientierung als kurzfristige Faktoren, die Parteiidentifikation hingegen als langfristiger Faktor eingeordnet werden, wurde von Campbell et al. jedoch nicht von Beginn an vorgenommen. So wurde im Konzept der *The Voter Decides* Studie (vgl. Abbildung 2.6) zunächst von einem interdependenten und primär gleichrangigen Verhältnis der drei Faktoren ausgegangen (Campbell et al. 1954, S. 112–115). Kernessenz dieses gleichrangigen Verhältnisses war, dass seitens der Parteiidentifikation und der Kandidatenorientierung, zwischen der Kandidatenorientierung und der Themenorientierung sowie zwischen der Parteiidentifikation und der Themenorientierung ein wechselseitiges Verhältnis besteht, in welchem die einzelnen Faktoren gleichberechtigt auf einer Ebene rangierend angesiedelt sind. Nichtsdestotrotz wurde die Parteiidentifikation bereits als langfristiger angelegt eingestuft, gleichwohl dies in der expliziten Modellierung nicht berücksichtigt wurde (Schultze 2016, S. 14; Schoen und Weins 2014, S. 47). Die tatsächliche Wahlentscheidung wurde von den Autoren demnach als wechselseitiges Zusammenspiel ohne explizite Stoßrichtung der drei von ihnen vorgestellten Faktoren definiert: „In other words, we assume that most citizens are acted upon by more than one of the factors we are considering" (Campbell et al. 1954, S. 87).

Insbesondere die gleichrangige Behandlung, die Campbell et al. (1954) im Umgang mit der Parteiidentifikation sowie der Kandidaten- und Themenorientierung vorgenommen hatten, wurde in Folgestudien diskutiert und sah sich einer enormen konzeptionellen Kritik ausgesetzt. Diese Kritik wurde schließlich bei der Folgestudie *The American Voter* für eine Weiterentwicklung genutzt, nach der es sich bei der Parteiidentifikation um eine der Themen- und Kandidatenorientierung vorgelagerte Einflussgröße handelt (Schoen und Weins 2014, S. 249; Schoen 2009, S. 187). Demnach wirkt die Parteiidentifikation nicht nur direkt auf das Wahlverhalten ein, sondern gleichermaßen auch auf die Themen- und Kandidatenorientierung, die ihrerseits – als kurzfristig angelegte Prädiktoren – ebenfalls auf die Wahlentscheidung einwirken. Die dadurch beschriebene kausale

```
          Themenorientierung
              ↑ ↑
              ↓ ↓
           Parteiidentifikation ──────────→ Wahl
              ↑ ↑
              ↓ ↓
          Kandidatenorientierung
```

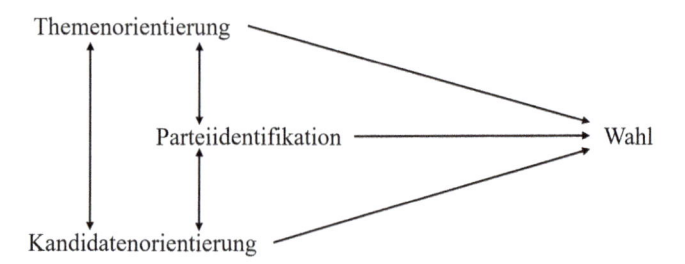

Abbildung 2.6 Ursprüngliches Michigan-Modell in The Voter Decides. (Quelle: Eigene Darstellung, basierend auf Schoen und Weins 2014, S. 248)

Pfadabhängigkeit, demnach sich die Themenorientierung ebenso wie Kandidatenorientierung einzig aus der Parteiidentifikation ableiten lassen (Schultze 2016, S. 18; Schoen und Weins 2014, S. 251), wird sodann auch in einer visuellen Überarbeitung des rezipierten Modells berücksichtigt (vgl. Abbildung 2.7).

```
                          Themenorientierung
Parteiidentifikation ═══════════════════════════════→ Wahl
                          Kandidatenorientierung
```

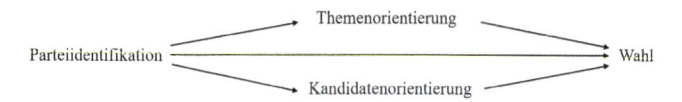

Abbildung 2.7 Rezipierte Darstellung des Michigan-Modells nach The American Voter. (Quelle: Eigene Darstellung, basierend auf Schoen und Weins 2014, S. 256)

Diese Modelldarstellung mit dem Kerngedanken kausaler Pfadabhängigkeiten wird in darauffolgenden Darstellungen der Wahlentscheidungsfindung weiterhin verwendet werden (Dalton 1988, S. 178).

Verbunden ist damit dennoch kein unabänderbarer Determinismus einer Parteiidentifikation gegenüber der Wahlentscheidung. Wenn von Individuen beispielsweise Personal- oder Sachfragen als entscheidende Faktoren für eine Wahlentscheidung herangezogen werden, so können diese, neben strategischen Aspekten, auch entgegen einer eigentlichen Parteiidentifikation Wirkung entfalten (Korte und Fröhlich 2009, S. 157). In der rezipierten Form ist das Michigan-Modell sodann auch ein Bestandteil des Trichters der Wahlentscheidung (vgl. Abbildung 2.5). Es liegt hier räumlich verortet zwischen Wertorientierungen und der tatsächlichen Wahl für eine spezifische Partei. Dies ist insofern relevant, als dass der Ansatz als solcher, wie er von Campbell und Kollegen erdacht wurde,

2.3 Werte und Wertewandel

langfristigen Faktoren wie den aus Konfliktlinien abgeleiteten Wertorientierungen keinen unmittelbaren Einfluss auf das Wahlverhalten zuspricht (Roth 2008, S. 42–43). So wurden Wertorientierungen im klassischen Michigan-Modell zwar deskriptiv inkludiert (Arzheimer und Rudi 2007, S. 169), gleichermaßen aber auch wie soziologische Variablen bewusst nicht als Teil der Analyse aufgenommen (Arzheimer 2007, S. 69). Dadurch blenden die Autoren „die Genese von wahlverhaltensrelevanten Einstellungen nicht aus, machen sie allerdings nicht zum zentralen Gegenstand ihrer Untersuchung" (Schoen und Weins 2014, S. 250). Diese Entscheidung ist aus verschiedenen Gründen legitim und nachvollziehbar. Dies hat einerseits mit der historischen Genese des Cleavage-Modells und den darin enthaltenen soziologischen Komponenten zu tun, welches erst 1967 erschien und somit keine Wirkung auf den Ansatz von Campbell et al. (1954, 1960) entfalten konnte. Andererseits war es, wie bereits angeführt, nicht die originäre Idee von Lipset und Rokkan (1967) ein Konzept zur Erklärung von Wahlverhalten zu entwickeln. Zudem darf nicht außer Acht gelassen werden, dass sozialwissenschaftliche Modelle nie den Anspruch verfolgen, jedwedes gesellschaftliches Phänomen vollumfänglich zu erklären.

Im Trichter der Wahlentscheidung nehmen Wertorientierungen und sozialstrukturelle Prädispositionen allerdings eine vorgelagerte Rolle ein, aus der diese vor allem auf die Parteiidentifikation einwirken (Schultze 2016, S. 18). Ob es auch einen Effekt der Wertorientierungen auf die Kandidaten- oder Themenorientierung gibt, ist allerdings wiederum Teil wissenschaftlicher Diskurse und nicht abschließend geklärt. So vertritt Niedermayer die Auffassung, dass

> „auf Wertekonflikten basierende Cleavages das Wahlverhalten [beeinflussen], weil die Wähler eine längerfristige affektive Bindung an diejenige Partei entwickeln, die ihre jeweiligen gesellschaftlichen Wertorientierungen in der politischen Arena vertritt. Darüber hinaus beeinflussen die Wertvorstellungen auch die beiden kurzfristigen Einflussfaktoren der Wahlentscheidung, die Kandidaten- und die Issueorientierung, wenn die Parteien und deren Spitzenkandidaten im Wahlkampf die dem Cleavage zugrunde liegenden Werte oder auch Themen mit erkennbarem Bezug zu diesen Werten in den Mittelpunkt stellen" (Niedermayer 2009, S. 36–37).

Klein (2014) greift dies am Beispiel der Bundestagswahl 1998 auf, indem er das bei dieser Wahl kandidierende Spitzenpersonal und die durch sie repräsentierten Werte durchexerziert. So hat sich der SPD-Kanzlerkandidat Gerhard Schröder seinerzeit für neue Wähler dadurch als attraktive Wahloption etablieren können, da er mit Werten wie *Innovation* und *Leistung* identifiziert wurde, während der damals amtierende SPD-Vorsitzende Oskar Lafontaine insbesondere mit den Werten der *sozialen Gerechtigkeit* assoziiert worden ist und vor allem klassische Wählermilieus der Sozialdemokraten ansprechen konnte (Klein 2014, S. 571). Dass dieser Kurs erfolgreich war, wurde nicht nur am Wahlsieg der SPD ersichtlich, sondern in seinem Effekt auch in zahlreichen Studien analysiert (u. a. Kellermann von Schele 2009, S. 97–100; Schmitt-Beck 2001). Es zeichnet sich also auch hier in besonderer Weise ab, dass Werte und Wertorientierungen in ihrer Wirkung keineswegs zu unterschätzen sind und als viel ursächlichere Faktoren eine Wahlentscheidung durchdringen können als möglicherweise weithin angenommen wird.

Wenn vor diesem Hintergrund Dassonneville et al. darauf verweisen, dass die Parteiidentifikation als Leitmotiv für das Wahlverhalten an Einfluss eingebüßt hat und noch unklar ist, was an ihrer Stelle getreten ist oder treten wird (Dassonneville et al. 2014, S. 153), wirft dies Fragen auf, die eine konzeptionelle Überarbeitung beziehungsweise Erweiterung der Wahlforschung notwendig machen. Tatsächlich ist es so, dass Mitte der 1970er Jahre noch rund 80 Prozent aller Wahlberechtigten angeben, über eine Parteiidentifikation zu verfügen (Ohr und Quandt 2011, S. 185). Bis Anfang der 2000er Jahre ist eine sich abschwächende Parteiidentifikation nicht nur in der Bundesrepublik Deutschland, sondern in allen Demokratien Westeuropas zu konstatieren (Jun 2004, S. 97). Dies ist insofern relevant, als dass die Identifikation mit einer Partei eine mobilisierende Funktion hat. Sie dient der Komplexitätsreduktion für Individuen, da sie auf diese Art und Weise Informationen besser verarbeiten können und dies ihnen eine Wahlentscheidung erleichtert (Dalton 2000, S. 21). Die Annahme ist und war hier über eine lange Zeit hinweg, dass bei einem Bedeutungsverlust der Parteiidentifikation eine Bedeutungszunahme der Themen- und Kandidatenorientierung zu beobachten sein wird (Pickel et al. 2000, S. 7). Tatsächlich sind Parteibindungen auf Individualniveau rückläufig, verbleiben insgesamt aber einerseits auf einem weiterhin hohen Niveau (Schäfer und Staudt 2019, S. 215), andererseits hat sich der Prozess des Dealignments zumindest auf dieser Ebene auch verlangsamt (Schäfer und Staudt 2019, S. 209). Bei der Bundestagswahl 2017 gaben so ungefähr 75 Prozent der Befragten an, sie fühlten sich mit einer Partei verbunden (Schäfer und Staudt 2019, S. 215), während es bei den Bundestagswahlen 2009 und 2013 noch rund 66 Prozent der befragten Wähler waren (Schmitt-Beck 2011b, S. 162; Schäfer und Schmitt-Beck 2014, S. 210). Die Parteiidentifikation bleibt demnach ein zentraler Faktor bei Wahlentscheidungen, der tatsächliche Effekt variiert aber je nach Kontext (Ohr und Quandt 2011, S. 179–180). Dies geht auch einher mit der bereits beschriebenen Mobilisierungskraft sozialer Gruppen, die nicht immer einheitlich ist. In Relation zueinander gesetzt, zeigt sich auch, dass bei den Bundestagswahlen 2002 bis 2009 die Erklärungskraft durch

2.3 Werte und Wertewandel

eine vorhandene Parteiidentifikation auf das Wahlverhalten deutlich höher ausfiel als ein an Themen orientiertes Wählen (Thurner et al. 2011, S. 313). Auch für die Kandidatenorientierung ist festzustellen, dass deren Effekt bei den Bundestagswahlen 1998 bis 2009 abnimmt und zudem auch hier der Effekt einer Parteiidentifikation für das Wahlverhalten sogar eher größer wird (Wagner und Weßels 2011, S. 367). Die Orientierung an Spitzenkandidaten hat zwar auch bei den Folgewahlen zum Deutschen Bundestag bis 2017 auf das Wahlverhalten eine bedeutende Rolle eingenommen, steht aber in ihrer tatsächlichen Wirkungskraft anderen Faktoren nach (Glinitzer und Jungmann 2019, S. 260).

Ganz allgemein gibt es bei der Erfassung von Parteiidentifikationen jedoch einige Schwachstellen[3] (Mayer 2017; Mayer und Schultze 2019). Essenziell erscheint aber der Verweis darauf, dass die Zugänglichkeit für eine Parteiidentifikation maßgeblich über vorhandene gesellschaftliche Wertorientierungen gesteuert wird (Turner et al. 1994, S. 455). Dies gilt insbesondere dann, wenn Werte als jene zentrale Währung des Politischen verstanden werden, die eine Strukturierung politischer Prioritäten sowie die Loyalität und Identifikation mit Parteien beeinflussen (Keele und Wolak 2006, S. 671–672). Nichtsdestotrotz wird auch fortwährend darauf verwiesen, dass kein vergleichbarer Ansatz wie der des Michigan-Modells existiert und somit konkurrenzfähig zu diesem wäre (Bowler 2018, S. 154).

Die vorliegende Ausarbeitung versucht an dieser Stelle anzuknüpfen und folgt der Logik des Trichters der Wahlentscheidung, wonach die „Wirkungsbeziehungen (…) tatsächlich so postuliert [sind], dass die vorgelagerten Einflüsse in Form von Wertorientierungen und sozialstrukturellen Prädispositionen alleine auf die Parteiidentifikation wirken" (Schultze 2016, S. 19), nicht aber auf die Kandidaten- oder Themenorientierung. Eine Modifikation wird allerdings dahingehend vorgenommen, als dass ergänzend eine direkte Wirkungsbeziehung von gesellschaftlichen Wertorientierungen auf die tatsächliche Wahlentscheidung untersucht wird. Der grundsätzliche Kerngedanke des *funnel of causality*, demnach eine kausale Wirkungsfolge vorliegt, also keine wechselseitige Beziehung zwischen den vorgestellten Prädiktoren, soll hierbei allerdings nicht angetastet werden. Ein solches Vorhaben sollte im Kontext weiterer Forschung vertiefend untersucht werden, würde allerdings über den Rahmen der hier vorliegenden Studie hinausgehen. Dabei wird keineswegs die Erwartung postuliert, dass der hier vorliegende Ansatz des Einflusses von gesellschaftlichen Wertorientierungen eine höhere Erklärungskraft als das klassische Michigan-Modell haben

---

[3] Diese werden hier nicht ausführlicher beschrieben und sind auch der weiteren Bearbeitung nicht sachdienlich.

muss. Nichtsdestoweniger scheint die Vernachlässigung einer Untersuchung von gesellschaftlichen Wertorientierungen auf das Wahlverhalten wenig plausibel. Insbesondere vor dem Hintergrund des Trichters der Wahlentscheidung, in dem seit Jahrzehnten immer wieder Wertorientierungen als eine Art Hintergrundfolie zwar wahrgenommen werden, in Analysen aber nicht ausreichend gewürdigt und einbezogen werden. Wertorientierungen und darin inbegriffene Wertvorstellungen können, ebenso wie die Zugehörigkeit zu einer gesellschaftlichen sozialen Schicht oder der Loyalität zu einer spezifischen sozialen Gruppe, die Wahlentscheidung eines Individuums beeinflussen (Stark und Smolka 2019, S. 86). Im Folgenden soll aus diesem Grund zunächst erläutert werden, welche verschiedenen Ansätze zur Beschreibung der Mehrdimensionalität von Parteiensystemen und des deutschen Parteiensystems im Speziellen existieren. Auf dieser Basis soll schlussendlich, auch vor dem Hintergrund aktuellerer Entwicklungen des deutschen Parteiensystems, nicht nur eine kritische Einordnung, sondern insbesondere eine konzeptionelle Erfassung und Diskussion jener Wertorientierungskonflikte erfolgen, die auf Individualniveau für die Ausdifferenzierung dieses Systems von 2009 bis 2017 von Bedeutung sein könnten. Dazu gehört auch die Frage, ob es sich um eine vollends neue Konfliktlinie handelt, die für eine Restrukturierung des deutschen Parteiensystems verantwortlich ist oder womöglich nur eine Reaktivierung einer schon länger bestehenden Konfliktstruktur.

2.4 Gesellschaftliche Wertorientierungen

Zwar ist festzuhalten, dass Werte das gesellschaftliche Leben prägen und als Leitlinien zu verstehen sind, in denen menschliche Interaktionen möglich sind und diese ermöglichen (Dalton 2003, S. 151), doch schaffen Werte noch keine Rahmenbedingungen für einen parteipolitischen Wettbewerb. Es ist grundsätzlich schwer zu bestreiten, dass in Gesellschaften immer verschiedene Werte existiert haben, die sich auch in Teilen konträr gegenüberstanden. Die gleichzeitige Existenz unterschiedlicher Wertvorstellungen wird so auch zu einem Kennzeichen menschlichen Miteinanders. Um wiederum eine für den Parteienwettbewerb entfaltende Wirkung zu haben, müssen diese jedoch zunächst von einzelnen Kollektiven, beispielsweise von und in Parteien, aufgegriffen und aggregiert werden (Reichhardt 1979, S. 24). So sind Parteien nicht nur Träger von Werten, die sie reflektieren, sie können außerdem eine Modifikation von Werten und daraus abgeleiteten Wertorientierungen vornehmen beziehungsweise diese auch im Zeitverlauf in eine sich modernisierende Gesellschaft übersetzen (Namenswirth 1973, S. 651). Christliche und christdemokratische Parteien haben sich in den letzten

2.4 Gesellschaftliche Wertorientierungen

Jahrzehnten immer weiter von christlichen Dogmen und der päpstlichen Unfehlbarkeit distanziert, grundlegende christliche Glaubensmotive sind aber auch heute noch – zumindest offiziell – grundlegende Wegweiser für politische Entscheidungen. Christliche oder religiöse Werte werden demnach heute mehr im Zentrum der individuellen Entscheidungsfindung ausgehandelt und weniger in Form von Vorgaben durch kirchliche Institutionen übernommen.

Neben Werten können sich auch gesellschaftliche Konfliktlinien durch verändernde gesellschaftliche Rahmenbedingungen transformieren oder gar vollends auflösen. Ebenso ist es möglich, dass Parteien oder andere gesellschaftliche Gruppen die Deutungshoheit über spezifische Werte und Themenkomplexe aufgeben, wodurch eine Repräsentationslücke entstehen kann. Ein weiterer Punkt, der auch sehr stark mit der Entstehung von Repräsentationslücken verwoben ist, ist jener, dass Werte, wie in Abschnitt 2.3.1 dargestellt, zuallererst über gesellschaftliche Wertorientierungen sichtbar und greifbar gemacht werden können. Sind aus Werten zunächst keine konkreten Handlungsanweisungen ersichtlich, wird dies über die Komponente einer Wertorientierung möglich. Dafür ist zunächst eine tiefergehende Definition gesellschaftlicher Wertorientierungen notwendig:

> „Gesellschaftliche Wertorientierungen, das heißt generalisierte Aussagen über die kulturelle und politische Entwicklung einer Gesellschaft, eines Kulturkreises oder gar der Menschheit stellen für die Teile der Bevölkerung, die sich diesen Werten verpflichtet fühlen, jeweils umfassende soziale Handlungsanweisungen bereit" (Bürklin und Klein 1998, S. 135).

Erst über sich in alternativen gegenüberstehenden gesellschaftlichen Wertorientierungen werden jene Spannungen möglich, die den Rahmen für einen parteipolitischen Wettbewerb schaffen (Dalton 2003, S. 151). Welche Ansätze es gibt, um den parteipolitischen Wettbewerb zu erklären beziehungsweise auf welche Wertekonflikte zumeist rekurriert wird, ist dabei von immenser Bedeutung. Nichtsdestotrotz ist zunächst wichtig zu verstehen, was unter Repräsentation oder auch einer Repräsentationslücke zu verstehen ist, da diese die Ausdifferenzierung von Parteiensystemen, je nach Ausgangslage, verhindern oder gar begünstigen kann.

Wenn demnach Parteien als eine Art *Torwächter* (Puhle 2002, S. 76) verstanden werden, die als Mediatoren zwischen Bürgern und deren Interessen sowie politischen Institutionen fungieren und in denen kollektiv verbindliche Entscheidungen herbeigeführt werden sollen (Puhle 2002, S. 58), so nehmen sie in repräsentativen Demokratien eine zentrale Rolle ein. Der Erfolg eines politischen Systems hängt daher maßgeblich von der Integrationskraft der Parteien ab. Die Integrationskraft meint unter anderem

„die Vielfalt gesellschaftlicher Interessen und Wertvorstellungen politisch aufzunehmen, zu unterschiedlichen Gemeinwohlentwürfen zu bündeln, im politischen System zur Geltung zu bringen und insoweit durch kompromissgetragene Entscheidungsfindung integrierend zur Schaffung und Erhaltung eines gesellschaftlichen Zusammenhalts und gemeinsamen Sinnes einer politischen Einheitsbildung (...) beizutragen" (Schulze-Fielitz 2015, S. 106).

Demzufolge kommt Parteien in westlichen Demokratien vor allem jene zentrale Aufgabe zu, „soziale Konflikte (...) zu analysieren, artikulieren und zu aggregieren" (Jun 2017, S. 89), um sie in politische Handlungsanweisungen übertragen zu können (Mair 2013, S. 89–90). Die Aggregation und Artikulation von Wertorientierungen, spezifischen Wertpräferenzen und Meinungen einerseits sowie die Form von politischer Führung andererseits, bilden dann auch gleichzeitig die zwei zentralen Charakteristika, um sich dem Begriff der Repräsentation zu nähern. Gemeint ist mit letzterem die Übernahme politischer Ämter und Verantwortung, in der Individuen beispielsweise als Repräsentanten eines Staates fungieren. Die dahinter liegende demokratische Logik ist, dass diese Repräsentanten in regulären Wahlen ausgetauscht werden können, sofern sie nicht ihre Repräsentationsfunktion erfüllen (Marschall 2018, S. 813). In jenen Zeiten, in denen Parteien mehr als Ausdruck klar definierter sozialstruktureller Gruppen galten, beispielsweise Katholiken oder Arbeiter, gestaltete sich die Aggregation jener Interessen einfacher, die die Parteien zu repräsentieren versuchten. In Zeiten gesellschaftlichen Wertewandels und einer dadurch fortschreitenden Individualisierung werden diese klassischen Allianzen wiederum, wie bereits angeführt, fragiler oder lösen sich immer weiter auf. Individuelle Wertvorstellungen geraten so mehr in den Fokus für Wahlentscheidungen. Neben der Informiertheit der Bürger über die spezifische Politik der Parteien wird es daher zunehmend relevanter, dass individuelle und kollektive Wertvorstellungen auch durch Parteien in den politischen Wettstreit übersetzt und durch diese vertreten werden. Diese Annahme gilt aber nur unter der Prämisse, dass die Bürger eine klare Vorstellung davon haben, was sie als eine wünschenswerte Gesellschaft erachten (Downs 1968, S. 45). Konzeptionen einer wünschenswerten Gesellschaft können von Parteien wiederum in Partei- oder Grundsatzprogrammen ebenso artikuliert werden wie in Meinungsäußerungen durch ihre Vertreter (Jun 2017, S. 90). Es bieten sich also, zumindest aus parteipolitisch institutionalisierter Sicht, verbale und non-verbale Optionen, um die Tragfähigkeit eigener konzeptioneller und wertgebundener Gesellschaftsentwürfe zu transportieren.

Die Erfolgschancen einer Partei im parteipolitischen Wettbewerb werden wahrscheinlicher, „je deutlicher sie sich innerhalb jener gesellschaftlicher Konflikte positionieren kann, die bei den WählerInnen [sic!] die höchste Dringlichkeit

2.4 Gesellschaftliche Wertorientierungen

besitzen oder zumindest noch für so wichtig gehalten werden, dass sie in der Lage sind, die Wahlentscheidung zu beeinflussen" (Stifel 2018, S. 24). Damit verbunden ist in diesem Fall aber nicht nur eine zugeschriebene Lösungskompetenz, sondern insbesondere auch die Erwartungshaltung einer inhaltlich-programmatischen Verlässlichkeit. Gemeint ist hiermit, dass sich die Wähler auf eine Umsetzung von spezifischen politischen Inhalten verlassen können müssen, wenn diese zuvor durch Parteien zugesagt wurden (Debus 2017, S. 93). Das gilt vor allem deshalb, da nicht alle Parteien und die durch sie vertretenen Wertvorstellungen und Interessen eine Chance darauf haben, im Parlament artikuliert zu werden, geschweige denn an einer Regierungsbildung beteiligt zu sein (Niedermayer 2013a, S. 65). Ein Grund dafür sind systemische Merkmale wie eine Sperrklausel oder die fehlende Kompatibilität mit bestehenden Programmen oder Gesellschaftskonzeptionen, die eine Adaption durch die bereits existierenden Parteien erschweren. Gleichwohl ist es unumgänglich, dass Parteien eine Antwort auf saliente Problemlagen finden und die Wünsche und Forderungen der Bürger aufgreifen, um ihre Repräsentationsfunktion zu erfüllen. Wenn dies nicht gelingt „sind Repräsentation und politische Gleichheit nicht gewährleistet" (Roßteutscher und Schäfer 2016, S. 457). Wenn in einer Vorwahlbefragung zur Bundestagswahl 2013 knapp 90 Prozent der Befragten artikulieren, die etablierten Parteien interessierten sich nicht mehr für die Ansichten der Bürger (Pickel 2017, S. 99), so darf dies unmissverständlich als Warnsignal verstanden werden, da damit einer der wesentlichen Bestandteile politischer Repräsentation ins Wanken gerät. Gemeint ist damit der Umstand, dass die politischen Repräsentanten die Interessen und Wertvorstellungen ihres Volkes widerspiegeln müssen (Lembcke 2016, S. 30). Die doch sehr alarmierenden Zahlen von 2013 lassen Grund zur Annahme, dass zu diesem Zeitpunkt eine Kluft zwischen den etablierten Parteien und den Bürgern besteht.

Dieses Gefühl kann dann zu der Empfindung einer fehlenden politischen Effektivität erwachsen, welches dann das Legitimitätsempfinden einer politische Ordnung beziehungsweise eines politischen Systems zu bedrohen vermag (Lipset 1959a). Dies wird insbesondere dann zu einem Problem, wenn weder die Regierung noch die Opposition auf entsprechende Erwartungen der Bevölkerung reagieren und es zudem keine andere Partei gibt, der eine Problemlösung zugetraut wird oder die sich berufen fühlt, einen entsprechenden Vertretungsanspruch zu formulieren (Bürklin 1984, S. 24). Auf lange Sicht kann ein solches Legitimitätsdefizit auch zu Umsturzbestrebungen führen. Auf dem Weg dorthin wird aber zunächst eine Repräsentationslücke ersichtlich. Unter so einer Repräsentationslücke ist zu verstehen, dass es im politischen Spektrum der Bevölkerung einen Bereich gibt, der sich nicht durch die etablierten Parteien vertreten fühlt und diesen auch nicht hinreichend vertraut (Patzelt 2018a, S. 29–30). Bevor also revolutionäre oder systemfeindliche Bestrebungen sichtbar werden, ist der zunächst logische Schritt die Gründung von Parteien, die jene Wertvorstellungen und Themen übernehmen, die im politischen Raum unbesetzt sind oder nur unzureichend vertreten werden (Patzelt 2018a, S. 26).

Für die Entstehung und Etablierung der Alternative für Deutschland oder der Grünen ist eine solche Repräsentationslücke ursächlich verantwortlich (Pappi et al. 2019a, S. 295; Patzelt 2018b, S. 886). Mit dem sich vollziehenden Wertewandel stehen die etablierten Parteien vor Entstehung der Grünen vor einer Herausforderung, auf die sie nicht in der Lage sind oder auch möglicherweise nicht gewollt sind, responsiv zu reagieren (Dalton et al. 1984, S. 8). Dies wurde schon im Abschnitt 2.3.3 am Beispiel der sozialliberalen Bundesregierung aus SPD und FDP skizziert, beziehet sicher aber auch auf die zu dieser Zeit oppositionellen Christdemokraten. Für die Gründung der Alternative für Deutschland im Jahr 2013 wird insbesondere die damalige Eurorettungspolitik der christlich-liberalen Bundesregierung unter Angela Merkel angeführt. Die vorübergehende Etablierung wird schlussendlich auf die Migrations- und Flüchtlingspolitik der Großen Koalition unter derselben Bundeskanzlerin beginnend im Jahr 2015 zurückgeführt (Patzelt 2018a, S. 26).

So ähnlich die beiden Fälle zunächst scheinen, so unterschiedlich sind sie doch zu bewerten. Die Entstehung der Grünen wurde durch einen allgemeinen gesellschaftlichen Wertewandel begünstigt. Dies ist insofern relevant als dadurch eine mögliche Bedingung für Parteineugründungen erfüllt ist. Die Veränderung von Werten, die den politischen Konfliktraum definieren, ist eine der wichtigsten Voraussetzungen für die Entstehung neuer Parteien (Downs 1968, S. 125). Eine andere Möglichkeit liegt in der Vernachlässigung von Themen und Werten, die die Bevölkerung bewegen (Zons 2016, S. 9). Über lange Zeit wird bereits beobachtet, dass eine zu ausgeprägte Inkongruenz zwischen Wählern und Parteien hinsichtlich der Politikgestaltung zu Parteineugründungen führt. Demnach ist der Parteienwettbewerb maßgeblich vom inhaltlichen und ideellen Politikangebot einerseits und den spezifischen Bedürfnissen des Elektorats andererseits geprägt (Wuttke 2020, S. 24). Insbesondere dann, wenn das Bedürfnis durch Repräsentation neuer Parteien salient wird (Bürklin 1984, S. 19–20). Diese neuen Parteien müssen sich aber nicht nur inhaltlich so aufstellen, dass sie als Repräsentanten bestimmter Werte oder Themenspektren wahrgenommen werden (Kitschelt und McGann 1997, S. 14–15), sondern sich auch „fast zwangsläufig [als] Anti-Parteien-Parteien" (Bieber et al. 2018, S. 435) gerieren, um ihr Dasein zu rechtfertigen. So gilt doch festzuhalten, dass wenn „sie sich nur als Varianten des Bestehenden präsentieren, (…) ihr Wählerreservoir gering" (Bieber

2.4 Gesellschaftliche Wertorientierungen

et al. 2018, S. 435) wäre. Notwendigerweise müssen Parteien demnach in vielerlei Gesichtspunkten einen oppositionellen Gegenentwurf zu bestehenden politischen Strukturen bilden.

Begünstigt wird dies dadurch, dass sich demokratische Parteiensysteme im Allgemeinen durch ihre Offenheit für Veränderungen auszeichnen. Diese Veränderungen werden, anders als in autoritären systemischen Kontexten, nicht unterdrückt. Mit der Entstehung neuer gesellschaftlicher Anforderungen und Herausforderungen entstehen so auch nicht selten neue Parteien (Jahn 2013, S. 95), deren langfristiger Erfolg jedoch maßgeblich von der Reaktion etablierter politischer Parteien abhängig ist. Die Entstehung dieser neuen Herausforderungen kann aber auch Ausdruck eines gesellschaftlichen Wandels beziehungsweise gesellschaftlicher Veränderungsprozesse sein, wodurch die Nachfrageseite der Wähler strukturell verändert wird (Katz und Mair 2002, S. 113). In solchen Situationen ist es für etablierte Parteien womöglich schwer, auf diese responsiv zu sein, wenn sie denn diese Veränderungen aufmerksam zur Kenntnis nehmen oder ihnen diese gewahr werden. Dies ist insbesondere dann der Fall, wenn durch eine gesellschaftliche Veränderung die Nachfrageseite der Wähler verändert wird. Aus Sicht der Parteien bleibt dann als einzige Alternative ein programmatischer Wandel oder eine Veränderung der strategischen Kommunikation (Katz und Mair 2002, S. 113).

Wenn Patzelt (2018a) beispielhaft davon spricht, dass die Entstehung der AfD durch eine programmatische Repräsentationslücke begünstigt wurde, ist gleichwohl zu konstatieren, dass alle im Bundestag vertretenen Parteien auf den für das Parteiensystem relevanten Konfliktdimensionen nach links gerückt sind (Scherer 2011, S. 33). Demnach könnte die Annahme formuliert werden, dass sich eine nicht unwesentlich relevante Repräsentationslücke auf Ebene der Elektorate ergibt, da entsprechende Wähler diesen strukturellen Wandel nicht mitzugehen gewillt sind. Ob diese Entwicklung, die womöglich die Entstehung dieser vergleichsweisen neuen Partei begünstigte, auf die Ebene der deutschen Wähler zutrifft, insbesondere in der Zeit vor der Gründung der Partei und im darauffolgenden Zeitverlauf, gilt es zu untersuchen. Insbesondere dann, wenn Parteien als Rezipienten gesellschaftlicher Konfliktlinie verstanden werden müssen, die diese Konfliktlinien abzubilden versuchen (Decker 2018a, S. 3–4).

Hoch interessant ist vor diesem Hintergrund ein Beitrag Hans-Joachim Veens, der Anfang des Jahrtausends in einem Beitrag über die Zukunft des deutschen Parteiensystems festhielt, inwiefern die Etablierung einer neuen Partei links der Mitte schwerwiegende Veränderungen mit sich bringen könne. Dadurch werde zum einen ein stärkerer Kampf um Wählerstimmen in der politischen Linken stattfinden, was zwangsläufig dazu führen müsse, dass die SPD sich von der Mitte abwende, um diese Wähler abzufangen. Dies wiederum führe in der Konsequenz dazu, dass die Christdemokraten inhaltlich nach links rücken müssten, um die so genannte *politische Mitte* für sich zu reklamieren. Als Konsequenz entstehe aber daraus die Gefahr, nicht länger bis zum rechten Rand des demokratischen Spektrums integrieren zu können. Darauf basierend bestehe die Möglichkeit der Entstehung nationalistischer oder rechtsextremer Parteien, die versuchen würden, diesen Raum für sich zu vereinnahmen (Veen 2000, S. 29).

Es erscheint vor dem Hintergrund einer derartigen Prognose als relevant, eine entsprechende Untersuchung auf Ebene der Elektorate deutscher Parteien ebenso vorzunehmen wie für die gesamtdeutsche Bevölkerung. So kann schlussendlich auch überprüft werden, inwiefern Veen (2000) und Patzelt (2018b) mit ihren Analysen Recht behalten, ob es diese Repräsentationslücke wirklich gibt und in welchem Ausmaß diese, sofern vorhanden, sie dann auch zu einer Restrukturierung des deutschen Parteiensystems beigetragen hat.

Der Versuch der analytischen Erfassung derartiger Wandlungsprozesse ist keineswegs neu. So wird seit Jahrzehnten der Wandel von gesellschaftlichen Wertorientierungen, der direkte Einfluss auf die Entwicklung von Parteiensystemen und auch in Teilen mit Blick auf das Wahlverhalten auf Individualniveau untersucht. Wie in Abschnitt 2.1 beschrieben, müssen diese aber nicht zwangsweise zum Parteiensystemwandel führen, da nicht jede Konfliktlinie ausreichend gesellschaftspolitische Relevanz für eine solche Veränderung birgt. Im Folgenden wird eine Übersicht über entsprechende Ansätze zur Erfassung gesellschaftlicher Wertorientierungen und dazugehöriger Konfliktlinien gegeben. Auf dieser Basis wird schließlich ein konzeptioneller Vorschlag gemacht, welche dieser gesellschaftlichen Wertorientierungen für Veränderungen und die Stabilität des Parteiensystems der Bundesrepublik Deutschland hinreichende Bedeutung haben.

2.4.1 Gesellschaftliche Wertorientierungen: Eine analytische Annäherung

Konzepte zur Beschreibung und Erfassung von Wertorientierungen sind schon seit Jahrzehnten nicht nur durch den Ansatz Ingleharts bekannt und auch mannigfaltig verwendet worden. Die besondere Herausforderung für die vorliegende Ausarbeitung besteht aber darin, dass Pappi und Laumann schon 1974 festhalten, dass insbesondere der Effekt gesellschaftlicher Wertorientierungen auf das Wahlverhalten in der Wahlsoziologie vernachlässigt worden ist (Pappi und Laumann 1974, S. 157). Stattdessen werden primär Wertorientierungen allgemein untersucht, die dann schlussendlich aber nicht als Teilbereich der politischen

2.4 Gesellschaftliche Wertorientierungen

Soziologie zu verorten versucht werden, auch weil dafür aufgrund divergierender Forschungsinteressen zumeist keine Notwendigkeit besteht. Die Forschungsarbeiten von Shalom Schwartz versuchen beispielsweise, auch weil sie Ausdruck einer eher sozial-psychologischen Herangehensweise sind, „das vollständige Universum menschlicher Werthaltungen zu erfassen" (Scherer und Roßteutscher 2020, S. 215). So formuliert Schwartz selber den Anspruch, eine Theorie der potenziell universellen menschlichen Grundwerte und Werthaltungen zu formulieren (Schwartz 1992, S. 2–3; Schwartz 1994, S. 19; Schwartz und Bilsky 1987, S. 550; Schwartz und Boehnke 2004, S. 231). Dies wird exemplarisch an Konzepten wie Macht, Leistung, Hedonismus, der Anregung durch neue Aufgaben oder Erlebnisse, Selbstbestimmung, Universalismus, Wohlwollen, Tradition, Konformität und Sicherheit untersucht (Schwartz 1994, S. 22). Diese sind als Ausdruck der Priorisierung individueller Werte wie beispielsweise sozialer Überlegenheit und Wertschätzung, einem intrinsischen Interesse an neuen Erfahrungen sowie einer Unterordnung des Individuums zu Gunsten gesellschaftlich auferlegter Erwartungen zu verstehen (Schwartz 1994, S. 24–25). Auch die messtheoretische Herangehensweise entspricht der Abfragung individueller Leitprinzipien, nicht jedoch gesellschaftlicher Wertorientierungen als solche, was jedoch auch nicht intendiert ist (Schwartz 1994, S. 26). Schwartz verfolgt in seinen Arbeiten vor allem das honorige Ziel, über Ländergrenzen und Kulturräume hinweg bestimmte Wertetypen zu identifizieren. Dies gelingt ihm zwar, findet für die vorliegende Arbeit aber keine Anwendung. Dies ist darin begründet, dass der hier dargelegte Fokus vielmehr auf kollektiv verbindlichen gesellschaftlichen Zielen, also keinen individuell-persönlichen Orientierungen, innerhalb einer territorial abgegrenzten Gesellschaft, in dem Fall der Bundesrepublik Deutschland, beruht. Auch die Speyerer Wertetypen sind vor diesem Hintergrund zwar ein sehr verdientes Konzept zur Erfassung von Werten, identifizieren aber explizit ebenso keine gesellschaftlichen Wertorientierungen, sondern bemühen sich vielmehr an einer Wertetypenbildung (Lechleiter 2016, S. 47–55). So haben Klages und Kollegen mit ihren Beiträgen zwar einen enormen Beitrag zum Verständnis von individuellen Wertorientierungen geleistet, diese sind aber aufgrund fehlender inhaltlich-politischer Komponenten (Scherer und Roßteutscher 2020, S. 215) für die weitere Analyse gesellschaftlicher Wertorientierungen nicht sachdienlich. Dies gilt vor dem Hintergrund, dass das Kernanliegen der politischen Soziologie darin besteht, „die zentralen Werte gesellschaftspolitischer Auseinandersetzung zu beschreiben und Veränderungsprozesse innerhalb des relevanten Wertrepertoires nachzuzeichnen" (Scherer und Roßteutscher 2020, S. 215). Hierbei geht es „um die spezifische Gewichtung, die Gesellschaften und politische Ordnungen bei der Umsetzung einzelnen Werten im Vergleich zu anderen zubilligen

(…). Bis heute lassen sich die politischen Parteien Deutschlands hinsichtlich ihrer jeweiligen Priorisierung dieser Grundwerte einordnen" (Roßteutscher und Scherer 2013a, S. 67). Kernessenz der hier vorliegenden Ausarbeitung ist es deshalb, diese entsprechenden Grundwerte insofern abzubilden, als dass der Versuch unternommen wird, eben jene Orientierungen an Werten zu identifizieren, die für die jeweiligen Elektorate eine handlungsleitende Funktion im Sinne des Wahlakts für entsprechende Parteien entfalten können. Gesellschaftliche Wertorientierungen werden als jene Wertorientierungen verstanden, entlang derer sich Konfliktlinien im Parteiensystem aufzeigen lassen und anhand derer sich eine Differenzierung des Parteiensystems vollzieht.

Vermutlich liegt es in der Natur von Werten, dass diese Ansätze nie voll ausschöpfend sämtliche Konfliktdimensionen beschreiben können, die es tatsächlich gibt. Ein weiterer unstrittiger Punkt bezieht sich auf die Anwendbarkeit über verschiedene politische Systeme hinweg. Dabei kann es selbst auf der subnationalen Ebene zu immensen Differenzen bei der Herausbildung von Parteiensystemen kommen, wie Bräuninger et al. (2020) in ihren Analysen zum Parteienwettbewerb in den deutschen Bundesländern überzeugend darlegen. Dasselbe ist auch auf Ebene der Nationalstaaten, beispielsweise in West- und Osteuropa zu beobachten, die aufgrund ihrer kulturell-historischen Entwicklung ganz unterschiedliche Parteiensysteme herausgebildet haben. In Teilen wird dabei von politischen Orientierungen gesprochen, die in verschiedenen Staaten unterschiedlich ausgeprägt seien. Der Begriff der politischen Orientierung hat dabei eine strukturelle Komponente. Demnach beziehen sich politische Orientierungen entweder auf die eigene Rolle als (un-)politisches Individuum, das politische Führungspersonal, die politische Gemeinschaft – gemeint ist hiermit eine territoriale Dimension – oder der allgemeinen politischen Ordnung. Mit letzterer ist die Form des Staatswesens, die sich darin befindenden Institutionen, Normengefüge oder eben Werte gemeint (Niedermayer 2013b, S. 47). Letzteres, also die politische Orientierung gegenüber Werten, kann auch als gesellschaftliche Wertorientierung verstanden werden, da diese Begriffe von zahlreichen Autoren gleichbedeutend oder kombiniert als gesellschaftspolitische Wertorientierungen verwendet werden und eine Differenzierung deswegen nicht zielführend ist (Bauer 1993, S. 136; Bürklin und Klein 1998, S. 139; Arzheimer und Klein 2000, S. 363). Unbestritten ist aber die Koexistenz verschiedener Wertorientierungen (Klages 1984), die zur Ausdifferenzierung von Parteiensystemen beitragen. Besonders die Forschungsarbeiten Helmut Klages sind hier als wegweisend einzuordnen, konnte er doch nicht nur die Koexistenz von spezifischen Wertorientierungen belegen, sondern auch, wie schon erwähnt, eine Wertesynthese feststellen (Klages 1984, S. 164–165).

2.4 Gesellschaftliche Wertorientierungen

Eine immense Herausforderung bei der Identifikation zentraler Konfliktdimensionen besteht darin, dass diese einerseits nur als Ausdruck ihrer Entstehungszeit verstanden werden dürfen, andererseits sprachliche Unfeinheiten zu konzeptionellen Schwierigkeiten führen können. Dass Modelle und Theorien immer wieder einer kritischen Analyse unterzogen werden müssen, um Annäherungsweise gesellschaftliche Ist-Zustände zu erfassen (Popper 2018, S. 43), versteht sich vor diesem Hintergrund von selbst. So geschehen ist dies bereits an vielen Stellen, wenn es um das Modell der Cleavage-Theorie von Lipset und Rokkan (1967) oder Ingleharts Konzept der Silent Revolution (1977) geht. Weitaus komplexer ist dies bei Diskussionen um den Bedeutungsgehalt bestimmter Werte oder Konzepte. Das gilt umso mehr, wenn keine hinreichende wissenschaftliche Debatte zur Differenzierung bestimmter Konzepte geführt wurde.

Die Typologie von Konfliktdimensionen in westeuropäischen Parteiensystemen von Arend Lijphart verdeutlich dies. Er macht für die 1970er und 1980er Jahre insgesamt sieben Konfliktlinien aus, die in vielen demokratischen Parteiensystemen eine Rolle gespielt haben: (1) eine sozio-ökonomische, (2) eine religiöse, (3) eine ethnische, (4) eine städtisch-ländliche, (5) eine systemstützende beziehungsweise systemfeindliche, (6) eine außenpolitische sowie eine (7) postmaterialistische Konfliktlinie (Lijphart 1990, S. 254). Lijphart greift dort mit den Punkten eins bis vier im Wesentlichen die grundlegenden Konfliktmuster der Cleavage-Theorie auf, wenngleich er ihnen in Teilen ein neues Label gibt. Es handelt sich hierbei um die bereits beschriebenen Wertekonflikte. Dass es sich bei dem Inglehart'schen Konzept, also Lijpharts siebter Dimension, ebenso um einen Wertekonflikt handelt, wurde bis zu diesem Punkt schon hinreichend dargelegt. Während es bei seiner fünften Konfliktlinie, der zwischen einer systemstützenden und systemfeindlichen Grundhaltung, durchaus Diskussionsbedarf gibt, ob damit nun Einstellungen oder wirklich demokratische Werte erfasst werden sollen, so kann es sich bei der außenpolitischen Konfliktlinie, die ein einziges Themenfeld erfasst, nicht um mehr als Einstellungen handeln. Problematisch ist dies deshalb, da Einstellungen, wie in Abschnitt 2.3.1 angeführt, viel kurzfristiger angelegt sind als Wertorientierungen. So kann es durchaus sein, dass Außenpolitik zu dieser Zeit eine immense Rolle spielt, jedoch können außenpolitische Einstellungen zu konkreteren Sachfragen nicht gleichwertig zu Wertorientierungen angesehen werden – so zumindest die Theorie. In der Tat steht Lijphart mit seiner Diagnose der Außenpolitik als zentrales Konfliktfeld für diese Jahrzehnte nicht allein da. Auch Rudzio kommt ein Jahrzehnt später zu der Diagnose, dass neben einer sozio-ökonomischen und einer sozio-kulturellen Achse vor allem auch eine außenpolitische Konfliktdimension die Struktur des Parteiensystems und die darauf basierende Koalitionsbildung prägte (Rudzio 2002, S. 48). Eine solche Konfliktdimension ist als solche zwar selbstredend für die Struktur von Parteiensystemen relevant, hat aber bisweilen in der Bundesrepublik Deutschland nicht zur Entstehung von Parteien geführt, gibt es doch keine dezidiert über ihre Außenpolitik definierte (erfolgreiche) Partei(neu-)gründung.

Einig sind sich die Autoren verschiedener Forschungsarbeiten über die Bedeutung von insbesondere zwei Dimensionen, die hier bereits mannigfaltig im Kontext der Bundesrepublik Deutschland angeführt wurden: dem Konflikt zwischen einer religiösen und einer säkularen Wertorientierung sowie dem zwischen einer links-materialistischen und einer rechts-materialistischen Wertorientierung (Rattinger 2009, S. 209–210; van Deth 2001, S. 27; van Deth und Scarbrough 1995, S. 45; Bauer-Kaase und Kaase 1998, S. 256–257). Ergänzt werden diese beispielhaft, auch zur Berücksichtigung der Entstehung grüner oder grünalternativer Parteien, um eine Konfliktdimension zwischen materialistischen und postmaterialistischen Werten (van Deth 2001, S. 27; van Deth und Scarbrough 1995, S. 45; Bauer-Kaase und Kaase 1998, S. 256–257; Thome 2014, S. 49), obgleich insbesondere van Deth und Scarbrough darauf verweisen, dass nicht alle existierenden Dimensionen gesellschaftlicher Wertorientierungen über diese drei Konflikträume trennscharf abgedeckt werden können (van Deth und Scarbrough 1995, S. 45). Andere Autoren sprechen von einer ergänzenden Konfliktdimension zwischen libertären und autoritären Werten (Inglehart und Flanagan 1987; Kitschelt 1997; Kitschelt 2001; Rattinger 2009, S. 209–210). Auch hier besteht nicht in allen Fällen immer eine klare Trennschärfe, da die Konzepte in den jeweiligen Fällen zwar einleuchtend theoretisch operationalisiert werden, es jedoch zu deutlichen Abweichungen in den Konzeptualisierungen kommt. Während Sartori beispielsweise ergänzend zu einer konfessionell-säkularen und einer links-rechts-materialistischen Konfliktlinie die Existenz einer autoritär-demokratischen Konfliktlinie sowie einer zwischen Ethnizität und Integration anführt (Sartori 2016, S. 299–300), ist dies in anderen Ansätzen nicht der Fall. Dort wird beispielsweise auf eine zwei-dimensionale Konfliktstruktur zwischen sozio-ökonomischen Wertorientierungen einerseits und einem sozio-kulturellen Konflikt andererseits verwiesen. Gemeint ist mit diesem sozio-kulturellen Konflikt dezidiert eine Fokussierung auf gesellschaftspolitisch libertäre und autoritäre Wertvorstellungen (Niedermayer 2010, S. 248). Während in letzteren auch sehr religiöse Individuen mit jenen Individuen, die in Teilen demokratiefeindliche Wertvorstellungen haben oder gar migrationsfeindlich gesinnt sind, gleichermaßen an einem Pol verortet werden, erscheint Sartori (2016) eine solche Zusammenfassung fallweise als problematisch. Insbesondere die explizite, ergänzende Herausstellung einer Konfliktdimension, die sich dem Umgang mit der Frage nach einer nationalen Identität und der Frage nach Zuwanderung oder Integration widmet, wird von

2.4 Gesellschaftliche Wertorientierungen

verschiedenen Autoren immer wieder betont. Diese wird dann, je nach Präferenzen der Autoren, entweder mit den beispielhaften Begriffspaaren *Integration vs. Abgrenzung* (Kriesi 2007, S. 256) oder auch *Kosmopolitismus vs. Kommunitarismus* (Korte 2019, S. 6–7) versehen. Anders gehen Autoren wie Dalton vor, der in seinen Ausführungen zwar von Cleavages spricht, ganz explizit damit aber Wertekonflikte meint und diese auch so benennt. Er skizziert hier aber explizit nicht auf der Sozialstruktur beruhende Konfliktlinien. Dabei unterteilt Dalton in zwei grundlegende Konfliktstrukturen, die Parteiensysteme seiner Auffassung nach hinreichend definieren: das *economic cleavage* sowie das *cultural cleavage*. Unter dem letztgenannten subsumiert er zum einen Werte, die klassischerweise im postmaterialistischen Sinne Ingleharts zu verstehen sind, also beispielhaft Geschlechtergerechtigkeit oder die Gleichstellung von Homosexuellen, aber auch Werte, die von vielen Autoren – je nach Länderspezifika – eher als vierte Konfliktlinie identifiziert werden, nämlich Wertorientierungen gegenüber Migration oder der Europäischen Union als supranationale Organisation (Dalton 2018, S. 52–53).

Dass sich politische Konflikträume im Zeitverlauf neu konfigurieren (Lewandowsky et al. 2016, S. 252–253) oder ihren Bedeutungsgehalt verändern, ist keine neue Entwicklung, sondern Ausdruck des stetigen Wandels von Politik und daraus resultierenden Anforderungen an politische Systeme. Wenn also die These aufgestellt wird, dass auch der parteipolitische Wettbewerb in Deutschland bis heute durch eine ökonomische und eine kulturelle Konfliktlinie geprägt ist (Niedermayer 2015a, S. 176–177), so können und müssen solche Thesen aufgrund neuerer Entwicklungen stetig überprüft und im Zweifel auch verworfen werden. Dies nimmt Knutsen beispielsweise zum Anlass, um in einer ländervergleichenden Analyse eine Konfliktdimension zwischen Ökologie und Ökonomie sowie jener Dimension des klassischen Inglehart-Index, also zwischen einer materialistischen und einer postmaterialistischen Wertorientierung, den Einfluss auf Wahlverhalten zu untersuchen (Knutsen 1996, S. 248–253). Im Ergebnis zeigt sich, dass die Erklärungskraft der Konfliktdimension zwischen Ökologie und Ökonomie höher ist als die des ursprünglichen Inglehart-Index (Knutsen 1996, S. 297).

Tatsächlich gibt es bis heute nicht viele Untersuchungen, die sich mit dem direkten Einfluss von Wertorientierungen auf Wahlentscheidungen beschäftigt haben. Die Untersuchungen von Knutsen (1995a) stellen dabei eine Ausnahme dar und fokussieren sich insbesondere auf jene Konfliktlinien, die zur Entstehung und Ausdifferenzierung von Parteiensystemen Westeuropas bis dahin eine dominierende Rolle eingenommen haben: Der konfessionell-religiöse Konflikt, der Konflikt zwischen Links-Materialismus und Rechts-Materialismus sowie die

Konfliktachse zwischen Materialismus und Postmaterialismus (Fuchs und Rohrschneider 2001, S. 259). Niedermayer (2009, S. 45) gelingt es, viele dieser verschiedenen Ansatzpunkte für die Staaten (West-)Europas und die sich darin potenziell entfaltenden Konfliktlinien zu erfassen. Er unterteilt diese in drei Bereiche: einen sozio-ökonomischen, einen sozio-kulturellen und einen politisch-konstitutionellen Bereich. Der sozio-ökonomische Bereich erfasst jenen Komplex, der die Rolle des Staates in der Ökonomie und daraus resultierende Konflikte beschreibt. Dazu gehört der Sozialstaatskonflikt, die Frage nach Eigentum und der Konflikt zwischen Stadt und Land. In diesen Bereich fallen im Wesentlichen also zwei der klassischen Cleavages von Lipset und Rokkan (1967). Der Stadt-Land-Konflikt geht hier im alten Konflikt zwischen Kapital und Arbeit auf, der nun etwas breiter gefasst wird. Im sozio-kulturellen Bereich werden all jene Konflikte abgebildet, die Niedermayer als Beschreibung zur Gestaltung menschlichen Lebens heranzieht. Dazu gehört der von Lipset und Rokkan angeführte Konflikt zwischen Kirche und Staat, gleichermaßen aber auch konzeptionelle Weiterentwicklungen, die der Konflikt zwischen religiösen und säkularen Wertorientierungen abbildet. Zusätzlich wird jene Konfliktlinie zwischen libertären und autoritären Wertvorstellungen genannt, die von allen angeführten Konfliktdimensionen auch durch Niedermayer am wenigsten differenziert erläutert wird. Mit dem politisch-konstitutionellen Bereich kommt schließlich der Systemkonflikt hinzu, der den Gegensatz zwischen demokratiefeindlichen und demokratiekonformen Parteien abzubilden versucht. Zudem nennt Niedermayer mit dem Ökologie-Ökonomie-Konflikt eine Dimension, welche zentrale Elemente zusammenfasst, die zur Entstehung grüner Parteien (vgl. Abschnitt 2.3.3) beitrugen. Es geht dabei um die konkrete Abwägung wirtschaftlicher Interessen gegenüber einer ökologischen Wertorientierung, die auch ein Kernelement der Inglehart'schen Postmaterialismus-Konzeption sind. Verhandelt werden auf dieser Konfliktdimension sozio-ökonomische sowie sozio-kulturelle Fragen. Schlussendlich führt Niedermayer mit dem Zentrum-Peripherie-Konflikt ein letztes Element an, welches auch Lipset und Rokkan schon in ihrer ursprünglichen Cleavage-Theorie beschrieben haben (Niedermayer 2009, S. 45). Dieser hat eine sozio-ökonomische, eine sozio-kulturelle sowie auch eine politisch-konstitutionelle Dimension (vgl. Tabelle 2.4).

2.4 Gesellschaftliche Wertorientierungen

Tabelle 2.4 Potenzielle Konfliktlinien im Parteienwettbewerb nach Niedermayer

Sozio-ökonomischer Bereich: Konflikt um die Rolle des Staates in der Ökonomie	Sozio-kultureller Bereich: Konflikte um die Gestaltung des menschlichen Zusammenlebens	Politisch-konstitutioneller Bereich: Konflikte um die Gestaltung der politischen Ordnung
Sozialstaatskonflikt (soziale Gerechtigkeit vs. Marktfreiheit), Konflikt um die Rolle des Staates bei der Verteilung von Gütern und Dienstleistungen	**Kirche-Staat-Konflikt** (Konflikt zwischen katholischer Kirche und Staat)	**Systemkonflikt** (Konflikt zwischen demokratischen und undemokratischen Wertorientierungen)
Eigentumskonflikt (Staatseigentum vs. Privateigentum an Produktionsmitteln), Konflikt um die Rolle des Staates bei der Produktion von Gütern und Dienstleistungen	**Religionskonflikt** (Konflikt zwischen religiösen und säkularen Wertorientierungen)	
Stadt-Land-Konflikt (Konflikt zwischen sekundären/terziären und primärem Sektor)	**Libertarismus-Autoritarismus-Konflikt** (Konflikt zwischen libertären und autoritären Wertorientierungen)	
Ökonomie-Ökologie-Konflikt (Konflikt um die Ausrichtung der Politik an ökonomischen oder ökologischen Notwendigkeiten)		
Zentrum-Peripherie-Konflikt (Konflikt zwischen Mehrheit und ethnischen, sprachlichen, konfessionellen oder sonstigen kulturellen Minderheiten)		

Quelle: Eigene Darstellung, basierend auf Niedermayer 2009, S. 45

Eine klare Abgrenzung mit Blick auf diese Konfliktlinie beeinflussende Faktoren ist nur schwerlich möglich. Niedermayer selbst beschreibt all diese Konfliktmuster als „primäre Wertkonflikte mit unterschiedlich starker Verankerung in der Sozialstruktur" (Niedermayer 2009, S. 45). Es zeigt sich hier erneut, dass je nach länderspezifischer Konfliktlage eine Verankerung in der Sozialstruktur zwar noch als ein prädeterminierender Faktor herangezogen werden kann, der ausschließliche Determinismus, der in der ursprünglichen Cleavage-Theorie angelegt war, aber entfallen ist.

Der Parteienwettbewerb in der Bundesrepublik Deutschland wurde nach dem Zweiten Weltkrieg insbesondere durch einen sozio-ökonomischen Konflikt dominiert und hat auch das Wahlverhalten über Jahrzehnte geprägt (Jagodzinski und Kühnel 2002, S. 225). Sozialdemokraten, Liberale und Christdemokraten konnten sich, wie bereits dargelegt, erfolgreich etablieren. Besonders für diese Gruppen diente eine konfessionell-religiöse beziehungsweise religiös-säkulare Konfliktlinie, um sich im Wettbewerb zu den anderen Parteien abzugrenzen und dann – je nach aktueller Problemlage – Koalitionen zu bilden, in denen bestimmte inhaltliche Schnittmengen, auf Basis der eigenen Wertvorstellungen, gesucht und gefunden wurden. Diese Konfiguration veränderte sich mit der Gründung der Grünen – eine postmaterialistisch-materialistische Konfliktlinie trägt zu einer stärkeren Differenzierung des Parteiensystems bei. Klein führt in diesem Kontext eine Unterscheidung in die Dimensionen eines Links-Rechts-Materialismus, einer religiös-säkularen Konfliktlinie sowie eines Wertekonflikts zwischen Postmaterialismus und Materialismus an, ergänzt diese explizit aber auch um einen Wertekonflikt zwischen autoritären und libertären Werten (Klein 2014, S. 575–576). In Anlehnung an Kitschelt und McGann (1997, S. 4) legt er dar, dass die Frage danach, ob und in welchem Umfang allen Bürgern spezifische Bürgerrechte zu- oder aberkannt werden sollen, für die Konstitution dieser Dimension zentral sei (Klein 2014, S. 577–578). Für gewöhnlich wird unter dieser Dimension oft nicht nur die Frage nach der Inklusion von Minderheiten, sondern insbesondere auch der Umgang mit Migration und Migranten thematisiert.

Die vorliegende Arbeit sieht Werte und Wertorientierungen als grundlegende Merkmale von Individuen, welche individuelles Wahlverhalten und die Entstehung von Parteien, eben wenn entsprechende Wertorientierungen als nicht repräsentiert angesehen werden, wesentlich beeinflussen. Insbesondere die Entstehung der AfD im Jahr 2013 ist vor diesem Hintergrund hoch relevant, auch aufgrund deren Einzug als drittstärkste Fraktion in den Deutschen Bundestag im Jahr 2017. Interessant ist vor diesem Hintergrund, inwiefern sich die Wähler der AfD entlang der bereits bestehenden Konfliktlinien positionieren und wie diese Konfliktlinien ihr Wahlverhalten beeinflussen. Ferner gilt es

2.4 Gesellschaftliche Wertorientierungen

zu ergründen, ob eine vierte Konfliktlinie, die womöglich schon vor der AfD-Gründung eine Rolle spielte, an Einfluss auf das Wahlverhalten gewonnen hat oder sich hier Teile der Bevölkerung entlang dieser Konfliktachse womöglich nicht länger repräsentiert fühlten. Im Folgenden sollen aus diesem Grund vier Konfliktdimensionen vorgestellt werden, die sich zur Erfassung von Wertorientierungen der bundesrepublikanischen Parteiwählerschaften eignen. Diese lehnen sich in der Grundkonzeption an Klein (2014) an, mit dem Unterschied, dass jene vierte Dimension, die dieser als libertär-autoritär kennzeichnet, als Wertekonflikt zwischen einer kosmopolitischen und einer nationalistischen Wertorientierung geführt wird. Die zu dieser Entscheidung führende Begründung, der auch eine ausführlichere Diskussion vorgestellt ist, ist dem Abschnitt 2.4.5 zu entnehmen.

Ziel ist es, auf dieser theoretischen Basis, Hypothesen zu formulieren, die eine wertorientierte Abgrenzung der Wählerschaften deutscher Parteien ermöglichen, da sich zwischen den Anhängern verschiedener Parteien zum Teil frappierende Unterschiede feststellen lassen (Jagodzinski und Kühnel 2002, S. 216). Sich unterscheidende Wertorientierungen können hier ein möglicher Ansatzpunkt sein, um diese Unterschiede und deren Einfluss auf das individuelle Wahlverhalten besser nachvollziehen zu können.

2.4.2 Links-Rechts-Materialismus

Die Konfliktdimension zwischen Links-Materialismus und Rechts-Materialismus entstammt noch der Zeit der industriellen Revolution, bezeichnet diese doch den Klassenkonflikt industrialisierter Gesellschaften (Knutsen 2018b, S. 75). Waren hier vormals zentrale Themen die ökonomische Ungleichheit oder der Besitz von Produktionsstätten sowie die Ausbeutung der Arbeiterschaft (Knutsen 1995c, S. 160), so hat sich der Klassenkonflikt zu einer modernisierten Form seiner selbst verändert, dem Sozialstaatskonflikt (Niedermayer 2013c, S. 91; van Deth 1995, S. 10). Nicht zuletzt der schon wiederholt angeführte Bedeutungsverlust sozialstruktureller Einbettung für das gesellschaftliche Zusammenleben hat diesen Wandel begünstigt. Dennoch bleiben die Kategorien, die schon Lipset und Rokkan (1967) in ihrem Konflikt zwischen Arbeit und Kapital angelegt sehen, auch im Links-Rechts-Materialismus konsistent.

Unter einer rechts-materialistischen Wertorientierung wird eine Präferenz für einen relativ schwachen Staat verstanden, in dem sich auch Widerstand gegen staatliche Regulierung akkumuliert und als legitim angesehen wird. Stattdessen soll ein Wettbewerb zwischen Unternehmen begünstigt werden. Ferner soll die Unantastbarkeit des Privateigentums gewahrt bleiben. Der freie Markt wird hier als positiv eingeschätzt und es wird davon ausgegangen, dass er einen Beitrag zur Erfüllung kollektiver Interessen leistet (Knutsen 1995c, S. 160–161; van Deth 1995, S. 10). Auch die Frage nach der Verteilung gesellschaftlichen Wohlstands wird davon stark berührt. Rechts-materialistisch orientierte Individuen sehen den Beitrag des Einzelnen als zentrales Kriterium. Gemeint sind damit klar definierte Leistungskriterien, welche explizit keinen egalitären Charakter haben (Klein 2014, S. 576).

Unter einer links-materialistischen Wertorientierung wiederum wird die Vorstellung verstanden, dass der Staat eine aktive Rolle einnehmen muss, um gesellschaftliche Ziele wie ökonomische Sicherheit, Solidarität, Einkommensgleichheit und gleiche Lebensbedingungen zu erreichen. Dafür ist demnach eine Regulation durch den Staat ebenso wichtig wie wohlfahrtsstaatliche Reformen und eine progressive Steuerpolitik, die finanziell schwächer gestellte Bürger schützt. Links-Materialisten sehen den Markt vor allem als Erzeuger sozialer und ökonomischer Ungleichheit, die durch einen starken Staat bekämpft werden können und auch müssen. Aufgabe des Staates ist hier die Sicherstellung ökonomischer Sicherheit sowie die Herstellung der Gleichheit von Einkommen und Lebensbedingungen (Knutsen 1995c, S. 161; Knutsen 2018b, S. 75–76; van Deth 1995, S. 10). Diese Dimension bildet folglich den „Konflikt zwischen den Grundwerten Marktfreiheit und Interventionismus" (Niedermayer 2003, S. 266) ab, also jene ideologische Konfliktlinie, welche die (Un-)Gleichheit des Individuums zum Gegenstand macht. Mit anderen Worten stehen sich hier ursächliche Philosophien wie der Sozialismus und der Liberalismus konfliktär gegenüber (Knutsen 1995c, S. 169; Middendorp 1991, S. 111).

Über Jahrzehnte hinweg hat sich dabei das Verständnis entwickelt, dass mit einer *linken* Verortung gemeinhin die Unterstützung für sozialpolitische Programme, Interessenvertretung für die Arbeiterschaft sowie einem Einbezug von Gewerkschaften in politische Entscheidungsfindungen verstanden wird. Als Kontrast dient dazu die Unterstützung für Interessen der Mittelschicht sowie wirtschaftsnahe beziehungsweise wirtschaftsfreundliche Beschlüsse, welche gemeinhin als *rechts* verstanden werden (Dalton 1988, S. 121). In europäischen Parteiensystemen hat sich bis Ende der 1990er Jahre eine Tendenz abgezeichnet, dass mit einer sozialpolitischen Umverteilungspolitik zumeist liberale Gesellschaftsbilder einhergehen, wohingegen eine besitzstandswahrende Politik oftmals mit eher autoritären Gesellschaftskonzeption verbunden ist (Kitschelt und McGann 1997, S. 139). Dies hat sich mit dem Aufkeimen rechtsextremer und rechtspopulistischer Parteien jedoch verändert, was in Abschnitt 2.4.5 dezidiert aufgegriffen wird.

2.4 Gesellschaftliche Wertorientierungen

Seit Gründung der Bundesrepublik Deutschland, aber auch schon zuvor, gelten die Sozialdemokraten gemeinhin als Interessenvertreter einer linksmaterialistischen und damit arbeitnehmerfreundlichen und gewerkschaftsorientierten Politik. Dies gilt insbesondere dann, wenn die historischen Wurzeln der Sozialdemokratie als Grundlage für diese Einordnung herangezogen werden. Herausgefordert wird dieses Narrativ jedoch nicht zuletzt durch das wirtschafts- und sozialpolitische Reformprogramm, die Agenda 2010, welches die SPD-geführte Bundesregierung unter dem damaligen Bundeskanzler Gerhard Schröder zusammen mit den Grünen ab 2003 umzusetzen begann. Vor allem aus der Sicht der Gewerkschaften stellte das Programm einen Bruch im Verhältnis zur SPD dar. Die Kritik bezog sich dabei insbesondere auf „die Reduzierung der Geltungsdauer und der Höhe der Arbeitslosenunterstützung sowie die Abschaffung der Zumutbarkeitsbedingungen bei der Wiederaufnahme der Arbeit (…), die Einführung der Praxisgebühr, die Absenkung des Rentenniveaus" (Meyer 2004, S. 182). Zentral bei der formulierten Kritik war, dass sich „alle [sozialpolitischen] Kürzungen (…) ausschließlich auf die sozial Schwachen" (Meyer 2004, S. 182) beziehen würden. In Folge der Reformagenda von SPD und Grünen würden immer mehr Bevölkerungsgruppen „gegeneinander ausgespielt, sozioökonomische Interessengegensätze, die im Antagonismus von Kapital und Arbeit wurzeln, auf diese Weise relativiert" (Butterwegge 2006, S. 117).

In Folge entstand mit der *Arbeit & soziale Gerechtigkeit – die Wahlalternative* (WASG) eine linke Abspaltung von der SPD, die „2004 als Folge des 2003 eingeleiteten Kurswechsels der Sozialdemokraten in der Sozial- und Arbeitsmarktpolitik unter Kanzler Gerhard Schröder gegründet" (Moreau 2018, S. 177) wurde. Insbesondere enttäuschte SPD-Mitglieder und Gewerkschafter waren in diesem Prozess von Beginn an involviert (Schoen und Falter 2005, S. 33–34). Die WASG trat schließlich bei der Bundestagswahl 2005 mit der bis dato nicht mehr im Bundestag in Fraktionsstärke vertretenen Partei des Demokratischen Sozialismus (PDS) auf einer gemeinsamen Liste als Linkspartei.PDS an und fusionierte zwei Jahre später zur Gesamtpartei *Die Linke* (Nachtwey und Spier 2007, S. 69). Bei den Wählern der Linkspartei beziehungsweise der Linken handelt es sich zu diesem Zeitpunkt bei vielen Unterstützern um Individuen, die ihren eigenen Wertvorstellungen treu geblieben sind, diese aber nicht länger in der SPD vertreten sehen (Nachtwey und Spier 2007, S. 14). Dieser Prozess, welcher auch als *Repräsentanzwechsel* bezeichnet wird, kennzeichnet einen Zustand, in dem Individuen an ihren Wertorientierungen, Einstellungen, Ritualen und Beziehungen zu spezifischen Organisationen, beispielsweise in diesem Fall Gewerkschaften, festhalten, lediglich die politische Interessenvertretung in Form der Partei ausgetauscht wird. Insbesondere im Elektorat der Linkspartei schlägt sich dies schlussendlich darin nieder, dass über ein Viertel ihrer Wähler bei der vorangegangenen Bundestagswahl 2002 noch für die Sozialdemokraten stimmte (Walter 2007a, S. 331–332). An dem linken Selbstverständnis der Wähler hat sich durch die Fusion nichts verändert, die ideologische Selbsteinstufung bleibt konsistent (Jesse und Lang 2012, S. 206). Stattdessen wird die Kritik, die Sozialdemokraten entfernten sich zu weit von ihren ursprünglichen Werten, nicht gehört und sie verhielten sich auf entsprechende Wortmeldungen nicht hinreichend responsiv. Es handelt sich hier demnach explizit nicht um die Entstehung einer neuen Konfliktlinie (Decker 2014, S. 148), sondern vielmehr um eine elektorale Umschichtung.

Tatsächlich liegen die Wurzeln dieser schleichenden Entfremdung bereits in der mit dem Jahr 1999 einsetzenden Reformpolitik unter dem damaligen Kanzler Schröder (SPD), die von Beginn an einen Umbau des deutschen Wohlfahrtsstaates beinhaltet. Die sich vom inhaltlichen Markenkern der sozialen Gerechtigkeit entfernende Sozialdemokratie schafft so bald eine Repräsentationslücke in Teilen ihrer Wählerschaft (Oberndörfer et al. 2009, S. 261). In Folge der Parteifusion aus PDS und WASG ist die neue Linke im Westen vor allem bei jenen Wählern sehr erfolgreich, die durch die rot-grünen Sozialreformen desillusioniert wurden. Insbesondere Arbeitslose sind davon betroffen. In Ostdeutschland hingegen ist das Wahlverhalten zu Gunsten der neuen Wahlallianz durch andere strukturelle Faktoren zu erklären (Schoen und Falter 2005, S. 36). Ein möglicher Grund kann die geringe Verankerung der damals schon etablierten Parteien in Ostdeutschland sein (Pollack und Pickel 2000, S. 80), die fortwährend den politischen Wettbewerb strukturiert – mit Ausnahme der PDS beziehungsweise Linkspartei.

Durch die Fusion mit der WASG wird die Wählerschaft der dadurch entstehenden Linkspartei weitaus stärker durch die Zugehörigkeit zur Arbeiterschaft und durch die Einbindungen in Gewerkschaften geprägt als dies bei der PDS zuvor der Fall war. Auch sind Arbeitslose nun deutlich überrepräsentiert in der Linken-Wählerschaft (Zettl 2014, S. 41; Jesse und Lang 2012, S. 206). „Die Linkspartei gilt infolgedessen, besonders im Westen, als Formation eines bärtigen Sozial- und Gewerkschaftsstaats" (Walter 2007b, S. 341). Obgleich der Linken zum damaligen Zeitpunkt eine gewisse Zukunftsunfähigkeit attestiert wurde (Walter 2007a, S. 325), so hat sie sich im Zeitverlauf als recht beständig erwiesen. Heute kommt ihr die Rolle als Partei der sozialen Gerechtigkeit und Umverteilung zu (Oppelland und Träger 2014, S. 202–204), die „am sozialstaatlichen Pol der sozio-ökonomischen Konfliktlinie" (Jesse und Lang 2012, S. 206) verortet ist. Von dort aus begrenzt sie auf der linken Seite den Raum des sozio-ökonomischen Konflikts und fordert nicht nur eine Abkehr von der Agenda 2010, sondern auch einen umfassenden Ausbau des Sozialstaats (Jun 2018, S. 40). Dazu gehört der Einsatz für einen starken Staat, der auch regulativ in das Marktgeschehen eingreift

2.4 Gesellschaftliche Wertorientierungen

und eine umfassende Umverteilungspolitik organisiert (Jun 2017, S. 103). Aus diesem Grund profitiert die Linke auch heute noch immer wieder von Stimmen, die zuvor sicher den Sozialdemokraten zugerechnet werden konnten, und sie wird von vielen ehemaligen SPD-Wählern deshalb auch „als bessere Sozialdemokratie" (Lang 2018, S. 16) wahrgenommen.

Auch bei der Bundestagswahl 2009 wechseln vormalige Wähler der SPD zur Partei Die Linke, eben weil diese in Fragen der sozialen Gerechtigkeit als entsprechende Repräsentantin – zumindest von Teilen früherer SPD-Wähler – wahrgenommen wird. Gleichzeitig wird bei der Wahl 2009 ein folgenschweres Problem der SPD ersichtlich, denn aus wirtschaftspolitischen Gründen läuft auch eine nicht unwesentliche Anzahl an Wählern zur Union und der FDP über (Merz und Hofrichter 2013, S. 108). Die SPD wird hier mit verschiedenen Erwartungen und Wertvorstellungen der eigenen Wähler konfrontiert, die sich bis heute in nicht unwesentlichem Umfang auch um die Reformpolitik der Agenda 2010 drehen. So gilt, falls

> „für einen Wähler beispielsweise der Wert der sozialen Gerechtigkeit sehr wichtig [ist], so wird er die von der rot-grünen Bundesregierung beschlossene Kürzung von Sozialleistungen im Rahmen der Reformagenda 2010 eher negativ beurteilen, selbst wenn er eine langfristige affektive Bindung an die SPD aufweist" (Klein 2014, S. 571).

Folgt daraufhin keine Distanzierung von der vormaligen Politik, kann es zu dem bereits angeführten Repräsentanzwechsel kommen. Auf der anderen Seite gibt es aber auch Wähler, welche die SPD genau aufgrund jener wirtschaftspolitischen Akzente und Reformen gewählt haben. Wenn der Eindruck entsteht, die Partei wende sich von deren Zielen ab, kann dies ebenso zu Stimmverlusten führen. Auch dadurch, dass beispielsweise die CDU auf der Konfliktachse zwischen Links-Materialismus und Rechts-Materialismus bis 2013 weiter nach links gerückt ist (Jakobs und Jun 2018, S. 266), hat sich die Situation für die Sozialdemokraten nicht verbessert.

Die CDU wiederum versteht sich seit ihrer Gründung als Sammlungsbewegung, in der es zu schichtübergreifenden Abwägung sozialer Interessen und wirtschaftlicher Freiheiten kommt. Dabei bestand das primäre Ziel zunächst darin – als Bindeglied fungierend – Brücken zu bauen, über den sozioökonomischen Konflikt zwischen Unternehmertum und Arbeiterschaft (Zolleis und Schmid 2013, S. 430; Zolleis und Schmid 2011, S. 41). Die CDU ist demnach seit jeher eine in sich sozio-ökonomisch heterogene Partei, was sich auch in ihren parteilichen Gliederungen und ihrem Repräsentationsanspruch für entsprechende Bevölkerungsteile niederschlägt (Schmid 2021, S. 156–157). Seit 1949 versteht sich die CDU deshalb auch

„als Partei der Sozialen Marktwirtschaft. Ausgehend von ihrem Personalitäts-, Subsidiaritäts- und Mediationsverständnis entwickelte sie ihr Wirtschaftsverständnis, das genügend Interpretationsspielraum ließ, um alle heterogenen Gruppen innerparteilich zu integrieren. Das Bekenntnis zum Privateigentum, zu Wettbewerb in einem gesetzten Ordnungsrahmen – damit auch kleinere und mittlere Betriebe eine Chance haben würden –, zu einem starken Staat, der diese Prinzipien auch gewährleisten konnte, und zur Entfaltung der Person in der Wirtschaft waren diesem Konzept zugrunde gelegt" (Zolleis 2008, S. 263–264).

Bestrebungen dahingehend, einem liberalen Wirtschaftsverständnis zu folgen, wurde nicht nur seitens des Arbeitnehmerflügels widersprochen, sondern ebenso von konservativen Unternehmern oder auch Landwirten, welche zur Kernwählerschaft der Partei zählten und zählen (Zolleis und Schmid 2011, S. 41–42). Neben den Interessen von Mittelstand und Industrie unternahm die CDU dabei den Versuch, „die sozial-politischen Begehrlichkeiten der katholischen Arbeiterbewegung" (Walter et al. 2014, S. 18) im Blick zu behalten, wenngleich „Arbeitnehmervertreter stets in einer Minderheitenposition" (Zolleis 2008, S. 265) innerhalb der Partei blieben.

Dabei spielten die schon angeführten cross-pressures eine nicht unwichtige Rolle. Während Arbeiter so überdurchschnittlich stark eher den Sozialdemokraten zugeneigt waren und Katholiken der CDU/CSU, gestaltete sich diese Situation bei katholischen Arbeitern nicht als ebenso eindeutig oder vergleichsweise prädeterminiert. Dem „mit der Industrialisierung aufbrechenden Konflikt zwischen Arbeitern und Arbeitgebern wirkte der Katholizismus durch schichtübergreifende Betonung der gemeinsamen katholischen Werte entgegen" (Gerngroß 2010, S. 81), was in Folge sowohl der CDU, vor allem aber von der CSU aktiv genutzt wurde.

Neben „eines [in Bayern] schon weitgehend etablierten Sozialstaates mit wirtschafts- und sozialpolitischen Regulierungsmaßnahmen" (Friedel 2010, S. 124) ist vor allem die Konfessionsbindung ein Grund, weshalb es der CSU beispielhaft sehr erfolgreich gelang, Arbeiter in einem erheblichen Umfang in die eigene Wählerschaft zu integrieren (Friedel 2010, S. 124). Im Schnitt ist die CSU in Bayern deshalb auch bei Arbeitern erfolgreicher als etwa die SPD (Kießling 2004, S. 89), erreichte sie dort oftmals einen Anteil von 50 Prozent der Stimmen innerhalb der Arbeiterschaft (Hirscher 2020, S. 151). Stärker noch als etwa die CDU versteht sich die CSU deshalb auch heute noch als wirtschaftspolitisch moderate Partei, die sich ihrem Selbstverständnis entsprechend für einen Kurs „zwischen zügellosem Liberalismus einerseits und sozialistischer Planwirtschaft andererseits" (Sebaldt 2021, S. 167) einsetzt.

2.4 Gesellschaftliche Wertorientierungen

Der über die vergangenen Jahrzehnte erfolgte Bedeutungsverlust sozialstruktureller Faktoren hat dem keinen Abbruch getan. Dennoch wurde unter der CDU-Vorsitzenden und späteren Kanzlerin Angela Merkel mit dem Kurs der *Neuen Sozialen Marktwirtschaft* das wirtschafts- und sozialpolitische Profil der CDU neu zu schärfen versucht (Schmid und Steffen 2003, S. 76). Die diesem Kurs zugrunde liegende Idee beruhte im Wesentlichen auf dem Ansatz, weniger „Staat in der Wirtschafts- und Sozialpolitik, aber mehr Verantwortung des Staates in der Innen- und Außenpolitik" (Schmid und Steffen 2003, S. 77) zu forcieren. Der von der CDU eingeschlagene Kurs muss allerdings auch im Kontext jener gesamtgesellschaftlicher Entwicklungen betrachtet werden, die sich zu diesem Zeitpunkt vollzogen: Auch die SPD wendet sich in dieser Phase stärker marktwirtschaftlich liberalen Positionen zu (Hemmelmann 2017, S. 157). Die SPD befindet sich dabei im Einklang mit anderen europäischen Partnern wie beispielsweise der britischen *Labour Party* (Busch und Manow 2001). Bedeutsam ist dies deshalb, da die zuvor klare Abgrenzbarkeit entlang dieser sozio-ökonomischen Konfliktlinie zwischen CDU und FDP einerseits sowie SPD und Grünen andererseits somit aufgeweicht wird (Zolleis und Schmid 2011, S. 44).

Interessant ist dabei ferner, dass während das CDU-Bundestagswahlprogramm von 2002 „im Bereich Wirtschafts- und Sozialpolitik eine deutliche Annäherung an (wirtschafts-)liberale Konzepte" (Schmid und Steffen 2003, S. 81) aufweist, die CDU-Landesverbände sowie die bayerische CSU eine eher moderatere Position einnehmen (Debus 2007, S. 50).

Mit dem Eintritt der CDU/CSU in eine Große Koalition nach der Bundestagswahl 2005 werden sodann die wirtschaftlichen Reformbeschlüsse des Leipziger CDU-Parteitags von 2003 verworfen (Zolleis und Schmid 2011, S. 43). Dies mag sicherlich auch durch die Koalition mit der SPD bedingt sein. Es darf jedoch nicht ausgeblendet werden, dass die CSU seit jeher ein klares Sozialprofil aufweist, welches sich der katholischen Soziallehre verpflichtet fühlt und im Widerspruch zu vielen wirtschaftsliberalen Forderungen steht (Weigl 2011, S. 84–85). Die bayerische CSU ist hierbei in ihrer wohlfahrtsstaatlichen Akzentuierung bedeutend „weniger marktwirtschaftlich-liberal ausgerichtet (…) als andere CDU-Landesverbände (Bräuninger et al. 2020, S. 87). Gleichwohl die Christdemokraten bis 2005 noch als „wirtschaftspolitisch moderat-liberal" (Debus 2007, S. 49) einzuordnen sind, erwachsen daraus nicht notwendigerweise wahlverhaltensrelevante Implikationen: „Statt der sozioökonomischen spielte (…) die konfessionelle Konfliktlinie lange Zeit eine wichtigere Rolle, und es wirkte sich primär weniger die Zugehörigkeit zu einem Sozialmilieu als die Art des Bekenntnisses wahlentscheidend aus" (Friedel 2010, S. 124).

Darüber hinaus haben seit 2005 weitreichende Veränderungen der christdemokratischen Wirtschafts- und Finanzpolitik, die der Partei den Vorwurf einer *Sozialdemokratisierung* einbrachten (Eith 2010, S. 124–125), ihren Teil dazu beigetragen, dass auch die CDU nicht mehr als zweifelsfrei wirtschaftsliberal einzuordnen ist. Gemeint ist mit dieser Sozialdemokratisierung etwa, dass die Unionsparteien im Rahmen der Großen Koalition von 2005 bis 2009 arbeitsmarkt- und sozialpolitische Reformen zurücknahmen, die erst Jahre vorher den Sozialdemokraten mühsam abgerungen wurden (Zohlnhöfer und Egle 2010, S. 584). In Folge wird konstatiert, dass sich die CDU „unter Merkels Führung (…) wirtschaftspolitisch »sozialdemokratisiert«" (Decker 2016b, S. 15). Auch lässt sich dann bis 2017 „während der gemeinsamen Regierungszeit der Großen Koalition eine Linksverschiebung Richtung mehr Staatsinterventionismus sowohl der SPD wie den Unionsparteien" (Jun 2018, S. 39) attestieren. Dies ist insofern für die Christdemokraten wiederum problematisch, da deren Anhänger insbesondere gegen Verstaatlichungen eintreten und stattdessen eine Liberalisierung der Märkte befürworten (Roßteutscher und Scherer 2013b, S. 400–401). Während die CDU/CSU heute eher in Richtung einer links-materialistischen Wertorientierung zu verorten ist (Jun 2019, S. 48), ist die FDP hingegen auch heute noch als Partei marktwirtschaftlicher Prinzipien (Jun 2017, S. 103) einzuordnen, obgleich die Partei zuletzt von der AfD am liberalen Pol der sozio-ökonomischen Konfliktachse abgelöst wurde (Niedermayer 2015a, S. 193; Niedermayer 2018a, S. 5).

Historisch gesehen muss die FDP als Vertreterin einer mittelstandsorientierten Politik verstanden werden, deren Wurzeln in einer Interessenvertretung des Kapitals liegen, wenngleich ihr seit jeher eine dazugehörige sozialstrukturelle Verankerung fehlte. Nichtsdestotrotz hat die FDP im Zeitverlauf auf der sozio-ökonomischen Konfliktachse stets eine erkennbar rechts-materialistisch definierte Rolle eingenommen, die sich im Zeitverlauf nur geringfügig verändert hat. Waren die Anfangsjahre der Bundesrepublik aus liberaler Sicht vor allem auch durch Konflikte zwischen Wirtschaftsliberalen, Nationalliberalen und Sozialliberalen innerhalb der Partei geprägt (Anan 2019, S. 55), werden zumindest die Nationalliberalen bis Anfang der 1970er Jahre schließlich aus der Partei gedrängt, nachdem diese bereits zuvor immer mehr marginalisiert worden waren (Treibel 2014, S. 59). Getrieben durch primär gesellschaftspolitisch motivierte Veränderungswünsche, treten die Liberalen 1969 in eine Koalition mit der SPD ein, wirtschaftspolitische Forderungen geraten zu dieser Zeit in den Hintergrund, werden aber nicht aufgegeben, sondern allenfalls modifiziert (Dittberner 2010, S. 45–48).

2.4 Gesellschaftliche Wertorientierungen

In der zweiten Hälfte der 1970er Jahre kommt es dann zu weitreichenden Veränderungen, positionieren sich hierbei insbesondere die Wirtschaftsliberalen innerhalb der Partei um Otto Graf Lambsdorff eindeutiger für eine freie Marktwirtschaft und fordern einen inhaltlichen Kurswechsel der Partei und im Land (Treibel 2014, S. 61). Das nach dem gleichnamigen FDP-Politiker benannten und bekannt gewordenen *Lambsdorff-Papier* legte schließlich die Grundlage für eine Neuausrichtung der liberalen Wirtschafts- und Gesellschaftspolitik, was letztendlich zum Bruch der sozialliberalen Koalition aus SPD und FDP führen sollte (Bökenkamp und Frölich 2012, S. 7). Grundlage dafür war das 1977 neu veröffentlichte Grundsatzprogramm, die so genannten Kieler Thesen, mit seiner wirtschaftsliberalen Ausrichtung. Mit diesem wurde nicht nur das wirtschaftspolitische Credo *Privat vor Staat* beschlossen, sondern darüber hinaus auch eine Verschiebung der innerparteilichen Agenda zur sozio-ökonomischen Achse vollzogen, nachdem in der Regierung mit der SPD primär gesellschaftspolitische Reformen angestoßen worden waren (Treibel 2014, S. 61). Der seitens der FDP marktwirtschaftlich motivierte Regierungswechsel führt in Folge dazu, dass nun auch die Sozialliberalen mehr oder weniger aus der Partei gedrängt werden (Vorländer 2013b, S. 499). Es folgen 16 Jahre christlich-liberale Koalition aus CDU/CSU und FDP, bei der die Liberalen allerdings immer stärker in die Defensive geraten und wenige der wirtschaftspolitischen Erneuerungen umsetzen können, die sie zunächst versprochen hatten. Mitte der 1990er Jahre versucht die Partei einen Aufbruch und verengt ihr inhaltliches Profil auf die Forderung nach Steuersenkungen und einen weitreichenden Umbau des Sozialstaats (Treibel 2018, S. 321). Entsprechende Reformbemühungen führen jedoch nicht zu einem Trendwechsel für die Partei, die immer mehr Anhänger verliert. Erstmals kommt es dann 1998 zu einer vollständigen Abwahl einer amtierenden Bundesregierung.

Nachdem 1998 die christlich-liberale Bundesregierung aus CDU/CSU und FDP abgewählt wurde, wird die FDP einige Jahre aus der Opposition heraus wirken und sich bis zur Bundestagswahl 2005 neu aufstellen „als seriöse, wirtschaftsliberale Reformpartei mit dem Fokus auf Steuervereinfachung und Steuersenkungen" (Treibel 2018, S. 322). Als auch bei dieser Bundestagswahl kein Regierungswechsel mit FDP-Beteiligung vollziehbar scheint, setzt sie ihre „programmatische Verengung auf ein ökonomisches Liberalismusverständnis und innerhalb dessen auf den Themenbereich Steuerpolitik" (Butzlaff 2017, S. 184) fort. Nicht umsonst werden der FDP dann hohe Kompetenzwerte von den Wählern in diesem Bereich zugesprochen, die „Profilierung als marktliberale Polpartei im Sozialstaatskonflikt" (Niedermayer 2015b, S. 105) verläuft weiterhin erfolgreich.

Nachdem die FDP dann 2009 Teil einer Neuauflage der christlich-liberalen Koalition – dieses Mal unter der CDU/CSU-Kanzlerin Angela Merkel – wird, sind die Erwartungen entsprechend hoch, werden seitens der FDP allerdings bitter enttäuscht. Inhaltliche Akzente werden nicht gesetzt, Wahlversprechen nicht gehalten, was in Folge zur Bundestagswahl 2013 dazu führt, dass die Partei nicht nur aus der Regierung abgewählt, sondern auch aus dem Bundestag gewählt wird. Unter ihrem neuen Vorsitzenden Christian Lindner versucht die FDP sich dann an der Loslösung ihrer einseitigen Fokussierung auf wirtschaftsliberale Themen (Höhne und Jun 2020, S. 137; Vorländer 2013b, S. 391). Dass sich die FDP als wirtschaftlich rechts beziehungsweise rechts-materialistisch orientierte Partei (Thomeczek et al. 2019, S. 270) jedoch nicht von ihrer inhaltlichen Domäne verabschiedet, sondern auch gleichzeitig eine Profilschärfung in ihrer Wirtschafts- und Finanzpolitik vornimmt (Höhne und Jun 2019, S. 226), erscheint nur folgerichtig. Das inhaltlich wirtschaftsliberal geprägte Wahlprogramm zur Bundestagswahl 2017 (Anan 2019, S. 71) lässt die FDP dann als „in Wirtschaftsfragen marktliberalste Partei" (Thomeczek et al. 2019, S. 274) erkennbar werden[4]. Die von der FDP aufgestellte Forderung nach „einer möglichst wenig staatlich regulierten Marktwirtschaft" (Höhne und Jun 2020, S. 138) hat bei den Liberalen inhaltlich gewissermaßen Tradition und führt in Folge auch zu einer entsprechenden Unterstützung durch die Wähler. Sie wurde und wird deshalb auch als „Partei der oberen Mittelschicht" (Pappi und Brandenburg 2010, S. 477) beschrieben, die zu einer starken Profilierung bei Selbstständigen geführt hat (Pappi und Brandenburg 2010, S. 459), weswegen die FDP als ihre Interessenvertretung und expliziter „Gegenpart zu den Sozialdemokraten" (Bräuninger et al. 2020, S. 10) wahrgenommen wird. Dieser eindeutige Gegensatz im deutschen Parteiensystem ist auch darin zu erkennen, „dass sich insbesondere [die] SPD und [die] FDP in ihren politischen Antworten auf ökonomische Krisensituationen deutlich unterscheiden" (Bukow und Jun 2017, S. 7–8). Es zeigen sich hier also klare Unterschiede, die auf der Konfliktlinie des Links-Rechts-Materialismus auszumachen sind. Dabei wird von der FDP dezidiert eine rechts-materialistische Wertorientierung aufgegriffen, die exemplarisch für diese Konfliktlinie steht: Wirtschaftliche Freiheiten, verbunden mit einem umfassenden Umbau des Sozialstaats, dessen Ziel eine Reduktion sozialpolitischer Maßnahmen ist, sowie der grundsätzlichen Forderung nach Steuersenkungen.

---

[4] An dieser Stelle sei daran erinnert, dass auf der sozio-ökonomischen Achse auch finanz-, steuer- und sozialpolitische Konflikte verhandelt werden, weshalb die AfD in der Summe rechts-materialistischer orientiert ist als die FDP.

2.4 Gesellschaftliche Wertorientierungen

Zusammenfassend ist es so, dass die Bedeutung einer links-rechts-materialistischen Wertorientierung seit den 1970ern bis zu den 1990er Jahren für die Parteiwahl von Individuen wichtiger geworden ist (Knutsen 1995b, S. 488) und sich auch im weiteren Zeitverlauf als strukturell wichtige Konfliktachse herausgestellt hat. Nicht nur die Gründung der Linken erfolgte entlang dieser Achse, sondern auch die Gründungsgeschichte der AfD wird unter anderem auf deren zunächst marktliberale Positionen zurückgeführt (Niedermayer 2018b, S. 117). Im Hinblick auf die AfD muss aber eine Einschränkung dahingehend gemacht werden, dass diese von Beginn an eher euroskeptische Positionen bediente (Rosenfelder 2017, S. 124; Schärdel 2017, S. 77; Schmitt-Beck 2014b, S. 97), die nicht trennscharf als ausschließlich wirtschaftspolitisch motiviert gelten können, wird doch Euroskeptizismus vielmehr als Symptom einer Konfliktlinie zwischen Kosmopolitismus und Nationalismus angesehen (Franzmann 2018, S. 366). Dies wird jedoch im weiteren Verlauf (vgl. Abschnitt 2.4.5) detaillierter aufgegriffen und an dieser Stelle vorerst ausgeklammert. Aufgrund der historischen Entwicklung und der parteipolitischen Positionierung ergeben sich drei Wählergruppen, die einer näheren Analyse unterzogen werden sollten, erscheint diese Konfliktlinie für diese doch als besonders relevant. Zu nennen ist hier zunächst die FDP, die sich historisch als Vertreterin einer marktliberalen und rechts-materialistischen Klientel erwiesen hat. Zu ergründen ist aber, ob diese gesellschaftliche Wertorientierung auch für die eigenen Wähler weiterhin eine ausschlaggebende Rolle im Wahlverhalten einnimmt. Es ist aus diesem Grund die folgende Hypothese aufzustellen:

> H1: Je stärker ein Individuum rechts-materialistisch orientiert ist, desto wahrscheinlicher ist es, dass es die FDP wählt.

Eine links-materialistische Orientierung hat sich historisch über langen Zeitverlauf als essenzielles Charakteristikum für die Sozialdemokratische Partei und ihre Wähler erwiesen. Angefangen als Vertreterin der Arbeiter und gewerkschaftsorientiert aufgestellt, hat sich die SPD im Zeitverlauf immer wieder auch strukturellen Veränderungen ihrer Wählerschaft stellen müssen. Auch die Agenda 2010 hat die Lage der SPD in ihrem klassischen Wählermilieu nicht vereinfacht. Heute befindet sich die SPD demnach in einem Konkurrenzkampf mit anderen Parteien um Wähler mit einer links-materialistischen Orientierung. Da die SPD seitens der Bevölkerung allerdings als – zumindest durchschnittlich – links-materialistisch orientierte Partei eingeschätzt wird (Pappi et al. 2019b, S. 15), sind entsprechende Effekte für Wähler mit einer analogen Orientierung ebenso zu erwarten. Demnach unterstützen heutige Wähler der SPD diese auch wegen ihrem in der Ausrichtung linken sozio-ökonomischen Profil, welches zu den klassischen Traditionen der deutschen Sozialdemokratie gehört. Daraus leitet sich die folgende Hypothese ab:

> H2: Je stärker ein Individuum links-materialistisch orientiert ist, desto wahrscheinlicher ist es, dass es die SPD wählt.

Als dritte Gruppe fügt sich die Wählerschaft der Linken in diese Reihe ein. Entstand die Linke aus Anhängern der ehemaligen PDS und durch die Agenda 2010 entfremdeten Anhängern der Sozialdemokraten, so repräsentiert sie heute den links-materialistischen Pol der sozio-ökonomischen Konfliktdimension und prägt auch aus dieser Perspektive den politischen Diskurs. Galt die Zukunft der ostdeutsch geprägten PDS nach der Bundestagswahl 2002, bei der ihr nur noch mit zwei Direktmandaten der Sprung in den deutschen Bundestag gelang, als ungewiss und auch „ernsthaft gefährdet" (Neu 2004, S. 254), so konnte sich die Linke als politische Kraft durch die Fusion aus PDS und WASG erst wirklich bundesweit etablieren. An dieser Stelle wurde skizziert, dass einige der heutigen Linken-Wähler nicht ihre ursprünglichen Werte, sondern vielmehr ihre politische Repräsentanz gewechselt haben und in der Linken heute eine bessere Sozialdemokratie (Lang 2018, S. 16) sehen. Vor diesem Hintergrund wird die folgende Hypothese aufgestellt:

> H3: Je stärker ein Individuum links-materialistisch orientiert ist, desto wahrscheinlicher ist es, dass es die Linke wählt.

Zwar hat die CDU/CSU seit Gründung der Bundesrepublik Deutschland eine moderat bis dezidiert wirtschaftsliberale Grundhaltung vertreten, die Aufstellung einer entsprechenden Hypothese für die Union auf dieser Konfliktlinie erscheint hier aber aus verschiedenen Gründen problematisch. Dafür sind zum einen die Unterschiede relevant, anhand derer sich die CDU und die CSU auf der sozio-ökonomischen Konfliktlinie des Links-Rechts-Materialismus unterscheiden lassen. Letztere Partei ist dabei tendenziell links-materialistischer orientiert als die erstgenannte, in der Summe sind aber beide Parteien spätestens seit 2005 politisch in Richtung des Links-Materialismus gerückt. Auch zeigt sich, dass insbesondere das konfessionsgebundene beziehungsweise religiös motivierte Wahlverhalten mehr Bedeutung für eine Wahlentscheidung zu Gunsten der CDU/CSU hat als etwa eine links- oder rechts-materialistische Wertorientierung – dies trifft mehr noch für die CSU denn für die CDU zu. Im Fall der CSU kann gar eine Überlagerung dieser Konfliktlinie durch eine religiöse Wertorientierung konstatiert werden.

2.4 Gesellschaftliche Wertorientierungen

Darüber hinaus ist eine getrennte Untersuchung von CDU und CSU im Fall der vorliegenden Studie nicht möglich, da eine Wahlabsicht für die Unionsparteien bei Bundestagswahlen in der Regel nicht getrennt abgefragt wird. Dies wäre allerdings notwendig, um mögliche Unterschiede adäquat abzubilden, welche sich aus Differenzen zwischen der CDU und der CSU sowie ihren Elektoraten ergeben könnten. Vor allem ist es jedoch so, dass Ausgangsgedanke der vorliegenden Untersuchung ist, jene gesellschaftlichen Wertorientierungen und von ihnen ausgehenden Effekte auf das Wahlverhalten zu untersuchen, die für Gründung und Etablierung entsprechender Parteien von identitätsstiftender Relevanz waren. Für die Unionsparteien war dies der ursprüngliche Konflikt zwischen Kirche und Staat, der heute vielmehr als Konflikt zwischen einer religiösen und einer säkularen Wertorientierung angesehen wird, entsprechend konstitutiv. Um dieser Gegebenheit Rechnung zu tragen, wird diese Konfliktlinie und ihre parteipolitische Bedeutung nun im Folgekapitel noch einmal detaillierter aufgegriffen.

2.4.3 Religiös-Säkular

Die religiöse Konfliktdimension ist primär ein Konflikt über Werte und kulturelle Identitäten, der seinen Ursprung auch im Institutionellen dahingehend findet, als dass er sich in der Mitgliedschaft bei Kirchen und kirchennahen Organisationen ausdrückt. Der Konflikt über Religion hat insbesondere im späten 19. Jahrhundert die Struktur zwischen politischen Eliten und dazugehörigen gesellschaftlichen Allianzen definiert. Dies wird vor allem dann klar, wenn Parteien sich selbst im Kontext zu religiösen Interessen positionierten, also als Vertretung von Katholiken oder Protestanten, Religiösen oder Säkularen (Knutsen 1995b, S. 463). Wie schon angeführt, entbrennt dieser Konflikt schon im deutschen Kontext im Rahmen des Kulturkampfes, in dem es zu einer Unterdrückung der Katholiken kommt, letztlich aber nur die Mobilisierung und Selbstorganisation des katholischen Milieus begünstigt wird (Klein 2014, S. 576).

Mitglied einer religiösen Gruppierung zu sein, bedeutet demnach mehr als die bloße Identifikation mit dieser. Oft werden im Rahmen einer Mitgliedschaft beziehungsweise Zugehörigkeit zu einer Religionsgemeinschaft nicht nur religiöse Institutionen für Gottesdienste besucht, sondern zudem weitere Aktivitäten in der religiösen Institution betrieben (Elff und Roßteutscher 2017b, S. 202). Sartori (1968) versucht am Beispiel einer Vierfelder-Typologie das Verhältnis zu beschreiben, in dem bestimmte Elemente einer Klassengesellschaft auf

Individuen und deren politisches Verhalten einwirken. Dieses soll im Folgenden auf die Einbindung von religiösen Individuen übertragen werden, um die Bedeutung einer aktiven Teilnahme an Gottesdiensten und weiterem Engagement in religiösen Gruppen zu erläutern. Durch diese Vorgehensweise wird die institutionell-religiöse Einbettung noch einmal deutlicher.

Sartori spricht in seinem Ansatz von den so genannten *Class Conditions*, der *Status Awareness*, der *Class Consciousness* und der *Class Action* (Sartori 1968, S. 13). Mit Class Conditions und Status Awareness sind die objektive Zugehörigkeit zu einer spezifischen Klasse und mit Status Awareness auch das Verständnis, dass ein Individuum einer bestimmten Kategorie zuzuordnen ist, gemeint (S. Pickel 2018, S. 30). Davon klar abzugrenzen ist dann mit der Class Consciousness nicht nur das subjektive Verständnis, sondern auch die bewusste Annahme eines Bewusstseins und damit das Zugehörigkeitsgefühl von Menschen, die sich in spezifischen sozialen Gruppen bewegen, die Ausdruck eines Teils ihrer Lebensrealität sind (Sartori 1968, S. 12). Status Awareness hingegen ist für Sartori eher eine Beschreibung des Umstands, dass die Existenz von einer Klasse wahrgenommen wird (Sartori 1968, S. 12). Dabei hat aber die Wahrnehmung einer Existenz von einer Klasse, wenn überhaupt, nur sehr wenig mit dem eigenen Bewusstsein zu tun, sondern ist vielmehr der Ausdruck einer Außensicht, zu welcher Kategorie ein Individuum zugeordnet wird (Sartori 1968, S. 14). Erst mit der aktiven Annahme dieser Zuordnung, einer von außen definierten Zuschreibung, entsteht ein Bewusstsein und auch eine ideologische Eingebundenheit (S. Pickel 2018, S. 30). Die vierte Kategorie bildet schließlich Class Action, womit aber explizit nicht ein der sozialen Gruppe kohärentes Wahlverhalten gemeint ist. Klassenbasiertes Wahlverhalten ist, so Sartori, zwar Ausdruck eines Klassenbewusstseins, muss aber vielmehr als ein *act* denn als eine *action* verstanden werden. Dies begründet er damit, dass unter Class Action eine konkrete Aktivität verstanden wird, die noch ein weitaus höheres Ausmaß an Aktivierung bedarf. Klassenbasiertes Wählen ist demnach zwischen dem konkreten Klassenbewusstsein und einer spezifischen Klassenaktivität zu verorten (Sartori 1968, S. 13).

Angewandt auf Religiosität ist demnach das Modell folgendermaßen zu modifizieren: Die objektive Gruppenzugehörigkeit entsteht formell durch die Aufnahme in eine der Religionsgemeinschaften, wohingegen das subjektive Zugehörigkeitsverständnis erst dadurch erreicht wird, dass ein Individuum sich selbst als einer Glaubensgemeinschaft zugehörig versteht. Auf dieser Basis kann dann ein religiöses Gruppenbewusstsein entstehen, was jedoch kein zwangsläufig linearer Prozess ist. So können Individuen eine bewusste Involvierung auch ablehnen. Wenn diese jedoch angenommen wird, sind Individuen durch den Kirchgang beispielsweise ideologisch eingebunden und identifizieren sich auch mit ihrer

2.4 Gesellschaftliche Wertorientierungen

Gemeinde oder Religionsgemeinschaft. Ein aktiver Gruppeneinsatz würde dann wiederum bedeuten, dass man sich über den Kirchgang hinaus auch in der eigenen Gemeinde oder Religionsgemeinschaft engagiert und nicht nur passiver Konsument bleibt (vgl. Abbildung 2.8).

I	II
Objektive Gruppenzugehörigkeit	Subjektives Zugehörigkeitsverständnis
III	IV
Religiöses Gruppenbewusstsein	Aktiver Gruppeneinsatz

Abbildung 2.8 Religiöse Zugehörigkeit und religiöses Gruppenbewusstsein. (Quelle: Eigene Darstellung mit Ergänzungen, auf Basis von Sartori 1968, S. 13; S. Pickel 2018, S. 30)

Ähnlich wie bei Sartoris Gedanken gilt auch in der vorliegenden Ausarbeitung die Annahme, dass auf Religiosität basierendes Wahlverhalten zwischen der Anteilnahme religiöser Praktiken und dem aktiven Gruppeneinsatz für kirchlich-religiöse Interessen zu verorten ist.

Wenn die Rede von der Teilnahme an religiösen Praktiken ist, so liegt dem zugleich die Annahme zu Grunde, dass Individuen, die regelmäßig in Gotteshäuser gehen, auch weiterhin gut integriert in religiöse Netzwerke sind. Diese finden im Rahmen (kirchlich-)religiöser Einrichtungen Raum und bieten dort, neben einer Gemeinschaft, auch Platz für einen Austausch. Dadurch entfaltet sich dann schlussendlich eine Wirkung auf das Wahlverhalten, wenngleich die Zahl regelmäßiger Kirchgänger stetig abnimmt und somit auch religiöse Gemeinschaften schrumpfen (Dalton 2002, S. 196). Der Zugewinn an physischer und materieller Sicherheit, der durch einen steigenden gesellschaftlichen Wohlstand begünstigt wird, drängt religiöse und traditionalistisch-religiöse Werte immer weiter zurück (Roßteutscher 2011, S. 113). Glaube und Religiosität werden so zu einer individuelleren Frage, die nicht mehr zwangsläufig im Rahmen kirchlicher Institutionen praktiziert wird (Pollack und Pickel 1999, S. 465).

Selbstredend ist die Bedeutung der Religion für das heutige politische Handeln in den meisten westlichen Staaten wenig vergleichbar mit jener, die diese im 16. und 17. Jahrhundert einnahm. Sie bestimmte und dominierte sämtliche Bereiche des gesellschaftlichen Zusammenlebens: als Legitimationsgrundlage für politische Herrschaft oder gar als Grundlage für Rechtsprechung (Pollack 2018, S. 313). Trotz alledem zeigen auch heute Untersuchungen immer wieder, dass der Bann des Religiösen fortbesteht und

„belegen die Sehnsucht des modernen Menschen nach Spiritualität und religiöser Gemeinschaft, die Attraktivität des Glaubens als moralisches und weltanschauliches Orientierungsangebot, die Religion als zentrale Ressource des Sozialkapitals sowie den Einfluss der Kirchen als zivilgesellschaftlicher Akteur" (Hidalgo 2013, S. 165).

Die Daten zeigen so zwei kontrastierende Trends: Die Teilnahme an religiösen Praktiken wie dem Kirchgang sinkt in fortgeschrittenen Industriegesellschaften, während grundsätzliche religiöse Überzeugungen stabil bleiben und eine allgemeine Spiritualität zunimmt (Inglehart und Baker 2000, S. 46). In den Fokus der gesellschaftlichen Debatte rückt hier aber immer wieder der Umstand eines allgemeinen Bedeutungsverlusts von Religion und Kirche, welche – so vielmals die Auffassung – keinen politischen Einfluss ausüben sollen (Pickel 2013, S. 75). Hinzu kommt eine „Erosion der Mitgliedschaften religiöser Gemeinschaften. Die christlichen Kirchen leiden unter Abwanderung (Kirchenaustritte) und Überalterung ihrer Mitglieder" (Pickel 2013, S. 75). Kirche und Religion drohen dadurch nicht nur ihre gemeinschaftsstiftende, sondern gleichzeitig ihre identitätsstiftende Funktion zu verlieren.

Eine grundsätzlich abnehmende Tendenz in der Religiosität der in Westeuropa wohnenden Menschen ist schon länger zu beobachten. Kirchenmitgliedschaften und die Kirchgangshäufigkeit der Gläubigen sinken gleichermaßen, sodass eine Loslösung von tradierten religiösen Werten stattfindet, wovon beispielsweise in den christlichen Glaubensgemeinden der Niederlande insbesondere Katholiken betroffen sind (Graaf und Grotenhuis 2008, S. 595). Dabei handelt es sich aber nicht um ein originär niederländisches Phänomen. Auch in der Bundesrepublik Deutschland sinkt die Anzahl regelmäßiger Kirchgänger weiterhin kontinuierlich, obgleich zumindest das westdeutsche Elektorat auch fortan weit davon entfernt ist, vollends säkular zu sein (Elff und Roßteutscher 2011, S. 114). Stattdessen wird allerorts Religiosität vielmals eher pluraler und dementsprechend auch heterogener als früher ausgelebt (Minkenberg 2010, S. 408). Doch was bedeutet Religiosität oder Säkularität eigentlich genau, in welchem Verhältnis stehen diese beiden Werte zueinander und inwiefern haben sie heute den ursprünglichen Konflikt zwischen Kirche und Staat ersetzt?

Dass die Rolle der Religion über lange Zeit eine sehr wichtige im politischen Raum war, fasst Tocqueville in seinem 1835 erschienen Werk *Über die Demokratie in Amerika* treffend mit folgender Aussage zusammen: „Die religiös gebundenen Menschen bekämpfen die Freiheit, und die Freunde der Freiheit greifen die Religion an" (Tocqueville 1985, S. 29). Knapp 200 Jahre nach dieser Feststellung hat sich unsere Gesellschaft verändert, gleichwohl auch heute noch

2.4 Gesellschaftliche Wertorientierungen

religiöse und säkulare Wertorientierungen das politische Konfliktfeld mitdefinieren. Tocqueville führt aber auch damals schon Zweifel an, dass „der Mensch jemals eine völlige religiöse Unabhängigkeit und eine vollkommene politische Freiheit ertragen" (Tocqueville 1985, S. 227–228) könne. Klar wird durch diese Ausführungen in jedem Fall, dass ein sich gegenseitig bedingender Dualismus zwischen Säkularismus und Religiosität besteht.

Wenn die Rede von Säkularisierung ist, so meint dies zunächst „eine substantielle Emanzipation des Politischen von der Religion" (Hidalgo 2013, S. 171). Die zu der Zeit von Tocqueville und bis weit in das 20. Jahrhundert reichenden Einflüsse religiöser Institutionen auf das politische Geschehen Westeuropas werden durch Säkularisierungsprozesse zurückgedrängt. Möglich wird diese Emanzipation vom Religiösen aber auch erst dadurch, dass weniger Wähler allgemein in religiöse Netzwerke eingebunden werden beziehungsweise eingebunden sind (Dalton und Wattenberg 1993, S. 200). Säkularisierung beschreibt demnach die Emanzipation des Politischen vom Religiösen eher als eine Folge individueller Abwendungen von religiösen Netzwerken.

Dies ist insofern von essenzieller Bedeutung, da Ende der 1970er Jahre rund 95 Prozent der bundesdeutschen Bevölkerung in den christlichen Glaubensgemeinschaften, also der katholischen oder evangelischen Kirche, organisiert waren (Schmitt 1989, S. 18; Nellessen-Schumacher 1978, S. 155). Zwar hat diese kirchliche Einbettung immens nachgelassen, jedoch ist die Abnahme religiöser Bindungen keineswegs mit einem kompletten Bedeutungsverlust von Religiosität gleichzusetzen oder einem Verschwinden der Konfliktlinie. Dennoch bleibt in Ländern, in denen diese Konfliktlinie salient ist, eine an religiösen Grundsätzen ausgerichtete Politik zunächst existent. Die Säkularisierung stellt jedoch eine Herausforderung dar, da durch sie die Relevanz religiöser Konflikte verringert wird (Kriesi et al. 2018, S. 44), welche auch auf parteipolitischer Ebene ausgetragen werden. Gemeint sind dabei aber auch insbesondere die Konflikte zwischen verschiedenen Religionsgemeinschaften. Religiöse Einflüsse werden vor allem dadurch erkennbar, dass sie, „sofern es mehr als eine im Land wichtige Religion gibt bzw. ein Konflikt zwischen Religiösen und Säkularen besteht, einen Einfluss auf die spezifische Unterstützung von Parteien haben" (Lipset 1960, S. 221).

Inwiefern religiöse Moralvorstellungen einen gesellschaftlichen Richtwert bilden sollten, ist einer der Punkte, an denen sich folglich der Konflikt zwischen einer religiösen und einer säkularen Wertorientierung entzündet (Klein 2014, S. 576). Die aus der Säkularisierung entstehenden Konsequenzen können jedoch weitreichende Folgen haben: „From one point of view, if churches close their monopoly to define religious and moral norms, the whole system of a society, of generally accepted norms and fundamental values, might break down" (van

Deth 1995, S. 11). Religiosität kann demnach auch eine stabilisierende Funktion für das alltägliche politische Geschehen und die strukturelle Einbindung von Individuen haben. Wenn Religion jedoch ihren Einfluss auf das alltägliche und politische Leben verliert, nähern sich die Wertorientierungen von nominell Religiösen und Säkularen immer weiter an (Evans und Northmore-Ball 2018, S. 129). Auf lange Sicht kann es gar dazu kommen, dass eine säkulare Wertorientierung eine religiöse Wertorientierung ersetzt (G. Pickel 2018, S. 959).

Gesellschaftliche Modernisierung und Individualisierungsprozesse haben in der Vergangenheit Säkularisierungsprozesse begünstigt, die in Folge zu einer Erosion von Religiosität und einer gleichzeitigen Verbreitung von areligiöser Rationalität geführt haben (van Deth 1995, S. 11). Nichtsdestotrotz bleibt auch trotz sinkender Kirchenmitgliedschaften ein religiöser Einfluss auf das politische Geschehen oder zumindest das aktive Wahlverhalten weiterhin bestehen. Insbesondere jene Individuen, die eine hohe Kirchenbindung aufweisen, auch als *Kirchlichkeit* bezeichnet, sind davon in besonderem Maße tangiert. Die Kirchlichkeit ist höher, je öfter kirchliche Dienste in Anspruch genommen werden. So kann die Kirchgangshäufigkeit als relevanter Indikator identifiziert werden, der besonderer Ausdruck von Religiosität und Kirchlichkeit ist (Pappi 1985, S. 271) und auch schon im klassischen Cleavage-Modell von Lipset und Rokkan (1967) Berücksichtigung fand.

Im klassischen Konflikt zwischen Kirche und Staat müsste aber, um dessen Bedeutungsgehalt konkret zu erfassen, vielmehr von einem Konflikt zwischen katholischer Kirche und dem Staat gesprochen werden, fungierten hier doch vor allem „Katholiken als sozialstrukturelle (…) Trägergruppe" (Niedermayer 2003, S. 266). Protestanten hingegen standen vielmehr auf der Seite des Staats, der katholische Einflüsse zurückzuweisen versuchte. Aus dieser Konfliktlinie zwischen Protestanten und Katholiken, die vielmehr auch eine konfessionellreligiöse war, erwächst schließlich eine religiöse Konfliktlinie (Roth 2008, S. 35; Pappi 1985, S. 269), in der religiöse Überzeugungen gegen eine säkularisierte Wertorientierung gestellt werden (Pappi 1985, S. 270). Ausgelöst wird diese Transformation vor allem durch Säkularisierungsprozesse, die religiöse Werte in ihrem gesellschaftlichen und politischen Bedeutungsgehalt bedrohen (Niedermayer 2003, S. 266–267). Dadurch wird die konfessionelle Konfliktdimension fortan durch eine religiöse Spaltungslinie beschrieben (Roßteutscher 2011, S. 111), in der sich nun religiöse und nicht-religiöse Bevölkerungsteile gegenüberstehen (Gluchowski et al. 2002, S. 191). „Kirchentreue und religiös aktive Katholiken und Protestanten stehen nun gemeinsam auf einer Seite im Konflikt mit säkularen, areligiösen und kirchlich nicht gebundenen Wählern auf der anderen Seite" (Roßteutscher 2011, S. 111). Folglich wird der konfessionell-religiöse

2.4 Gesellschaftliche Wertorientierungen

Konflikt „nicht vollends obsolet, sondern von einer neueren religiös-säkularen Konfliktlinie überlagert" (Roßteutscher 2011, S. 130–131). In ihrer gesellschaftlichen Bedeutung haben beide Kirchen heute den größten Teil ihres Einflusses verloren. Glaube und Religion werden nicht länger als Ganzes, wie von den Kirchen vermittelt, angenommen. An ihre Stelle ist eine Praktik getreten, in der bestimmte Werte wie eine Art Flickenteppich zu einem neuen Konzept zusammengesetzt werden (Jagodzinski und Dobbelaere 1995, S. 115). Die Rede ist dabei auch von einer Transformation des Religiösen (Pickel 2013, S. 69). Während sich die ursprünglich konfessionelle Konfliktlinie insbesondere auf die bloße Zugehörigkeit zu einer religiösen Glaubensgemeinschaft stützte, deckt die religiös-säkulare Konfliktlinie die tatsächliche Religiosität ab. Diese wiederum wird durch religiöse Praktiken wie eine Kirchgangshäufigkeit (Ackermann und Traunmüller 2015, S. 285) und die dazugehörige ideologische Einbindung beschrieben.

Gerade Deutschland nimmt allerdings aufgrund der historischen Erfahrung einer Teilung in die Bundesrepublik Deutschland und die Deutsche Demokratische Republik (DDR) sowie einer 1990 vollzogenen Wiedervereinigung eine besondere Rolle in dieser Frage ein, da dadurch zwei Länder vereinigt wurden, die religiös höchst unterschiedlich geprägt waren (Pickel 2013, S. 79). Staatliche Repression religiöser Praktiken in der DDR-Diktatur blieben nicht folgenlos. Waren 1950 auf dem Staatsgebiet der damaligen DDR von 18,3 Millionen Einwohnern rund 14,8 Millionen evangelischen und ungefähr 1,4 Millionen katholischen Glaubens, so sank diese Zahl auf 5,1 Millionen Evangelen und 1,1 Millionen Katholiken im Jahr 1990 (Gabriel 2001, S. 385). Dies ist auf zweierlei Art und Weise von politischer Bedeutung. Zum einen haben es demnach Parteien mit einer religiösen Ausrichtung in Ostdeutschland schwerer, Wähler für sich zu rekrutieren, da es dort für sie, anders als in Westdeutschland, keine *natürliche Ressource* in der Gesamtwählerschaft gibt beziehungsweise diese nur geringfügig vorhanden ist. Zum anderen sind es bis heute, wenngleich es zu einer Transformation hin zu einer religiös-säkularen Konfliktlinie gekommen ist, insbesondere Katholiken, die überproportional stark für die Christdemokraten votieren (Minkenberg 2010, S. 393–395). Im Vergleich zum Bundesdurchschnitt sind Katholiken in Ostdeutschland aber seit jeher deutlich unterrepräsentiert. In Theorie und Geschichte zeigt sich aber, dass religiöse Wertorientierungen eine hohe Widerstandsfähigkeit aufweisen. Religiöse Wertorientierungen bleiben selbst unter starken gesellschaftlichen Wandlungsprozessen sehr stabil (Rüschemeyer 1969, S. 383). Insbesondere an den Zahlen zur Entwicklung der Kirchmitgliedschaften auf dem Staatsgebiet der DDR zwischen 1950 und 1990 ist zu beobachten, dass die religiöse Erosion insbesondere die evangelische Kirche stark getroffen hat, wohingegen sich die Mitgliederverluste bei der katholischen Kirche in Grenzen halten.

Es zeigt sich, dass Rüschemeyer mit der Diagnose einer hohen Widerstandsfähigkeit religiöser Wertorientierungen durchaus Recht hat, wird zuletzt doch auch immer wieder von einer Wiederbelebung der religiös-säkularen Konfliktlinie in Deutschland und in Ostdeutschland im Speziellen (Elff und Roßteutscher 2016, S. 47) gesprochen. Der Begriff der Wiederbelebung erscheint vor diesem Hintergrund aber unpassend, da Religiosität und Religion auf dem alten Staatsgebiet der DDR nie vollends zerstört oder verdrängt wurden. Stattdessen könnte man eher von einer *möglichen* Revitalisierung der Religiosität sprechen. Dann müssten aber auch langfristig entsprechende Effekte zu beobachten sein, die verschiedene gesellschaftspolitische Teilbereiche erfassen und auch dann einen Effekt auf das Wahlverhalten haben. Eine Unterscheidung in Ost- und Westdeutschland wird an dieser Stelle jedoch nicht vorgenommen, kann aber Bestandteil weiterer Untersuchungen sein. Denn dass es zu einer solchen Revitalisierung gekommen ist, wird allerdings von verschiedenen Wissenschaftlern auf Basis empirischer Daten vehement in Zweifel gezogen (Pickel 2020; Großbölting 2013, S. 230–231; Pickel 2013, S. 80).

Viel wichtiger erscheint daher zunächst zu ergründen, ob und inwiefern eine religiöse oder eine säkulare Wertorientierung denn tatsächlich das Wahlverhalten grundsätzlich beeinflusst. Ganz allgemein gesprochen hat Rüschemeyer mit seiner Diagnose Recht behalten. Zum einen hat sich beispielhaft der Effekt religiös-säkularer Wertorientierungen auf das Wahlverhalten zwischen 1970 und 1990 in der Bundesrepublik Deutschland nur marginal verändert (Knutsen 1995b, S. 488). Zum anderen ist es in der Tat so, dass auch heute religiöse Wähler weiterhin öfter religiöse Kandidaten oder Parteien wählen (Elff und Roßteutscher 2017b, S. 200). Der zunehmende gesamtgesellschaftliche Bedeutungsverlust von Religion und Religiosität darf keineswegs darüber hinwegtäuschen, dass auch weiterhin das Handeln von Individuen durch diese beeinflusst wird. So gilt die Religion auch heute noch als ein Leitbild individueller Handlungen (Hidalgo 2013, S. 169). Immer wieder zeigen empirische Untersuchungen auch, dass zumindest in Westdeutschland das Wahlverhalten bei Bundestagswahlen erheblich durch individuelle Religiosität beeinflusst wird (Arzheimer und Schoen 2007, S. 105). Insbesondere die Kirchgänger beider christlicher Konfessionen wählen überproportional stark die Christdemokraten (Pappi 2015, S. 279). Dies erscheint nicht als abwegig, da Parteien der Christlichen Demokratie vor allem dort entstehen

2.4 Gesellschaftliche Wertorientierungen

„wo sich die Absicht des politischen und sozialen Katholizismus mit einer geschichtsphilosophischen Konzeption trifft, die in der Demokratie nicht nur die providentielle Staats- und Gesellschaftsform des christlichen Zeitalters, sondern auch die sicherste Bürgschaft für die Freiheiten der Kirche sieht" (Maier 1975, S. 26–27).

Christlich-Demokratische Parteien erscheinen demnach als eine Art Garant oder Konservator für die Freiheit religiöser Praktiken. Da diese aber insbesondere auf die Initiative des politischen Katholizismus zurückgehen, ist es nicht verwunderlich, dass vor allem Katholiken mit Kirchbindung eine besonders starke Affinität zur Union vorweisen (Hunsicker et al. 2013, S. 40). Insbesondere wenn sie regelmäßig in die Kirche gehen, gelten sie weiterhin als eine Art natürlicher Verbündeter der Union (Völkl und Langer 2011, S. 66).

Empirisch ist festzustellen, „dass die Katholiken ähnlich wie in den fünfziger Jahren auch heute noch erkennbar häufiger für die Unionsparteien stimmen als für ein alternatives Angebot" (Schoen und Zettl 2012, S. 163). Zwar werden Kirchgänger allgemein weniger, gläubige Kirchgänger sind aber weiterhin klare Kernklientel der Union. Die CDU und insbesondere die CSU pflegen deswegen bis heute einen intensiven Austausch mit den Kirchen und messen dem auch einen hohen Stellenwert bei (Weigl 2013, S. 482). Dies erscheint nur als allzu sinnig, wenn das Absinken der allgemeinen Anzahl an Kirchgängern zu schmerzhaften Stimmverlusten im einst loyalen Stammwählermilieu der Christdemokraten geführt hat und führt (Walter et al. 2014, S. 178). Nichtsdestotrotz ist auch weiterhin der „Anteil der Unionswähler unter den katholischen Kirchgängern fast doppelt so hoch wie im Durchschnitt der Bevölkerung" (Weßels 2014a, S. 193). Die Unionsparteien haben so bei Katholiken mit starker Kirchbindung traditionellerweise ihre höchsten Zustimmungswerte (Jung und Wolf 2005, S. 4) und diese Kirchbindung wirkt sogar stärker zugunsten der Unionsparteien als eine Gewerkschaftsbindung zugunsten der SPD (Arzheimer und Schoen 2007, S. 107).

Es zeichnet sich demnach ab, dass die Auswirkungen des Kulturkampfes unter Bismarck in Teilen bis heute spürbar sind. Anhänger anderer Parteien werden nicht in dem Maß von religiös orientierten Wählern unterstützt wie CDU und CSU. So sind die Anhänger der heutigen Linken, ehemals PDS, besonders säkular orientiert. Ende der 90er Jahre gaben rund 80 Prozent der PDS-Anhänger an, sie verfügten über keine Kirchenbindung (Neu 2004, S. 114). Bis heute setzt sich dieser Trend fort. Die Linke und auch die Grünen erzielen bei Wählern ohne konfessionelle Bindung die besten Wahlergebnisse. Besondere konfessionelle Unterstützung erhalten einzig die Sozialdemokraten von Protestanten, jedoch keineswegs in einem vergleichbaren Ausmaß wie die Christdemokraten heute noch von Katholiken unterstützt werden. Keine Rolle für das Wahlverhalten spielen Konfessionszugehörigkeit und Religiosität wiederum bei Wählern von FDP und AfD (Eith und Meier 2018, S. 18), womöglich aber etwaige säkulare Wertorientierungen.

In der Summe zeigt sich, dass anhaltende Säkularisierungsprozesse zwar die religiös gebundene Kernwählerschaft von CDU und CSU schrumpfen lassen (Roßteutscher 2011, S. 111), eine religiöse Wertorientierung als strukturierendes Element aber nicht an Wirkungskraft eingebüßt hat. Dies gilt insbesondere dann, wenn beispielhaft die Rede von Katholiken und tiefreligiösen Menschen ist, die über einen sehr langen Zeitverlauf hinweg CDU und CSU bei Bundestagswahlen präferiert haben (Dalton und Jou 2010, S. 41). Ganz allgemein gestaltet sich die Messung der Effekte von Religiosität auf Wahlverhalten im internationalen Vergleich schwieriger als der von Klassenunterschieden. Begründet ist dies darin, dass in manchen Nationen beispielsweise die Katholiken eine Allianz mit konservativen Parteien eingingen, in anderen Ländern hingegen Teil einer linken politischen Allianz geworden sind (Dalton 1996, S. 326–327). In Deutschland wiederum hat sich gezeigt, dass es durchaus klare Zusammenhänge gibt, die auch messbar sein sollten[5]. Daraus folgt die folgende Hypothese:

H4: Je religiöser ein Individuum ist, desto wahrscheinlicher ist es, dass es CDU/CSU wählt.

Mit der Darstellung der religiös-säkularen Konfliktdimension werden aber nur jene Konflikte abgebildet, die schon nach dem Zweiten Weltkrieg eine gesellschaftspolitische Bedeutung hatten. Um den tiefgreifenden Veränderungen der 1960er und 1970er Jahre, die schon beschrieben wurden und die zur Gründung grüner oder grün-alternativer Parteien führten, Rechnung zu tragen, wird im Folgenden die dazugehörige Konfliktdimension zwischen einer materialistischen und einer postmaterialistischen Wertorientierung noch einmal klarer in den Fokus genommen und sodann auch eingeordnet.

---

[5] Eine Untersuchung, die zwischen unterschiedlichen Religionsgemeinschaften unterscheidet, ist auf Grundlage der herangezogenen Datensätze nicht möglich, da sie bei diesen nur zusammengefasst als eine Gruppe zu analysieren sind (vgl. Abschnitt 3.3). Demnach sei hier bereits darauf hingewiesen, dass keine solche Differenzierung umzusetzen ist.

2.4.4 Postmaterialismus-Materialismus

Im Folgenden sollen die wesentlichen Punkte, die bereits im vorangegangenen Abschnitt 2.3.2 ausführlich diskutiert wurden, noch einmal aufgegriffen werden, welche den Konflikt zwischen einer materialistischen und einer postmaterialistischen Wertorientierung skizzieren.

Der klassische Materialismus zeichnet sich durch Bedürfnisse und Wertpräferenzen aus, die vor allem physischer Natur und für das rein physische Wohlergehen zentral sind (Klein und Pötschke 2000, S. 203). Dies wird im Inglehart-Index, wie beschrieben, durch die zwei Items (1) Aufrechterhaltung von Ordnung und Sicherheit und (2) Kampf gegen steigende Preise ausgedrückt. Nicht verwunderlich ist vor dem Hintergrund, dass Materialisten im direkten Vergleich zu Postmaterialisten „mehr als doppelt so sehr (…) strengere Verteidigungsbemühungen und fast zweimal so sehr eine Entwicklung von Kernenergie oder strengere Maßnahmen gegen Terrorismus" (Inglehart 1983, S. 158) befürworten. Für Materialisten stehen also Sicherheit von Versorgung und leiblicher Existenz sowie ökonomisches Wachstum im Fokus. Demgegenüber stehen Postmaterialisten, welche „Forderungen nach einer ökologisch ausgerichteten Politik, nach konsequenter Abrüstung, nach friedlicher statt militärischer Lösung von Konflikten, nach dem Ausbau demokratischer Teilhaberechte und nach dem Ausstieg aus der Kernenergie" (Dalton 2003, S. 164–165) stellen. Für Postmaterialisten steht insbesondere eine nicht-materielle Lebensqualität im Fokus (Inglehart 1984, S. 27), die sich explizit von einem begrenzten und möglicherweise unökologischen ökonomischen Wachstum abgrenzt (Dalton 2003, S. 165). Im klassischen Inglehart-Index werden postmaterialistische Werte durch die Items (3) mehr Einflussnahme auf politische Entscheidungen durch die Bürger sowie (4) das Recht auf Meinungsfreiheit ausgedrückt.

Wie schon angeführt entstanden durch eine Repräsentationslücke, die sich in den Feldern der Sicherheitspolitik und Kernenergie auftat, vielerorts in Westeuropa grüne oder grün-alternative Parteien – so auch in der Bundesrepublik Deutschland (Patzelt 2018a, S. 30). Besondere Bedeutung erlangt der postmaterialistische Wertewandel, der diese Entwicklung erst möglich machte, für die politische Soziologie und hier vor allem die Wahlforschung, da Postmaterialisten keine in sich geschlossene homogene Gruppe bilden (Terwey 1989, S. 41). Aus diesem Grund erlaubt auch der makro-soziologische Ansatz von Lipset und Rokkan (1967) nicht länger, diese Veränderungen im Detail abzubilden, auch weil dort von einem gewissermaßen sozialstrukturellen Determinismus ausgegangen wird.

Seit Entstehung des Ansatzes wurde und wird immer wieder der Versuch unternommen, ein möglichst allumfassendes Bild der Konfliktstruktur zu geben, die die Konfliktdimension zwischen einer postmaterialistischen und einer materialistischen Wertorientierung zu erklären vermag. So zeigt sich auch, dass eine postmaterialistische Wertorientierung einhergeht „mit einer relativen Aufgeschlossenheit gegenüber neuen Ideen, während Materialismus sich mit Anliegen wie Aufrechterhaltung der Tradition und der Moral verbindet" (Inglehart 1979, S. 292). Um diese Verknüpfung auch konzeptuell zu berücksichtigen, wurde das Inglehart'sche Postmaterialismus-Konzept immer wieder erweitert. Dabei wurde eine Unterscheidung zwischen dem Wandel von traditionalistischen zu säkularen Werten einerseits sowie der klassischen Annahme von Überlebens- zu Selbstverwirklichungswerten andererseits vorgenommen. Zu ersterem werden Wertvorstellungen bezüglich Scheidungen oder Homosexualität subsumiert, während zur zweiten der Umweltschutz oder politische Partizipation zugeordnet werden können (Willems 2016, S. 106). Selbstredend ist es immer im wissenschaftlichen Interesse, wenn mit möglichst wenigen Variablen möglichst viel Varianz erklärt wird. Bereits an diesem Punkt wird es konzeptuell deshalb problematisch, weil Postmaterialisten in sich als Gruppe sehr heterogen sind und, im Gegensatz zu Materialisten, eine klar verortbare politische Heimat haben (Knutsen und Scarbrough 1995, S. 497). Eine Vermischung verschiedener Dimensionen birgt demnach die Gefahr, dass durch eine zu starke Reduktion schlussendlich Messergebnisse erzielt werden, die keine theoretische Trennschärfe gewährleisten können. So sehr der Wunsch nachvollziehbar ist, möglichst auch eine autoritär-traditionalistische Wertorientierung durch das Postmaterialismus-Konzept erklären zu können, so lohnend ist ein Verweis auf Inglehart selbst, der in einer Analyse den Schluss nahelegt, eine autoritäre Wertorientierung habe nur eine schwache empirische Passgenauigkeit zu seinem Postmaterialismus-Materialismus-Konzept. Es darf hier jedoch nicht von einer grundsätzlichen Inkompatibilität ausgegangen werden. Stattdessen muss diese Erkenntnis vor dem Hintergrund kritisch reflektiert werden, was der damalige Stand der Autoritarismus-Forschung war. Demnach gingen autoritäre Wertvorstellungen primär auf elterliche Erziehung zurück. Gemein haben Ingleharts Ansatz und jener des damaligen Autoritarismus-Forschungsstands, dass sie einer frühkindlichen Sozialisation gleichermaßen einen hohen Stellenwert bei der Herausbildung einer autoritären Wertorientierung einräumen. Der wesentliche Unterschied besteht jedoch darin, dass Inglehart vor allem ökonomische Determinanten in dieser Phase für die Herausbildung spezifischer Wertorientierungen als Erklärungsfaktor heranzieht. Autoritäre Wertorientierungen werden demgegenüber, so der damalige Stand, familiär anerzogen (Inglehart 1977, S. 68).

2.4 Gesellschaftliche Wertorientierungen

Gerade an dieser Stelle setzt die Kritik an Ingleharts Postmaterialismus-Konzept an, vertreten verschiedene Autoren doch den Standpunkt, im Konzept würden zwei Ebenen miteinander vermischt, die jedoch differenzierter betrachtet werden sollten (Inglehart und Flanagan 1987, S. 1317–1318). Zum einen werden dort „(1) postökonomisch-idealistische Orientierungen, die Sinnstiftung und Lebensqualität gegenüber materiellen Lebensstandards betonen; sowie (2) postautoritär-libertäre Wertorientierungen, die Selbst- und Mitbestimmung gegenüber Folgsamkeit betonen" (Welzel 2009, S. 124) vermischt. Sollten diese beiden Dimensionen in hohem Ausmaß miteinander korrelieren und Bestandteil desselben zu erklärenden Konzepts sein, wäre dies nicht allzu problematisch. Dies wird es jedoch in dem Moment, in welchem Inglehart entsprechende Hypothesen formuliert, die auch weitere gesellschaftliche Wandlungsprozesse erwarten lassen. Wenn also Inglehart in seiner Sozialisationshypothese postuliert, dass ein generationaler Wandel einen postmaterialistischen Wertewandel nachhaltig fördert, zeigt sich, dass generationale Effekte zwar einen Einfluss auf die Wahrnehmung des Individuums als politisches Subjekt haben, infolgedessen dieses mehr Mitbestimmungsrechte haben will, es jedoch keine nachweisbaren Effekte auf klassisch materialistische Präferenzen gibt (Knutsen 1995a, S. 6). Demnach wollen nachwachsende Generationen zwar im Sinne des Postmaterialismus mehr Einfluss auf politische Prozesse nehmen können, jedoch nicht notwendigerweise eine Abwendung von materieller Lebensqualität oder von der Aufrechterhaltung einer außen- oder innenpolitischen Sicherheit.

Dies ist aus zweierlei Gründen nachvollziehbar und offenbart eine gewissermaßen inkonsequente Argumentation Ingleharts. Ein Kritikpunkt ist am Ansatz Ingleharts bei der Bedürfnishierarchie nach Maslow anzusetzen, die er nutzt, um seine Mangelhypothese aufzustellen. Postmaterialistische Werte entfalten sich demnach nur dann, wenn materialistische Bedürfnisse erfüllt worden sind. Maslow selber versteht aber „Selbstverwirklichungsbedürfnisse nicht als Defizit-, sondern als Wachstumsbedürfnisse. Diese Bedürfnisse können nie endgültig befriedigt werden" (Klein und Pötschke 2000, S. 204). Diese Kritik hat Inglehart, wie schon angeführt, damit zurückgewiesen, dass er nie davon ausging, grundsätzliche physische Bedürfnisse würden endlich sein. Im Gegenteil würden sich diese immer wieder neu stellen und müssten erneut befriedigt werden (Inglehart 2007, S. 235).

Eine eher grundsätzlichere Kritik wiederum richtet sich gegen das allgemeine Verständnis eines Wertewandels, welches Inglehart darlegt. Demnach sei wichtig zu betonen, dass „Wertorientierungen (...) einer generationalen, einer lebenszyklischen und einer periodenbezogenen Dynamik [folgen]. Theorien, die sich bei der Erklärung der Ursachen des Wertewandels auf nur eine dieser Quellen beziehen, greifen daher zu kurz" (Klein 2016, S. 273). Inglehart wiederum blendet in seiner Postmaterialismus-Theorie eben diese lebenszyklischen Dynamiken aus, da diese auch „im unmittelbaren Widerspruch zur Sozialisationsthese" (Klein 2016, S. 274) stehen. Auch andere Forscher wie Herbert Kitschelt vertreten den Standpunkt, dass materielle Wertpräferenzen im Rahmen eines allgemeinen gesellschaftlichen Wertewandels nicht notwendigerweise an Bedeutung verlieren (Klein und Falter 2003, S. 30–31). Damit werden insbesondere die ökonomischen beziehungsweise post-ökonomischen Aspekte gesellschaftlichen Wertewandels für die weitere Betrachtung relevant. So wurde das Konzept Ingleharts zwar seit seinem Erscheinen hinreichend ausführlich diskutiert und kritisiert, obgleich nie dem spezifischen Befund widersprochen wurde, dass Selbstentfaltung und Selbstverwirklichung an Bedeutung gewonnen haben (Hradil 2002, S. 32). Dies reiht sich auch in die gesamtgesellschaftlichen Veränderungsprozesse und Loslösung von sozialstrukturell gefestigten Gruppierungen ein.

Wenn aber Decker beispielsweise Ende der 90er Jahre kritisiert, die Theorie des Wertewandels gehe davon aus, dass „sich die kulturellen Konflikte von heute als reine Wertkonflikte ohne soziale oder Interessensbasis darstellen" (Decker 1999, S. 349), so wird in diesem Fall Inglehart auch ein Stück weit Unrecht getan. Inglehart hat in seinen Ausführungen nie den grundsätzlichen Bedeutungsverlust ökonomischer Faktoren für die Gesellschaft oder auch das Wahlverhalten postuliert, sondern ausschließlich zu beschreiben versucht, unter welchen ökonomischen Bedingungen sich spezifische kulturelle Werte oder gesellschaftliche Wertorientierungen überhaupt erst entfalten können. Auch führt Decker als Kritikpunkt an, die Träger bestimmter Werte sollten die Bedingung erfüllen als (soziale) Gruppe abgrenzbar zu sein (Decker 1999, S. 349). Dieser Ansatz entspricht dem sehr klassischen Verständnis des makro-soziologischen Ansatzes in der Wahlforschung und berücksichtigt keineswegs, dass gesellschaftliche Veränderungsprozesse derartig umfassende Konsequenzen hatten, die dann eben auch eine Heterogenisierung von individuellen Wertprofilen nach sich zogen. Mit anderen Worten: Sozial definierte Kategorien können heute zwar durchaus noch eine Pfadabhängigkeit haben, die sich aber insbesondere über in diesen Gruppen geteilten gesellschaftlichen Werte definiert, nicht über die bloße Zugehörigkeit zu einer sozialen (Sub-)Gruppe. Keineswegs sollte auch der Eindruck entstehen, dass Inglehart je behauptet hätte, er könne mit seinem Ansatz jedwede Konstellation von Werten sowie deren Entstehung erklären. Stattdessen ist sogar das Gegenteil der Fall. Inglehart unternahm den Versuch der Beschreibung gesellschaftlicher Umbrüche in den 1960er und 1970er Jahren, erhob dabei aber nie den expliziten Anspruch, mit seinem Konzept des Wertekonflikts zwischen materialistischen

2.4 Gesellschaftliche Wertorientierungen

und postmaterialistischen Wertorientierungen weitere Ansätze obsolet zu machen (Roßteutscher 2004, S. 771).

In der Tat zeigt sich für Westdeutschland, dass dort die Annahmen Ingleharts über gesellschaftliche Wandlungsprozesse und einen sich vollziehenden Wertewandel durchaus zutreffend sind, wohingegen dies für Ostdeutschland nicht bestätigt werden kann. Eine Erklärung für diesen Unterschied findet sich darin, dass dort durch eine länger andauernde Diktatur eine von Westdeutschland divergierende politische Kultur entstanden ist (Dalton 2003, S. 155). Dass es tatsächlich einen Wertewandel gegeben hat, der zu einer höheren gesellschaftlichen Bedeutung postmaterialistischer Werte führte, „wird außerhalb der engeren Wertewandelsforschung selten in Frage gestellt" (Klein und Pötschke 2000, S. 202).

Im deutschsprachigen Raum werden kritische Einwände vor allem durch Decker formuliert, der dem Konzept Ingleharts als solches sehr skeptisch gegenüber eingestellt ist. So argumentiert er, dass auch rechtspopulistische Parteien ab den 1980er Jahren als Vertreter des Postmaterialismus verstanden werden müssten. Dies begründet er mit deren Fokussierung auf einen wertbezogenen Konservatismus oder Autoritarismus, welcher sich im klassischen Sinne nicht mehr ausschließlich mit für den Materialismus kennzeichnenden ökonomischen Verteilungskämpfen beschäftige (Decker 2019a, S. 452). Inglehart wiederum würde dem entgegnen, dass dies kein Argument gegen sein Konzept, sondern als Beleg dafür zu verstehen ist, da eine materialistische oder postmaterialistische Wertorientierung „in keiner eindeutigen Beziehung zu den Streitfragen [steht], die mit der konventionellen ökonomischen Links-Rechts-Dimension verknüpft sind" (Inglehart 1983, S. 157). In der Tat ist es gar so, dass durch den Wertewandel erst neue Konfliktlinien entstehen, die zur Herausbildung der bereits angeführten *Old Politics* und *New Politics*, also der alten Linken und der neuen Linken führen. Dies führt dazu, dass sich vormals „vorherrschende Klassenkonflikte (…) von Life-Style und Umweltschutz-Themen überlagert oder sogar verdrängt" (Gallus 2007, S. 192) sehen. Zudem kann Deckers Argument auch als weiterer Beleg dafür angeführt werden, dass eine mehrdimensionale Analyse von gesellschaftlichen Wertorientierungen in der Heterogenität einzelner Konfliktlinien begründet ist.

Ganz allgemein stieg der Anteil von Postmaterialisten in Westdeutschland von 1980 bis 2002 von 14 Prozent auf 28 Prozent. Der Anteil der Materialisten sank in diesem Zeitraum von 37 Prozent auf 17 Prozent. Gleichzeitig ist jedoch zu konstatieren, dass der größte Teil der Bevölkerung sich eher als Mischtyp sieht, der sowohl materialistische als auch postmaterialistische Werte als wichtig betont (Kaina und Deutsch 2006, S. 165).

„Eine breite Palette empirischer, oft auch international vergleichend angelegter Arbeiten konnte trotz anhaltender Kritik an Ingleharts Theorie des postmaterialistischen Wertewandels den empirisch gestützten Nachweis erbringen, dass sich die Wertprioritäten der Bürgerinnen und Bürger westlicher Demokratien in den 1970er und 1980er Jahren tatsächlich und zunehmend von materialistischen hin zu postmaterialistischen Werthaltungen entwickelten und die Jugend dabei die von Inglehart unterstellte Vorreiterrolle übernahm" (Kaina und Deutsch 2006, S. 157).

Tatsächlich sind zwischen 1970 und 2008 jüngere Alterskohorten stetig postmaterialistischer geworden (Inglehart und Norris 2017, S. 446), wenngleich sich die heutige Jugend auch in Teilen mit einer höheren Arbeitslosigkeit, geringerem Wirtschaftswachstum sowie mit Problemen bei der Ausfinanzierung wohlfahrtsstaatlicher Programme konfrontiert sieht (Kaina und Deutsch 2006, S. 158). Gerade die letzten drei Phänomene führen dann aber eher dazu, dass ökologische Nachhaltigkeit und wirtschaftliches Wachstum gesellschaftlich neu verhandelt werden, nicht jedoch liberal-demokratische Institutionen wie der Schutz auf Meinungsfreiheit. Wie bereits dargelegt, führt ein höherer Bildungsstand auch zu einer höheren Wahrscheinlichkeit der Annahme einer postmaterialistischen Wertorientierung. Im Rahmen der gesellschaftlichen Bildungsexpansion in der Bundesrepublik Deutschland seit den 1950ern wäre also auch zu erwarten, dass die Jugend zu einer postmaterialistischen Avantgarde wird. Dies betrifft vor allem auch die Annahme und Verteidigung liberal-demokratischer Ideale, da auch für diese bekannt ist, dass ihre Adaption eben dieser mit einem zunehmenden Bildungsstand wahrscheinlicher wird (Lipset 1959a, S. 79). Für ökonomisch-ökologische Konfliktfragen sind hier aber keine derartigen Effekte zu beschreiben.

Als viel entscheidender erscheint aber die Frage, ob und in welchem Ausmaß individuelles Wahlverhalten womöglich durch eine postmaterialistische oder materialistische Wertorientierung geprägt wird. Ganz allgemein zeigt sich, dass der Einfluss eben dieser Wertorientierungen auf das Wahlverhalten zwischen 1970 und 1990 deutlich gestiegen ist (Knutsen 1995b, S. 488). Entstanden die Grünen als Vertreter einer postmaterialistischen Wertorientierung, ist es folglich nicht verwunderlich, dass sie gerade unter Postmaterialisten als natürliche Repräsentanten angesehen werden, wohingegen Materialisten Ende der 1980er besonders unter den Anhängern der Unionsparteien überrepräsentiert sind (Terwey 1989, S. 37). Zumindest für Westdeutschland und die dortige Wählerschaft der Union kann auch heute noch konstatiert werden, dass diese ein Wirtschaftswachstum einer ökologischen Politik gegenüber vorzieht (Roßteutscher und Scherer 2013b, S. 400–401). Insbesondere ökologische und energiepolitische Akzente wie eine

2.4 Gesellschaftliche Wertorientierungen

Einstellung zur Nuklearenergie haben „einen signifikanten Effekt auf die Wahlentscheidung zu Gunsten von CDU/CSU, FDP und Grünen" (Wagner 2014a, S. 52). Die Grünen besetzen dabei den postmaterialistischen Pol der Konfliktachse und genießen gerade in Klima- und Umweltpolitik Vertrauen, entsprechende Probleme in diesen Themenfeldern auch lösen zu können. So ist es nicht verwunderlich, dass der Einsatz für Umweltschutz „zwischen 1990 und 2013 mit einer linken Position assoziiert" (Däubler 2017, S. 84) wird. Dies ist auch nicht weiter verwunderlich, sehen doch sowohl Mitglieder als auch Anhänger der Partei die Grünen auf einer ein-dimensionalen Beschreibung des politischen Konfliktraums, die in der vorliegenden Arbeit abgelehnt wird, klar als links der politischen Mitte verortet. Es zeigt sich zwischen 1998 und 2009 der Trend dahingehend, dass die Bevölkerung sich inzwischen näher der Mitte auf einer Links-Rechts-Skala einordnet als früher (Spier 2011, S. 129–130). Sich selbst auf einem Links-Rechts-Kontinuum verorten zu können, erklärt zwar die Identifikation mit einer Partei, ist jedoch für eine Orientierung an bestimmten Werten nur dürftig erklärungsstark (Knutsen 1998, S. 6). So zeigt sich, dass bei den Wählern der PDS von 1994 und 2002 durchweg positive Zusammenhänge zwischen einer materialistischen Wertvorstellung und dem Wahlverhalten zu Gunsten dieser Partei bestanden, diese sich aber als nicht signifikant erwiesen (Zettl 2014, S. 160).

Scherer und Roßteutscher ordnen anhand des klassischen Inglehart-Index' für das Jahr 2014 die Anhängerschaften der großen deutschen Parteien ein. Dabei bleiben sie bei der ursprünglichen Einteilung, die einen materialistischen und einen postmaterialistischen Mischtyp vorsieht, entgegen der heute verbreiteten Vorgehensweise, diese beiden Typen zu kumulieren. Dabei stellen sie fest, dass Materialisten unter Nichtwählern am stärksten verbreitet sind. Wenn man den Anteil der Postmaterialisten addiert um den Anteil derer, die dem postmaterialistischen Mischtyp entsprechen, so sind knapp 80 Prozent der Grünen-Anhänger Postmaterialisten. Unweit dahinter liegt der Anteil der Linken-Wähler, die ebenfalls so zu kategorisieren sind. Auch unter den Anhängern von FDP und AfD ist ein Anteil von 70 Prozent postmaterialistisch gesinnt. Selbst unter den Anhängern der CDU/CSU und der SPD wäre demnach eine Mehrheit der Anhänger als Postmaterialisten zu verstehen (Scherer und Roßteutscher 2020, S. 221). Diese rein deskriptive Beschreibung ist jedoch nicht aussagekräftig dahingehend, ob heute eine postmaterialistische Wertorientierung tatsächlich für die Wahl aller Parteien gleichermaßen eine Wirkung entfaltet. Nichtsdestotrotz ist dieses Ergebnis doch deswegen von besonderer Brisanz, da Inglehart selbst davon ausgeht, dass der Postmaterialismus sein eigener *Totengräber* sein werde, da durch radikale kulturelle Umschwünge eine gesellschaftliche Gegenreaktion provoziert wird, die sich in der Betonung materialistischer Werte ausdrücke (Inglehart 2018,

S. 175). Der Erfolg rechtsgerichteter Parteien wird demnach gemeinhin auch als Gegenreaktion auf eine emanzipative Gesellschaftspolitik interpretiert (Alexander und Welzel 2017, S. 12), gelten doch die „Repräsentanten der AfD [als] Anti-68er" (Jesse 2018, S. 828). Die durch sie ausgedrückte Rückkehr materialistischer Wertpräferenzen gilt demnach als „eine Reaktion auf gesellschaftliche Umbruchprozesse" (Kaina und Deutsch 2006, S. 159). Schon in den 70ern und 80ern wird eine solche materialistische beziehungsweise antiliberale Gegenreaktion oder Abwehrreaktion ersichtlich (Betz 2001, S. 168), da sich „große Teile der Arbeiterschaft mit den ‚Rechten' verbünden, um die traditionellen materialistischen Werte (wie z. B. Betonung des ökonomischen Wachstums, militärische Sicherheit oder Recht und Ordnung im Staat) zu unterstützen" (Inglehart 1983, S. 142). Auch Deutschland erlebt in dieser Zeit eine konservative Renaissance als Reaktion auf die Studentenbewegung von 1968 (Bornschier 2012, S. 136).

Die Ergebnisse von Roßteutscher und Scherer (2020) zeigen in der Tat, dass der klassische Inglehart-Index womöglich nicht mehr in der Lage ist, essenzielle Unterschiede zwischen den Anhängerschaften der großen deutschen Parteien ersichtlich zu machen. Demnach könnte Welzel (2009) Recht behalten, dass im Index Dimensionen vermischt werden, die eine analytische Trennschärfe nicht länger gewährleisten. Gerade jene Werte, die auf die Stärkung einer demokratischen Zivilgesellschaft abzielen, also der Schutz der Meinungsfreiheit oder den Möglichkeiten zur Einflussnahme auf das Regierungsgeschehen, werden heute von Anhängern aller Parteien mehrheitlich geteilt. Unterschiede sind deswegen möglicherweise in einem der klassischsten Kernfelder einer postmaterialistischen Wertorientierung zu suchen: Der Umwelt- und Klimapolitik (Inglehart und Flanagan 1987, S. 1297), die in Abgrenzung zu einem ökonomischen Wachstum betrachtet werden muss. Damit wird gerade eines der zentralen Themen in den Fokus genommen, die eng verwoben mit der Gründungsgeschichte grüner und grün-alternativer Parteien sind, engagierten diese sich doch für die Aufhebung eines nicht hinterfragten Wachstumskonsenses. Wenn die Rede von einer postmaterialistischen Wertorientierung ist, soll in Folge aus diesem Grund damit die Bevorzugung einer ökologisch ausgerichteten Politik gegenüber einer rein ökonomisch ausgerichteten Politik gemeint sein. Es ist hier zu erwarten, dass es einen signifikanten Effekt geben sollte zwischen einer postmaterialistischen Wertorientierung und einem Wahlverhalten zu Gunsten der Grünen. Daraus leitet sich die folgende Hypothese ab:

H5: Je stärker ein Individuum postmaterialistisch orientiert ist, desto wahrscheinlicher ist es, dass es die Grünen wählt.

2.4 Gesellschaftliche Wertorientierungen   131

Über eine lange Zeit hinweg wurde zur Vorsicht angeraten, den Konflikt zwischen einer postmaterialistischen und einer materialistischen Wertorientierung als den Parteienwettbewerb definierenden Konfliktlinie zu erklären. Im Zeitverlauf hat sich schlussendlich herausgestellt, dass das Konzept heute durchaus noch ein Erklärungspotential hat und gleichzeitig auch neue Fragen aufwirft. Vor diesem Hintergrund ist es nicht verwunderlich, wenn mit gleicher Vorsicht bei der Bewertung einer möglichen Konfliktlinie vorgegangen wird, die die Entstehung und (vorläufige) Etablierung der AfD erklären könnte (Weßels 2019, S. 191). Nichtsdestotrotz gibt es für beide Seiten durchaus Argumente, die im Folgenden dargelegt werden und welche Anlass dafür geben, dass auch dieser elektorale Siegeszug unter dem Gesichtspunkt gesellschaftlicher Wertorientierungen betrachtet werden sollte.

2.4.5 Kosmopolitismus-Nationalismus

Um die Entstehung und Etablierung der Alternative für Deutschland zu verstehen und diese auch ansatzweise mit einer möglicherweise neuen, vierten Konfliktlinie gesellschaftlicher Wertorientierungen erklären zu können, bedarf es zunächst eines etwas grundsätzlicheren Überblicks über bisherige Erklärungsansätze. Gemeinsam haben diese Ansätze, dass Nationalismus und Globalisierungsängste für sie konstitutiv sind. Selbstredend gibt es aber auch weitere Faktoren, die inkludiert werden, um das Phänomen zu beschreiben.

Zentral bleibt in vielen analytischen Ansätzen zunächst die Feststellung, dass wir in einer Zeit leben, in der „the social order of the national state, class, ethnicity and the traditional family" (Beck und Beck-Gernsheim 2002, S. 22) im Niedergang begriffen sind. Tatsächlich handelt es sich bei all diesen Merkmalen um strukturelle Komponenten, die in den vorherigen Kapiteln schon ausführlich dargestellt wurden. Familien- und Rollenverständnisse sind einem Wandel unterzogen, die Rolle von Nationalstaaten wird neu diskutiert und vormals prägende Faktoren wie die Zugehörigkeit zu spezifischen sozialstrukturellen Gruppen nehmen ab. Nicht vergessen werden darf dabei, dass „jeder gesamtgesellschaftliche Wandel (…) für bestimmte Segmente der Bevölkerung schwerwiegende Frustrationen mit sich" (Rüschemeyer 1969, S. 385) bringt. Wenn die Rede von einem solchen gesamtgesellschaftlichen Wandel ist, werden damit insbesondere die Globalisierungsprozesse der vergangenen Jahrzehnte angesprochen. Gemeint sind damit nicht nur die „zunehmende weltweite Verflechtung der Ökonomien" (Nohlen 2002, S. 293), sondern vielmehr „besitzt es neben der ökonomischen zumindest auch eine politische, gesellschaftliche und kulturelle Dimension und tangiert auf vielfältige Weise die unterschiedlichsten Bereiche der menschlichen Lebenswelt" (Kessler und Steiner 2009, S. 19). Dabei kommt es zu einer Erosion der „Kongruenz von Staatsgebiet, Staatsvolk und Staatsmacht, von Territorialität und Souveränität, die den Nationalstaat kennzeichnet" (Varwick 2015, S. 148). Mit anderen Worten: Bedingt durch die Globalisierung werden Menschen mobiler und Nationalstaaten werden dadurch, ob gewollt oder ungewollt, zu Einwanderungsländern (Grande 2014, S. 47). Auf diese Weise treffen Menschen aus verschiedenen Gesellschaften aufeinander, in denen auch unterschiedliche Traditionen den gesellschaftlichen und politischen Alltag prägen. Dabei kann es jedoch sein, dass manche kulturellen Traditionen oder Praktiken als befremdlich empfunden werden. Das gilt insbesondere dann, wenn in Teilbereichen der Gesellschaft nur noch wenige der vormals bestehenden Traditionen Gegenstand des alltäglichen Lebens sind (Beck und Beck-Gernsheim 2002, S. 26). Daraus entsteht ein gesellschaftlicher Veränderungs- und Anpassungsdruck, der bei einigen Menschen Wandlungseuphorie, aber bei anderen auch Wandlungsängste auslöst (Steinmann et al. 1979, S. 115). Wenn sich vertraute Strukturen auflösen, führt dies zunächst zu einer steigenden Beunruhigung in der Bevölkerung (Dahrendorf 2007, S. 37–38) und darauffolgend teilweise zu einer „Sehnsucht nach Begrenzung, nach Grenzen, nach territorialer und normativer Übersichtlichkeit" (Korte 2017, S. 9). Zurückzuführen ist dies auf ein rational nicht erklärbares Gefühl in Teilen der Wählerschaft, sie seien *Fremde* im eigenen Land. Hinzu kommt das Gefühl der Überforderung durch eine fortschreitende Beschleunigung gesellschaftlicher Wandlungsprozesse (Korte 2019, S. 7; Korte 2017, S. 13; Korte 2016a, S. 15). Dabei ist zu bedenken, dass dieses

> „Gefühl von Hilflosigkeit und Ausgeliefertsein, das Zurücksehnen der Sicherheit schützender nationaler Grenzen und schützender Sozialsysteme (…) eine große Anziehungskraft auf Personen aus[üben], die von Globalisierung oder anderer Internationalisierung negativ betroffen sind oder die befürchten, irgendwann vielleicht betroffen zu sein" (Panreck und Brinkmann 2019, S. 8).

Ressentiments gegenüber Zuwanderung und Migranten haben in ihrer Ursache somit nicht nur eine rein kulturelle Komponente, die sich durch einen subjektiv empfundenen Bedeutungsverlust nationaler und kultureller Normen ausdrücken könnte, sondern ferner auch die Sorge darum, sich in einem Konkurrenzkampf um Arbeitsplätze zu befinden (Jesse 2019, S. 112), zugrunde liegend. So wird die Globalisierung als solche auch nicht selten „mit der Auslagerung industrieller Arbeitsplätze in Billiglohnländer in Verbindung gebracht" (Bergmann et al. 2018, S. 254). In Folge haben kulturelle Öffnungen und Globalisierungsprozesse stets

2.4 Gesellschaftliche Wertorientierungen

Reaktionen provoziert, die sich im Versuch der politischen Zurückdrängung eben dieser Veränderungen kanalisierten, denn sie werden als materielle Bedrohung wahrgenommen (Norris und Inglehart 2017, S. 5). Wenn Migrationsströme zunehmen, steigen gleichzeitig auch Ängste und Sorgen über mögliche Konsequenzen, die aus ihnen erwachsen können. Dies betrifft vor allem jene Gesellschaften, die dann entsprechende Migranten aufnehmen (Ceobanu und Escandell 2010, S. 320). Diese Ängste und Sorgen beziehen sich wiederum ganz konkret auf das Gefühl einer möglichen sozio-ökonomischen Bedrohung. Verlustängste können hier eine eigene Wirkung entfalten, die sich dann gegen Unterprivilegierte richtet und zu einer kollektiven Ausgrenzung dieser führen kann (Habermas 1985, S. 150).

Aufgrund dessen, dass sie keine Konzepte zur Einhegung von Veränderungsprozessen im Rahmen der Globalisierung entwickelt haben, unterliegen eher links orientierte Parteien in Deutschland bei dieser Problematik einem politischen Wettbewerbsnachteil. Die Globalisierung als solche kann den Wandel ökonomischer, gesellschaftlicher und politischer Strukturen begünstigen. Die dadurch entstehende Unsicherheit führt zu einer Rückbesinnung auf nationale Traditionen und dem verstärkten Bedürfnis einer nationalen Identität in einer sich wandelnden Gesellschaft (Stöss 2017, S. 172). Nicht umsonst formuliert der Soziologe Zygmunt Bauman in *Die Angst vor den anderen. Ein Essay über Migration und Panikmache*: „Wenn die Gesellschaft zerfällt, erscheint die Nation als letzte Garantie" (Bauman 2016, S. 64–65). So kann ein plötzlicher Zustrom von Einwanderern aus verschiedenen Kulturen in relativ homogene Gesellschaften dazu führen, dass manche, vor allem ältere Individuen, das Gefühl haben, sie seien ihrem eigenen Land fremd geworden: Die Welt, in der sie leben, ist nicht mehr die, in der sie aufgewachsen sind. Dies wiederum kann zu einer politischen Orientierungslosigkeit führen (Norris und Inglehart 2019, S. 191).

Das wird insbesondere von Parteien der extremen Rechten genutzt, die einen Kulturkonflikt herbeizuführen versuchen (Bornschier 2012, S. 122). Zudem sind diese in Form radikal rechtspopulistischer oder euroskeptischer Parteien auch erst als Ausdruck dieser Orientierungslosigkeit entstanden und bilden nun den Pol einer neuen Konfliktlinie (Grande 2014, S. 45). Viele dieser Parteien entstehen zunächst als eine direkte Gegenreaktion auf einen postmaterialistischen Wandel in der Gesellschaft (Ignazi 1992, S. 25). Erkennbar ist dies beispielhaft in den 1980ern und frühen 1990ern daran, dass vielerorts in Westeuropa rechtsextreme Parteien gegründet werden, die zunächst mit einer Kombination aus wirtschaftlich sehr liberalen Standpunkten und kulturell verankertem Nationalismus in den politischen Wettbewerb einsteigen (Taggart 1995, S. 34–35). Die Bundesrepublik Deutschland bleibt von dem Phänomen einer langfristig erfolgreichen rechtsextremen beziehungsweise rechtspopulistischen Partei über langen Zeitraum hinweg verschont – zwar konnten die Republikaner (REP) in den 1990ern einige Erfolge erzielen, spielten dann aber schon bald keine Rolle mehr. Mit der AfD entsteht 2013 schlussendlich eine Partei, die wirtschaftspolitisch ähnlich liberale bis libertäre Standpunkte wie auch die FDP zu diesem Zeitpunkt vertritt, in ihrer gesellschaftspolitischen Haltung wiederum „deutlich rechts von der CDU und etwas weniger deutlich rechts von der CSU" (Decker und Best 2015, S. 222) zu verorten ist.

Am Beispiel der britischen United Kingdom Independence Party (UKIP) oder eben der AfD lässt sich wiederum sehr gut nachzeichnen, dass manche dieser rechtspopulistischen Parteien erst dann elektorale Erfolge erzielen, sobald sie ihre anfänglich euroskeptische Themenorientierung und -fokussierung, die auch Ausdruck einer nationalistischen Wertorientierung sein kann, um migrations- und islamfeindliche Positionen ergänzen (Crouch 2016, S. 45). So ist es nicht weiter verwunderlich, dass der AfD-Politiker und Parteimitbegründer Alexander Gauland die seit 2015 beginnende Krisensituation wie folgt beschrieb: „Natürlich verdanken wir unseren Wiederaufstieg in erster Linie der Flüchtlingskrise. (…) Man kann diese Krise ein Geschenk für uns nennen. Sie war sehr hilfreich" (Amann et al. 2015, S. 24).

Während Globalisierungsprozesse als solche eher schleichend verlaufen, mussten in der von Gauland als *Geschenk* bezeichneten Flüchtlingskrise zügig politische Entscheidungen getroffen werden, wofür auch eine zeitnahe Positionierung der Parteien vonnöten war (Mader und Schoen 2019, S. 70). Bundeskanzlerin Angela Merkels (CDU) Entscheidung, 2015 Kriegsflüchtlinge aus Syrien aufzunehmen, erfolgte in einer solchen Situation und setzte einige politische Konsequenzen in Bewegung (Clay 2018, S. 58). CDU-Wähler, die bereits 2013 eine migrationskritische Haltung aufwiesen, rückten durch diese Entscheidung politisch näher an die CSU, die diese Vorgehensweise ablehnte, gleichermaßen jedoch auch an die AfD (Mader und Schoen 2019, S. 80). Insbesondere für die Alternative für Deutschland wurde dies zum entscheidenden Moment, der ihr zum Erfolg verhelfen und zu ihrer vorläufigen Etablierung beitragen sollte (Decker und Adorf 2018, S. 11–12). Tatsächlich sind die Wähler der AfD viel mehr als die Wähler anderer Parteien migrationskritisch eingestellt und erwarten von Einwanderern eine stärkere kulturelle Assimilation (Bieber et al. 2018, S. 450). Auf diese Art und Weise gelingt es der AfD, die Entstehung eines neuen Repräsentationsdefizits für derartig gesinnte Individuen zu verhindern. Ähnlich wie im Fall der Entstehung der Linken, wechseln Individuen mit migrationskritischer oder -feindlicher Haltung lediglich ihre Repräsentation aus. Ein Repräsentationsdefizit wäre entstanden, wenn ein bestimmtes politisches Konfliktfeld geräumt worden oder neu entstanden wäre, wofür keine politische Partei den Anspruch auf Repräsentation

2.4 Gesellschaftliche Wertorientierungen

nicht nur formal erhebt, sondern diesen Rahmen auch ausfüllt. Ausländerhass und Einwanderungsfeindlichkeit waren innerhalb der Gesellschaft aber nie verschwunden (Decker und Brähler 2016, S. 15–17), werden zuletzt aber wieder offener – nicht nur in Deutschland – wieder verstärkt von (rechtspopulistischen) Parteien in den politischen Diskurs eingebracht. Ursächlich dafür ist ein Konflikt zwischen nationalistischen und liberal-kosmopolitischen Werten, welche im Angesicht globaler Migrationsströme wieder mehr in den Vordergrund rücken (Crouch 2016, S. 41).

Die hohe Emotionalisierung, die sich hinter dieser Konfliktlinie verbirgt, wird am Beispiel eines Gastbeitrags des Historikers David Engels für das konservative Magazin *Cicero* ersichtlich. Engels beschreibt in sehr emotionalisierten und dramatisierenden Worten die Veränderungen seiner Heimatstadt in Zeiten der Globalisierung. So vertritt er die Auffassung, dass sich zwangsläufig eine „als Multikulturalismus missverstandene orientalische Gesellschaftsform des Gettos, das weniger ein Mit- als vielmehr ein Neben- oder Gegeneinander ist, aus dem sich früher oder später ein Wettbewerb der verschiedenen Bevölkerungsgruppen um die Dominanz über die anderen entwickeln muss" (Engels 2016, S. 26). Diese Beschreibung Engels' entspricht einer Spielart des Rechtspopulismus und dazugehöriger Argumentationsmuster, bei der die Nation als in einem kulturellen Wettbewerb um Dominanz stehend beschrieben wird (Lengfeld und Dilger 2018, S. 183–184; Mudde und Kaltwasser 2017, S. 14). Gemeint ist hiermit der Ethnopluralismus oder Ethnozentrismus, welcher sich darüber definiert, dass er – anders als klassischer Rassismus – nicht notwendigerweise per se von einer eigenen kulturellen Überlegenheit ausgeht, sondern seine Aufgabe im Kampf „gegen die Gefahr eines Verlustes der Identität der Gruppe im Zeitalter von Nivellierung und Globalisierung" (Beyme 2018, S. 102) sieht. Die Angst vor dem Verlust der eigenen nationalen Identität wird in dieser Denkweise vor allem durch die Unterstellung genährt, dass mit Zuwanderung eigene Bräuche und kulturelle Traditionen verschwinden, während diese durch neue kulturelle Elemente ersetzt werden. Gleichwohl zeigt sich aber auch, dass Engels hier ein Bild beschreibt, welches eher dem von Huntingtons These des Kampfes der Kulturen (Huntington 1996) entspricht, also einem unabwendbaren Konflikt um kulturelle Deutungshoheit, in dem eine Kultur nicht in Koexistenz zu einer anderen bestehen werde. Die dadurch entstehenden Ängste sind real, unabhängig von ihrer objektiven Widerlegbarkeit. Habermas sieht deshalb in diesen „phobischen Gefühlslagen des breiter gestreuten Ethnozentrismus (…) eher defensive Reaktionen" (Habermas 2020, S. 8), die aus dem Gefühl einer politischen Ohnmacht erwachsen.

Zwar bedeutet eine fortschreitende Globalisierung nicht, dass es zu einem automatischen Verschwinden kultureller Traditionen kommt (Inglehart und Welzel 2005, S. 4), nichtsdestotrotz werden Ängste vor dieser Entwicklung zu einem Katalysator und Verstärker wieder vermehrt auftretender Nationalismen gemacht. Im Zuge dessen rücken Konfliktlinien in den Hintergrund, die noch das gesellschaftliche Bild des 20. Jahrhundert prägten (Crouch 2018, S. 61). Zumindest für die Bundesrepublik Deutschland scheint eine solche Diagnose noch verfrüht, da dies auch implizieren würde, dass der Konflikt um sozialstaatliche Maßnahmen und Programme auch hinter dieser kulturellen Konfliktdimension zurückfallen würde. Eine andere Möglichkeit könnte sein, dass

> „an die Stelle des religiös-konfessionellen jetzt ein allgemeines kulturelles Cleavage [tritt], bei dem libertäre Haltungen wie Toleranz, nonkonformistisches Denken und Multikulturalität autoritären Haltungen wie Ordnungsdenken, Festhalten an konventionellen Lebensformen und Nationalstolz gegenüberstehen" (Decker 2019a, S. 449).

Wenngleich einige Autoren die grundsätzlich reduktionistische Herangehensweise der Unterteilung in eine ökonomische sowie eine kulturelle Konfliktlinie durchaus teilen, so warnen sie gleichermaßen davor, dass „es noch zu früh für eine fundierte Einschätzung [ist], ob sich diese Konfliktlinie tatsächlich konsolidiert, womöglich die anderen sogar überlagert oder schon in naher Zukunft wieder in den Hintergrund tritt" (Biebricher 2018, S. 277). Dabei ist aber, insbesondere bei wissenschaftlicher Herangehensweise, zur Vorsicht angeraten, da vor allem seitens von Rechtspopulisten und Rechtsextremen der Versuch unternommen wird, gesellschaftliche Umverteilungskämpfe über eine nationalistische Deutung neu zu definieren (Crouch 2016, S. 45).

Bei der nun folgenden Darstellung wird der Versuch unternommen, die relevantesten Ansätze zur Erfassung jener kulturellen Konfliktlinie zu beschreiben, in die an dieser Stelle thematisch eingeführt wurde. Hinsichtlich der dafür zitierten Autoren gibt es in Teilen große Varianzen, ob im Allgemeinen von einem zwei-, drei- oder vier-dimensionalen politischen Konfliktraum ausgegangen werden kann. In der vorliegenden Ausarbeitung wird der Ansatz verfolgt, dass eine politische Konfliktlinie sich dadurch kennzeichnet, dass eine Partei sich entlang eines spezifischen Wertekonflikts etabliert, weswegen auch weiterhin von einer vier-dimensionalen politischen Wertekonfliktstruktur ausgegangen wird. Am Ende dieser Systematisierung wird dann auch die Festlegung erläutert, weshalb die entsprechende Konfliktlinie in der vorliegenden Untersuchung als Konfliktraum zwischen einer kosmopolitischen und einer nationalistischen Wertorientierung beschrieben wird.

2.4.5.1 GAL-TAN, libertär-autoritär oder Integration-Abgrenzung – viele Ansätze, ein Ziel?

Dass rechtspopulistische oder rechtsextreme Parteien als Reaktion auf einen postmaterialistischen Wandel neu entstanden, ist lange Zeit Gegenstand politischer und politikwissenschaftlicher Diskussionen gewesen – die Debatte wird auch heute noch teilweise geführt. In diesem Kontext wurde darauf verwiesen, dass neue rechte Parteien gar auf derselben Konfliktlinie entstanden seien, die auch grün-alternative Parteien hervorgebracht habe (Taggart 1995, S. 39). Es wird in diesem Zusammenhang von einer so genannten GAL-TAN-Konfliktdimension gesprochen, die grün-alternativ-libertäre (GAL) Parteien an einem Pol und traditionalistisch-autoritär-nationalistische (TAN) Parteien (Hooghe et al. 2002, S. 966) am anderen Pol verortet. Parteien des GAL-Pols sind als Agenten individueller Freiheit zu verstehen, die das Recht auf freie Meinungsäußerung, die gleichgeschlechtliche Ehe oder das Recht auf Abtreibung inkludieren (van der Brug und van Spanje 2009, S. 313). Für die Parteien des TAN-Pols gilt, dass diese besonders eine euroskeptische inhaltliche Ausrichtung verbindet, welche sie als Ausdruck einer nationalistischen Wertorientierung verstanden wissen wollen. Entsprechende Parteien gerieren und sehen sich als Verteidiger einer homogenen nationalen Gemeinschaft, die vor ausländischen kulturellen Einflüssen geschützt werden müsse (Hooghe et al. 2002, S. 979). Dass es sich bei Parteien der jeweiligen Pole um Antipoden handelt, wird dadurch ersichtlich, dass diese neuen Rechten letztlich Migranten, ausländisch-kulturelle Einflüsse und kosmopolitische Eliten zum zentralen Eckpfeiler ihres politischen Feindbildes machen, wohingegen grün-alternative Parteien weniger mit Feindbildern, sondern gesellschaftspolitischen Gesamtentwürfen im politischen Wettbewerb agieren (Hooghe et al. 2002, S. 977).

Der GAL-TAN-Ansatz ist zur Beschreibung von Parteiensystemen auch weiterhin sehr beliebt, ist jedoch für die Bundesrepublik Deutschland und somit die vorliegende Arbeit nur bedingt erklärungsstark. Dafür sind verschiedene Gründe anzuführen. Zunächst hat der GAL-TAN-Ansatz insbesondere die Parteien als Akteure sowie deren tatsächliches Verhalten im politischen Wettbewerb im Blick. Kernessenz der vorliegenden Ausarbeitung ist aber, dass Parteien primär auf Wünsche und Wertvorstellungen ihrer Elektorate und Anhänger reagieren. Dieser Aspekt wird im klassischen Ansatz der GAL-TAN-Konfliktdimension nicht aufgegriffen. Ferner ist eine Kernaussage des GAL-TAN-Ansatzes, dass sich neue rechte Parteien auf derselben Konfliktlinie formieren, die auch schon zur Entstehung grüner Parteien beitrug. Zumindest für die Entstehung der AfD wäre dies jedoch eine mit 30 Jahren vergleichsweise verspätete Parteigründung, entstanden erste grün-alternativen Parteien doch Ende der 1970er bis Anfang der 1980er

Jahre. Viel besser erklärt dieser Ansatz in der Tat die Entstehung der *Republikaner* (REP) und weiterer radikaler rechter Parteien in den 1980ern (Dalton 2009, S. 163–164). Vor allem die Republikaner sind hier zu benennen, die in der Literatur als autoritärer Gegenpol zu grünen und grün-alternativen Parteien verortet werden (Ruß und Schmidt 1998, S. 278–279).

Das Erklärungspotenzial dieser Konfliktdimension stößt bei der AfD aber vor allem deshalb an seine Grenzen, da im GAL-TAN-Konzept libertäre Werte eine sehr zentrale Rolle spielen. Insbesondere in Verbindung mit der Europäischen Integration, die im Konzept eine exponierte Position einnimmt, ist dieser Begriff durchaus aus zwei Perspektiven zu betrachten. So ist die Europäische Union und die Europäische Integration allgemein aus nationalistischen Gesichtspunkten aufgrund der Freizügigkeit und liberalisierten Einwanderungspolitik ein Reizpunkt für rechte Parteien. Hinzu kommt aber, dass eine fortschreitende europäische Integration auch aus wirtschaftspolitischen Gründen abgelehnt werden kann. So umfasst und überschneidet sich der thematische Komplex der Europäischen Integration mit einer Vielzahl an politischen Themenbereichen und hat demnach nicht nur eine einwanderungspolitische Komponente (Hooghe et al. 2002, S. 982). Als besonders problematisch ist in diesem Zusammenhang herauszustellen, dass der Begriff des Libertarismus zwar begrifflich in das Konzept aufgenommen wird, letztlich aber nicht trennscharf definiert wird. So zeigt sich, dass der Libertarismus, der primär als Umschreibung eines ökonomischen Gedankenkonstrukts zu verstehen ist, durchaus eine gesellschaftspolitische und auch eine ökonomische Dimension hat. Im Falle der AfD ist es so, dass ökonomisch-libertäre Werte durchaus eine Rolle bei der Gründung der Partei spielen, insbesondere da einige der bekannteren Gründungsmitglieder in dieser ideologischen Strömung oder zumindest in deren Nähe zu verorten sind (Bebnowski 2015, S. 24–25). Dies ist insofern von hoher Relevanz, als dass die Partei bis zur Bundestagswahl 2017 noch starke inhaltliche Akzente in Richtung einer (neo-)liberal ausgerichteten Wirtschaftspolitik setzt, die sie im Wesenskern von vielen weiteren rechtspopulistischen Parteien Europas unterscheidet. Diese haben sich inhaltlich zumeist einer sozialprotektionistischen linken Position in wirtschaftspolitischen Fragen zugewandt (Decker 2016b, S. 11).

Die AfD wurde 2017 auch wegen ihrer euroskeptischen und ihrer marktliberalen Politik gewählt (Niedermayer 2018a, S. 5–6). Wähler der AfD lehnen eine sozio-ökonomische Umverteilung, beispielsweise in Form von Steuererhöhungen, klar ab (Goerres et al. 2018, S. 259). Auch an den Untersuchungen von Scherer und Roßteutscher (2020) zeichnet sich ab, dass Anhänger der AfD, gemessen am klassischen Inglehart-Index, durch ihre Präferenz für direktdemokratische und partizipative Forderungen sowie der Forderung nach freier

2.4 Gesellschaftliche Wertorientierungen

Meinungsäußerung nicht in die Anhängerschaften klassischer traditionalistisch-autoritär-nationalistischer Parteien einzureihen sind – zumindest unter der Bedingung, dass libertäre Auffassungen Teil eines zu dem im Kontrast stehenden Konzepts sind. So vertritt die AfD „durchaus libertäre Auffassungen, aber keine alternativen oder grünen Vorstellungen, sondern traditionelle und nationalstaatsorientierte" (Franzmann 2014, S. 119) und steht somit durchaus im Einklang mit sonstigen Parteien der radikalen Rechten. Diese Gründe führen letztlich dazu, dass eine Anwendung des GAL-TAN-Ansatzes an dieser Stelle als nicht praktikabel erscheint, eben weil keine notwendige Trennschärfe analytischer wie sprachlicher Natur hergestellt werden kann.

Angeführt wird auch, dass die für die Bundesrepublik Deutschland bedeutende sozio-ökonomische Konfliktlinie „in der 18. Wahlperiode in der Wählerwahrnehmung in einen Dornröschenschlaf gefallen ist, während Fragen nach Migration, Integration und der Entwicklung der Europäischen Union im Zentrum standen, und damit Fragen, die eher auf einer libertär-autoritären Achse verhandelt werden" (Bauer-Blaschkowski et al. 2019, S. 115). Mit der Beschreibung als libertär-autoritärer Wertekonflikt wird eine zweite Herangehensweise skizziert, die ebenso als relevanter Ansatz zu diskutieren ist.

Auch hier ist die Verwendung des Libertarismus-Begriffs als durchaus problematisch anzusehen, „denn mit diesem wird zugleich eine radikale Spielart des Marktliberalismus assoziiert, die systematisch eher der ökonomischen Konfliktlinie zuzuordnen ist" (Decker 2019a, S. 450). Ganz allgemein unterscheidet sich der Ansatz einer Konfliktlinie zwischen libertären und autoritären Werten nicht wesentlich von dem des GAL-TAN-Ansatzes, obgleich hier sprachlich nur ein Element des vorherigen Konzepts übernommen wird. Auch hier stehen sich libertäre und autoritäre Werte auf einer kulturell-politischen Achse antagonistisch gegenüber. Kitschelt definiert libertäre Werte unter dem Gesichtspunkt, dass sich diese durch individuelle Selbstbestimmung, die Toleranz für kulturelle Vielfalt und dem Wunsch nach mehr Inklusion in politische Entscheidungsprozesse kennzeichnen. Als relevante Bezugs- beziehungsweise Trägergruppe dieser Werte macht er vor allem Menschen mit formell hoher Bildung aus. Demgegenüber stehen Individuen, die autoritäre Werte annehmen und eine formell niedrige Bildung vorweisen. Autoritäre Werte versteht er als konstituiert durch den Wunsch nach einer gesellschaftlichen kulturellen Homogenität, einer hohen Konformität mit bestehenden gesellschaftlichen Normen sowie einem Elitenzentrismus, der sich durch eine erhöhte Folgebereitschaft gegenüber politischen Entscheidungsträgern definiert (Kitschelt 2001, S. 427). Stöss et al. (2006, S. 30) vertreten den Standpunkt, dass Kitschelts These der Konfliktlinie zwischen autoritären und libertären Werten durch die Formierung und den zunehmenden Bedeutungsgewinn grüner und rechtsextremer Parteien gestützt wird. Die Argumentation stellt sich hier in einem weiteren Punkt wie beim GAL-TAN-Ansatz dar, was jedoch ähnliche Kritikpunkte hervorruft. Aus diesem Grund ist es lohnend, den Blick von Kitschelt (2001) hin zu Flanagan und Lee (2003) zu wenden. Diese definieren die zentralen Begriffe, mit denen Kitschelt arbeitet, nuanciert anders. Diese feinen Nuancen machen wiederum einen essenziellen Unterschied aus. Unter autoritären Werten verstehen sie den Respekt vor Autoritäten, der Bedeutung von Pflichterfüllung, die Aufrechterhaltung von Ordnung innerhalb einer Gesellschaft oder auch Patriotismus. Demgegenüber stehen libertäre Werte wie Individualismus und Unabhängigkeit, Gleichheit und Freiheit des Individuums sowie die Ablehnung kollektiv verbindlicher sozialer Normen (Flanagan und Lee 2003, S. 238). Libertäre sind demnach Menschen, die einer von der Mehrheitsgesellschaft abweichenden Ethnie zugehörig sind, gegenüber offen eingestellt – Autoritäre lehnen diese ab. Stattdessen haben letztere einen starken Hang zu Patriotismus oder Nationalismus (Flanagan und Lee 2003, S. 245–246). Die von Flanagan und Lee dezidiert als nationalistisch bezeichneten Wertvorstellungen werden von Kitschelt (2001) verklausuliert als Wunsch nach einer heterogenen Gesellschaft ausgedrückt. Eine wesentliche Kritik an Flanagan und Lee ist jedoch, dass die von ihnen erfassten Werte viel stärker auf Individuen und ihre entsprechende Lebensweise zugeschnitten sind, diese allerdings nicht als Abbild eines gesellschaftlichen Gesamtentwurfs verstanden werden können (Willems 2016, S. 111). Dies ist insofern problematisch, da, um von einer Wertorientierung sprechen zu können, dies als konstitutiver Moment immens wichtig ist. Abzuzeichnen scheint sich aber ein Phänomen, welches der liberale Soziologe Dahrendorf bereits Mitte der 1980er Jahre wie folgt beschrieb:

„Heute scheint ein Kernproblem moderner Gesellschaften darin zu liegen, daß in ihnen der Gesellschaftsvertrag selbst zum Thema wird. Die Gesellschaft (…) hat begonnen, nicht unbeträchtliche Mengen, vielleicht auch Gruppen, herauszudefinieren, auszugrenzen" (Dahrendorf 1985, S. 240).

In der Tat haben Kitschelt sowie Flanagan und Lee (2003) mit ihrer Diagnose eines Konflikts zwischen libertären und autoritären Wertvorstellungen gemein, dass sich dieser explizit auf gesellschaftspolitische Fragestellungen und Entwürfe bezieht. Dabei ist die zentrale Frage, ob und wer in einer Gesellschaft volle Bürgerrechte zugesprochen bekommen soll. Das Spannungsfeld entbrennt hier zwischen Libertären einerseits, die diese nicht einem exklusiven Personenkreis

2.4 Gesellschaftliche Wertorientierungen

zusprechen wollen und damit auch ganz explizit Migranten und Ausländer einschließen sowie Individuen mit autoritären Wertvorstellungen andererseits, die dies explizit ablehnen (Klein 2014, S. 577). Es wird dabei argumentiert, dass dieser Konflikt als unmittelbare Reaktion auf eine sich globalisierende Welt entstanden ist, in welcher der politische Wettbewerb vollends neu konfiguriert ist und die Gesellschaft in zwei relativ klar definierte Gruppen, die Gewinner und die Verlierer eben dieser Globalisierung, unterteilt wird (Bornschier 2010, S. 420–421; Kriesi 2007). Durch Grenzöffnungen, die durch die Globalisierung herbeigeführt werden, steigen die Handlungsspielräume der Mittelklasse, die zunehmend mehr Mobilität erfährt. Bedingt wird dies unter anderem durch ein hohes Bildungsniveau. Verlierer der Globalisierung entstehen hingegen dadurch, dass jene soziale Gruppen, welche zuvor durch nationale Grenzen geschützt wurden, nun in einem Wettbewerb um Arbeitsplätze mit Arbeitskräften aus dem Ausland stehen. Dies betrifft vor allem den Niedriglohnsektor. Die entsprechende Konfliktdimension wird dann beispielsweise von Kriesi auch als jene zwischen *Integration* und *Abgrenzung* bezeichnet (Kriesi 2007, S. 256; Kriesi et al. 2006, S. 922).

Die Existenz eines Konflikts, der sich um diese Thematik spannt, ist relativ unstrittig. Dass das Gefühl einer subjektiv empfundenen Entgrenzung der Welt erst durch Veränderungen entstehen konnte, die sich im Rahmen eines makro-sozialen Wandels vollzogen haben, deutet weniger auf kurzfristige Entwicklungen, sondern vielmehr auf einen längerfristigen gesellschaftlichen Wandel hin (Klein 2014, S. 578). Demnach erfahren „in konzentrierter Form (…) insbesondere junge Arbeiter mit wenig Qualifikationen, die in einer postindustriellen Wirtschaft nachfrageträchtig sind, die negativen Seiten der wirtschaftlichen Strukturveränderungen" (Kitschelt 2001, S. 432). Diese machen in Konsequenz „Einwanderung und globale Liberalisierung des Wirtschaftsgeschehens für zunehmende Arbeitsplatzunsicherheit und stagnierende Löhne verantwortlich" (Kitschelt 2001, S. 429). Nichtsdestotrotz müssen zugewanderte Arbeitskräfte nicht zwangsläufig durch einheimische Arbeiter als Bedrohung empfunden werden, wenngleich solche negativen Erfahrungen durch und mit der Globalisierung durchaus bekannt sind (Lacewell und Merkel 2013, S. 73).

Während der Libertarismus-Begriff in den beiden zuerst vorgestellten Konzepten als problematisch erscheint und dementsprechend schon umfangreicher diskutiert wurde, ist die Kennzeichnung für einen Pol als *autoritär* ebenfalls nicht unkritisch zu übernehmen. So gibt es durchaus Argumente, dass autoritäre Positionen in dieser Debatte viel eher für „eine Extremform (…), die man deshalb allgemeiner und weniger pejorativ als »konservativ« bezeichnen sollte" (Decker 2019a, S. 450), stehen. An diesem Punkt wird allerdings übersehen, dass Individualrechte bei extremen Rechten, anders als bei Konservativen, keine Rolle spielen. Konservative nehmen in Migrationsfragen zwar eine klare und zumeist kritische Position ein, sowohl in der Tendenz als Individuen als auch in institutionalisierter parteipolitischer Form, verlieren dabei aber individuelle Menschenrechte nicht aus dem Blick (Ignazi 1997, S. 301). Nichtsdestotrotz darf dabei nicht außer Acht gelassen werden, dass es „nicht das Bestehende [ist], um dessen Inhalt der Konservatismus kämpft, sondern das Vergehende. Er regt sich typischerweise erst in dem Moment, in dem Traditionsbestände gefährdet und vermeintlich gewachsene Gesellschaftsstrukturen in Auflösung begriffen sind" (Biebricher 2018, S. 42). Migration als solche kann hier zwar jene Rolle einnehmen, die eine Auflösung tradierter Gesellschaftsstrukturen zur Folge haben kann, weshalb sie von Konservativen kritisch beäugt wird, jedoch sind in ihrer Façon auch die in einer Gesellschaft gewachsenen demokratischen Garantien wie Menschenrechte zu vordererst zu verteidigen. Eine ideologische Grundrichtung wie der Konservatismus hat nichtsdestotrotz viele Facetten und kann in Teilen gar autoritäre Züge annehmen. Im Rahmen eines fortschreitenden gesellschaftlichen Wandels hat „ein generell autoritärer Konservatismus [heute] in Westeuropa kaum noch Stützen und verengt sich zu einer Verteidigung der nationalen Identität gegen vermeintlich feindliche Kräfte" (Crouch 2016, S. 42). Diese Imagination einer feindlichen Kraft, die eine Bedrohung für eine nationale Identität sein könnte, wurde am Beispiel Engels (2016) bereits skizziert. Dieser ängstlichen Vorstellung gegenüber steht „die liberale Überzeugung, der zufolge Globalisierung und Multikulturalismus Chancen für ein vielfältigeres Leben eröffnen, für reichere kulturelle Erfahrungen und auch für die Aussichten der Einzelnen" (Crouch 2016, S. 42). Zwar zeigen empirische Befunde, dass konservative und autoritäre Wertorientierungen teilweise durchaus hoch korrelieren, jedoch keineswegs deckungsgleich sind (Schenk 1980, S. 394–395). Demnach ist der Vorschlag der Bezeichnung eines Achsenpols als *konservativ* wenig zielführend. Gleichzeitig erscheint auch die Beschriftung der zwei Pole dieser Konfliktdimension als *libertär* und *autoritär* problematisch. Dies begründet sich insbesondere vor dem Hintergrund, dass sich mehr und mehr herausstellt, dass der relevante Konflikt über die Ausdeutung und die Art der Rolle geführt wird, welche eine Gemeinschaft in gesellschaftlichen Wertorientierungen einnimmt (Bornschier 2010, S. 422–423; Bornschier 2012, S. 128). So stehen auf der einen Seite Globalisierungsskeptiker, die in Teilen als Kommunitaristen oder wahlweise als Nationalisten bezeichnet werden, während auf der anderen Seite Kosmopoliten stehen, die eine Chance in einer sich globalisierenden Welt erkennen wollen. Als fraglich gilt die Annahme, dass diese „neue gesellschafts- und parteipolitische Konfliktlinie (…) mit den alten Links-Rechts-Antagonismen praktisch keine Überschneidungen [hat]" (Korte 2019, S. 5). Es handelt sich hier um eine sehr essenzielle Frage und Diskussion darüber, welche Implikationen sich aus einer allgemeinen Globalisierungsskepsis oder aus einer kosmopolitischen Wertorientierung ergeben. Staatsbürgerrechte und die rechtliche Gleichstellung von Migranten sind politisch eindeutig in einem Links-Rechts-Kontinuum zu verorten, indem sich eine linke parteipolitische Grundhaltung durch eine zuwanderungsfreundliche, eine rechte Haltung hingegen durch eine zuwanderungsskeptische oder -feindliche Gesinnung ausdrückt (Decker 2019a, S. 450). Diesen Aspekt gilt es im weiteren Verlauf genauer zu untersuchen.

Entscheidend ist nun die Feststellung, dass sich die Kennzeichnung einer Konfliktdimension zwischen autoritären und libertären Werten als nicht unproblematisch herausstellt. Daher soll im Folgenden erörtert werden, inwiefern und aus welchen Gründen eine Bezeichnung der Achsenpole auf welche Art und Weise vorgenommen wird. Herauszukristallisieren scheint sich dabei aber ohne Zweifel, dass die Rolle einer spezifischen nationalen Gemeinschaft und die Frage danach, ob und in welchem Ausmaß Migration in diese geschehen soll und wie diese wahrgenommen wird, dafür von großer Bedeutung ist.

2.4.5.2 Kosmopolitismus – Kommunitarismus – Nationalismus

Korte sieht in dieser zentralen Frage die Kriterien erfüllt, um von einer vierten Konfliktdimension im bundesdeutschen Parteiensystem zu sprechen. Im Zentrum steht demnach die Frage, ob und wie strikt mit einer Grenzpolitik gegenüber Migranten zu verfahren ist (Korte 2018a, S. 7–8). Korte selber bezeichnet dies als „Spannungsfeld zwischen globalisierten Weltbürgern und nationalkonservativen Gemeinschaften" (Korte 2018a, S. 8).

Tatsächlich greift Wolfgang Merkel auf sehr interessante Art und Weise den Grundgedanken von Kriesi et al. (2006) nochmal auf, wenn er sagt, dass in „Europa und den USA (…) fast unbemerkt eine neue Konfliktlinie entstanden [ist]. Sie trennt die kosmopolitischen Gewinner von den kommunitaristischen Verlierern der wirtschaftlichen Globalisierung und der kulturellen Modernisierung" (Merkel 2016a, S. 52). Es ist noch Bestandteil von Diskussionen, ob es sich hierbei um eine Konfliktlinie zwischen Kosmopoliten und Kommunitaristen oder um eine zwischen Kosmopoliten und Nationalisten handelt. Zunächst erscheint es deshalb angemessen, den Kosmopolitismus differenzierter zu betrachten.

Diesem werden drei Kernprinzipien zugesprochen, die ihn auszeichnen: „Individualismus, Universalismus und Offenheit" (Merkel 2017b, S. 53). Daraus leiten Kosmopoliten den Einsatz für universell gültige Menschenrechte und den Schutz des Individuums, eine offene und liberale Grenz- und Einwanderungspolitik sowie einen kulturellen Pluralismus ab (Merkel 2016a, S. 53; Merkel 2017a,

S. 9; Merkel 2017b, S. 53). Merkel skizziert hierbei „das ideologische Konfliktpotenzial zwischen kosmopolitischen und kommunitaristischen Werten" (Korte 2017, S. 13). Kommunitaristen bilden dabei den Konterpart zu Kosmopoliten. Kommunitaristen

> „bevorzugen überschaubare Gemeinschaften und kontrollierte Grenzen. Sie befürworten eine Beschränkung der Zuwanderung, optieren für kulturelle Identität und heben den Wert des sozialen Zusammenhalts hervor. Dieser sei leichter in kleinen abgrenzbaren Gemeinschaften herzustellen als in unbegrenzten supranationalen Räumen" (Merkel 2016a, S. 53).

Kosmopoliten sehen in der Zuwanderung eine gesamtgesellschaftliche Chance, während Kommunitaristen darin eine potenzielle Gefahr sehen (Merkel 2016a, S. 53; Merkel 2017b, S. 53). Der von Merkel beschriebene Konflikt ist demnach „als Auseinandersetzung von Kosmopoliten (…) und dem verunsicherten unteren Drittel der Gesellschaft, das sich abgehängt fühlt und dem jede Zukunftszuversicht fehlt" (Meyer 2016, S. 43) zu beschreiben. Bezeichnend ist, dass eine kosmopolitische Wertorientierung insbesondere bei Menschen mit hoher formeller Bildung und jüngeren Menschen anzutreffen ist, wohingegen kommunitaristische Wertmuster vor allem von Individuen mit einer formell niedrigen Bildung getragen werden, die überproportional in der unteren Mittelschicht und Unterschicht anzutreffen sind (Jesse 2019, S. 112). Gleichzeitig darf nicht außer Acht gelassen werden, dass die Zuwendung zu kosmopolitischen Werten durchaus eine, ähnlich wie beim Postmaterialismus-Konzept Ingleharts, ökonomische Dimension haben kann. Letztere zeigt sich implizit auch in der Beschreibung des Kommunitarismus-Verständnisses Merkels. Er erfasst als Kommunitaristen primär Individuen, „die weniger mobil sind, deutlich weniger Wahlmöglichkeiten hinsichtlich ihres Wohn-, Arbeits- oder Urlaubsortes haben und deren Identität auf Zugehörigkeit zu einem spezifischen Territorium, sei es eine Region, eine Nation oder ein spezifischer Ort, beruht" (Koppetsch 2018, S. 19). Mobilität, der Besitz kulturellen Kapitals und auch der individuelle Bildungsstand müssen grundsätzlich immer im Bewusstsein essenzieller Unterschiede betrachtet werden, die eine Reproduktion sozio-ökonomischer Statusunterschiede darstellen (Bourdieu 1973, S. 73; Bourdieu 1986, S. 241). Gleichzeitig verliert mit einer Inklusion solcher Faktoren, die klar auch sozialstrukturell bedingt sind, der Kommunitarismus-Begriff an Trennschärfe. Eine Überlagerung zu einem ökonomischen Wertekonflikt wird so schon rein theoretisch-konzeptionell erzwungen.

Es wurde bereits mehrfach dargelegt, dass eine ökonomische Komponente besonders von Beschäftigten im Niedriglohnsektor als relevant wahrgenommen

2.4 Gesellschaftliche Wertorientierungen

wird. Diese sehen sich selbst in Teilen „als Verlierer der kulturellen Moderne" (Merkel 2016b, S. 12) und betrachten deshalb die Globalisierung als eine Bedrohung für ihre Lebensverhältnisse, die neben kulturellen Dimensionen auch die Sicherheit des eigenen Arbeitsplatzes umfasst (Bergmann et al. 2017, S. 58–59). Vor diesem Hintergrund gelingt es vor allem rechtspopulistischen Parteien, sich als Ausdruck und Repräsentant globalisierungsskeptischer und migrationsfeindlicher Wertorientierungen zu positionieren (Merkel 2015, S. 492; Merkel 2016b, S. 11; Grande 2014, S. 44; Grande und Kriesi 2013, S. 85). Verschiedene Autoren vertreten in diesem Kontext die Position, auch der parteipolitische Erfolg der AfD könne durch die Konfliktlinie zwischen Kosmopolitismus und Kommunitarismus erklärt werden (Jesse 2019, S. 112; Merkel 2017a, S. 15). Die von Kriesi et al. (2006) und Merkel (2016) formulierte These, bei dieser Konfliktlinie stünden sich Verlierer und Gewinner der Globalisierung in einem antagonistischen Verhältnis gegenüber, kann im Hinblick auf die AfD und deren Erfolg jedoch nicht einwandfrei bestätigt werden. Ein Gros der Wähler und Anhänger der AfD ist eben nicht sozial abgehängt, gleichwohl diese in Teilen empfinden eben dies zu sein. Dies darf jedoch nicht darüber hinwegtäuschen, dass daraus nicht auch eine politische Konsequenz entstehen kann (Bergmann et al. 2017, S. 63–64; Lengfeld 2017, S. 219). Das gilt insbesondere dann, wenn zunehmende Migration als wirtschaftliche Belastung empfunden wird (Bergmann et al. 2017, S. 65–66).

Fraglich ist aber, ob in diesem Zusammenhang mit der begrifflichen Erfassung als Kommunitarismus beziehungsweise einer kommunitaristischen Wertorientierung nicht davon abgelenkt wird, worum es auch hier, ähnlich wie in anderen Definitionsversuchen, ursächlich geht: eine migrationskritische oder gar migrationsfeindliche Haltung, in der Zuwanderung als Problem oder Bedrohung definiert wird.

Der Kommunitarismus als solcher versteht sich als Gegenentwurf zu Individualisierungs- und Modernisierungsprozessen, die durch die Globalisierung ausgelöst wurden (Reese-Schäfer 2001, S. 10). Er ist als Ausdruck einer spezifischen Gemeinschaftlichkeit zu verstehen, in welcher die Gemeinschaft als solche im Mittelpunkt aller Aktivitäten zu verstehen ist (Bohmann und Rosa 2012, S. 127). Davon sollen Linksliberale und Konservative gleichermaßen angesprochen werden, weswegen Kommunitaristen als philosophische Strömung auch eine Einordnung in ein Links-Rechts-Schema ablehnen und sich aus diesem zu befreien versuchen (Reese-Schäfer 2001, S. 11–12). Gleichwohl ist es dennoch so, dass der Kommunitarismus als dezidierte Kritik am Liberalismus, insbesondere einem wirtschaftlichen Liberalismus, zu verstehen ist (Bohmann und Rosa 2012, S. 143). Kommunitaristen sehen für Entscheidungen, die die Zusammensetzung einer Gesellschaft durch Migration verändern können, die Notwendigkeit einer gesellschaftlichen Verankerung und breiten Unterstützung (Reese-Schäfer 1999, S. 68). Der Ansatz einer gesellschaftlich-demokratischen Legitimation ist demnach keineswegs zu verwechseln mit einer per se grundsätzlich ablehnenden Haltung gegenüber Migration. Ferner ist der Kommunitarismus nicht als Antipode zur Globalisierung zu verstehen, sieht sich dieser doch „als ein Modell der Balance zwischen der Logik von Wettbewerb und Globalisierung auf der einen Seite und der Erzeugung von Sinn, Solidarität und Zugehörigkeit (...) auf der anderen Seite" (Vorländer 2001, S. 21). Zudem ist nie klar zu definieren, welche Art von Gemeinschaft eigentlich gemeint ist, wenn Merkel und weitere Autoren über *den Kommunitarismus* schreiben. Gemeinschaftlichkeit ist ein vielschichtiger Begriff, der viele Dimensionen hat und haben kann. Begonnen mit der Gemeinschaft der eigenen Familie, der eigenen Nachbarschaft, der eigenen Stadt, dem eigenen Bundesland oder schlussendlich der eigenen Nation.

Folgerichtig kann festgehalten werden, dass der Gemeinschaftsbegriff nicht mit der Zugehörigkeit zu einer Nation gleichzusetzen ist (Zanetti 2004, S. 193). Genau diese Referenzkategorie sprechen aber nahezu alle jener Autoren an, die hier zu dieser Thematik angeführt wurden. Aus diesem Grund erscheint es angemessen, nach Abwägung eben jener Argumente, die gegen die Begriffsverwendung des Kommunitarismus sprechen, jene verbindende Komponente anzuwenden, um die es ursächlich bei der Beschreibung der Konfliktlinie geht: um Nationalismus, der in einem Konfliktverhältnis zu einem liberalen Kosmopolitismus steht. Kosmopoliten sind allgemein gegenüber kultureller Diversität offener eingestellt (Helbing und Teney 2015, S. 449) und fühlen sich weniger einer lokalen oder nationalen Einheit zugehörig als andere Bevölkerungsgruppen (Roudometof 2005, S. 125–126). Dem Kosmopolitismus wohnen demnach Werte inne, die denen seines Gegenstücks, dem Nationalismus, diametral entgegenstehen (Popper 2003, S. 60; Rüschemeyer 1969, S. 385). Der Nationalismus als solcher negiert, anders als der Kosmopolitismus, die Gleichheit aller Menschen (Kronenberg 2005, S. 44). Er „wendet sich an unsere Stammesinstinkte, er wendet sich an Leidenschaft und Vorurteil, an unseren nostalgischen Wunsch, von der Last individueller Verantwortung befreit zu werden, die er durch eine kollektive oder Gruppenverantwortung zu ersetzen sucht" (Popper 2003, S. 60). Demnach ist Nationalismus auch als eine Referenzkategorie zu verstehen, die immer wieder als Ausgangspunkt einer Selbstvergewisserung herangezogen werden kann, wenn unvorhergesehene Ereignisse eintreten, die zu einer gesellschaftlichen und individuellen Verunsicherung führen (Crouch 2016, S. 44). Als mögliche Beispiele können unvorhergesehene Migrationsbewegungen wie die so genannte europäische Flüchtlingskrise von 2015 angeführt werden. Dadurch können „kulturelle Entfremdungsgefühle" (Decker 2017, S. 58) entstehen, die zu einer Polarisierung

2.4 Gesellschaftliche Wertorientierungen

in „Fragen der Multikulturalität und der Immigration bzw. der Aufnahme von Flüchtlingen" (Merkel 2017a, S. 13) führen und auch als solche empirisch zu beobachten sind. Die Empfindung, man erleide gerade einen „Verlust vertrauter Ordnungsvorstellungen und Bindungen" (Decker 2017, S. 58) hat weitreichende Folgen. Auch in jenen Gesellschaften, in denen die gesellschaftliche Individualisierung und der Rückzug des Individuums in die Privatheit weit fortgeschritten ist, „wird die Notwendigkeit kollektiver Identifikation nie verschwinden, da sie für die Seinsweise des Menschen konstitutiv ist" (Mouffe 2016, S. 40). Insbesondere in Krisensituationen wird die Nation so als Garant gesellschaftlicher Stabilität angesehen. Dabei ist unerheblich, ob eine Gesellschaft tatsächlich in einer krisenhaften Situation ist, sondern vielmehr von Relevanz, ob dies aus individueller Perspektive so empfunden wird. Eine Nation ist zweifelsohne angewiesen „auf einen grundlegenden Konsens in ihrer politischen Kultur und stets auf ein bestimmtes Territorium orientiert, ihr Vaterland" (Kronenberg 2005, S. 37). Nichtsdestotrotz hat der Begriff der Nation und die daraus abgeleitete Wertorientierung auch eine emotionale Komponente. Für Patrioten und Nationalisten steht der Wert der eigenen Nation im Vordergrund und nimmt eine wichtige Rolle in ihrem Wertesystem ein, die auch symbolischen Ausdruck durch beispielsweise eine Nationalflagge finden kann (Thome 2019, S. 49).

Insbesondere die territoriale Begrenzung wird durch fortschreitende Globalisierungsprozesse jedoch in Frage gestellt, kommt es doch durch sie zu einer Relativierung nationaler Grenzen (Grande und Kriesi 2013, S. 86). Die dadurch entstehende Zunahme von Zuwanderung in die Bundesrepublik Deutschland bezeichnete so beispielhaft der damalige Bundesfinanzminister Wolfang Schäuble (CDU) sehr treffend als ein „Rendezvous unserer Gesellschaft mit der Globalisierung" (Zacharakis 2016). Von zentraler Bedeutung ist, dass bei weitem nicht alle Menschen innerhalb einer Gesellschaft, in diesem Fall der deutschen, dieses Rendezvous für einen wünschenswerten Zustand halten.

Im Gegenteil ruft so ein

„Prozess der kulturellen Öffnung (…) auch starke Abwehrreaktionen hervor und bedingt eine Konfliktlinie ‚Nationalisten vs. Kosmopoliten', nämlich zwischen Menschen mit einer universalistischen, multikulturellen kosmopolitischen Position und jenen, die die ‚nationale Kultur' beschützen wollen" (Schmidt 2015, S. 372).

Diese sehen die Kosmopoliten als bedroht an. Der Kosmopolitismus tritt also vielmehr in Form eines gesellschaftsliberalen Gegenentwurfs zu einem nationalistischen Protektionismus auf (Lacewell und Merkel 2013, S. 72). Aus letzterem wird dann eine Forderung nach einer sehr restriktiven Migrationspolitik abgeleitet. Dies trifft insbesondere für jene Individuen zu, die ein sehr starkes nationales Identifikationsgefühl vorweisen. Dies gilt umso mehr, wenn das individuelle Nationalbewusstsein durch ethnische Kategorien definiert wird (Knutsen 2018b, S. 80). Objekt migrationsfeindlicher Haltungen sind aber sowohl die Migration als solche, aber auch Migranten an sich. Diese Einstellungen korrelieren zwar durchaus stark miteinander, sind aber empirisch nur schwerlich trennscharf zu erfassen (Ceobanu und Escandell 2010, S. 313).

Verschiedene Autoren sprechen schon seit Jahrzehnten davon, dass die Entstehung einer Konfliktlinie als Reaktion auf einen allgemeinen gesellschaftlich-kulturellen Wandel absehbar ist (Inglehart et al. 2001, S. 13). Manche Autoren sprechen von dem Konflikt zwischen einer kosmopolitischen und einer nationalistischen Wertorientierung als wahlweise einem neuen (Eith und Maier 2018, S. 19; Grande und Kriesi 2013, S. 91) oder alternativ der Wiederbelebung eines schon länger schwelenden Wertekonflikts (Crouch 2018, S. 72). Für die Bundesrepublik kann in der Tat eher von einem schon länger existierenden Wertekonflikt gesprochen werden. So galten rechte und rechtsradikale Parteien in Deutschland lange als eher marginalisiert, war doch seit der Bundestagswahl 1961 keine Partei rechts der Union im Parlament vertreten (Dilling 2018, S. 84). Das Wahlergebnis von 12,6 Prozent für die Alternative für Deutschland bei der Bundestagswahl 2017 wird aus diesem Grund auch als „Ausdruck einer rechten Konsensverschiebung in Deutschland" (Korte 2019, S. 2) interpretiert. Anders stellt sich die Lage jedoch dar, wenn man einen Blick in die Bundesländer wagt, in denen immer wieder rechtsradikale oder rechtsextreme Parteien erfolgreich waren. Gemeinsam haben diese seit jeher, dass „Immigranten (...) das bevorzugte Agitationsthema bisher marginaler rechtsradikaler Gruppen [sind], die restriktive oder exklusive Immigrationspolitiken propagieren" (Leggewie 2001, S. 47).

Das klassische Feindbild bildet dabei über Jahre die vermeintliche Abwicklung von Nationalstaaten, die durch die europäische Integration herbeigeführt werde (Rhodes et al. 1997, S. 2). Gleichwohl hat die europäische Integration auch Themen auf die Agenda gesetzt, die weitreichende Konsequenzen für das politische und gesellschaftliche Zusammenleben haben. Dazu gehören neben der Verteidigung nationalstaatlicher Souveränitätsrechte insbesondere auch kulturelle Einflüsse auf die lokale oder nationale Kultur eines Landes oder einer Region (Hooghe und Marks 2018, S. 114). Die Manifestation einer Konfliktlinie zwischen kosmopolitischen und nationalistischen Wertmustern verläuft zuvorderst entlang der individuellen Haltung zu einer vertieften europäischen Integration und zudem zu Migration im Allgemeinen (Kneuer und Lauth 2016, S. 457).

2.4 Gesellschaftliche Wertorientierungen

Zentral ist die Anmerkung, dass es sich hierbei um zwei Themenbereiche handelt, die inhaltlich nur schwer trennscharf zu erfassen sind, bedingen sie sich in Teilen gewissermaßen auch gegenseitig, wenngleich mit der europäischen Integration weitaus mehr Felder in Verbindung gebracht werden müssen (Börzel 2005, S. 222–223).

Migrationskritische oder gar migrationsfeindliche Haltungen werden oft maßgeblich von der Annahme beeinflusst, durch eine liberalere Grenz- und Migrationspolitik entstünden höhere Kosten für eine nationale Gemeinschaft, kulturelle Werte verlören an Bedeutung oder Arbeitsplätze würden an Migranten verloren gehen (Berg 2015, S. 26). Vielfach wird im Angesicht weltweit stattfindender politischer Transformationsprozesse argumentiert, dass die bisher existierenden Parteien nicht in der Lage sind oder waren, aktiv auf Veränderungswünsche in Teilen der Elektorate der jeweiligen Länder zu reagieren. Teile der Gesellschaft fühlen sich, auch bedingt durch steigende Zuwanderungszahlen und dadurch entstehenden Multikulturalismus, als Verlierer der Globalisierung. Unter diesen Bedingungen sind rechtsextreme Parteien, die Ressentiments gegen Einwanderer fördern, gestärkt worden (Norris 2013, S. 132–133). Hinsichtlich der inhaltlichen Besetzung gilt gleichwohl festzuhalten:

> „Obwohl der Widerstand gegen die Globalisierung von allen erkennbaren Teilen des politischen Spektrums ausgeht und zugleich von keinem bestimmten, lag seine Führung von jeher fest in den Händen der Rechten. Das ergibt durchaus Sinn, wenn der Träger eines bisher großen Teils dieses Protests der Nationalismus ist, der historisch hauptsächlich, wenn auch keineswegs ausschließlich, mit der politischen Rechten in Verbindung gebracht wird" (Crouch 2018, S. 10).

Nicht weiter verwunderlich ist daher, dass in Europa eine subjektiv geschätzte Rechtspositionierung nicht selten sehr stark mit einwanderungsfeindlichen Positionen einhergeht (Berg 2015, S. 24). Diese ergänzende kulturelle Konfliktlinie hat an Bedeutung gewonnen und in Folge in einigen Ländern, beispielsweise den Niederlanden oder Großbritannien, den Platz der prägendsten Variable im parteipolitischen Wettbewerb eingenommen – zumindest zeitweise (Grande und Kriesi 2013, S. 95). Dass mit Hanspeter Kriesi und Edgar Grande heute zwei Autoren, die die viel rezitierte Beschreibung der Konfliktdimension als einen Konflikt zwischen *Abgrenzung* und *Integration* bezeichneten, inzwischen auch von einem Wertekonflikt zwischen *Kosmopolitismus* und *Nationalismus* sprechen, zeigt die Sinnhaftigkeit einer solchen Beschreibung für diese Konfliktlinie (Grande 2014, S. 49). Parteipolitisch institutionalisiert entzündet sich der Konflikt um den Schutz nationaler Traditionen vor der vermeintlichen Bedrohung durch eine kulturelle

Öffnung (Schmidt 2015, S. 375). Doch wie gestaltet sich dies auf Ebene der Elektorate deutscher Parteien? Über Jahrzehnte setzte sich das Erfolgsrezept der CDU/CSU bei Bundestagswahlen aus der Synthese von kulturellem und nationalem Konservatismus, einem katholisch geprägten Wohlfahrtsstaatsbild sowie einem gleichzeitigen Wirtschaftsliberalismus zusammen (Clemens 2018, S. 56). Dabei hatte die Union stets einen Spagat zu machen zwischen einem Teil der Wählerschaft, der in Migration und Integration vor allem kulturelle Herausforderungen sieht sowie einem weiteren Teil der Wählerschaft, der aufgrund christlich-sozialer Pflichtverbundenheit ein Engagement und beispielsweise die Aufnahme von Flüchtlingen für gut und richtig befindet und sich deshalb gegen vollends geschlossene Grenzen positioniert (Hess und Green 2016, S. 322). Im Zuge der in Deutschland auf Bundesebene zum zweiten Mal gebildeten Großen Koalition aus CDU/CSU und SPD wird eine sich schleichend liberalisierende Gesellschaftspolitik der Christdemokraten diagnostiziert. Verbunden wird dies mit der vorsichtigen Warnung, dass diese Entwicklung bei traditionalistischen Wählerschichten in Zukunft zu einer Entfremdung führen kann, weshalb diese bei der Union nicht länger ihre politische Heimat sehen würden. Auf dieser Basis könne sodann eine Repräsentationslücke entstehen, welche vor allem mit Blick auf klassische Stammwähler langfristig problematisch werde (Korte 2008, S. 7–8). Bei der Bundestagswahl 2009 war die Migrationspolitik zwar kein zentrales Wahlkampfthema, nichtsdestotrotz hatte die individuelle Haltung zu integrations- und migrationspolitischen Fragestellungen einen signifikanten Einfluss auf eine Wahlentscheidung zu Gunsten von CDU und CSU (Wagner 2014a, S. 51–52). Zu diesem Zeitpunkt haben Wähler der Unionsparteien eine dezidiert einwanderungskritische Haltung (Roßteutscher und Scherer 2013b, S. 400–401).

Bei der Bundestagswahl 2013 nimmt die AfD eine wirtschaftspolitisch libertäre Haltung ein, welche sie mit einer gesellschaftspolitisch nationalkonservativen Position kombiniert (Niedermayer und Hofrichter 2016, S. 267). Die eurokritische Positionierung der Partei, die Ausdruck einer marktliberal-euroskeptischen sowie einer nationalistischen Haltung ist, führt insbesondere unter Anhängern von der Linken und der FDP dazu, sich der neuen Partei zuzuwenden (Niedermayer und Hofrichter 2016, S. 275). Ein nicht unwesentlicher Anteil der AfD-Wähler von 2013 kam jedoch auch aus der vormaligen Anhängerschaft der Union. Es zeigt sich ferner, dass migrationspolitische Einstellungen bei dieser Wahl keinen wahrnehmbaren Effekt auf ein Wahlverhalten zu Gunsten der AfD hatten (Arzheimer und Berning 2019, S. 7). Nichtsdestotrotz scheint sich zumindest Kortes Diagnose einer Abwanderung konservativ orientierter CDU/CSU-Wähler zunächst zu bestätigen. Schon bald nach ihrer Gründung

2.4 Gesellschaftliche Wertorientierungen

steht die AfD in Verdacht, Positionen zu vertreten, die inhaltlich klar rechts der Unionsparteien verortet werden. Stellvertretend stehen dafür bald Forderungen in der Migrations- und Integrationspolitik – das Verbot von Moscheen und die Forderung strikter Grenzkontrollen und Grenzschließungen. Diese wurden seitens der zu diesem Zeitpunkt im Bundestag vertretenen Parteien alsbald zurückgewiesen (Goerres et al. 2018, S. 246). Gleichwohl wird sie so für dezidiert konservativ orientiere Wähler attraktiv.

Seit ihrer Gründung stellt die AfD deshalb „Identitätsfragen auch an die politische Mitte (…) und nutzt nicht nur einen antipluralistischen Impuls, sie definiert auch, wer drinnen und wer draußen sein sollte, wer dazugehört und wer nicht" (Korte 2016b, S. 20). Von Beginn an werden so die bereits etablierten Parteien unter Druck gesetzt, die zunächst keine Umgangsform mit dieser neueren Entwicklung finden. Dessen ungeachtet kann sich die AfD nach ihrem doch erstaunlichen Erfolg bei der Europawahl 2014 (Schwander und Manow 2017, S. 14) zunächst nicht dauerhaft in Umfragen über der Fünf-Prozent-Hürde etablieren. Zu Beginn der so genannten Flüchtlingskrise, Mitte Juli 2015, steht die Partei bundesweit nur noch bei rund drei Prozent in den Umfragen (Zeit Online 2015).

Im weiteren Verlauf der Krisensituation entsteht in Teilen der bundesdeutschen Wählerschaft der Eindruck, die zu diesem Zeitpunkt im Bundestag vertretenen Parteien, CDU/CSU, SPD, Grüne und Linke, verträten allesamt politisch sehr ähnliche Standpunkte. Darauf aufbauend „konnte sich die AfD in einer kommunikativen und responsiven Lücke einnisten und die Themen ‚Zuwanderung', ‚Anpassung' und ‚Integration' besetzen" (Pickel 2017, S. 100). Erst möglich wurde dies dadurch, dass die CDU ihre Position auf der Konfliktlinie zwischen kosmopolitischen und nationalistischen Werten deutlich verschoben hat. Vor allem ihre ansonsten sehr restriktive Migrationspolitik wurde sukzessive aufgeweicht (Jun 2019, S. 48), obgleich die CSU hingegen versuchte, eine dadurch möglicherweise entstehende Repräsentationslücke zu schließen. Auf diese Motivation sind der politische Einsatz der Christdemokraten gegen einen *Doppelpass* oder auch eine Zuzugsobergrenze für Flüchtlinge zurückzuführen (Oppelland 2018, S. 18–19). Aufgrund einer inhaltlich nicht klar erkennbaren Linie der Unionsparteien und einer Abwendung von den Wertvorstellungen jener Wähler, die die CDU/CSU lange als Repräsentantin einer eher national-protektionistischen Politik gesehen haben, wird erst jene Repräsentationslücke geschaffen, welche die AfD für sich politisch nutzen kann (Patzelt 2018b, S. 895). Nach der Kölner Silvesternacht 2015/2016, in der es zu zahlreichen Übergriffen auf Frauen durch Menschen mit Migrationshintergrund kam, „erkannte die AfD die Gunst der Stunde: Sie präsentierte sich als einzig wahre Alternative zur Politik der etablierten Parteien. Mit islamkritischen, national-konservativen und rechtspopulistischen Äußerungen sprach die AfD die zentralen Ängste vieler Menschen an" (Bieber und Roßteutscher 2019, S. 16). Dass die so genannte Flüchtlingskrise als thematische „Mixtur aus Verteilungs- und Gerechtigkeitsfragen, aus Identität und Sicherheit" (Korte 2018b, S. 413) für die Bundestagswahl 2017 ein wahlentscheidendes Thema werden würde, war früh ersichtlich (Korte 2018b, S. 413; Weigl 2017, S. 70). Die Wahl wurde „ein für Schlüsselentscheidungen typisch nachgelagertes Plebiszit" (Korte 2019, S. 4) über die Entscheidung der damals amtierenden Bundesregierung, 2015 keine Zurückweisungen von Flüchtlingen an der Grenze vorzunehmen.

Auf dem Höhepunkt der Krisensituation im Jahr 2015 waren vor allem Politiker der Grünen in ihrer Haltung zu Flüchtlingen am liberalsten positioniert, wohingegen insbesondere aus der CSU eher ein restriktiverer Kurs gefordert wurde (König 2017, S. 348). Am Ende folgen diese dann in letzter Instanz aber auch dem Kurs der Bundeskanzlerin. Schlussendlich gelingt es der AfD, sich in die „Vertretungslücke von politisch heimatlos gewordenen rechtskonservativen Wählerinnen und Wählern [hineinzudrängen und] (…) damit das in der Nachkriegszeit bisher unangefochtene Vertretungsmonopol des bürgerlich-konservativen Lagers durch die Union [zu zerstören]" (Wiesendahl 2017, S. 8).

Relevant wird dies unter der Vergegenwärtigung, dass im Verlauf der Legislaturperiode 2013 bis 2017 die individuellen Haltungen und Vorstellungen der Bevölkerung zu Einwanderungsfragen an Bedeutung gewonnen haben. Waren Bürger bereits 2013 migrationsskeptisch gesinnt, bewerteten diese die Große Koalition aus Union und SPD in Folge signifikant negativer. Die Migrations- und Flüchtlingspolitik wurde demnach von manchen Wählern zum Maßstab erklärt, an dem die Regierungsarbeit der betreffenden Parteien gemessen wurde (Schoen und Gavras 2019, S. 28–29). Korte geht sogar so weit, dass er den Sommer 2015 und die damals getroffenen Entscheidungen zur Aufnahme von Flüchtlingen als drastischen Einschnitt, gar als einen von mehreren „Kipp-Punkten des Regierens, der die Bundestagswahl entschieden" (Korte 2019, S. 3) hat, erklärt. So hält er fest:

„Der Globalisierungsschub für die deutsche Einwanderungsgesellschaft wirkte als externer Schock nach. Kaum ein Thema ist so lebensnah und emotional im Alltag der Bürgerinnen und Bürger verankert wie der Umgang mit den neuen Fremden. (…) Es ist die Übersetzung des sperrigen Begriffs der Globalisierung in den familiären Alltag" (Korte 2019, S. 3).

2.4 Gesellschaftliche Wertorientierungen

Baumann beschreibt eine derartige Lage als „eine Chance, die immer mehr Politiker sich nicht entgehen lassen wollen. Kapital zu schlagen aus den Ängsten, die der Zustrom der Fremden auslöst, (…) ist eine Versuchung, der nur wenige amtierende oder auf Ämter hoffende Politiker zu widerstehen vermögen" (Baumann 2016, S. 22). Dies gilt besonders dann, wenn die eigenen Anhänger oder mögliche künftige Unterstützer für einen derartigen politischen Kurs empfänglich sind. Am Beispiel der Bundestagswahl 2017 zeigt sich klar, dass die Wähler der AfD nicht nur eine sehr klare und negative Einstellung gegenüber den Entscheidungen der Bundesregierung in der so genannten Flüchtlingskrise und darüber hinaus verbindet. Ferner sind sie vor allem gegenüber muslimischen Migranten deutlich ablehnender eingestellt als die Wähler anderer Parteien (Goerres et al. 2018, S. 252–253).

Dies darf jedoch nicht darüber hinwegtäuschen, dass die aus der Krisensituation und den Folgejahren entstandenen „Migrationsbewegungen (…) der Katalysator einer Diskussion [sind], die schon länger schlummerte[n]" (Korte 2018a, S. 7). Im Gegenteil ist es so, dass die Ablehnung von Zuwanderung, kombiniert mit einer latenten Fremdenfeindlichkeit, in der deutschen Gesellschaft nichts Neues ist. Tatsächlich war diese schon immer Bestandteil eines Wertekanons, der zwar nicht von allen Individuen einer Gesellschaft geteilt wurde, er aber auch nie vollends verschwunden war. In der so genannten Flüchtlingskrise wurde lediglich eine konkrete sowie politisch institutionalisierte Manifestation dieser Wertorientierung sichtbar (Pickel und Pickel 2019, S. 288). Dies geht mit der Forderung von 70 Prozent der Teilnehmer einer Befragung im Jahr 2016 einher, dass Zuwanderer sich kulturell assimilieren müssten (Pickel und Pickel 2019, S. 308–309). Tatsächlich ist die AfD

> „deshalb kein plötzliches Krisenphänomen der deutschen Politik, kein plötzlich unerklärliches Fieber. Das Problem ist schon lange in der deutschen Entwicklung latent und wird jetzt (wieder) virulent: Denn seit Jahrzehnten wird von den Demoskopen um die 15 Prozent Ausländerfeindlichkeit und autoritäres Denken in den politischen Einstellungen der Bürger konstatiert" (Alemann 2017, S. 64).

Aus diesem Grund hat die Entstehung und Etablierung der AfD nicht zwangsläufig entlang einer sich vollends neuformierenden Konfliktdimension stattgefunden. Vielmehr handelt es sich hierbei eher um „die Aktivierung einer ohnehin schon schlummernden neuen Kosmopolitismus-Konfliktlinie" (Franzmann 2018, S. 371). Demnach waren die dafür notwendigen Prädispositionen wohl schon länger vorhanden. Sie wurden jedoch erst mit der Entstehung einer dafür notwendigen Repräsentationslücke salient. Dies unterstützt den argumentativen

Standpunkt, dass eine gesellschaftliche Konfliktlinie im Hinblick auf Wertorientierungen erst dann wirklich in den Vordergrund tritt, wenn zum einen jene Themenfelder relevant werden, die Bestandteil dieser Wertvorstellungen sind, zum anderen aber auch keine natürliche Repräsentation von spezifischen Werten im politischen Raum vorhanden ist.

Die AfD wird demnach als Vertreterin eines Pols der Konfliktlinie zwischen einer kosmopolitischen und einer nationalistischen Wertorientierung wahrgenommen (Grande 2014, S. 55), bedingt durch die inhaltliche Fokussierung auf Zuwanderung und Flucht sowie die gesellschaftliche Nachfrage, die durch die Fluchtkrise im Jahr 2015 entstanden ist (Pappi et al. 2019a, S. 287). So gaben vor der Bundestagswahl 2017 60 Prozent der Befragten an, Zuwanderung sei in ihrer Wahrnehmung das wichtigste oder zweitwichtigste Problem, vor dem das Land stehe (Kratz 2019, S. 231–232). Dies gilt insbesondere für einen überwältigenden Anteil der AfD-Anhänger, die ihre Unzufriedenheit mit der Asyl- und Flüchtlingspolitik der Bundesregierung artikulieren (Bukow 2017, S. 11). Hinzukommend plädieren vor allem Anhänger der AfD für die Ein- und Beibehaltung nationaler Grenzen, die sie durch Globalisierungsprozesse und Migrationsbewegungen gefährdet sehen (Grabow und Pokorny 2018, S. 23). Erklärt werden kann dies damit, dass keine Partei derartig klar Position gegen die Migrations- und Fluchtpolitik der Bundesregierung ab 2017 bezog wie die Alternative für Deutschland (Pappi et al. 2019a, S. 274). Die Favorisierung und die Wahl der AfD ist Ausdruck einer autoritär-nationalistischen Reaktion jener Wähler, die das Gefühl haben, für sie zentrale Werte fänden im politischen Raum keine Berücksichtigung mehr (Norris und Inglehart 2019, S. 43). Der Erfolg der AfD basiert folglich nicht nur auf den durch sie artikulierten migrationskritischen Einstellungen und nationalistischen Grundwerten (Panreck und Brinkmann 2019, S. 4; Franzmann 2018, S. 388), vor allem bei jenen Wählern, die vormals die Volksparteien SPD und CDU/CSU gewählt haben (Wurthmann et al. 2020, S. 9).

Parteien der radikalen Rechten, zu denen auch die AfD heute zu zählen ist, verbindet als gemeinsamer inhaltlicher Nenner eine Melange aus Rassismus, Ethnozentrismus und Migrationsfeindlichkeit (Arzheimer 2015, S. 536–537). Schon früh gelingt es der AfD, die Abwehrhaltung der eigenen Anhängerschaft gegenüber der europäischen Integration und einer weiteren Vertiefung zu aggregieren (Lengfeld 2017, S. 214–215; Decker 2017, S. 55–56), sind diese ihr doch seit Parteigründung sehr ablehnend gegenüber eingestellt (Abou-Chadi 2015, S. 91–92). Während 65 Prozent der AfD-Anhänger bei der Bundestagswahl 2017 über eine nationalistische Wertorientierung verfügen, bilden die Wähler der Grünen den Gegenpol, insbesondere da 72 Prozent ihrer Anhänger kosmopolitisch orientiert

2.4 Gesellschaftliche Wertorientierungen

sind (Eith und Maier 2018, S. 32). Die Grünen sind als Vertretung einer kosmopolitischen Wertorientierung einzuordnen (Lacewell und Merkel 2013, S. 73) und bilden auch in parteipolitisch institutionalisierter Form den Gegenpol zu der AfD (Franzmann 2018, S. 384; Merkel 2017b, S. 54). Wertorientierungen der Wähler und deren Vertretung durch die entsprechenden Parteien sind folglich an dieser Stelle kongruent.

Merkel geht bei seinen Ausführungen grundsätzlich von der Annahme aus, dass „auf der nach wie vor relevanten Links-Rechts-Achse die kosmopolitischen Positionen von links nach rechts ab[nehmen]" (Merkel 2017b, S. 54). Allerdings ist damit kein Automatismus verbunden, dass eine sozio-ökonomisch links orientierte Partei wie die Linke auch als kosmopolitischste Partei zu verorten ist (Lacewell und Merkel 2013, S. 73). Auch hier wird ein ums andere Mal die Heterogenität nicht nur der Parteien, sondern auch deren Anhängerschaften deutlich, auch aufgrund dessen, dass die Wähler der Linken weit weniger kosmopolitisch orientiert sind als die von ihnen unterstützte Partei (Zettl 2014, S. 167).

Diese Inkongruenz zwischen den Wertorientierungen der Wähler und denen der Partei wird auch im Fall der SPD deutlich. Der Konflikt zwischen einer kosmopolitischen und einer nationalistischen Wertvorstellung geht hier „mitten durch ihre Wählerschaft hindurch" (Wiesendahl 2017, S. 13). Dies ist aber keine singuläre Beobachtung, die ausschließlich für die deutsche Sozialdemokratie zutrifft. Die oft von Rechtspopulisten und Rechtsradikalen eingenommene autoritäre und nationalistische Ausrichtung in der Gesellschaftspolitik wirkt auch auf klassisch linke Wähler attraktiv (Decker 2016b, S. 11–12). Dies entspricht „dem kulturellen Traditionalismus der Arbeiterklasse, den der amerikanische Soziologe Seymour Martin Lipset schon vor über fünfzig Jahren diagnostiziert hat" (Decker 2015, S. 112–113). Die Wähler sind in sozialpolitischen Fragen zwar durchaus einverstanden mit der sozio-ökonomischen Ausrichtung sozialdemokratischer oder sozialistischer Parteien, lehnen aber deren kosmopolitische und liberale Gesellschaftspolitik ab (Decker 2018b, S. 25), weswegen auch von einem Autoritarismus der Arbeiterklasse (Lipset 1959b) gesprochen wird. In skandinavischen Ländern zeigt sich auf gesellschaftlicher Ebene genau dies: Angehörige der Arbeiterschaft fühlen sich in klassischen Themen der Sozialdemokratie und Sozialisten – also Sozial- und Gesundheitspolitik – hinreichend vertreten, lehnen aber Ausgaben und Investitionen in der Migrationspolitik klar ab (Walter 2013, S. 67–68).

Für den Fall der Alternative für Deutschland ist nach der Bundestagswahl 2017 eine merkliche inhaltliche Positionsverschiebung erkennbar, die eine stärkere sozial-protektionistische linke Ausrichtung in ökonomischen Fragen inkludiert, was langfristig zu einem Problem für die deutsche Sozialdemokratie werden kann (Decker 2019b, S. 222).

Bei der Bundestagswahl 2017 positionierte sich die SPD inhaltlich eher in der Nähe des kosmopolitischen Pols (Jun 2018, S. 11–12), woraufhin globalisierungs- und migrationsskeptische Wähler in großen Teilen zur AfD übergelaufen sind (Jun 2019, S. 50). Für ehemalige Anhänger der Unionsparteien lässt sich eine ähnliche Beobachtung machen: Auch hier ist die inhaltliche Nähe zur AfD in Fragen der Migrations- und Flüchtlingspolitik ein wichtiger Grund, um diese Partei zu wählen (Wurthmann et al. 2020, S. 9). Inhaltlich positioniert sich die CDU zwischen beiden Polen verstärkt eher mittig (Jakobs und Jun 2018, S. 266). Hatte wiederum bei der Bundestagswahl 2013 die Ausrichtung der AfD in der Migrationspolitik keine signifikante Rolle gespielt, ist sie bei der Bundestagswahl 2017 zum wichtigsten Grund geworden, um die Partei zu unterstützen (Arzheimer und Berning 2019, S. 7–8).

Die FDP als liberale Partei wiederum ist eher als pro-europäische und gesellschaftlich kosmopolitisch orientierte Partei zu verstehen, was im Wesentlichen auch für deren Anhängerschaft gilt (Birsl und Lösche 2001, S. 373; Dittberner 2012, S. 103). Einzige Zweifel kommen in der kritischen und zum Teil ablehnenden Haltung gegenüber der eigenen Eurorettungspolitik im Jahr 2011 auf, als die Partei selbst Teil der Bundesregierung ist. Diese wurde in Folge jedoch primär als Ausdruck einer wirtschaftspolitisch libertären und weniger einer gesellschaftspolitisch nationalistisch ausgerichteten Grundhaltung gedeutet (Decker 2015, S. 213–215; Niedermayer 2015b, S. 117).

Die Grünen wiederum können als eine Art Partei des Kosmopolitismus verstanden werden, treten sie doch für eine weitreichende kulturelle Toleranz ein, nach der keine gesellschaftliche Exklusion von Migranten stattfinden darf. Im Kontrast dazu positioniert sich die AfD, die für ein eher traditionalistisches und durch Nationalismus geprägtes Gesellschaftsbild eintritt. Beide Parteien sind unter ihren Anhängern auf dieser Konfliktlinie in immensem Umfang erfolgreich und so werden diese als legitime Repräsentanten eben dieser Wertorientierungen wahrgenommen (Jun 2017, S. 103). Vor allem der AfD ist es aber gelungen, den Repräsentationsanspruch für nationalistisch orientierte Wähler in der Bundesrepublik Deutschland nicht nur zu erheben, sondern auch für einen sehr klaren Wahlerfolg bei der Bundestagswahl 2017 nutzen zu können. Die von den Unionsparteien aufgegebene restriktive Migrationspolitik im Rahmen der so genannten Flüchtlingskrise hat offenbar Teile der eigenen Wählerschaft derartig verunsichert, dass sie, ähnlich wie ehemalige Wähler der SPD, aufgrund sozio-ökonomischer

2.4 Gesellschaftliche Wertorientierungen

Unsicherheiten zur Linken abwanderten und sich eine neue politische Repräsentation gesucht haben. Vor diesem Hintergrund scheint es in hohem Maße interessant herauszufinden, in welchem Ausmaß in der Vergangenheit eine nationalistische Wertorientierung bei den vorangegangenen Bundestagswahlen eine Rolle gespielt hat. Es wird hier davon ausgegangen, dass der Repräsentationsanspruch von CDU und CSU für nationalistisch orientierte Wähler bis zur so genannten Flüchtlingskrise von 2015 durchaus Geltung hatte und sich demnach auch im Wahlverhalten der eigenen Anhänger niedergeschlagen hat, sich nach 2015 allerdings verflüchtigt hat. Daraus folgt die folgende Hypothese:

> H6: Je nationalistischer die Wertorientierung eines Individuums bei den Bundestagswahlen 2009 und 2013 ist, desto wahrscheinlicher ist die Wahl von CDU und CSU.

Gleichzeitig gilt es zu untersuchen, ob die AfD tatsächlich erst bei der Bundestagswahl 2017 unter jenen Wählern innerhalb der Bevölkerung reüssieren konnte, die eine nationalistische Wertorientierung vorweisen oder ob dies auch bereits im Jahr ihrer Gründung, dem Bundestagswahljahr 2013, der Fall war. Da auch für 2013 von einem solchen Effekt ausgegangen wird, wird sodann die folgende Hypothese hergeleitet:

> H7: Je nationalistischer die Wertorientierung eines Individuums ist, desto wahrscheinlicher ist die Wahl der AfD.

Inwiefern die hier formulierten theoretischen Überlegungen und die aus ihnen abgeleiteten Hypothesen einer empirischen Überprüfung standhalten können, wird nun einleitend mit dem Forschungsdesign im Folgekapitel begonnen darzustellen.

Open Access Dieses Kapitel wird unter der Creative Commons Namensnennung 4.0 International Lizenz (http://creativecommons.org/licenses/by/4.0/deed.de) veröffentlicht, welche die Nutzung, Vervielfältigung, Bearbeitung, Verbreitung und Wiedergabe in jeglichem Medium und Format erlaubt, sofern Sie den/die ursprünglichen Autor(en) und die Quelle ordnungsgemäß nennen, einen Link zur Creative Commons Lizenz beifügen und angeben, ob Änderungen vorgenommen wurden.

Die in diesem Kapitel enthaltenen Bilder und sonstiges Drittmaterial unterliegen ebenfalls der genannten Creative Commons Lizenz, sofern sich aus der Abbildungslegende nichts anderes ergibt. Sofern das betreffende Material nicht unter der genannten Creative Commons Lizenz steht und die betreffende Handlung nicht nach gesetzlichen Vorschriften erlaubt ist, ist für die oben aufgeführten Weiterverwendungen des Materials die Einwilligung des jeweiligen Rechteinhabers einzuholen.

Forschungsdesign 3

Das Forschungsdesign einer wissenschaftlichen Arbeit ist Kernstück und gleichzeitig Navigator, Rechtfertigung sowie Argumentationsgrundlage für die in einer Untersuchung eingeschlagene Vorgehensweise. So soll darin die Nachvollziehbarkeit der verwendeten Analysemethoden, die Auswahl des Forschungsgegenstandes und zudem, sofern es sich um eine quantitativ orientierte Analyse handelt, die Übersetzung theoretischer Konzepte in messbare Indikatoren vorgenommen werden. Aus diesem Grund wird in Abschnitt 3.1 zunächst die hier zugrundeliegende Fallauswahl erläutert. Anschließend wird in Abschnitt 3.2 die für die vorliegende Ausarbeitung verwendete Datengrundlage beschrieben. Im Unterkapitel 3.2.1 wird dafür zunächst ein kurzer, aber dennoch essenzieller Exkurs zur messtheoretischen Herangehensweise für die Erfassung gesellschaftlicher Wertorientierung vorgenommen, da diese für die Datenauswahl hohe Relevanz hat. In dem darauffolgenden Unterkapitel 3.2.2 wird die Datengrundlage sowie deren Auswahl begründet und detailliert beschrieben. In Abschnitt 3.3 wird dann die vorgenommene Operationalisierung erläutert. Dazu zählen nicht nur die in Abschnitt 3.3.1 angeführten abhängigen Variablen, also die Wahlentscheidung als solche sowie die Wahlteilnahme an sich, sondern auch die in Abschnitt 3.3.2 beschriebene Operationalisierung zur Messung gesellschaftlicher Wertorientierungen. Darüber hinaus werden im Abschnitt 3.3.3 die in der Analyse einbezogenen Kontrollvariablen, die sozio-demographischer Natur sind, ebenso beschrieben wie die in Abschnitt 3.3.4 vorgenommene Operationalisierung der Variablen, die Bestandteil

---

Ergänzende Information Die elektronische Version dieses Kapitels enthält Zusatzmaterial, auf das über folgenden Link zugegriffen werden kann https://doi.org/10.1007/978-3-658-38456-2_3.

des Michigan-Modells der Wahlforschung und Bestandteil der hier vorliegenden Analyse sind. In Abschnitt 3.4 wird anschließend eine Diskussion und Vorstellung alternativer Datenquellen vorgenommen, die sich als Datengrundlage als nicht geeignet zur Verwendung für das Forschungsvorhaben herausgestellt haben. Abschließend wird in Abschnitt 3.5 die hier verwendete analytische und methodische Vorgehensweise vorgestellt und umfassend beschrieben.

3.1 Fallauswahl

Die vorliegende Arbeit verfolgt das Ziel, den Effekt gesellschaftlicher Wertorientierungen auf das Wahlverhalten bei den Bundestagswahlen 2009, 2013 und 2017 zu erfassen. Dafür ist es zunächst von hoher Relevanz, zu erläutern, aus welchen Gründen der Untersuchungsgegenstand auf die drei genannten Bundestagswahlen eingegrenzt und weshalb im weiteren Verlauf eine Fokussierung auf die Wähler von CDU/CSU, SPD, FDP, Grünen, Linken und AfD vorgenommen wird. Dass sich die hier vorzunehmende Analyse über mehrere Untersuchungszeitpunkte erstreckt, ist auch mit den Veränderungen des deutschen Parteiensystems zu begründen, die im Folgenden beschrieben werden und als Grundlage für diese Entscheidung gedient haben.

Entstanden die ersten Parteien ab 1945 noch unter der Aufsicht der Alliierten als Neu- oder Wiedergründung, so setzte ab 1953 eine Phase der Konzentrierung ein. Waren zuvor kleinere oder regionale Parteien hauptsächlich in den Unionsparteien aufgegangen, bauten CDU, CSU, SPD und FDP eine dominierende Haltung auf. Dies zeigte sich beispielhaft daran, dass bei den Bundestagswahlen von 1972 und 1976 rund 99,1 Prozent der Wähler für eine der genannten Parteien votierten (Alemann et al. 2018, S. 52). Davon entfielen in beiden Fällen über 90 Prozent der Wählerstimmen auf die Volksparteien CDU/CSU und SPD (Deutscher Bundestag o. J.). Nicht umsonst wird das deutsche Parteiensystem für den Verlauf der ersten Jahrzehnte nach Gründung der Bundesrepublik Deutschland als „ein Hort der Stabilität" (Jesse 2018, S. 825) bezeichnet. Durch die Entstehung der Grünen und die Integration der PDS in das bundesdeutsche Parteiensystem wurde die Struktur eben dieses Systems immer wieder verändert, aber ein tiefgreifender Wandel ist vor allem seit 2008 zu beobachten (Oberndörfer et al. 2009, S. 257). Die Fragmentierung im deutschen Parteiensystem – gemeint sind hiermit nicht nur die im Parlament vertretenen Parteien – erreicht zur Bundestagswahl 2009 einen Grad, der zuletzt bei der ersten freien Bundestagswahl im Jahr 1949 erreicht wurde (Saalfeld 2002, S. 107–108). Bis zur Bundestagswahl 2017 steigt die Fragmentierung auf ein in der Geschichte der Bundesrepublik Deutschland

3.1 Fallauswahl

noch nie da gewesenes Rekordhoch. Die Bundestagswahl 2013 nimmt in diesem Kontext zusätzlich eine besondere Rolle ein (Kriesi 2018, S. 53). Dies wird dadurch bedingt, dass bei dieser Wahl 15,7 Prozent der Wählerstimmen aufgrund der Fünf-Prozent-Hürde und mangels drei – von entsprechenden Parteien – nicht direkt gewonnener Wahlkreise auch nicht in Parlamentssitze übertragen werden konnten (Deutscher Bundestag o. J.; Neu 2014, S. 295).

Tatsächlich sind die besagten Bundestagswahlen 2009, 2013 und 2017 aus politikwissenschaftlicher, parteipolitischer und demokratietheoretischer Perspektive in vielerlei Hinsicht als Untersuchungsgegenstand interessant. Letzteres aufgrund der Tatsache, dass die Wahlbeteiligung bei allen drei Wahlen zu den niedrigsten bei Bundestagswahlen je gemessenen Werten gehört (Haußner und Kaeding 2019, S. 179). Nie war der Anteil der Wähler, gemessen an der Zahl der Wahlberechtigten, geringer als bei der Bundestagswahl 2009, beteiligten sich doch bei dieser Wahl nur 70,8 Prozent (Korte 2010, S. 11). Im Bundestagswahljahr 2013 verbessert sich dieser Wert geringfügig auf 71,5 Prozent der Wahlberechtigten. Somit wird bei dieser Wahl die zweitniedrigste Wahlbeteiligung in der bundesdeutschen Geschichte erzielt (Hilmer und Merz 2014, S. 176). Die Wahlbeteiligung steigt zur Bundestagswahl 2017 auf 76,2 Prozent zwar deutlich, nichtsdestotrotz handelt es sich dabei um die drittniedrigste Wahlbeteiligung bei einer Bundestagswahl in der Geschichte der Bundesrepublik Deutschland (Haußner und Kaeding 2019, S. 179).

Zwar ist diese Entwicklung selbstredend auch relevant für die Parteien, jedoch ist mit der parteipolitischen Sicht primär gemeint, wie die Wahlergebnisse entsprechend auf die Parteien entfielen. Auch in dieser Hinsicht haben alle drei Bundestagswahlen enorme Veränderungen mit sich gebracht. Erreichten die Volksparteien CDU/CSU und SPD, wie angeführt, in den 1970ern noch rund 90 Prozent der Wählerstimmen, so ist die Bundestagswahl 2009 als vorläufiger Höhepunkt der Erosion der Volksparteien einzuordnen (Eith 2010, S. 117) und diese Parteien können nur noch 56,8 Prozent aller abgegebenen Stimmen auf sich vereinen (Alemann et al. 2018, S. 56). Zwischenzeitlich gelingt es den Volksparteien zur Bundestagswahl 2013 diesen Wert wieder auf einen Wählerstimmenanteil von 67,2 Prozent zu erhöhen, jedoch bricht dieser Wert dann zur Bundestagswahl 2017 mit einem Anteil von 53,4 Prozent der Wählerstimmen vollends ein (vgl. Abbildung 3.1).

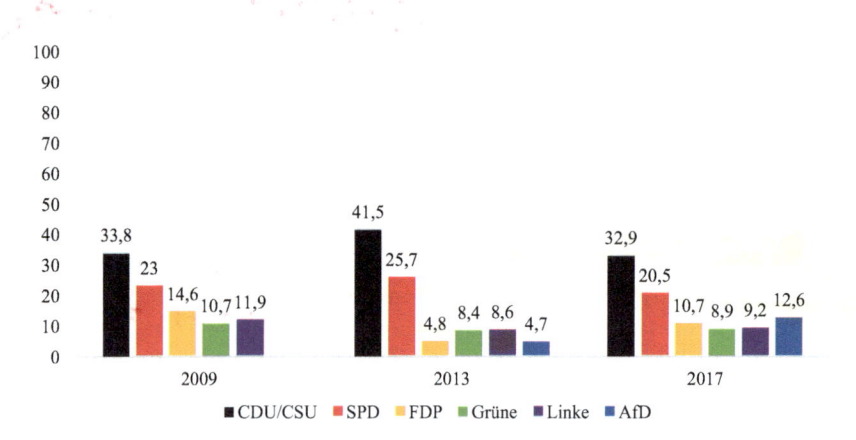

[Bar chart showing election results 2009, 2013, 2017 for CDU/CSU, SPD, FDP, Grüne, Linke, AfD]

2009: CDU/CSU 33,8; SPD 23; FDP 14,6; Grüne 10,7; Linke 11,9
2013: CDU/CSU 41,5; SPD 25,7; FDP 4,8; Grüne 8,4; Linke 8,6; AfD 4,7
2017: CDU/CSU 32,9; SPD 20,5; FDP 10,7; Grüne 8,9; Linke 9,2; AfD 12,6

Abbildung 3.1 Wahlergebnisse der untersuchten Parteien bei den Bundestagswahlen 2009 bis 2017. (Quelle: Eigene Darstellung, basierend auf Jung et al. 2010, S. 39–40; Jung et al. 2015, S. 42–43; Jung 2019, S. 31. Die in der Abbildung angegebenen Werte entsprechen den jeweiligen prozentualen Wahlergebnissen)

Mit Blick auf die spezifischen Wahlergebnisse fällt auf, dass die CDU/CSU bei der Bundestagswahl 2009 nur noch 33,8 Prozent der Stimmen erreicht und damit das zweitschlechteste Wahlergebnis ihrer Geschichte auf Bundesebene erzielt (Korte 2010, S. 11), welches 2017 dann noch mit 32,9 Prozent der Wählerstimmen unterboten wird und so noch rund zwei Prozentpunkte über dem Tiefststand von 31 Prozent bei der Bundestagswahl 1949 liegt. Einzig unterbrochen wird dies von der Bundestagswahl 2013, bei der die Unionsparteien wieder das Niveau der Bundestagswahl 1994 erreichen und 41,5 Prozent der Wählerstimmen auf sich vereinen (vgl. Tabelle A1 im Anhang des elektronischen Zusatzmaterials).

Für die SPD erscheint die Lage im historischen Blick noch problematischer. Sie erzielte bei den Bundestagswahlen 2009, 2013 und 2017 anteilsmäßig 23, 25,7 und 20,5 Prozent der Wählerstimmen. Mit dem Wahlergebnis von 2009 bricht die Sozialdemokratische Partei Deutschlands auf das historisch schlechteste Wahlergebnis seit Gründung der Bundesrepublik ein, welches anschließend, nach einem Aufschwung im Jahr 2013, nur noch vom Wahlergebnis bei der Bundestagswahl 2017 unterboten wird (vgl. Tabelle A1 im Anhang des elektronischen Zusatzmaterials).

Für die FDP bedeuten die betreffenden Bundestagswahljahre ein Wechselbad der Gefühle. Schaffen es die Liberalen, bei der Bundestagswahl 2009 ein Ergebnis

3.1 Fallauswahl

von 14,6 Prozent der Wählerstimmen zu erreichen, brechen sie bei der darauffolgenden Bundestagswahl um 9,8 Prozentpunkte ein und erreichen nur 4,8 Prozent der Wählerstimmen. Dies bedeutet das Ende der parlamentarischen Repräsentation im Bundestag für die FDP, dem sie bis dahin 64 Jahre angehört hat. 2017 gelingt der Partei mit 10,7 Prozent der Wählerstimmen schließlich die Rückkehr in den Bundestag. Für die Partei fallen in den vorgeschlagenen Untersuchungszeitraum demnach zwei zentrale Ereignisse: das beste und auch das schlechteste Wahlergebnis ihrer Geschichte auf Bundesebene, wobei mit Letzterem ihr Aus im Bundestag verbunden ist (vgl. Tabelle A1 im Anhang des elektronischen Zusatzmaterials).

Die Grünen können bei der Bundestagswahl 2009 insgesamt 10,7 Prozent der Wählerstimmen auf sich vereinen. Dieser Wert sinkt bei der darauffolgenden Bundestagswahl 2013 auf 8,4 Prozent der Stimmen und steigt zur Bundestagswahl 2017 leicht auf 8,9 Prozent der gültigen Wählerstimmen. Dies entspricht den zwei besten Wahlergebnissen, die die Grünen in ihrer Parteigeschichte auf Bundesebene bis zu diesem Zeitpunkt erreichen konnten (vgl. Tabelle A1 im Anhang des elektronischen Zusatzmaterials). Ferner fällt in den genannten Zeitraum zwischen 2009 und 2017 ein weiteres Novum der bundesdeutschen Geschichte: Nach der Landtagswahl 2011 stellen die Grünen mit Winfried Kretschmann in Baden-Württemberg erstmals einen Ministerpräsidenten (Jesse 2012, S. 34).

Für die Linke ist die Bundestagswahl 2009 die erste Wahl, bei der sie als neue gesamtdeutsche Partei antritt, nachdem die Partei 2007 fusionierte und bei der Bundestagswahl 2005 schon mit der WASG auf einer gemeinsamen Wahlliste angetreten war (Arzheimer und Falter 2013, S. 125). In Folge kann sie 11,9 Prozent der Wählerstimmen bei der Bundestagswahl 2009 auf sich vereinen. Bei der darauffolgenden Bundestagswahl 2013 verliert sie deutlich an Unterstützung und erreicht 8,6 Prozent der Wählerstimmen, um schließlich bei der Bundestagswahl 2017 dann 9,2 Prozent der Wählerstimmen zu erreichen. In der Summe zählen die Wahlergebnisse von 2009 und 2017 damit zu den zwei besten, die die Linke in ihrer Geschichte auf Bundesebene je erreicht hat, sofern vormalige PDS-Anteile in dieser Rechnung berücksichtigt werden (vgl. Tabelle A1 im Anhang des elektronischen Zusatzmaterials). Außerdem gelingt es der Linken im Jahr 2014, dass die Partei mit Bodo Ramelow erstmals einen Ministerpräsidenten in einem deutschen Bundesland, in diesem Fall Thüringen, stellt (Oppelland 2015, S. 55).

Der AfD, die erst 2013 gegründet wurde, gelingt bei der Bundestagswahl im gleichen Jahr ein Achtungserfolg, indem sie wenige Monate nach ihrem Gründungstermin schon 4,7 Prozent der Wählerstimmen auf sich zu vereinen vermag.

Dies ist insofern von hoher Bedeutung, da es noch „nie zuvor (…) einer Kleinpartei gelungen [ist], bei einer Bundestagswahl aus dem Stand ein so gutes Ergebnis zu erzielen" (Schmitt-Beck 2014b, S. 111). Scheitert sie bei der Wahl zwar noch knapp an der Fünf-Prozent-Hürde, kann sie bei der Bundestagswahl 2017 ihren Stimmenanteil mehr als verdoppeln (Jesse 2019, S. 117–121) und erreicht 12,6 Prozent der Wählerstimmen und damit, entsprechend nachvollziehbar, das beste Wahlergebnis ihrer Parteigeschichte auf Bundesebene (vgl. Tabelle A1 im Anhang des elektronischen Zusatzmaterials).

Während die Wahlergebnisse bei diesen Wahlen durchaus einige Höhen und Tiefen für die seit 2017 (wieder) im Bundestag vertretenen Parteien bereitgehalten haben, wurden gerade die Wahlkämpfe im Vorfeld als nicht unbedingt wettbewerbsfreudig bezeichnet. Eine Besonderheit der Bundestagswahl 2009 besteht beispielsweise darin, dass die „Wählermobilisierung (…) äußerst schleppend [verlief]. Kontroverse, emotionale, skandalträchtige inhaltliche Auseinandersetzungen, die einem Wahlkampf das spezifische Markenzeichen verleihen, fehlten" (Korte 2010, S. 10). In Folge wird auch von einer „Anästhesierung durch den Wahlkampf" (Rattinger et al. 2011, S. 9) gesprochen, die sich auch dadurch auszeichnet, dass die zuvor amtierende Große Koalition nicht wiedergewählt werden will und daraus eine „Abwahl-Paradoxie" (Korte 2010, S. 22) entsteht. Gemeint ist damit, dass das ansonsten für eine Wahl kennzeichnende Element, dass Regierungsparteien in der Regel ihre gemeinsame Regierungsarbeit fortsetzen wollen, hier vollends fehlt.

Bei der Bundestagswahl 2013 wiederum nimmt die Union die Rolle einer im Parteiensystem dominanten Spielerin ein, während die FDP ins Taumeln gerät und vor allem mit sich selbst und parteiinternen Querelen beschäftigt ist (Bieber und Roßteutscher 2014, S. 19). Aus diesem Grund manifestiert sich in der Wahrnehmung vieler Bürger vor allem der Eindruck, es gehe bei dieser Wahl lediglich darum, wer in der nächsten Legislaturperiode an der Seite der Unionskanzlerin Angela Merkel (CDU) regieren werde, nicht jedoch welche Partei an ihrer Stelle den Kanzler stellen könne (Korte 2015, S. 9). Auch aufgrund des klaren Wahlsiegs der Union wird diese Wahl als „Merkels Meisterstück" (Hilmer und Merz 2014, S. 175) bezeichnet.

Bei der Bundestagswahl 2017 ergibt sich ein ähnliches Bild. Waren vor der Bundestagswahl 2013 noch 53 Prozent der Wähler überzeugt, dass auch die nächste Bundeskanzlerin Angela Merkel sein werde, waren im August 2017, also rund einen Monat vor dem Wahltermin, 71 Prozent der Bürger dieser Überzeugung (Köcher 2017, S. 3). Im Anbetracht der politischen Ereignisse, die dieser Wahl seit dem Jahr 2015 vorausgingen, ist es umso bemerkenswerter, dass der Journalist Christian Palm elf Tage vor der Bundestagswahl festhält: „Genau so fühlt sich dieser Wahlsommer an: Es brodelt, eine Explosion droht – und das Publikum schläft" (Palm 2017). Es erscheint demnach so, als seien Bundestagswahlkämpfe in einen Dornröschenschlaf gefallen, insbesondere dann, wenn den großen Parteien nur noch ein „flauer Wahlkampf" (Holtz-Bacha 2019, S. 1) attestiert wird.

Insbesondere die Entstehung und vorläufige Etablierung der AfD, die bei ihrer erstmaligen Kandidatur sowie dem tatsächlichen Einzug in den Deutschen Bundestag die jeweils besten Wahlergebnisse erzielt, die eine Partei nach 1949 in diesen Entwicklungsschritten erreichen konnte, machen den Zeitraum der Bundestagswahlen 2009 bis 2017 zu einem interessanten Forschungsgegenstand. Dies gilt vor allem dann, wenn wie hier die Argumentation verfolgt wird, dass gesellschaftliche Wertorientierungen in Form von Wertkonflikten zu einer Ausdifferenzierung von Parteiensystemen beitragen. Insbesondere für das bundesdeutsche Parteiensystem gilt dies im untersuchten Zeitraum in mehrfacher Hinsicht. So sind erstmals seit den 1950er Jahren wieder sieben Parteien im Deutschen Bundestag vertreten und erstmalig mit der AfD wieder eine Partei, die sich explizit rechts von CDU und CSU positioniert (Bukow 2017, S. 3). Wie dargelegt ist das Argument hier, dass auch ein Repräsentationsdefizit auf der Konfliktlinie zwischen individuellen kosmopolitischen und nationalistischen Wertorientierungen für den Erfolg der AfD verantwortlich ist. Hieraus ergibt sich die Notwendigkeit einer Analyse, die drei Zeitpunkte abdecken muss: Zunächst muss eine Bundestagswahl ausgewählt werden, bei der die AfD noch nicht Teil des Parteienwettbewerbs ist. In diesem Fall ist dies die Bundestagswahl 2009. Ferner muss ein Zeitpunkt inkludiert werden, in welchem die AfD zwar zur Bundestagswahl angetreten ist, jedoch noch nicht die Transformation zu einer rechtspopulistischen und dezidiert ausländerfeindlichen Partei abgeschlossen hat, die sie sodann auch zur exponierten Vertreterin einer nationalistischen Wertorientierung macht. Wurde sie zu Beginn aufgrund ihrer soziostrukturell akademisch überrepräsentierten Mitgliederschaft und Repräsentanten auch als Professorenpartei bezeichnet (Steiner und Landwehr 2018, S. 474), so „entwickelte sie ihr eindeutig rechtspopulistisches Profil erst nach dem innerparteilichen Bruch 2015" (Franzmann und Lewandowsky 2020, S. 39), der mit einem enormen programmatischen Entwicklungsprozess verbunden war (Lewandowsky 2018, S. 166–167). Demnach ist die Bundestagswahl 2013 notwendiger Bestandteil einer Analyse zum Thema der hier vorliegenden Arbeit. Schlussendlich erwächst daraus die Notwendigkeit des Einbezugs einer Bundestagswahl, bei der die AfD nicht nur einen elektoralen Erfolg im Sinne des Einzugs in den Bundestag verzeichnen kann, sondern zudem auch die Transformation zu einer rechtspopulistischen Partei vollzogen hat (Pfahl-Traughber 2019, S. 34). Daraus erwächst schließlich die Unverzichtbarkeit des Einbezugs der Bundestagswahl 2017 in eine Analyse, werden doch dadurch die notwendigen Kriterien erfüllt.

In den besagten Zeitraum fallen, wie dargelegt, auch einige wichtige parteipolitische Ereignisse, die den politischen Wettbewerb der Bundesrepublik Deutschland in vielerlei Hinsicht beeinflussen und auch neu definieren. Angefangen mit der FDP, die erst das beste Ergebnis ihrer Geschichte bei einer Bundestagswahl erzielte, um anschließend, bei der darauffolgenden Bundestagswahl 2013, als „Partei mit der längsten Regierungszeit im Bund" (Vorländer 2013b, S. 400) und nach 64 Jahren ununterbrochener Zugehörigkeit zum Parlament, an der Fünf-Prozent-Hürde scheitert. In den gleichen Zeitraum fallen die zwei besten Wahlergebnisse von Grünen und Linken, während die SPD drei ihrer schlechtesten Wahlergebnisse erzielt und die Union zumindest zwei ihrer drei schlechtesten Wahlergebnisse aller Zeiten auf Bundesebene erreicht.

Gemeinsam haben alle drei Bundestagswahlen, dass diese allesamt auch im Schatten von so genannten Periodeneffekten stattgefunden haben. Unter einem Periodeneffekt versteht man besondere historische Ereignisse, die singulär auftreten oder einen langfristigen Effekt auf das Verhalten von Individuen entfalten können (Stein 2014, S. 143; Schnell et al. 2011, S. 237–238). Gemeint sind damit beispielsweise Ereignisse wie die Wiedervereinigung 1990 oder die Anschläge des 11. Septembers 2001 (Beyme 2003, S. 57), allgemein wirtschaftliche oder politische Krisensituationen (Stein 2014, S. 143–144) oder aber auch Ereignisse wie der globale Klimawandel (Schnell et al. 2011, S. 238). Auch der seit 2003 beginnende Irakkrieg ist als solches Ereignis zu verstehen. So war die rot-grüne Bundesregierung unter Kanzler Gerhard Schröder (SPD) nicht gewillt, sich an einem Krieg gegen den Irak zu beteiligen (Ostheim 2007, S. 481). Die über diese Frage geführte Diskussion verlief innerhalb der deutschen Bevölkerung äußerst kontrovers und führte auch zu einer entsprechenden Polarisierung der Gesellschaft, waren doch die damalige Vorsitzende der CDU/CSU-Fraktion, Angela Merkel, aber auch weite Teile der Partei für die Beteiligung deutscher Truppen (FAZ 2003). Während zu Beginn der Jahrtausendwende also vor allem sicherheits- und außenpolitische Fragestellungen das gesellschaftspolitische Klima prägen, ändert sich dies bei den darauffolgenden Bundestagswahlen in einem nicht unwesentlichen Ausmaß. Die seit 2007 beginnende Weltwirtschafts- und Finanzkrise, die auch schließlich zu einer Krise der Europäischen Währungsunion erwächst, entfaltet ihre Wirkung nicht nur auf die Bundestagswahl 2009, sondern gleichzeitig, zumindest in der Manifestation der zu Beginn euroskeptischen AfD, auch bei der Bundestagswahl 2013. Zusätzlich kommt es am 11. März 2011 zu einer nuklearen Reaktorkatastrophe im japanischen Fukushima,

3.1 Fallauswahl

bei der drei Reaktoren durch eine Kernschmelze zerstört werden. In Folge vollzieht die christlich-liberale Bundesregierung unter Kanzlerin Angela Merkel eine Kehrtwende in ihrer Umwelt- und Energiepolitik und beschließt einen vorgezogenen Ausstieg aus der Kernenergie (Huß 2015, S. 528–530). Dies führt dann auch dazu, dass der politische Konfliktraum um einen zu dieser Zeit zentralen schwelenden Konflikt entschärft wird. Die Bundestagswahl 2017 wiederum erfolgt, wie bereits dargelegt, insbesondere im Lichte der Migrations- und der so genannten Flüchtlingskrise seit 2015. Anders als bei den vorangegangenen Bundestagswahlen 2002 und 2005 sind die Bundestagswahlen 2009 bis 2017 vor allem dadurch geprägt worden, dass die sie beeinflussenden Ereignisse auch eine hohe Nähe zu den hier vorgestellten vier Dimensionen gesellschaftlicher Wertorientierungen aufweisen oder diese gar reaktiviert haben. Während die Weltwirtschafts- und Finanzkrise insbesondere auch die Frage nach sozialpolitischer Umverteilung und wirtschaftlicher Regulierung tangiert, sich also im Rahmen einer links-rechts-materialistischen Debatte verorten lässt, ist das Reaktorunglück von Fukushima und die daraus entstehenden politischen Konsequenzen eindeutig im Konfliktraum zwischen Materialismus und Postmaterialismus zu verorten. So sind doch vor allem energiepolitische Sicherheit und mögliche Gefahren der Kernenergie zentrale Aspekte dieser Konfliktdimension. Die Flüchtlings- und Migrationskrise wiederum führt, neben weiteren Faktoren, die auch die möglicherweise mangelhafte Responsivität der etablierten Parteien berücksichtigen müssen, zur Entstehung oder (Re-)Aktivierung des Wertekonflikts zwischen Kosmopolitismus und Nationalismus. Inwiefern diese Periodeneffekte aber in einer Analyse berücksichtigt werden können oder auch nicht, wird in Abschnitt 3.2 erläutert, in welchem sodann auch die Auswahl der verwendeten Daten dargelegt wird.

Zusammenfassend ist aber an dieser Stelle festzuhalten, dass die Fallauswahl demnach auf die Elektorate jener Parteien fällt, die im Zeitraum von 2009 bis 2017 den Einzug in den Bundestag mindestens einmal geschafft haben. Daraus ergeben sich in der Summe 17 zu erklärende Fälle: Die Wähler von CDU/CSU, SPD, FDP, Grünen und die Linke bei je drei Bundestagswahlen und die Wählerschaft der AfD bei zwei Bundestagswahlen (vgl. Tabelle 3.1). Die Wähler kleinerer Parteien werden aus der Analyse ausgeschlossen, da von einer zu geringen Fallzahl auszugehen ist, die sich durch eine entsprechende Datenerhebung ermitteln ließe. Ein ähnliches Problem könnte aber, darauf muss an dieser Stelle auch vorab hingewiesen werden, womöglich bei den Elektoraten von FDP und AfD für die Bundestagswahl 2013 der Fall sein, da beide Parteien bei jener Wahl nicht die Fünf-Prozent-Hürde überschreiten konnten und deshalb möglicherweise unterrepräsentiert in den dazugehörigen Datensätzen sind. Dies gilt es aber im

Rahmen der tatsächlichen Analysen noch zu überprüfen. Mit den hier ausgewählten Daten wird demnach, mit Ausnahme der ausgeschlossenen Wähler sonstiger Parteien, eine umfassende Datengrundlage geschaffen.

Tabelle 3.1 Fallauswahl

	Bundestagswahl 2009	Bundestagswahl 2013	Bundestagswahl 2017
CDU/CSU	x	x	x
SPD	x	x	x
FDP	x	x	x
Grüne	x	x	x
Linke	x	x	x
AfD		x	x

Quelle: Eigene Zusammenstellung

3.2 Daten

Im Folgenden soll nun die Auswahl der Daten begründet werden, die zur Beantwortung der Forschungsfrage, inwiefern und in welchem Ausmaß gesellschaftliche Wertorientierungen als Prädiktoren für das Wahlverhalten bei den Bundestagswahlen 2009 bis 2017 anzusehen sind, herangezogen werden. Dafür ist es im ersten Schritt notwendig zu erklären, auf welche Art und Weise Wertorientierungen und gesellschaftliche Wertorientierungen im Spezifischen zunächst messbar gemacht werden können. Tatsächlich gehören solche Fragen, die sich explizit mit der Messung von Konzepten beschäftigen, inhaltlich in das noch folgende Kapitel zur Operationalisierung. In dem hier vorliegenden Fall ist dies aber problematisch, da diese sehr essenzielle Frage von hoher Bedeutung bei der Auswahl der Analyse zugrunde liegenden Daten ist. Es erscheint demnach als gegeben, insbesondere vor dem Hintergrund wissenschaftlicher Transparenz, den dafür notwendigen Einschub an dieser Stelle vorzunehmen. Darauffolgend wird dann die Entscheidung begründet, die GLES-Nachwahlbefragungen von 2009, 2013 und 2017 als Grundlage für die empirische Analyse zu verwenden.

3.2.1 Messung von Wertorientierungen

Es wurde schon dargelegt, dass für eine Wertorientierung die Abwägung verschiedener Zielkonflikte essenziell ist (vgl. Abschnitt 2.3.1). Als problematisch erweist sich aber die Frage der Herangehensweise zur Erfassung eben dieser, da „in der empirischen Sozialforschung kein Verfahren existiert, das Wertorientierungen absolut fehlerfrei und unverfälscht abzubilden vermag" (Lechleiter 2016, S. 80). Zurückzuführen ist dies unter anderem darauf, dass keine Einigkeit dahingehend besteht, wie Werte und Wertorientierungen abgebildet beziehungsweise gemessen werden können – dies ist besonders bemerkenswert, wenn man bedenkt, dass es sich hierbei um zentrale Konzepte sozialwissenschaftlicher Forschung handelt (Klein et al. 2004, S. 474). So „ist das Wissen um die valide Messung von gesellschaftlichen Wertorientierungen eher bescheiden" (Klein und Arzheimer 2000, S. 553), was zwangsläufig dazu führt, dass diese nur mit „erheblichen konzeptionellen und praktischen Kompromissen fruchtbar gemacht werden" (Bauer-Kaase und Kaase 1998, S. 256) können. Von zentraler Bedeutung ist dabei neben methodischen Fragen, die im Folgenden kurz erläutert werden sollen, vor allem die undifferenzierte Vermischung des Wertorientierungs- und des Einstellungsbegriffs. Wenn als gesichert festzuhalten ist, dass Werte „nicht direkt beobachtbar (…), sondern nur mittels Indikatoren" (Anstötz und Westle 2019, S. 105) zu erschließen sind, gehen die Deutungsweisen dessen, was als angemessener Indikator gilt, doch deutlich auseinander. Darüber hinaus gibt es auch Argumente, die die grundsätzliche empirische Messbarkeit von Wertorientierungen in Frage stellen, weswegen in diesen Fällen auf Einstellungs- und Meinungsumfragen als Proxy zurückgegriffen wird (Jagodzinski und Kühnel 2002, S. 206). Welzel hält in diesem Zusammenhang sehr prägnant fest:

> „Über das richtige Format, in dem solche Wertefragen zu stellen sind, wurde ein langer Methodenstreit geführt, der unter dem Motto *ranking* versus *rating* steht. Dieser Streit ist mehr als nur technischer Natur, weil in ihm die unterschiedlichen theoretischen Positionen voll zum Vorschein kommen" (Welzel 2009, S. 113; Hervorh. im Original).

Seit seiner Vorstellung hat vor allem der Inglehart-Index die Rolle als zentrales Instrument der Erfassung und Messung von Werten übernommen (Klein und Arzheimer 2000, S. 553). Der Index als solcher entspricht dabei dem so genannten Ranking-Verfahren. Ingleharts Ansatz kennzeichnet der Gedanke, dass nicht alle Werte zugleich im Politischen berücksichtigt werden können, weshalb eine Priorisierung notwendig ist. Werte werden hier als relativ zu anderen Werten gestellt

(Welzel 2009, S. 112). Dieser Vorgehensweise liegt der Kerngedanke zu Grunde, dass Aspekte und Vorstellungen von einer wünschenswerten Gesellschaft in Form einer hierarchischen Anordnung eingeordnet werden können, da nicht alle dieser Bestandteile als gleichermaßen wichtig empfunden werden (Mays und Hambauer 2019, S. 346). Präferenzen werden demnach durch eine individuelle Rangliste ersichtlich (Lechleiter 2016, S. 80; Köthemann 2014, S. 26).

Ein wichtiges Argument für eine Vorgehensweise nach dem Ranking-Verfahren ist, dass durch dieses Zielkonflikte sichtbar werden (Sacchi 2000, S. 542), wodurch der abwägende Charakter der Wertmessung ersichtlich wird. Dies gilt zumindest dann, wenn Werte und Wertorientierungen wirklich als hierarchisch organisiert angesehen werden. Das Hauptziel bei der Wertmessung besteht darin, das Wertesystem oder die Hierarchiestruktur der Wertvorstellungen des Befragten aufzudecken (Kamakura und Mazzon 1991, S. 209). Gerade der Punkt einer hierarchischen Ordnung wird jedoch dahingehend in Zweifel gezogen, als dass Werte und daraus abgeleitete Wertorientierungen nicht zwangsläufig hierarchisch organisiert, sondern auch gleichrangig rangierend sein können (Maag 1989, S. 315). Die Logik einer hierarchischen Ordnung erlaubt demnach nicht, unterschiedlichen Werten eine gleiche Bedeutung beizumessen (Maio et al. 1996, S. 172). Dem ist ferner die Problematik inhärent, dass das Prinzip der Unabhängigkeit einer Messung verletzt wird. So bezieht sich die Kritik auch darauf, dass im Ranking-Verfahren keine Wertorientierung oder kein Wert für sich alleine steht, sondern im Kontext zu anderen Werten oder Wertorientierungen gesetzt wird, die inhaltlich womöglich auf einer anderen Wertdimension zu verorten sind (Maag 1989, S. 314). Es ist ferner für eine derartige Anwendung der Messung kein hinreichender Grund zu finden, da die im Inglehart-Index inkludierten Zielvorstellungen in der reellen politischen Umsetzung nicht zwangsläufig einer Kontradiktion unterliegen und die Nötigung zu einem Ranking zur Verzerrung von Resultaten beitragen kann (Klein et al. 2004, S. 481).

Die Kritik am Inglehart-Index, der als Proxy für die Messung einer Wertorientierung verwendet wird (Stifel 2018, S. 144), setzt sich demnach durch zwei Punkte zusammen, die durchaus unabhängig zu bewerten sind: einer inhaltlichen und einer methodischen Dimension. So wird einerseits kritisch angemerkt, dass der Index als solcher zwar Erklärungskraft für politisches Wahlverhalten hat, jedoch nicht das volle Potenzial abzubilden vermag, welches sich durch den grundsätzlichen Einbezug von Werten ableiten lässt (Roßteutscher 2004, S. 787). Darüber hinaus wird durch den Index nicht ersichtlich, ob Individuen tatsächlich eine Präferenz für postmaterialistische Werte haben oder sich entsprechend einer postmaterialistischen Wertorientierung zuwenden, da ihre materiellen Bedürfnisse bereits befriedigt worden sind (Joas 1997, S. 13). Hinzukommend ist es seit der Entstehung des Postmaterialismus-Ansatzes und des dazugehörigen Index immer mehr zu einer Wertsynthese – also der Verschmelzung von Wertvorstellungen – gekommen, die zunächst als gegensätzlich erschienen und auch konzeptuell derartig angelegt waren (Klages 2001, S. 10). „Damit taucht auch bei Ingleharts Ranking-Skala das Phänomen auf, das durch eine erzwungene Priorisierung von Politikzielen eigentlich vermieden werden soll: Immer mehr Menschen gehören den Mischtypen an" (Roßteutscher 2013, S. 943). Eine klare Differenzierung entlang der Wertdimensionen, die ursprünglich durch das Ranking-Verfahren möglich sein sollte, wird dadurch erheblich erschwert oder gar unmöglich (Lechleiter 2016, S. 82). Hinzukommend gibt es auch Autoren, die die Eignung des Inglehart-Index als solchen infrage stellen, da dieser allenfalls Meinungen oder Einstellungen abzubilden vermag, nicht jedoch Wertorientierungen (Lechleiter 2016, S. 34; Klages 1992, S. 27–28; Klein und Arzheimer 2000, S. 554). Diese Deutungsweise hat sich jedoch wissenschaftlich bislang nicht durchgesetzt.

Eine viel zentralere Grundsatzkritik wird wiederum von Anhängern des so genannten Rating-Verfahrens angebracht. Diese halten das Ranking-Verfahren deshalb für ungeeignet, da dessen Anwendung nur dann als für gerechtfertigt zu erklären ist, wenn der Gegenstand, welcher abgebildet werden soll, „in der Wirklichkeit eben dieselbe unilineare hierarchische Struktur besitzt" (Klages 1992, S. 26). Eine Kombination verschiedener Wertdimensionen in ein und demselben Hierarchisierungsverfahren erscheint vor diesem Hintergrund als sehr problematisch. Ein weiterer Kritikpunkt am Ranking-Verfahren ist, dass dieses, sofern es elaboriert entwickelt wird, in der Anwendung für Individuen hoch problematisch sein kann, da diese über „ein gewisses intellektuelles Niveau" (Lechleiter 2016, S. 81–82) verfügen müssen, um den kognitiven Anforderungen gerecht zu werden, die durch eine hohe Anzahl zu evaluierender Items entstehen können. In Folge kann es zu Messartefakten kommen.

Im Rating-Verfahren hingegen werden einzelne Themen nach Präferenzen gesondert bewertet, der zu beurteilende Gegenstand steht demnach für sich (Hillmann 1986, S. 164). Dafür werden „verschiedene Antwortvorgaben mit einer vorgegebenen Skala" (Lechleiter 2016, S. 80) zur Bewertung vorgelegt. Auf diese Art und Weise können Befragte jedes Item mit einer für sie relevanten Wertigkeitsaussage versehen (Klages 1992, S. 27). Der klare Vorteil ist hier, dass dadurch eine Vielzahl von Variablen in ein solches Bewertungsverfahren aufgenommen werden können, die nicht zwangsläufig voneinander beeinflusst werden (Schwartz 1994, S. 26) und in Folge unter Zuhilfenahme multivariater Analyseverfahren in zueinander komplementäre Dimensionen zusammengefasst werden können. Einzig problematisch ist, dass das Rating-Verfahren „keine Wertorientierungen, sondern einzig und allein Einstellungen misst" (Lechleiter 2016, S. 83). Über die Bewertung eines Items kann weder die für Wertorientierungen notwendige Konfrontation verschiedener Zielkonflikte noch daraus per se eine Orientierung als solche abgeleitet werden, da sich Individuen typischerweise der möglichen Widersprüche bei der Bewertung verschiedener Items, wenn überhaupt, nur sehr vage bewusst sind (Schwartz 1994, S. 26). Zwar erlaubt das Verfahren durch Abstufungen entsprechende Präferenzen auszudrücken (Bürklin et al. 1996, S. 521–522), jedoch werden dabei viele (Grund-)Werte oder eine Wertorientierung kennzeichnende Items grundsätzlich sehr positiv bewertet. Dies hat dann zur Folge, dass kaum Varianz entsteht, welche eine systematisch vergleichende Analyse bedürfen würde. Beispielhaft werden grundsätzliche Freiheitsrechte ebenso als wichtig empfunden wie etwa die Aufrechterhaltung der öffentlichen Ordnung, sofern diese nicht im Zielkonflikt zueinander als Konkurrenz formuliert werden (van Deth 1983, S. 410). Ebenso wie beim Ranking-Verfahren ist auch das Rating-Verfahren im Hinblick auf das politische Wissen der Befragten anfällig. So stellt Otjes beispielhaft anschaulich dar, dass nur Individuen mit einem hohen politischen Wissen dazu in der Lage sind, logisch konsistente Ansichten über ökonomische und sozialpolitische Sachverhalte zu entwickeln. So kann es dazu kommen, dass diese einerseits niedrige Steuern befürworten, im gleichen Atemzug aber auch ein Maximaleinkommen einfordern (Otjes 2016, S. 598). Sollten diese Items verwendet werden, um einen Zielkonflikt zur Abbildung einer Wertorientierung zu nutzen, erweist es sich in diesem Fall als hochgradig problematisch, stellen diese Items doch zumindest finanz- und wirtschaftspolitisch einen Widerspruch dar.

Es zeigt sich also, dass beide Verfahren, Rating und Ranking, nur mit den von Bauer-Kaase und Kaase (1998) erläuterten Einschränkungen in der Lage sind, Wertorientierungen adäquat abzubilden. Klein und Arzheimer vertreten die Position, weil es für beide Ansätze durchaus Gründe gibt, welche für sie sprechen, dass „sowohl über das Ranking als auch über das Rating gesellschaftliche Wertorientierungen gemessen werden" (Klein und Arzheimer 2000, S. 555) können. Auch grundsätzlich scheint dieser Methodenstreit zumindest im deutschsprachigen Raum die Erkenntnis genährt zu haben, dass die Verfahren gleichwertig zu behandeln sind (Sacchi 2000, S. 541). Zusammenfassend halten Klein und Arzheimer deshalb fest, sie seien im Glauben,

3.2 Daten

„dass über das Rating Wertorientierungen im engeren Sinne, d.h. die Stärke der Orientierung auf bestimmte gesellschaftliche Werte, gemessen werden, während mit dem Ranking Wertprioritäten gemessen werden, d.h. die relative Bedeutsamkeit eines Sets von vorgegebenen gesellschaftlichen Werten für das Individuum" (Klein und Arzheimer 2000, S. 555).

In der Summe lässt sich daher festhalten, dass „Rangordnungsverfahren und getrennte Erhebungen der Wichtigkeit der einzelnen Zielkategorien (…) unterschiedliche Informationen [liefern], die aber je nach Untersuchungsziel beide legitim sein können. In der Regel dürfte es sinnvoll sein, beide Verfahren zu kombinieren" (Thome 1985b, S. 29). Klein und Arzheimer sehen dies ähnlich und machen für die Erfassung von Wertorientierungen daher vor allem „die konkrete Formulierung des Fragestimulus und der Antwortvorgaben" (Klein und Arzheimer 2000, S. 554) als relevante Kategorie aus. Demnach kann und sollte zur Erfassung von gesellschaftlichen Wertorientierungen eine Art Mittelweg genutzt werden. Wenn Wertorientierungen erst durch die Konfrontation mit verschiedenen Zielkonflikten sichtbar werden (Sacchi 2000, S. 542), erscheint das Rating-Verfahren als problematisch, werden diese doch dadurch nicht abgebildet. Ähnlich verhält es sich mit dem Ranking-Verfahren, welches zwar diese notwendige Abwägung zulässt, jedoch in der Anwendung und Trennschärfe zu anderen Dimensionen auch zu Ergebnissen führen kann, die letztendlich die Abbildung individueller Wertorientierungen verzerrt. Da insofern beide Verfahren die Schwäche haben, dass Implikationen aus einer spezifischen Entscheidung nicht zwangsläufig ersichtlich werden, sollte dies optimalerweise bei der Operationalisierung beachtet werden. Für die Auswahl des Datenmaterials entstehen so drei Ansprüche, die im Folgenden berücksichtigt werden sollen, jedoch mit einer unterschiedlichen Priorität verfolgt werden müssen. So ist es notwendig, dass 1. die vier als relevant identifizierten Dimensionen grundsätzlich abgefragt wurden. Bei den Wertkonflikten soll ferner 2. ein Zielkonflikt zwischen zwei Extrempositionen ersichtlich werden, welcher jedoch dieselbe Wertdimension abbildet. Dabei sollte dann als Ergänzung optimalerweise eine 3. Implikation ersichtlich werden, die aus der Entscheidung für eine Position auf dieser entsprechenden Konfliktdimension resultiert. Mit der letzten Bedingung soll insbesondere einer Verzerrung entgegengewirkt werden, die aufgrund des Bildungsniveaus oder inhaltlicher Dissonanzen entstehen kann und in diesem Kapitel, am Beispiel des Ranking- und des Rating-Verfahrens, beschrieben wurde.

3.2.2 Datengrundlage

Die für die hier vorgelegte Arbeit ausgewählte Datengrundlage fällt aus verschiedenen Gründen auf die Nachwahlbefragungen der German Longitudinal Election Study (GLES). Noch um die Jahrtausendwende wird in einer Publikation darauf verwiesen, dass seit 1949 „in der Bundesrepublik Deutschland Wahlstudien auf der Basis von repräsentativen Massenumfragen durchgeführt [werden]. (…) Eine fortlaufende gemeinsame Studie existiert jedoch nicht" (Schmitt 2000, S. 529). Dadurch entsteht zunächst über langen Zeitraum hinweg das strukturelle Defizit einer fortlaufend betriebenen nationalen Wahlstudie (Rattinger et al. 2011, S. 11). Als besonders problematisch ist zu benennen, dass vor diesem Hintergrund bei der Konzeption neuer Studien „nicht notwendigerweise auf Kontinuität geachtet wurde, weil es dringender war, in Anträgen auf Förderung für Einzelprojekte wissenschaftliches Innovationspotential geltend zu machen" (Rattinger et al. 2011, S. 11).

Im Bewusstsein dieser Problematik entsteht 2007 aus dem Kreis der deutschen Wahlforschung die Initiative, eine nationale Wahlstudie zu initiieren (Bieber und Bytzek 2013, S. 350). „Erstes greifbares Ergebnis dieser Bemühungen ist die *German Longitudinal Election Study (GLES)*, die einen eminent wichtigen Zwischenschritt auf dem Weg zur institutionalisierten deutschen nationalen Wahlstudie darstellt" (Schmitt-Beck et al. 2010, S. 144). Die GLES ist damit nicht nur „die bisher größte in Deutschland durchgeführte nationale Wahlstudie" (Eder et al. 2010, S. 219), sondern „auch international eine der breitest angelegten Wahlstudien" (Bieber und Bytzek 2013, S. 350) überhaupt. Beantragt und genehmigt wurde die Durchführung der GLES-Studien zunächst für die aufeinanderfolgenden Bundestagswahlen 2009 bis 2017 bei und von der Deutschen Forschungsgemeinschaft (DFG) (Bieber und Bytzek 2013, S. 350) und ist seit 2018 unter Verantwortung des GESIS – Leibniz-Institut für Sozialwissenschaften verstetigt (GLES 2018a). Als besonders betonenswert ist jener inklusive Prozess zu bezeichnen, in welchem die bisherigen GLES-Befragungen entstanden sind. So werden auch Wissenschaftler, die nicht explizit im Projekt eingebunden sind, zur Einreichung von Vorschlägen für Fragemodule oder für konkrete Items aufgerufen (Schmitt-Beck et al. 2010, S. 150). Die durch die GLES-Studien angebotenen Komponenten sind dementsprechend umfangreich. Sie bieten neben Untersuchungen zu Landtagswahlen und den nationalen Vor- und Nachwahl-Querschnittstudien noch viele weitere Datengrundlagen, beispielsweise Wahlkampfpanel, Wahlkampf-Medieninhaltsanalysen, TV-Duell-Analysen oder auch Kandidatenstudien. Besonders wertvoll ist die Arbeit der GLES vor

3.2 Daten

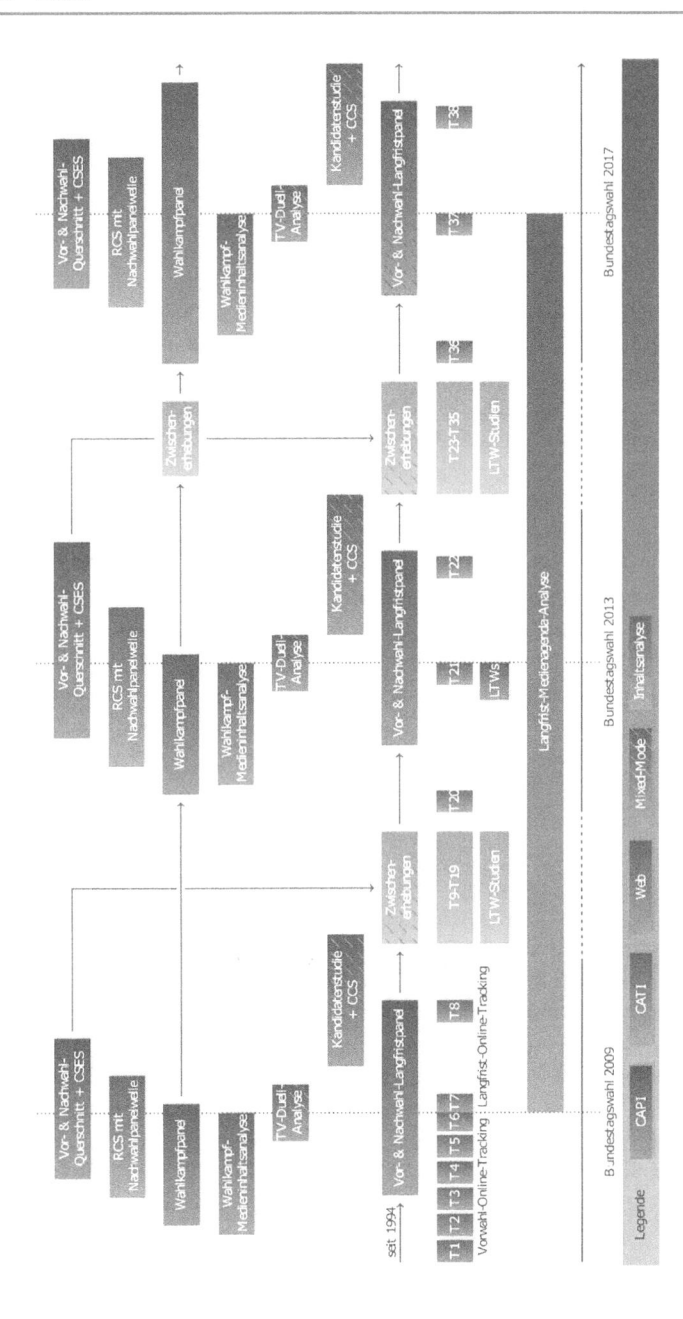

Abbildung 3.2 GLES-Komponenten 2009–2017. (Quelle: GLES 2018b)

allem durch die verschiedenen Ansätze, die zur Datengewinnung verfolgt werden. Dazu gehören neben persönlich durchgeführten mündlichen Interviews, so genannte *Computer Assisted Personal Interviews* (CAPI), auch telefonisch durchgeführte Umfragen, so genannte *Computer Assisted Telephone Interviews* (CATI), sowie Online-Erhebungen, Inhaltsanalysen und viele weitere Verfahren (vgl. Abbildung 3.2).

Allein aufgrund der umfangreich bereitgestellten Daten ergibt sich ein hinreichender Anlass, um auf die GLES als Datengrundlage zurückzugreifen. Zudem lässt sich aus der Tatsache, dass in solchen Wahlstudien viele wahlrelevante Fragestellungen und Variablen abgefragt werden, die in anderen Datensätzen oftmals nicht oder nur unzureichend inkludiert werden, ein weiterer Grund zur Verwendung dieser Datenquelle erschließen. Insbesondere dem Umstand, dass Wahljahre auch Jahre immenser politischer Mobilisierung sind, wird durch solche zeitnahen Nachwahlbefragungen Rechnung getragen. So steigt in Wahljahren und im zeitlichen Umfeld von Wahlterminen nicht nur das allgemeine politische Interesse, sondern auch die spezifische Suche nach politischen Informationen (Staudt 2019; Dalton 1984b, S. 270). Ebenso wird die Bevölkerung mit deutlich mehr politischer Information durch Parteien und parteipolitische Eliten konfrontiert. So halten Lazarsfeld et al. 1944 in der Einleitung ihrer Studie zu US-Präsidentschaftswahlkämpfen nicht umsonst fest: „Every four years, the country stages a large-scale experiment in political propaganda and public opinion" (Lazarsfeld et al. 1944, S. 1). Zwar ist eine Übertragung solcher Aussagen aus dem US-Kontext auf den der Bundesrepublik Deutschland immer mit Vorsicht vorzunehmen, doch beschreibt diese Aussage recht treffend, dass sich ein nationales Wahljahr durchaus stark von jenen Jahren unterscheidet, in denen keine solche Wahl stattfindet.

Eine relevante Frage ist aber, ob für die vorzunehmende Analyse auf die Daten der Vor- oder Nachwahlbefragung zurückgegriffen wird, die beide als Querschnitt-Befragungen und in Form von einem CAPI durchgeführt wurden. Während sich Vorwahlbefragungen auf den direkten Zeitraum vor einem Wahltermin erstrecken, finden Nachwahlbefragungen im direkten Anschluss an den Wahltermin statt. In beiden Fällen handelt es sich mehr oder weniger um eine geringfügige Anzahl von Wochen, von denen hier die Rede ist. Während bei Vorwahlbefragungen nur eine Wahlabsicht abgefragt werden kann, wird bei einer Nachwahlbefragung in Form einer so genannten Recallfrage das Wahlverhalten befragter Individuen erfasst (Findeis 2012, S. 129). Mit der abgefragten Wahlabsicht geht die Problematik einher, dass sich diese nicht nur kurzfristig zugunsten einer anderen Partei verschieben kann, sondern auch nicht vollends die tatsächliche Wahlteilnahme sichergestellt ist. Insbesondere letzteres wird auch

3.2 Daten

als *Overreporting* bezeichnet und beschreibt den Umstand, dass bei Vorwahlbefragungen immer wieder eine höhere Wahlabsicht festgestellt wird als sich dann tatsächlich in der Wahlbeteiligung niederschlägt (Schultze 2016, S. 164; Kleinhenz 1995, S. 73–80). Nachwahlbefragungen wiederum haben eine Schwachstelle dahingehend, dass mit so genannten *Recallfragen* jenes Wahlverhalten von Individuen abgefragt wird, welches zu diesem Zeitpunkt schon einige Tage oder Wochen zurückliegt. Dass es dabei zu systematischen Fehlern kommt beziehungsweise kommen kann, ist schon länger Gegenstand sozialwissenschaftlicher Forschung, wobei hier insbesondere auch der zurückliegende Zeitraum zum tatsächlichen Wahlgang eine hohe Relevanz hat (Schoen 2000). Da der Umgang mit ihnen vor allem Teil einer sehr methodologischen Debatte zur adäquaten Erfassung vorangegangener Wahlentscheidungen ist, soll diese hier nicht vollumfänglich dargestellt werden. Einzig der Hinweis darauf, dass verschiedene namhafte Autoren seit den 1960ern darauf verwiesen haben, dass man sich dieser Problematik systematischer Verzerrungen durchaus bewusst sei, dadurch aber keine substanziellen Unterschiede für die vorgenommenen Messungen entstünden (Converse 1962, S. 580; Dassonneville und Hooghe 2017, S. 333), soll hier noch in dieser Hinsicht angeführt werden.

Für beide Formen der Erhebung des Wahlverhaltens treten zwei Effekte auf, die in beiden Fällen gleichermaßen problematisch sind. Dazu gehören zum einen der *Mitläufereffekt*, auch *Bandwagon-Effekt* bezeichnet, zum anderen die Problematik *sozialer Erwünschtheit* in sozialwissenschaftlichen Umfragen. Als Bandwagon-Effekt beschreibt man ein Phänomen, bei dem Individuen ihr Antwortverhalten bei Wahlabsichten so anpassen, dass sie zur Gewinnerseite oder den Anhängern einer gewinnenden Person oder Partei gehören (Lazarsfeld et al. 1944, S. 107–109). Sie springen demnach sozusagen auf einen *fahrenden Zug* auf: „In their political preferences and positions people join what they perceive to be existing or expected majorities or dominant positions in society" (Schmitt-Beck 2016, S. 57). Für Vorwahlumfragen lässt sich ein derartiger Eindruck erwarteter Wahlsiege durch so genannte *Sonntagsfragen* gewinnen, während bei Nachwahlbefragungen die tatsächlichen Wahlsieger bereits feststehen. Zumindest für Vorwahlumfragen ist dieses Verhalten also auch noch mit einer gewissen Unsicherheit ob des tatsächlichen Wahlausgangs verbunden.

Bei der sozialen Erwünschtheit, bekannt als „social desirability bias" (Stocké 2004, S. 303), handelt es sich wiederum um ein Phänomen, bei dem Individuen Antworten geben, die sie für sozial erwünscht halten, wenn ihre ursprünglich intendierte Antwort diesen Ansprüchen womöglich nicht gerecht werden würde. In der Vergangenheit wurde dies unter anderem bei den Wählern extremistischer Parteien beobachtet (Schultze 2016, S. 164). Durchaus problematisch kann dies bei Parteien sein, die im Vorfeld einer Wahl schon nur knapp über oder knapp unter der Fünf-Prozent-Hürde gesehen wurden oder schlussendlich die entsprechende Hürde verfehlten, die den Einzug in den Deutschen Bundestag ermöglicht hätte. Für die Bundestagswahl 2013 ist dies im Hinblick auf FDP und AfD unbedingt zu berücksichtigen und kann zu einer geringeren Fallzahl erfasster Wähler führen als eigentlich zu erwarten wäre. Ein weiterer Bereich, der von diesem Phänomen tangiert wird, sind Angaben über die intendierte oder tatsächliche Wahlteilnahme: „Ein Beispiel aus vielen westlichen Ländern ist die soziale Norm der Teilnahme an Wahlen, welche als Bürgerpflicht betrachtet wird. Eine Nichtteilnahme wird als Verletzung dieser Norm gewertet, weshalb einige Befragte fälschlicherweise eine Teilnahme berichten" (Bogner und Landrock 2015, S. 2). Dabei gibt es allerdings keine essenziellen Unterschiede zwischen Vor- und Nachwahlbefragungen.

In der Summe gibt es für beides schlüssige Argumente, Vorwahlbefragung und Nachwahlbefragung, diese als Datengrundlage auszuwählen. Nichtsdestotrotz erscheint eine Fokussierung auf die Nachwahlbefragung trotz allem sinniger, da hier zumindest die tatsächlichen Wahlergebnisse bereits vorliegen und die befragten Individuen den Wahlakt bereits vorgenommen haben. Die dadurch entstehende Unsicherheit, die durch die Problematik mit Recallfragen entstehen kann, wird mit Hinweis auf die dazugehörige Literatur, in Abwägung mit den Risiken einer Vorwahlbefragung, für geringfügig weniger problematisch erachtet. Eine nachträgliche Gewichtung anhand der tatsächlichen Wahlergebnisse, die auch als „Recall-Gewichtung" (Bürklin 1988, S. 97) bezeichnet wird, ist wiederum als „eine methodisch kaum zu rechtfertigende Veränderung des Datensatzes" (Roth 2008, S. 88) einzuschätzen, die deshalb unterlassen wird.

Wie der Name *Nachwahl-Querschnitt* besagt, handelt es sich bei allen drei Befragungen um Querschnitterhebungen. *Querschnittstudien* zeichnen sich dadurch aus, dass diese „Auskunft über Sachverhalte zu einem bestimmten Zeitpunkt" (Pötschke 2010, S. 42) geben und demnach „so etwas wie einen Schnappschuss zu einem Zeitpunkt" (Lauth et al. 2009, S. 144) darstellen. Querschnittstudien als solche sind, als ein Ausschnitt der politischen Wirklichkeit, ein sehr probates Mittel sozialwissenschaftlicher Forschung. Insbesondere mit Blick auf die Wahlforschung sind diese unproblematisch in ihrer Verwendung, handelt es sich doch bei Wahlergebnissen auch nur um eine situative Aufnahme, die wiederum mehrjährige politische Implikationen haben. Nicht umsonst ist es aber so, dass „jede gewählte Versammlung ein für allemal nur die geistige Verfassung, politische Reife und Stimmung ihrer Wählerschaft just in dem Moment [widerspiegelt], wo sie zur Wahlurne schritt. Die demokratische Körperschaft ist demnach stets das Spiegelbild der Masse vom Wahltermin" (Luxemburg 1990,

S. 143–144). Es gibt demnach keine über den Wahltermin hinausreichende, notwendigerweise bestehende Aussagekraft für künftige Wahlen. In der hier zur Verwendung gedachten Form, also der Kombination von drei Querschnittuntersuchungen, ergibt sich daraus eine *Trendstudie*. Diese zeichnet sich dadurch aus, dass

> „das Erhebungsinstrument mit vergleichbaren Fragen bei unterschiedlichen Stichproben derselben Grundgesamtheit zu mehreren Zeitpunkten abgefragt wird und die Antwortverteilungen über die Erhebungszeitpunkte verglichen werden. So werden z.B. zur Analyse des Wahlverhaltens über Zeit jeweils nach den Wahlen die gleichen Fragen erneut gestellt und die Antwortverteilungen mit den Ergebnissen früherer Studien verglichen. Da jedes Mal eine Stichprobe neu gezogen wird, werden für gewöhnlich zu jedem Zeitpunkt unterschiedliche Personen befragt. Dabei beruhen die Stichproben in der Regel auf einer repräsentativen Zufallsauswahl" (Mochmann 2014, S. 234).

Die Betonung auf *vergleichbare Fragen* weist sodann auf ein großes Defizit bei derartigen Studien hin, werden doch nicht immer alle Items zu unterschiedlichen Erhebungszeitpunkten konsistent und gleichbedeutend erhoben. Hierdurch besteht oftmals die Problematik, dass sich der Wortlaut oder auch der Modus zur Operationalisierung von theoretischen Konzepten im Verlauf einer solchen Studie verändern kann. Der Vorteil einer Trendstudie ist, dass eine Betrachtung des Forschungsgegenstandes, hier also dem Einfluss von gesellschaftlichen Wertorientierungen auf das Wahlverhalten bei Bundestagswahlen, in voneinander unabhängigen Zufallsstichproben möglich ist. Um von den hier zu verwendenden Stichproben auf die Grundgesamtheit, also die wahlberechtigte Bevölkerung der Bundesrepublik Deutschland, schließen zu können – gemeint ist hier das Kriterium der Repräsentativität – muss die Bedingung einer *Zufallsstichprobe* zunächst erfüllt sein. Dies ist bei allen drei Befragungen der Fall. Während bei den Bundestagswahlen 2009 und 2013 mit einer mehrfach geschichteten disproportionalen Zufallsauswahl nach ADM-Stichprobendesign gearbeitet wurde, bei dem es zu einem *Oversampling* der ostdeutschen Bevölkerung kommt (Rattinger et al. 2019a, S. 2; Rattinger et al. 2019b, S. 2), wurde bei der Bundestagswahl 2017 eine Registerstichprobe gezogen, bei der ebenfalls ein Oversampling für Ostdeutschland erzielt wurde (Roßteutscher et al. 2019, S. 2).

Beim ADM-Stichprobendesign handelt es sich „um eine dreistufige geschichtete Zufallsstichprobe" (S. Häder 2015, S. 8). Dabei wird im ersten Schritt eine Auswahl von Gebieten, im zweiten Schritt die Auswahl von Zielhaushalten und schlussendlich im dritten Schritt eine Auswahl zu befragender Zielpersonen vorgenommen (S. Häder 2015, S. 8–10). Die für die Erhebung der Nachwahlbefragung zur Bundestagswahl 2017 vorgenommene Registerstichprobe ist „ein geschichtetes zweistufiges Zufallsverfahren" (S. Häder 2015, S. 10) und gilt als wahlweise „qualitativ hochwertigstes Design" (S. Häder 2015, S. 10) und als „bestmögliche Vorgehensweise bei der Stichprobenziehung für Bevölkerungsumfragen" (M. Häder 2015, S. 157). Bei beiden Vorgehensweisen handelt es sich um gängige und hochwertige Vorgehensweisen für Stichprobenerhebungen, wenngleich die für 2017 verwendete Registerstrichprobe als noch „qualitativ höherwertige[r]" (S. Häder 2015, S. 10) beschrieben wird. Eine ausführlichere Diskussion entsprechender Unterschiede wird aber auch in entsprechenden Guidelines der GESIS nicht explizit vorgenommen (S. Häder 2015, S. 9).

Die im Rahmen der Nachwahlbefragungen gesetzten Erhebungszeiträume beziehen sich auf den 28. September bis zum 23. November 2009 für die Bundestagswahl 2009, den 23. September bis zum 23. Dezember 2013 für die Bundestagswahl 2013 sowie den 25. September bis zum 30. November 2017 für die Bundestagswahl 2017. Bei den computergestützten persönlichen Interviews (CAPI), die durchgeführt wurden, konnten 2009 insgesamt 2.117 Interviews, 2013 insgesamt 1.908 Interviews und 2017 insgesamt 2.112 Interviews erfolgreich beendet werden. Die durchschnittliche Befragungsdauer betrug 60 (2009), 67 (2013) und 71 (2017) Minuten (vgl. Tabelle 3.2).

Tabelle 3.2 Die Nachwahl-Querschnitte 2009 bis 2017

	2009	2013	2017
Titel	Nachwahl-Querschnitt (GLES 2009)	Nachwahl-Querschnitt (GLES 2013)	Nachwahl-Querschnitt (GLES 2017)
Studiennummer	ZA5301	ZA5701	ZA6801
Aktuelle Version	4.0.2, 26.02.2019	3.0.1, 26.02.2019	4.0.1, 26.02.2019
Erhebungszeitraum	28.09.2009 –23.11.2009	23.09.2013 – 23.12.2013	25.09.2017 –30.11.2017
Fallzahl	2.115	1.908	2.112
Durchschnittliche Interviewdauer (in Minuten)	60	67	71

Quelle: Eigene Darstellung, basierend auf Rattinger et al. 2019a, S. 2–3; Rattinger et al. 2019b, S. 2–3; Roßteutscher et al. 2019, S. 2

Die dadurch ermittelte Fallzahl an Individualdaten für die jeweiligen Nachwahlbefragungen lässt den Schluss zu, dass es sich hierbei um *Large-N-Analysen* handelt (Pickel 2016, S. 31), sind hier doch die angeführten Individuen Träger jener Werte, aus denen sich gesellschaftliche Wertorientierungen ableiten lassen.

3.2 Daten

Diese Vorgehensweise wird in der vergleichenden Politikwissenschaft auch als *statistische Methode* bezeichnet (Lauth et al. 2014, S. 63–65). Als klarer Vorteil ist bei dieser Vorgehensweise nicht nur die Generalisierbarkeit der Ergebnisse zu nennen, sondern auch die grundsätzliche Transparenz und Replizierbarkeit, die durch die Einhaltung gängiger statistischer Standards erreicht wird. Ein notwendigerweise zu nennender Kritikpunkt ist, dass die zur Verfügung stehenden Daten und Methoden nur einen Teilausschnitt der Realität abbilden können (Lauth et al. 2014, S. 65). Mögliche blinde Punkte sind durchaus möglich, müssen aber entsprechend transparent kommuniziert werden.

Bevor die Generalisierbarkeit der vorzunehmenden Analyse strategisch angegangen werden kann, muss zunächst die Problematik des Oversamplings befragter Individuen aus Ostdeutschland erneut aufgegriffen werden. Wie bereits angeführt, wurde in allen drei Nachwahlerhebungen ein solches für Ostdeutschland erzielt, „um für diese Bevölkerungsgruppe ausreichend hohe Fallzahlen zu realisieren, die differenzierte Analysen von Subgruppen erlauben" (GESIS – Leibniz Institut für Sozialwissenschaften 2019, S. 32). Da eine solche Analyse hier jedoch nicht intendiert ist, erscheint es als notwendig, ein Designgewicht für alle drei Datensätze anzuwenden, um mögliche Verzerrungen zu korrigieren. Grundsätzlich gilt die Verwendung eines solchen Ost/West-Designgewichtes als unstrittig, wohingegen dies bei anderen Gewichten nicht zwangsläufig der Fall ist (Blumenberg und Gummer 2016, S. 21). „Mit Hilfe des Ost/West-Gewichtes kann die Disproportionalität der Stichprobenanlage aufgehoben werden, so dass Analysen für Gesamtdeutschland möglich sind" (Blumenberg und Gummer 2013, S. 8). Da dies die Intention der vorliegenden Analyse ist, wird diese Anpassung vorgenommen. Von weiteren Anpassungen wird aber abgesehen, da es sich hierbei um eine primär methodische Debatte handelt, die an dieser Stelle weder ausreichend berücksichtigt noch kritisch gewürdigt werden kann. Auch die sich verändernde Stichprobenziehung von 2009 und 2013 zu 2017 ist ein weiterer Grund, der durch weitere Anpassungen eine Verzerrung hervorrufen könnte.

Im vorherigen Kapitel wurde die Aussicht darauf gegeben, dass in diesem Abschnitt auch noch die Modalität der Erfassung von Wertorientierungen eine Rolle spielen sowie die Diskussion von Periodeneffekten noch einmal aufgegriffen wird. Bei den GLES-Datensätzen lässt sich so feststellen, dass die tatsächliche Entscheidung für eben diese, neben den bereits angeführten Gründen, auch auf die bestmögliche Anwendbarkeit der Variablen zurückzuführen ist. Insbesondere im Vergleich zu anderen Datensätzen erscheinen die GLES-Daten hier als optimale Lösung. Eine Darlegung der Argumente, die dazu geführt haben, dass andere Datensätze für die vorliegende Analyse nicht infrage kamen, folgt in Abschnitt 3.4. Diese Darstellung ist der Operationalisierung nachgeordnet, da auch diese ein hinreichender Grund ist, weshalb sich die Daten der GLES-Studien als die qualitativ hochwertigsten erwiesen haben.

Im Hinblick auf die schon angeführten Periodeneffekte lässt sich festhalten, dass diese im Rahmen des gewählten Trendstudiendesigns nicht verfolgt werden können, da hierfür die Analyse im Rahmen eines Panelstudiendesigns, also die wiederholte Erhebung der Daten von ein und denselben Personen, notwendig wäre. Ein solches Studiendesign hat sicherlich den Vorteil der Beobachtung von Individuen über längeren Verlauf, führt letztendlich aber auch dazu, dass die Befragten ihr Antwortverhalten möglicherweise an das vorheriger Befragungen anpassen. Andererseits besteht aber auch das Risiko, dass eine weitere Teilnahme, aus individueller Sicht, an einer solchen Befragung nicht länger gewünscht ist. Diese so genannte *Panel-Mortalität* kann auch zu einer Verzerrung der vorliegenden Ergebnisse führen. Aus diesem Grund wurde die Entscheidung gegen ein solches Design gefällt. Eine mögliche Verschiebung gesellschaftlicher Wertorientierungen kann aber grundsätzlich durch Periodeneffekte ausgelöst werden, weshalb dies mit Blick auf die weiteren Analysen nicht ausgeblendet werden sollte.

Ganz allgemein gilt an dieser Stelle, wie auch schon im vorherigen Teil der vorliegenden Arbeit, dass die bisherigen Entscheidungen auf Basis von Argumenten vorgenommen werden, für die es sicherlich auch weitere berechtigte Gegenargumente gibt. Die nun folgende Operationalisierung, die Beschreibung des Analyseverfahrens und die daraufhin anschließende Analyse sollen folglich immer unter dem Gesichtspunkt betrachtet werden, dass es sich hierbei neben weiteren um nur einen möglichen Lösungsvorschlag zur Beantwortung der Forschungsfrage handelt. Es wird keineswegs der Anspruch erhoben, dass es sich dabei um die einzige legitime Vorgehensweise handelt.

3.3 Operationalisierung

Bei der vorliegenden Arbeit wird die Logik eines x-zentrierten Forschungsdesigns verfolgt, also die der „Klärung der Wirkung einer oder mehrerer theoretisch interessierender erklärender Variablen ($x1, x2, ..., xn$) auf eine zu erklärende Variable (y)" (Schnapp 2015, S. 86). Bei der entsprechenden zu erklärenden, abhängigen Variable handelt es sich um das Wahlverhalten für die Parteien, welches durch jene theoretisch interessanten Variablen erklärt werden soll, die sich aus der Beschreibung und Erfassung gesellschaftlicher Wertorientierungen ableiten lassen. Im Folgenden wird zunächst näher auf die Operationalisierung der abhängigen Variablen, also das tatsächliche Wahlverhalten, eingegangen. Darauffolgend wird die Operationalisierung zur Messung gesellschaftlicher Wertorientierungen vorgestellt, welche hier vorgenommen wird, um anschließend weitere für die anschließende Analyse notwendige Faktoren zu erläutern. Dabei handelt es sich zum einen um sozio-demographische Kontrollvariablen wie das Alter, das Geschlecht und das Bildungsniveau der Befragten sowie als weitere Prädiktoren die aus der Wahlforschung bekannten Faktoren der Parteiidentifikation und der Kandidatenorientierung aus dem Michigan-Modell.

3.3.1 Abhängige Variablen: Wahlverhalten

Zunächst werden für die jeweiligen Bundestagswahltermine die Datensätze der Nachwahlbefragungen so recodiert, dass nur jene Personen in den Analysen inkludiert werden, die einerseits wahlberechtigt waren, zum anderen aber auch klar benennen konnten, dass sie sich an der Wahl beteiligt oder eben nicht beteiligt haben. Alle Personen, die hier keine Angaben gemacht haben, sich nicht erinnern konnten oder nicht einer der beiden Kategorien der Wahlteilnahme oder Wahlenthaltung zuordnen konnten, werden in Folge aus der Analyse ausgeschlossen. Um den Einfluss gesellschaftlicher Wertorientierungen auf Wahlverhalten für spezifische Parteien erklären zu können, wurde für alle drei Erhebungszeitpunkte die ursprünglich nominal skalierte Wahlentscheidungsvariable so recodiert, dass nur noch jene Individuen erfasst werden, die (1) die entsprechende Partei gewählt haben oder (0) für eine andere Partei votiert haben. In Konsequenz entstehen so insgesamt 17 dichotom codierte, abhängige Variablen, die im weiteren Verlauf für die Analysen herangezogen werden. Demnach ist die Referenzkategorie stets die Gesamtheit der Wähler jener Parteien, deren Wahlverhalten im entsprechenden Modell keiner näheren Analyse unterzogen werden soll (vgl. Tabelle 3.3).

Tabelle 3.3 Wahlverhalten

Indikator	Variablenbezeichnung	Ausprägungen
Wahlverhalten 2009	wahl_union09; wahl_spd09; wahl_fdp09; wahl_gruene09; wahl_linke09	(0) Partei nicht gewählt (1) Partei gewählt
Wahlverhalten 2013	wahl_union13; wahl_spd13; wahl_fdp13; wahl_gruene13; wahl_linke13; wahl_afd13	(0) Partei nicht gewählt (1) Partei gewählt
Wahlverhalten 2017	wahl_union17; wahl_spd17; wahl_fdp17; wahl_gruene17; wahl_linke17; wahl_afd17	(0) Partei nicht gewählt (1) Partei gewählt

Quelle: Eigene Zusammenstellung

3.3.2 Unabhängige Variablen: Gesellschaftliche Wertorientierungen

Von zentraler Bedeutung für ein x-zentriertes Forschungsdesign ist die Identifikation jener Variablen, die in der Lage sind, das gewünschte theoretische Modell oder Konzept messbar zu machen. Es zeigt sich, dass auch die Daten der GLES-Studien bei Weitem nicht so allumfassend sind, wie es wünschenswert wäre. Für die vorliegende Analyse hat dies zu Folge, dass für jede der vorgeschlagenen Konfliktlinien gesellschaftlicher Wertorientierungen nur je eine Variable herangezogen werden kann, um diese abzubilden. Nichtsdestotrotz sind diese derart passgenau, dass daraus keine inhaltliche Einschränkung erwächst.

Die Konfliktlinie zwischen einer links-materialistischen und einer rechts-materialistischen Wertorientierung zeichnet sich dadurch aus, dass sie im Wesentlichen den Sozialstaatskonflikt abzubilden vermag. Dadurch rücken Fragen nach gesellschaftlicher Umverteilung und darauf basierenden redistributiven Maßnahmen in den Fokus. Diese Dimension wird im Folgenden dadurch abgedeckt, dass die befragten Individuen explizit nach ihrer Position zu Steuern und sozialstaatlichen Leistungen gefragt wurden. Das dafür den Befragten vorgelegte Item mit elf Ausprägungen wurde zur Vereinfachung der Analyse in seinen Ausprägungen so recodiert, dass (1) *mehr sozialstaatliche Leistungen, auch wenn das mehr Abgaben bedeutet* als links-materialistischer Pol dient, wohingegen der rechts-materialistische Pol durch die Ausprägung (11) *weniger Steuern und Abgaben, auch wenn das weniger sozialstaatliche Leistungen bedeutet* abgebildet wird. Das für die Analyse zu verwendende Item erfüllt alle Kriterien, die erfüllt sein müssen, um für die vorliegende Untersuchung in Frage zu kommen. Das erste Kriterium gilt für die vorgeschlagene Operationalisierung naturgemäß als erfüllt, handelt es sich doch dabei um jene Voraussetzung, dass inhaltlich zur Dimension passende Items abgefragt wurden. Darüber hinaus werden im Rahmen dieses Items, welches über alle drei Befragungszeitpunkte gleichbleibend abgefragt wurde, nicht nur zwei sich kontrastierend gegenüberstehende Zielvorstellungen erfasst, sondern gleichzeitig gesellschaftspolitische Konsequenzen für jeweilige Positionen inkludiert. So können Individuen eine fundiertere Entscheidung in Abwägung verschiedener Zielvorstellungen treffen (vgl. Tabelle 3.4).

Bei der Konfliktlinie zwischen einer religiösen und einer säkularen Wertorientierung ist es so, dass die Operationalisierung in der entsprechenden Literatur weitestgehend einheitlich vorgenommen wird. Es wird in den meisten Fällen, so auch hier, religiöse Involvierung oder Religiosität über die Kirchgangshäufigkeit gemessen. Dabei wird danach gefragt, wie oft Individuen, abgesehen von Hochzeiten, Beerdigungen oder sonstigen Festivitäten, in die Kirche beziehungsweise

3.3 Operationalisierung

Tabelle 3.4 Gesellschaftliche Wertorientierungen: Links-Rechts-Materialismus

Indikator	Variablenbezeichnung	Ausprägungen
Links-Rechts-Materialismus	2009: liremat09 2013: liremat13 2017: liremat17	(1) mehr sozialstaatliche Leistungen, auch wenn das mehr Steuern und Abgaben bedeutet (11) weniger Steuern und Abgaben, auch wenn das weniger sozialstaatliche Leistungen bedeutet

Quelle: Eigene Zusammenstellung

ein Gotteshaus gehen. Dieses Verfahren, welches auch in den GLES-Wahlstudien gewählt wurde, trifft auch auf Widerspruch, wird dabei doch argumentiert, dass Religiosität primär über die objektive Kirchzugehörigkeit, nicht jedoch den Kirchgang gemessen werden kann (Knutsen 2018b, S. 60). Dies ist aber aus verschiedenen Blickwinkeln wiederum auch eine problematische Sichtweise. So ist zwar zweifelsohne zu konstatieren, dass eine Kirchbindung „in der Regel über Kirchgangshäufigkeit gemessen" (Poguntke 2000, S. 52) werden kann, eine hohe Frequenz von Kirchbesuchen wiederum aber auch als religiöse Praktik verstanden werden muss. In vielen Studien wird die Kirchbindung und die Religiosität gleichermaßen über die Kirchgangshäufigkeit operationalisiert (Elff und Roßteutscher 2009, S. 311) und gilt ferner als gelebte religiöse Partizipation (Norris und Inglehart 2011, S. 41). Darüber hinaus wird auch ein religiöses Gruppenbewusstsein, insbesondere durch den Kirchgang als religiöse Praxis (Weßels 2014a, S. 191) definiert. Eine derartige Messung ist deshalb in vielen Studien (Pollack und Pickel 1999, S. 471) die gängige Praxis zur Messung von Religiosität (Aarts et al. 2010, S. 666). Darüber hinaus wird die Kirchgangshäufigkeit auch als Abbildung der religiös-säkularen Konfliktlinie (Minkenberg 2010, S. 400) herangezogen.

Im Fall der GLES-Wahlstudien von 2009, 2013 und 2017 wurden die Individuen gefragt, wie oft sie, fernab von Hochzeiten, Beerdigungen oder sonstigen Feierlichkeiten in die Kirche gehen[1]. Dabei konnten sich diese auf einer Skala mit sieben Ausprägungen von (1) *nie*, (2) *einmal im Jahr*, (3) *mehrmals im Jahr*, (4) *einmal im Monat*, über (5) *zwei- bis dreimal im Monat*, zu (6) *einmal die Woche* und schließlich (7) *öfter* verorten. Bei dieser Abfrage entsteht die problematische Situation, dass jene Kriterien, die als Anforderung für eine Wertorientierung

---

[1] Aus Anonymisierungszwecken wurden die Glaubensgemeinschaften bei den GLES-Nachwahlbefragungen zusammengefasst, sodass hier keine Analyse, unterteilt in Muslime, Christen, Juden oder weitere Gruppen, möglich ist.

postuliert wurden, insbesondere die Konfrontation mit verschiedenen Zielvorstellungen, hier in hohem Maße verletzt wird. Da es sich hierbei aber um eine gängige Praxis zur Abbildung einer religiösen oder säkularen Wertorientierung handelt und ferner auch in anderen vergleichbaren Befragungen keine besser geeigneten Instrumente vorhanden sind (vgl. Abschnitt 3.4), muss diese Einschränkung an dieser Stelle hingenommen werden. Auch ist zu kritisieren, dass hierbei einzig Religiosität in institutionalisierter Form in die Analyse einbezogen werden kann, somit aber Individuen ausgeschlossen werden, die eine religiöse Wertorientierung haben, diese aber jenseits institutioneller Rahmenbedingungen praktizieren. Bei dem gewählten Item handelt es sich um eine ordinalskalierte Variable. So ist eine Rangordnung in den Ausprägungen der Variable also möglich und vorhanden, jedoch existieren keine eindeutig und gleich großen Abstände zwischen den einzelnen Ausprägungen, um sie als metrisch skalierte Variable zu bezeichnen (Pickel und Pickel 2018, S. 39; Schnell et al. 2011, S. 136–137). Nichtsdestotrotz ist es gängige Praxis, eine derartige Variable auch als quasimetrisch (Schultze 2016, S. 168; Field 2012, S. 9–10; Baur 2011, S. 213–214; Bortz 1999, S. 27–28) anzuerkennen, sofern diese mindestens fünf Ausprägungen (Döring und Bortz 2016, S. 241; Urban und Mayerl 2011, S. 275, Faulbaum et al. 2009, S. 26) hat. Dahinter verbirgt sich primär die Annahme einer inhärenten Metrik, die sich hinter einer entsprechenden Variable verbirgt. Im hier vorliegenden Fall handelt es sich um eine Variable, durch die explizit zeitliche Abstände erfasst werden, die wiederum manifest festzustellen sind. Aus diesem Grund soll im Folgenden auch mit dieser Variable so verfahren werden (vgl. Tabelle 3.5).

Tabelle 3.5 Gesellschaftliche Wertorientierungen: Religiös-Säkular

Indikator	Variablenbezeichnung	Ausprägungen
Religiös-Säkular	2009: relsaek09 2013: relsaek13 2017: relsaek17	(1) nie (2) einmal im Jahr (3) mehrmals im Jahr (4) einmal im Monat (5) zwei- bis dreimal im Monat (6) einmal die Woche (7) öfter

Quelle: Eigene Zusammenstellung

Anders gestaltet sich die Situation wiederum, wenn es um die Abbildung der Dimension zwischen einer postmaterialistischen und einer materialistischen Wertorientierung geht, obgleich es auch hier durchaus Einschränkungen in der

Aussagekraft der Analyse zu machen gilt. Eine postmaterialistische Wertorientierung wurde hier kennzeichnend dadurch beschrieben, dass Individuen nicht nur eine Gesellschafts- und Wirtschaftspolitik favorisieren, die jenseits eines wirtschaftlichen Wachstumskonsenses agiert, sondern gleichermaßen auch Atomkraft als Energieträger ablehnen. Für die GLES-Befragungen ergibt sich daraus das Problem, dass für die Bundestagsnachwahlbefragung 2009 noch die Frage nach der sofortigen Abschaltung aller Kernkraftwerke inkludiert, in den Folgebefragungen aber darauf verzichtet wurde, auch weil nach dem Reaktorunglück von Fukushima im Jahr 2011 der vorzeitige Ausstieg aus der Atomenergie beschlossen wurde. Stattdessen wurde in den Nachwahlbefragungen der Bundestagswahlen 2013 und 2017 explizit danach gefragt, ob Individuen einen (1) *Vorrang für die Bekämpfung des Klimawandels, auch wenn es dem Wirtschaftswachstum schadet* gegenüber einem (11) *Vorrang für Wirtschaftswachstum, auch wenn es die Bekämpfung des Klimawandels erschwert* favorisieren (vgl. Tabelle 3.6).

Während alle drei Variablen durchaus theoretisch im Konzept einer Konfliktdimension zwischen einer postmaterialistischen und einer materialistischen Wertorientierung passend zu verorten sind, ist zunächst nicht direkt ersichtlich, ob diese Aussage auch empirisch zu halten ist. Um sich dieser Frage zumindest im Ansatz nähern zu können, ist der Begriff der funktionalen Äquivalenz, der insbesondere in der vergleichenden Politikwissenschaft eine Rolle bei der Analyse interkultureller Vergleiche spielt, von zentraler Bedeutung. Bei der Herstellung funktionaler Äquivalenz handelt es sich um das Ziel, dass „die Funktion und Bedeutung der erfragten empirischen Tatbestände (…) bei der Operationalisierung der Fragen übereinstimmen [muss], nicht unbedingt der Wortlaut der Frage" (Pickel 2003, S. 156). Gemeint sind dabei nicht nur interkulturelle Vergleiche, sondern durchaus auch Analysen, die sich über eine regionale Einheit zu unterschiedlichen Zeitpunkten erstrecken (Braun 2000, S. 2), wobei mit einer solchen regionalen Einheit ein Land wie die Bundesrepublik Deutschland gemeint sein kann.

Eine solche funktionale Äquivalenz wird in der Regel vor allem für die Messung komplexerer theoretischer Konstrukte verwendet und umfasst eine größere Menge für eine solche Analyse zur Verfügung stehender Daten (Davidov 2010). Im hier vorliegenden Fall ist dies aber, aufgrund der nicht allumfänglichen Datenverfügbarkeit, nur schwerlich umsetzbar. Eine Möglichkeit besteht aber darin, dass zumindest eine Prüfung möglich ist, ob eine inhaltliche Korrelation vorliegt zwischen der Positionierung auf der Postmaterialismus-Materialismus-Skala und der konkreten Einstellung zu Atomkraft, wird doch für die Nachwahlbefragung 2013 ein solches Item inkludiert. So können sich die befragten Individuen dort zu der Aussage *Die Energieversorgung sollte auch durch die Nutzung von Atomkraft gesichert werden* anhand einer Likert-Skala positionieren, die sich von (1) *stimme überhaupt nicht zu* bis (5) *stimme voll und ganz zu* erstreckt. Um eine solche Korrelationsanalyse vorzunehmen, wird im nächsten Schritt eine neue Variable erstellt, in der die 11er-skalierte metrische Postmaterialismus-Variable 5er-skaliert recodiert wird. Auf diese Art soll sichergestellt werden, dass die Skalierung der beiden Variablen gleich groß ist, was die Vergleichbarkeit der Ergebnisse vereinfacht. Dafür werden die vormaligen Ausprägungen in Zweierschritten mit Ausnahme einer Zusammenfassung der drei mittleren Ausprägungen fünf, sechs und sieben zusammengefasst. In einer darauf aufbauenden Analyse zeigt sich dann, dass die beiden Variablen, gemäß *Pearson's Korrelationskoeffizient*, in einem hoch signifikanten Ausmaß in Höhe von 0,3352 (p<0,001) miteinander korrelieren. Demnach gibt es einen mittelstarken positiven Zusammenhang, der zwischen einer postmaterialistischen Wertorientierung und der Einstellung zur Atomkraft besteht. So ist es zwar durchaus unbefriedigend, wenn von einer Einstellungsvariable im Jahr 2013 auf eine Wertorientierungsvariable aus dem Jahr 2009 geschlossen werden soll, handelt es sich doch hierbei um zwei Indikatoren mit unterschiedlicher theoretischer Tiefe, jedoch besteht aufgrund der Datenlage keine Option, einen anderen empirischen Beleg als diesen zu erbringen. Dies liegt aber auch in der hier bereits erläuterten Natur der Sache von Trendstudien, in der im Zweifel, sofern nicht anders möglich, vergleichbare Items herangezogen werden müssen, die aber theoretisch möglichst passgenau sein sollen.

Auf Basis der Korrelationsanalyse wird also angenommen, dass jene Postmaterialismus-Variable aus der Nachwahlbefragung 2009 dasselbe theoretische Konstrukt abbildet, das 2013 und 2017 abgebildet werden kann, also eine funktionale Äquivalenz besteht. Ein weiterer Unterschied besteht im Hinblick auf die Qualität der Variablen bei der Abbildung einer Wertorientierung (vgl. Tabelle 3.6).

Diese erfüllen zwar alle das Kriterium einer Gegenüberstellung unterschiedlicher Wertvorstellungen, jedoch ist das dritte Kriterium, die gesellschaftliche Implikation aus einer Entscheidung, nur bei den Nachwahlbefragungen 2013 und 2017 abzubilden. Dies führt letztendlich dazu, wie bereits theoretisch diskutiert und argumentativ dargelegt, dass die Ergebnisse der letzten beiden Befragungszeitpunkte für die optimierte Messung einer Wertorientierung als valider betrachtet werden können als die der Nachwahlbefragung von 2009. Das 2009er Postmaterialismus-Item wird so recodiert, dass die Extremposition einer postmaterialistischen Wertorientierung bei (1) *sofortige Abschaltung aller Kernkraftwerke* liegt und die der materialistischen Wertorientierung bei (11) *weiterer*

3.3 Operationalisierung

Tabelle 3.6 Gesellschaftliche Wertorientierungen: Postmaterialismus-Materialismus

Indikator	Variablenbezeichnung	Ausprägungen
Postmaterialismus-Materialismus	2009: postmat09	(1) sofortige Abschaltung aller Kernkraftwerke (11) weiterer Ausbau der Kernenergie
	2013: postmat13 2017: postmat17	(1) Vorrang für Bekämpfung des Klimawandels, auch wenn es dem Wirtschaftswachstum schadet (11) Vorrang für Wirtschaftswachstum, auch wenn es die Bekämpfung des Klimawandels erschwert

Quelle: Eigene Zusammenstellung

Ausbau der Kernenergie, um eine Vergleichbarkeit der Daten mit 2013 und 2017 zu gewährleisten.

Die letzte der vier Wertorientierungsdimensionen, jene zwischen einer kosmopolitischen und einer nationalistischen Wertorientierung, wurde im theoretischen Vergleich über alle Konzepte hinweg durch die Gemeinsamkeit charakterisiert, dass dabei die kulturelle Homogenität oder Heterogenität einer Bevölkerung auf einem spezifischen Territorium tangiert wird. Der Konflikt wird dabei in besonderem Maße an der Haltung zu Einwanderung manifestiert (vgl. Tabelle 3.7).

Tabelle 3.7 Gesellschaftliche Wertorientierungen: Kosmopolitismus-Nationalismus

Indikator	Variablenbezeichnung	Ausprägungen
Kosmopolitismus-Nationalismus	2009: kosmonat09 2013: kosmonat13 2017: kosmonat17	(1) Zuzugsmöglichkeiten für Ausländer sollten erleichtert werden (11) Zuzugsmöglichkeiten für Ausländer sollten eingeschränkt werden

Quelle: Eigene Zusammenstellung

Hierbei spielt insbesondere eine Rolle, dass zur Abbildung der Dimension ein Zielkonflikt zwischen *weniger* oder *mehr Zuwanderung* postuliert werden muss. Die GLES-Nachwahlbefragungen kennzeichnen in ihren Fragebögen die Frage nach Einwanderung selbst als libertär-autoritäre Dimension. Insofern eignet sich dieses Item für die intendierte Messung, wenngleich hier, wie dargelegt, bevorzugt von einer Kosmopolitismus-Nationalismus-Dimension gesprochen wird. Den befragten Individuen wurde dafür über alle drei Befragungszeitpunkte hinweg die Möglichkeit gegeben, sich zwischen den Extrempositionen auf einer metrisch skalierten Variable von (1) *Zuzugsmöglichkeiten für Ausländer sollten erleichtert werden* bis (11) *Zuzugsmöglichkeiten für Ausländer sollten eingeschränkt werden* zu positionieren. Einzig die Konsequenzen, die aus der Entscheidung für die jeweiligen Extrempositionen folgen, werden durch die Fragestellung nicht ersichtlich. Dies hat dieses Item aber auch mit vergleichbaren Datenquellen gemein (vgl. Abschnitt 3.4).

In der Summe sind die ausgewählten Datenquellen – die GLES-Nachwahlbefragungen – in der Lage, die vier Dimensionen gesellschaftlicher Wertorientierungen nicht nur grundsätzlich abzubilden, sondern sie erfüllen auch die für die Analyse weiteren notwendigen Kriterien. Sie können mit Einschränkungen bezüglich der Konfliktdimension zwischen einer religiösen und einer säkularen Wertorientierung Zielkonflikte aufzeigen. Ferner ist es für zumindest zwei weitere Dimensionen möglich, den Links-Rechts-Materialismus sowie die Postmaterialismus-Materialismus-Konfliktlinie, Konsequenzen der Entscheidung für eine entsprechende Positionierung offenzulegen. Dadurch gelingt es, dass die befragten Individuen, auch in Abwägung verschiedener Zielvorstellungen, eine in sich konsistentere Entscheidung treffen können. Die GLES-Nachwahlbefragungen sind demnach neben weiteren angeführten Argumenten als Datengrundlage für diese Arbeit besonders geeignet. Die in Tabelle 3.8 dargelegten Informationen wurden für die vier Wertorientierungsdimensionen zur Übersicht noch einmal zusammengefasst, auch um einen Vergleichswert für die in Abschnitt 3.4 zusammengefassten und nicht verwendeten alternativen Datenquellen darstellen zu können. Im anschließenden Kapitel werden nun jene Variablen dargelegt, die im Folgenden als Kontrollvariablen in die vorzunehmenden Modellrechnungen mit einfließen sollen.

3.3 Operationalisierung

Tabelle 3.8 GLES-Nachwahlbefragungen

	Abgefragt			Zielkonflikt			Implikation		
	2009	2013	2017	2009	2013	2017	2009	2013	2017
Links-Rechts-Materialismus	✓	✓	✓	✓	✓	✓	✓	✓	✓
Religiös-Säkular	✓	✓	✓	×	×	×	×	×	×
Postmaterialismus-Materialismus	✓	✓	✓	✓	✓	✓	×	✓	✓
Kosmopolitismus-Nationalismus	✓	✓	✓	✓	✓	✓	×	×	×

Quelle: Eigene Zusammenstellung

3.3.3 Kontrollvariablen: Soziodemographie

Kontrollvariablen sind für Analysen insofern wichtig, da selbst in Untersuchungen, in denen „nur die Beziehung zwischen zwei Variablen von Interesse ist, (…) es sinnvoll sein [kann], weitere Größen zu berücksichtigen, weil die interessierende Beziehung – in Abhängigkeit von den Ausprägungen dritter Variablen – unterschiedlich ausfallen kann" (Kühnel und Krebs 2010, S. 463). Die für diese Analyse herangezogenen Kontrollvariablen setzen sich aus dem Geschlecht, dem Alter sowie der formellen Bildung der Befragten zusammen.

Zur Erfassung des Geschlechts der Befragten oblag es zu allen drei Befragungszeitpunkten dem Interviewer zu entscheiden, welchem Geschlecht die sich ihm gegenüber befindende Person zugeordnet werden kann. Dabei konnte zu allen drei Befragungszeitpunkten zwischen (0) männlich und (1) weiblich ausgewählt werden. Für diese Vorgehensweise sind zwei kritische Anmerkungen zu machen. Die erste bezieht sich darauf, dass bei dieser Vorgehensweise eine Zuordnung jenseits binärer Identitäten nicht möglich ist, wohingegen die zweite Anmerkung sich explizit auf den Interviewer bezieht. So ist nicht klar und eindeutig ersichtlich, auf Basis welcher Kriterien eine solche Entscheidung vorgenommen wird. Zu vermuten ist, dass es sich hierbei um eine rein optische Kategorisierung durch den Interviewer handelt. Demnach kann es auch zu Verzerrungen kommen, die in Zukunft auch bei der Erstellung solcher Studien berücksichtigt werden müssen (vgl. Tabelle 3.9).

Der Erhebungsmodus für das Alter der Befragten hat sich zwischen den Erhebungszeitpunkten 2009 bis 2013 verändert. Während für das Jahr 2009 das konkrete Alter direkt überführbar ist, muss für die Nachwahlbefragungen 2013 und 2017 eine Recodierung vorgenommen werden. Dies ist darauf zurückzuführen, dass für diese beiden Erhebungszeitpunkte das konkrete Geburtsdatum erfasst wurde. Im Folgenden wurde dann das Geburtsjahr vom Erhebungsjahr subtrahiert, um das Alter der Befragten abzubilden (vgl. Tabelle 3.9). Dadurch kann es aber zu marginalen Veränderungen beim Alter der Befragten kommen, was methodisch nicht zu vermeiden ist. Aus welchem Grund dies für die Folgemessungen jedoch nicht gravierend ist, wird in Abschnitt 3.5 zur analytischen und methodischen Vorgehensweise noch einmal erläutert.

Der Bildungsstand der Befragten wird wiederum bei allen drei Nachwahlbefragungen so erhoben, dass diese folgendermaßen eingeordnet werden können: Mit (1) werden jene Personen erfasst, die die Schule *ohne Abschluss* verlassen haben, während darauf aufbauend unter (2) all jene subsumiert werden, die über einen *Haupt- oder Volksschulabschluss* verfügen oder die *polytechnische Oberschule nach der 8. oder 9. Klasse* abgeschlossen haben. Darauffolgend werden unter (3) Personen mit *Realschulabschluss, Mittlerer Reife, Fachschulreife oder Abschluss der polytechnischen Oberschule nach der 10. Klasse* zusammengefasst. In die Kategorie (4) wiederum fallen dann jene Individuen, die über eine *Fachhochschulreife* verfügen, während unter (5) all jene subsumiert werden, die das *Abitur* beziehungsweise eine *Hochschulreife* erlangt haben. Ferner können auch all jene, die einen (6) *anderen Schulabschluss* haben oder derzeit noch (9) *Schüler* sind, dies zum Ausdruck bringen. Für alle drei Erhebungszeitpunkte wird zusätzlich die Antwortmöglichkeit eingeräumt, die Antwort auf diese Frage nicht zu wissen (2009: 98; 2013–2017: -98) und bei den Befragungen zu den Bundestagswahlen 2013 und 2017 wurde zusätzlich die Möglichkeit eingeräumt (-99) *keine Angabe* machen zu wollen. Im Folgenden wird die Variable so recodiert, dass die Ausprägungen (6) und (9) als systematisch fehlend definiert und somit aus der Analyse ausgeschlossen werden. Dies ist unter anderem deshalb notwendig, da diese Variable für anschließende Analysen als ordinal skalierte Variable behandelt werden soll. Dafür ist wichtig, dass eine Rangordnung der Bildungsabschlüsse hergestellt werden kann. Insbesondere mit Blick auf die Schüler ist dies problematisch, da nicht eindeutig identifiziert werden kann, ob diese womöglich eine der bereits angeführten Abschlüsse schon erreicht haben. Eine Einordnung in die bereits bestehende Rangordnung erscheint willkürlich.

Es bleiben in Folge fünf Kategorien für die Analyse über, die sich so zusammensetzen, dass mit (1) all jene codiert werden, die über *keinen Schulabschluss* verfügen, mit (2) alle Individuen mit *Hauptschulabschluss*, mit (3) alle Befragten mit einem *Realschulabschluss*, während unter (4) all jene subsumiert werden, die über einen *Fachhochschulabschluss* verfügen und schlussendlich unter (5) jene mit *Abitur* (vgl. Tabelle 3.9).

3.3 Operationalisierung

Tabelle 3.9 Sozio-demographische Variablen

Indikator	Variablenbezeichnung	Ausprägungen
Geschlecht	2009: geschlecht09 2013: geschlecht13 2017: geschlecht17	(0) männlich (1) weiblich
Alter	2009: alter09 2013: alter13 2017: alter17	Für 2009 keine Umkodierung notwendig. Für die Jahre 2013 und 2017 wird gerechnet: Erhebungsjahr – Geburtsjahr = Alter
Bildung	2009: bildung09 2013: bildung13 2017: bildung17	(1) kein Abschluss (2) Hauptschulabschluss (3) Realschulabschluss (4) Fachhochschulabschluss (5) Abitur

Quelle: Eigene Zusammenstellung

Für den weiteren Analyseverlauf ist es wichtig, insbesondere vor dem Hintergrund, dass es sich bei der vorliegenden Arbeit um eine sich thematisch dem Bereich der Wahlforschung zuzuordnen Studie handelt, weitere Faktoren einzubeziehen, die als zusätzliche unabhängige Variablen dienen. Auf diese Art und Weise ist es möglich, klassische Determinanten des Wahlverhaltens gegen die hier vorgestellten vier Dimensionen gesellschaftlicher Wertorientierung zu rechnen. So ist es nicht selten so, dass

> „neu entdeckte Erklärungsfaktoren für Wahlverhalten häufig oder nur mit geringer Rückbindung an bestehenden Theorien in Modelle einbezogen [werden]. Hierdurch bleibt unklar, in welchem Verhältnis sie zu den altbekannten Erklärungsfaktoren stehen, was wiederum die empirischen Befunde angreifbar macht" (Bieber und Bytzek 2013, S. 348).

Wie bereits in den theoretisch-konzeptionellen Erläuterungen angeführt, nimmt gerade das so genannte Michigan-Modell mit seinem sozialpsychologischen Ansatz einen wichtigen Stellenwert in der Wahlforschung und somit für die Erklärung individuellen Wahlverhaltens ein. Um der Beobachtung von Bieber und Bytzek (2013) entgegenzuwirken, wird hier im Folgenden nun die Operationalisierung für Teilaspekte des Michigan-Modells vorgestellt, die als weitere Prädiktoren für die Modellierungen aufgenommen werden beziehungsweise in den Strukturgleichungsmodellierungen als Mediatorvariablen fungieren.

3.3.4 Ergänzende unabhängige Variablen/Mediatorvariablen: Michigan-Modell

In der theoretischen Logik des Trichters der Wahlentscheidung werden den Variablen des so genannten Michigan-Modells direkte, der tatsächlichen Wahlentscheidung vorgelagerte Effekte zugesprochen. Diese konstituieren sich aus der Parteiidentifikation, der Themenorientierung sowie der Kandidatenorientierung. In den GLES-Befragungen wird im ersten Schritt die Identifikation mit einer spezifischen Partei als solche abgefragt und im zweiten Schritt darauf aufbauend die Intensität der Parteiidentifikation erfasst. Daraus kombiniert wird für jede der hier zu analysierenden Elektorate, also CDU/CSU, welche hier wie erwähnt als eine Partei behandelt werden, SPD, FDP, Grünen und Linken für die Bundestagswahlen 2009 bis 2017 sowie für die AfD für die Bundestagswahlen 2013 bis 2017 eine neue Variable erstellt, die eine grundsätzliche Identifikation mit der Partei ebenso berücksichtigt wie eine dazugehörige Intensität. Die grundsätzliche Identifikation wurde so erfasst, dass die Individuen gefragt wurden, ob diese ganz allgemein einer bestimmten Partei zugeneigt seien und wenn dem so sei, um welche es sich dabei handle. In Folge konnte die Intensität in einer Abstufung von (1) *sehr schwach* bis (5) *sehr stark* angegeben werden. Bei der durch die Kombination beider Items entstehenden 6er-skalierten Variable, die ebenfalls wie eine metrische behandelt werden kann, da sie mehr als fünf Ausprägungen hat, sehen die entsprechenden Skalierungen wie folgt aus: Mit (0) werden all jene Individuen codiert, die *keine Identifikation* mit einer entsprechenden Partei vorweisen. Mit (1) werden jene Befragte erfasst, die sich mit der von ihnen benannten Partei durchaus, aber in einem *sehr schwachen* Umfang identifizieren, während mit (2) eine *ziemlich schwache* Identifikation erfasst wird. Die Codierung mit (3) steht dann wiederum für eine *mäßige* Identifikation. Mit (4) codiert wird eine *ziemlich starke* und mit (5) eine *sehr starke* Parteiidentifikation. Die Themenorientierung als solche kann, sofern es sich – wie hier argumentiert – bei den abgefragten Items um die Erfassung gesellschaftlicher Wertorientierungen handelt, in den Modellen nicht berücksichtigt werden. Dies ist auf zwei Gründe zurückzuführen. Zum einen wurde im Rahmen dieser Arbeit bereits definiert, mit welchem Befragungsmodus eine Einstellung gemessen werden kann. Demnach handelt es sich dabei um die singuläre Zustimmungsabfrage zu einem spezifischen Sachthema. Zum anderen entsteht aus der theoretischen Herangehensweise von Campbell et al. (1960) die Notwendigkeit, aktuelle Wahlkampfthemen für die Messung derartig kurzfristiger Effekte auf das Wahlverhalten einzubeziehen. Für die Befragung der GLES-Wahlstudie von 2017 wurde eine größere Batterie solcher Variablen berücksichtigt, doch sind diese nicht für alle drei Untersuchungszeitpunkte replizierbar. Daraus entsteht die Notwendigkeit weiterführender Untersuchungen, die aber aufgrund der hier gewünschten Vergleichbarkeit über drei Zeitpunkte hinweg nicht umsetzbar sind. Aufgrund der Datenlage kann die Themenorientierung in dieser Arbeit nicht berücksichtigt werden (vgl. Tabelle 3.10).

Tabelle 3.10 Teilvariablen des Michigan-Modells

Indikator	Variablenbezeichnung	Ausprägungen
Parteiidentifikation	2009: pid_union09a; pid_spd09a; pid_fdp09a; pid_gruene09a: pid_linke09a 2013: pid_union13a; pid_spd13a; pid_fdp13a; pid_gruene13a; pid_linke13a; pid_afd13a 2017: pid_union17a; pid_spd17a; pid_fdp17a; pid_gruene17a; pid_linke17a; pid_afd17a	(0) Keine Parteiidentifikation mit Partei (1) sehr schwache Identifikation mit der Partei (2) Ziemlich schwache Identifikation mit der Partei (3) Mäßige Identifikation mit der Partei (4) Ziemlich starke Identifikation mit der Partei (5) Sehr starke Identifikation mit der Partei
CDU/CSU-Kanzlerkandidatin	2009: merkel09 2013: merkel13 2017: merkel17	(1) halte überhaupt nichts von diesem Politiker (11) halte sehr viel von diesem Politiker
SPD-Kanzlerkandidaten	2009: steinmeier09 2013: steinbrück13 2017: schulz17	(1) halte überhaupt nichts von diesem Politiker (11) halte sehr viel von diesem Politiker

Quelle: Eigene Zusammenstellung

Anders verhält es sich mit der Kandidatenorientierung, die sehr wohl abzubilden ist. Für die weitere analytische Vorgehensweise ist auch hier die Rückkopplung zu den theoretischen Grundaussagen des Modells von Bedeutung. Dabei werden, übertragen auf das politische System der Bundesrepublik Deutschland, als kurzfristige Faktoren die Haltungen zu den Kanzlerkandidaten besonders hervorgehoben (Korte und Fröhlich 2009, S. 157). Im vorliegenden Zeitraum haben alleinig die Unionsparteien sowie die Sozialdemokraten den Anspruch für sich erhoben, eine Bundesregierung anzuführen. Demnach werden jeweils die Haltungen zu den entsprechenden Spitzenkandidaten von CDU/CSU und SPD in die Analyse einbezogen. Für die CDU/CSU handelt es sich bei allen drei

Nachwahlbefragungen um die zu diesem Zeitpunkt amtierende Kanzlerin und CDU-Parteivorsitzende, Angela Merkel, und im Fall der SPD für die Jahre 2009, 2013 und 2017 um die SPD-Politiker Frank-Walter Steinmeier, Peer Steinbrück und Martin Schulz. Zu diesen Politikern konnten die befragten Individuen ihre Haltung entlang einer 11er-skalierten metrischen Variable zum Ausdruck bringen, die sich von (1) *halte überhaupt nichts von diesem Politiker* bis (11) *halte sehr viel von diesem Politiker* erstreckt.

Berechtigterweise stellt sich die Frage, ob es nicht gewinnbringender wäre, wenn neben den Kanzlerkandidaten von CDU/CSU und SPD auch weitere Spitzenkandidaten anderer Parteien in die Analyse einbezogen würden. Damit könnten beispielhaft auch Spitzenpolitiker von FDP, Grünen, Linken oder AfD berücksichtigt werden. Die meisten Wahlstudien nehmen allerdings, sofern sie mehrere Faktoren des Michigan-Modells berücksichtigen, eine sparsamere Modellierung vor, um eine Überladung der Modelle zu verhindern. In wenigen Fällen wird eine gemeinsame Berechnung von Spitzenkandidaten und einer ergänzenden Kanzlerpräferenz vorgenommen (Schmitt-Beck 2011c, S. 217). Gängiger ist wiederum eine separierte Berechnung der Effekte auf das Wahlverhalten durch die Spitzenkandidaten im Allgemeinen und einer alternativen Berechnung, in die einzig die entsprechenden Kanzlerkandidaten von CDU/CSU und SPD aufgenommen werden (Wagner 2014b, S. 273–275; Glinitzer und Jungmann 2019, S. 254–257). In anderen Wahlstudien wiederum werden, wie hier vorgeschlagen, ausschließlich die Kanzlerkandidaten in den entsprechenden Modellierungen berücksichtigt (Gabriel und Neller 2005; Weßels 2009; Ohr et al. 2013). Die auch schon von Campbell et al. (1960) vorgenommene Reduzierung auf jene Spitzenkandidaten, die einer künftigen Regierung vorstehen würden, erscheint auch für den deutschen Kontext sinnvoll. Dies ist im Wesentlichen auch damit zu begründen, dass mögliche Regierungsbeteiligungen, im Fall der hier vorliegenden Bundestagswahlen, maßgeblich durch die entsprechenden Kanzlerkandidaten von CDU/CSU und SPD gestaltet worden wären.

So kann durch die hier vorgeschlagene Vorgehensweise eine sparsamere Modellierung vorgenommen werden, die im hier vorliegenden Fall angemessen erscheint, handelt es sich bei der Kandidatenorientierung um keinen Prädiktor, der eine exponierte Stellung im Modell einnimmt. Auch die Vergleichbarkeit der Modelle untereinander wird so eher gewährleistet als in einer vergleichbaren Situation, in der die jeweiligen Elektorate nur die von ihnen favorisierten Spitzenkandidaten zu bewerten hätten. Ferner würde ein Einbezug sämtlicher Spitzenkandidaten in die Modellierung zu einer Überladung führen, die hier vermieden werden soll. Da es sich bei der Fokussierung auf die Kanzlerkandidaten auch um eine gängige Vorgehensweise handelt, wird hier im Folgenden daran festgehalten.

Bevor nun in Abschnitt 3.4 die Diskussion alternativer Datensätze, die sich als ungeeignet für die dargelegte Analyse erwiesen haben, vorgestellt wird, ist es noch von Bedeutung darauf hinzuweisen, dass sich eine ausführliche und schrittweise Darstellung der Recodierungen und Umbenennungen der Variablen sowie der Ausprägungen aller für die Analyse relevanten Variablen in Tabelle A2 (siehe Anhang im elektronischen Zusatzmaterial) befindet.

3.4 Alternative Datenquellen

Berechtigterweise stellt sich die Frage, ob die GLES-Daten, trotz der angeführten Argumente, die beste Datenressource für die hier vorliegende Analyse sind. Im Folgenden sollen deshalb jene Argumente erläutert werden, die eine solche Entscheidung stützen, bevor darauffolgend die Analysestrategie erläutert wird.

Bei der Analyse von Wertorientierungen oder der Erfassung von Werten wird insbesondere bei international vergleichenden Studien gerne auf die Daten der Weltwertestudien, den World Values Survey (WVS), zurückgegriffen. Die aktuellsten Daten, welche für Deutschland vorliegen, wurden in den Jahren 2006, 2013 und 2017 erhoben und dann, wie dies im Fall dieser Studien die Regel ist, zusammen mit anderen Länderdaten zu einem späteren Zeitpunkt veröffentlicht. Im Hinblick auf die Konfliktdimension zwischen Links- und Rechts-Materialismus ergibt sich für die drei Erhebungszeitpunkte eine wiederholte Abfrage verschiedener Items, welche aber keine Implikationen beinhalten, die die Entscheidung für die jeweiligen Extrempunkte nach sich ziehen. So werden zwar Fragen zu beispielsweise Einkommensunterschieden und der Verstaatlichung privater Unternehmen gestellt (Inglehart et al. 2014a), die daraus resultierenden Konsequenzen bleiben aber ungenannt. Ähnlich wie bei den GLES-Daten lässt sich die Konfliktlinie zwischen Religiosität und Säkularität auch in den WVS-Daten am ehesten über die Frage nach der Kirchgangshäufigkeit abdecken, da diese wiederholt abgefragt wird. Ansonsten bleiben Fragen im Vordergrund, die sich auf den Einfluss der Kirche auf das politische Geschehen fokussieren (Inglehart et al. 2014a, S. 24) oder der Abwägung eigener religiöser Interessen gegen derer areligiöser oder andersgläubiger Individuen (Inglehart et al. 2014b, S. 12). Bei diesen Items handelt es sich aber um Fragen, die dem Modus der Erfassung einer Einstellung entsprechen – Zielkonflikte werden nicht hergestellt oder konstruiert.

Zwar wurde hier schon dargelegt, dass der Inglehart-Index als solcher für das Vorhaben dieser Ausarbeitung ungeeignet ist, dennoch ist der Verweis darauf wichtig, dass er auch weiterhin in den entsprechenden Erhebungen des WVS abgefragt wird. Zusätzlich wird für alle drei Befragungszeitpunkte eine binär codierte Fragestellung verwendet, in welcher die Befragten zwischen (1) *Dem Umweltschutz sollte mehr Aufmerksamkeit geschenkt werden, auch wenn dadurch das Wirtschaftswachstum sinkt und Arbeitsplätze verloren gehen* und (2) *Wirtschaftswachstum und die Schaffung von Arbeitsplätzen sollten höchste Priorität genießen, selbst wenn darunter die Umwelt etwas leidet* (Inglehart et al. 2014a, S. 13; Inglehart et al. 2014b, S. 7, Haerpfer et al. 2020, S. 9) wählen können. Dieses Item würde grundsätzlich sehr gut in das gewählte Schema passen, besonders aufgrund der darin inbegriffenen Implikationen, welche eine Entscheidung für eine der Positionen beinhaltet, allerdings lässt dies keine Abstufungen zwischen beiden Extremen zu. Aus diesem Grund wird das Item als nicht geeignet eingeschätzt, eine gesellschaftliche Wertorientierung adäquat abbilden zu können. Begründet ist dies primär darin, dass eine Wertorientierung nicht nur über zueinander in Kontrast stehende Extrempositionen, sondern vor allem durch eine Orientierung an diesen sichtbar wird. Diese Orientierung wird wiederum erst durch eine Abwägung zwischen Zielkonflikten sichtbar. In der hier vorliegenden dichotomen Ausprägung ist eine Abwägung durch Zwischenabstufungen nicht möglich. Inhaltlich wird so die Dimension zwischen Postmaterialismus und Materialismus mit einem Zielkonflikt und entsprechender Implikation abgedeckt, dennoch ist die im WVS vorgenommene Vorgehensweise nicht zielführend.

Während 2006 im WVS noch danach gefragt wird, ob Zuwanderung eher das Zusammenleben in einer Gesellschaft gefährde oder dieses bereichere (Inglehart et al. 2014a, S. 27), wird diese Frage in Folgeerhebungen nicht mehr aufgegriffen. Zwar wird auch durch dieses Item kein Zielkonflikt postuliert, es ist aber ähnlich wie jene aus den GLES-Daten gut geeignet, um die Konfliktdimension zwischen einer kosmopolitischen und einer nationalistischen Wertorientierung abzubilden. In den Folgebefragungen werden dann 2013 der individuelle Nationalstolz und die Identifikation mit verschiedenen regionalen Einheiten (Gemeinde, Deutschland, EU) abgefragt (Inglehart et al. 2014b), welche thematisch an sich passend sind, jedoch nicht zwingend eine nationalistische oder kosmopolitische Orientierung abzubilden vermögen, da nicht jede Form von Nationalstolz mit ausländerfeindlichem Nationalismus gleichzusetzen ist. 2017 wiederum werden Einstellungen zu Arbeitsmigration und möglichen Folgen von Migration abgefragt, die sich aufgrund ihrer Ausprägungen sowie fehlender Zielkonflikte innerhalb der Fragestellungen (Haerpfer et al. 2020, S. 11–12) für das hier geplante Vorgehen nicht eignen. In der Summe bieten die Daten des WVS somit

3.4 Alternative Datenquellen

zwar eine sehr gute Quelle für anders gelagerte Untersuchungen, sie sind jedoch nicht für das Ziel der vorliegenden Arbeit sachdienlich. So werden weitestgehend keine Zielkonflikte dargestellt und sofern doch vorhanden, dann ohne eine hinreichende Abstufung zwischen diesen Zielkonflikten (vgl. Tabelle 3.11).

Tabelle 3.11 World Values Survey – Deutschland

	Abgefragt			Zielkonflikt			Implikation		
	2006	2013	2017	2006	2013	2017	2006	2013	2017
Links-Rechts-Materialismus	✓	✓	✓	✓	✓	✓	✗	✗	✗
Religiös-Säkular	✓	✓	✓	✗	✗	✗	✗	✗	✗
Postmaterialismus-Materialismus	✓	✓	✓	✓	✓	✓	✓	✓	✓
Kosmopolitismus-Nationalismus	✓	✗	✓	✗	✗	✗	✗	✗	✗

Quelle: Eigene Zusammenstellung, basierend auf den Daten von Inglehart et al. 2014a, Inglehart et al. 2014b und Haerpfer et al. 2020

Ein ähnliches Bild ergibt sich bei den Daten der European Values Study (EVS), welche für Deutschland 2008 (EVS 2016) und 2017 (EVS 2020) erhoben wurden. So werden dort Items inkludiert, die zur Konfliktdimension zwischen Links-Materialismus einerseits und Rechts-Materialismus andererseits passen, jedoch sind diese nur geringfügig replizierbar, da einige der Variablen für die Befragung im Jahr 2017 nicht unwesentlich modifiziert wurden (EVS 2016, S. 16–17; EVS 2020, S. 11).

Die zweite Konfliktdimension zwischen einer religiösen und einer säkularen Wertorientierung wird, wie auch bei den WVS- und den GLES-Daten, über die Kirchgangshäufigkeit abgebildet. Auch hier wurden keine ersichtlichen Zielkonflikte hergestellt, die eigentlich für die Erfassung von Wertorientierungen charakteristisch sind. Einzig in den Daten der Befragung von 2008 werden ergänzend die Einschätzung der Wichtigkeit Gottes für das individuelle Leben und Einstellungen zum Einfluss der Religion auf Legislative und Exekutive (EVS 2016, S. 12) erfasst. Diese eignen sich aber nicht, um einen Zielkonflikt abzubilden, da durch den Befragungsmodus schlicht keiner entstehen kann, entspricht letzterer mit der Abfrage von Zustimmung oder Ablehnung dem einer Einstellungsmessung.

Die Konfliktstruktur zwischen Postmaterialismus und Materialismus ist in beiden Erhebungen allenfalls durch den Inglehart-Index abgebildet, welcher für die Befragung von 2017 um eine weitere Fragenbatterie erweitert wurde (EVS 2020, S. 11–12). Weiterführend wurden hier zwar Einstellungen zu Fragen der

Klima-, Wirtschafts- oder Umweltpolitik erhoben, diese eignen sich aber aufgrund fehlender Konfrontation mit Zielkonflikten nicht für die Analyse. Die European Values Study hat für Deutschland in den Jahren 2008 und 2017 eine Reihe von Daten erfasst, die migrationsfeindliche und in Teilen rassistische Einstellungen abbilden (EVS 2016, S. 16–17; EVS 2020, S. 18). Diese sind jedoch im Modus der Erhebung von Einstellungen abgefragt worden, es werden keine Zielkonflikte und darauf aufbauende gesellschaftliche oder individuelle Implikationen ersichtlich. Zusammenfassend sind die Daten der European Values Study für die vorliegende Arbeit als wenig hilfreich einzuschätzen, da die zuvor für eine Datenquelle gestellten Anforderungen verfehlt werden (vgl. Tabelle 3.12).

Tabelle 3.12 European Values Study – Deutschland

	Abgefragt		Zielkonflikt		Implikation	
	2008	2017	2008	2017	2008	2017
Links-Rechts-Materialismus	✓	✓	✓	✓	✗	✗
Religiös-Säkular	✓	✓	✗	✗	✗	✗
Postmaterialismus-Materialismus	✓	✓	✗	✗	✗	✗
Kosmopolitismus-Nationalismus	✓	✓	✗	✗	✗	✗

Quelle: Eigene Zusammenstellung, basierend auf den Daten von EVS 2016 und EVS 2020

Im direkten Vergleich zur European Values Study sind die Daten des European Social Survey (ESS) ebenso wenig geeignet. Zwar werden über alle Erhebungszeitpunkte hinweg konsequent zu allen vier ausgewählten Dimensionen Daten erhoben, jedoch werden dabei mit Ausnahme für eine nationalistische Wertorientierung keine Zielkonflikte ersichtlich, die notwendig wären, um eine Wertorientierung sichtbar zu machen. Wenn aber gesellschaftliche Wertorientierungen im Spezifischen für die Gründung von Parteien eine notwendige Bedingung sind, so ist dies per se problematisch. Besonders schwierig erweist sich dieser Umstand dann, wenn die These verfolgt wird, dass eine Veränderung des Parteiensystems auch auf diese zurückzuführen ist.

So wird in den Daten der ESS zwar auf Einstellungsniveau danach gefragt, ob der Staat Maßnahmen ergreifen müsse, um Einkommensunterschiede zu verringern (European Social Survey 2018a, S. 11; European Social Survey 2018b, S. 14; European Social Survey 2020, S. 13), jedoch werden die Individuen dabei nicht vor die Wahl zwischen Zielkonflikten gestellt. Die zweite Konfliktlinie wird wie gehabt zu allen drei Erhebungszeitpunkten über die Kirchgangshäufigkeit

3.4 Alternative Datenquellen

abgebildet. Dies ist weiterhin unproblematisch, da auch die GLES-Daten und die theoretisch-konzeptionelle Herangehensweise keine bessere Passgenauigkeit bieten und davon ausgegangen wird, dass eine entsprechende religiöse Eingebundenheit durch die Kirchgangshäufigkeit bestmöglich wiedergegeben werden kann.

Besonders problematisch ist, dass die Postmaterialismus-Materialismus-Dimension nicht mit den vorliegenden Daten abgebildet werden kann, da in den Befragungen nur über Umwege die Einstellungen befragter Individuen zu dieser Konfliktlinie erfasst wurden. So wurden den Befragten beispielsweise Beschreibungen einer fiktiven Person und dazugehörigen individuellen Einstellungen vorgelegt, anhand derer diese dann entscheiden sollten, wie ähnlich oder unähnlich ihnen diese Person ist. Diese Abfrage eignet sich aber nicht für den in dieser Arbeit vorgeschlagenen Modus zur Erfassung gesellschaftlicher Wertorientierungen, weil in diesem Kontext keine direkte Frage nach der eigenen individuellen Position der Befragten formuliert wurde und ferner keine Zielkonflikte in diesem Zusammenhang dargestellt wurden.

Schlussendlich wird durch den European Social Survey zwar die Frage danach gestellt, ob Zuwanderung als *kulturelle Bereicherung* oder als *Untergrabung einer nationalen Kultur* empfunden wird. Auch wird abgefragt, ob durch Zuwanderung die *deutsche Wirtschaft geschädigt* oder ob *Deutschland zu einem besseren oder schlechteren Ort* werde (European Social Survey 2018a, S. 13; European Social Survey 2018b, S. 14; European Social Survey 2020, S. 16). Zwar können diese Variablen durchaus genutzt werden, um Zielkonflikte abzubilden, die in das theoretische Konstrukt passen, jedoch lassen sich darüber keine gesamtgesellschaftlichen Implikationen, welche aus der Entscheidung für eine jeweilige Extremhaltung folgen würden, ableiten. In der Summe handelt es sich um Daten, die abgesehen von der Dimension zwischen Kosmopolitismus und Nationalismus keine Zielkonflikte entsprechender Wertorientierungen abzubilden vermögen. Darüber hinaus werden den befragten Individuen keine Konsequenzen aus der Entscheidung für jeweilige Positionen bei der Abwägung verschiedener Werte ersichtlich. Für das intendierte Ziel der vorliegenden Arbeit ist dies aber essenziell (vgl. Tabelle 3.13).

Als besonders problematisch zeigt sich im Umgang mit den ALLBUS-Daten wiederum die Replizierbarkeit. So werden insbesondere durch die darin inkludierten ISSP-Datensätze (Internationale Sozialwissenschaftliche Umfrage) zwar immer wieder sehr geeignete Items abgefragt, allerdings sind sie in den Folgejahren nicht replizierbar. Dies ist aber für eine engmaschige Beobachtung, die hier vorgenommen werden soll, von hoher Relevanz (vgl. Tabelle 3.14).

Tabelle 3.13 European Social Survey – Deutschland

	Abgefragt			Zielkonflikt			Implikation		
	2014	2016	2018	2014	2016	2018	2014	2016	2018
Links-Rechts-Materialismus	✓	✓	✓	x	x	x	x	x	x
Religiös-Säkular	✓	✓	✓	x	x	x	x	x	x
Postmaterialismus-Materialismus	✓	✓	✓	x	x	x	x	x	x
Kosmopolitismus-Nationalismus	✓	✓	✓	✓	✓	✓	x	x	x

Quelle: Eigene Zusammenstellung, basierend auf den Daten des European Social Survey 2018a, European Social Survey 2018b und European Social Survey 2020

Tabelle 3.14 ALLBUS

	Abgefragt			Zielkonflikt			Implikation		
	2010	2012	2014	2010	2012	2014	2010	2012	2014
Links-Rechts-Materialismus	✓	✓	✓	x	x	x	x	x	x
Religiös-Säkular	✓	✓	✓	x	x	x	x	x	x
Postmaterialismus-Materialismus	✓	✓	✓	x	x	x	x	x	x
Kosmopolitismus-Nationalismus	✓	✓	✓	x	x	x	x	x	x

Quelle: Eigene Zusammenstellung, basierend auf den Daten des GESIS – Leibniz-Institut für Sozialwissenschaften 2011, GESIS – Leibniz-Institut für Sozialwissenschaften 2013 und GESIS – Leibniz-Institut für Sozialwissenschaften 2018

Ähnlich wie bei den vorangegangenen Beispielen wird zu allen Befragungszeitpunkten wiederholt die Kirchgangshäufigkeit erfasst. Zusätzlich werden für das Jahr 2012 beispielsweise grundsätzliche Einstellungen zum Glauben und zu Gott erfasst, aber auch eine eigene Selbsteinschätzung auf einer Skala zwischen religiös und nicht-religiös ermöglicht (GESIS – Leibniz-Institut für Sozialwissenschaften 2013, S. 23–27). Diese werden jedoch in den Folgejahren nicht wiederholt abgefragt. Ähnlich verhält es sich mit den 2010 erfassten ALLBUS-Daten. Dort sind durch die ISSP-Daten von 2009 und 2010 immens viele Einstellungen zu Fragen sozialer Gerechtigkeit und Umwelt sowie einer spezifischen Umweltpolitik erfasst worden, diese werden aber in den Folgejahren nicht erneut aufgegriffen. Dies liegt insbesondere daran, dass diese Module zwar in regelmäßigen Abständen erhoben werden, sich jedoch über einen Zeitraum erstrecken, der zu groß ist, um von dieser Arbeit abgebildet zu werden. Darüber hinaus ist auch hier das zentrale Problem, dass einzig Einstellungen, nicht aber Wertorientierungen erhoben wurden.

3.4 Alternative Datenquellen

In der Summe eignet sich der ALLBUS dementsprechend ebenfalls nicht für das Vorhaben dieser Studie. Zusammenfassend ergeben sich daraus hinreichende Gründe, die eine Entscheidung für die Daten der GLES-Wahlstudien unterstreichen. Ferner ist es so, dass in keiner der genannten Erhebungen die Orientierung an oder Charakteristika von Spitzenpolitikern oder Spitzenkandidaten abgefragt werden. Auch eine Parteineigung wird nur in den ESS- sowie den ALLBUS-Daten erhoben, während diese im WVS und dem EVS vollends fehlen (vgl. Tabelle 3.15).

Tabelle 3.15 Michigan-Variablen in alternativen Datensätzen

	Parteineigung/Identifikation	Kandidatenorientierung
WVS 2006	x	x
WVS 2013	x	x
WVS 2017	x	x
EVS 2008	x	x
EVS 2018	x	x
ESS 2014	✓	x
ESS 2016	✓	x
ESS 2018	✓	x
ALLBUS 2010	✓	x
ALLBUS 2012	✓	x
ALLBUS 2014	✓	x

Quelle: Eigene Zusammenstellung, basierend auf den Daten Inglehart et al. 2014a, Inglehart et al. 2014b, Haerpfer et al. 2020, EVS 2016, EVS 2020, European Social Survey 2018a, European Social Survey 2018b, European Social Survey 2020, GESIS – Leibniz-Institut für Sozialwissenschaften 2011, GESIS – Leibniz-Institut für Sozialwissenschaften 2013 und GESIS – Leibniz-Institut für Sozialwissenschaften 2018

Dies ist jedoch für Wahlstudien wie der vorliegenden problematisch, handelt es sich hierbei doch um bedeutende Determinanten des Wahlverhaltens. Forschungspraktisch ergibt sich daraus das Problem, dass die gewollte Inklusion von zwei der insgesamt drei Dimensionen des Michigan-Modells mit diesen Datensätzen gar nicht oder nur unter erheblichen Einschränkungen möglich wäre. Da diese Daten aber, wie hier dargelegt, an sich zwar von hoher Wertigkeit, für die hier vorliegende Ausarbeitung aber nicht nützlich sind, ist dies ein Grund, der die Entscheidung für die GLES-Wahlstudien ein weiteres Mal unterstreicht.

Im Folgekapitel soll nun dargelegt werden, wie sich die analytische und methodische Vorgehensweise der vorliegenden Studie gestaltet. Im Anschluss daran werden die Ergebnisse der Analyse vorgestellt, die durchgeführt wurde, um die Forschungsfrage und die darauf aufbauenden Hypothesen zu beantworten.

3.5 Analytische und methodische Vorgehensweise

Um die aus der theoretischen Herleitung formulierten Hypothesen überprüfen zu können, ist eine mehrstufige Analyse notwendig. Zunächst ist es erforderlich, eine deskriptive Analyse vorzunehmen, in welcher der mögliche Wandel der wahlberechtigten deutschen Bevölkerung entlang der vier zentralen Wertorientierungen nachgezeichnet wird. Im darauffolgenden Schritt werden deskriptive Analysen durchgeführt, die sich explizit auf die Verteilung der Wähler der großen parteipolitischen Wettbewerber entlang der vier zentralen Konfliktlinien beziehen. Schließlich wird unter Zuhilfenahme multivariater Analyseverfahren jene Untersuchung durchgeführt, die das Wahlverhalten bei den Bundestagswahlen 2009, 2013 und 2017 erklären soll. Im Folgenden wird hier deshalb eine detaillierte Erläuterung der Verfahren und Analysemethoden vorgenommen, die die jeweiligen Abwägungen und Entscheidungen nachvollziehbar gestalten.

Wie in Abschnitt 3.2.2 erläutert, wurde bei den von den GLES-Wahlstudien durchgeführten Untersuchungen ein Oversampling für die ostdeutsche Bevölkerung erzielt, um vergleichende repräsentative Untersuchungen für beide Landesteile durchzuführen. Im hier vorliegenden Fall ist ein derartiges Oversampling aber nicht notwendig, da eine West- und Ostdeutschland vergleichende Analyse nicht intendiert ist. Um also ein für die gesamtdeutsche Bevölkerung annäherungsweise repräsentatives Sample als Datengrundlage nutzen zu können, werden entsprechende Designgewichte, die von der GLES zur Verfügung gestellt werden, für die Analysen angewendet. Zusätzlich werden unter Einbezug von zwei Filtern, dem Alter der Befragten sowie der allgemeinen Wahlberechtigung, all jene Individuen aus der Analyse ausgeschlossen, die zum Wahltermin nicht wählen durften. Infolgedessen sinkt die Anzahl der für die Analyse zur Verfügung stehenden Individuen für die Nachwahlbefragungen 2009 und 2013 um weniger als 1 Prozent, während von der Nachwahlbefragung 2017 rund 3,4 Prozent der Befragten von der Analyse ausgeschlossen werden müssen (vgl. Tabelle 3.16).

Im Rahmen der deskriptiven Analyse soll folgendermaßen vorgegangen werden: Zunächst werden die Mittelwerte und Mediane der bundesdeutschen Bevölkerung entlang der vier Konfliktdimensionen einer vergleichenden Untersuchung unterzogen. Während der Mittelwert den durchschnittlichen Wert aller

3.5 Analytische und methodische Vorgehensweise

Tabelle 3.16 Bereinigte Fallzahl

	2009	2013	2017
Vor Bereinigung	2.115	1.908	2.112
Nach Bereinigung	2.095	1.893	2.041

Quelle: Eigene Darstellung und Berechnung, basierend auf den Daten von Rattinger et al. 2019a; Rattinger et al. 2019b; Roßteutscher et al. 2019

in die Analyse einbezogenen Individuen abbildet, ist der Median insofern relevant, da er „die exakte Mitte einer Verteilung, deren Realisationen (aufsteigend) der Größe nach geordnet sind" (Kühnel und Krebs 2010, S. 68) abbildet. So ist der Mittelwert nicht zwangsläufig in der Lage, ein hohes Maß an Polarisierung so adäquat abzubilden wie der Median, der dafür deutlich sensitiver ist.

Anschließend ist es notwendig, die Häufigkeitsverteilungen sowie die dazugehörigen Mittelwerte und Mediane der Elektorate auf den jeweiligen Dimensionen gesellschaftlicher Wertorientierungen deskriptiv zu vergleichen. Im ersten Schritt werden dafür die Veränderungen der Parteielektorate im Zeitverlauf auf den entsprechenden Konfliktachsen beschrieben. Es werden hierbei aber explizit keine Mittelwertvergleiche der jeweiligen Parteielektorate im Zeitverlauf vorgenommen, die über einen beschreibenden Vergleich hinaus gehen. Zurückzuführen ist dies darauf, dass hier das primäre Ziel ist, Unterschiede zwischen den jeweiligen Wählerschaften auf den Konfliktlinien gesellschaftlicher Wertorientierungen – in Abhängigkeit zueinander – bei den entsprechenden Bundestagswahlen herauszuarbeiten. Aus diesem Grund wird in einem darauffolgenden zweiten Schritt mit einem multiplen Gruppenvergleich, der so genannten *Analysis of Variance* (ANOVA) (Backhaus et al. 2011, S. 159), untersucht, ob sich die jeweiligen Elektorate nicht nur signifikant, sondern auch in welchem Ausmaß sie sich entlang dieser Konfliktlinien gesellschaftlicher Wertorientierungen voneinander unterscheiden. Die ANOVA gilt bei „Verletzungen der Normalverteilungsannahme gerade bei symmetrischen Verteilungen [als] einigermaßen robust, doch sollte man bei der Interpretation trotzdem Vorsicht walten lassen" (Völkle und Erdfelder 2010, S. 489). In diesem Kontext werden die Wählerschaften der entsprechenden Parteien auch graphisch vergleichend dargestellt, um die teilweise frappierenden Diskrepanzen oder auch sehr geringen Unterschiede zu visualisieren.

Im Anschluss an die deskriptive Analyse werden bivariate Zusammenhänge der unabhängigen Variablen untersucht. Dafür werden multiple Korrelationsanalysen durchgeführt, bei denen die Variablen, da sie wie dargelegt allesamt als metrisch oder quasi-metrisch zu behandeln sind, mit Hilfe von Pearsons R gegeneinander korreliert werden. Dieses Maß „normiert den Zusammenhang zwischen zwei metrischen Merkmalen auf einen Wertebereich von −1 bis + 1" (Weins 2010, S. 86). Sollte dabei festgestellt werden, dass zwei oder mehr Variablen sich gegenseitig vollends erklären können, müssen die intendierten Modelle angepasst werden, da andernfalls das Problem von Multikollinearität auftritt, welches für die Validität der hier durchgeführten Analysen hochgradig problematisch ist.

Mit den intendierten Modellen sind jene Analysen gemeint, die sich im Rahmen von multivariaten Modellrechnungen darstellen lassen. Zweck dieser multivariaten Analyseverfahren ist es, das Wahlverhalten für jene Parteien zu erklären, denen im Untersuchungszeitraum mindestens ein Mal der Einzug in den Deutschen Bundestag gelungen ist.

Im ersten Schritt werden dafür binär-logistische Regressionsmodelle gerechnet. Diese zeichnen sich dadurch aus, dass die abhängige Variable (in diesem Fall die Wahlentscheidung für eine spezifische Partei) binär codiert ist und die Eintrittswahrscheinlichkeit eines bestimmten Ereignisses abgebildet werden soll (Backhaus et al. 2011, S. 254). In der hier gewählten Form soll darüber hinaus die Logik so genannter geschachtelter Modelle verfolgt werden. Geschachtelte Modelle sind so aufgebaut, dass die Variablen schrittweise, angelehnt an die theoretischen Annahmen, in die tatsächlichen Regressionsmodelle aufgenommen werden. Dafür wird im ersten Schritt zunächst ein so genanntes Basis- oder Grundmodell auf die abhängige Variable regressiert, wobei ausschließlich die Konstante als Prädiktor in die Modellrechnung aufgenommen wird. Die dadurch errechnete Devianz drückt sich durch die Multiplikation von −2 mit dem Wert der Log-Likelihood-Funktion (−2LL) aus und beschreibt die Abweichung von einer Idealmessung, die eine perfekte Schätzung darstellen würde. Je geringer der Wert ausfällt, desto besser ist die Schätzung im entsprechenden Fall (Field et al. 2012, S. 316–317). Im zweiten Schritt wird ein Modell gerechnet, in welchem additiv die vier unabhängigen Variablen gesellschaftlicher Wertorientierungen inkludiert werden. Dieses wird fortwährend als Wertemodell bezeichnet. Darauffolgend werden in einem dritten Modell, welches hier als Kontrollmodell bezeichnet wird, die identifizierten Kontrollvariablen, also Geschlecht, Alter und Bildung hinzugerechnet. Schlussendlich wird in einem vierten Schritt mit der Ergänzung der Prädiktoren des Michigan-Modells, also der Parteiidentifikation und der Orientierung an den Kanzlerkandidaten, das Gesamtmodell gebildet. Der Kerngedanke hinter derartigen geschachtelten Modellen ist, die Erklärungskraft der unabhängigen Variablen für das Modell erklären zu können, also die Erklärungsstärke, die einzelne Faktoren für die Aussagekraft eines Modells als solches haben. Der dadurch erzielte Informationsgewinn ist von hoher Relevanz, insbesondere im hier vorliegenden Fall. Auf diese Art kann eruiert werden, ob gesellschaftliche Wertorientierungen eine eigene Erklärungskraft für das Wahlverhalten haben und

3.5 Analytische und methodische Vorgehensweise

wie umfangreich diese ist. Dies ist insbesondere dann von Bedeutung, wenn hier die Variablen des Michigan-Modells in die Analyse mit einbezogen werden (vgl. Tabelle 3.17).

Der Ursprungsgedanke der hier vorliegenden Untersuchung ist, dass gesellschaftliche Wertorientierungen einen signifikanten Effekt auf das Wahlverhalten haben, welcher sich unabhängig von solchen klassischen Prädiktoren entfalten kann. Aus diesem Grund wird auch explizit keine Modellierung vorgenommen, die nur die Variablen des Michigan-Modells umfasst. Dadurch würde die theoretische Annahme des Trichters der Wahlentscheidung verletzt, demnach Wertorientierungen direkt auf die Parteiidentifikation einwirken und somit eine Art Hintergrundfolie für diese bilden. Der singuläre Vergleich einer solchen Modellierung mit der des Wertemodells hätte die Konsequenz, dass der Effekt von Wertorientierungen in Teilen mit sich selbst verglichen würde. Würde wiederum von Beginn an nur mit dem Gesamtmodell gerechnet, könnte keine Analyse dahingehend stattfinden, ob und zu welchem Zeitpunkt bestimmte Prädiktoren einen signifikanten Effekt auf das Wahlverhalten haben, unter welchen Bedingungen sie diesen Effekt nicht mehr vorweisen und wie die Beziehungen der einzelnen Prädiktoren zueinander aussehen.

Zu diesem Zweck werden in der Analyse einige Kennwerte ausgewiesen, die dafür sachdienlich sind. Zum einen wird mit dem $\Delta-2LL$-Wert angegeben, wie hoch die Differenz der Erklärungskraft eines Modells im Vergleich zum Vormodell ist. So werden Unterschiede in der tatsächlichen Modellverbesserung direkt ersichtlich. Mit dem zusätzlich angegebenen $\Delta(df)$-Wert wiederum wird ausgewiesen, wie viele Variablen im Vergleich zum Vormodell hinzugefügt werden. Für das Wertemodell ergibt sich beispielsweise $\Delta(df) = 4$, da in diesem Fall vier unabhängige Variablen zusätzlich in das Modell aufgenommen werden.

Als weiterer Maßstab, welcher zur Bewertung der Modelle herangezogen wird, dient Hosmer-Lemeshows R^2, welches zwischen 0 und 1 variiert. Der Wert 0 steht in diesem Kontext dafür, dass die verwendeten Prädiktoren keinen Einfluss auf die Vorhersage der abhängigen Variable haben, wohingegen der Wert 1 die Bedeutung hat, dass die gewählten unabhängigen Variablen eine perfekte Erklärungsgröße darstellen. Es beschreibt konkret die proportionale Verringerung des absoluten Wertes der Log-Likelihood-Messung und ist demnach ein Maß dafür, wie sehr sich eine Modellpassung durch die Einbeziehung weiterer Prädiktorvariablen verbessert (Field et al. 2012, S. 317). Berechnet wird Lemeshows R^2, indem vom $-2LL$-Wert des Grundmodells der $-2LL$-Wert jenes Modells subtrahiert wird, welches von Interesse ist, um das Ergebnis schließlich durch den $-2LL$-Wert des Grundmodells zu dividieren (vgl. Abbildung 3.3).

Tabelle 3.17 Logik geschachtelter Regressionsmodelle

	Grundmodell	Wertemodell	Kontrollmodell	Gesamtmodell
Konstante	✓	✓	✓	✓
Links-Rechts-Materialismus		✓	✓	✓
Religiös-Säkular		✓	✓	✓
Postmaterialismus-Materialismus		✓	✓	✓
Kosmopolitismus-Nationalismus		✓	✓	✓
Geschlecht			✓	✓
Alter			✓	✓
Bildung			✓	✓
Parteiidentifikation				✓
Kandidatin der CDU/CSU				✓
Kandidat der SPD				✓

Quelle: Eigene Zusammenstellung

3.5 Analytische und methodische Vorgehensweise

$$\frac{(-2LL(\text{Grundmodell})) - (-2LL(\text{zu vergleichendes Modell}))}{-2LL(\text{Grundmodell})}$$

Abbildung 3.3 Formel zur Berechnung von Hosmer-Lemeshows R^2 (Quelle: Eigene Darstellung, in Anlehnung an Field et al. (2012, S. 317))

Problematisch ist aber, das R^2 als einziges Maß zur Bestimmung einer Modellgüte heranzuziehen. Dies ist darauf zurückzuführen, dass das R^2 bei Einbezug weiterer Variablen immer steigt, das Modell also grundsätzlich, zumindest gemessen am R^2, immer besser wird (Field et al. 2012, S. 318). Eine Möglichkeit, um dies mit einem zweiten Wert kritisch einzuordnen, besteht in der Berechnung des Akaike Informationskriterium (AIC). Beim AIC handelt es sich um „eine Likelihood-basierte Maßzahl, bei der eine zusätzliche Parametrisierung des Modells bestraft wird" (Best und Wolf 2010, S. 844). Demnach führt die Inklusion weiterer Variablen dazu, dass es als ehrlicheres Abbild der Modellgüte verstanden werden kann, wird hier doch die Aufnahme zusätzlicher Prädiktoren gegengerechnet. Zusätzlich empfiehlt sich jedwede weitere Analyse in Folge mit jenem Modell, welches den geringsten AIC-Wert aufweist (Gautschi 2010, S. 231). Dabei gilt: „Der *AIC* kann theoretisch von 0 bis $+ \infty$ variieren, wobei niedrigere Werte auf ein geeigneteres Modell hindeuten" (Best und Wolf 2010, S. 844; Hervorh. im Original).

Die binär-logistischen Modellrechnungen werden in diesem Fall also aus zwei essenziellen Gründen durchgeführt: Zum einen kann so die Modellgüte als solche, in Abhängigkeit mit anderen Modellrechnungen, anhand verschiedener Kriterien erfasst und auch nachvollziehbar im logischen Aufbau dargelegt werden. Zum anderen kann ein erster Eindruck dafür entstehen, welche Faktoren zu welchem Zeitpunkt, in welchem Ausmaß und in welcher Modellierung das Wahlverhalten für spezifische Parteien signifikant beeinflussen. Konkrete Effektstärken können aus dieser Darstellung allerdings nicht entnommen werden:

> „Die Darstellung von Effekten auf die Wahrscheinlichkeit (…) in einer einzelnen Kennziffer ist in der logistischen Regression jedoch problematisch, da es sich um ein nichtlineares Modell handelt, in dem der Effekt einer Variablen – d.h. die Steigerung der Wahrscheinlichkeitskurve – nicht konstant ist" (Best und Wolf 2010, S. 838).

Ferner zeigen Untersuchungen, dass sich die Koeffizienten, ebenso wie auch Odds Ratio, nicht über Modelle hinweg mit verschiedener Komplexität oder verschiedenen Gruppen vergleichen lassen beziehungsweise eine solche Vorgehensweise als nicht ratsam betrachtet wird (Mood 2010, S. 79–80). Begründet wird dies unter anderem damit, dass diese Koeffizienten nicht in der Lage sind, alle nicht im Modell inkludierten Eigenschaften eines Individuums zu exkludieren, demnach also eine „unobserved heterogeneity" (Mood 2010, S. 67) vorliegt, welche die Forschungsresultate verfälschen kann. Die grundlegende Logik der hier vorgenommenen Modellschachtelung ist aber ganz explizit, die Modellkomplexität schrittweise zu erhöhen, um den Effekt gesellschaftlicher Wertorientierungen hinreichend nachzeichnen zu können. Eine dazu gängige Alternative, die nicht auf standardisierte Koeffizienten zurückgreift und Modellvergleiche zulässt, ist die Berechnung von so genannten *Average Marginal Effects* (AME). Dabei wird der durchschnittliche Einfluss einer unabhängigen Variable auf eine abhängige Variable, im hier vorliegenden Fall also die Wahl einer spezifischen Partei, in einer einzigen Kennziffer ausgedrückt (Best und Wolf 2010, S. 838). Steigt der Wert einer unabhängigen Variable um eine Einheit, so steigt gleichermaßen die Wahrscheinlichkeit des Auftretens eines Phänomens durchschnittlich um die Anzahl der für die AME berechneten Punkte (Best und Wolf 2012, S. 383). Sie beschreiben also „den Durchschnittseffekt als Mittelwert der marginalen Effekte über alle Beobachtungen" (Best und Wolf 2010, S. 840). Dabei handelt es sich um einen Effekt, „der den nichtlinearen Verlauf der Wahrscheinlichkeitskurve ignoriert. Dennoch sind AME den in der Sozialwissenschaft zu Unrecht beliebten Odds Ratios in mehrfacher Hinsicht überlegen (Robustheit, Interpretierbarkeit, Additivität)" (Best und Wolf 2010, S. 840). Vorteilhaft ist ferner, dass AME robust „gegenüber unbeobachteter Heterogenität" (Best und Wolf 2010, S. 840) sind und sich demnach ebenso über Gruppen vergleichen lassen wie über Modelle mit unterschiedlichem Komplexitätsgrad (Mood 2010, S. 80).

Es ergibt sich hieraus die Notwendigkeit, dass beide Verfahren im Folgenden angewendet werden müssen. Durch die Berechnung binär-logistischer Regressionsmodelle kann zum einen bestimmt werden, in welchem Ausmaß die geschachtelten Modelle durch Addition weiterer Bestandteile an Erklärungskraft gewinnen. Zum anderen eignen sie sich auch deshalb, weil identifiziert werden kann, durch die Zunahme welcher Modellbestandteile welche Variablen an Erklärungskraft oder Signifikanz einbüßen. Auf Basis der Gesamtmodelle wird schließlich eine Berechnung der Average Marginal Effects vorgenommen, um die tatsächlichen Effektstärken eruieren zu können. Dieser Schritt kann jedoch nur als vorläufig angesehen werden, da die im Trichter der Wahlentscheidung dargelegten Determinanten zur Erklärung des Wahlverhaltens auch Wertorientierungen im Allgemeinen einzig einen der Parteiidentifikation vorgelagerten Effekt zusprechen. Solch eine Analyse und Darstellung ist jedoch mit den beiden

3.5 Analytische und methodische Vorgehensweise

hier dargelegten Verfahren nicht abschließend zu bewerten, da die unabhängigen Variablen als gleichwertig und gleichrangig behandelt und in die Analyse aufgenommen werden.

Als letzter Bestandteil der Analyse werden darum Strukturgleichungsmodelle gerechnet, da diese in der Lage sind sowohl indirekte als auch direkte Effekte auf eine abhängige Variable abzubilden. Strukturgleichungsmodelle werden auch als Strukturmodelle bezeichnet, in denen eine Ursache-Wirkungsbeziehung betrachteter Variablen angenommen und dementsprechend analysiert wird (Weiber und Mühlhaus 2014, S. 9). Bei Strukturgleichungsmodellen ist von zentraler Frage, ob in einer Analyse der Effekt latenter oder manifester Variablen erfasst werden soll. So wird in klassischen Modellierungen ein Messmodell mit einem Strukturmodell kombiniert. Ersteres beschreibt eine Vorgehensweise, bei der „die latenten Faktoren mit einer konfirmatorischen Faktorenanalyse, d. h. mehrere beobachtete Variablen werden einem oder mehreren nicht direkt messbaren Konstrukten (…) zugeordnet" (Berning 2018, S. 2). In einem Strukturmodell wiederum ist vor allem die vermutete Struktur, also der postulierte Einfluss einer Variable auf eine weitere von zentraler Bedeutung. Wird ausschließlich eine Struktur mit einer solchen Modellierung nachgezeichnet, spricht man auch von so genannten Pfadmodellen. Diese werden zwar zur Familie der Strukturgleichungsmodelle gezählt, inkludieren aber, anders als klassische Strukturgleichungsmodelle, keine latenten Variablen, sondern ausschließlich manifeste Variablen in ihre Schätzungen (Schultze 2016, S. 183). Eine mit ihnen vorgenommene Untersuchung wird aus diesem Grund auch als Pfadanalyse bezeichnet (Weiber und Mühlhaus 2014, S. 25), wenngleich in „der Forschungspraxis (…) die Unterscheidung von Pfad- und Strukturgleichungsmodellen allerdings nicht immer durchgehalten" (Schultze 2016, S. 183) wird.

Bei der Pfadanalyse, unter der „man im Allgemeinen ein multivariates Regressionsmodell [versteht], also eine Regressionsanalyse, in welcher simultan mehrere abhängige Variablen betrachtet werden" (Geiser 2011, S. 75), handelt es sich hierbei um eine Weiterentwicklung der klassischen linearen Regressionsanalyse, die nur eine einzige abhängige Variable in ihrer Modellierung zulässt (Reinecke und Pöge 2010, S. 781). Wenn demnach also mehrere Regressionen gleichzeitig geschätzt werden, können so genannte Mediationseffekte in die Analyse einbezogen werden. Mit diesen Mediationseffekten sind jene Einflussgrößen gemeint, die einen indirekten Effekt auf die abhängige Variable entfalten können. Bestimmte Erklärungsgrößen dienen daher in der Modellierung nicht nur als abhängige, sondern auch als unabhängige Variable und werden deswegen auch Mediatorvariablen genannt (Aichholzer 2017, S. 51–52; Geiser 2011, S. 41).

Im hier vorliegenden Beispiel sieht dies so aus, dass die Indikatoren zur Abbildung gesellschaftlicher Wertorientierungen einerseits einen postulierten direkten Effekt auf das Wahlverhalten haben, andererseits, angelehnt an den Trichter der Wahlentscheidung, auf die Parteiidentifikation einwirken (vgl. Abbildung 3.4).

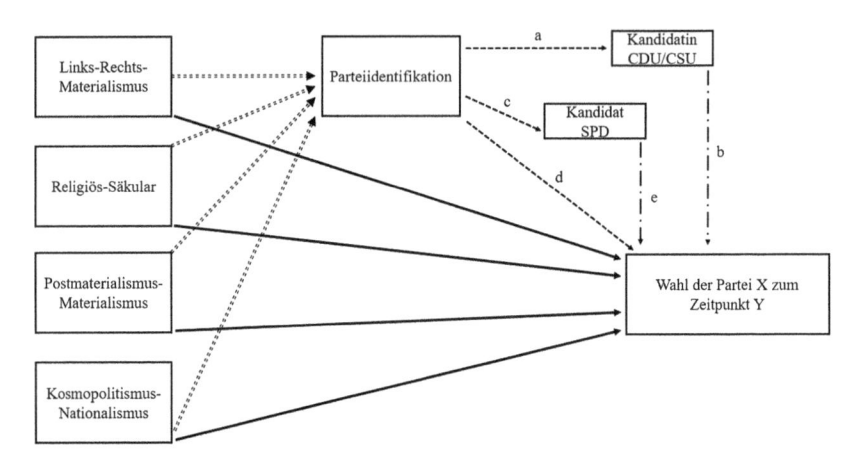

Abbildung 3.4 Grundlegendes Pfadmodell. (Quelle: Eigene Darstellung)

Die Parteiidentifikation ihrerseits, die dann auf das Wahlverhalten einwirkt (d) und zudem auf die Orientierung an den Kanzlerkandidaten von CDU/CSU (a) und SPD (c), dient somit gleichzeitig als abhängige und als unabhängige Variable. Die Kandidatenorientierung wirkt dann wiederum auf das Wahlverhalten, also die Orientierung an der Spitzenkandidatin von CDU/CSU (b) und dem entsprechenden SPD-Spitzenkandidaten (e). Der Einfluss der Parteiidentifikation sowie der Kandidatenorientierung ist demnach als Mediationseffekt zu beschreiben. Darüber hinaus werden diese auch als endogene Erklärungsgrößen bezeichnet (Berning 2018, S. 9), da diese „im Modell durch eine oder mehrere andere Variablen vorhergesagt werden" (Geiser 2011, S. 41). Variablen wie die gesellschaftlichen Wertorientierungen, die hier als „unabhängige Variablen fungieren, bezeichnet man als exogene Variablen, da sie im Modell nicht durch andere Variablen erklärt werden" (Geiser 2011, S. 41). Für gewöhnlich werden für die Darstellung von Pfadmodellen auch Fehlerterme eingezeichnet, die aber letztlich in den meisten wissenschaftlichen Arbeiten weder näher beleuchtet noch inhaltlich analysiert oder bewertet werden (Schultze 2016, S. 187). Sie werden hier aus diesem Grund für eine sparsamere Darstellung der Modellierung nicht eingezeichnet.

3.5 Analytische und methodische Vorgehensweise

Bei der Interpretation der Ergebnisse, welche durch die Pfadanalyse ermittelt werden, wird analog zur klassischen Regressionsanalyse vorgegangen. Ein wichtiger Unterschied besteht jedoch dahingehend, dass neben den direkten Effektmessungen in diesem Fall auch indirekte Effekte und so genannte totale Effekte bestehen. Indirekte Effekte sind jene, die beispielsweise die Wirkung auf die Parteiidentifikation beschreiben und dann direkt auf die Kandidatenorientierung einwirken. Der totale Effekt wiederum wird berechnet über die Addition aller indirekten Effekte zu den direkten Effekten (Arzheimer 2016, S. 51; Aichholzer 2017, S. 54).

Auch gilt es mit Strukturgleichungs- oder Pfadmodellen zu erklären, wie gut das postulierte Modell in der Lage ist, die tatsächliche gesellschaftliche oder politische Realität abbilden zu können, die sich aus den vorliegenden Daten ableiten lässt. Aus diesem Grund ist die Betrachtung des Modellfits von zentraler Bedeutung, welcher über die so genannten Fit-Indizes abgeleitet werden kann, von denen eine Vielzahl existiert. An erster Stelle zu nennen ist der Chi^2-Wert, welcher jedoch inzwischen immer seltener bei statistischen Analysen interpretiert wird. Dies ist darauf zurückzuführen, dass „mit den in der Politikwissenschaft üblichen Stichprobengrößen (…) häufig auch inhaltlich bedeutungslose Differenzen zwischen Modell und Wirklichkeit als statistisch signifikant ausgewiesen" (Arzheimer 2016, S. 63) werden. So führt die Sensitivität des Chi^2-Tests dazu, dass eine triviale Diskrepanz zwischen der durch die Daten abgebildeten Realität und der tatsächlichen Realität zur Zurückweisung eines Modells führt (Chen 2007, S. 465). Alternativ wird deshalb immer häufiger auf den vermutlich bekanntesten Fit-Index zurückgegriffen, den so genannten *Root Mean Square Error of Approximation* (RMSEA) (Reinecke und Pöge 2010, S. 783). Der „RMSEA ist (…) ein inferenzstatistisches Maß und prüft, ob ein Modell die Realität gut approximieren kann und ist damit weniger ‚streng' formuliert als der x^2-Test, der die ‚Richtigkeit' eines Modells prüft" (Weiber und Mühlhaus 2014, S. 204–205). Die zugrundeliegende Annahme ist, „dass ein perfekter Modellfit selbst dann höchst unwahrscheinlich wäre, wenn die gesamte Population untersucht würde, da Modelle stets eine nützliche Vereinfachung darstellen" (Arzheimer 2016, S. 63). Ist der berechnete RMSEA-Wert kleiner oder gleich 0,05, so wird von einem guten Modell-Fit gesprochen. Liegt dieser bei kleiner oder gleich 0,08 ist der Modell-Fit noch akzeptabel, ist aber bei einer Höhe von größer als 0,08 nicht mehr akzeptabel (vgl. Tabelle 3.18).

Tabelle 3.18 RMSEA Modell-Fit

Wertebereich	Klassifikation
≤ 0,05	Guter Modell-Fit
≤ 0,08	Akzeptabler Modell-Fit
> 0,08	Nicht akzeptabler Modell-Fit

Quelle: Eigene Darstellung, basierend auf Browne und Cudeck 1993, S. 144. Eigene Ergänzung

Zur vergleichenden Bewertung eignet sich insbesondere noch der *Comparative Fit Index* (CFI). Ein guter Modell-Fit liegt im Falle des CFI dann vor, wenn der CFI-Wert größer oder gleich 0,9 beträgt. Ergänzend zum RMSEA ist er vor allem deshalb geeignet, da er in der Lage ist, mögliche Verteilungsverzerrungen zu berücksichtigen (Weiber und Mühlhaus 2014, S. 215–216). Der Vollständigkeit halber werden in der Analyse jedoch alle drei Indizes ausgewiesen, obgleich das primäre Ziel mit der Analyse durch die Pfadmodelle vielmehr darin besteht, die grundsätzlichen Effekte gesellschaftlicher Wertorientierungen direkter und indirekter Natur besser verstehen zu können. Dies gilt insbesondere dann, wenn die Abhängigkeit durch die Parteiidentifikation mit inkludiert wird. Wichtig ist auch der Hinweis darauf, dass derartige Modell-Fits vor allem bei der Messung von latenten Variablen von enormer Bedeutung sind, bei der Messung manifester Kausalpfade sind sie hingegen eher von nachrangiger Natur.

Bei den Pfadanalysen wird zur Berechnung auf das *Weighted Least Squares* (WLS) Schätzverfahren zurückgegriffen, welches „keine bestimmte Verteilung der Messwerte voraus[setzt] und damit für politikwissenschaftliche Forschungsprobleme geeignet" (Arzheimer 2016, S. 59) ist.

Im Folgenden werden die hier dargelegten Analyseschritte vorgenommen. Darauf aufbauend werden die Forschungsfrage und die dazugehörigen Hypothesen einer kritischen Überprüfung unterzogen. Im abschließenden Fazit werden die wichtigsten Erkenntnisse ebenso kritisch reflektiert wie auch die hier vorgenommene Vorgehensweise. In diesem Kontext werden sodann entsprechende Limitationen angesprochen und auch weiterhin bestehende Forschungsdesiderate kenntlich gemacht. Ferner wird ein Ausblick gegeben, welche Bedeutung die vorliegenden Ergebnisse für die Parteienlandschaft der Bundesrepublik Deutschland haben.

3.5 Analytische und methodische Vorgehensweise

Open Access Dieses Kapitel wird unter der Creative Commons Namensnennung 4.0 International Lizenz (http://creativecommons.org/licenses/by/4.0/deed.de) veröffentlicht, welche die Nutzung, Vervielfältigung, Bearbeitung, Verbreitung und Wiedergabe in jeglichem Medium und Format erlaubt, sofern Sie den/die ursprünglichen Autor(en) und die Quelle ordnungsgemäß nennen, einen Link zur Creative Commons Lizenz beifügen und angeben, ob Änderungen vorgenommen wurden.

Die in diesem Kapitel enthaltenen Bilder und sonstiges Drittmaterial unterliegen ebenfalls der genannten Creative Commons Lizenz, sofern sich aus der Abbildungslegende nichts anderes ergibt. Sofern das betreffende Material nicht unter der genannten Creative Commons Lizenz steht und die betreffende Handlung nicht nach gesetzlichen Vorschriften erlaubt ist, ist für die oben aufgeführten Weiterverwendungen des Materials die Einwilligung des jeweiligen Rechteinhabers einzuholen.

4 Empirische Analyse gesellschaftlicher Wertorientierungen in der Bundesrepublik Deutschland von 2009 bis 2017

Das Ziel der vorliegenden Untersuchung besteht darin, den Effekt gesellschaftlicher Wertorientierungen auf das Wahlverhalten bei den Bundestagswahlen 2009, 2013 und 2017 zu messen. In den Erläuterungen zum theoretischen Rahmen wurde herausgearbeitet, dass gesellschaftliche Wertorientierungen im Wesentlichen die essenzielle Grundlage für die Entstehung und Etablierung der Parteien des deutschen Parteiensystems waren und auch heute womöglich noch sind. Es handelt sich hierbei um die Konfliktdimension des Links-Rechts-Materialismus, die Konfliktlinie zwischen einer religiösen und einer säkularen Wertorientierung, den Konfliktraum zwischen Postmaterialismus und Materialismus sowie jenen zwischen Kosmopolitismus und Nationalismus.

Für Parteien als solche ist es wichtig, dass die von ihnen im politischen Konfliktraum vertretenen Wertorientierungen auch durch die Bevölkerung, insbesondere aber durch die eigenen Elektorate, geteilt und unterstützt werden. Um diesen Forschungsgegenstand angemessen erfassen zu können, werden in Abschnitt 4.1 zunächst deskriptiv die Entwicklungen der gesamtdeutschen Bevölkerung auf den vier Dimensionen gesellschaftlicher Wertorientierungen zu den Bundestagswahlen 2009, 2013 und 2017 dargestellt.

Anschließend können die Veränderungen der jeweiligen Elektorate entlang dieser Wertdimensionen bei den Bundestagswahlen von 2009 bis 2017 einer deskriptiven Analyse unterzogen werden. Darüber hinaus werden die entsprechenden Elektorate entlang der jeweiligen Dimensionen verglichen. Durch diese

---

Ergänzende Information Die elektronische Version dieses Kapitels enthält Zusatzmaterial, auf das über folgenden Link zugegriffen werden kann https://doi.org/10.1007/978-3-658-38456-2_4.

kombinierte Vorgehensweise werden nicht nur Unterschiede zwischen den Elektoraten herausgearbeitet, welche auch in der Lage sind zu belegen, ob sich eine Dimension gesellschaftlicher Wertorientierungen besonders gut eignet, um ein Elektorat von den Elektoraten anderer Parteien abzugrenzen. Ferner kann nachvollzogen werden, ob und in welchem Umfang sich die Zusammensetzung der jeweiligen Elektorate entlang der Konfliktdimensionen verändert. Daraus sind sodann weiterführende Schlüsse abzuleiten, ob und inwiefern eine entsprechende Wertorientierung für die einzelnen Elektorate Relevanz besitzt.

In Abschnitt 4.2 wird mit Hilfe bivariater Korrelationsanalysen eine Zusammenhangsanalyse der Dimensionen gesellschaftlicher Wertorientierungen durchgeführt. Durch diese Vorgehensweise wird nicht nur festgestellt, in welchem Ausmaß entsprechende Positionierungen auf den jeweiligen Konfliktdimensionen miteinander korrelieren, sondern auch ausgeschlossen, dass diese sich gegenseitig zu erklären vermögen. Dafür wird zusätzlich eine vorgezogene Analyse auf Multikollinearität der unabhängigen Variablen durchgeführt.

Im Rahmen von Abschnitt 4.3 werden unter Zuhilfenahme dreier verschiedener multivariater Analyseverfahren die konkreten Effekte gesellschaftlicher Wertorientierungen auf das Wahlverhalten für die Bundestagswahlen 2009, 2013 und 2017 untersucht. Dabei wird durch die Modellierung geschachtelter Regressionsmodelle zunächst geprüft, welchen Erklärungswert der Einbezug gesellschaftlicher Wertorientierungen als Prädiktor für das Wahlverhalten hat, insbesondere im direkten Vergleich zu sozio-demographischen Variablen sowie der Parteiidentifikation und der Kandidatenorientierung. Mit der darauffolgenden Berechnung von Average Marginal Effects wird dann wiederum die Grundlage zur Interpretation entsprechender Effektstärken geschaffen. Mit der sich anschließenden Pfadmodellierung wird überprüft, ob die hier einbezogenen gesellschaftlichen Wertorientierungen weiterhin primär der Logik des Trichters der Wahlentscheidung folgen, demnach keinen direkten Einfluss auf das Wahlverhalten haben und ausschließlich indirekt auf dieses wirken – oder ob es tatsächlich die hier postulierten direkten Effekte gibt. Ferner wird angenommen, dass im Aufbau der geschachtelten Regressionsmodelle einige Prädiktoren an Signifikanz verlieren, sobald die Parteiidentifikation in die Analyse einbezogen wird. Durch die Pfadmodellierung kann sodann überprüft werden, ob die entsprechenden Prädiktoren womöglich indirekt über die Parteiidentifikation weiterhin auf das Wahlverhalten einwirken.

Sämtliche Ergebnisse werden in Abschnitt 4.4 noch einmal zusammengefasst und einer kritischen Bewertung unterzogen. Auf dieser Grundlage können sodann die Hypothesen abschließend bewertet werden. Die hier vorgestellten Berechnungen wurden allesamt mit der Software R (R Core Team 2017, Version 3.6.3) sowie RStudio (RStudio Team 2020) durchgeführt[1].

4.1 Gesellschaftliche Wertorientierungen im Zeitverlauf

Im Folgenden werden zunächst die Ergebnisse der deskriptiven Analyse vorgestellt. Dazu werden in Abschnitt 4.1.1 die Verteilungen der abhängigen Variablen skizziert. Gemeint sind hiermit explizit die Wahlteilnahme und das Wahlverhalten für spezifische Parteien. In Abschnitt 4.1.2 wird darauf aufbauend die Analyse der Verteilung gesellschaftlicher Wertorientierungen in der gesamtdeutschen (Wahl-) Bevölkerung vorgestellt. In Abschnitt 4.1.3 wiederum richtet sich der Fokus dann auf die Elektorate der hier zu untersuchenden deutschen Parteien. Dabei ist die Vorgehensweise so, dass zunächst jede einzelne Konfliktlinie gesellschaftlicher Wertorientierungen nacheinander einer Analyse unterzogen wird. Dafür wird im ersten Schritt eine Übersicht über die durchschnittlichen Positionierungen der Elektorate auf den Konfliktlinien im Zeitverlauf gegeben. Darauffolgend werden die einzelnen Teilelektorate als solche einer vergleichenden Analyse über die verschiedenen Zeitpunkte hinweg unterzogen. Anschließend werden, unter Zuhilfenahme von Mittelwertvergleichen, signifikante oder auch nicht-signifikante Unterschiede zwischen den Wählerschaften der deutschen Parteien eingeordnet. In Abschnitt 4.1.4 werden folgend die Veränderungen der jeweiligen Wählergruppierungen entlang sozio-demographischer Charakteristika näher beschrieben. In Abschnitt 4.1.5 werden schließlich die für die Analyse verwendeten Teilaspekte des Michigan-Modells vorgestellt, also ob und inwiefern die Wähler der zu untersuchenden Parteien einerseits über eine Parteiidentifikation verfügen und andererseits wie diese zu den Kanzlerkandidaten von CDU/CSU und SPD in den Jahren 2009 bis 2017 eingestellt sind.

---

[1] Bei den dafür verwendeten R packages handelt es sich um „spatstat" (Baddeley et al. 2020), „questionr" (Barnier et al. 2020), „extrafont" (Chang 2014), „car" (Fox et al. 2020), „stargazer" (Hlavac 2018), „margins" (Leeper 2018), „survey" (Lumley 2020), „lavaan.survey" (Oberski 2014), „weights" (Pasek 2020), „GDAtools" (Robette 2020), „lavaan" (Rosseel et al. 2020), „scales" (Wickham und Seidel 2020), „haven" (Wickham und Miller 2020), „dplyr" (Wickham et al. 2020a), „ggplot2" (Wickham et al. 2020b), „tidyverse" (Wickham 2019).

4.1.1 Wähler, Nichtwähler und Wahlverhalten

Zunächst ist ein Blick auf die zu ermittelnde Wahlbeteiligung von Relevanz, da darauf letztlich jedwede weitere Analyse dieser Untersuchung beruht. Während bei den Bundestagswahlen jeweils eine Wahlbeteiligung von 70,8 Prozent im Jahr 2009, 71,5 Prozent im Jahr 2013 und 76,2 Prozent im Jahr 2017 erzielt wurde (Bundeszentrale für politische Bildung 2018), sind in den vorliegenden GLES-Datensätzen Wähler überdurchschnittlich stark vertreten. So gaben bei der Nachwahlbefragung des Jahres 2009 insgesamt 80,4 Prozent der Befragten an, sie hätten an der Wahl teilgenommen. Diese Diskrepanz zwischen der tatsächlichen Wahlbeteiligung und der angegebenen Wahlteilnahme in den Nachwahlbefragungen vergrößert sich bei den Folgebefragungen. So liegt der Wert derer, die 2013 eine Wahlteilnahme bejahen bei 84,84 Prozent und 2017 schließlich bei 90,53 Prozent (vgl. Tabelle 4.1).

Tabelle 4.1 Wähler und Nichtwähler 2009 bis 2017 in Prozent

	2009	2013	2017
Wähler	80,40	84,84	90,53
Nichtwähler	19,60	15,16	9,47

Quelle: Eigene Darstellung und Berechnung, basierend auf den Daten von Rattinger et al. 2019a; Rattinger et al. 2019b; Roßteutscher et al. 2019.

Das tatsächliche Wahlverhalten und jenes, welches die befragten Individuen der GLES-Nachwahlbefragungen angeben, weicht in Teilen kaum und in anderen Teilen sehr stark voneinander ab. Eine mögliche Ursache könnte hier in der sozialen Erwünschtheit liegen, der sich die Befragten ausgesetzt fühlen und deshalb fälschlicherweise angeben, sie hätten an der entsprechenden Wahl teilgenommen.

Für die Bundestagswahl 2009 sind die großen Parteien, denen auch der Einzug in den Deutschen Bundestag gelang, unter den Befragten der Nachwahlbefragung von 2009, bei der Frage nach der Stimmabgabe, überproportional stark vertreten. Erreichten CDU und CSU gemeinsam 33,8 Prozent der Wählerstimmen, so geben laut den Daten der GLES-Nachwahlbefragung 34,65 Prozent der Befragten an, sie hätten für diese Parteien gestimmt. Ähnlich verhält es sich mit der SPD, die 2009 23 Prozent der Wählerstimmen erreichte oder der FDP, die 14,6 Prozent der Stimmen erzielte. Beide Wählergruppen sind unter den Nachwahlbefragten von 2009 überproportional vertreten, wenngleich die Differenzen, ebenso wie bei den Unionswählern, nur geringfügig sind. Gleiches gilt schließlich für die Wähler

4.1 Gesellschaftliche Wertorientierungen im Zeitverlauf

der Grünen, die 2009 unter der wählenden Bevölkerung 10,7 Prozent der Wählerstimmen erreichten und in der Nachwahlbefragung 11,19 Prozent der Wähler ausmachen. Einzig die Linken-Wähler liegen im Datensatz mit 13,03 Prozent der Befragten sogar mehr als einen Prozentpunkt über dem tatsächlichen Wahlergebnis der Linken im Bundestagswahljahr 2009, in welchem diese 11,9 Prozent der Wählerstimmen auf sich vereinen konnten (vgl. Tabelle 4.2).

Tabelle 4.2 Wahlverhalten 2009 bis 2017 gemäß der GLES-Nachwahlbefragungen in Prozent

	CDU/CSU	SPD	FDP	Grüne	Linke	AfD	Andere
2009	34,65	23,16	15,08	11,19	13,03	-	2,86
2013	39,45	30,61	2,75	10,61	9,07	4,57	2,90
2017	30,53	20,35	12,05	14,33	9,72	8,85	4,14

Quelle: Eigene Darstellung und Berechnung, basierend auf den Daten von Rattinger et al. 2019a; Rattinger et al. 2019b; Roßteutscher et al. 2019.

Bei der Nachwahlbefragung von 2013 kommt es zu einer Verzerrung dahingehend, dass die Anhänger von SPD, Grünen und Linken unter den Teilnehmern der Nachwahlbefragung überproportional stark vertreten sind. Vor allem die Wähler der SPD, die bei der Bundestagswahl 2013 rund 25,7 Prozent der Wähler ausmachten, sind hier mit einem Anteil von 30,61 Prozent gemessen am tatsächlichen Wahlergebnis besonders stark vertreten. Auch die Grünen-Wähler sind mit 10,61 Prozent im verwendeten Datensatz überrepräsentiert, erzielte die Partei doch nur 8,4 Prozent der Wählerstimmen. Bei den Wählern der Linken ist die Diskrepanz zwischen dem tatsächlichen Wahlergebnis von 8,6 Prozent der Wählerstimmen im Jahr 2013 zu den angegebenen Wählerstimmen in der GLES-Nachwahlbefragung mit 9,07 Prozent nur geringfügig. Die tatsächlichen Wahlergebnisse von CDU/CSU und FDP, die 2013 jeweils bei 41,5 Prozent und 4,8 Prozent der Wählerstimmen lagen, weichen unter den Befragten der GLES-Nachwahlbefragung 2013 dahingehend ab, dass beide Parteien dort ungefähr zwei Prozentpunkte weniger erzielen. Die Wähler der AfD im Jahr 2013 unterscheiden sich mit 4,7 Prozent der Wählerstimmen nur marginal von den 4,57 Prozent unter den befragten Individuen der GLES-Nachwahlbefragung.

Für die Bundestagswahl 2017 liegen, mit Ausnahme der Grünen- und der AfD-Wähler, keine allzu starken Verzerrungen vor, wenngleich es bei diesen zwei betroffenen Wählergruppen zu umso stärkeren Abweichungen kommt. Erreichten die Grünen 2017 insgesamt 8,9 Prozent der Wählerstimmen und die AfD 12,6 Prozent, so sind diese in der Nachwahlbefragung im Fall der Grünen mit 14,33 Prozent überrepräsentiert, während die AfD-Anhänger mit 8,85 Prozent der Befragten deutlich unterrepräsentiert sind. Besonders gering sind die Abweichungen bei den Wählern von SPD und Linken, die bei der Bundestagswahl 2017 auf 20,5 Prozent und 9,2 Prozent der Wählerstimmen kamen, in den GLES-Nachwahlbefragungen mit 20,35 Prozent und 9,72 Prozent der Befragten vertreten sind. Etwas größere Unterschiede liegen wiederum zwischen den Wahlergebnissen von CDU/CSU und FDP und deren Abbildung in der GLES-Nachwahlbefragung 2017 vor. Erreichten die Unionsparteien bei dieser Bundestagswahl 32,9 Prozent der Wählerstimmen, sind diese mit 30,53 Prozent der befragten Individuen im Datensatz vorzufinden. Bei der FDP wiederum ist der Unterschied geringer, kamen diese doch auf 10,7 Prozent der Stimmen bei der Bundestagswahlwahl und sind unter den Befragten der Nachwahlbefragung mit 12,05 Prozent etwas überproportional vertreten.

In der Summe zeigt sich, dass Abweichungen durchaus vorhanden sind, diese aber mit wenigen Ausnahmen zu geringfügig ausfallen, als dass dies für die weitere Bearbeitung problematisch wäre. Einzig der geringe Anteil der FDP- und AfD-Anhänger in den Daten zur Bundestagswahl 2013 könnte für die Analyse problematisch werden, spiegelt aber im Wesentlichen auch die geringe Anzahl ihrer Wähler bei dieser Wahl wider. Dies gilt es im Folgenden bei den Analysen zu berücksichtigen. Im nächsten Schritt ist zunächst ein Blick darauf zu werfen, inwiefern sich gesellschaftliche Wertorientierungen innerhalb der Bevölkerung von 2009 bis 2017 verändert haben und wie sich diese Orientierungen ganz konkret ausgestalten.

4.1.2 Gesellschaftliche Wertorientierungen in der Bevölkerung im Wandel

Während sich Elektorate von Parteien bei Wahlen unter anderem durch eine strategische Wechselwahl oder einen Wandel der Parteipräferenz immer wieder neu zusammensetzen können, verändert sich eine wahlberechtigte Gesamtbevölkerung in ihrer Zusammensetzung vor allem durch Einbürgerungen, Todesfälle oder durch das Hinzukommen neuer Wahlberechtigter. Zwar sind auch damit Veränderungen verbunden, jedoch ist davon auszugehen, dass diese sich, sofern keine Krisenereignisse stattfinden, von der stärkeren und zunehmenden Fluidität der Wählerschaften etablierter Parteien unterscheiden.

Am Beispiel gesellschaftlicher Wertorientierungen kann fraglos konstatiert werden, dass die wahlberechtigte Bevölkerung der Bundesrepublik Deutschland bei manchen Wertorientierungen ein durchaus hohes Maß an Stabilität aufweist

4.1 Gesellschaftliche Wertorientierungen im Zeitverlauf

und in anderen gleichzeitig einem Wandel unterliegt. Während sich die Gesamtbevölkerung im Mittel zwischen 2009 und 2017 auf der Konfliktlinie zwischen einer links-materialistischen und einer rechts-materialistischen Wertorientierung stärker in Richtung des Links-Materialismus orientiert, verändert sich der Median im gleichen Zeitverlauf nicht. Ordnete sich die Bevölkerung 2009 durchschnittlich beim Skalenwert 6,31 auf einer 11er-Skala ein, so sinkt dieser Wert auf 6,19 im Jahr 2013 und schließlich auf 6,08 im Jahr 2017. Der Median verbleibt zu allen drei Erhebungszeitpunkten beim Wert 6 (vgl. Tabelle 4.3).[2]

Tabelle 4.3 Gesellschaftliche Wertorientierungen in der Gesamtbevölkerung

	2009	2013	2017
Links-Rechts-Materialismus	6,31 (6)	6,19 (6)	6,08 (6)
Religiös-Säkular	2,53 (3)	2,40 (2)	2,29 (2)
Postmaterialismus-Materialismus	4,68 (4)	4,74 (5)	4,46 (4)
Kosmopolitismus-Nationalismus	7,73 (8)	6,98 (7)	6,68 (6)

Quelle: Eigene Darstellung und Berechnung, basierend auf den Daten von Rattinger et al. 2019a; Rattinger et al. 2019b; Roßteutscher et al. 2019. Die dargestellten Werte ohne Klammern stellen den Mittelwert dar, während jene Werte in den Klammern den Median abbilden. Die religiös-säkulare Konfliktlinie ist mit sieben Ausprägungen skaliert, wohingegen die anderen Konfliktlinien jeweils elf Ausprägungen haben.

Eine ähnliche Entwicklung ist auf der Dimension zwischen einer religiösen und einer säkularen Wertorientierung zu beobachten. Zumindest gilt dies bei der Betrachtung des arithmetischen Mittels im Zeitverlauf. Dieser sinkt auf der entsprechenden 7er-Skala von 2,53 im Jahr 2009 auf 2,40 im Jahr 2013 und schließlich 2,29 im Jahr 2017. Gleichzeitig verändert sich der für den Median ausgewiesene Wert von 3 im Jahr 2009 auf 2 im Jahr 2013, wo dieser dann auch bei der Folgewahl verbleibt.[3] Ein möglicher Grund, der zu einer steigenden Säkularisierung beigetragen haben könnte, sind die Missbrauchsfälle in der katholischen Kirche, welche der Bevölkerung seit 2010 in großem Umfang bekannt geworden sind. Eine Ursachensuche kann hier jedoch nicht umfangreicher betrieben werden, da sie über den eigentlichen Umfang dieser Arbeit deutlich hinausgeht.

---

[2] In Abbildung A3 (siehe Anhang im elektronischen Zusatzmaterial) ist die Häufigkeitsverteilung für die Konfliktdimension des Links-Rechts-Materialismus – für die Gesamtbevölkerung zu den jeweiligen Bundestagswahljahren 2009, 2013 und 2017 – graphisch dargestellt.
[3] In Abbildung A4 (siehe Anhang im elektronischen Zusatzmaterial) ist die Häufigkeitsverteilung für die religiös-säkulare Konfliktdimension – für die Gesamtbevölkerung zu den jeweiligen Bundestagswahljahren 2009, 2013 und 2017 – graphisch dargestellt.

Im Hinblick auf eine postmaterialistische oder eine materialistische Wertorientierung ist eine wechselhaftere Entwicklung zu konstatieren. Während die gesamtdeutsche Bevölkerung 2009 im Mittel auf einer 11er-Skala bei einem Wert von 4,68 zu verorten ist, steigt dieser Wert 2013 auf 4,74 und sinkt 2017 schließlich auf 4,46. Ähnlich entwickelt sich der Median vom Wert 4 im Jahr 2009 zum Wert 5 im Jahr 2013 und schließlich wieder zum Wert 4 im Jahr 2017.[4] Ein möglicher Grund, neben gesellschaftspolitischen Veränderungen, kann für diese Beobachtung sein, dass es zu einer Veränderung des Items zur Erfassung einer postmaterialistischen beziehungsweise materialistischen Wertorientierung nach 2009 kommt. Während 2013 und 2017 eine Positionierung nicht nur durch Abwägung kontrastierender Zielvorstellungen möglich ist, wie dies 2009 der Fall ist, kommt bei den erstgenannten Bundestagswahlen in der Abfragung zusätzlich die inhaltliche Implikation aus der Entscheidung für das eine oder andere Extrem hinzu. Demnach ist es möglich, dass so die Nachvollziehbarkeit möglicher Konsequenzen durch die Abwägung verschiedener Interessen ersichtlich wird. In der Summe zeigt sich, dass die Bevölkerung zwischen 2009 und 2017 postmaterialistischer geworden ist. Dies kann hier unabhängig von der konkreten Formulierung des entsprechenden Items festgestellt werden.

Eine sehr deutliche Veränderung zeigt sich wiederum auf jener Dimension, die den Konflikt zwischen einer kosmopolitischen und einer nationalistischen Wertorientierung abbildet. So positioniert sich die Bevölkerung auf einer 11er-Skala im Jahr 2009 noch im Durchschnitt beim Wert 7,73. Sie ist damit in einem nicht unwesentlichen Ausmaß nationalistisch orientiert. Im Zeitverlauf sinkt dieser Wert dann 2013 auf durchschnittlich 6,98 und 2017 auf den Durchschnittswert 6,68. Als besonders bemerkenswert ist dies auch deshalb zu bezeichnen, weil im gleichen Zeitverlauf auch der Medianwert von 8 im Jahr 2009 auf zunächst 7 im Jahr 2013 und schließlich auf 6 im Jahr 2017 sinkt.[5]

Hoch interessant ist dies politisch aus zwei Blickwinkeln: Zum einen fällt in diese Zeit die 2015 salient werdende Krisensituation mit enormen Fluchtbewegungen, durch die eine zunehmende Polarisierung in Themengebieten ausgelöst

---

[4] In Abbildung A5 (siehe Anhang im elektronischen Zusatzmaterial) ist die Häufigkeitsverteilung für die Konfliktdimension zwischen Postmaterialismus und Materialismus – für die Gesamtbevölkerung zu den jeweiligen Bundestagswahljahren 2009, 2013 und 2017 – graphisch dargestellt.

[5] In Abbildung A6 (siehe Anhang im elektronischen Zusatzmaterial) ist die Häufigkeitsverteilung für die Konfliktdimension zwischen Kosmopolitismus und Nationalismus – für die Gesamtbevölkerung zu den jeweiligen Bundestagswahljahren 2009, 2013 und 2017 – graphisch dargestellt.

wird, die direkt durch diese Wertdimension tangiert werden. Zum anderen entsteht bereits 2013 mit der AfD eine Partei, die für sich in Anspruch nimmt, die natürliche Vertretung einer nationalistischen Wertorientierung und einer daraus abgeleiteten patriotischen Grundhaltung zu sein. Dies dürfte in der Analyse der jeweiligen Dimensionen gesellschaftlicher Wertorientierungen mit Blick auf die Elektorate auch klarer werden, zeigt sich hier aber für die Gesamtbevölkerung zunächst nicht.

In der Summe lässt sich festhalten, dass die Bevölkerung kosmopolitischer geworden ist, wenngleich sie auch weiterhin, zumindest im Schnitt, in einem nicht unwesentlichen Ausmaß nationalistisch orientiert ist. Ferner ist sie im Verlauf der drei Bundestagswahlen säkularer und postmaterialistischer geworden, wenngleich sie auch schon vorher eher an diesen Polen orientiert war, insbesondere an jenem des Säkularismus. Darüber hinaus ist eine leichte Verschiebung hin zu einer stärker links-materialistischen Wertorientierung innerhalb der Bevölkerung nachzuzeichnen. Nichtsdestotrotz ist und bleibt die Veränderung auf jener Konfliktdimension zwischen Kosmopolitismus und Nationalismus am bemerkenswertesten und auch in der Summe am größten.

4.1.3 Gesellschaftliche Wertorientierungen nach Parteiwählern

Die Analyse gesellschaftlicher Wertorientierungen kann erste Aufschlüsse darüber geben, ob und in welchem Ausmaß sich die Wähler der großen Parteien tatsächlich voneinander unterscheiden. Im ersten Schritt soll deshalb ein Überblick darüber gegeben werden, inwiefern sich die Anhänger der jeweiligen Parteien im Schnitt im Untersuchungszeitraum auf den vier Dimensionen gesellschaftlicher Wertorientierungen positioniert haben. Diese können auch einer vergleichenden Betrachtung mit der Positionierung der Wähler als Ganzes unterzogen werden, um die Teilelektorate in Beziehung zur gesamten Wahlbevölkerung setzen zu können (vgl. Tabelle 4.4).

Dem folgend werden dann die Wähler der Parteien auf den einzelnen Dimensionen einer tiefergehenden Analyse unterzogen. Darauf aufbauend soll schließlich mit Hilfe einer Varianzanalyse, der so genannten Analysis of Variance (ANOVA), analytisch eingeordnet werden, in welchem Ausmaß sich die Wählerschaften tatsächlich auf der entsprechenden Dimension unterscheiden lassen und wie sich dies visuell darstellen lässt.

Tabelle 4.4 Gesellschaftliche Wertorientierungen als Mittelwerte der Gesamtwählerschaft

	2009	2013	2017
Links-Rechts-Materialismus	6,41	6,22	6,03
Religiös-Säkular	2,60	2,48	2,33
Postmaterialismus-Materialismus	4,69	4,73	4,44
Kosmopolitismus-Nationalismus	7,61	6,93	6,59

Quelle: Eigene Darstellung und Berechnung, basierend auf den Daten von Rattinger et al. 2019a; Rattinger et al. 2019b; Roßteutscher et al. 2019.

4.1.3.1 Links-Rechts-Materialismus nach Parteiwählern

Auf der Konfliktdimension zwischen Links-Materialismus auf der einen und Rechts-Materialismus auf der anderen Seite hat sich gezeigt, dass sich die gesamtdeutsche Wählerschaft zwischen 2009 und 2017 im Allgemeinen stärker in Richtung einer Priorisierung einer links-materialistischen Wertorientierung entwickelt hat. Ein Blick auf die Teilelektorate zeigt, dass dies für fast alle Elektorate gleichermaßen zu konstatieren ist, wenngleich dabei durchaus Unterschiede bestehen.

So ist zunächst festzustellen, dass eine solche fortschreitende Entwicklung auch bei den Wählern von CDU und CSU zu beobachten ist. Ordneten sich diese im Schnitt bei der Bundestagswahl 2009 bei einem Skalenwert von 7,22 ein, also klar rechts-materialistisch orientiert, so sinkt dieser Wert bis 2013 auf im Schnitt 6,71 Skalenpunkte und bis 2017 schließlich auf 6,52 Skalenpunkte (vgl. Tabelle 4.5). Damit positioniert sich die Wählerschaft der Unionsparteien im direkten Vergleich zur gesamten Wahlbevölkerung zwar immer nuanciert in Richtung des Rechts-Materialismus, hat sich aber im Untersuchungszeitraum deutlicher auf den links-materialistischen Pol zubewegt als die gesamtdeutsche Wählerschaft. Da der Links-Rechts-Materialismus insbesondere sozialstaatliche Umverteilungsmaßen und die Sozialpolitik als solche in den Fokus nimmt, ist an dieser Stelle tatsächlich feststellbar, dass die Beobachtung einer sozioökonomischen Sozialdemokratisierung von CDU und CSU zumindest für Teile ihrer Wählerschaft zutrifft. Diese nähern sich zwar der Position der eher links-materialistisch orientierten Elektorate an, bleiben in der Summe aber eher rechts-materialistisch orientiert.

Die Wähler der SPD haben sich im Schnitt weiter in Richtung einer links-materialistischen Wertorientierung entwickelt, gleichwohl sie mit einem Durchschnittswert von 5,75 Skalenpunkten im Jahr 2009 auch schon zu diesem Zeitpunkt als eher links-materialistisch zu verorten sind. 2013 ist die Wählerschaft zunächst mit einem Durchschnittswert von 5,97 Skalenpunkten auf der Skala mittig verortet, um sich schließlich 2017 bei einem durchschnittlichen Wert

4.1 Gesellschaftliche Wertorientierungen im Zeitverlauf

von 5,61 Skalenpunkten einzufinden (vgl. Tabelle 4.5). Im direkten Vergleich zur Gesamtwählerschaft ist die sozialdemokratische Wählerschaft demnach klar links-materialistisch orientiert.

Für die Wählerschaft der FDP lässt sich eine ähnliche Beobachtung machen. Diese ist mit einem Durchschnittswert von 7,35 Skalenpunkten im Jahr 2009 auf der Dimension des Links-Rechts-Materialismus die am stärksten rechts-materialistisch orientierte Gruppierung. Dieser Wert steigt zur Bundestagswahl 2013 auf einen durchschnittlichen Wert von 7,84. Auch hier sind die FDP-Wähler die am eindeutigsten rechts-materialistisch orientierten Wähler. Bis 2017 sinkt dieser Wert jedoch deutlich auf einen Durchschnittswert von 6,84. Damit ist die Wählerschaft der FDP auch weiterhin eine klar rechts-materialistisch und damit sozialpolitische Umverteilungsmaßnahmen ablehnende und Steuersenkungen befürwortende Gruppe. Nichtsdestotrotz wird sie 2017 von einer anderen Parteiwählerschaft in ihrer Extremposition abgelöst: den Wählern der AfD. Im direkten Vergleich zur Gesamtwählerschaft sind die Wähler der FDP deutlich in der Nähe einer rechts-materialistischen Wertorientierung zu verorten (vgl. Tabelle 4.5).

Die Wähler der Grünen hingegen sind über alle drei Untersuchungszeitpunkte hinweg nicht nur klar links-materialistisch verortet, sondern gleichzeitig jederzeit stärker nach links orientiert als die Gesamtwählerschaft. Während die Wähler 2009 bei einem durchschnittlichen Wert von 5,17 Skalenpunkten verortet werden können, steigt dieser Wert bis 2013 zunächst auf 5,33 Skalenpunkte, um dann bis zur Bundestagswahl 2017 auf einen Durchschnittswert von 5,08 zu sinken. Während die Grünen-Wähler demnach bei der Bundestagswahl 2009 die am stärksten redistributive Maßnahmen befürwortende Wählergruppe sind, werden sie in dieser Rolle bei den darauffolgenden zwei Bundestagswahlen jedoch abgelöst (vgl. Tabelle 4.5).

Die entsprechende Wählergruppe, die die der Grünen in dieser Rolle ablöst, ist die Wählerschaft der Linken. Während sich diese auf der Wertdimension zwischen Links-Materialismus einerseits und Rechts-Materialismus andererseits im Jahr 2009 noch bei einem Durchschnittswert von 5,34 Skalenpunkten verorten lassen, sinkt dieser Wert zur Bundestagswahl 2013 auf im Schnitt 5,24 Skalenpunkte und schließlich auf 4,73 Skalenpunkte im Jahr 2017. Die Linken-Wählerschaft ist demnach, wie auch zu erwarten, zumindest bei den Bundestagswahlen 2013 und 2017 die am stärksten für einen starken Sozialstaat einstehende Gruppierung (vgl. Tabelle 4.5). Sie ist eindeutig als links-materialistische Wählergruppe zu identifizieren, die sich von der wählenden Gesamtbevölkerung abgrenzt, welche in dieser Frage indifferent ist. Dieser Sachverhalt begründet sich in der historischen Entwicklung der Linken als Partei, die für entsprechend orientierte Wähler ein politisches Angebot und eine Alternative zu den zu diesem Zeitpunkt etablierten Parteien zu schaffen versuchte.

Im Kontext der Veränderungen der FDP-Wählerschaft wurde schon angedeutet, dass diese 2017 in ihrer Position als die am stärksten am Rechts-Materialismus orientierte Gruppierung abgelöst wird. Bei der sie ablösenden Wählerschaft handelt es sich um die der AfD, die 2013 noch einen durchschnittlichen Wert von 6,84 Skalenpunkten auf der Links-Rechts-Materialismus-Skala erreicht. Dieser steigt im Jahr 2017 auf einen Wert von 6,91 Skalenpunkten. Folglich handelt es sich bei den Wählern der AfD um die einzige Wählergruppe, die einer Entwicklungstendenz zum Rechts-Materialismus unterliegt (vgl. Tabelle 4.5).

Tabelle 4.5 Mittelwerte Parteiwähler Links-Rechts-Materialismus 2009 bis 2017

	2009	2013	2017
Gesamtwählerschaft	6,41	6,22	6,03
CDU/CSU	7,22	6,71	6,52
SPD	5,75	5,97	5,61
FDP	7,35	7,84	6,84
Grüne	5,17	5,33	5,08
Linke	5,34	5,24	4,73
AfD	.	–	6,84	6,91

Quelle: Eigene Darstellung und Berechnung, basierend auf den Daten von Rattinger et al. 2019a; Rattinger et al. 2019b; Roßteutscher et al. 2019.

Damit nimmt die AfD-Wählerschaft nicht nur eine exponierte Position ein, sondern steht gleichzeitig auf dieser Skala klar akzentuiert rechts des wählenden Bevölkerungsdurchschnitts.

In der Summe ist die FDP-Wählerschaft zum Zeitpunkt der Bundestagswahlen 2009 und 2013 die am stärksten rechts-materialistisch orientierte Gruppierung, wird darin allerdings 2017 von der AfD-Wählerschaft abgelöst. Demgegenüber sind die Anhänger der Linken zu den Bundestagswahlen 2013 und 2017 die am stärksten links-materialistische Wählergruppe. Während die Wähler von SPD, Grünen und FDP zur Bundestagswahl 2013 allesamt eine stärker rechts-materialistische Fokussierung als zum Zeitpunkt der vorangegangenen Bundestagswahl haben, sinken diese in der Summe zur Bundestagswahl 2017 auf Durchschnittswerte, welche unter jenen der Bundestagswahl 2009 liegen. Demnach sind sie im Schnitt alle links-materialistischer geworden. Bei der AfD, deren Anzahl der Untersuchungszeitpunkte geringer ist, zeigt sich eine gegenteilige Tendenz. Ihre Wählerschaft wird im Zeitverlauf rechts-materialistischer.

Die beschriebenen Entwicklungen der Parteielektorate lassen sich auch visuell nachvollziehen. So zeigt sich am Beispiel der Wähler der CDU/CSU, dass nicht

4.1 Gesellschaftliche Wertorientierungen im Zeitverlauf

nur der Median im untersuchten Zeitraum von 7 im Jahr 2009 auf schließlich 6 im Jahr 2017 sinkt (vgl. Abbildung 4.1).

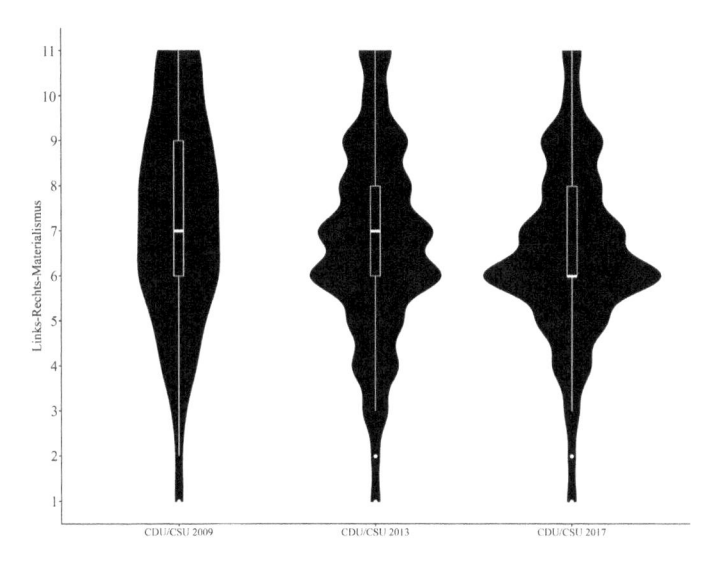

Abbildung 4.1 Links-Rechts-Materialismus und die Wähler der CDU/CSU. (Quelle: Eigene Darstellung und Berechnung, basierend auf den Daten von Rattinger et al. 2019a; Rattinger et al. 2019b; Roßteutscher et al. 2019. Anmerkung: Die y-Achse erstreckt sich von 1 (Links-Materialismus) bis 11 (Rechts-Materialismus))

Darüber hinaus wird der im Jahr 2009 noch die Skalenpunkte 6 bis 9 umfassende Interquartilsabstand bei den darauffolgenden Bundestagswahlen geringer, umfasst er dann nur noch die Skalenpunkte 6 bis 8. Auch zeigt sich, dass die Häufigkeitsverteilung, welche 2009 noch recht gleichmäßig austariert war, im Zeitverlauf klarer in Richtung Links-Materialismus wandert. Besonders klar wird dies mit Blick auf die Bundestagswahl 2017, fallen hier sogar der Median und das erste Quartil zusammen. Mit 31,6 Prozent positioniert sich nahezu ein Drittel aller CDU/CSU-Anhänger auf der Skala an dieser Stelle (vgl. Tabelle A7 im Anhang des elektronischen Zusatzmaterials). Die von den Befragten eingenommene Mittelposition wird dadurch klar erkennbar. So ist der Anteil der Unionswähler, die sich am extremen links-materialistischen Pol verorten, über die drei Untersuchungszeitpunkte gleichbleibend gering, demgegenüber wird am extremen rechts-materialistischen Pol das Gegenteil ersichtlich. Dort sinkt der Anteil entsprechend orientierter CDU/CSU-Wähler deutlich.

Wie durch die beschriebenen Mittelwerte anzunehmen war, sind solche Veränderungen für die Wähler der SPD nur in geringem Ausmaß erkennbar. Bei den drei Untersuchungszeitpunkten verbleibt nicht nur der Median konsistent beim Skalenwert 6, sondern auch der Interquartilsabstand gleich, der sich über die Spannweite zwischen den Skalenpunkten 4 und 7 erstreckt. Insbesondere bei dieser Dimension handelt es sich um eine für die SPD und ihre Wählerschaft klassischerweise wichtige Wertorientierung, da diese im Wesentlichen den in die heutige Zeit übersetzten Konflikt zwischen den Interessen der Arbeiterschaft und denen des Kapitals umfasst. Eine derartige Stabilität kann als Hinweis darauf gedeutet werden, dass es der Partei gelingt, entsprechend orientierte Wähler in ungefähr gleicher Ausprägung über die drei Befragungszeitpunkte hinweg für sich zu gewinnen (vgl. Abbildung 4.2).

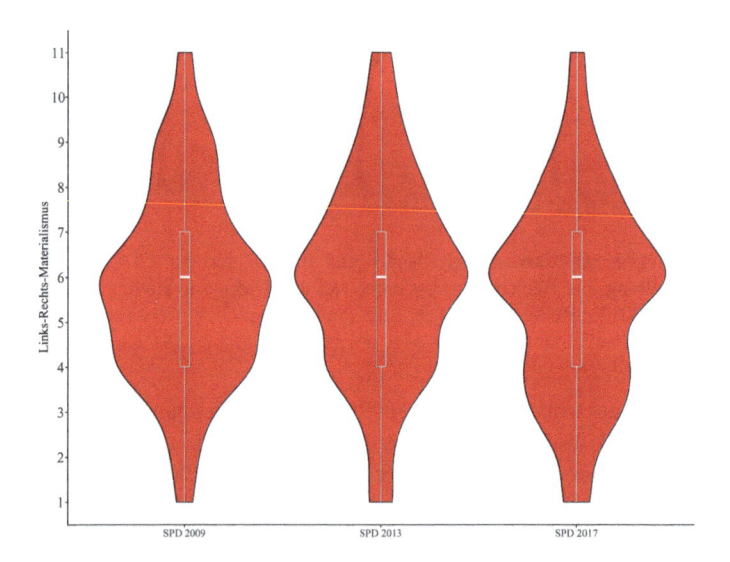

Abbildung 4.2 Links-Rechts-Materialismus und die Wähler der SPD. (Quelle: Eigene Darstellung und Berechnung, basierend auf den Daten von Rattinger et al. 2019a; Rattinger et al. 2019b; Roßteutscher et al. 2019. Anmerkung: Die y-Achse erstreckt sich von 1 (Links-Materialismus) bis 11 (Rechts-Materialismus))

Eine sehr wechselhafte Entwicklung vollzieht sich wiederum in der FDP-Wählerschaft. So ist diese, wie bereits beschrieben, im Jahr 2013 zweifelsfrei rechts-materialistisch orientiert, um sich dann 2017 im Schnitt zunehmend etwas vermehrt dem Links-Materialismus zuzuwenden. Die Häufigkeitsverteilungen für die Jahre 2009 und 2013 zeigen keine wesentlichen Veränderungen, wohingegen sich bis 2017 ein deutlicher Unterschied nachvollziehen lässt. Interessant ist hier

4.1 Gesellschaftliche Wertorientierungen im Zeitverlauf   231

beispielhaft, dass der Median für das Jahr 2009 beim Skalenwert 7 liegt, bei der
Bundestagswahl 2013 auf den Skalenwert 8 steigt und schließlich 2017 wieder
auf einen Wert von 7 Skalenpunkten sinkt. Auch der Interquartilsabstand variiert
im beobachteten Zeitraum sehr stark (vgl. Abbildung 4.3).

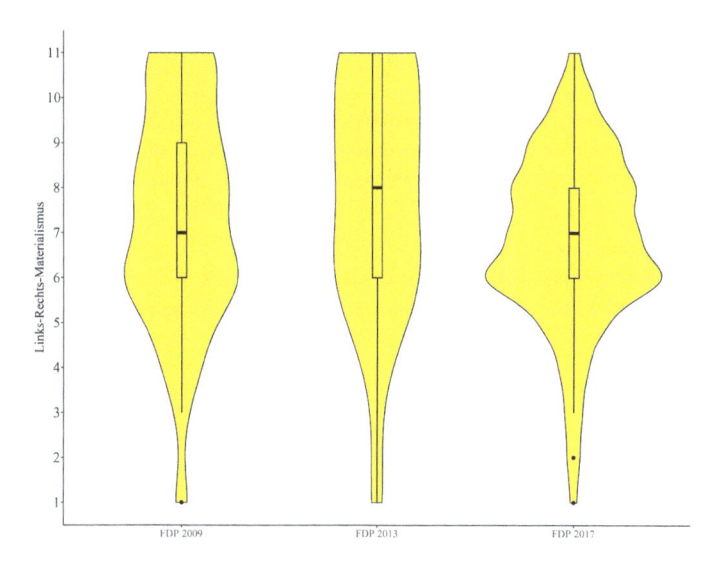

Abbildung 4.3 Links-Rechts-Materialismus und die Wähler der FDP. (Quelle: Eigene Darstellung und Berechnung, basierend auf den Daten von Rattinger et al. 2019a; Rattinger et al. 2019b; Roßteutscher et al. 2019. Anmerkung: Die y-Achse erstreckt sich von 1 (Links-Materialismus) bis 11 (Rechts-Materialismus))

Spannt sich dieser 2009 entlang der Skalenpunkte 6 bis 9 auf, deckt er 2013
mit einer Spannweite vom Skalenwert 6 bis zum Skalenwert 11 den kompletten Raum von der Mittelposition bis zur rechts-materialistischen Extremposition
ab. Zwar muss bei den Daten von 2013 für die FDP, wie bereits angeführt, mit
besonderer Vorsicht vorgegangen werden, sind doch die FDP-Wähler in diesem
Fall nicht nur unterrepräsentiert, sondern darüber hinaus aufgrund eines nicht
erfolgreichen Wahlergebnisses allgemein von geringer Anzahl. Nichtsdestotrotz
ist der Interquartilsabstand für derlei Umstände nicht anfällig, da durch ihn nur
all jene Fälle angezeigt werden, die zwischen dem ersten und dem dritten Quartil – also die mittleren 50 Prozent der Wähler – liegen. Die FDP-Wählerschaft
ist in diesem Fall schlicht stärker am Rechts-Materialismus orientiert. Ersichtlich
wird dies auch dadurch, dass das dritte Quartil schließlich mit dem vierten Quartil zusammenfällt. Offenkundig kommt es hier zu einer höheren Konzentration
der Wähler der FDP. Nahezu 26 Prozent der FDP-Wähler verorten sich dabei am

Skalenwert 11 (vgl. Tabelle A7 im Anhang des elektronischen Zusatzmaterials). Für die Bundestagswahl 2017 lässt sich dann eine Umstrukturierung des Elektorats der FDP attestieren. Der Interquartilsabstand umfasst hier die Spannweite der Skalenpunkte 6 bis 8, woraus eine stärkere Konzentration der FDP-Wählerschaft auf dieser Achse abzuleiten ist.

Der sich für die Grünen-Wählerschaft vollziehende Wandlungsprozess fällt bei Betrachtung der Mittelwerte zunächst marginal aus. Ein Blick auf die Häufigkeitsverteilungen zu den jeweiligen Jahren zeigt erneut die Notwendigkeit, mehr als nur diesen Wert zu beschreiben. Im Wahljahr 2009 fällt der Median für die Grünen-Wähler auf den Skalenpunkt 6, wenngleich dieser hier mit dem dritten Quartil zusammenfällt. 56,5 Prozent der Wähler der Grünen ordnen sich im zwischen den Skalenpunkten 4 bis 6 ein (vgl. Tabelle A7 im Anhang des elektronischen Zusatzmaterials). Zur Bundestagswahl 2013, bei der gemäß des Mittelwerts eine stärkere Verschiebung der Position der Wählerschaft in Richtung des Rechts-Materialismus stattgefunden hat, wird dieser Abstand größer (vgl. Abbildung 4.4).

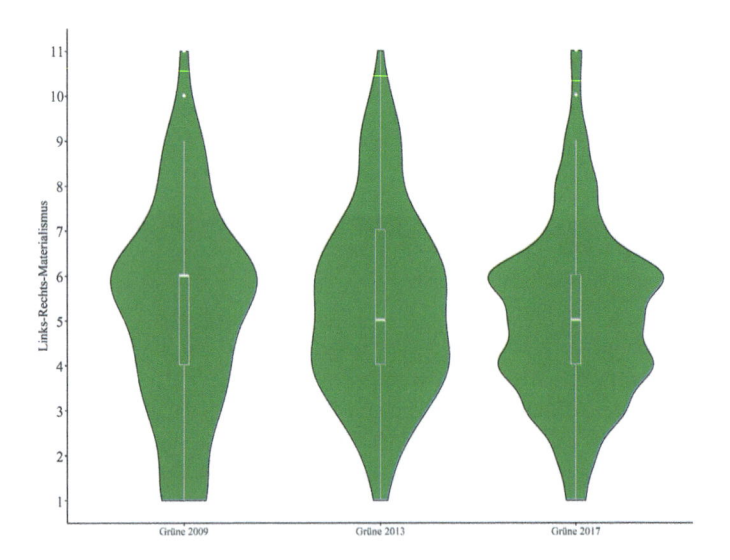

Abbildung 4.4 Links-Rechts-Materialismus und die Wähler der Grünen. (Quelle: Eigene Darstellung und Berechnung, basierend auf den Daten von Rattinger et al. 2019a; Rattinger et al. 2019b; Roßteutscher et al. 2019. Anmerkung: Die y-Achse erstreckt sich von 1 (Links-Materialismus) bis 11 (Rechts-Materialismus))

4.1 Gesellschaftliche Wertorientierungen im Zeitverlauf

Er erstreckt sich nun über eine Spannweite von 4 bis 7. Gleichzeitig sinkt der für den Median ausgegebene Wert hier auf 5. Es lässt sich daraus schließen, dass in besagtem Wahljahr in der Neukonfiguration der Wählerschaft entweder einige Wähler neu hinzugekommen sind, die eine stärkere rechts-materialistische Wertorientierung haben oder aber eine Umorientierung im bereits bestehenden Wählerstamm stattgefunden hat. Die in ihrer Grundtendenz eher links-materialistisch ausgerichtete Grünen-Wählerschaft ist aber offensichtlich im Wählerspektrum der Partei verblieben, da andernfalls der Median auch hätte steigen müssen. Zur Bundestagswahl 2017 verbleibt der Median beim Skalenpunkt 5, der Interquartilsabstand erstreckt sich hier aber, wie auch schon 2009, über die Skalenpunkte 4 bis 6. Demnach findet erneut eine stärkere Konzentration der Grünen-Wähler auf dieser Wertdimension statt.

Eine ähnliche Konzentration ist auch für die Wählerschaft der Linken zu beobachten. So sinkt nicht nur, wie bereits angeführt, der Durchschnittswert, auf dem sich die Linken-Wähler allgemein auf dieser Wertdimension verorten. Auch ist zu beobachten, dass zum einen der Median im beobachteten Zeitraum von 5 in den Jahren 2009 und 2013 auf schließlich 4 im Jahr 2017 sinkt (vgl. Abbildung 4.5).

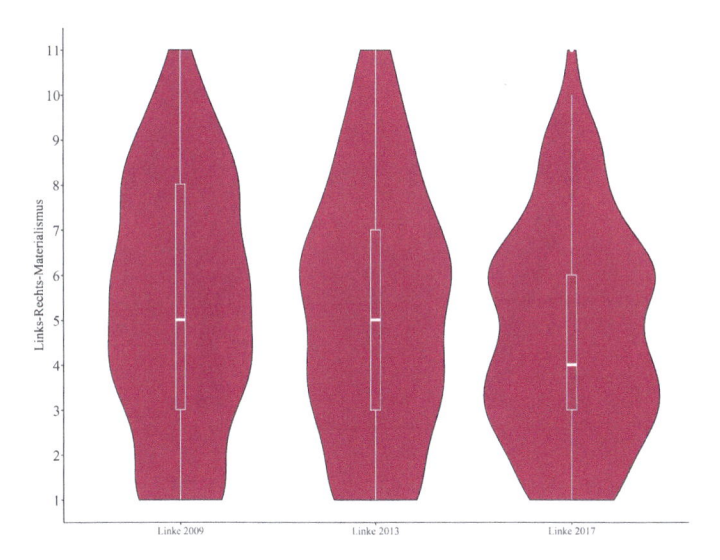

Abbildung 4.5 Links-Rechts-Materialismus und die Wähler der Linken. (Quelle: Eigene Darstellung und Berechnung, basierend auf den Daten von Rattinger et al. 2019a; Rattinger et al. 2019b; Roßteutscher et al. 2019. Anmerkung: Die y-Achse erstreckt sich von 1 (Links-Materialismus) bis 11 (Rechts-Materialismus))

Die Konzentration der Wählerschaft vollzieht sich schrittweise. Verorten sich 2009 – gemessen am Interquartilsabstand – noch die Hälfte der Linken-Wähler auf der Links-Rechts-Materialismus-Skala zwischen den Skalenpunkten 3 bis 8, so sinkt die Spannweite bis 2013 zunächst auf die Skalenpunkte 3 bis 7. Zur Bundestagswahl 2017 ist es so, dass sich der gleiche Anteil der Linken-Wähler zwischen den Skalenpunkten 3 bis 6 verortet. Darüber hinaus zeigt die Visualisierung der Häufigkeitsverteilungen einen klaren Wandel entlang dieser Konfliktlinie für die Wähler der Linken, wandert doch ein nicht unwesentlicher Anteil ebendieser im Verlauf der hier analysierten Beobachtungszeitpunkte stärker in Richtung einer links-materialistischen Wertorientierung.

Dass es der AfD als neue Partei im Bundestagswahljahr 2013 durchaus gelang, eine Vielzahl unterschiedlicher Wertvorstellungen in ihrer eigenen Wählerschaft zu vereinen, wird bei einer näheren Betrachtung dieser Wertdimension deutlich (vgl. Abbildung 4.6).

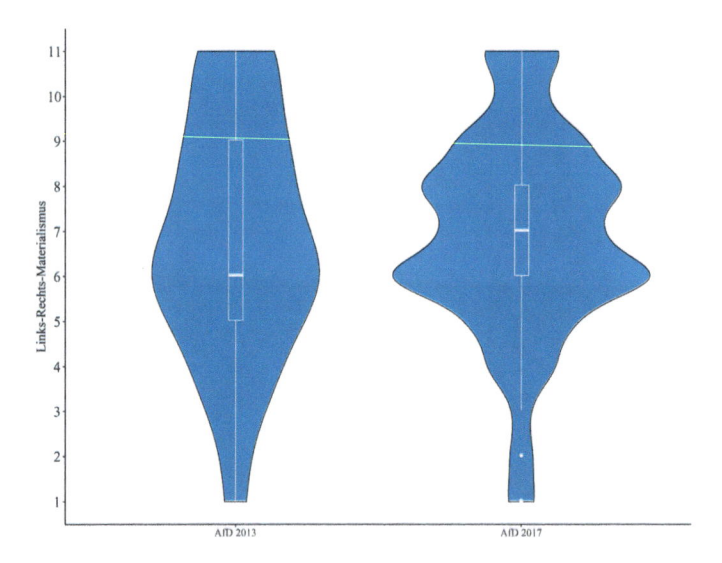

Abbildung 4.6 Links-Rechts-Materialismus und die Wähler der AfD. (Quelle: Eigene Darstellung und Berechnung, basierend auf den Daten von Rattinger et al. 2019b; Roßteutscher et al. 2019. Anmerkung: Die y-Achse erstreckt sich von 1 (Links-Materialismus) bis 11 (Rechts-Materialismus))

4.1 Gesellschaftliche Wertorientierungen im Zeitverlauf

Während sich 2013 noch die Hälfte der AfD-Wähler auf der Links-Rechts-Materialismus-Dimension zwischen den Skalenpunkten 5 bis 9 verortet, also eine vergleichsweise große Spannweite des Interquartilsabstands zu attestieren ist, verringert sich diese Spannweite bis 2017 sehr deutlich: Es ist eine klare Konzentration ersichtlich, umfasst der Interquartilsabstand hier die Skalenpunkte 6 bis 8. Gleichzeitig steigt der für den Median ermittelte Wert im Jahr 2017 vom vorherigen Skalenwert 6 auf den Skalenwert 7. Alles in allem ist für die Wähler der AfD zu erkennen, dass diese in ihrer Präferenz für den Rechts-Materialismus nicht nur im Durchschnitt klarer geworden sind. Tatsächlich positionieren sich gemäß dieser Darstellung fast 75 Prozent der AfD-Wähler zwischen den Skalenpunkten 6 bis 11 (vgl. Tabelle A7 im Anhang des elektronischen Zusatzmaterials).

Dass sich die Wählerschaft einer Partei zu einer Bundestagswahl, zumindest in Teilen, neu zusammensetzt, ist grundsätzlich nicht ungewöhnlich. Vielmehr zählt es heute zur Natur von Wählerschaften, dass diese fluider geworden sind. Die hier festgestellten Unterschiede im Wandel der Parteielektorate bedürfen darüber hinaus aber eines Vergleichs dahingehend, ob sich die Wähler auf den unterschiedlichen Dimensionen gesellschaftlicher Wertorientierungen, in diesem Fall der des Links-Rechts-Materialismus, auch statistisch signifikant voneinander unterscheiden. Wie in Abschnitt 3.5 dargelegt, eignet sich für die hier vorzunehmenden Mittelwertvergleiche eine ANOVA, da diese auch gegenüber Verletzungen der Normalverteilungsannahme robust ist. Wichtig ist jedoch, da es sich hier um multiple Gruppenvergleiche handelt, bei der immer eine andere Wählergruppe als Referenzkategorie herangezogen wird, dass zur Interpretation der Ergebnisse eine Bonferroni-Anpassung durchgeführt werden muss (Field et al. 2012, S. 428). Bei der Bonferroni-Methode wird in der Regel so vorgegangen, dass die Signifikanzniveaus durch die Anzahl der durchzuführenden Vergleichsanalysen geteilt und so neue Grenzwerte definiert werden, ab denen ein Effekt als signifikant gewertet wird. Eine Alternative dazu ist, dass die für einen Effekt observierten p-Werte mit der Anzahl der vorgenommenen Vergleiche multipliziert werden. Auf diese Art und Weise können die zuvor definierten Signifikanzniveaus unverändert bestehen bleiben (Masch 2020, S. 177). Da letzteres als intuitiver erscheint, wird dies im Folgenden so gehandhabt. Demnach wird der p-Wert für die Bundestagswahl 2009 mit vier multipliziert und für die Bundestagswahlen 2013 und 2017, da die AfD als neue Wettbewerberin hinzukommt, mit fünf multipliziert. Daraus ergeben sich entsprechend neue p-Werte, die zur Bewertung der Signifikanz herangezogen werden.

Dass sich die Mittelwerte nach den jeweiligen Teilelektoraten unterscheiden, ist hier schon beschrieben worden. Nichtsdestotrotz erscheint es angemessen, die Häufigkeitsverteilung mit darin inkludierten Mittelwerten[6] zusätzlich

---

[6] Hier und im Folgenden mit dem ◊-Symbol in den Abbildungen eingezeichnet.

zum visuellen Vergleich heranzuziehen, wenn die Ergebnisse der ANOVA-Mittelwertvergleiche vorgestellt und eingeordnet werden.

Die Elektorate mancher Parteien unterscheiden sich nicht zwangsläufig auf der Konfliktlinie zwischen Links-Materialismus und Rechts-Materialismus. Dies wurde bereits im Rahmen einer ersten Vergleichsanalyse ersichtlich. Tatsächlich unterscheiden sich die Wähler von CDU/CSU und FDP im Jahr 2009 auf dieser Dimension nur marginal voneinander. Der Unterschied beträgt hier 0,12 Skalenpunkte und ist nicht signifikant. Demgegenüber sind die Unterschiede zu allen anderen Parteien, ausgehend von den Wählern von CDU/CSU und FDP, hoch signifikant ($p < 0{,}001$). Während sich die Wähler der Grünen und der Sozialdemokraten auf dieser Konfliktdimension signifikant voneinander differieren lassen ($p < 0{,}05$), beträgt die Differenz hier doch 0,57 Skalenpunkte, liegt kein statistisch signifikanter Unterschied zwischen den Wählern der Linken und der SPD vor. Auch zwischen den Wählern der Grünen und der Linken ist kein signifikanter Unterschied zu ermitteln (vgl. Tabelle A8 im Anhang des elektronischen Zusatzmaterials). Dass sich manche Elektorate ähnlicher sind als andere, zeigt auch ein Blick auf die Häufigkeitsverteilungen (vgl. Abbildung 4.7).

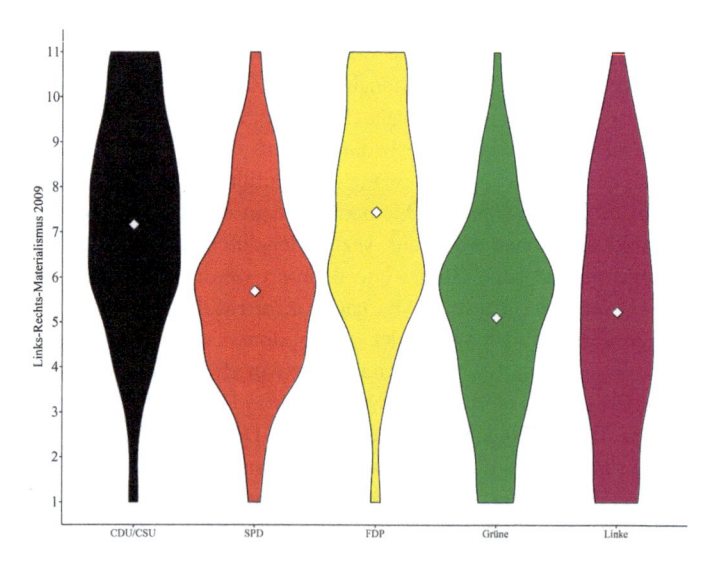

Abbildung 4.7 Mittelwerte der Parteienwähler Links-Rechts-Materialismus 2009. (Quelle: Eigene Darstellung und Berechnung, basierend auf den Daten von Rattinger et al. 2019a. Anmerkung: Die y-Achse erstreckt sich von 1 (Links-Materialismus) bis 11 (Rechts-Materialismus))

4.1 Gesellschaftliche Wertorientierungen im Zeitverlauf 237

Im Bundestagswahljahr 2013 ist festzustellen, dass eine Ähnlichkeit zwischen den Wählern der Union und der FDP nicht nur am Beispiel der Mittelwerte, sondern darüber hinaus auch an ihrer ganzen Verteilung nachvollziehbar ist. Unterschiede zwischen SPD, Grünen und Linken sind hingegen nicht direkt beobachtbar. Obgleich sich die Häufigkeitsverteilungen der Wähler von CDU/CSU und FDP auf dieser Konfliktdimension ebenso unterscheiden wie jene zwischen denen der Union und der AfD (vgl. Abbildung 4.8), sind keine statistisch signifikanten Unterschiede zu ermitteln (vgl. Tabelle A9 im Anhang des elektronischen Zusatzmaterials).

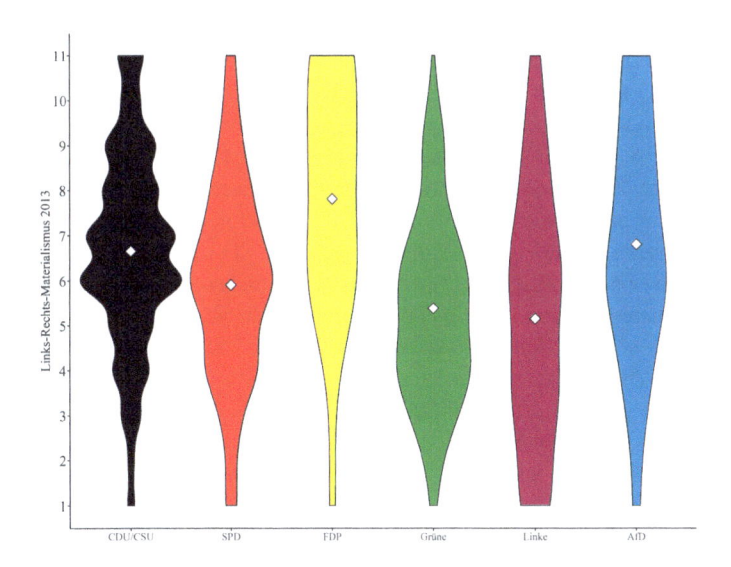

Abbildung 4.8 Mittelwerte der Parteienwähler Links-Rechts-Materialismus 2013. (Quelle: Eigene Darstellung und Berechnung, basierend auf den Daten von Rattinger et al. 2019b. Anmerkung: Die y-Achse erstreckt sich von 1 (Links-Materialismus) bis 11 (Rechts-Materialismus))

Tatsächlich ist die Differenz der Unionswähler zu den Wählern der AfD deutlich geringer (0,13 Skalenpunkte) als jene zu denen der FDP-Wählerschaft (1,13 Skalenpunkte). Hoch signifikante Unterschiede wiederum liegen zu den Wählern von SPD, Grünen und Linken vor ($p < 0,001$). Während sich die SPD-Wähler 2013 signifikant von Grünen- und Linken-Wählern unterscheiden ($p < 0,05$), sind von ihnen keine signifikanten Differenzen zu den Wählern der AfD festzustellen. Die Wähler der FDP hingegen sind sowohl von der SPD-Wählerschaft, gleichermaßen von jenen der Grünen und Linken signifikant zu unterscheiden. Die Differenz der FDP-Wählerschaft zu den Wählern der AfD ist auf dieser Konfliktlinie wiederum nicht signifikant. Während kaum Unterschiede zwischen den Wählern der Grünen und denen der Linken mit 0,09 Skalenpunkten Differenz vorhanden sind und statistisch keine signifikanten Unterschiede belegt werden können, unterscheiden sich beide Wählergruppen hoch signifikant ($p < 0{,}001$) von jener der AfD (vgl. Tabelle A9 im Anhang des elektronischen Zusatzmaterials).

Die Unterschiede, die sich 2017 schließlich zwischen Wählern der CDU/CSU, der FDP und der AfD ausmachen lassen, sind allesamt nicht signifikant. Diese Teilelektorate ähneln sich folglich auf dieser Dimension. Demgegenüber unterscheiden sich diese drei Wählergruppen als Vergleichsgruppen hoch signifikant ($p < 0{,}001$) von denen der SPD, der Grünen und der Linken. Während sich die Wähler der Grünen und der Linken im Schnitt erneut nicht statistisch signifikant voneinander unterscheiden lassen, liegen zumindest zur SPD-Wählerschaft signifikante ($p < 0{,}05$) Unterschiede vor (vgl. Tabelle A10 im Anhang des elektronischen Zusatzmaterials). Auch in der Visualisierung lassen sich gewisse Ähnlichkeiten und Unterschiede zwischen den Elektoraten feststellen. So sind bei jenen Parteien, die gemeinhin einen starken Sozialstaat einfordern, also SPD, Grünen und Linken, ihre Wähler im Wesentlichen so orientiert, dass sie eher links-materialistisch denn rechts-materialistisch einzustufen sind. Bei den Wählern der eher moderat bis stark marktwirtschaftlich orientierten Parteien CDU/CSU, FDP und AfD ist Gegenteiliges zu beobachten (vgl. Abbildung 4.9).

Handelt es sich bei der Konfliktlinie zwischen einer links- und einer rechts-materialistischen Wertorientierung doch um jene, die auch das Fundament für den vielfach beschriebenen Sozialstaatskonflikt bildet, so sind die hier beschriebenen Ergebnisse nicht allzu überraschend. Dies gilt aber nur unter der Limitation, dass signifikante Unterschiede zwischen den Anhängern von Grünen und Sozialdemokraten in den hier vorangegangenen Überlegungen nicht inkludiert wurden. Für eine entsprechende Ursachensuche erscheinen weitere Untersuchungen notwendig, die an dieser Stelle jedoch den Rahmen der Arbeit sprengen würden. Nichtsdestotrotz ist eine in Teilen fehlende Unterscheidbarkeit der SPD-Wähler von denen der Linken ebenso problematisch wie die fehlende Unterscheidbarkeit zwischen den Wählern der Linken und Grünen. Besonders für die SPD und Linke als Parteien sind diese Ergebnisse nicht wünschenswert, da sie zumindest auf Basis der Verortung der eigenen Wähler kein Alleinstellungsmerkmal entlang dieser Konfliktdimension besitzen, welches sie als besonders exponiert auszeichnen würde. Gerade bei diesem Konfliktfeld zwischen Links-Materialismus einerseits und Rechts-Materialismus andererseits, bei dem sich SPD und Linke als Parteien besonders dem erstgenannten verpflichtet fühlen, wäre eine entsprechend aussagekräftige Akkumulation der eigenen Wähler sicherlich wünschenswert. Dass dies nicht der Fall ist, deutet vielmehr auf ein Problem für beide Parteien hin,

4.1 Gesellschaftliche Wertorientierungen im Zeitverlauf   239

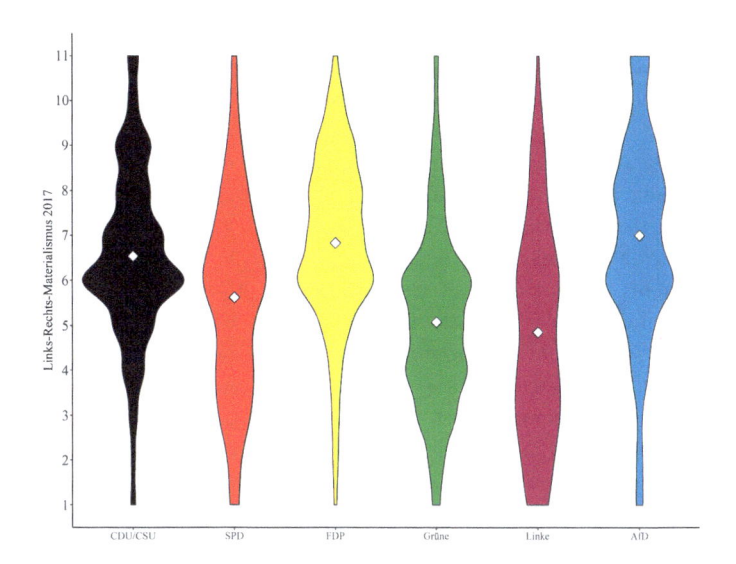

Abbildung 4.9 Mittelwerte der Parteienwähler Links-Rechts-Materialismus 2017. (Quelle: Eigene Darstellung und Berechnung, basierend auf den Daten von Roßteutscher et al. 2019. Anmerkung: Die y-Achse erstreckt sich von 1 (Links-Materialismus) bis 11 (Rechts-Materialismus))

scheinen die Elektorate doch im politischen Raum mehrere Ansprechpartner als legitime Repräsentanten ihrer Wertorientierung zu identifizieren. Dies gilt selbstredend unter dem Vorbehalt, dass die Wähler ihre Wahlentscheidung auch primär an dieser Konfliktlinie ausrichten.

Einen ähnlichen Bedeutungsgehalt hat die Konfliktlinie zwischen einer religiösen und einer säkularen Wertorientierung vor allem für die Union, welche ursächlich aus der Konfliktlinie entstanden ist, in der primär katholisch-religiöse Werte gegenüber einem säkular orientierten Staat verteidigt werden sollten. Demnach wird im Folgenden die Analyse der einzelnen Teilelektorate auf dieser Konfliktachse vorgestellt.

4.1.3.2 Religiös-Säkular nach Parteiwählern

Zusammenfassend konnte bereits festgestellt werden, dass die deutschen Wähler säkularer geworden sind. Bei einer Ursachensuche gibt es neben den Pädophilie-Skandalen der katholischen Kirche weitere Gründe, die zu dieser fortschreitenden Säkularisierung geführt haben könnten. Dazu zählt auch eine fortschreitende gesellschaftliche Individualisierung. Dies ist aber auch insofern wichtig zu betonen, da mit dieser Konfliktlinie, anders als in der klassischen Cleavage-Theorie, nicht der Kampf der katholischen Wählerschaft gegen einen säkular orientierten Staat zu verstehen ist, sondern die allgemeine religiöse Wertorientierung der Bevölkerung über verschiedene Glaubensgemeinschaften hinweg.

In der Tat ist diese Entwicklung in fast allen Elektoraten zu beobachten, die hier einer Analyse unterzogen werden. Dabei werden manche Wählergruppen im Schnitt jedoch weniger säkular als andere. Besonders gering fallen die Unterschiede beispielsweise im Fall der CDU/CSU aus. Erreicht die Wählerschaft hier 2009 im Schnitt noch 2,92 von 7 möglichen Skalenpunkten, bleibt dieser Wert bis 2013 stabil. Zur Bundestagswahl 2017 sinkt dieser Wert auf im Durchschnitt 2,81 Punkte ab. Die Wähler der Unionsparteien sind zwar 2017 in der Summe die mit Abstand am stärksten von einer religiösen Wertorientierung durchdrungene Wählergruppierung, aber auch hier sind schleichende Säkularisierungserscheinungen durchaus ersichtlich (vgl. Tabelle 4.6).

Die Wähler der SPD werden im Zeitverlauf der hier vorliegenden Analyse zwar auch immer säkularer, jedoch findet der Großteil dieser Entwicklung, gemessen an der Skala zwischen Religiosität und Säkularismus, früher als bei den Anhängern von CDU und CSU statt. So verortet sich die SPD-Wählerschaft 2009 noch im Schnitt bei 2,49 Skalenpunkten, um dann bis 2013 auf 2,32 Skalenpunkte zu sinken und 2017 nunmehr bei 2,29 Skalenpunkten zu verbleiben. Die Wähler der SPD haben folglich von 2009 bis 2013 einen deutlichen Schritt in Richtung einer zunehmenden säkularen Wertorientierung gemacht, wohingegen die weitere Veränderung bis 2017 als marginal bewertet werden kann (vgl. Tabelle 4.6).

Eine interessante Entwicklung ist am Beispiel der Wähler der liberalen FDP zu beobachten. Diese sind 2009 als Elektorat nach der CDU/CSU die am zweitstärksten durch Religiosität geprägte Wählerschaft. Der Skalenwert liegt mit 2,53 zwar unter dem der CDU-Wähler, jedoch höher als bei den Wählern aller anderen Parteien. Eine mögliche Erklärung dafür wäre, dass einige Anhänger von CDU und CSU bei der Bundestagswahl 2009 für die FDP votierten, um die amtierende Große Koalition unter Bundeskanzlerin Angela Merkel (CDU) durch eine christlich-liberale Koalition von Union und FDP abzulösen. Demnach würden dann ursprünglich christdemokratisch gesinnte Wähler zu diesem vergleichsweisen hohen Wert beitragen. Allerdings ist es so, dass dieser Wert für die FDP bei der darauffolgenden Bundestagswahl 2013 sogar noch auf 2,62 Skalenpunkte steigt. Dieser Wert sinkt bis 2017 auf im Schnitt 2,22 Skalenpunkte. Auch die FDP-Wähler werden demnach im Zeitverlauf im Schnitt säkularer (vgl. Tabelle 4.6).

Die Grünen-Wählerschaft ist die einzige Gruppierung, die zum Ende des Untersuchungszeitraums marginal religiöser orientiert ist als zum Ausgangszeitpunkt. Bei der Bundestagswahl 2009 erreichen die Wähler der Grünen im Schnitt 2,25 Skalenpunkte. Bei der darauffolgenden Wahl steigt dieser Wert, wie auch

4.1 Gesellschaftliche Wertorientierungen im Zeitverlauf

bei den Wählern der FDP, zunächst auf 2,36 Skalenpunkte an und sinkt dann schlussendlich auf einen Skalenwert von 2,28 Punkten. Damit sind die Wähler im Schnitt 2017 stärker religiös orientiert als 2009. Ferner sind die Grünen-Wähler 2017 nur knapp hinter der SPD das am drittstärksten religiös orientierte Elektorat (vgl. Tabelle 4.6).

Die Wählerschaft der Linken wiederum unterliegt deutlichen Schwankungen. So ist sie bei den Bundestagswahlen 2009 und 2013 die mit Abstand säkularste Wählergruppe. Besonders deutlich ist der Unterschied zwischen diesen beiden Wahlen, erreichen sie doch 2009 noch 2,11 Skalenpunkte, um dann bis 2013 auf einen Wert von 1,59 Skalenpunkten deutlich abzusinken. Dies entspricht einer nahezu vollkommenen Säkularisierung der Wählerschaft. Interessanterweise steigt dieser Wert bis zur Bundestagswahl 2017 wieder leicht auf 1,74 Skalenpunkte. Die Wähler der Linken sind so zwar in der Summe bei der Bundestagswahl 2017 deutlich stärker durch eine säkulare Wertorientierung geprägt, jedoch hat keine andere Partei einen vergleichsweisen Zuwachs zwischen zwei Wahlterminen in der Religiosität ihrer Wählerschaft vorzuweisen (vgl. Tabelle 4.6).

Die AfD-Wählerschaft wiederum ist jene Gruppierung, die im untersuchten Zeitraum, obgleich sie auch nur zu zwei Zeitpunkten untersucht werden kann, den stärksten Orientierungswandel vollzieht. Erreichten die Wähler 2013 noch im Schnitt 2,28 Skalenpunkte, womit diese nicht sonderlich exponiert zu den anderen Wählergruppierungen sind, so sinkt dieser Wert bis 2017 auf 1,65 Skalenpunkte. Damit bilden die Wähler der AfD, zumindest für die Bundestagswahl 2017, den säkularen Extrempol ab (vgl. Tabelle 4.6).

Tabelle 4.6 Mittelwerte Parteiwähler Religiös-Säkular 2009 bis 2017

	2009	2013	2017
Gesamtwählerschaft	2,60	2,48	2,33
CDU/CSU	2,92	2,92	2,81
SPD	2,49	2,32	2,29
FDP	2,53	2,62	2,22
Grüne	2,25	2,36	2,28
Linke	2,11	1,59	1,74
AfD	–	2,28	1,65

Quelle: Eigene Darstellung und Berechnung, basierend auf den Daten von Rattinger et al. 2019a; Rattinger et al. 2019b; Roßteutscher et al. 2019.

Im direkten Vergleich wird ersichtlich, dass sich die Wähler der Unionsparteien zu allen drei Untersuchungszeitpunkten stärker durch eine religiöse Wertorientierung auszeichnen als die Wähler der anderen Parteien. Einzig die FDP-Wählerschaft ist im Bundestagswahljahr 2013 ähnlich einzuschätzen. Alle anderen Wählergruppierungen liegen im Schnitt immer näher am Pol einer säkularen Wertorientierung als die gesamtdeutsche Wählerschaft. Doch wie hat sich die Wählerschaft der einzelnen Parteien in der Gesamtbetrachtung verändert? Gerade für die Unionswähler sind die vorliegenden Befunde hoch interessant, da sie einen stärkeren Säkularisierungstrend aufweisen als zunächst zu erwarten wäre, ginge man nur von den Durchschnittswerten aus. Während der Median über alle drei Untersuchungszeitpunkte unverändert beim Skalenwert 3 verbleibt, verändert sich die Spannweite des Interquartilsabstands deutlich. Es wird ersichtlich, dass dieser bei den Bundestagswahlen 2009 und 2013 die Spannweite entlang der Skalenpunkte 2 bis 3 umfasst, verbirgt sich dahinter doch deutlich mehr als die Hälfte der Wählerschaft von CDU/CSU (vgl. Tabelle A11 im Anhang des elektronischen Zusatzmaterials). Bei der Bundestagswahl 2017 vergrößert sich der Interquartilsabstand schließlich so, dass mit dem Skalenwert auch der säkulare Pol dieser Wertorientierung mit inkludiert ist. In allen drei Untersuchungen fällt darüber hinaus der Median mit dem dritten Quartil zusammen, was als weiteres Indiz dafür herangezogen werden kann, dass es hier zu einer erhöhten Frequenz von Individuen kommt, die dort zu verorten sind. Hieraus wird ersichtlich, dass sich die Wählerbasis der Unionsparteien auf dieser Konfliktdimension immer breiter ausfächert (vgl. Abbildung 4.10).

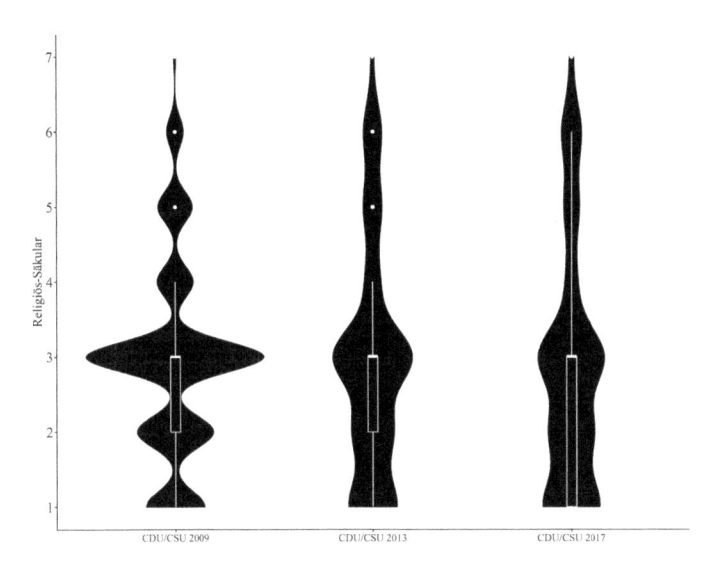

4.1 Gesellschaftliche Wertorientierungen im Zeitverlauf 243

Abbildung 4.10 Religiös-Säkular und die Wähler der CDU/CSU. (Quelle: Eigene Darstellung und Berechnung, basierend auf den Daten von Rattinger et al. 2019a; Rattinger et al. 2019b; Roßteutscher et al. 2019. Anmerkung: Die y-Achse erstreckt sich von 1 (Säkular) bis 7 (Religiös))

Ähnliches ist auch bei den Wählern der SPD zu beobachten. Zum einen sinkt der Median vom Skalenwert 3 im Jahr 2009 auf den Skalenwert 2 im Jahr 2013, wo dieser dann auch bis 2017 verbleibt. Darüber hinaus vergrößert sich der Interquartilsabstand, welcher 2009 noch die Skalenpunkte 2 bis 3 umfasste, auf die Skalenpunkte 1 bis 3 in den Jahren 2013 und 2017. Auch an der Häufigkeitsverteilung ist sehr klar visuell zu erkennen, dass 2009 der Median und das dritte Quartil auf demselben Skalenpunkt zusammenfallen (vgl. Abbildung 4.11).

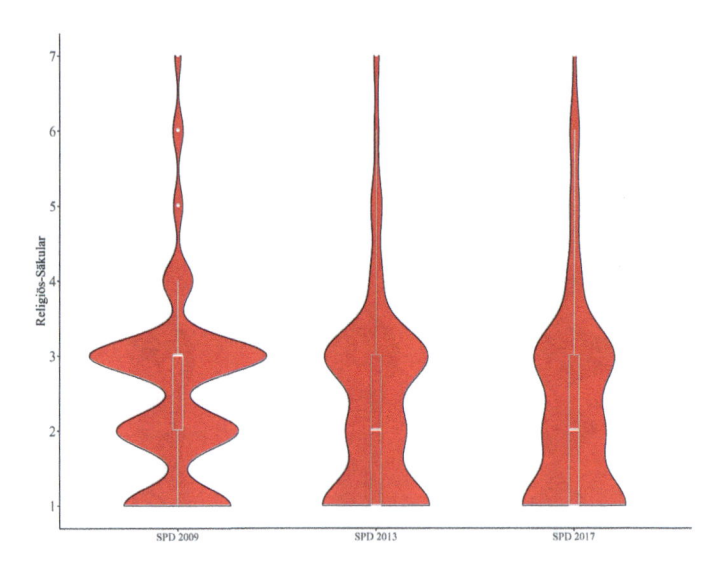

Abbildung 4.11 Religiös-Säkular und die Wähler der SPD. (Quelle: Eigene Darstellung und Berechnung, basierend auf den Daten von Rattinger et al. 2019a; Rattinger et al. 2019b; Roßteutscher et al. 2019. Anmerkung: Die y-Achse erstreckt sich von 1 (Säkular) bis 7 (Religiös))

Zeigen die für die FDP-Wählerschaft erfassten Mittelwerte, dass diese zwischen 2009 und 2013 religiöser geworden ist, so offenbaren die hier vorzustellenden Häufigkeitsverteilungen interessante Ansatzpunkte, die dieses Phänomen besser verständlich machen. Für die Jahre 2009 und 2013 sind drei Befunde sehr wichtig. Zunächst ist es so, dass der für diese Zeitpunkte errechnete Median in beiden Fällen beim Skalenpunkt 3 liegt. Im Wahljahr 2017 sinkt dieser auf den Skalenwert 2 ab. Darüber hinaus beschreibt der Interquartilsabstand 2009 und 2013 die Spannweite zwischen den Skalenpunkten 2 und 3, zwischen denen sich rund 60 Prozent der FDP-Wähler verorten (vgl. Tabelle A11 im Anhang des elektronischen Zusatzmaterials). Schließlich wurde bei beiden Nachwahlbefragungen kein Individuum erfasst, welches sich am religiösen Extrempol verortet. Der gestiegene Mittelwert für die Bundestagswahl 2013 ist im Fall der FDP-Wählerschaft primär darauf zurückzuführen, dass sich hier mehr Individuen auf den Skalenpunkten 4 bis 6 positioniert haben als zur Bundestagswahl 2009.

4.1 Gesellschaftliche Wertorientierungen im Zeitverlauf   245

Demgegenüber sind zur Bundestagswahl 2017 – im Gegensatz zu den vorangegangenen Wahlen – entlang der gesamten Skala zwischen einer religiösen und einer säkularen Wertorientierung FDP-Wähler zu finden. Anders als bei der Bundestagswahl 2013 ist es jedoch so, dass nur noch ein geringfügiger Anteil von 8,5 Prozent der Wähler sich auf dem Skalenwert 4 oder höher verortet (vgl. Tabelle A11 im Anhang des elektronischen Zusatzmaterials). So wird auch ersichtlich, dass die FDP-Wähler im Schnitt säkularer geworden sind (vgl. Abbildung 4.12).

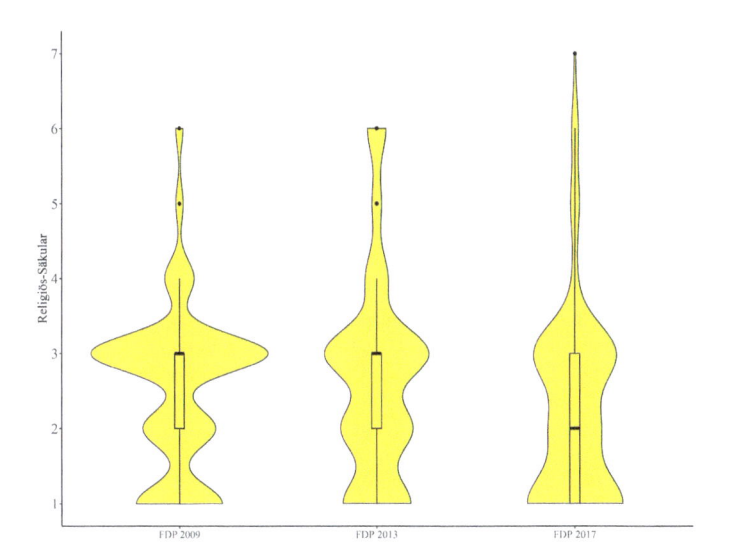

Abbildung 4.12 Religiös-Säkular und die Wähler der FDP. (Quelle: Eigene Darstellung und Berechnung, basierend auf den Daten von Rattinger et al. 2019a; Rattinger et al. 2019b; Roßteutscher et al. 2019. Anmerkung: Die y-Achse erstreckt sich von 1 (Säkular) bis 7 (Religiös))

Die Visualisierung der Häufigkeitsverteilungen der Grünen-Wählerschaft zeigt, aus welchem Grund diese 2013 – zumindest statistisch – im Schnitt religiöser einzuordnen ist als noch 2009 (vgl. Abbildung 4.13).

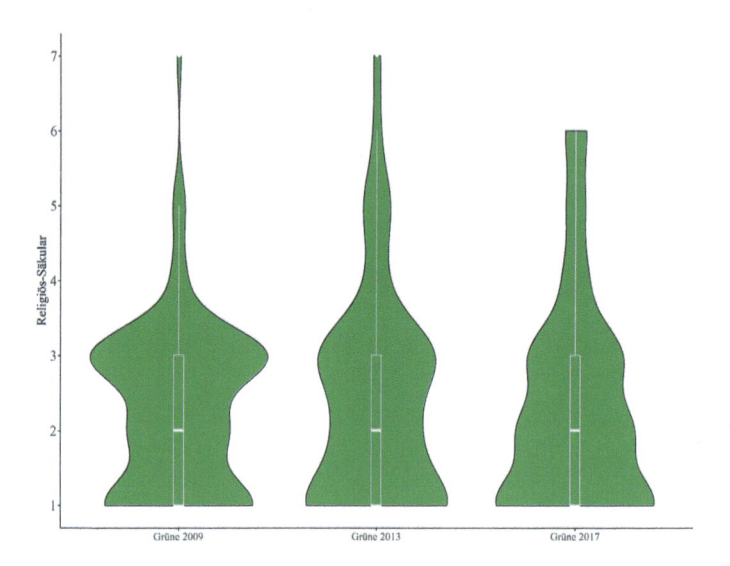

Abbildung 4.13 Religiös-Säkular und die Wähler der Grünen. (Quelle: Eigene Darstellung und Berechnung, basierend auf den Daten von Rattinger et al. 2019a; Rattinger et al. 2019b; Roßteutscher et al. 2019. Anmerkung: Die y-Achse erstreckt sich von 1 (Säkular) bis 7 (Religiös))

Zunächst lässt sich aus der visuellen Darstellung und den dazugehörigen Berechnungen ableiten, dass der für die Grünen-Wählerschaft zu den drei Befragungszeitpunkten ermittelte Median beim Skalenpunkt 2 liegt und der Interquartilsabstand sich zwischen den Skalenpunkten 1 bis 3 aufspannt. Die Veränderungen der für die Grünen-Wähler gemessenen Werte sind primär darauf zurückzuführen, dass sich im Zeitverlauf ein größerer Anteil der Wählerschaft in Richtung des religiösen Pols der Skala orientiert. Positionieren sich 2009 noch 6,7 Prozent der Wähler der Grünen auf den Skalenpunkten 4 bis 7, so steigt dieser Wert bis 2013 auf 14,5 Prozent und 2017 schließlich auf 14,7 Prozent der Wähler an (vgl. Tabelle A11 im Anhang des elektronischen Zusatzmaterials). Insbesondere bei den für 2017 gemessenen Werten ist dies aber von Bedeutung, verortet sich hier doch kein Grünen-Wähler am religiösen Pol dieser Konfliktlinie, dem Skalenpunkt 7.

Dass sich die Wählerschaft der Linken im Prozess einer fortschreitenden Säkularisierung befindet oder als sehr säkular eingeordnet werden muss, war bereits nach der vergleichenden Betrachtung entsprechender Mittelwerte ersichtlich, was

4.1 Gesellschaftliche Wertorientierungen im Zeitverlauf

durch eine Visualisierung der Häufigkeitsverteilungen nur noch klarer wird. Feststellbar sind dabei verschiedene interessante Aspekte. Zunächst ist zu nennen, dass sich zu allen drei Untersuchungszeitpunkten keiner der Befragten aus der Linken-Wählerschaft auf der Skala zwischen einer religiösen und einer säkularen Wertorientierung am religiösen Extrempol verortet (vgl. Abbildung 4.14).

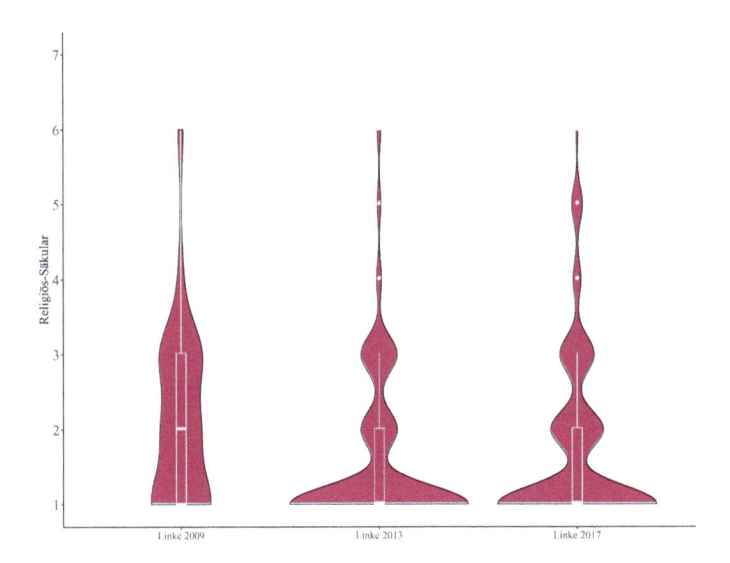

Abbildung 4.14 Religiös-Säkular und die Wähler der Linken. (Quelle: Eigene Darstellung und Berechnung, basierend auf den Daten von Rattinger et al. 2019a; Rattinger et al. 2019b; Roßteutscher et al. 2019. Anmerkung: Die y-Achse erstreckt sich von 1 (Säkular) bis 7 (Religiös))

Darüber hinaus sinkt der sich 2009 noch beim Skalenpunkt 2 befindende Median bis zur Bundestagswahl 2013 auf den säkularen Extremwert 1 ab, wo er auch bei der darauffolgenden Wahl verbleibt. Auch der Interquartilsabstand, der 2009 noch die Skalenwerte 1 bis 3 umfasst, schrumpft bei den darauffolgenden Wahlen auf die Spannweite 1 bis 2. Es scheint demnach, dass sich die Linken-Wählerschaft als besonders säkular orientierte Wählergruppe konsolidiert. Verorten sich 2009 noch 39,4 Prozent der Linken-Wähler beim Skalenwert 1, so steigt dieser Wert bis 2013 auf 67,6 Prozent der Linken-Wählerschaft. Bis 2017 sinkt dieser Wert wiederum auf 59,7 Prozent der Wählerschaft ab (vgl. Tabelle A11 im Anhang des elektronischen Zusatzmaterials). Nichtsdestotrotz bleiben die Wähler der Linken hochgradig säkular orientiert.

Die Wähler der AfD sind zwischen 2013 und 2017 vor allem deutlich homogener geworden. Verteilte sich die AfD-Wählerschaft zwar 2013 nicht gleichmäßig entlang der Skala und lag der Median zu diesem Zeitpunkt noch bei 2, so sinkt dieser bis 2017 auf den Skalenwert 1. Darüber hinaus verteilt sich 2017 die Wählerschaft nicht mehr entlang der ganzen Skala, finden sich dort doch keine Wähler mehr, die sich am extremen Skalenpunkt 7 verorten (vgl. Abbildung 4.15).

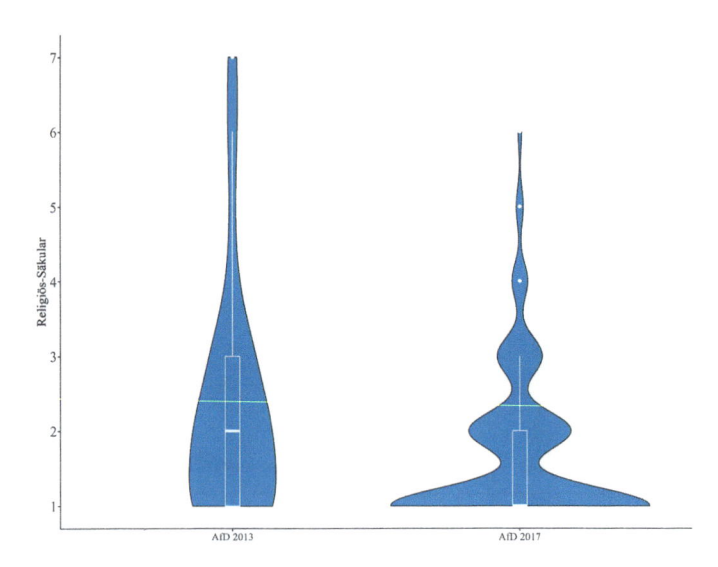

Abbildung 4.15 Religiös-Säkular und die Wähler der AfD. (Quelle: Eigene Darstellung und Berechnung, basierend auf den Daten von Rattinger et al. 2019b; Roßteutscher et al. 2019. Anmerkung: Die y-Achse erstreckt sich von 1 (Säkular) bis 7 (Religiös))

Auch verringert sich der Interquartilsabstand im entsprechenden Zeitraum. Dabei ist bedeutsam, dass 2017 das erste Quartil und der Median am säkularen Extrempol zusammenfallen. Tatsächlich verorten sich dort zur Bundestagswahl 2017 insgesamt 60,1 Prozent der AfD-Wähler (vgl. Tabelle A11 im Anhang des elektronischen Zusatzmaterials). Die AfD-Wähler sind so in der Summe klar erkennbar hochgradig säkular orientiert. Zusätzlich gibt es nur wenige Individuen, die als religiös einzuordnen sind. Die Wählerschaft der AfD zeichnet sich demnach, ebenso wie die Wählerschaft der Linken, sehr klar durch ihre säkulare Wertorientierung aus. Es ist davon auszugehen, dass sich hier signifikante Effekte auf das Wahlverhalten feststellen lassen.

4.1 Gesellschaftliche Wertorientierungen im Zeitverlauf   249

Tatsächlich zeigt sich im direkten Vergleich der Elektorate zu den jeweiligen Bundestagswahlen, dass sich die Konfliktlinie zwischen einer säkularen und einer religiösen Wertorientierung durchaus zur Differenzierung eignet (vgl. Abbildung 4.16).

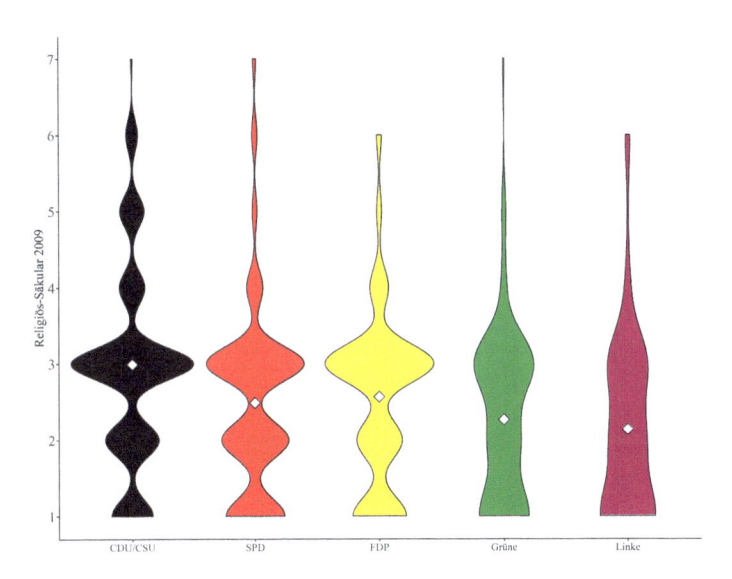

Abbildung 4.16 Mittelwerte der Parteienwähler Religiös-Säkular 2009. (Quelle: Eigene Darstellung und Berechnung, basierend auf den Daten von Rattinger et al. 2019a. Anmerkung: Die y-Achse erstreckt sich von 1 (Säkular) bis 7 (Religiös))

Insbesondere die Wähler von CDU und CSU lassen sich 2009 hierdurch optimal erfassen, zeigen doch die Ergebnisse der Mittelwertvergleiche, dass sich die Unionswähler hoch signifikant (p < 0,001) von allen anderen Wählergruppen differieren lassen. Darüber hinaus unterscheiden sich noch die Wähler der Sozialdemokraten und der FDP signifikant (p < 0,05) von den Wählern der Linken (vgl. Tabelle A12 im Anhang des elektronischen Zusatzmaterials). Die Wähler von SPD, FDP und Grünen unterscheiden sich hingegen nicht signifikant voneinander. Die hier beschriebenen Unterschiede sind ferner auch an den Ausprägungen der jeweiligen Wählergruppen auf dieser Dimension zu erkennen. Dabei sind sich von ihrer Grundform die Häufigkeitsverteilungen der Wähler von CDU/CSU, SPD und FDP in Teilen recht ähnlich, gleiches ist für die Grünen und die Linken zu beobachten.

Die Ausgangslage ändert sich im Wahljahr 2013 dahingehend, dass hier keine signifikanten Unterschiede zwischen der Unionswählerschaft und der Wählerschaft der FDP zu beobachten sind. Hoch signifikante ($p < 0{,}001$) Unterschiede liegen seitens der Unionswählerschaft aber zu den Wählern der SPD, der Grünen und der Linken vor. Darüber hinaus unterscheiden sich die AfD-Wähler signifikant ($p < 0{,}05$) von denen der CDU/CSU. Neben denen der Union sind auch SPD-Wähler hoch signifikant ($p < 0{,}001$) von der Linken-Wählerschaft zu unterscheiden. Ferner liegen in einem hohem Umfang Ähnlichkeiten zu den Wählergruppen der anderen Parteien vor (vgl. Abbildung 4.17).

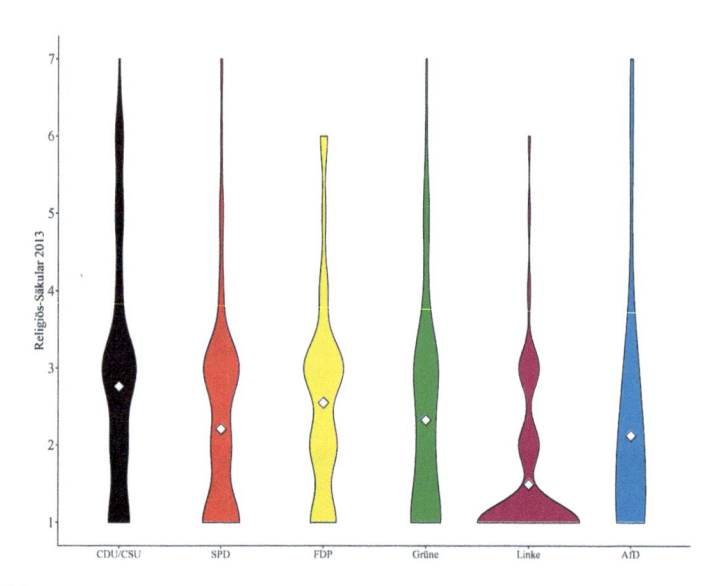

Abbildung 4.17 Mittelwerte der Parteienwähler Religiös-Säkular 2013. (Quelle: Eigene Darstellung und Berechnung, basierend auf den Daten von Rattinger et al. 2019b. Anmerkung: Die y-Achse erstreckt sich von 1 (Säkular) bis 7 (Religiös))

Gleiches gilt für die Wähler der FDP, die sich 2013 einzig von denen der Linken hoch signifikant ($p < 0{,}001$) unterscheiden lassen. Die Grünen-Wählerschaft, die sich ebenso hoch signifikant ($p < 0{,}001$) von den Wählern der Linken unterscheiden lässt, ist darüber hinaus auch im selben Ausmaß hoch signifikant von den Wählern der Unionsparteien zu differieren. Die Wähler der Linken wiederum

4.1 Gesellschaftliche Wertorientierungen im Zeitverlauf

unterscheiden sich von allen Wählergruppen hoch signifikant ($p < 0{,}001$) – mit Ausnahme der AfD-Wählerschaft, zu der aber zumindest signifikante ($p < 0{,}05$) Unterschiede vorliegen (vgl. Tabelle A13 im Anhang des elektronischen Zusatzmaterials).

Galten die Wähler von CDU und CSU aufgrund ihrer besonders starken religiösen Orientierung als gut abgrenzbar gegenüber den anderen Wählergruppen, bestehen für 2013 keine Zweifel daran, weshalb sich die Unterstützer der Linken besonders gut von Wählern anderer Parteien unterscheiden lassen, sind diese doch besonders säkular orientiert. Insbesondere die nicht signifikanten Unterschiede, beispielsweise zwischen den Wählern der Grünen und der AfD oder zwischen den Wählern von FDP und SPD, erscheinen mit Blick auf die Häufigkeitsverteilungen auf der religiös-säkularen Konfliktlinie auch visuell schlüssig, wenngleich daraus keine statistische Gesetzmäßigkeit abgeleitet werden darf. Die vorliegenden statistischen Unterschiede oder Ähnlichkeiten zeigen sich jedoch auch bei einer visuellen Analyse.

Bei der Bundestagswahl 2017 unterscheiden sich die Wähler aller Parteien auf dieser Konfliktlinie gesellschaftlicher Wertorientierungen wieder hoch signifikant ($p < 0{,}001$) von den Wählern von CDU und CSU. Die Wähler der SPD, der FDP und der Grünen wiederum, die sich nicht signifikant voneinander unterscheiden lassen, weisen allerdings hoch signifikante ($p < 0{,}001$) Unterschiede zu den Wählern von Linken und AfD auf. Die Wählerschaften letztgenannter Parteien unterscheiden sich nicht signifikant voneinander (vgl. Tabelle A14 im Anhang des elektronischen Zusatzmaterials). Dass sich diese Parteien nicht nur durchschnittlich ähneln oder unterscheiden, zeigt auch eine visuelle Analyse der Häufigkeitsverteilungen der jeweiligen Wählerschaft auf der religiös-säkularen Konfliktdimension. Diese gesellschaftliche Wertorientierung zeigt klar erkennbare Diskrepanzen und Ähnlichkeiten zwischen den Elektoraten. So sind sich die Wähler der Linken und der AfD in einem ebenso hohen Ausmaß ähnlich wie beispielsweise jene der SPD und der FDP. Dass die Wähler der CDU/CSU vergleichsweise stark religiös geprägt sind, wird ebenfalls ersichtlich (vgl. Abbildung 4.18).

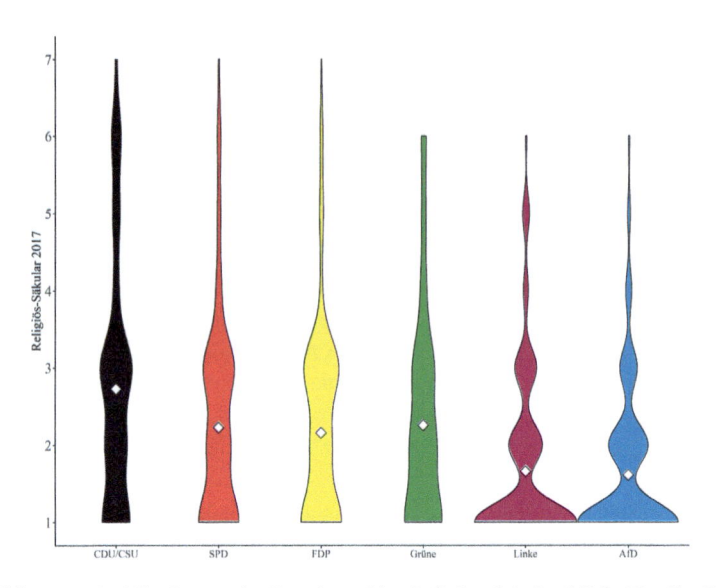

Abbildung 4.18 Mittelwerte der Parteienwähler Religiös-Säkular 2017. (Quelle: Eigene Darstellung und Berechnung, basierend auf den Daten von Roßteutscher et al. 2019. Anmerkung: Die y-Achse erstreckt sich von 1 (Säkular) bis 7 (Religiös))

Zusammenfassend zeigt sich in der deskriptiven Analyse, dass entlang dieser Konfliktlinie ein hohes Identifikations- und Unterscheidungspotenzial vorhanden ist. Dies gilt insbesondere für die Wähler von CDU und CSU, weniger für die anderer Parteien. Mit Ausnahme der FDP-Wähler bei der Bundestagswahl 2013 lassen sich für die Unionswähler immer signifikante Unterschiede zu den Elektoraten anderer Parteien ermitteln. Dies ist für die CDU/CSU zunächst positiv, da sie aufgrund ihrer Parteihistorie geradezu notwendigerweise bei entsprechend orientierten Wählern erfolgreich sein sollte. Ob dies der Fall ist, lässt sich an dieser Stelle noch nicht ablesen und wird erst in Abschnitt 4.3 einer tiefergehenden Analyse unterzogen, doch zeigt sich durchaus, dass auch heute noch die Wähler der Unionsparteien durch ihre Religiosität gut gegenüber anderen Elektoraten abzugrenzen sind.

Gilt der Konflikt zwischen einer postmaterialistischen und einer materialistischen Wertorientierung wiederum als existenzielle Grundlage für die Entstehung der Grünen, so ist zu erwarten, dass sich ihre Wählerschaft entlang dieser Konfliktlinie ebenso gut differenziert erfassen lässt wie die der CDU/CSU auf der religiös-säkularen Dimension. Ob dem tatsächlich so ist und welche weiteren

Unterschiede und Entwicklungsprozesse vorliegen, wird im folgenden Kapitel erörtert.

4.1.3.3 Postmaterialismus-Materialismus nach Parteiwählern

Die Analyse der Wahlbevölkerung brachte die Erkenntnis hervor, dass diese in der Summe im Zeitverlauf von 2009 bis 2017 zwar postmaterialistischer geworden ist, es 2013 aber auch zu einem Anstieg einer materialistischen Wertorientierung innerhalb der deutschen Wählerschaft gekommen ist. Eine solche Entwicklung kann, wie schon dargelegt, unter anderem darauf zurückzuführen sein, dass der für die Analyse herangezogene Messindikator zwischen 2009 und 2013, aufgrund keiner anderweitigen Datenverfügbarkeit, abgeändert werden musste. Vor diesem Hintergrund müssen jene Analysen, bei denen das Ziel eine Vergleichbarkeit im Zeitverlauf ist, zumindest mit Vorsicht bewertet werden.

Eine entsprechende Analyse der Mittelwerte der jeweiligen Elektorate auf der Konfliktdimension zwischen einer postmaterialistischen und einer materialistischen Wertorientierung zeigt, dass Scherer und Roßteutscher (2020, S. 221) Recht mit ihrer Feststellung haben, dass die Wähler deutscher Parteien zunehmend postmaterialistischer werden. So liegen auch in der hier vorliegenden Analyse alle Wähler, zumindest im Durchschnitt, bei besagter Dimension auf mittigen oder dem Postmaterialismus zugeneigten Skalenpunkten. Es wird ersichtlich, dass die Wähler von CDU/CSU von einem Durchschnittswert von 5,54 Skalenpunkten im Jahr 2009 zunächst moderat auf 5,32 Skalenpunkte im Jahr 2013 sinken und sich somit gleichzeitig gegen den Gesamtdurchschnittstrend der deutschen Wähler entwickeln, die zu diesem Zeitpunkt materialistischer werden. Der Wert für die Unionswählerschaft sinkt bis 2017 auf 4,9 Skalenpunkte. Dies ist als eine moderate postmaterialistische Wertorientierung zu deuten. Demgegenüber sind die Wähler der SPD im Jahr 2009 bereits deutlich postmaterialistischer und erreichen 4,38 Skalenpunkte. Dieser Wert steigt bis 2013, ähnlich der Entwicklung der gesamtdeutschen Wählerschaft, auf 4,43 Skalenpunkte, um 2017 den Tiefstwert von 4,24 Skalenpunkten zu erreichen. Ähnlich wie für die Wähler der Union ist auch für die Wählerschaft der FDP eine kontinuierliche Entwicklung zu einer stärker postmaterialistischen Wertorientierung festzustellen. So liegt der für die FDP-Wählerschaft 2009 gemessene Durchschnittswert bei 5,7 Skalenpunkten, was zugleich der höchste in dieser Untersuchung für diese Konfliktlinie gemessene Wert ist. Bis 2013 sinkt dieser dann auf 5,25 Skalenpunkte und bei der darauffolgenden Bundestagswahl 2017 schließlich auf durchschnittlich 5,06 Skalenpunkte. Der dadurch ermittelte Unterschied von 0,64 Punkten entspricht genau auch dem Wert, welchen die Wähler der CDU/CSU zwischen 2009 und 2017 in Richtung des Postmaterialismus auf der entsprechenden Skala gewandert sind.

Demgegenüber sind die Wähler der Grünen, über alle Untersuchungszeitpunkte und Wählergruppierungen hinweg, wenig überraschend das am postmaterialistischsten orientierte Elektorat. Nichtsdestotrotz werden die Grünen-Wähler in der Summe im hier beobachteten Zeitraum klar materialistischer. Erreichen diese 2009 einen Durchschnittswert von 2,52 Skalenpunkten, so steigt dieser Wert bis 2013 auf 3,2 Skalenpunkte, um dann bis 2017 wieder deutlich auf 2,92 Skalenpunkte zu sinken. Damit bleiben die Wähler der Grünen mit klarem Abstand die am stärksten durch eine postmaterialistische Wertorientierung definierte Gruppe. Eine ähnliche Entwicklung macht die Linken-Wählerschaft durch, die zwar geringer ausfällt, jedoch größeren Schwankungen unterliegt. Liegen die Linken-Wähler 2009 bei im Schnitt 3,68 Skalenpunkten und 2017 bei 3,74 Skalenpunkten, so sind diese Veränderungen marginal. Einzig die 2013 erfassten 4,72 Skalenpunkte beschreiben eine minimal materialistischere Orientierung, die bei der folgenden Wahl jedoch nivelliert wird. Die für die AfD-Wähler beobachtbare Veränderung von 5,43 Skalenpunkten im Jahr 2013 zu 5,47 im Jahr 2017 fällt gering aus (vgl. Tabelle 4.7).

Tabelle 4.7 Mittelwerte Parteiwähler Postmaterialismus-Materialismus 2009 bis 2017

	2009	2013	2017
Gesamtwählerschaft	4,69	4,73	4,44
CDU/CSU	5,54	5,32	4,90
SPD	4,38	4,43	4,24
FDP	5,70	5,25	5,06
Grüne	2,52	3,20	2,92
Linke	3,68	4,72	3,74
AfD	–	5,43	5,47

Quelle: Eigene Darstellung und Berechnung, basierend auf den Daten von Rattinger et al. 2019a; Rattinger et al. 2019b; Roßteutscher et al. 2019.

Die für die CDU/CSU-Wähler beschriebenen Veränderungen werden visuell gut ersichtlich. Zunächst zeigt sich, dass der Median vom Skalenpunkt 6 im Jahr 2009 auf 5 in den Jahren 2013 und 2017 absinkt. Auch zeigt sich 2013 eine stärkere Homogenisierung auf dieser Konfliktlinie, umfasst der Interquartilsabstand dort mit seiner Spannweite nur noch die Skalenpunkte 4 bis 6. Im Jahr 2009 verlief dieser noch entlang der Skalenpunkte 4 bis 7. Bis 2017 zeigt sich wieder

4.1 Gesellschaftliche Wertorientierungen im Zeitverlauf

eine Vergrößerung der Spannweite, jedoch mit einer zunehmenden Akzentuierung zum postmaterialistischen Pol, umfasst der Interquartilsabstand hier doch die Skalenpunkte 3 bis 6. Demnach wird die Entwicklung zu einer stärker postmaterialistischen Orientierung von einer dazugehörigen Konzentration im Jahr 2013 begleitet, die sich dann 2017 auch in Richtung des postmaterialistischen Extrempols stärker ausdifferenziert (vgl. Abbildung 4.19).

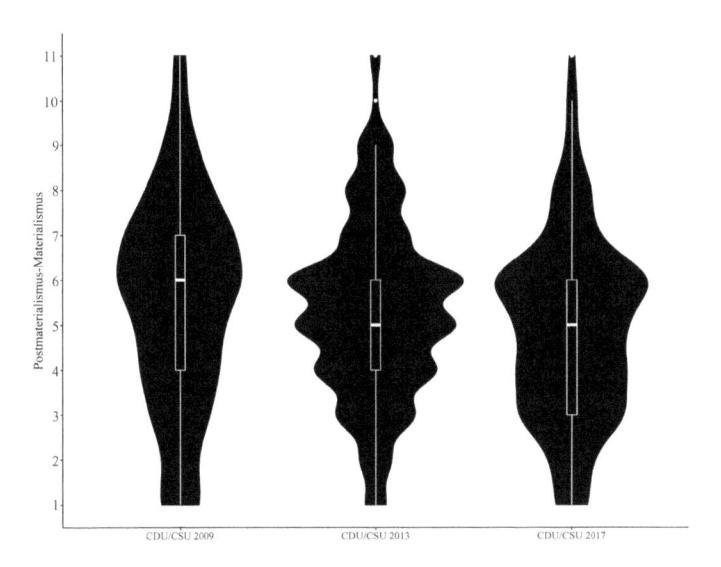

Abbildung 4.19 Postmaterialismus-Materialismus und die Wähler der CDU/CSU. (Quelle: Eigene Darstellung und Berechnung, basierend auf den Daten von Rattinger et al. 2019a; Rattinger et al. 2019b; Roßteutscher et al. 2019. Anmerkung: Die y-Achse erstreckt sich von 1 (Postmaterialismus) bis 11 (Materialismus))

Die für die SPD-Wählerschaft eher marginalen Veränderungen zeigen sich auch in der Visualisierung der Häufigkeitsverteilungen ihrer Wähler (vgl. Abbildung 4.20).

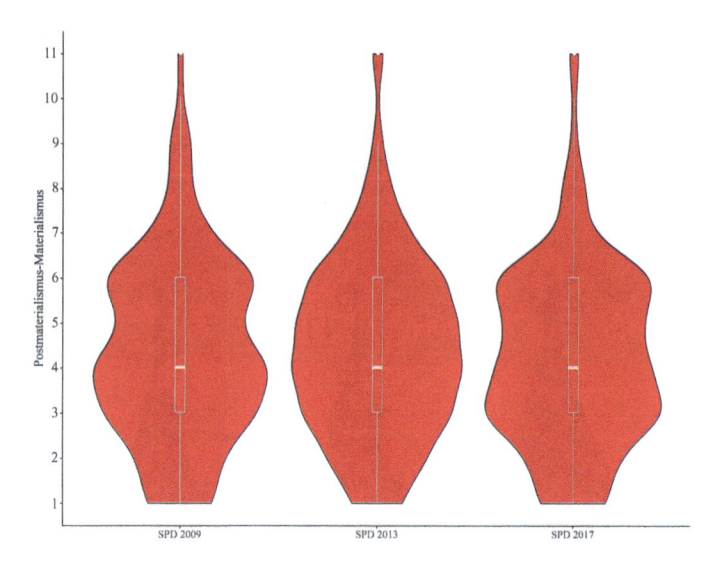

Abbildung 4.20 Postmaterialismus-Materialismus und die Wähler der SPD. (Quelle: Eigene Darstellung und Berechnung, basierend auf den Daten von Rattinger et al. 2019a; Rattinger et al. 2019b; Roßteutscher et al. 2019. Anmerkung: Die y-Achse erstreckt sich von 1 (Postmaterialismus) bis 11 (Materialismus))

Der Median fällt zu allen drei Zeitpunkten auf den Skalenwert 4, der Interquartilsabstand umfasst gleichbleibend eine Spannweite entlang der Skalenpunkte 3 bis 6.

Klare Veränderungen zeigen sich in der FDP-Wählerschaft. War diese 2009 noch relativ gleichmäßig zwischen den Extrempolen Postmaterialismus und Materialismus verteilt, zeigt sich im Zeitverlauf bis 2017 eine Entwicklung zu einer zunehmend postmaterialistischen Wertorientierung. Erkennbar ist dies am Median, der von 6 im Jahr 2009 auf 5 im Jahr 2013 sinkt, wo dieser auch bis 2017 verbleibt. Auch der Interquartilsabstand verringert sich deutlich, der sich 2009 noch entlang Skalenpunkten 4 bis 8 aufspannt, 2017 nur noch die Punkte 4 bis 6 umfasst. Es hat folglich eine Konzentration der FDP-Wähler eingesetzt (vgl. Abbildung 4.21).

4.1 Gesellschaftliche Wertorientierungen im Zeitverlauf 257

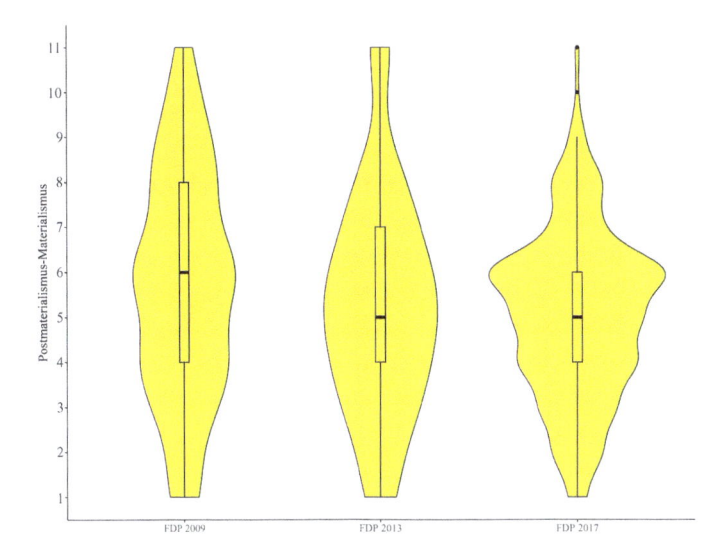

Abbildung 4.21 Postmaterialismus-Materialismus und die Wähler der FDP. (Quelle: Eigene Darstellung und Berechnung, basierend auf den Daten von Rattinger et al. 2019a; Rattinger et al. 2019b; Roßteutscher et al. 2019. Anmerkung: Die y-Achse erstreckt sich von 1 (Postmaterialismus) bis 11 (Materialismus))

Die Wähler der Grünen, welche den theoretischen Ausführungen zu Folge auf dieser Dimension nicht nur im Mittel am stärksten postmaterialistisch orientiert sein sollten, enttäuschen diese Erwartung indessen nicht. Zunächst liegt der Median für diese Wählerschaft im Jahr 2009 beim Skalenwert 2. Dies ist der niedrigste für diese Konfliktlinie erfasste Median. Bei den Bundestagswahlen 2013 und 2017 steigt dieser auf den Wert 3. Der Interquartilsabstand, welcher 2009 die Spannweite von den Skalenpunkten 1 bis 3 umfasst, spannt sich 2013 und 2017 entlang der Skalenpunkte 2 bis 4 auf. Die grundsätzliche Konzentration innerhalb der Grünen-Wählerschaft bleibt demnach weiterhin unverändert. Auch nennenswert ist der Anteil der Grünen-Wähler, die sich am materialistischen Pol verorten, also bei den Skalenwerten 9 bis 11. Während sich dort 2009 nur 0,4 Prozent der Grünen-Wähler einordnen, steigt dieser Wert marginal bei den Folgewahlen auf 0,8 Prozent der Wähler. Demgegenüber verorten sich bei den Skalenwerten 1 bis 3 im Jahr 2009 fast 79 Prozent der Grünen-Wähler. 2013 positionieren sich noch rund 64 Prozent der Wähler der Grünen dort, wenngleich dieser Wert bis 2017 wieder auf knapp 73 Prozent ansteigt (vgl. Tabelle A15 im Anhang des elektronischen Zusatzmaterials). An dieser Stelle sei ein weiteres Mal darauf hingewiesen, dass diese Veränderungen Ausdruck des sich im Zeitverlauf verändernden Messindikators sein können. Nichtsdestotrotz zeigen die Ergebnisse, dass in den Jahren 2013 und 2017, in denen die Messung unter Zuhilfenahme desselben Indikators vorgenommen wird, eine klare postmaterialistische Wertorientierung erkennbar ist, die bis 2017 zunimmt (vgl. Abbildung 4.22).

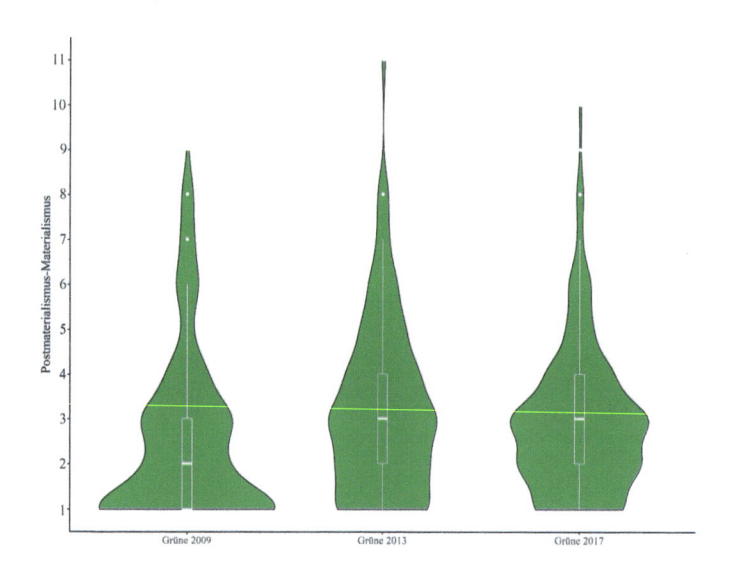

Abbildung 4.22 Postmaterialismus-Materialismus und die Wähler der Grünen. (Quelle: Eigene Darstellung und Berechnung, basierend auf den Daten von Rattinger et al. 2019a; Rattinger et al. 2019b; Roßteutscher et al. 2019. Anmerkung: Die y-Achse erstreckt sich von 1 (Postmaterialismus) bis 11 (Materialismus))

Dass die Wähler der Linken, während der drei Untersuchungszeitpunkte, auf dieser Wertdimension eine wechselhafte Entwicklung durchlaufen, wurde bereits kurz beschrieben. Dies wird auch anhand der Häufigkeitsverteilungen ersichtlich. Liegt der Median bei den Bundestagswahlen 2009 und 2017 beim Skalenwert 3, steigt dieser bei der dazwischen stattfindenden Bundestagswahl 2013 sprunghaft auf den Wert 5 an. Auch der Interquartilsabstand, welcher 2009 und 2017 die Spannweite der Skalenwerte 2 bis 5 umfasst, ist 2013 stärker in Richtung einer materialistischen Wertorientierung verschoben, beschreibt er doch hier eine Spannweite über die Skalenpunkte 3 bis 6. Tatsächlich scheint es zur Bundestagswahl 2013 zu einem ausgeprägteren Wahlverhalten zu Gunsten der Linken

4.1 Gesellschaftliche Wertorientierungen im Zeitverlauf 259

bei jenen Wählern gekommen zu sein, die über eine materialistischere Wertorientierung verfügen. Dass sich dieser Effekt jedoch bei der darauffolgenden Bundestagswahl 2017 wieder nivelliert, gibt Anlass zur Erforschung möglicher Ursachen (vgl. Abbildung 4.23).

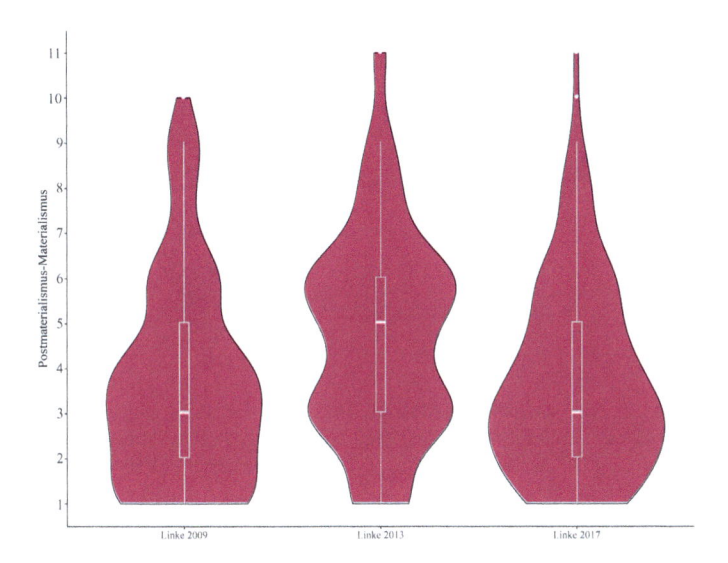

Abbildung 4.23 Postmaterialismus-Materialismus und die Wähler der Linken. (Quelle: Eigene Darstellung und Berechnung, basierend auf den Daten von Rattinger et al. 2019a; Rattinger et al. 2019b; Roßteutscher et al. 2019. Anmerkung: Die y-Achse erstreckt sich von 1 (Postmaterialismus) bis 11 (Materialismus))

Die für die AfD-Wähler am Mittelwert ablesbaren marginalen Veränderungen zeigen sich auch in der Visualisierung der Häufigkeitsverteilungen. Der Median für die Wählerschaft der AfD liegt bei beiden Wahlen beim Skalenwert 6, der Interquartilsabstand umfasst in beiden Fällen die Spannweite vom Skalenwert 4 bis zum Skalenwert 7. Wesentliche Veränderungen, die auf eine Ausdifferenzierung oder Konzentration der Wählerschaft hindeuten, liegen auf Basis dieser Wertdimension demnach nicht vor (vgl. Abbildung 4.24).

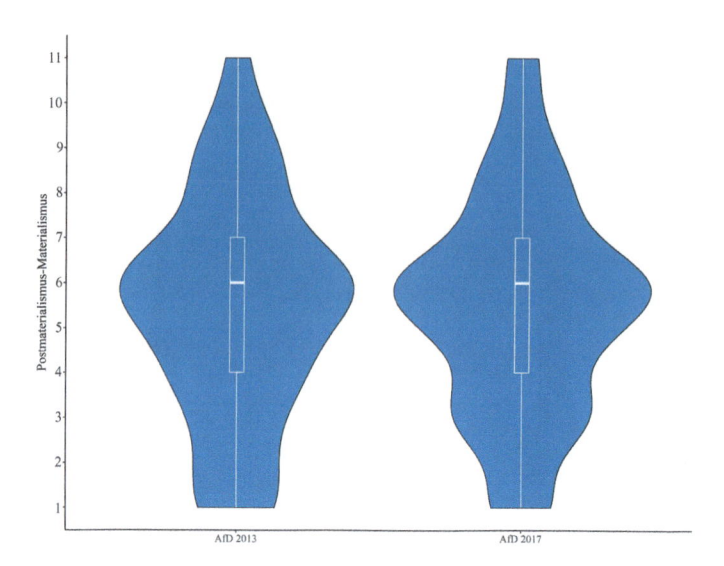

Abbildung 4.24 Postmaterialismus-Materialismus und die Wähler der AfD. (Quelle: Eigene Darstellung und Berechnung, basierend auf den Daten von Rattinger et al. 2019b; Roßteutscher et al. 2019. Anmerkung: Die y-Achse erstreckt sich von 1 (Postmaterialismus) bis 11 (Materialismus))

In der Summe zeigt sich, obgleich die Wähler von CDU/CSU und FDP im untersuchten Zeitverlauf postmaterialistischer geworden sind, dass diese im direkten Vergleich zur Gesamtwählerschaft weiterhin im Schnitt materialistisch gesinnt sind. Für die Wähler von Linken, Grünen und SPD gilt das Gegenteil, sind diese doch im Schnitt postmaterialistischer orientiert als der wählende Bevölkerungsdurchschnitt. Die AfD-Wählerschaft, die im untersuchten Zeitraum geringfügig materialistischer geworden ist, ist nicht nur stets materialistischer orientiert als der Durchschnitt aller Wähler, sondern darüber hinaus die am stärksten am Materialismus orientierte Wählerschaft bei den Bundestagswahlen 2013 und 2017.

Die Analyse der Mittelwertvergleiche zeigt dann, dass sich die Wähler von CDU/CSU und FDP bei der Bundestagswahl 2009 in der Tat nicht signifikant voneinander unterscheiden lassen. Beide Wählergruppen unterscheiden sich aber hoch signifikant ($p < 0{,}001$) von denen der SPD, der Grünen und der Linken. Die Konfliktdimension eignet sich 2009 ferner, um die Wählerschaften dieser drei Parteien untereinander zu differenzieren. So unterscheiden sich die Wähler von SPD und Linken klar signifikant ($p < 0{,}01$) voneinander, ebenso wie sich die Grünen-Wählerschaft hoch signifikant ($p < 0{,}001$) von den Wählern aller

4.1 Gesellschaftliche Wertorientierungen im Zeitverlauf 261

anderen Parteien unterscheidet (vgl. Tabelle A16 im Anhang des elektronischen Zusatzmaterials). Darüber hinaus sind auch eindeutig visuelle Differenzen der Häufigkeitsverteilungen zwischen den Elektoraten festzustellen. Die auf dieser Konfliktlinie einzigartige Ausgestaltung der Häufigkeitsverteilung der Grünen-Wähler ist indes auch als Indiz dafür zu werten, wie erfolgreich die Partei bei der Mobilisierung ihres Elektorats ist, wenn es um die spezifisch postmaterialistische Orientierung der Wähler geht (vgl. Abbildung 4.25).

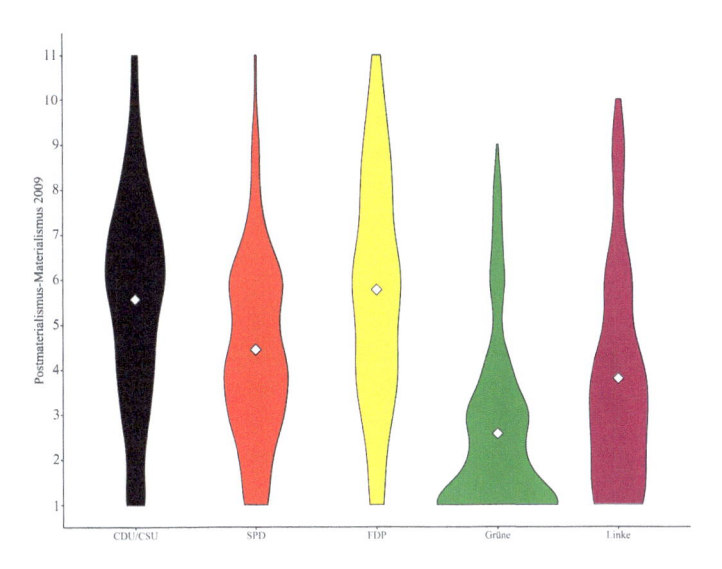

Abbildung 4.25 Mittelwerte der Parteienwähler Postmaterialismus-Materialismus 2009. (Quelle: Eigene Darstellung und Berechnung, basierend auf den Daten von Rattinger et al. 2019a. Anmerkung: Die y-Achse erstreckt sich von 1 (Postmaterialismus) bis 11 (Materialismus))

Bei der Bundestagswahl 2013 wiederum zeigt sich, dass sich die Wähler von CDU/CSU und FDP erneut nicht voneinander unterscheiden lassen. Darüber hinaus kommt in diesem Fall noch die AfD-Wählerschaft hinzu, zu der auch keine signifikanten Unterschiede feststellbar sind. CDU/CSU-Wähler sind auf dieser Dimension hoch signifikant ($p < 0{,}001$) von denen der SPD und der Grünen sowie signifikant ($p < 0{,}05$) von denen der Linken zu unterscheiden. Die Wählerschaft der SPD wiederum unterscheidet sich ferner hoch signifikant ($p < 0{,}001$) von den Wählern der Grünen und zudem signifikant ($p < 0{,}05$) von der Wählerschaft der AfD. Für die Wähler der FDP lassen sich ausschließlich zu den Grünen hoch signifikante ($p < 0{,}001$) Unterschiede ermitteln. Die Wähler der

Grünen wiederum lassen sich aufgrund einer exponierten Positionierung in Richtung des postmaterialistischen Extrempols hoch signifikant ($p < 0{,}001$) von allen anderen Wählergruppierungen differieren. Zwischen den Wählern von AfD und Linken gibt es keine signifikanten Unterschiede (vgl. Tabelle A17 im Anhang des elektronischen Zusatzmaterials). Die hier beschriebenen Unterschiede zeigen sich darüber hinaus in der Häufigkeitsverteilung der Wähler auf dieser Konfliktlinie. Dass sich also die Wähler der Linken, der AfD und der FDP auf dieser Konfliktlinie gesellschaftlicher Wertorientierungen nicht signifikant voneinander unterscheiden lassen, ist auch visuell durchaus erkennbar, sind doch die Ausprägungen zwar nicht identisch, ähneln sich aber in einem hohen Ausmaß. Die Grünen-Wähler folgen der theoretischen Annahme, dass sich diese auf besagter Konfliktlinie, aufgrund ihrer starken postmaterialistischen Wertorientierung, sehr gut von den Elektoraten anderer Parteien unterscheiden lassen (vgl. Abbildung 4.26).

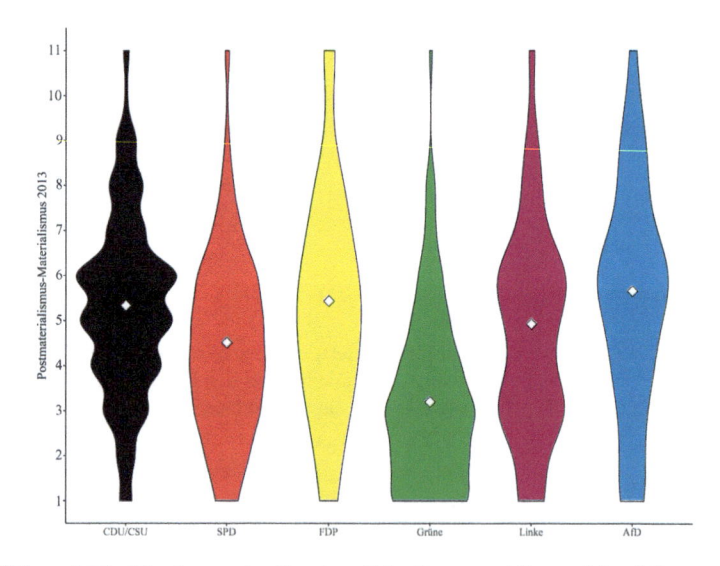

Abbildung 4.26 Mittelwerte der Parteienwähler Postmaterialismus-Materialismus 2013. (Quelle: Eigene Darstellung und Berechnung, basierend auf den Daten von Rattinger et al. 2019b. Anmerkung: Die y-Achse erstreckt sich von 1 (Postmaterialismus) bis 11 (Materialismus))

Für die Bundestagswahl 2017 ist festzuhalten, dass die Wähler von CDU/CSU, FDP und AfD erneut entlang der Postmaterialismus-Materialismus-Dimension nicht signifikant voneinander zu unterscheiden sind. Für alle drei Wählergruppen lassen sich aber statistisch hoch signifikante ($p < 0{,}001$) Unterschiede

4.1 Gesellschaftliche Wertorientierungen im Zeitverlauf

zu den Wählern von SPD, Grünen und Linken ermitteln. Innerhalb dieser Wählergruppen wiederum unterscheiden sich zwar die Grünen-Wähler hoch signifikant (p < 0,001) von denen der SPD und Linken, während zwischen diesen jeweils keine signifikanten Unterschiede zu ermitteln sind (vgl. Tabelle A18 im Anhang des elektronischen Zusatzmaterials). So ist auch hier festzustellen, dass sich die Wähler der Grünen entlang dieser Konfliktdimension gesellschaftlicher Wertorientierung als postmaterialistisch geprägte Gruppierung sehr gut von anderen Wählern unterscheiden lassen. Diese hier beschriebenen Unterschiede sind darüber hinaus visuell observierbar. Zum einen zeigt sich, nicht nur unter Zuhilfenahme der eingezeichneten Mittelwerte, dass die hier beschriebenen Unterschiede auch durch die Häufigkeitsverteilungen klar erkennbar sind. Die Wähler der Grünen, einer aus dem Wandel der Gesellschaft hin zu einer stärker an postmaterialistischen Wertvorstellungen orientierten Politik entstandenen Partei, bilden auch heute diese historischen Wurzeln adäquat ab. So sind diese weiterhin postmaterialistischer orientiert als die vergleichbaren Elektorate. Darüber hinaus lassen sich diese – statistisch wie visuell – durch ihre postmaterialistische Prägung erkennbar von anderen Elektoraten unterscheiden (vgl. Abbildung 4.27).

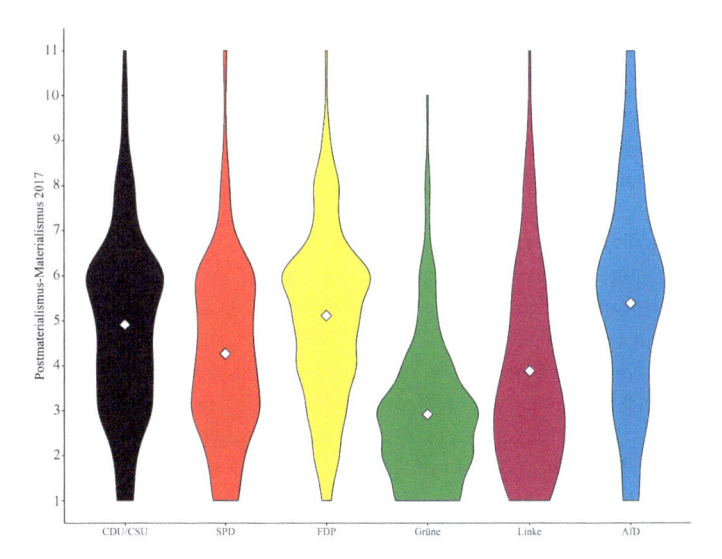

Abbildung 4.27 Mittelwerte der Parteienwähler Postmaterialismus-Materialismus 2017. (Quelle: Eigene Darstellung und Berechnung, basierend auf den Daten von Roßteutscher et al. 2019. Anmerkung: Die y-Achse erstreckt sich von 1 (Postmaterialismus) bis 11 (Materialismus))

Ferner zeigt sich, dass die Unterschiede zwischen den Wählern der CDU/CSU, FDP und AfD einerseits und denen der SPD, Grünen und Linken andererseits nicht einzig statistischer Natur sind. Eindeutig materialistische Wertorientierungen sind bei den erstgenannten drei Parteien klar erkennbar, wobei hier insbesondere die Wählerschaften von FDP und AfD besonders hervorstechen. Auch der Umstand, dass sich die Wähler der Sozialdemokraten und der Linken nicht signifikant unterscheiden, wird durch eine Visualisierung der Verteilungen ihrer Anhänger entlang dieser Konfliktachse verständlicher. Die darüber hinaus zu beobachtenden Differenzen sind zwar keineswegs zu leugnen, lassen sich jedoch statistisch schlussendlich nicht beweisen. Nichtsdestotrotz zeigen sich hier Tendenzen, dass Wertorientierungen besonders zur Differenzierung von Elektoraten geeignet sein könnten, deren favorisierte Parteien sich entlang dieser manifestierten. Diese Annahme kann mit Hilfe der Analyse der Konfliktlinie zwischen einer kosmopolitischen und einer nationalistischen Wertorientierung tiefergehender untersucht werden, obgleich sich diese zunächst auf eine rein deskriptive Herangehensweise beschränkt, um in Abschnitt 4.3 mit Hilfe verschiedener multivariater statistischer Analyseverfahren weiter ausgeführt zu werden.

4.1.3.4 Kosmopolitismus-Nationalismus nach Parteiwählern

Im beobachteten Zeitraum hat sich die Wählerschaft deutscher Parteien in der Summe von ihrer zu Beginn eher nationalistisch orientierten Grundhaltung für Zuwanderung stärker geöffnet, die Ausdruck einer kosmopolitischen Wertorientierung ist.

Festzustellen ist hierbei, dass die Wählerschaft der CDU und CSU auf der hier beschriebenen Dimension im Schnitt deutlich liberaler geworden ist. Während 2009 noch ein Durchschnittswert von 8,19 Skalenpunkten erreicht wird, der durchaus als eher nationalistisch orientiert beschrieben werden kann, sinkt dieser Wert bis 2013 auf 7,22 Skalenpunkte und bis 2017 schließlich auf 6,96 Skalenpunkte. Somit befinden sich die CDU/CSU-Wähler zu diesem Zeitpunkt deutlich stärker als noch 2009 in der Mitte zwischen beiden Extrempolen, gleichwohl sie leicht nationalistisch orientiert bleiben. Eine ähnliche Entwicklung ist auch für die SPD-Wählerschaft zu konstatieren, obschon diese deutlich weniger nationalistisch orientiert ist. 2009 sind diese mit einem Durchschnittswert von 7,28 Skalenpunkten zwar kosmopolitischer als die CDU/CSU-Wähler, nichtsdestotrotz ebenso im nationalistisch orientierten Spektrum zu verorten. Dieser Durchschnittswert sinkt zunächst auf 6,71 Skalenpunkte im Jahr 2013 und schließlich auf 6,3 Skalenpunkte im Jahr 2017. Es handelt sich demnach um eine Mittelposition zwischen

4.1 Gesellschaftliche Wertorientierungen im Zeitverlauf

beiden Extrempolen, wobei auch eine leichte Tendenz zu einer eher nationalistischen Wertorientierung und damit auch einer Präferenz für eine eher geschlossene denn eine liberal-kosmopolitische Gesellschaft abzuleiten ist. Eine deutlichere Entwicklung ist für die FDP-Wählerschaft festzustellen. Ihren Ausgangspunkt nimmt diese 2009 mit einem Durchschnittswert von 8,26 Skalenpunkten, welches der für diese Bundestagswahl höchste gemessene durchschnittliche Wert auf der entsprechenden Skala ist. Kein Elektorat ist zu diesem Zeitpunkt im Schnitt so nationalistisch orientiert wie jenes der FDP. Bis 2013 sinkt dieser Durchschnittswert schließlich auf 7,61 Skalenpunkte und 2017 schlussendlich auf den Wert von 6,79 Skalenpunkten. Die FDP-Wähler sind demnach von einer deutlich nationalistischen Orientierung abgewichen und in Folge kosmopolitischer geworden. Nichtsdestotrotz bleiben sie damit auch 2017 eher mittig bis nationalistisch orientiert. Anders gestaltet sich die Situation bei den Wählern der Grünen. Diese sind durchweg eher mittig bis kosmopolitisch orientiert – als einziges der untersuchten Elektorate. Stehen diese 2009 noch bei im Schnitt 5,91 Skalenpunkten, setzt schon bei der darauffolgenden Bundestagswahl 2013 ein Wandlungsprozess dahingehend ein, dass dieser Wert auf im Schnitt 5,12 Skalenpunkte sinkt. Dies ist als Ausdruck einer stärker werdenden kosmopolitischen Wertorientierung zu verstehen. Bis 2017 sinkt dieser Wert erneut, erreicht die Grünen-Wählerschaft hier nun einen Durchschnittswert von 4,69 Skalenpunkten. Die Wähler der Grünen sind demnach die über den ganzen Zeitraum am stärksten kosmopolitisch orientierte Gruppierung. Die deutlichste Entwicklung vollzieht sich aber innerhalb der Wählerschaft der Linken. Sind diese mit einem Durchschnittswert von 7,48 Skalenpunkten im Bundestagswahljahr 2009 noch als ein eher nationalistisch orientiertes Elektorat einzuordnen, sinkt dieser Wert im beobachteten Zeitraum auf 6,98 Skalenpunkte im Jahr 2013 und schließlich auf 5,85 Skalenpunkte im Jahr 2017. Die Linken-Wähler sind folglich in der Summe zu einer moderat bis am Kosmopolitismus orientierten Gruppierung geworden. Von allen Wählergruppen hat die der Linken dabei die stärkste Entwicklung entlang der Skala gemacht, die diese Konfliktlinie abbildet, unterscheiden sich doch die Mittelwerte von 2009 und 2017 um insgesamt 1,63 Skalenpunkte. Die Wähler der AfD wiederum beschreiten eine gegenteilige Entwicklung. Waren diese mit einem Durchschnittswert von 8,26 Skalenpunkten bereits 2013 die bis dahin, neben der FDP im Jahr 2009, am stärksten nationalistisch orientierte Wählerschaft, so steigt dieser Wert bis 2017 weiter an. Bei dieser Wahl erreichen die Wähler der AfD auf der Kosmopolitismus-Nationalismus-Skala einen Durchschnittswert von 9,13 Skalenpunkten. Damit bilden sie 2017 nicht nur den höchsten Wert auf dieser Konfliktlinie ab, sondern unterscheiden sich darüber hinaus auch deutlich von anderen Wählergruppen. Ferner sind die Wähler der AfD die einzige Gruppierung, die im Beobachtungszeitraum nationalistischer und nicht, wie alle anderen Wählergruppen, kosmopolitischer geworden ist (vgl. Tabelle 4.8).

Tabelle 4.8 Mittelwerte Parteiwähler Kosmopolitismus-Nationalismus 2009 bis 2017

	2009	2013	2017
Gesamtwählerschaft	7,61	6,93	6,59
CDU/CSU	8,19	7,22	6,96
SPD	7,28	6,71	6,30
FDP	8,26	7,61	6,79
Grüne	5,91	5,12	4,69
Linke	7,48	6,98	5,85
AfD	–	8,26	9,13

Quelle: Eigene Darstellung und Berechnung, basierend auf den Daten von Rattinger et al. 2019a; Rattinger et al. 2019b; Roßteutscher et al. 2019.

Von besonderer Relevanz ist diese Beobachtung deshalb, da die, wie schon an einigen Stellen angeführt, 2015 einsetzende Krisensituation, ausgelöst durch enorme Fluchtbewegungen, in den Beobachtungszeitraum fällt. Während so zwar die gesamtdeutsche Wählerschaft ebenso kosmopolitischer geworden ist wie auch die meisten Elektorate, ist diese Beobachtung für AfD-Wähler nicht zutreffend. Diese haben sich – wenig überraschend – noch klarer in Richtung einer nationalistischen Gesinnung entwickelt. Wie sich aber konkret die jeweiligen Elektorate verändert haben und inwiefern sich diese signifikant voneinander unterscheiden lassen, soll nun näher erläutert werden.

Gerade den Unionsparteien wurde, wie im Theorieteil ausführlicher beschrieben, die Aufgabe des Repräsentativitätsanspruchs für nationalistisch gesinnte Wählergruppen unterstellt. Was in der Tat zu beobachten ist, ist der Wandel, in welchem sich die Wählerschaft der CDU/CSU im Verlauf der drei Bundestagswahlen befindet. So wird ersichtlich, dass der Median vom Skalenwert 8 im Wahljahr 2009 auf 7 bei den Bundestagswahlen 2013 und 2017 sinkt (vgl. Abbildung 4.28).

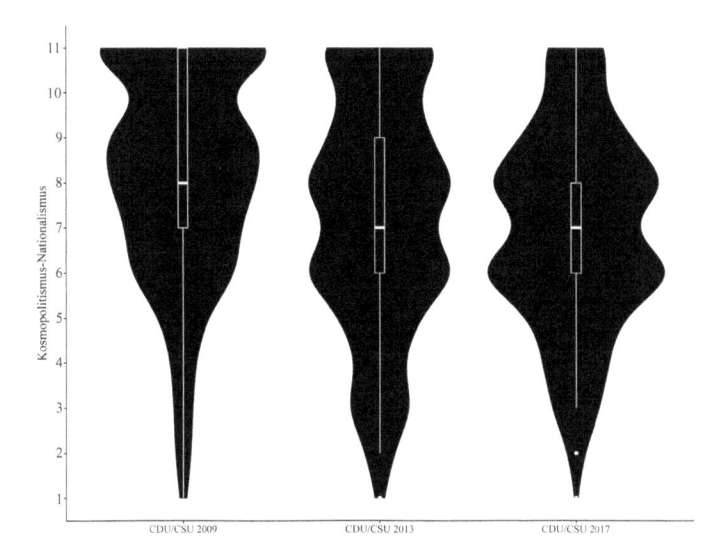

4.1 Gesellschaftliche Wertorientierungen im Zeitverlauf

Abbildung 4.28 Kosmopolitismus-Nationalismus und die Wähler der CDU/CSU. (Quelle: Eigene Darstellung und Berechnung, basierend auf den Daten von Rattinger et al. 2019a; Rattinger et al. 2019b; Roßteutscher et al. 2019. Anmerkung: Die y-Achse erstreckt sich von 1 (Kosmopolitismus) bis 11 (Nationalismus))

Diese Entwicklung ist zunächst als eher moderat zu bezeichnen. Brisanz gewinnt diese Entwicklung erst in dem Moment, in welchem die Beobachtung der jeweiligen Interquartilsabstände in die Betrachtung einbezogen wird. So umfasst dieser 2009 noch die Spannweite der Skalenwerte 7 bis 11. Allein am nationalistischen Extrempol, also dem Skalenwert 11, sind zu diesem Zeitpunkt 25 Prozent der CDU/CSU-Wähler zu verorten. 2013 beschreibt der Interquartilsabstand schon eine Spannweite der Skalenpunkte 6 bis 9, woraus eine zunehmende Konzentration der Wähler erkennbar wird. 2017 schließlich spannt sich der Interquartilsabstand für die CDU/CSU-Wähler entlang der Skalenpunkte 6 bis 8. Demnach ordnen sich hier mehr als die Hälfte der Unionswähler ein. Gleichzeitig positionieren sich nur noch 7 Prozent der Wähler von CDU und CSU am nationalistischen Extrempol. Die Wählerschaft der Union ist folglich nicht nur eindeutig kosmopolitischer geworden, sondern zudem auch weniger heterogen auf dieser Achse positioniert als noch 2009 (vgl. Tabelle A19 im Anhang des elektronischen Zusatzmaterials).

Auch für die SPD-Wählerschaft ist eine klare Veränderung ersichtlich, wenngleich diese nicht so eindeutig wie bei den Wählern der CDU/CSU verläuft (vgl. Abbildung 4.29).

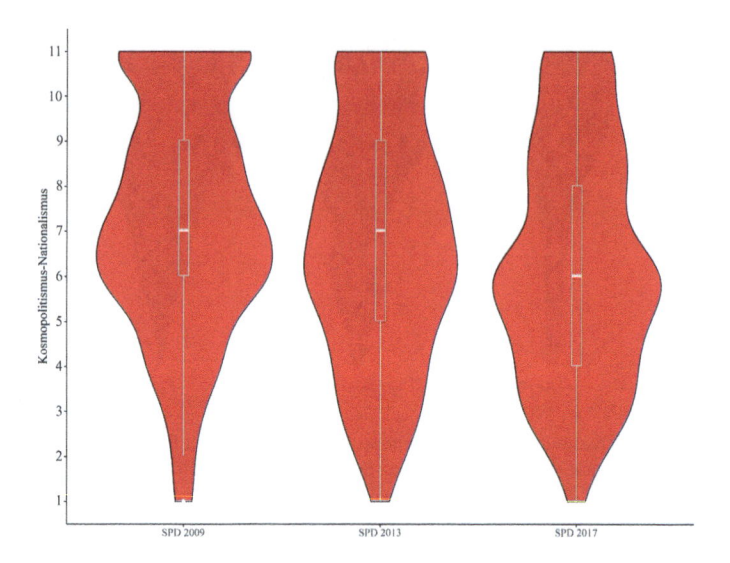

Abbildung 4.29 Kosmopolitismus-Nationalismus und die Wähler der SPD. (Quelle: Eigene Darstellung und Berechnung, basierend auf den Daten von Rattinger et al. 2019a; Rattinger et al. 2019b; Roßteutscher et al. 2019. Anmerkung: Die y-Achse erstreckt sich von 1 (Kosmopolitismus) bis 11 (Nationalismus))

Im Beobachtungszeitraum bleibt der Median für die Bundestagswahlen 2009 und 2013 zunächst konstant beim Skalenpunkt 7. Bei der Bundestagswahl 2017 sinkt der Median schließlich auf den Skalenpunkt 6. Anders als bei den Wählern der Unionsparteien ist es aber so, dass sich der Interquartilsabstand im Zeitverlauf vergrößert. Verläuft dieser 2009 noch zwischen den Skalenpunkten 6 bis 9, vergrößert sich diese Spannweite bis 2013 auf die Skalenpunkte 5 bis 9. 2017 schließlich spannt sich der Interquartilsabstand entlang der Skalenwerte 4 bis 8 auf. Während also die Wähler von CDU/CSU im gleichen Zeitraum konzentrierter und auch ein Stück weit heterogener geworden sind, ist die SPD-Wählerschaft im gleichen Zeitraum einzig heterogener geworden. Am nationalistischen Extrempol, an welchem sich 2009 noch über 17 Prozent der SPD-Wähler verorten, ordnen sich 2017 nur noch 9 Prozent ihrer Wähler ein (vgl. Tabelle A19 im Anhang des elektronischen Zusatzmaterials).

4.1 Gesellschaftliche Wertorientierungen im Zeitverlauf 269

Die Wähler der FDP wiederum sind zwischen 2009 und 2017 eindeutig kosmopolitischer geworden. Neben dem Durchschnittswert, welcher wie beschrieben gesunken ist, ist gleiches für den Median zu attestieren. Dieser sinkt vom Skalenwert 8 in den Jahren 2009 und 2013 auf den Wert 7 im Jahr 2017. Auch die Spannweite des Interquartilsabstands wandert auf der Skala stärker in Richtung einer kosmopolitischen Wertorientierung. Umspannt dieser 2009 noch die Skalenpunkte 7 bis 10, umfasst er 2017 die Werte 5 bis 8 (vgl. Abbildung 4.30).

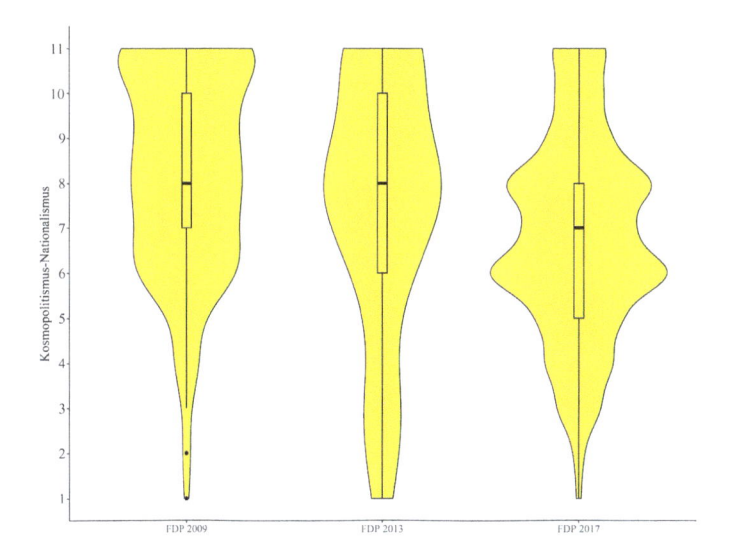

Abbildung 4.30 Kosmopolitismus-Nationalismus und die Wähler der FDP. (Quelle: Eigene Darstellung und Berechnung, basierend auf den Daten von Rattinger et al. 2019a; Rattinger et al. 2019b; Roßteutscher et al. 2019. Anmerkung: Die y-Achse erstreckt sich von 1 (Kosmopolitismus) bis 11 (Nationalismus))

So ist die FDP-Wählerschaft nicht nur in Form einer durchschnittlichen Entwicklung, sondern auch in der Häufigkeitsverteilung ganz allgemein deutlich kosmopolitischer geworden. Ferner ist es so, dass sich 2009 noch knapp 24 Prozent der FDP-Wähler am nationalistischen Extrempol, dem Skalenpunkt 11 verorteten. 2017 positionieren sich dort nur noch knapp 7 Prozent der FDP-Wählerschaft (vgl. Tabelle A19 im Anhang des elektronischen Zusatzmaterials).

Die Wähler der Grünen hingegen, die 2009 bereits im Schnitt klar kosmopolitisch orientiert waren, unterliegen bis 2013 zwar einem Wandel, verbleiben bei der darauffolgenden Bundestagswahl 2017 weitestgehend konstant. Interessant ist dabei, dass der Median für 2009 beim Skalenpunkt 6 liegt und sich der Interquartilsabstand entlang der Werte 4 bis 8 aufspannt. Bei den darauffolgenden Wahlen sinkt der Median auf den Skalenpunkt 5 und der Interquartilsabstand umfasst fortan die Punkte 3 bis 6. Demnach ist hier eine Restrukturierung zu beobachten, entlang derer sich die Grünen-Wählerschaft neu formiert. Auch visuell ist diese Entwicklung nachvollziehbar, sind die Wähler der Grünen 2009 zwar tendenziell kosmopolitisch orientiert, obwohl sie sich in der Summe auch heterogener als zu erwarten entlang der Kosmopolitismus-Nationalismus-Skala verteilen. Darüber hinaus ist bei den Wählern der Grünen, anders als bei den bisher beschriebenen Gruppierungen, zumindest am nationalistischen Extrempol keine nennenswerte Konzentration zu erkennen (vgl. Abbildung 4.31).

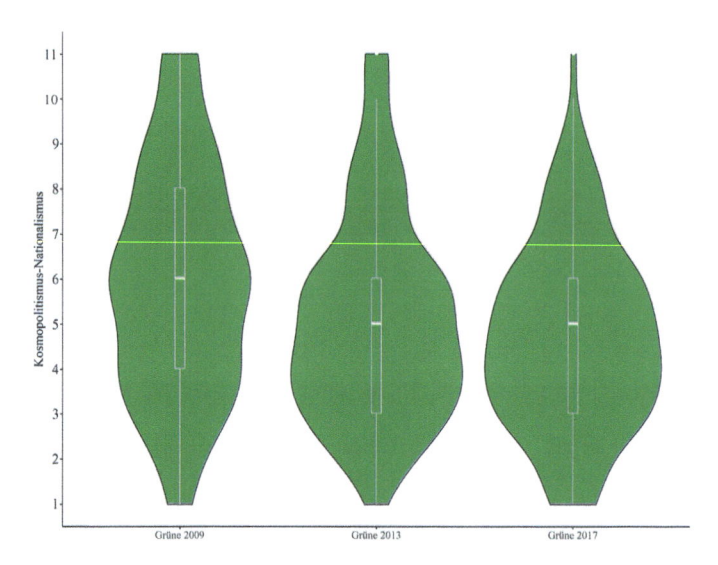

Abbildung 4.31 Kosmopolitismus-Nationalismus und die Wähler der Grünen. (Quelle: Eigene Darstellung und Berechnung, basierend auf den Daten von Rattinger et al. 2019a; Rattinger et al. 2019b; Roßteutscher et al. 2019. Anmerkung: Die y-Achse erstreckt sich von 1 (Kosmopolitismus) bis 11 (Nationalismus))

Tatsächlich ist hier das Gegenteil der Fall: Verorten sich 2009 hier nur knapp über 6,0 Prozent der Grünen-Wähler, so sind es 2017 nicht einmal mehr 1,0 Prozent (vgl. Tabelle A19 im Anhang des elektronischen Zusatzmaterials). Darüber hinaus ist die Grünen-Wählerschaft, beginnend mit der Bundestagswahl 2013, auch in ihrer Gesamtstruktur bedeutend kosmopolitischer orientiert denn 2009. Zwischen den Elektoraten der Grünen bei den Bundestagswahlen 2013 und 2017 bestehen allerdings keine allzu großen Unterschiede.

4.1 Gesellschaftliche Wertorientierungen im Zeitverlauf

Anders verhält sich dies am Beispiel der Linken-Wählerschaft, die eine deutliche Veränderung entlang dieser Konfliktlinie vollzieht. So sinkt der Median von 8 im Jahr 2009 auf zunächst 7 im Jahr 2013 und schließlich auf 6 im Jahr 2017. Der Interquartilsabstand bleibt dabei zwar an sich gleich, beschreibt aber eine zunehmende Ausrichtung der Wählerschaft an einer kosmopolitischen Wertorientierung. Während durch ihn 2009 noch die Skalenwerte 6 bis 10 erfasst werden, sind es 2017 die Werte 4 bis 8. Die Linken-Wählerschaft ist demnach zwar weiterhin heterogen, gleichwohl sie deutlich kosmopolitischer geworden ist. Nichtsdestotrotz ist ein besonders nennenswerter Wandel am nationalistischen Extrempol zu beobachten. Während sich hier 2009 noch knapp 23 Prozent der Linken-Wähler verorteten, sind es 2017 nur noch 4,8 Prozent (vgl. Tabelle A19 im Anhang des elektronischen Zusatzmaterials). Darüber hinaus lässt sich an der Häufigkeitsverteilung durchaus erkennen, dass die Wählerschaft der Linken zur Bundestagswahl 2017 deutlich kosmopolitischer gesinnt ist als noch acht Jahre zuvor, sich aber sehr ausgewogen entlang dieser Konfliktlinie verteilt (vgl. Abbildung 4.32).

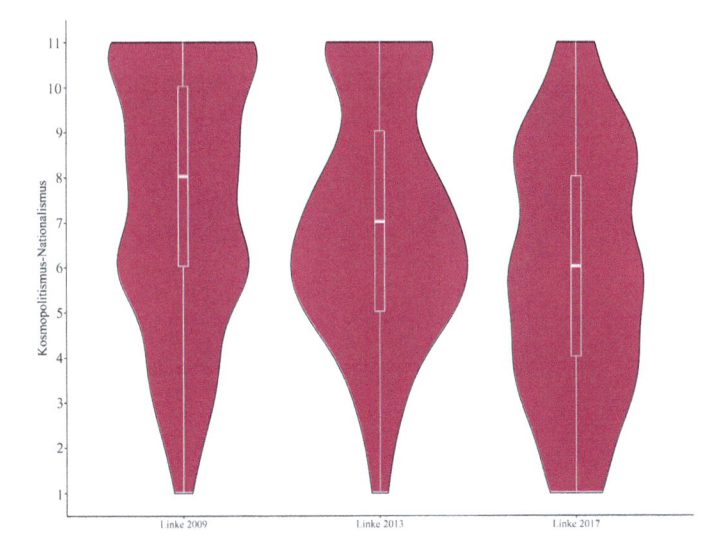

Abbildung 4.32 Kosmopolitismus-Nationalismus und die Wähler der Linken. (Quelle: Eigene Darstellung und Berechnung, basierend auf den Daten von Rattinger et al. 2019a; Rattinger et al. 2019b; Roßteutscher et al. 2019. Anmerkung: Die y-Achse erstreckt sich von 1 (Kosmopolitismus) bis 11 (Nationalismus))

Anders verhält es sich mit der Wählerschaft der AfD. Es wurde schon angeführt, dass diese in ihrer Grundausrichtung schon zur Bundestagswahl 2013 über eine klare nationalistische Wertorientierung verfügt. In der Tat ist es so, dass der Median zu diesem Zeitpunkt bereits beim Skalenwert 9 liegt. Dieser ist bis dahin, zumindest im hier vorgestellten Untersuchungszeitraum, der höchste abgebildete Wert dieser Kategorie. Dieser steigt dann zur Bundestagswahl 2017 auf den Skalenwert 10 an. Spannt sich der Interquartilsabstand 2013 noch entlang der Skalenpunkte 7 bis 11 auf, verringert sich dieser bis 2017 auf die Werte 8 bis 11. Die AfD-Wählerschaft wird also insgesamt im Verlauf der für die Partei beobachteten zwei Bundestagswahlen homogener. Dass es sich hierbei um eine besonders starke nationalistische Prägung handelt, die sich in der AfD-Wählerschaft zusammenfindet, ist auch am nationalistischen Extrempol zu erkennen. Verorten sich dort zur Bundestagswahl 2013 noch knapp über 26 Prozent der AfD-Anhänger, steigt dieser Wert zur Bundestagswahl 2017 auf 37,6 Prozent der AfD-Wähler an (vgl. Tabelle A19 im Anhang des elektronischen Zusatzmaterials). Die AfD-Wählerschaft ist so im hier untersuchten Zeitraum in ihrer Zusammensetzung deutlich nationalistischer geworden und hebt sich auch durch eine exponiert nationalistische Wertorientierung von anderen Parteielektoraten ab (vgl. Abbildung 4.33).

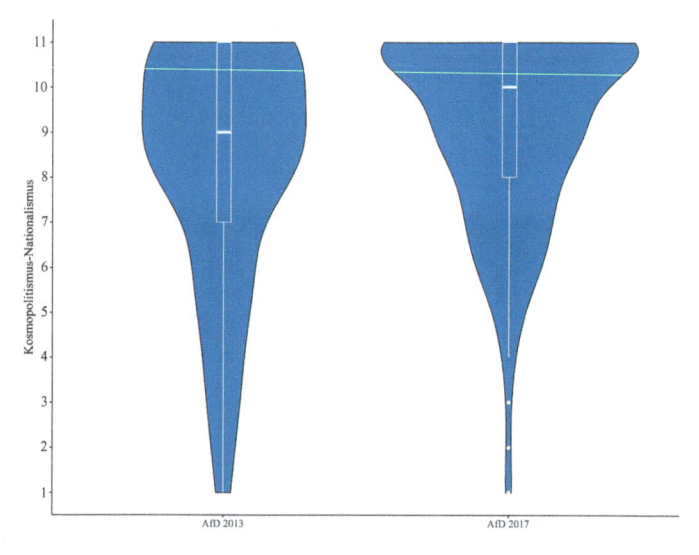

Abbildung 4.33 Kosmopolitismus-Nationalismus und die Wähler der AfD. (Quelle: Eigene Darstellung und Berechnung, basierend auf den Daten von Rattinger et al. 2019b; Roßteutscher et al. 2019. Anmerkung: Die y-Achse erstreckt sich von 1 (Kosmopolitismus) bis 11 (Nationalismus))

4.1 Gesellschaftliche Wertorientierungen im Zeitverlauf

Die hier beschriebenen Veränderungen sind von hoher Relevanz, um später auch in der Lage zu sein, Effekte auf das Wahlverhalten innerhalb der jeweiligen Elektorate besser nachvollziehen zu können. Fraglich ist aber, ob sich diese Konfliktlinie zwischen einer kosmopolitischen und einer nationalistischen Wertorientierung auch eignet, um die hier beschriebenen Elektorate voneinander abzugrenzen.

Für die Bundestagswahl 2009 lassen sich in der Tat einige Unterschiede und Gemeinsamkeiten zwischen den jeweiligen Elektoraten feststellen. So sind zwischen den Wählern der CDU/CSU und der FDP zunächst keine signifikanten Unterschiede für diese Konfliktlinie gesellschaftlicher Wertorientierungen zu finden. Zu den Wählern von SPD und Grünen liegen für beide Elektorate hingegen hoch signifikante ($p < 0{,}001$) Unterschiede vor. Während sich die Wähler der CDU/CSU darüber hinaus signifikant ($p < 0{,}05$) von denen der Linken unterscheiden, sind die Unterschiede zwischen den Wählern der FDP und der Linken sogar in einem höheren Ausmaß signifikant ($p < 0{,}01$). Die Wählerschaft der SPD wiederum unterscheidet sich hoch signifikant ($p < 0{,}001$) von der Grünen-Wählerschaft, wohingegen zu den Wählern der Linken keine signifikanten Unterschiede zu ermitteln sind. Zwischen der Linken- und der Grünen-Wählerschaft wiederum liegen hoch signifikante ($p < 0{,}001$) Unterschiede vor. In der Summe zeigt sich, dass die Wähler der Grünen demnach von den Elektoraten anderer Wählergruppen entlang dieser Konfliktlinie sehr gut abzugrenzen sind, nehmen diese eine besonders kosmopolitische Grundhaltung ein, die bei dieser Bundestagswahl ein Alleinstellungsmerkmal ist (vgl. Tabelle A20 im Anhang des elektronischen Zusatzmaterials). Dies ist mit Blick auf die Häufigkeitsverteilung der jeweiligen Wählerschaften nicht verwunderlich, ist doch eine exponierte Position der Grünen-Wähler auch visuell ersichtlich (vgl. Abbildung 4.34).

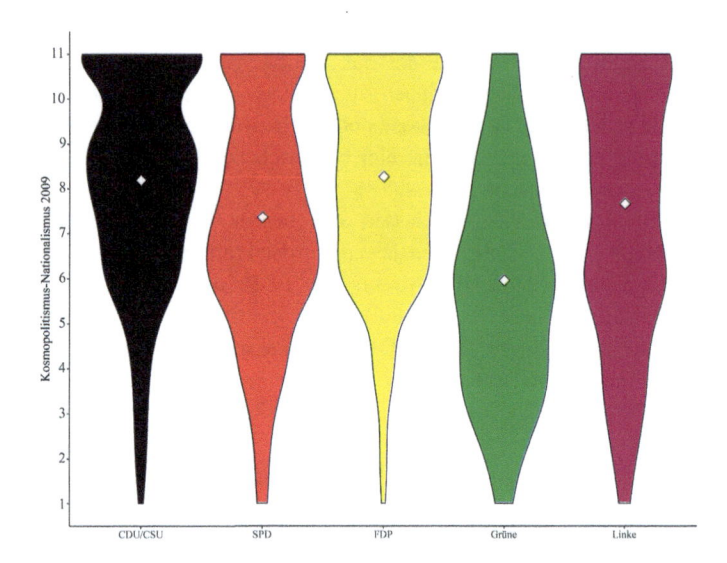

Abbildung 4.34 Mittelwerte der Parteienwähler Kosmopolitismus-Nationalismus 2009. (Quelle: Eigene Darstellung und Berechnung, basierend auf den Daten von Rattinger et al. 2019a. Anmerkung: Die y-Achse erstreckt sich von 1 (Kosmopolitismus) bis 11 (Nationalismus))

Tatsächlich zeigt sich dabei auch, dass eine nationalistische Grundausrichtung in allen anderen Wählergruppen durchaus Anhänger findet. Besonders unter denen von CDU/CSU und FDP ist dies bei der Bundestagswahl 2009 klar zu erkennen. Dass zwischen den Wählerschaften von Union und FDP keine signifikanten Unterschiede festzustellen sind, ist entsprechend auch visuell nachvollziehbar, insbesondere mit einem zusätzlichen Blick auf die hier eingezeichneten Mittelwerte. Auch die Wähler der SPD und der Linken sind in einem nicht unwesentlichen Ausmaß nationalistisch orientiert.

Zur Bundestagswahl 2013 ergeben sich hier durch das Hinzukommen der AfD-Wähler einige Veränderungen. Die Wähler der CDU/CSU sind auch weiterhin nicht signifikant von denen der FDP zu unterscheiden. Außerdem bestehen keine statistisch signifikanten Differenzen zu den Wählern der Linken. Während zu den Wählern von SPD und AfD signifikante ($p < 0{,}05$) Unterschiede feststellbar sind, sind jene zur Wählerschaft der Grünen auch weiterhin hoch signifikant (p < 0,001). Tatsächlich eignet sich diese Konfliktlinie auch weiterhin, um die Wählerschaft der Grünen sehr gut von den Wählern anderer Parteien abzugrenzen, sind doch alle für dieses Elektorat beobachteten Unterschiede hoch signifikant (p < 0,001). Die Wähler der SPD unterscheiden sich, neben den hier beschriebenen Unterschieden zu den Wählern der CDU/CSU, darüber hinaus hoch signifikant (p < 0,001) von denen der AfD. Während sich die FDP-Wählerschaft also nur signifikant von denen der Grünen differieren lässt, liegen für die Wähler der Linken – zusätzlich zu den Grünen-Wählern – nur zur AfD auch eindeutig signifikante (p < 0,01) Unterschiede vor. Die hier erstmals formierte AfD-Wählerschaft ist demnach den Wählern der FDP zu ähnlich, um sie signifikant voneinander unterscheiden zu können (vgl. Tabelle A21 im Anhang des elektronischen Zusatzmaterials). Tatsächlich lässt sich mit Hilfe der Häufigkeitsverteilung der einzelnen Elektorate darüber hinaus erörtern, wie klar sich Teile der Wählerschaft untereinander allgemein unterscheiden. Insbesondere mit Blick auf die Wähler der AfD und der Grünen zeigt sich hier, dass die Grünen-Wähler als solche in einem ähnlichen Ausmaß über eine kosmopolitische Orientierung verfügen wie die Wähler der AfD über eine demgegenüber stehende nationalistische Orientierung. Sie verhalten sich hiernach zueinander wie Antipoden. Darüber hinaus wird vor allem am nationalistischen Extrempol klarer, dass für die hier beschriebenen Elektorate, die auch schon für die Bundestagswahl 2009 einer Analyse unterzogen werden konnten, eine deutlich geringere Konzentration vorliegt. Während die Wählerschaft als solche im Durchschnitt kosmopolitischer geworden ist und dies auch für alle Elektorate jener Parteien gilt, die bereits 2009 zur Wahl antraten, zeigt sich, dass die AfD offensichtlich viele nationalistisch gesinnte Wähler an sich zu binden vermag und diese auch zugleich eine dominierende Rolle innerhalb des eigenen Elektorats einnehmen (vgl. Abbildung 4.35).

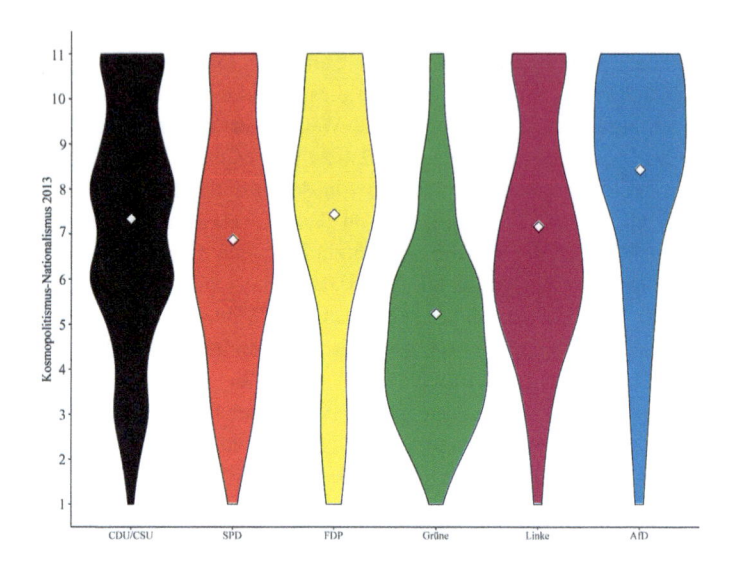

Abbildung 4.35 Mittelwerte der Parteienwähler Kosmopolitismus-Nationalismus 2013. (Quelle: Eigene Darstellung und Berechnung, basierend auf den Daten von Rattinger et al. 2019b. Anmerkung: Die y-Achse erstreckt sich von 1 (Kosmopolitismus) bis 11 (Nationalismus))

Zur Bundestagswahl 2017 werden diese gravierenden Unterschiede und Veränderungen noch deutlicher, insbesondere mit Blick auf die Wähler von Grünen und AfD. Sowohl die Grünen-Wähler als auch die Wähler der AfD sind entlang dieser Konfliktlinie zwischen einer kosmopolitischen und einer nationalistischen Wertorientierung von den Wählern aller anderen Parteien hoch signifikant (p < 0,001) unterscheidbar. Die Wählerschaft der Grünen baut dabei ihre exponierte Stellung als Ansammlung klar kosmopolitisch orientierter Individuen ebenso aus wie dies der Wählerschaft der AfD ihrerseits am nationalistischen Pol dieser Dimension gelingt. Die Unterschiede zwischen den Wählern von CDU/CSU und FDP wiederum bleiben auch weiterhin nicht signifikant. Während sich die Wählerschaft der Union zwar klar signifikant (p < 0,01) von den Wählern der SPD unterscheidet, sind insbesondere die vorliegenden Differenzen zu den Wählern der Linken hoch signifikant (p < 0,001). Die Wähler der SPD wiederum lassen sich nicht signifikant von der FDP- und der Linken-Wählerschaft unterscheiden, wohingegen diese Wählergruppen untereinander klar signifikant (p < 0,01) voneinander abzugrenzen sind (vgl. Tabelle A22 im Anhang des elektronischen Zusatzmaterials).

4.1 Gesellschaftliche Wertorientierungen im Zeitverlauf

In der Summe sind mit Ausnahme der AfD-Wählerschaft alle Wählergruppen seit 2013 im Schnitt kosmopolitischer geworden. Dies zeigt sich nicht nur an der grundsätzlichen Entwicklung von Mittel- und Median-Werten, sondern darüber hinaus wird dies auch durch die sich verändernde Häufigkeitsverteilung ersichtlich. Auch im direkten Vergleich der Elektorate ist eine Heterogenität zwischen den Elektoraten klar zu erkennen (vgl. Abbildung 4.36).

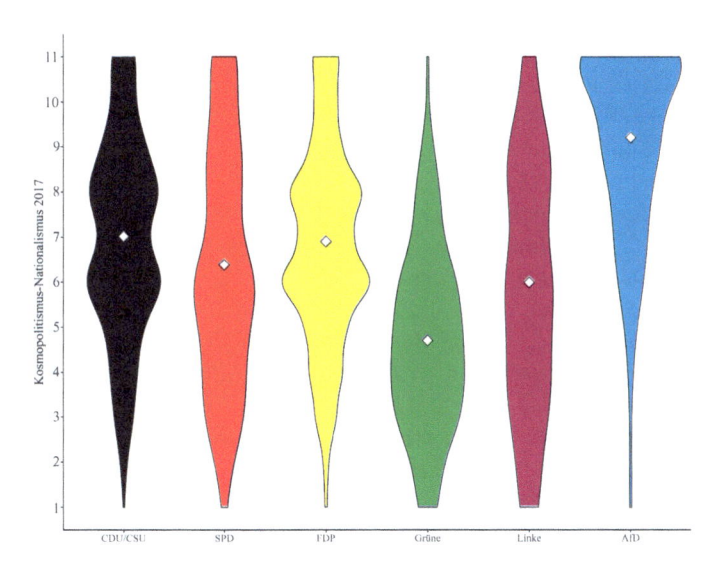

Abbildung 4.36 Mittelwerte der Parteienwähler Kosmopolitismus-Nationalismus 2017. (Quelle: Eigene Darstellung und Berechnung, basierend auf den Daten von Roßteutscher et al. 2019. Anmerkung: Die y-Achse erstreckt sich von 1 (Kosmopolitismus) bis 11 (Nationalismus))

4.1.3.5 Zusammenfassende Betrachtung

Die hier beschriebenen Unterschiede sind zunächst deshalb von besonderem Interesse, da sie die postulierten Annahmen zunächst weitestgehend bestätigen. So ist ersichtlich, dass die Elektorate verschiedener Parteien entlang der Konfliktlinie des Links-Rechts-Materialismus heute noch signifikant voneinander unterschieden werden können. Nichtsdestotrotz zeigt sich bei dieser Dimension auch, dass keines der jeweiligen zu einer Partei gehörenden Elektorate entlang dieser Konfliktlinie vollkommen eindeutig abgegrenzt werden kann. Einzig die

SPD-Wählerschaft ist 2017 entlang dieser Wertorientierung signifikant von sämtlichen Wählergruppen zu unterscheiden. Es ist zwar durchaus möglich, dass eine stärkere Orientierung am Links-Materialismus das Wahlverhalten zugunsten von SPD und Linken und eine stärkere Orientierung am Rechts-Materialismus das Wahlverhalten zugunsten der FDP beeinflusst, doch liegt hier keine klare Unterscheidbarkeit gegenüber anderen Elektoraten vor. Dies ist von Relevanz, da entsprechende Repräsentationsansprüche seitens der Parteien deshalb schlicht weniger Schlagkraft haben. Zurückführbar ist dies darauf, dass der alleinige Vertretungsanspruch einer Partei entlang einer spezifischen Wertorientierung sich auch darüber manifestiert, dass ihre Wähler in einem entsprechenden Umfang eine jeweilige Wertorientierung vorweisen.

Auf der Konfliktlinie zwischen einer religiösen und einer säkularen Wertorientierung sind für die Wähler der CDU/CSU für die Bundestagswahlen 2009 und 2017 signifikante Unterschiede zu beobachten. Grundsätzlich zeigt sich aber auch hier, dass auch die Wähler der Union, die als Partei ursächlich auch entlang dieser Konfliktlinie entstanden ist, immer säkularer werden. Überraschend ist aber beispielsweise, dass sich gerade die Wählerschaft der Linken durch ihren hohen Grad an Säkularisierung bei der Bundestagswahl 2013 besonders gut von den Wählern anderer Parteien abgrenzen lässt. Mit einer AfD-Wählerschaft, die 2017 schließlich einer deutlich stärkeren säkularen Wertorientierung folgt, nivellieren sich diese Unterschiede jedoch. Dass sich die Wähler der CDU/CSU entlang dieser Dimension nicht mehr durchgehend von den Wählern anderer Parteien unterscheiden lassen, kann zum einen sicherlich auch auf den allgemeinen Rückgang von Religiosität zurückgeführt werden. Zum anderen hat dies aber auch die Implikation, dass eventuell ein Rückgang der Bedeutsamkeit von einer religiösen Wertorientierung auf das Wahlverhalten zugunsten von CDU/CSU zu beobachten sein wird.

Der Konflikt zwischen einer postmaterialistischen und einer materialistischen Wertorientierung hingegen eignet sich über alle drei Untersuchungszeitpunkte hinweg in besonderem Ausmaß, um die Wählerschaft der Grünen von den Elektoraten anderer Parteien abzugrenzen. Auch sind 2009 die Wähler von SPD und Linken entlang dieser Konfliktlinie von anderen Elektoraten signifikant zu unterscheiden. Es lassen sich aber keine weiteren systematischen Unterschiede erschließen. Die Annahme, dass sich die Wahl der Grünen insbesondere mit dieser Wertorientierung erläutern lässt, könnte sich demnach als bewahrheitet herausstellen.

Für die hier skizzierte Konfliktlinie zwischen einer kosmopolitischen und einer nationalistischen Wertorientierung sind mehrere Dinge bemerkenswert. Dazu gehört zum einen die Feststellung, dass sich die Bevölkerung im Zeitverlauf mehr in Richtung einer kosmopolitischen Wertorientierung entwickelt hat. Besonders klare Unterschiede sind für die jeweiligen Elektorate, vor allem für die Wähler von CDU/CSU und FDP, zu beobachten. Demgegenüber ist die AfD-Wählerschaft auf dieser Konfliktlinie, wie erwartet, stärker nationalistisch orientiert. So gelingt es der AfD offensichtlich, entsprechende Wähler erfolgreich an sich zu binden. Die Grünen-Wähler sind auf derselben Konfliktlinie aufgrund ihrer klaren kosmopolitischen Orientierung ebenso gut abzugrenzen wie die AfD-Wählerschaft. Es zeigt sich auch in der Häufigkeitsverteilung, dass viele dazu veröffentlichte Studien durchaus Recht damit haben, wenn sie die Grünen und die AfD als Antipoden entlang einer derartigen Konfliktlinie bezeichnen, gelingt es offensichtlich beiden Parteien sehr erfolgreich, Unterstützer über diese Dimension zu mobilisieren. Zentrale Bedeutung hat ferner, dass mit der Wählerschaft der Grünen eine offenbar neu hinzukommende Manifestation eines politisch institutionalisierten Kosmopolitismus ersichtlich wird, die einen offenkundig vormals bestehenden nationalistischen Konsens aufbricht.

Im Folgenden werden nun noch die weiteren Variablen beschrieben, die in die multivariaten Analysen inkludiert werden. Dazu gehören neben soziodemographischen Variablen (Abschnitt 4.1.4) auch die für das Gesamtmodell operationalisierten Variablen des Michigan-Modells, also die Parteiidentifikation und die Kandidatenorientierung (Abschnitt 4.1.5).

4.1.4 Sozio-demographische Kontrollvariablen

In der vergleichenden Betrachtung zeigt sich, dass die Wählerschaft der CDU/CSU in den vorliegenden Daten zur Bundestagswahl 2009 – mehrheitlich – weiblichen Geschlechts war, wohingegen die Wählerschaft bei den Bundestagswahlen 2013 und 2017 eher ausgeglichen ist. Bei der SPD verhält es sich so, dass deren Wählerschaft 2009 entlang der binären Geschlechtscodierung eher gleichermaßen verteilt ist, wohingegen bei den Bundestagswahlen 2013 und 2017 Individuen männlichen Geschlechts innerhalb der SPD-Wählerschaft stärker vertreten sind. Bei der FDP sind 2009 mehr Männer als in ihrer Wählerschaft zu finden, wohingegen 2013 deutlich mehr Frauen für die FDP votiert haben. 2017 ist das Verhältnis zwischen den beiden Geschlechtern ausgeglichen. Die Grünen werden 2009 und 2013 bedeutsam stärker von Frauen unterstützt, wohingegen diese Diskrepanz bis 2017 verschwindet. Die Linke hingegen wird zu den drei Untersuchungszeitpunkten bedeutsam mehr von Männern unterstützt. Die AfD-Wählerschaft ist zu beiden Zeitpunkten vor allem durch Individuen männlichen Geschlechts geprägt (vgl. Tabelle 4.9).

Tabelle 4.9 Geschlechterverhältnis der Wähler nach Partei in Prozent

	Männlich 2009	Weiblich 2009	Männlich 2013	Weiblich 2013	Männlich 2017	Weiblich 2017
CDU/CSU	42,5	57,5	50,1	49,9	50,1	49,9
SPD	48,6	51,6	52,7	47,3	52,6	47,4
FDP	56,9	43,1	42,3	57,7	50,7	49,3
Grüne	42,7	57,3	47,7	52,3	49,5	50,5
Linke	53,4	46,6	52,2	47,8	56,2	43,8
AfD	–	–	75,4	24,6	71,2	28,8

Quelle: Eigene Darstellung und Berechnung, basierend auf den Daten von Rattinger et al. 2019a; Rattinger et al. 2019b; Roßteutscher et al. 2019.

Im Hinblick auf das Alter der jeweiligen Elektorate lassen sich wichtige Beobachtungen machen. Die Grünen-Wählerschaft ist, verglichen zu den Elektoraten der anderen Parteien, überdurchschnittlich jung. Die Wähler der CDU/CSU und der SPD sind – zumindest 2009 und 2017 – im Durchschnitt älter als die Elektorate anderer Parteien. Auffällig ist vor allem das Durchschnittsalter der FDP-Wähler, welches zwischen den drei Bundestagswahlen starken Schwankungen unterworfen ist. Die Wähler der FDP und auch der Grünen sind darüber hinaus die einzigen Gruppierungen, deren Durchschnittsalter im Jahr 2017 über dem zur Bundestagswahl 2009 erfassten Wert liegt (vgl. Tabelle 4.10).

Tabelle 4.10 Alter der Wähler nach Parteien im Durchschnitt

	Alter 2009	Alter 2013	Alter 2017
CDU/CSU	55,4	59,7	54,4
SPD	54,5	59,9	54,3
FDP	49,6	61,2	52,5
Grüne	42,0	47,8	45,8
Linke	48,4	55,1	47,7
AfD	–	51,9	50,0

Quelle: Eigene Darstellung und Berechnung, basierend auf den Daten von Rattinger et al. 2019a; Rattinger et al. 2019b; Roßteutscher et al. 2019.

4.1 Gesellschaftliche Wertorientierungen im Zeitverlauf

Im Hinblick auf die formelle Bildung der Wähler der Parteien ergeben sich nicht nur unterschiedliche Verteilungen zwischen den jeweiligen Elektoraten, sondern darüber hinaus auch einige Veränderungen. In den für die Bundestagswahl 2009 erfassten Daten verfügt ein Großteil der Wähler von CDU/CSU und SPD über einen Hauptschulabschluss, während der größte Anteil der Wähler von FDP, Grünen und Linken einen Realschulabschluss vorzuweisen hat. Darüber hinaus hat ein nennenswerter Anteil von rund 30 Prozent der Wähler von Grünen und FDP eine Allgemeine Hochschulreife. 2013 steigt der Anteil von Individuen mit Abitur innerhalb der Wählerschaft von CDU/CSU und SPD, während sich gleichzeitig ein geringerer Anteil von Individuen mit Hauptschulabschluss unter ihren Wählern befindet. In der FDP-Wählerschaft von 2013 steigt nicht nur der Anteil der Individuen mit Hauptschulabschluss, sondern zudem auch der Anteil derer, die über eine Allgemeine Hochschulreife verfügen. Dafür sinkt der Anteil von Individuen mit einem Realschulabschluss im Elektorat der FDP deutlich. Innerhalb der Grünen-Wählerschaft sinkt der Anteil von Individuen, die über einen Realschulabschluss verfügen, wohingegen der Anteil von Menschen mit Fachhochschulreife steigt. Bei der Wählerschaft der Linken hingegen sinkt der Anteil von Individuen, die über eine Allgemeine Hochschulreife verfügen. Gleichzeitig steigt der Anteil derer, die einen Hauptschulabschluss haben. Die AfD, die 2013 erstmals zu einer Bundestagswahl antritt, hat einen vergleichsweise hohen Wähleranteil mit Hauptschulabschluss, ihre Wähler sind aber im Hinblick auf die formelle Bildung nicht wesentlich von den CDU/CSU-Wählern zu unterscheiden. Im direkten Vergleich von 2009 und 2017 zeigt sich, dass die Unionswähler bei der letztgenannten Bundestagswahl deutlich seltener einen Hauptschulabschluss haben und deutlich öfter über eine Allgemeine Hochschulreife verfügen. Selbige Beobachtung trifft auch auf die Wähler der SPD und FDP zu. Das Elektorat der Grünen ist deutlich homogener geworden, hat sich hier der Anteil von Individuen, die das Abitur haben, nahezu verdoppelt. Bei der Linken-Wählerschaft hat sich dieser Wert mehr als verdreifacht. Die AfD-Wählerschaft wiederum hat sich zwischen 2013 und 2017 dahingehend verändert, dass der Anteil jener, die einen Hauptschulabschluss haben, zurückgegangen ist, während gleichzeitig der Anteil derer, die über einen Realschulabschluss verfügen, gestiegen ist (vgl. Tabelle 4.11).

Tabelle 4.11 Bildungsabschluss der Wähler nach Parteien in Prozent

2009	kein Abschluss	Hauptschule	Realschule	Fachhochschule	Abitur
CDU/CSU	1,0	45,1	36,3	4,3	13,2
SPD	0,9	53,0	29,9	3,2	12,9
FDP	0,5	27,3	36,0	7,6	28,6
Grüne	0,0	18,9	44,0	3,6	33,5
Linke	0,6	38,1	39,9	6,3	15,1
2013	kein Abschluss	Hauptschule	Realschule	Fachhochschule	Abitur
CDU/CSU	0,7	38,8	32,4	5,8	22,3
SPD	0,8	42,0	32,0	7,4	17,8
FDP	0,0	43,8	13,7	6,4	36,1
Grüne	0,0	21,8	32,8	12,0	33,5
Linke	0,8	28,9	43,2	5,5	21,6
AfD	0,0	37,4	26,1	12,3	24,2
2017	kein Abschluss	Hauptschule	Realschule	Fachhochschule	Abitur
CDU/CSU	0,7	24,7	33,4	9,5	31,7
SPD	1,4	29,8	29,8	8,8	30,2
FDP	0,9	15,7	33,0	5,3	45,1
Grüne	0,0	6,0	17,6	12,3	64,1
Linke	0,4	12,9	25,1	16,1	45,5
AfD	0,0	25,9	39,4	12,8	21,9

Quelle: Eigene Darstellung und Berechnung, basierend auf den Daten von Rattinger et al. 2019a; Rattinger et al. 2019b; Roßteutscher et al. 2019.

Zwecks zusätzlicher Validierung wäre der Abgleich mit einer externen Quelle – entlang dieser sozio-demographischen Daten – wünschenswert, obgleich die GLES-Daten von hoher wissenschaftlicher Qualität sind. Ein solcher Abgleich mit beispielsweise der repräsentativen Wahlstatistik erscheint allerdings als wenig sinnvoll, da im Rahmen dieser zum einen Altersgruppen, demnach nicht das spezifische Alter der Befragten, ausgewiesen werden. Ein Vergleich ist mit der hier sehr feingliedrigen Darstellung, basierend auf den GLES-Daten, entsprechend nicht möglich, da letztgenannte Daten detaillierter sind. Zum anderen wird in der repräsentativen Wahlstatistik die Verteilung nach Geschlecht entlang der entsprechenden Parteien ausgewiesen. Daraus wird jedoch kein Verhältnis der

Geschlechter innerhalb eines Parteielektorats ersichtlich, es ist darüber hinaus auch nicht zu berechnen (Der Bundeswahlleiter 2015).

4.1.5 Parteiidentifikation und Kandidatenorientierung

Eine Analyse der Parteiidentifikation der jeweiligen Anhänger folgt einer anderen Logik als die bei vielen der hier vorgestellten Variablen. Dies ist darauf zurückzuführen, dass hier das für eine sinngeleitete Analyse notwendige Kriterium die Existenz von Individuen ist, die sich mit einer entsprechenden Partei identifizieren. Eine prozentuale Verteilung erscheint hier nicht von primärer Relevanz, sondern vielmehr der Umstand, ob es überhaupt Individuen gibt, auf die eine Zuschreibung einer entsprechenden Parteiidentifikation passt. Dies ist für die Befragung zur Bundestagswahl 2009 zunächst kein Problem (vgl. Tabelle 4.12).

Tabelle 4.12 Stärke der Parteiidentifikation 2009 in absoluten Zahlen

	CDU/CSU	SPD	FDP	Grüne	Linke
keine Parteiidentifikation	1405	1563	1839	1828	1813
sehr schwache Identifikation mit Partei	9	5	1	2	5
ziemlich schwache Identifikation mit der Partei	35	31	16	8	12
mäßige Identifikation mit der Partei	173	145	24	30	34
ziemlich starke Identifikation mit der Partei	233	155	48	66	67
sehr starke Identifikation mit der Partei	86	36	11	8	10

Quelle: Eigene Darstellung und Berechnung, basierend auf den Daten von Rattinger et al. 2019a.

So geben hier 536 Individuen an, sie identifizierten sich mit der CDU/CSU, 372 Befragte geben an, sich mit der SPD zu identifizieren, weitere 100 mit der FDP, 114 mit den Grünen und 128 Personen mit der Linken. Die hier vorliegende Problematik besteht aber darin, dass sich nur wenige Individuen finden lassen, die angeben, ihre Parteiidentifikation sei nur in einem *sehr schwachen* Umfang vorhanden. Bei allen hier erfassten Elektoraten lassen sich jeweils nur weniger als zehn Befragte finden, auf die dies zutrifft. Zumindest für die Wähler von FDP,

Grünen und Linken sind darüber hinaus auch nur in einem geringen Umfang Individuen zu finden, die sich *sehr stark* mit der von ihnen als Identifikationsobjekt angegeben Partei identifizieren. Diese Situation verschärft sich dann bei der Bundestagswahl 2013. So geben allgemein nur 22 Personen an, sie würden sich mit der FDP identifizieren. Gleiches gilt für die erstmals kandidierende AfD, mit der sich nach eigener Angabe 19 Personen identifizieren können. Währenddessen sind für die CDU/CSU (559 Individuen), für die SPD (462 Befragte) für die Grünen (118 Individuen) und für die Linken (105 Individuen) zumindest ausreichend Personen zu erfassen, die angeben, sie identifizierten sich mit der jeweiligen Partei (vgl. Tabelle 4.13).

Tabelle 4.13 Stärke der Parteiidentifikation 2013 in absoluten Zahlen

	CDU/CSU	SPD	FDP	Grüne	Linke	AfD
keine Parteiidentifikation	1237	1337	1778	1681	1692	1781
sehr schwache Identifikation mit Partei	3	3	0	3	1	0
ziemlich schwache Identifikation mit der Partei	18	24	3	2	4	0
mäßige Identifikation mit der Partei	180	174	13	53	33	8
ziemlich starke Identifikation mit der Partei	265	209	3	56	53	10
sehr starke Identifikation mit der Partei	93	52	3	4	14	1

Quelle: Eigene Darstellung und Berechnung, basierend auf den Daten von Rattinger et al. 2019b.

Es gilt auch hier für alle Parteien die beschriebene Problematik, dass sich kaum Individuen finden lassen, die eine *sehr schwache* Identifikation mit der jeweiligen Partei angeben. Ferner sind auch bei den Wählern von FDP, Grünen und AfD nur wenige Personen (<10 Befragte) zu finden, die eine *sehr starke* Identifikation mit der jeweiligen Partei aufweisen. Besonders problematisch ist die Lage aber auch hier insbesondere bei der Wählerschaft von FDP und AfD, da dort Ausprägungen entlang dieses Items vorhanden sind, in die keine einzige befragte Person zugeteilt werden kann. Dies kann wiederum dazu führen, dass bei multivariaten Analyseverfahren keine sinngeleiteten Ergebnisse ermittelt werden können, da der errechnete Standardfehler schlicht zu groß sein kann. Hierauf ist in der Folgeanalyse Acht zu geben.

4.1 Gesellschaftliche Wertorientierungen im Zeitverlauf

Zur Bundestagswahl 2017 lassen sich dann wiederum für alle Parteien, die nach der Wahl in das Parlament einziehen, ausreichend Befragte finden. So geben 574 Individuen an, sie identifizierten sich mit der CDU/CSU, 363 Befragte geben dies für die SPD an, 96 jeweils für die FDP und für die Grünen, 105 für die Linke und 79 Personen für die AfD. Auch hier lassen sich jedoch bei allen Elektoraten nur sehr wenige (<5) Individuen finden, die angeben, sie identifizierten sich in einem *sehr schwachen* Ausmaß mit einer jeweiligen Partei. Ähnliches ist für eine *ziemlich schwache* Identifikation zu beobachten. Darüber hinaus geben nur wenige Individuen an, sie verfügten über eine *sehr starke* Identifikation mit der FDP, den Grünen oder der AfD (vgl. Tabelle 4.14).

Tabelle 4.14 Stärke der Parteiidentifikation 2017 in absoluten Zahlen

	CDU/CSU	SPD	FDP	Grüne	Linke	AfD
keine Parteiidentifikation	1396	1608	1876	1876	1692	1892
sehr schwache Identifikation mit Partei	4	2	1	1	1	1
ziemlich schwache Identifikation mit der Partei	13	10	7	7	4	6
mäßige Identifikation mit der Partei	232	135	36	36	33	34
ziemlich starke Identifikation mit der Partei	280	186	47	47	53	33
sehr starke Identifikation mit der Partei	45	30	5	5	14	5

Quelle: Eigene Darstellung und Berechnung, basierend auf den Daten von Roßteutscher et al. 2019.

Demnach ist insbesondere dann, wenn die Identifikation mit einer jeweiligen Partei in die vorzunehmenden Analysen aufgenommen wird, stets zu beachten, dass ein potenziell hoher Effekt, der von einer Parteiidentifikation ausgeht, in einigen Fällen auf Basis weniger Fälle beruht. Dies gilt insbesondere für die Wählerschaften kleinerer Parteien wie die der FDP, der Grünen, der Linken und der AfD.

Im Hinblick auf die Kandidatenorientierung sind wiederum die durchschnittlichen Werte von höherer Aussagekraft, die sich bei einer metrischen Variable besser aufzeigen lassen als bei einer ordinalen Variable wie der Parteiidentifikation. Dabei lässt sich konstatieren, dass die Wähler der CDU/CSU eine wenig überraschend positive Haltung gegenüber der Spitzenkandidatin der favorisierten Partei haben. Die für die SPD-Kanzlerkandidaten ermittelten Werte sind als eher neutral einzuschätzen. Innerhalb der SPD-Wählerschaft wird die CDU/CSU-Kanzlerkandidatin bei allen Untersuchungszeitpunkten neutral bis positiv bewertet. Den Kanzlerkandidaten der SPD bewerten ihre Wähler ebenso positiv wie die Wähler der CDU/CSU die Kanzlerkandidatin der Union. Darüber hinaus lässt sich zwischen 2009 und 2017 beobachten, dass eine anfänglich neutrale Einstellung gegenüber der amtierenden Kanzlerin Angela Merkel immer positiver wird. Die FDP-Wählerschaft bewertet die Kanzlerkandidatin von CDU/CSU zu allen drei Zeitpunkten sehr positiv, wohingegen die SPD-Kandidaten eher neutral betrachtet werden. Auffällig bei den Wählern der Grünen ist, dass die Kanzlerkandidatin der Unionsparteien im Zeitverlauf immer positiver bewertet wird, während die SPD-Kanzlerkandidaten gleichbleibend neutral bis positiv eingeschätzt werden. Dabei ist aber zu erwähnen, dass die Grünen-Wähler Merkel 2017 im Schnitt positiver bewerten als die SPD-Wählerschaft ihre eigenen Kanzlerkandidaten von 2009 und 2013, Steinmeier und Steinbrück. Die Linken-Wählerschaft wiederum bewertet 2009 und 2013 die Kanzlerkandidaten der politischen Konkurrenz als negativ oder neutral bis negativ. Dies ändert sich 2017, wenn diese dort im Schnitt als neutral bis positiv wahrgenommen werden. Der gegenteilige Prozess vollzieht sich bei den Wählern der AfD. Wird dort beispielsweise Angela Merkel im Bundestagswahljahr 2013 noch recht positiv bewertet und der SPD-Kandidat Steinbrück als neutral bis negativ, scheint 2017 eher eine zunehmende Abneigung gegenüber den Kandidaten von Union und SPD verbreitet zu sein (vgl. Tabelle 4.15).

Tabelle 4.15 Kandidatenorientierung nach Parteienwählerschaft im Mittelwert

	Merkel 2009	Steinmeier 2009	Merkel 2013	Steinbrück 2013	Merkel 2017	Schulz 2017
CDU/CSU	8,83	5,49	9,8	5,76	9,72	5,91
SPD	5,90	8,12	6,27	8,07	7,26	8,43
FDP	7,83	5,75	9,07	5,76	8,32	5,64
Grüne	5,59	6,67	6,65	6,95	8,36	7,06
Linke	4,81	5,74	5,21	5,92	6,48	6,77
AfD	–	–	6,74	5,08	4,36	4,68

Quelle: Eigene Darstellung und Berechnung, basierend auf den Daten von Rattinger et al. 2019a; Rattinger et al. 2019b; Roßteutscher et al. 2019.

Bei den hier vorgestellten Variablen ist es wichtig, dass sich diese im Rahmen multivariater Analyseverfahren nicht gegenseitig erklären dürfen. Um dies nicht nur ausschließen zu können, sondern auch die Zusammenhänge zwischen den

Variablen abzubilden, die für die hier vorliegende Analyse ursächlich relevant sind, werden im Folgenden die Ergebnisse einer bivariaten Korrelationsanalyse vorgestellt.

4.2 Bivariate Analyse der Zusammenhänge gesellschaftlicher Wertorientierungen

Dass in Analysen bestimmte Variablen miteinander korrelieren, ist zunächst nicht problematisch, zeigt es doch schließlich den Zusammenhang zwischen verschiedenen Phänomenen wie beispielhaft Wertorientierungen oder Einstellungen. So lassen sich ansatzweise erste Muster erkennen, die ein besseres Verständnis gesellschaftlicher Wandlungsprozesse ermöglichen.

Wenn demnach zwei Variablen auf einem Niveau von kleiner oder gleich 0,05 korrelieren, gilt dieser Zusammenhang als vernachlässigbar. Liegt der entsprechende Wert zwischen 0,05 und 0,20, handelt es sich um einen geringen Zusammenhang, bei einem Wert zwischen 0,2 und 0,5 spricht man von einem Zusammenhang im mittleren Bereich. Werte über dem Niveau von über 0,5 gelten als hoch und ab 0,7 als sehr hoch zusammenhängend (vgl. Tabelle 4.16).

Tabelle 4.16 Faustregeln Korrelation

Korrelation	Faustregel
$r \leq 0{,}05$	Vernachlässigbar
$0{,}05 < r < 0{,}20$	Gering
$0{,}2 < r < 0{,}5$	Mittlerer Bereich
$r > 0{,}5$	Hoch
$r > 0{,}7$	Sehr hoch

Quelle: Eigene Darstellung, basierend auf Kühnel und Krebs 2010, S. 404–405.

Im hier vorliegenden Fall wird auf Pearson's Korrelationskoeffizient (Pearson's R) zurückgegriffen, um die Korrelationen evaluieren zu können. Dieses Zusammenhangsmaß beschreibt den Raum von -1 bis $+1$, wobei ersteres für eine perfekte negative Korrelation steht und letzteres für eine perfekte positive Korrelation.

Zu den jeweiligen drei Untersuchungszeitpunkten korrelieren die Teildimensionen gesellschaftlicher Wertorientierungen in unterschiedlichem Ausmaß miteinander. 2009 ist so eine mittlere Korrelation zwischen einer rechtsmaterialistischen und einer materialistischen Wertorientierung zu beobachten, die darüber hinaus hoch signifikant ($p < 0{,}001$) ist. Gleichermaßen hoch signifikant ist der geringe Zusammenhang zwischen einer rechts-materialistischen und einer nationalistischen Wertorientierung (vgl. Tabelle 4.17).

Tabelle 4.17 Bivariate Korrelationen 2009

	Links-Rechts-Materialismus	Religiös-Säkular	Postmaterialismus-Materialismus	Kosmopolitismus-Nationalismus
Links-Rechts-Materialismus	1,0000			
Religiös-Säkular	0,0314	1,0000		
Postmaterialismus-Materialismus	0,2319***	0,1179***	1,0000	
Kosmopolitismus-Nationalismus	0.1054***	−0,0016	0,1210***	1,0000

Quelle: Eigene Darstellung und Berechnung, basierend auf den Daten von Rattinger et al. 2019a.
*p < 0,05; **p < 0,01; ***p < 0,001.

Zwischen einer religiösen oder säkularen Wertorientierung und einer links-rechts-materialistischen Wertorientierung ist kein signifikanter Zusammenhang festzustellen. In der Tat liegt allgemein nur eine geringe Korrelation zwischen einer religiösen oder säkularen und einer postmaterialistischen oder materialistischen Wertorientierung vor, wenngleich diese hoch signifikant ($p < 0{,}001$) ist. Eine materialistische Wertorientierung wiederum korreliert zwar hoch signifikant mit einer nationalistischen Wertorientierung ($p < 0{,}001$), aber auf geringem Niveau.

Bei der Bundestagswahl 2013 wiederum liegt eine hoch signifikante ($p < 0{,}001$) Korrelation zwischen der links-rechts-materialistischen Konfliktlinie sowie den weiteren drei Dimensionen gesellschaftlicher Wertorientierung vor, die aber jeweils unterschiedlich stark ausfällt. Während eine stärkere rechts-materialistische Wertorientierung so durchaus mit einer religiöseren Wertorientierung oder einer materialistischen Wertorientierung in einem sehr geringen Ausmaß korreliert, liegt zumindest zu einer nationalistischen Wertorientierung ein höheres Korrelat vor. Nichtsdestotrotz ist auch dieser Zusammenhang in der Summe als grundsätzlich gering einzustufen. Darüber hinaus korreliert eine

4.2 Bivariate Analyse der Zusammenhänge gesellschaftlicher …

höhere religiöse Weltanschauung mit einer eher kosmopolitischen Wertorientierung. Zwar ist auch hier der Zusammenhang hoch signifikant ($p < 0{,}001$), in seiner tatsächlichen Wirkung aber nur von geringem Ausmaß. Dennoch zeigt sich hier eine Tendenz dahingehend, dass religiöse Individuen signifikant seltener nationalistisch orientiert sind als Säkulare. Ein anderer Zusammenhang zeigt sich wiederum zwischen einer nationalistischen und einer materialistischen Wertorientierung. Der dabei festzustellende Zusammenhang ist im mittleren Bereich zu verorten, gleichwohl er hoch signifikant ($p < 0{,}001$) ist (vgl. Tabelle 4.18).

Tabelle 4.18 Bivariate Korrelationen 2013

	Links-Rechts-Materialismus	Religiös-Säkular	Postmaterialismus-Materialismus	Kosmopolitismus-Nationalismus
Links-Rechts-Materialismus	1,0000			
Religiös-Säkular	0,0838***	1,0000		
Postmaterialismus-Materialismus	0,0724***	−0,0024	1,0000	
Kosmopolitismus-Nationalismus	0,1452***	−0,0977***	0,2564***	1,0000

Quelle: Eigene Darstellung und Berechnung, basierend auf den Daten von Rattinger et al. 2019b.
*$p < 0{,}05$; **$p < 0{,}01$; ***$p < 0{,}001$.

Bis 2017 lässt sich im Ansatz eine Neukonfiguration dieser Zusammenhänge feststellen, korrelieren hier nun spezifische Wertorientierungen in einem anderen Umfang miteinander oder auch in Teilen überhaupt nicht mehr. In einem sehr geringen, aber dennoch signifikanten ($p < 0{,}05$) Umfang korreliert weiterhin eine religiöse Wertorientierung mit einer eher rechts-materialistischen Wertorientierung. Ferner sind die Zusammenhänge zwischen einer eher rechts-materialistischen Wertorientierung sowie einer materialistischen und einer nationalistischen hoch signifikant ($p < 0{,}001$). Während eine materialistische Wertorientierung nur in einem geringen Umfang mit dieser Dimension korreliert, handelt es sich bei den Zusammenhängen zwischen dieser und einer nationalistischen um einen mittelstarken positiven Zusammenhang (vgl. Tabelle 4.19).

Besonders auffällig ist bei der Bundestagswahl 2017 aber in der Tat, dass eine materialistische Wertorientierung in einem mittelstarken positiven Umfang mit einer nationalistischen Wertorientierung korreliert. Von den für die Analyse

Tabelle 4.19 Bivariate Korrelationen 2017

	Links-Rechts-Materialismus	Religiös-Säkular	Postmaterialismus-Materialismus	Kosmopolitismus-Nationalismus
Links-Rechts-Materialismus	1,0000			
Religiös-Säkular	0,0515*	1,0000		
Postmaterialismus-Materialismus	0,1417***	−0,0088	1,0000	
Kosmopolitismus-Nationalismus	0,2361***	−0,0152	0,3622***	1,0000

Quelle: Eigene Darstellung und Berechnung, basierend auf den Daten von Roßteutscher et al. 2019. *p < 0,05; **p < 0,01; ***p < 0,001.

beobachteten Zusammenhängen ist dieser mit einem für Pearson's R berechneten Wert von 0,36 der höchste hier beobachtete Zusammenhang.

Worin nun die tatsächliche Ursache dieser Verschiebungen liegt, kann mit Hilfe einer derartigen Korrelationsanalyse nicht abschließend geklärt werden, da hier nur eine grundsätzliche Analyse für die wählende Bevölkerung vorgenommen wurde. Eine kleinschrittige Analyse für die jeweiligen Elektorate könnte darüber sicherlich mehr Aufschluss geben, würde aber auch den Rahmen der hier vorliegenden Arbeit überschreiten. Eine Möglichkeit, um diese Veränderung zu erklären, kann durchaus darin zu finden sein, dass durch eine sich verändernde politische Konfliktlage bestimmte Wertekonflikte in den Vordergrund rücken, die dann zu neuen Wertkombinationen führen. Zentral ist die vorgenommene Analyse dennoch, da sehr hohe Korrelate bereits ein Anzeichen dafür sein könnten, dass bestimmte Teildimensionen gesellschaftlicher Wertorientierungen einander gegenseitig erklären und somit die Aussagekraft einer auf ihnen basierenden Analyse eingeschränkt ist. Um im weiteren Verlauf tatsächlich erörtern zu können, ob in den jeweiligen Wählerschaften deutscher Parteien ein solches Phänomen vorliegt, muss im Rahmen der vorzunehmenden Analysen eine Regressionsdiagnostik durchgeführt werden.

Als eines von mehreren möglichen Verfahren zur Regressionsdiagnostik wird hier mit dem *Varianz-Inflations-Faktor* (VIF) jenes angewendet, mit dem auf Multikollinearität getestet werden kann. Diese liegt bei einer Regression dann vor,

„wenn sich die Werte eines Prädiktors gut aus einer Linearkombination der übrigen Prädiktoren vorhersagen lassen. Dies ist insbesondere dann der Fall, wenn Prädiktoren paarweise miteinander korrelieren" (Wollschläger 2017, S. 219). Mit dem VIF-Wert wird schließlich eine Maßzahl berechnet, bei der für jede unabhängige Variable berechnet wird, wie gut diese durch die anderen unabhängigen Variablen erklärt werden kann. Unterschiede bestehen lediglich darin, ab welchem Zeitpunkt ein solcher VIF-Wert ein kritisches Niveau erreicht. Während in Teilen argumentiert wird, dass eine Überschreitung eines VIF-Werts von 2 schon als problematisch einzuordnen ist (Schneider 2007, 187), wird an anderen Stellen ein VIF-Wert „von bis zu ca. 4 als unkritisch" (Wollschläger 2017, S. 220) eingeordnet.

Essenziell ist, dass dabei nicht nur jene Prädiktoren einer Untersuchung unterzogen werden, die für diese Analyse von besonderer Bedeutung sind, sondern die Gesamtheit aller Einflussgrößen. Tatsächlich zeigt sich, dass bei keiner der im Folgekapitel vorgestellten Regressionsanalysen der kritische VIF-Wert von 2 überschritten wird (vgl. Tabelle A23 im Anhang des elektronischen Zusatzmaterials). Multikollinearität liegt demnach nicht vor, weshalb die vorgestellten Analyseergebnisse ohne diesbezügliche Bedenken zur Kenntnis genommen werden können. Eine entsprechende Beschreibung dieser Diagnostik wurde hier aus diesem Grund sehr bewusst vorgezogen.

4.3 Effekte gesellschaftlicher Wertorientierungen auf das Wahlverhalten bei den Bundestagswahlen 2009 bis 2017

Tatsächliches Wahlverhalten für eine Partei zu einem spezifischen Zeitpunkt kann nicht im Rahmen deskriptiver oder bivariater Analysen erklärt werden, sondern ausschließlich im Rahmen multivariater Analyseverfahren. In den nun folgenden Kapiteln soll das Wahlverhalten mit entsprechenden Einflussfaktoren für die jeweiligen Parteien erläutert und somit die Grundlage für die Beantwortung der Forschungsfrage sowie der darauf basierenden Hypothesen geschaffen werden. Die analytische Untersuchung des Wahlverhaltens erfolgt, sofern möglich, im Rahmen von drei Teilschritten. Im ersten Schritt soll mit Hilfe von binär-logistischen Regressionen erörtert werden, welche Erklärungskraft zunächst gesellschaftliche Wertorientierungen auf das Wahlverhalten haben. Dabei werden verschiedene Kennwerte wie Lemeshows R^2 oder das AIC herangezogen, um zunächst einen ersten Eindruck davon zu bekommen, wie entsprechende Modelle durch Ergänzung verschiedener Prädiktoren an Aussagekraft gewinnen.

Wie bereits erläutert, wird dafür zunächst im *Grundmodell* nur die Konstante als Ausgangspunkt verwendet. Im darauf aufbauenden *Wertemodell* werden die vier Dimensionen gesellschaftlicher Wertorientierungen ergänzt. Im *Kontrollmodell* werden schließlich sozio-demographische Kontrollvariablen in den Analyserahmen eingebettet. Mit der Ergänzung der individuellen Parteiidentifikation und der Kandidatenorientierung wird sodann das vollständige *Gesamtmodell* geformt. Durch diese Vorgehensweise kann dann einerseits erörtert werden, ob gesellschaftliche Wertorientierungen auch nach Ergänzung der Parteiidentifikation und der Kandidatenorientierung einen signifikanten Effekt auf das Wahlverhalten entfalten. Andererseits können so erste Anhaltspunkte identifiziert werden, welche Prädiktoren das Wahlverhalten signifikant beeinflussen. Die tatsächliche Interpretation von Effektstärken erfolgt dann im zweiten Schritt mit Hilfe der Analyse der Average Marginal Effects. Sofern sich dabei herausstellt, dass die Parteiidentifikation – als eine den gesellschaftlichen Wertorientierungen im Trichter der Wahlentscheidung nachgeordnete Einflussstärke – einen signifikanten Effekt auf das tatsächliche Wahlverhalten hat, wird abschließend unter Zuhilfenahme von Pfadmodellierungen eine entsprechende Kausalbeziehung näher betrachtet. Durch diese Vorgehensweise ist es nicht nur möglich zu erörtern, welchen tatsächlichen Einfluss gesellschaftliche Wertorientierungen auf das Wahlverhalten haben, sondern auch wie diese womöglich die Ausprägung einer Parteiidentifikation beeinflussen.

Das Wahlverhalten zu Gunsten von CDU und CSU wird im nun folgenden Abschnitt 4.3.1 erläutert. Im darauffolgenden Abschnitt 4.3.2 wird das Wahlverhalten der SPD-Wähler näher erörtert. Im Folgekapitel 4.3.3 geht es wiederum um die FDP-Wählerschaft und die Beschreibung der Effekte, die das Wahlverhalten zu Gunsten dieser Partei beeinflussen, während selbiges in Abschnitt 4.3.4 anhand der Grünen-Wählerschaft vorgenommen wird. Abschnitt 4.3.5 behandelt die Analyse jener Effektstärken, die das Wahlverhalten für die Linke erklären können. Mit Abschnitt 4.3.6 wird schlussendlich die Wählerschaft der AfD einer Untersuchung unterzogen. Im abschließenden Abschnitt 4.4 werden sodann die Ergebnisse der multivariaten Analyse nicht nur zusammengefasst, sondern auch die theoretischen Überlegungen und die dazugehörigen Hypothesen einer kritischen Analyse unterzogen.

4.3.1 Wahlverhalten zu Gunsten der CDU/CSU

Die nun folgende Analyse ist nicht nur methodisch, sondern auch durch die jeweiligen Untersuchungszeitpunkte in drei Teilkapitel unterteilt. Abschnitt 4.3.1.1 widmet sich dem Wahlverhalten zu Gunsten von CDU/CSU bei der Bundestagswahl 2009. Im darauffolgenden Abschnitt 4.3.1.2 wird dann selbiges für die Bundestagswahl 2013 und in Abschnitt 4.3.1.3 entsprechend für die Bundestagswahl 2017 vorgenommen.

4.3.1.1 Bundestagswahl 2009

Beim Blick auf das Wahlverhalten zu Gunsten der CDU/CSU bei der Bundestagswahl 2009 zeigt sich, dass eine grundsätzliche Erklärungskraft von gesellschaftlichen Wertorientierungen auf das Wahlverhalten für die Union durchaus vorhanden ist, sinkt doch der AIC-Wert von 1188,86 im Grundmodell auf 1048,16 im Wertemodell. Durch Ergänzung der sozio-demographischen Variablen im Kontrollmodell sinkt dieser Wert marginal auf 1040,49. Erst mit Ergänzung von Prädiktoren aus dem Michigan-Modell verbessert sich das Modell deutlich und erreicht im Gesamtmodell den finalen AIC-Wert von 655,09. Die entsprechende Modellverbesserung ist auch am $\Delta-2LL$ erkennbar, da dieser die Verbesserung des Modells, gemessen am für die Log-Likelihood ($-2LL$) errechneten Wert, abbildet. Eine analoge Entwicklung ist mit Hilfe des R^2 nach Hosmer-Lemeshow nachzuvollziehen. Beträgt dieses im Wertemodell aufgerundet 0,13, so steigt es durch das Kontrollmodell auf gerundet 0,14 und schließlich im Gesamtmodell auf 0,46. Die erklärte Passung zwischen dem Modell und der durch die Daten abgebildete Realität ist nicht nur sehr groß, darüber hinaus zeigt sich, dass gesellschaftliche Wertorientierungen ebenso zur Steigerung der Modellgüte beitragen, wenngleich nicht in einem Ausmaß wie die Prädiktoren der klassischen Wahlforschung des Michigan-Modells (vgl. Tabelle 4.20).

Tabelle 4.20 Binär-logistische Regressionen – Wahl der CDU/CSU 2009

	Grundmodell	Wertemodell	Kontrollmodell	Gesamtmodell
Konstante	−0,491*** (0,069)	−4,519*** (0,403)	−5,113*** (0,590)	−3,033*** (0,843)
Links-Rechts-Materialismus		0,195*** (0,034)	0,209*** (0,035)	0,058 (0,044)
Religiös-Säkular		0,267*** (0,061)	0,191** (0,066)	0,060 (0,084)
Postmaterialismus-Materialismus		0,197*** (0,032)	0,204*** (0,033)	0,084* (0,041)
Kosmopolitismus-Nationalismus		0,134*** (0,032)	0,113*** (0,033)	0,024 (0,042)
Geschlecht			0,248 (0,158)	0,229 (0,201)
Alter			0,014** (0,005)	0,007 (0,006)
Bildung			−0,027 (0,078)	−0,262** (0,096)
Parteiidentifikation				0,608*** (0,055)
Merkel				0,360*** (0,049)
Steinmeier				−0,332*** (0,048)
N	886	886	886	886
AIC	1188,86	1048,16	1040,49	655,09
−2LL	1323,00	1152,00	1138,00	710,30
Δ−2LL		171,00	14,00	427,70
Δ(df)	1	4	3	3
Hosmer-Lemeshow R^2		0,1292	0,1398	0,4631

Quelle: Eigene Darstellung und Berechnung, basierend auf den Daten von Rattinger et al. 2019a. *p < 0,05; **p < 0,01; ***p < 0,001. Ausgewiesen werden Logit-Koeffizienten. Standardfehler in Klammern.

4.3 Effekte gesellschaftlicher Wertorientierungen ...

Während die vier Dimensionen gesellschaftlicher Wertorientierungen unter Hinzunahme der Kontrollvariablen im Kontrollmodell auch weiterhin hochgradig signifikante Effekte auf das Wahlverhalten zu Gunsten von CDU und CSU haben, verändert sich dies maßgeblich bei Ergänzung der Parteiidentifikation und der Kandidatenorientierung. Für die Wähler von CDU/CSU hat bei der Bundestagswahl demnach insbesondere die Parteiidentifikation einen hoch signifikanten ($p < 0{,}001$) Effekt auf ihr Wahlverhalten. Je stärker die Identifikation mit den Unionsparteien ist, desto wahrscheinlicher ist auch die Wahl von CDU und CSU. Ferner hat eine Einschätzung der jeweiligen Spitzenkandidaten von Union und SPD einen ebenso hoch signifikanten Effekt. Dabei führt eine positive Haltung gegenüber der CDU/CSU-Spitzenkandidatin Merkel eher dazu, die Union zu wählen, wohingegen eine positive Bewertung des SPD-Spitzenkandidaten Steinmeier den gegenteiligen Effekt hat. Von den Dimensionen gesellschaftlicher Wertorientierungen bleibt im Gesamtmodell einzig jene zwischen Postmaterialismus und Materialismus signifikant ($p < 0{,}05$). Je materialistischer ein Individuum demnach orientiert ist, desto wahrscheinlicher ist die Wahl der Unionsparteien. Eine religiöse Wertorientierung hat hiernach, anders als angenommen, zur Bundestagswahl 2009 offenkundig keinen signifikanten direkten Effekt auf die Wahl der Unionsparteien.

Eine Betrachtung der Average Marginal Effects bestätigt, dass eine materialistische Wertorientierung in der Tat einen signifikanten ($p < 0{,}05$) Effekt auf das Wahlverhalten zu Gunsten von CDU und CSU hat (vgl. Abbildung 4.37).

Je stärker ein Individuum materialistisch orientiert ist, desto höher ist die Wahrscheinlichkeit einer CDU/CSU-Wahl – der entsprechende durchschnittliche Effekt beträgt 0,92 Prozent. Weitaus klarere Effekte liegen sowohl für die Parteiidentifikation als auch für die Bewertungen der Kanzlerkandidaten von CDU/CSU und SPD vor. Die Wahrscheinlichkeit der Wahl der Unionsparteien steigt um durchschnittlich 3,95 Prozent, je positiver die Unionskandidatin Merkel bewertet. Analog sinkt die Wahrscheinlichkeit der CDU/CSU-Wahl um 1,95 Prozent, je positiver SPD-Kandidat Steinmeier bewertet wird. Insbesondere die sehr hohe Effektstärke der Parteiidentifikation sticht hierbei hervor, beträgt der durchschnittliche marginale Effekt auf das Wahlverhalten hier doch 6,69 Prozent. Demnach steigt die durchschnittliche Wahrscheinlichkeit der CDU/CSU-Wahl, je stärker die Identifikation mit den Unionsparteien ist, um 6,69 Prozent. Auf dieser Basis macht eine Analyse mit einem Pfadmodell durchaus Sinn, um nicht nur direkte Effekte auf das Wahlverhalten zu erfassen, sondern auch indirekte Effekte abbilden zu können. Hiermit kann sodann festgestellt werden, ob verschiedene Dimensionen gesellschaftlicher Wertorientierungen womöglich einen indirekten Effekt über die Parteiidentifikation auf das Wahlverhalten zu entfalten vermögen.

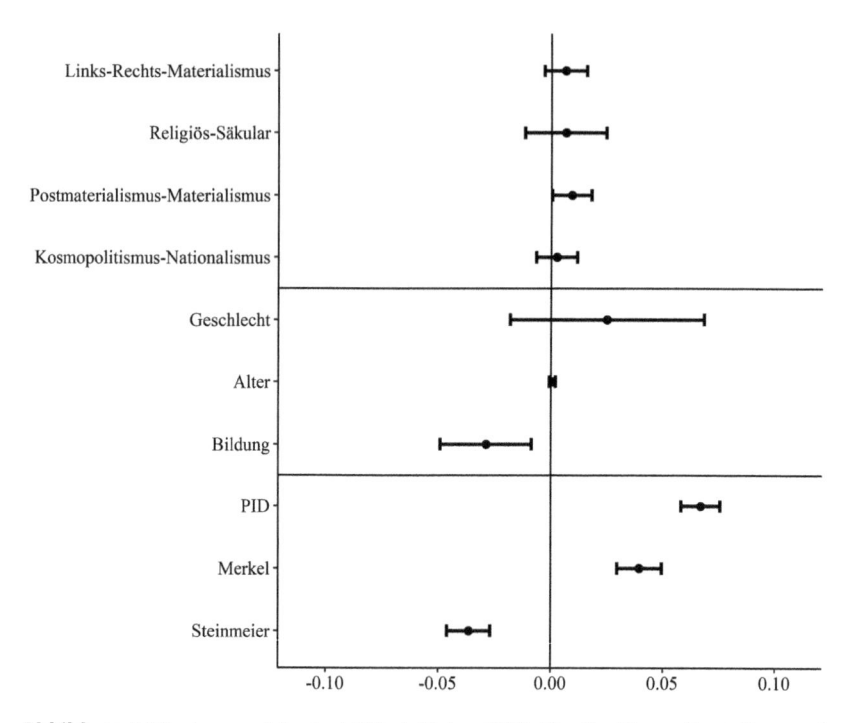

Abbildung 4.37 Average Marginal Effects Union 2009. (Quelle: Eigene Darstellung und Berechnung, basierend auf den Daten von Rattinger et al. 2019a. Angegeben sind durchschnittliche marginale Effekte (in Prozentpunkten) und 95 %-Konfidenzintervalle, basierend auf Logit-Koeffizienten)

Dabei zeigt sich, dass gesellschaftliche Wertorientierungen auf das Wahlverhalten zu Gunsten der CDU/CSU bei der Bundestagswahl 2009 keinen direkten signifikanten Effekt haben. Der vormals knapp signifikante Effekt einer materialistischen Wertorientierung auf das Wahlverhalten zu Gunsten der Unionsparteien wird im dargelegten Modell zu einem nicht signifikanten Prädiktor. Stattdessen ist aber festzustellen, dass gesellschaftliche Wertorientierungen tatsächlich hoch signifikant (p < 0,001) die Ausbildung und Stärke einer Parteiidentifikation beeinflussen. Dabei zeigt sich, dass eine rechts-materialistische Wertorientierung ebenso einen Effekt entfaltet wie eine religiöse, eine materialistische und eine nationalistische Wertorientierung. Insbesondere für eine rechts-materialistische, eine religiöse sowie eine materialistische Wertorientierung sind die entsprechenden Effekte hoch. Darüber hinaus wirkt die Parteiidentifikation wiederum

4.3 Effekte gesellschaftlicher Wertorientierungen ...

hoch signifikant auf die Einstellung zu den jeweiligen Kanzlerkandidaten. Während eine hohe Parteiidentifikation wenig überraschend eine positive Bewertung von CDU/CSU-Kanzlerkandidatin Merkel zur Folge hat, führt diese beim SPD-Kandidaten Steinmeier zum gegenteiligen Effekt. Der Modell-Fit kann gemäß des CFI (0,941) als gut bewertet werden, wohingegen er, gemessen am RMSEA, sehr knapp oberhalb des Kennwerts liegt, der einen noch akzeptablen Modell-Fit kennzeichnet ($\leq 0,08$) – eine Modellanpassung wird aufgrund der knappen Kennwertüberschreitung hier nicht vorgenommen. Gesellschaftliche Wertorientierungen haben demnach 2009 einen Einfluss auf das Wahlverhalten für die CDU/CSU, wenngleich sie ausschließlich einen indirekten Einfluss über die Parteiidentifikation entfalten können. Das vorliegende Modell kann dabei nicht nur die indirekten und direkten Einflussgrößen gut abbilden, sondern auch das Wahlverhalten für die Unionsparteien an sich gut erklären (vgl. Abbildung 4.38).

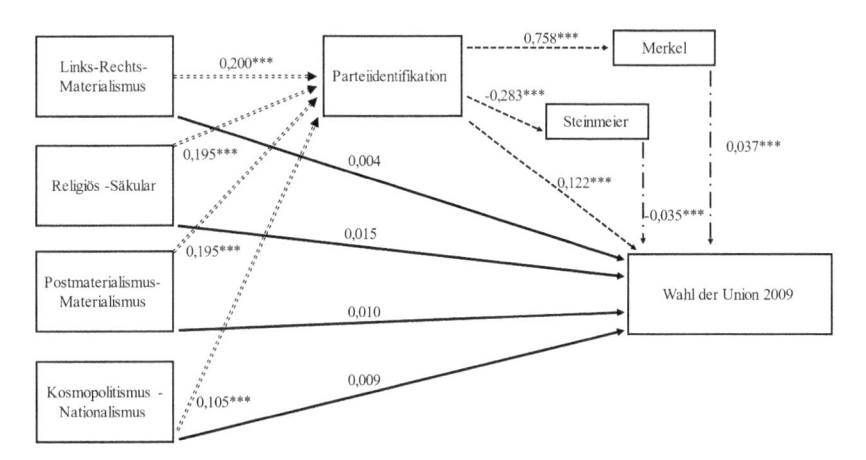

Abbildung 4.38 Pfadmodell Union 2009. (Quelle: Eigene Darstellung und Berechnung, basierend auf den Daten von Rattinger et al. 2019a. $x^2 = 67,284^7$; CFI = 0,941; RMSEA = 0,086)

---

[7] Der x^2-Wert wird hier und im Folgenden zwar aufgeführt, jedoch wie erläutert keiner näheren Analyse unterzogen.

4.3.1.2 Bundestagswahl 2013

Für die Bundestagswahl 2013 lässt sich bei den Wählern von CDU und CSU zwar feststellen, dass gesellschaftliche Wertorientierungen einen Einfluss auf das individuelle Wahlverhalten haben, die tatsächliche Einflussgröße aber verglichen zu 2009 nachgelassen hat. Bei der Betrachtung der geschachtelten binär-logistischen Regressionsmodelle wird dies an den als relevant identifizierten Kennwerten ersichtlich. So liegt der AIC-Wert im Grundmodell bei 1704,25 und im Wertemodell dann bei 1572,25. Die Modellverbesserung fällt demnach eher gering aus. Auch der mit der Log-Likelihood errechnete Wert sieht nur eine Verbesserung um 221 Einheiten. Ähnlich wie schon 2009 wird das Modell durch Ergänzung soziodemographischer Kontrollvariablen nur marginal besser. Während das R^2 nach Hosmer-Lemeshow im Wertemodell bei 0,123 liegt, steigt dieses im Kontrollmodell nur erkennbar im Bereich der dritten Dezimalstelle auf 0,127. Besonders stark ist der Erkenntnisgewinn durch die Inklusion der Parteiidentifikation und der Kandidatenorientierung im Gesamtmodell. Der für das AIC berechnete Wert sinkt um über 750 Einheiten. Darüber hinaus steigt das R^2 auf einen Umfang von 0,54 Einheiten. Ferner ist auch der im Vergleich deutlich gesunkene Wert für die Log-Likelihood Ausdruck dessen, dass diese Prädiktoren eine hohe Erklärungskraft für das Wahlverhalten für die CDU/CSU bei der Bundestagswahl 2013 haben. Durch die in den geschachtelten Modellen ausgewiesenen Einflussgrößen lassen sich weitere Unterschiede feststellen. Sind 2009 im Werte- und im Kontrollmodell noch alle vier Dimensionen gesellschaftlicher Wertorientierungen in ihrem Einfluss auf das Wahlverhalten signifikant, so lässt sich für 2013 durchgehend kein signifikanter Einfluss einer kosmopolitisch-nationalistischen Wertorientierung feststellen (vgl. Tabelle 4.21).

Im Gegensatz dazu sind auch 2013 durchaus signifikante Effekte von einer links-materialistischen, einer religiös-säkularen sowie einer postmaterialistisch-materialistischen Wertorientierung zu attestieren. Dies gilt aber nur so lange, bis die Parteiidentifikation sowie die Einschätzung der Spitzenkandidaten von CDU/CSU und SPD, Angela Merkel und Peer Steinbrück, als Prädiktoren im Gesamtmodell aufgenommen werden. Von den gesellschaftlichen Wertorientierungen bleibt ein signifikanter Effekt ($p < 0,05$) einzig durch eine materialistische Wertorientierung feststellbar. Demnach führt eine tendenziell mehr an der Ökonomie denn an der Ökologie ausgerichtete Grundhaltung mit höherer Wahrscheinlichkeit zu einer Wahl von CDU und CSU. Hoch signifikant ($p < 0,001$) sind ferner nur die im Gesamtmodell aufgenommenen Prädiktoren, also die Parteiidentifikation sowie die individuellen Einschätzungen gegenüber den Spitzenkandidaten von Union und SPD, Angela Merkel und Peer Steinbrück.

Tabelle 4.21 Binär-logistische Regressionen – Wahl der CDU/CSU 2013

	Grundmodell	Wertemodell	Kontrollmodell	Gesamtmodell
Konstante	−0,372*** (0,057)	−3,298*** (0,289)	−4,114*** (0,463)	−4,892*** (0,899)
Links-Rechts-Materialismus		0,125*** (0,028)	0,128*** (0,028)	−0,067 (0,051)
Religiös-Säkular		0,317*** (0,043)	0,306*** (0,044)	0,071 (0,072)
Postmaterialismus-Materialismus		0,216*** (0,031)	0,219*** (0,032)	0,107* (0,052)
Kosmopolitismus-Nationalismus		0,039 (0,025)	0,042 (0,026)	0,061 (0,043)
Geschlecht			0,140 (0,125)	0,086 (0,201)
Alter			0,007 (0,004)	−0,006 (0,006)
Bildung			0,100 (0,058)	0,023 (0,094)
Parteiidentifikation				0,728*** (0,062)
Merkel				0,507*** (0,057)
Steinbrück				−0,192*** (0,043)
N	1255	1255	1255	1255
AIC	1704,25	1572,25	1573,67	820,74
−2LL	1787,00	1566,00	1560,00	808,40
Δ−2LL		221,00	6,00	751,60
Δ(df)	1	4	3	3
Hosmer-Lemeshow R^2		0,1236	0,1270	0,5476

Quelle: Eigene Darstellung und Berechnung, basierend auf den Daten von Rattinger et al. 2019b. *p < 0,05; **p < 0,01; ***p < 0,001. Ausgewiesen werden Logit-Koeffizienten. Standardfehler in Klammern.

Dieser Eindruck bestätigt sich schließlich bei einer Analyse der Average Marginal Effects. Demnach hat eine materialistische Wertorientierung, wie auch in den für 2009 vorliegenden Daten der durchschnittlichen marginalen Effekte, einen signifikanten Effekt (p < 0,05) auf das Wahlverhalten für die Unionsparteien (vgl. Abbildung 4.39).

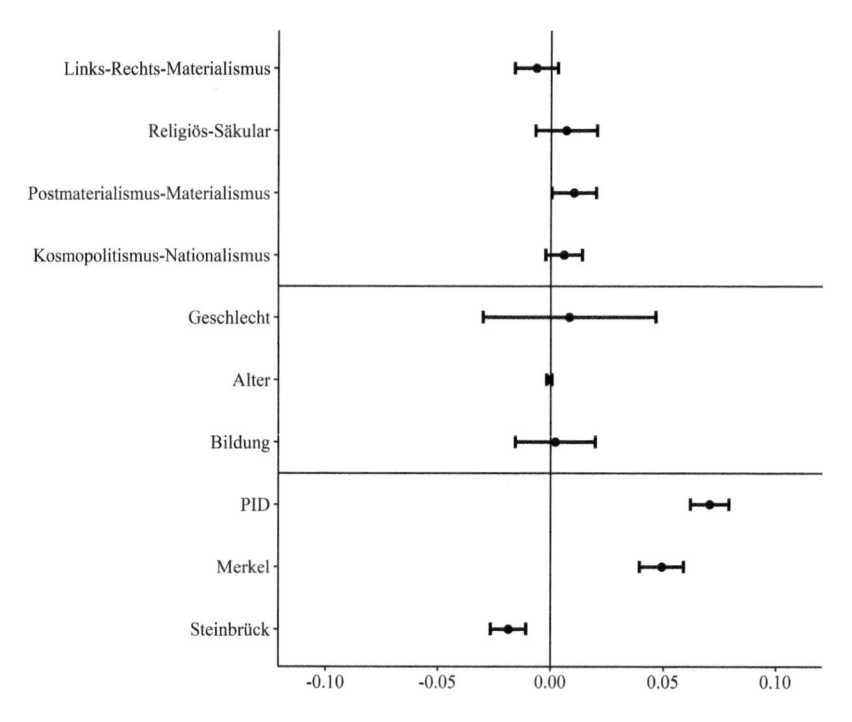

Abbildung 4.39 Average Marginal Effects Union 2013. (Quelle: Eigene Darstellung und Berechnung, basierend auf den Daten von Rattinger et al. 2019b. Angegeben sind durchschnittliche marginale Effekte (in Prozentpunkten) und 95 %-Konfidenzintervalle, basierend auf Logit-Koeffizienten)

Dennoch sind auch hier die Einflussgrößen der Parteiidentifikation sowie die Haltung gegenüber der CDU/CSU-Kanzlerkandidatin Angela Merkel und dem SPD-Kanzlerkandidaten nicht nur deutlich stärker, sondern darüber hinaus auch hoch signifikant (p < 0,001). Mit einer steigenden Intensität der Parteiidentifikation und einer positiven Bewertung von CDU/CSU-Kanzlerkandidatin Merkel geht demnach eine höhere Wahrscheinlichkeit einher, die Unionsparteien zu wählen, wohingegen eine positive Bewertung des SPD-Kanzlerkandidaten Steinbrück den gegenteiligen Effekt hat. Der gemessene durchschnittliche Effekt beträgt

4.3 Effekte gesellschaftlicher Wertorientierungen ...

für eine Identifikation mit den Unionsparteien 7,0 Prozent, für eine positive Bewertung der CDU/CSU-Kanzlerkandidatin liegt dieser bei 4,9 Prozent. Von den hier untersuchten vier Dimensionen gesellschaftlicher Wertorientierungen haben in der Tat bei der Bundestagswahl 2013 drei ebendieser einen signifikanten Effekt auf die Parteiidentifikation und nur eine auf die tatsächliche Wahlentscheidung, zumindest im Rahmen der hier vorgenommenen Modellierung. Auf die Parteiidentifikation wirken demnach sowohl eine rechtsmaterialistische, eine religiöse sowie eine materialistische Wertorientierung ein (vgl. Abbildung 4.40).

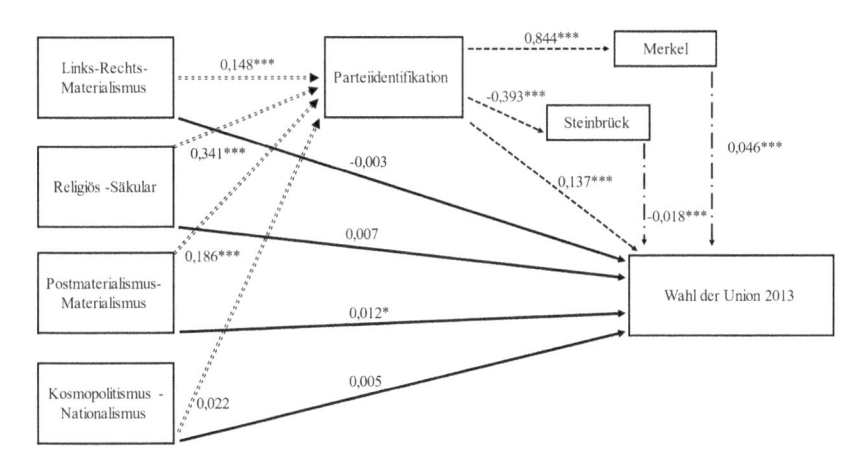

Abbildung 4.40 Pfadmodell Union 2013. (Quelle: Eigene Darstellung und Berechnung, basierend auf den Daten von Rattinger et al. 2019b. $x^2 = 47{,}046$; CFI $= 0{,}972$; RMSEA $= 0{,}058$)

Insbesondere der Effekt durch eine religiöse Orientierung sticht deutlich hervor, wenngleich dies auch auf die sich unterscheidende Skalierung der jeweils operationalisierten Dimensionen zurückführbar sein könnte. Die drei beobachteten Effektstärken sind jeweils in hohem Maße signifikant ($p < 0{,}001$). Darüber hinaus zeichnet sich seitens der Parteiidentifikation ein hoher positiver und zudem hoch signifikanter Effekt ($p < 0{,}001$) auf die Bewertung der CDU/CSU-Spitzenkandidatin Merkel ab. Ein starker negativer Effekt, der gleichermaßen hoch signifikant ist, entfaltet sich wiederum auf die Einschätzung des SPD-Kanzlerkandidaten Steinbrück. Von diesen Kandidatenbewertungen gehen wiederum hoch signifikante Effekte auf die Wahlentscheidung aus. In der Summe zeigt sich, dass der Effekt, der direkt seitens der Parteiidentifikation auf das Wahlverhalten zu beobachten ist, deutlich stärker und gleichermaßen hoch signifikant ist. Darüber hinaus ist es so, dass ein signifikanter Effekt ($p < 0{,}05$) durch eine materialistische Wertorientierung auf das Wahlverhalten zu Gunsten von CDU und CSU bei der Bundestagswahl 2013 zu beobachten ist. Interessant ist hier aber auch anzuführen, dass eine nationalistische Wertorientierung, anders als noch 2009, keinen signifikanten Effekt auf eine Identifikation mit den Unionsparteien hat.

Der Modell-Fit ist gemäß des CFI (0,972) und des RMSEA (0,058) als gut bis akzeptabel einzuordnen. Demnach kann mit dem vorliegenden Modell das Wahlverhalten für die Unionsparteien bei der Bundestagswahl 2013 hinreichend erklärt werden.

4.3.1.3 Bundestagswahl 2017

Auch bei der Bundestagswahl 2017 besteht durch gesellschaftliche Wertorientierungen durchaus eine messbare Erklärungskraft auf das Wahlverhalten, doch ist diese weit weniger umfangreich als zunächst zu vermuten gewesen wäre. Das berechnete AIC sinkt so von 1856,17 im Grundmodell auf 1723,71 im Wertemodell. Auch die durch die Log-Likelihood berechnete Differenz zwischen beiden Modellen beträgt 146 Einheiten und ist somit Ausdruck einer nur marginalen Verbesserung. Durch die Ergänzung der sozio-demographischen Variablen im Kontrollmodell verbessert sich das Modell sogar gemäß $\Delta-2LL$ nur um acht Einheiten. Besonders klar verbessert sich das Modell dann durch die Ergänzung der Parteiidentifikation und der Kandidatenorientierung. So sinkt nicht nur das AIC auf 1068,22 und der für die Log-Likelihood errechnete Wert auf 1082, sondern darüber hinaus nimmt auch die durch das R^2 nach Hosmer-Lemeshow erklärte Modellgüte auf 0,42 zu. Dieses liegt im Wertemodell noch bei knapp unter und beim Kontrollmodell knapp über 0,08. Die Erklärungskraft durch gesellschaftliche Wertorientierungen ist so zwar vorhanden, wird jedoch durch die klassischen Prädiktoren der Wahlforschung, gemäß des Michigan-Modells, deutlich in seiner Bedeutung in die Schranken gewiesen. Nichtsdestotrotz liegen Effekte vor, die auch entsprechend gewürdigt werden müssen. So ist zunächst erwähnenswert, dass auch hier die Konfliktlinie zwischen einer kosmopolitischen Wertorientierung einerseits und einer nationalistischen Wertorientierung andererseits keinen signifikanten Einfluss auf die Wahlentscheidung für die CDU/CSU hat. Demgegenüber hat eine religiöse Wertorientierung über alle Modelle hinweg einen hoch signifikanten ($p < 0,001$) und positiven Einfluss auf die Wahl von CDU und CSU. Darüber hinaus hat auch eine materialistische Wertorientierung im Gesamtmodell für 2017 einen signifikanten Einfluss ($p < 0,05$) auf das Wahlverhalten jener Individuen, die für die Unionsparteien votieren. Wie auch bei den vorangegangenen Wahlen sind für die Wähler von CDU und CSU die Parteiidentifikation sowie die Kandidatenorientierung hoch signifikante Prädiktoren ($p < 0,001$) für ihr Wahlverhalten. Es zeigt sich, dass jene Muster, die sich auch bei den Analysen der Bundestagswahlen 2009 und 2013 bereits abgezeichnet haben, auch für 2017 ihre Gültigkeit bewahren (vgl. Tabelle 4.22).

4.3 Effekte gesellschaftlicher Wertorientierungen ... 303

Tabelle 4.22 Binär-logistische Regressionen – Wahl der CDU/CSU 2017

	Grundmodell	Wertemodell	Kontrollmodell	Gesamtmodell
Konstante	−0,724*** (0,055)	−3,235*** (0,259)	−3,153*** (0,435)	−5,653*** (0,791)
Links-Rechts-Materialismus		0,137*** (0,028)	0,139*** (0,028)	0,070 (0,040)
Religiös-Säkular		0,340*** (0,040)	0,325*** (0,041)	0,180*** (0,055)
Postmaterialismus-Materialismus		0,139*** (0,029)	0,145*** (0,030)	0,081* (0,042)
Kosmopolitismus-Nationalismus		0,031 (0,026)	0,011 (0,027)	0,070 (0,039)
Geschlecht			0,228 (0,118)	−0,116 (0,163)
Alter			0,004 (0,004)	−0,008 (0,005)
Bildung			−0,070 (0,055)	−0,172* (0,075)
Parteiidentifikation				0,658*** (0,046)
Merkel				0,461*** (0,049)
Schulz				−0,099** (0,034)
N	1479	1479	1479	1479
AIC	1856,17	1723,71	1719,70	1068,22
−2LL	1887,00	1741,00	1733,00	1082,00
Δ−2LL		146,00	8,00	651,00
Δ(df)	1	4	3	3
Hosmer-Lemeshow R^2		0,0773	0,0816	0,4266

Quelle: Eigene Darstellung und Berechnung, basierend auf den Daten von Roßteutscher et al. 2019. *p < 0,05; **p < 0,01; ***p < 0,001. Ausgewiesen werden Logit-Koeffizienten. Standardfehler in Klammern.

Durch die Berechnung der Average Marginal Effects wird dieser Eindruck zumindest in Teilen empirisch widerlegt. Eine materialistische Wertorientierung wird demnach als nicht signifikanter Prädiktor ausgewiesen. Demgegenüber steht mit der Konfliktlinie zwischen einer religiösen und säkularen Wertorientierung eine nennenswerte Effektgröße, die nun viel dominierender auf das Wahlverhalten einwirkt. So beeinflusst eine religiöse Wertorientierung das Wahlverhalten für die Unionsparteien nicht nur hoch signifikant (p < 0,001), sondern auch in einem nicht unwesentlichen Umfang. Mit jeder Einheit, die ein Individuum als religiöser eingestuft wird, steigt die Wahrscheinlichkeit der Unionswahl um durchschnittlich 1,99 Prozent. Zwar entfalten hier in der Tat die Parteiidentifikation und die Bewertung der CDU/CSU-Spitzenkandidatin Merkel stärkere Effekte auf das Wahlverhalten, doch sind diese zum Beispiel für den SPD-Kanzlerkandidaten Schulz geringer als jene der säkularen Wertorientierung (vgl. Abbildung 4.41).

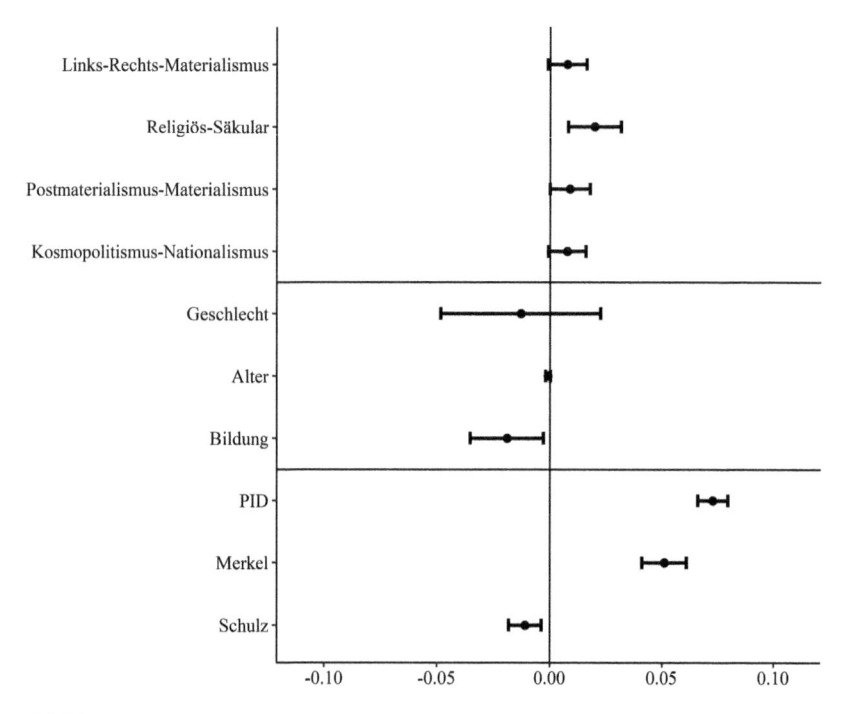

Abbildung 4.41 Average Marginal Effects Union 2017. (Quelle: Eigene Darstellung und Berechnung, basierend auf den Daten von Roßteutscher et al. 2019. Angegeben sind durchschnittliche marginale Effekte (in Prozentpunkten) und 95 %-Konfidenzintervalle, basierend auf Logit-Koeffizienten)

4.3 Effekte gesellschaftlicher Wertorientierungen ...

Fraglich ist dann aber, ob diese Effekte tatsächlich auch signifikant bleiben, wenn diese im Rahmen des Pfadmodells dargestellt und analysiert werden, welches der Grundlogik des Kausaltrichters der Wahlentscheidung folgt. Dabei zeigt sich, dass eine religiöse ebenso wie eine materialistische Wertorientierung durchaus das Wahlverhalten für die CDU/CSU bei der Bundestagswahl 2017 zwar in nur geringem Umfang, aber signifikant ($p < 0{,}05$) beeinflussen. Ferner ist es so, dass alle vier Dimensionen gesellschaftlicher Wertorientierung hier wieder in besonderem Maße auch die Ausbildung und Stärke einer Identifikation mit der CDU/CSU klar beeinflussen. Die zu beobachtenden Effektstärken variieren hier aber sehr stark. So hat eine nationalistische Wertorientierung nur einen geringfügigen Effekt, ist doch der dafür berechnete Regressionskoeffizient von 0,050 äußerst sehr gering. Demgegenüber hat eine religiöse Wertorientierung mit einem dafür errechneten Regressionskoeffizienten von 0,254 einen sehr starken positiven Effekt auf die Entstehung und Stärke der Parteiidentifikation. Diese wirkt dann wiederum in einem starken und positiven Umfang auf die Bewertung der CDU/CSU-Kanzlerkandidatin Merkel, während zum SPD-Kanzlerkandidaten Schulz ein starker negativer Effekt erfasst werden kann (vgl. Abbildung 4.42).

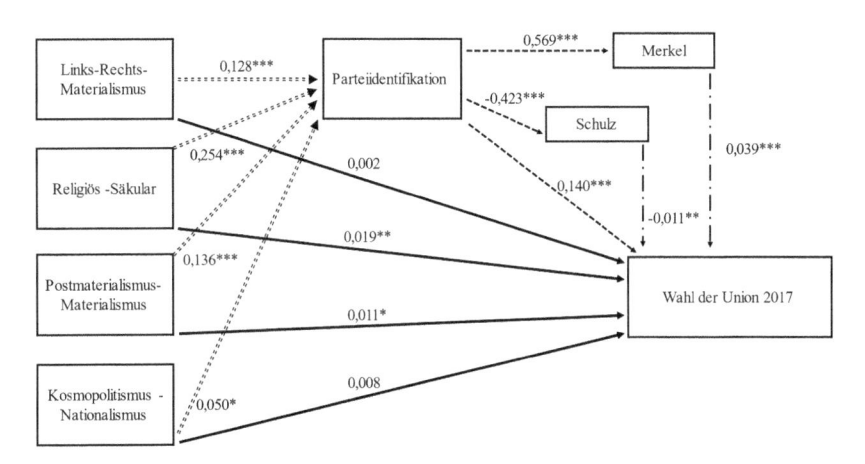

Abbildung 4.42 Pfadmodell Union 2017. (Quelle: Eigene Darstellung und Berechnung, basierend auf den Daten von Roßteutscher et al. 2019. $x^2 = 138{,}996$; CFI $= 0{,}871$; RMSEA $= 0{,}099$)

Demnach führt eine hohe Identifikation mit den Unionsparteien zu einer positiven Evaluation von Angela Merkel, wohingegen sie beim SPD-Kandidaten Martin Schulz zu einer negativen Bewertung führt. In der Summe wirken diese Effekte dann in geringem Umfang – von den Kandidaten – auch weiter auf das Wahlverhalten an sich, wenngleich insbesondere der direkte Effekt der Parteiidentifikation auf das Wahlverhalten stark und auch hoch signifikant ($p < 0{,}001$) ist.

Nichtsdestotrotz ist der Modell-Fit des vorliegenden Modells als eher suboptimal einzuordnen. Der CFI-Wert (0,871) liegt noch knapp unter dem wichtigen Grenzwert von 0,9. Der RMSEA-Wert (0,099) ist als inakzeptabel zu bezeichnen. Demnach ist zumindest festzustellen, dass das hier vorgelegte Modell das Wahlverhalten für die Union im Bundestagswahljahr 2017 nicht optimal erklärt.

Es gibt zwei Möglichkeiten, wie in der vorliegenden Situation mit diesen Ergebnissen umzugehen ist. Die erste Option besteht in einer Respezifikation und die zweite darin, dass die nicht optimale Modellgüte hingenommen wird. Problematisch bei der Respezifikation von Modellen sind verschiedene Dinge. Zum einen gibt es „de facto keine allgemein gültigen Kriterien für die Bewertung eines Modells anhand dieser grundsätzlichen deskriptiven Maße der ‚annähernden' Modellgüte" (Aichholzer 2017, S. 129). Die hier vorgestellten Modell-Fits sind demnach nur eine Herangehensweise zur Bewertung einer Modellgüte. Dies ist vor allem dadurch zu erklären, da sie primär zur Bewertung von Modellen mit latenten Variablen herangezogen werden und geeignet sind. Darüber hinaus werden rein statistische Kriterien herangezogen, weshalb eine Modellspezifikation auch dazu führen kann, dass dadurch Verknüpfungen entstehen, die theoretisch nicht zu begründen (Aichholzer 2017, S. 132) oder gar theoretisch irrelevant sind (Arzheimer 2016, S. 63). Auch statistisch kann die Ergänzung weiterer Modellpfade dazu führen, dass ein Modell übersättigt wird, also zwar alles erklärt, aber keine Varianz mehr zulässt, da sämtliche Faktoren als Einflussgrößen berücksichtigt werden. Aus diesem Grund wird in der Forschungsliteratur auch darauf verwiesen, dass es in dieser Frage keine einfachen Ja-oder-Nein-Antworten gibt, sondern das Erkenntnisinteresse als Entscheidungsgrundlage dienen soll (Kline 2016, S. 263–264). Die Logik bei Pfadmodellen ist, dass bestimmte Daten in eine Corsage gepresst werden, in der manche Pfade beispielsweise aufgrund eines theoretisch motivierten Erkenntnisinteresses ein- oder – auch mit Blick auf die Übersättigung – ausgeblendet werden müssen. Eine Analyse der entsprechenden Pfade, die zu einer Verbesserung der Modellgüte führen würden, zeigt in der Tat, dass der ursächliche Grund darin besteht, dass es eine Querverbindung zwischen gesellschaftlichen Wertorientierungen und der Evaluation der jeweiligen Spitzenkandidaten von CDU/CSU und SPD gibt, die die Modellgüte erhöhen würde. Demnach wirken gesellschaftliche Wertorientierungen durchaus auf die entsprechende Kandidatenbewertung ein. Damit würde zwar in der Tat die Erklärungskraft für das Wahlverhalten verbessert, gleichzeitig aber die theoretische Logik der vorliegenden Untersuchung verletzt und eine Übersättigung des Modells entstehen. Insbesondere die Verletzung der theoretischen Logik des Trichters der Wahlentscheidung, in welchem zwischen Wertorientierungen und der Kandidatenorientierung keine direkte Beziehung besteht, erscheint daher als problematisch. Durchaus ist es zwar so, dass gesellschaftliche Wertorientierungen im Ursprungsmodell von Dalton (1988) auch keinen direkten Einfluss auf das Wahlverhalten haben, doch wurden hier hinreichende theoretische Gründe und Gedanken dargelegt, die diese Modifikation in der vorliegenden Untersuchung rechtfertigen.

Da der Kerngedanke der vorliegenden Arbeit, wie im Forschungsdesign erläutert, einem x-zentrierten Design folgt, also der Analyse und Identifikation von Effekten unabhängiger Variablen auf die abhängige Variable und somit dem Einfluss von gesellschaftlichen Wertorientierungen auf das Wahlverhalten an sich, erscheinen vor allem diese Pfade weiterhin als zentral – die indirekte Wirkung der gesellschaftlichen Wertorientierungen über die Parteiidentifikation bleibt als Erklärungsgröße daher weiterhin relevant. Demnach wird hier und im Folgenden auf die möglicherweise nicht optimale Modellgüte hingewiesen, jedoch keine Respezifikation der Modelle vorgenommen. Stattdessen ergibt sich daraus die Notwendigkeit, bisherige theoretische Überlegungen in Zukunft zu re-evaluieren und entsprechende Modelle möglicherweise zu überarbeiten.

Ferner ist es so, dass durch die hier vorgenommenen Pfadanalysen, wie beispielsweise jener für die Union zur Bundestagswahl 2009, der zunächst signifikante Effekt einzelner Wertorientierungen, gemäß der binär-logistischen Regressionsanalyse sowie der Average Marginal Effects, schließlich als nicht signifikant zurückgewiesen werden muss. Die Berechnung der Pfadmodelle macht es demnach erheblich schwieriger, jene Effekte, die in der Forschungsfrage und den dazu aufgestellten Hypothesen postuliert wurden, zu bestätigen. Es kommt folglich sogar zu einer kritischeren Auseinandersetzung mit den hier formulierten Überlegungen, die diese Ergebnisse und Erkenntnisse umso wertvoller machen. An der Vorgehensweise, keine Modellspezifikationen vorzunehmen, wird demnach im Folgenden festgehalten.

Doch wie ist dann, gemessen an den hier vorgestellten Ergebnissen, der Einfluss gesellschaftlicher Wertorientierungen auf das Wahlverhalten zu Gunsten von CDU und CSU bei den Bundestagswahlen 2009, 2013 und 2017 abschließend zu bewerten? Dies soll im nun folgenden Kapitel erläutert werden.

4.3.1.4 Zusammenfassung der CDU/CSU-Wahl 2009 bis 2017

Gesellschaftliche Wertorientierungen haben einen Einfluss auf die Wähler der Unionsparteien, jedoch anders als hier zu Anfang postuliert. Zu den vorgelegten

Ergebnissen gehört zuallererst die Erkenntnis, dass das Wahlverhalten für die Unionsparteien nur bei den Bundestagswahlen 2013 und 2017 direkt sowie signifikant durch Wertorientierungen beeinflusst wird. Dabei zeigt sich, dass die Annahme, das Wahlverhalten für die Union werde vor allem durch die religiös-säkulare Konfliktdimension geprägt, nicht haltbar ist. So hat eine religiöse Wertorientierung ausschließlich bei der Bundestagswahl 2017 einen direkten und signifikanten Effekt auf das Wahlverhalten der Individuen, die für CDU und CSU stimmen. Tatsächlich ist es die Ausrichtung an einer materialistischen Wertorientierung, die in den hier vorgestellten Analysemodellen zumindest über zwei Analysezeitpunkte hinweg – die Bundestagswahlen 2013 und 2017 – einen direkten Effekt zu entfalten vermag.

Für die Unionsparteien zeigt sich dabei zweierlei: Religiöse Individuen mögen so zwar auch weiterhin innerhalb der eigenen Wählerschaft überrepräsentiert und das Elektorat an sich vergleichsweise religiös sein, doch ist daraus kein signifikanter direkter Effekt auf die Unionswahl abzuleiten. Demnach bricht hier eine Einflussgröße weg, die für die Union über Jahrzehnte existenziell wichtig war. Die Gründe dafür, dass es 2017 wiederum einen direkten Effekt auf das Wahlverhalten gibt, können hier nicht abschließend bewertet werden. Sie bedürfen einer langfristigen Untersuchung – auch um festzustellen, ob es sich hierbei um eine singuläre Beobachtung handelt oder womöglich eine zunehmende Rückkehr des Religiösen in der Unionswählerschaft.

Darüber hinaus zeigt sich, dass gesellschaftliche Wertorientierungen als Prädiktor vor allem auf die Parteiidentifikation mit der CDU/CSU einwirken. Vor allem eine religiöse sowie eine materialistische Wertorientierung haben hier einen klaren Effekt, wohingegen eine nationalistische Wertorientierung entweder nur einen geringen Effekt hat oder tatsächlich als Prädiktor nicht signifikant ist. Aus dieser Erkenntnis wiederum wird verständlich, weshalb gesellschaftliche Wertorientierungen im Rahmen von geschachtelten Modellierungen an Vorhersagekraft einbüßen, sobald die Parteiidentifikation als Determinante für das Wahlverhalten herangezogen wird. Die Parteiidentifikation bleibt so über alle Zeitpunkte hinweg für die Wähler der Unionsparteien ein starker und signifikanter Prädiktor, wird aber, wie auch im Kausaltrichter der Wahlentscheidung, in nicht unwesentlichem Umfang durch gesellschaftliche Wertorientierungen direkt beeinflusst. Die Effekte, welche gesellschaftliche Wertorientierungen für die Wähler von CDU und CSU auf ihr Wahlverhalten haben, sind im direkten Vergleich nahezu unbedeutend, aber nichtsdestotrotz vorhanden. Primär entfalten diese aber weiterhin einen eher indirekten Effekt auf das Wahlverhalten. Zusammenfassend muss so jene Hypothese, die einen Effekt einer religiösen Wertorientierung auf das Wahlverhalten zu Gunsten der CDU/CSU postulierte, für die Bundestagswahlen

4.3 Effekte gesellschaftlicher Wertorientierungen …

2009 und 2013 zurückgewiesen werden. Allerdings kann sie für den Fall der Bundestagswahl 2017 angenommen werden. Nichtsdestotrotz sind die Resultate bedeutend geringer als zunächst angenommen.

Jene Hypothese, die einen direkten Einfluss einer nationalistischen Wertorientierung auf das Wahlverhalten für die Unionsparteien bei den Bundestagswahlen 2009 und 2013 postulierte, muss vollends zurückgewiesen werden. Die entsprechenden Effekte sind so nicht zu beobachten. Argumentationsmuster, in welchen angeführt wird, die CDU/CSU habe über lange Zeit nationalistisch gesinnte Wähler an sich binden können, mögen so zwar auch weiterhin Gültigkeit haben, doch lassen sich auf Ebene einer Analyse dezidierter gesellschaftlicher Wertorientierungen dafür keine Anhaltspunkte finden – zumindest im hier beobachteten Zeitraum. Untersuchungen wie etwa jene von Wurthmann et al. (2020) verfolgen den Zweck, nationalistische beziehungsweise migrationskritische Einstellungen als hinreichenden Grund dafür zu identifizieren, weshalb Individuen beispielsweise aus der Wählerschaft der Unionsparteien zur AfD abgewandert sind. Dieser durchaus richtige Befund darf jedoch keineswegs von eher kurzfristig angelegten Einstellungen auf viel komplexere Muster wie die einer gesellschaftlichen Wertorientierung eins-zu-eins übertragen werden. Allein die Langfristigkeit von Wertorientierungen als solche ist hier besonders erwähnenswert. Daraus erwächst dann aber wiederum die konkrete Möglichkeit, entsprechende Wähler, die beispielsweise bei der Bundestagswahl 2017 zur AfD abwanderten, womöglich wieder an sich binden zu können, scheinen hier zunächst noch keine graduellen Veränderungen bestehender Wertemuster stattgefunden zu haben.

Dass sich eine materialistische Wertorientierung bei zwei von drei Bundestagswahlen als signifikanter Prädiktor auf das Wahlverhalten erweist, zeigt darüber hinaus, dass die Unionsparteien, ähnlich wie zur Gründungsphase der Grünen, auch heute noch ein Ansprechpartner für entsprechend materialistisch orientierte Individuen sind. Zwar hat die Union für diese, wie die Analyse im weiteren Verlauf zeigen wird, keinen alleinigen Vertretungsanspruch, was jedoch nicht darüber hinwegtäuschen darf, welche Bedeutung diese Ergebnisse an sich haben. Wähler der CDU und CSU entscheiden sich, in Abwägung von ökonomischen und ökologischen Grundfragen, neben weiteren Faktoren, auch aufgrund einer eher ökonomischen Priorisierung für die Union. Es gelingt ihr folglich weiterhin, eher wirtschaftsorientierte Wähler an sich zu binden, wird dadurch zumindest eine Identifikation mit der CDU/CSU wahrscheinlicher. Dass wiederum keine direkten Effekte auf das Wahlverhalten durch diese Konfliktlinie festzustellen sind, mag auch Ausdruck der eher moderaten Position der Unionsparteien sein, die eine allzu große Polarisierung verhindert.

Insbesondere die mehrschrittige Vorgehensweise von logistischen Regressionsanalysen über Average Marginal Effects und schließlich die Pfadmodelle ist im Fall der Wähler von CDU und CSU bei den Bundestagswahlen 2009 bis 2017 angemessen. Vor allem auch für das Wahlverhalten bei der Wahl im Jahr 2009 ist dies mit Nachdruck zu betonen. Erst durch die Anwendung und Berechnung von Pfadmodellen wird ersichtlich, dass hier gesellschaftliche Wertorientierungen keine direkte Wirkung auf das Wahlverhalten entfalten können. Demnach kann die hier angewendete Vorgehensweise zwar keine umfassenden direkten Effekte gesellschaftlicher Wertorientierungen auf das Wahlverhalten nachweisen, wohl aber indirekte Effekte, die sich über die Parteiidentifikation schlussendlich auf eben dieses auswirken und durch geringfügige direkte Effekte ergänzt werden.

4.3.2 Wahlverhalten zu Gunsten der SPD

In der nun folgenden Analyse soll – analog zum Wahlverhalten für die Unionsparteien – dieses für die SPD bei den Bundestagswahlen 2009, 2013 und 2017 analysiert werden. Dabei wird in Abschnitt 4.3.2.1 zunächst das Wahlverhalten für die SPD bei der Bundestagswahl 2009 erläutert. Im darauffolgenden Abschnitt 4.3.2.2 wird das Wahlverhalten bei der Bundestagswahl 2013 analysiert, um in Abschnitt 4.3.2.3 die Einflussgrößen beim Wahlverhalten für die SPD bei der Bundestagswahl 2017 zu erörtern. In Abschnitt 4.3.2.4 werden die Ergebnisse zusammengefasst.

4.3.2.1 Bundestagswahl 2009

Für das Wahlverhalten der SPD-Wählerschaft im Bundestagswahljahr 2009 liefert eine Analyse des konkreten Wahlverhaltens beziehungsweise der Messung der tatsächlichen Effekte einige interessante Erkenntnisse. So ist hier zunächst ein ähnlicher Trend zu beobachten wie innerhalb der Unionswählerschaft. Festzustellen ist, dass gesellschaftliche Wertorientierungen nur geringfügig in der Lage sind, die bei der Erfassung des Wahlverhaltens entstehende Varianz zu erklären. Erkennbar ist dies explizit im Rahmen der Modellierung geschachtelter Modelle im Zwischenschritt vom Grundmodell, welches nur die Konstante enthält, zum Wertemodell. So sinkt der Wert des AIC hier von 990,78 auf 962,04. Auch der für die Log-Likelihood errechnete Wert sinkt nur marginal um 38 Einheiten. Das Wertemodell ist gemessen am R^2 nach Hosmer-Lemeshow nicht in der Lage, das Wahlverhalten zu Gunsten der SPD zu erklären, liegt der dafür errechnete Wert hier doch bei 0,03. Dieser steigt dann unter Einbezug sozio-demographischer Kontrollvariablen geringfügig auf 0,07 – tatsächlich

4.3 Effekte gesellschaftlicher Wertorientierungen ...

ist der durch die Log-Likelihood ausgewiesene Kennwert für den Einbezug dieser Variablen mit 47 Einheiten größer als jener Mehrwert durch die gesellschaftlichen Wertorientierungen. Einen deutlichen Zuwachs wiederum macht die Inklusion der Parteiidentifikation und der Kandidatenorientierung aus. Alle dafür errechneten Kennwerte zeigen eine deutlich höhere Erklärungskraft an. So steigt das R^2 nach Hosmer Lemeshow auf 0,42. Auch das AIC sinkt auf den Wert 578,48. Verglichen zum AIC-Ausgangswert von 990,78 ist dies demnach eine deutliche Verbesserung. Eine konkrete Analyse der hier relevanten Prädiktoren wiederum offenbart, dass das Wahlverhalten für die SPD nur bis zum Einbezug der Parteiidentifikation und der Kandidatenorientierung signifikant durch eine links-materialistische sowie eine kosmopolitische Wertorientierung erklärt werden kann (vgl. Tabelle 4.23).

Tabelle 4.23 Binär-logistische Regressionen – Wahl der SPD 2009

	Grundmodell	Wertemodell	Kontrollmodell	Gesamtmodell
Konstante	−1,096*** (0,078)	0,545 (0,338)	2,3891*** (0,608)	−2,383* (0,981)
Links-Rechts-Materialismus		−0,163*** (0,035)	−0,170*** (0,037)	−0,032 (0,053)
Religiös-Säkular		−0,040 (0,064)	−0,079 (0,071)	−0,079 (0,096)
Postmaterialismus-Materialismus		−0,034 (0,034)	−0,050 (0,036)	0,042 (0,051)
Kosmopolitismus-Nationalismus		−0,046 (0,032)	−0,113*** (0,035)	0,008 (0,050)
Geschlecht			−0,217 (0,168)	−0,182 (0,231)
Alter			0,007 (0,005)	0,004 (0,007)
Bildung			−0,478*** (0,094)	−0,412*** (0,130)
Parteiidentifikation				0,698*** (0,071)
Merkel				−0,204*** (0,047)

(Fortsetzung)

Tabelle 4.23 (Fortsetzung)

	Grundmodell	Wertemodell	Kontrollmodell	Gesamtmodell
Steinmeier				0,371*** (0,063)
N	886	886	886	886
AIC	990,78	962,04	926,13	578,48
−2LL	1122,00	1084,00	1037,00	648,40
Δ−2LL		38,00	47,00	388,60
Δ(df)	1	4	3	3
Hosmer-Lemeshow R^2		0,0338	0,0757	0,4221

Quelle: Eigene Darstellung und Berechnung, basierend auf den Daten von Rattinger et al. 2019a. *p < 0,05; **p < 0,01; ***p < 0,001. Ausgewiesen werden Logit-Koeffizienten. Standardfehler in Klammern.

Dabei ist die Beeinflussung einer links-materialistischen Wertorientierung auf das Wahlverhalten sowohl im Wertemodell als auch im Kontrollmodell signifikant, für eine kosmopolitische Wertorientierung lässt sich ein derartiger Effekt einzig im Kontrollmodell feststellen. Die Parteiidentifikation mit der SPD hat im Gesamtmodell, neben einer negativen Evaluation der CDU/CSU-Spitzenkandidatin und einer positiven Bewertung des SPD-Kandidaten Steinmeier, einen hoch signifikanten Effekt (p < 0,001) auf das Wahlverhalten.

Eine sich dem anschließende Analyse der Average Marginal Effects bestätigt diesen Eindruck. Tatsächlich haben gesellschaftliche Wertorientierungen bei der Bundestagswahl 2009 keinen signifikanten Effekt auf das Wahlverhalten zu Gunsten der Sozialdemokratischen Partei Deutschlands. Als besonders erklärungsstark erweist sich hier, ähnlich wie bei der Analyse des Wahlverhaltens für die Unionsparteien bei der Bundestagswahl 2009, die Existenz und Intensität einer Parteiidentifikation mit der SPD. Die Wahrscheinlichkeit einer SPD-Wahl steigt demnach durchschnittlich um 6,6 Prozent, je intensiver eine empfundene Parteiidentifikation ist. Darüber hinaus sind die Ablehnung der Unionskandidatin Merkel und die Zustimmung zum SPD-Kandidaten Steinmeier als signifikante Prädiktoren auszumachen. In der Summe bestätigen diese Ergebnisse zunächst den Eindruck der geschachtelten Regressionsmodelle. Gesellschaftliche Wertorientierungen haben demnach unter Einbezug der Variablen des Michigan-Modells keinen direkten und signifikanten Effekt auf das Wahlverhalten zu Gunsten der SPD bei der Bundestagswahl 2009 (vgl. Abbildung 4.43).

4.3 Effekte gesellschaftlicher Wertorientierungen ... 313

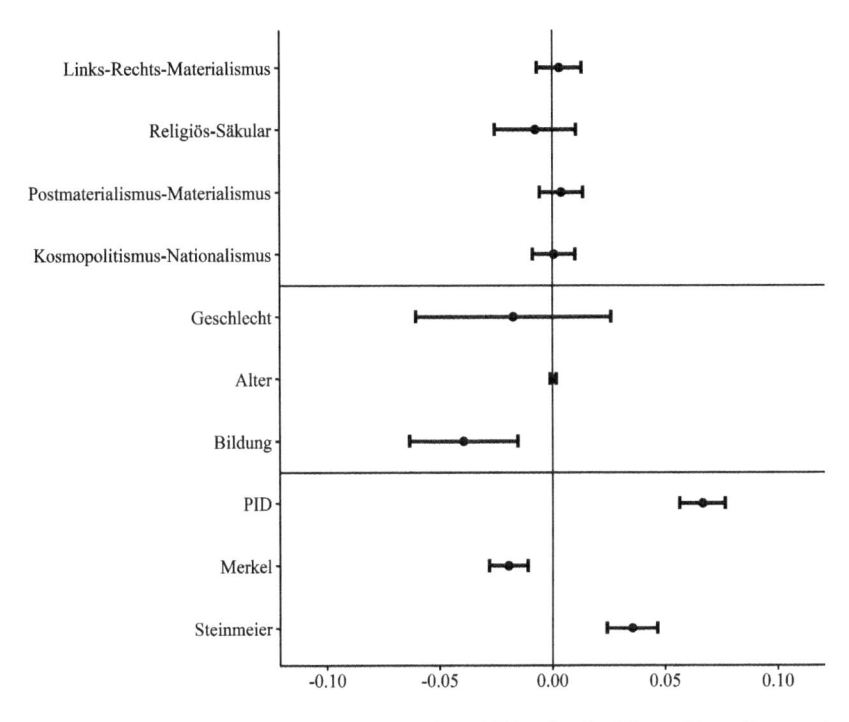

Abbildung 4.43 Average Marginal Effects SPD 2009. (Quelle: Eigene Darstellung und Berechnung, basierend auf den Daten von Rattinger et al. 2019a. Angegeben sind durchschnittliche marginale Effekte (in Prozentpunkten) und 95 %-Konfidenzintervalle, basierend auf Logit-Koeffizienten)

Fraglich ist demnach aber, ob nicht die Identifikation mit der SPD durch diese Prädiktoren signifikant beeinflusst wird. Dies ist in der Tat der Fall, wobei insbesondere einer links-materialistischen Wertorientierung ein entsprechender Effekt attestiert werden kann. Gleiches gilt auch für eine postmaterialistische Wertorientierung. Zwar ist der konkrete Effekt durch eine links-materialistische Wertorientierung deutlich höher als jener einer postmaterialistischen, doch handelt es sich bei beiden um hoch signifikante ($p < 0{,}001$) Einflussgrößen. Ferner ist festzustellen, dass eine kosmopolitische Wertorientierung einen ebenso klar signifikanten Effekt ($p < 0{,}01$) auf die Stärke der Parteiidentifikation hat, wenngleich es sich hier um keinen hohen Effekt handelt. Die Parteiidentifikation wiederum wirkt dann sehr stark und positiv auf das Wahlverhalten für die SPD, darüber hinaus aber auch sehr stark auf eine positive Bewertung des SPD-Kanzlerkandidaten Steinmeier ein. Die Bewertung der CDU/CSU-Kandidatin Merkel wiederum wird entsprechend stark negativ beeinflusst. Von beiden lassen sich dann wiederum schwache Effekte auf das Wahlverhalten ableiten. Die Parteiidentifikation bleibt folglich der stärkste Prädiktor für eine Wahlentscheidung zu Gunsten der SPD (vgl. Abbildung 4.44).

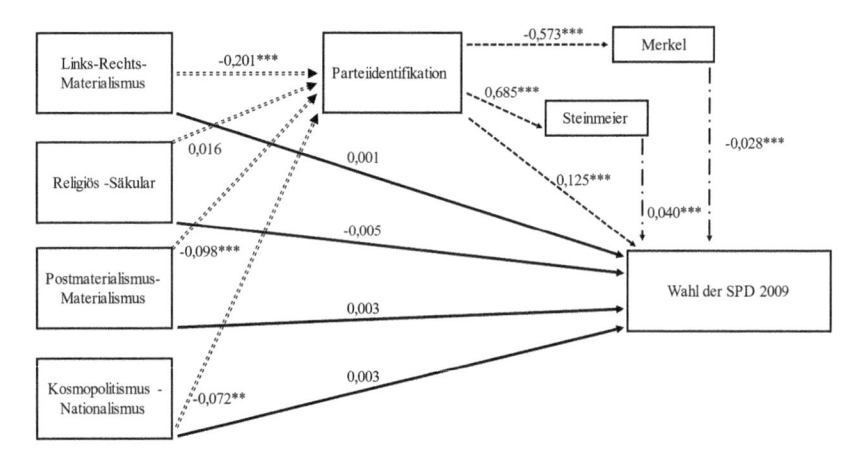

Abbildung 4.44 Pfadmodell SPD 2009. (Quelle: Eigene Darstellung und Berechnung, basierend auf den Daten von Rattinger et al. 2019a. $x^2 = 101{,}973$; CFI $= 0{,}819$; RMSEA $= 0{,}108$)

Das entsprechende Modell zeigt eine unzureichende Anpassungsgüte (CFI $= 0{,}819$; RMSEA $= 0{,}108$), liegen doch die dafür berechneten Werte der Modell-Fits in beiden Fällen klar außerhalb des Toleranzbereichs. So kann das vorliegende Modell die Wahl der SPD, basierend auf den vorliegenden Daten, nur unzureichend erläutern, zeigt aber dennoch, dass der Effekt von gesellschaftlichen Wertorientierung einzig indirekt über die Parteiidentifikation auf das Wahlverhalten zu Gunsten der SPD einwirkt.

4.3.2.2 Bundestagswahl 2013

Bundestagswahl 2013 lassen sich im Wesentlichen keine allzu großen Veränderungen zu 2009 feststellen. Auffällig ist jedoch, dass die Erklärungskraft gesellschaftlicher Wertorientierungen im direkten Vergleich zu 2009 nachgelassen hat. Eine ähnliche Beobachtung wurde schon für die Unionswählerschaft gemacht. So sinken die für das AIC und die Log-Likelihood berechneten Kennwerte zwischen dem Grundmodell und dem Wertemodell tatsächlich nur marginal. Auch

4.3 Effekte gesellschaftlicher Wertorientierungen ...

die Addition von sozio-demographischen Kontrollvariablen erhöht die prädiktive Kraft des Modells nur geringfügig. Nichtsdestotrotz weist der durch die Log-Likelihood ausgewiesene Kennwert eine stärkere Modellverbesserung durch Einbezug sozio-demographischer Variablen aus als durch die Inklusion gesellschaftlicher Wertorientierungen. Auch steigt das R^2 nach Hosmer-Lemeshow von 0,01 im Wertemodell auf 0,03 im Kontrollmodell. Erst mit Ergänzung jener Variablen, die auch im Michigan-Modell der Wahlforschung eine exponierte Rolle einnehmen, also unter anderem die Parteiidentifikation sowie die Kandidatenorientierung, gewinnt das Modell an enormer Erklärungskraft. So sinkt der für das AIC berechnete Wert von 1546,22 im Grundmodell auf 828,49 im Gesamtmodell. Darüber hinaus sinkt auch der Log-Likelihood-Wert von 1588,0 im Grundmodell auf 837,8 im Gesamtmodell. Gemessen am $\Delta-2LL$ zeigt sich, dass die gewonnene Erklärungskraft durch die Addition der Parteiidentifikation und Kandidatenorientierung im Gesamtmodell nahezu das 27-fache der Verbesserung ausmacht, die sich durch die Ergänzung von gesellschaftlichen Wertorientierungen im Wertemodell zum Grundmodell ergibt. Ferner ist zu konstatieren, dass die vier Dimensionen, welche die Konfliktlinien gesellschaftlicher Wertorientierungen abbilden, keinen signifikanten Einfluss auf eine Wahlentscheidung zu Gunsten der SPD haben. Sobald die Parteiidentifikation und die Kandidatenorientierung als Prädiktoren ergänzt werden, werden diese als Einflussgröße als nicht signifikant ausgewiesen. Bereits zuvor zeigt sich, dass beispielsweise eine Positionierung auf der Konfliktachse zwischen Links-Materialismus und Rechts-Materialismus auf die Wahlentscheidung nicht signifikant einwirkt. Dass jene Konfliktlinie, welche für die Entstehung der Sozialdemokratie konstitutiv ist, verbirgt sich hinter dieser doch der für die Partei wichtige Sozialstaatskonflikt, keinen Einfluss auf das Wahlverhalten eben dieser hat, ist durchaus eine wichtige Diagnose. Dies gilt insbesondere vor dem Hintergrund, dass sich die SPD bis heute über diese historischen Wurzeln definiert (vgl. Tabelle 4.24).

Tabelle 4.24 Binär-logistische Regressionen – Wahl der SPD 2013

	Grundmodell	Wertemodell	Kontrollmodell	Gesamtmodell
Konstante	−0,787*** (0,061)	0,302 (0,252)	0,645 (0,432)	−3,060*** (0,759)
Links-Rechts-Materialismus		−0,049 (0,027)	−0,054 (0,028)	0,080 (0,045)
Religiös-Säkular		−0,130** (0,044)	−0,161*** (0,045)	−0,030 (0,070)
Postmaterialismus-Materialismus		−0,090** (0,031)	−0,096** (0,032)	0,025 (0,047)
Kosmopolitismus-Nationalismus		−0,006 (0,025)	−0,045 (0,026)	−0,010 (0,040)
Geschlecht			−0,039 (0,126)	0,144 (0,189)
Alter			0,012** (0,004)	0,007 (0,006)
Bildung			−0,196** (0,060)	−0,071 (0,090)
Parteiidentifikation				0,867*** (0,056)
Merkel				−0,230*** (0,036)
Steinbrück				0,290*** (0,046)
N	1255	1255	1255	1255
AIC	1546,52	1531,28	1511,85	828,49
−2LL	1588,00	1562,00	1534,00	837,80
Δ−2LL		26,00	28,00	692,20
Δ(df)	1	4	3	3
Hosmer-Lemeshow R^2		0,0163	0,0340	0,4724

Quelle: Eigene Darstellung und Berechnung, basierend auf den Daten von Rattinger et al. 2019b. *p < 0,05; **p < 0,01; ***p < 0,001. Ausgewiesen werden Logit-Koeffizienten. Standardfehler in Klammern.

4.3 Effekte gesellschaftlicher Wertorientierungen ...

Eine Interpretation der jeweiligen Effektstärken, unter Zuhilfenahme der Average Marginal Effects, zeigt darüber hinaus, dass die Parteiidentifikation als Einflussgröße auf das Wahlverhalten an Bedeutung gewinnt. Mit der steigenden Intensität einer jeweiligen Parteiidentifikation steigt auch die Wahrscheinlichkeit der SPD-Wahl (vgl. Abbildung 4.45).

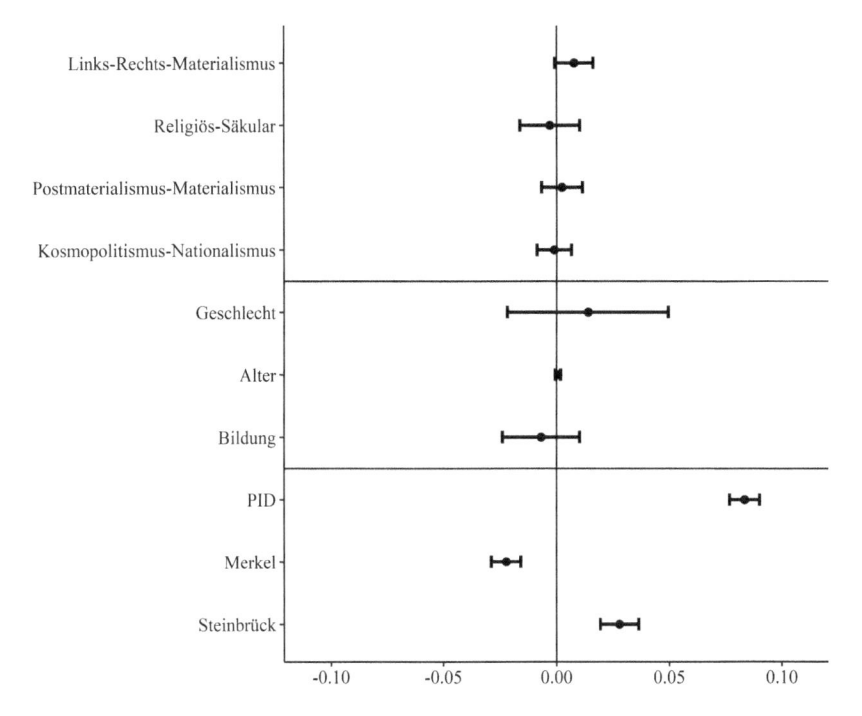

Abbildung 4.45 Average Marginal Effects SPD 2013. (Quelle: Eigene Darstellung und Berechnung, basierend auf den Daten von Rattinger et al. 2019b. Angegeben sind durchschnittliche marginale Effekte (in Prozentpunkten) und 95 %-Konfidenzintervalle, basierend auf Logit-Koeffizienten)

Wurde ein solches Verhalten 2009 noch mit der steigenden Intensität um durchschnittlich 6,6 Prozent je jeweiligem Schritt wahrscheinlicher, beträgt dieser Wert für die SPD-Wahl im Bundestagswahljahr 2013 rund 8,3 Prozent. Gleichzeitig wird die Einflussgröße der Orientierung am eigenen Kanzlerkandidaten für die SPD-Wähler unwichtiger, bleibt aber weiterhin ein hoch signifikanter Prädiktor (p < 0,001). Als ebenso signifikant erweist sich weiterhin die ablehnende Haltung gegenüber der CDU/CSU-Kanzlerkandidatin Merkel. Darüber hinaus sind zumindest mit dieser Verfahrensweise keine weiteren signifikanten Effektstärken zu erfassen.

Dieser Eindruck verfestigt sich bei der Pfadmodellierung für das Wahlverhalten zu Gunsten der SPD bei der Bundestagswahl 2013. Gesellschaftliche Wertorientierungen haben demnach keinerlei direkten signifikanten Einfluss auf die SPD-Wahl. Es lassen sich allerdings signifikante Effekte auf die Parteiidentifikation nachweisen. Besonders deutlich und hoch signifikant (p < 0,001) wirkt eine postmaterialistische Wertorientierung auf ebendiese ein. Ferner klar signifikant (p < 0,01) wirken eine links-materialistische und eine säkulare Wertorientierung auf sie ein, allerdings bedeutend schwächer. Eine kosmopolitische oder nationalistische Wertorientierung wiederum haben keinen Effekt auf eine Identifikation mit der SPD. Diese wirkt wiederum ihrerseits hoch signifikant (p < 0,001) auf die Einschätzung der Kanzlerkandidaten von CDU/CSU und SPD ein. Dabei zeigt sich, dass eine Identifikation mit der SPD weitaus höher in einem negativen Ausmaß auf die CDU/CSU-Kandidatin Merkel wirkt als in einem positiven Umfang auf den eigenen SPD-Kandidaten Steinbrück. Von ihnen geht ein schwacher, signifikanter Effekt auf die SPD-Wahl aus (vgl. Abbildung 4.46).

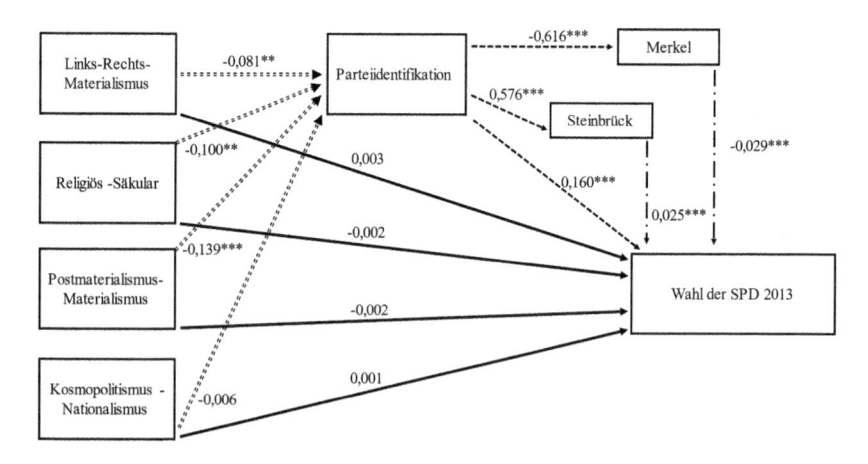

Abbildung 4.46 Pfadmodell SPD 2013. (Quelle: Eigene Darstellung und Berechnung, basierend auf den Daten von Rattinger et al. 2019b. $x^2 = 123{,}818$; CFI $= 0{,}870$; RMSEA $= 0{,}101$)

Auch bei dem für die SPD-Wählerschaft zur Bundestagswahl 2013 berechneten Pfadmodell wird keine zufriedenstellende Modellgüte erreicht. Sowohl der CFI-Wert (0,870), als auch der RMSEA-Wert (0,101) deuten auf ein hohes Maß nicht erklärbarer Varianz hin, die durch das dargelegte Modell nicht erklärt werden kann. Die gemessenen Einflussgrößen gesellschaftlicher Wertorientierungen sind jedoch aussagekräftig und interpretierbar, obschon diese deutlich geringer ausfallen als zu vermuten gewesen wäre.

4.3.2.3 Bundestagswahl 2017

Zur Bundestagswahl 2017 wird die vorher schon durchaus prekäre Erklärungsleistung gesellschaftlicher Wertorientierungen auf das Wahlverhalten zu Gunsten der SPD noch geringer. Die Modellgüte des Wertemodells ist hier, gemessen an Hosmer-Lemeshows R^2, mit einem Wert von 0,009 derart gering, dass sie als nahezu nichtsaussagend beurteilt werden muss. Auch die Verbesserung des AIC-Werts vom Grund- zum Wertemodell ist nur marginal. So zeigt sich darüber hinaus im weiteren Modellaufbau, dass insbesondere die Ergänzung der Parteiidentifikation und der Kandidatenorientierung eine besonders hohe Erklärungskraft für das individuelle Wahlverhalten zu Gunsten der SPD haben. Der Erklärungswert, der sich durch diese additiven Faktoren im Gesamtmodell erreichen lässt, entspricht gemäß des $\Delta -2LL$ dem 40-fachen Umfang jener Erklärungskraft, die einzig durch gesellschaftliche Wertorientierungen im Wertemodell erzielt wird. Durch die Ergänzung dieser Variablen steigt Hosmer-Lemeshows R^2 auf 0,39 und der für das AIC ausgegebene Wert sinkt gleichzeitig deutlich auf 927,02 und der für die Log-Likelihood berechnete Wert auf 922,7 (vgl. Tabelle 4.25).

Darüber hinaus zeigt die Modellierung in der hier vorgenommenen Schachtelung, dass gesellschaftliche Wertorientierungen – wie auch bei den vorangegangenen Analysezeitpunkten – keinen direkten signifikanten Effekt auf das Wahlverhalten zu haben scheinen, zumindest wenn die Parteiidentifikation und die Kandidatenorientierung in die Modellierung ergänzt werden. Im Werte- und Grundmodell lassen sich wiederum auch nur bedingt Effekte der jeweigen Wertorientierungen nachweisen. Einzig eine links-materialistische Wertorientierung hat so einen zunächst klar signifikanten Effekt ($p < 0,01$) auf das Wahlverhalten. Auch für eine kosmopolitische Wertorientierung ist dies zunächst im Wertemodell festzustellen. In der Summe kann so zunächst dreierlei festgestellt werden: Erstens beeinflussen gesellschaftliche Wertorientierungen das Wahlverhalten zu Gunsten der SPD nicht direkt, zweitens ist ihre Erklärungskraft für die SPD-Wahl als maximal prekär einzuordnen und drittens hat eine hohe Identifikation mit der SPD einen ebenso positiven Effekt auf die Wahl der Partei wie auch eine positive Bewertung des SPD-Kanzlerkandidaten Schulz und eine negative Bewertung der Unionskandidatin Merkel ($p < 0,001$).

Tabelle 4.25 Binär-logistische Regressionen – Wahl der SPD 2017

	Grundmodell	Wertemodell	Kontrollmodell	Gesamtmodell
Konstante	−1,326*** (0,064)	−0,544* (0,244)	0,706 (0,465)	−2,292*** (0,728)
Links-Rechts-Materialismus		−0,085** (0,030)	−0,098** (0,030)	−0,035 (0,041)
Religiös-Säkular		−0,006 (0,045)	−0,037 (0,046)	0,021 (0,060)
Postmaterialismus-Materialismus		−0,033 (0,033)	−0,047 (0,034)	−0,031 (0,045)
Kosmopolitismus-Nationalismus		−0,019 (0,028)	−0,077** (0,030)	−0,057 (0,040)
Geschlecht			−0,013 (0,132)	0,283 (0,174)
Alter			0,008 (0,004)	0,003 (0,006)
Bildung			−0,298*** (0,062)	−0,192* (0,082)
Parteiidentifikation				0,780*** (0,050)
Merkel				−0,166*** (0,034)
Schulz				0,338*** (0,044)
N	1479	1479	1479	1479
AIC	1512,76	1507,08	1481,11	927,02
−2LL	1535,00	1521,00	1485,00	922,70
Δ−2LL		14,00	36,00	562,30
Δ(df)	1	4	3	3
Hosmer-Lemeshow R^2		0,0091	0,0325	0,3988

Quelle: Eigene Darstellung und Berechnung, basierend auf den Daten von Roßteutscher et al. 2019. *p < 0,05; **p < 0,01; ***p < 0,001. Ausgewiesen werden Logit-Koeffizienten. Standardfehler in Klammern.

4.3 Effekte gesellschaftlicher Wertorientierungen ...

Auch die Berechnung der Average Marginal Effects bestätigt die Ergebnisse der Regressionsmodelle: Das Vorhandensein und die Intensität einer individuellen Parteiidentifikation mit der SPD ist der stärkste Prädiktor für die Wahl der SPD (vgl. Abbildung 4.47).

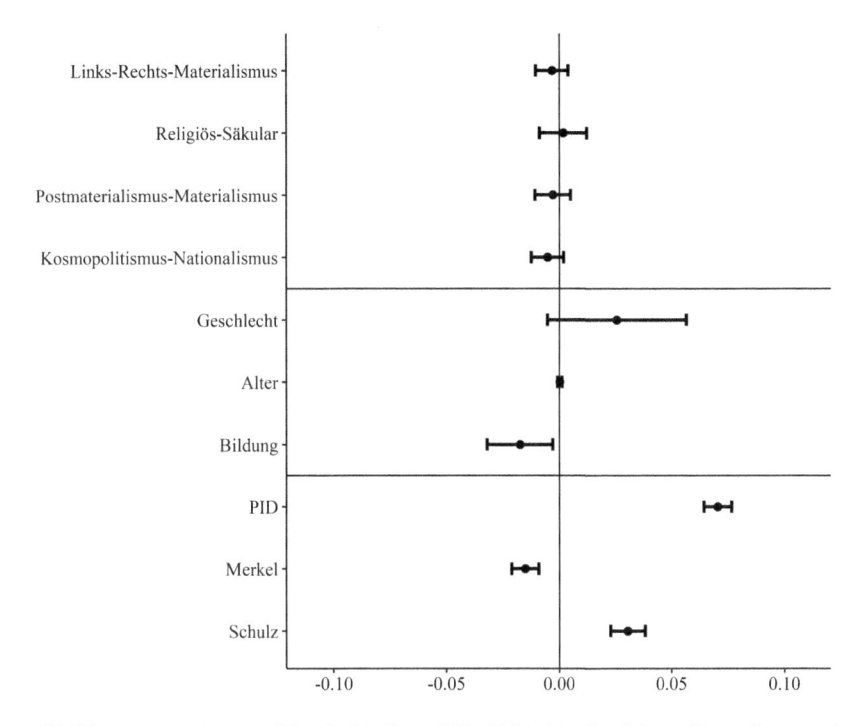

Abbildung 4.47 Average Marginal Effects SPD 2017. (Quelle: Eigene Darstellung und Berechnung, basierend auf den Daten von Roßteutscher et al. 2019. Angegeben sind durchschnittliche marginale Effekte (in Prozentpunkten) und 95 %-Konfidenzintervalle, basierend auf Logit-Koeffizienten)

Mit jeder steigenden Intensitätsstufe einer SPD-Parteiidentifikation steigt die Wahrscheinlichkeit der SPD-Wahl um durchschnittlich 7,0 Prozent. Eine positive Bewertung von SPD-Kanzlerkandidat Schulz führt zu einer 3,0 Prozent höheren Wahrscheinlichkeit die SPD zu wählen – je Bewertungsstufe, wohingegen eine positive Bewertung Merkels analog zu einer 1,5 Prozent niedrigeren Wahrscheinlichkeit die Partei zu wählen führt.

Bei der Berechnung des Pfadmodells zeigt sich dieser Trend noch einmal umso deutlicher. Gesellschaftliche Wertorientierungen haben bei der Bundestagswahl 2017 nicht nur keinen direkten Einfluss auf das Wahlverhalten zu Gunsten der Sozialdemokraten, sondern zudem auch nur noch in einem geringen Umfang überhaupt einen Einfluss auf die Parteiidentifikation. In der Tat wirkt sich eine links-materialistische Wertorientierung zwar signifikant auf die Ausbildung und Intensität einer Parteiidentifikation mit der SPD aus, allerdings ist dies der einzige zu beobachtende signifikante Effekt, den eine Wertorientierung im besagten Wahljahr unter SPD-Wählern überhaupt hat. Demnach führt eine den sozialen Ausgleich wertschätzende Grundhaltung zu einer höheren Identifikation mit der SPD. Die Parteiidentifikation wirkt dann, wie auch theoretisch zu erwarten, auf die Kandidatenorientierung. Dabei ist der positive Einfluss auf die Einschätzung des SPD-Kanzlerkandidaten Schulz nahezu doppelt so hoch wie ein ebenso vorhandener negativer Einfluss auf die Einschätzung der CDU/CSU-Kanzlerkandidatin Merkel (vgl. Abbildung 4.48).

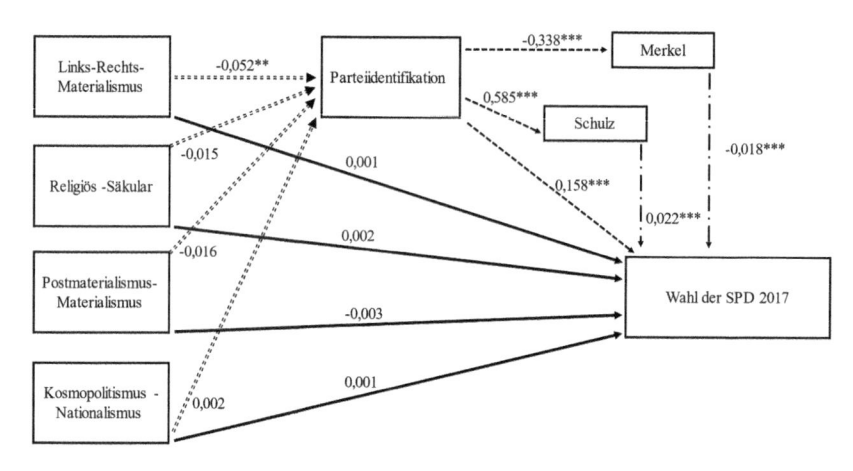

Abbildung 4.48 Pfadmodell SPD 2017. (Quelle: Eigene Darstellung und Berechnung, basierend auf den Daten von Roßteutscher et al. 2019. $x^2 = 180{,}175$; CFI $= 0{,}679$; RMSEA $= 0{,}113$)

Von beiden Kandidaten, die hier im Modell als Mediatoren fungieren, gehen dann wiederum nur noch geringfügige Effekte auf das Wahlverhalten 2017 aus. Besonders stark und signifikant wirkt auch hier, wie auch bereits in den Pfadmodellierungen für die Bundestagswahlen 2009 und 2013 festgestellt, vor allem die Parteiidentifikation auf die SPD-Wahl ein – dies allerdings direkt. Auch die Pfadmodellierung für das Wahlverhalten zu Gunsten der SPD bei der Bundestagswahl

2017 ist, gemessen an den Modell-Fits, nicht als ausschöpfend zu bezeichnen, ist doch der CFI-Wert (0,679) deutlich unter dem entsprechenden Schwellenwert, während der RMSEA-Wert (0,113) über ihm liegt. Das Modell eignet sich also nicht gut, um die Wahl der SPD voll ausschöpfend zu erklären. Da hier jedoch primär der Zweck verfolgt wird, den Effekt von gesellschaftlichen Wertorientierungen auf das Wahlverhalten entsprechend der hier dargelegten theoretischen Logik zu erklären, können diese Ergebnisse nur Anlass zur weiteren Forschung in dieser Frage geben.

4.3.2.4 Zusammenfassung der SPD-Wahl 2009 bis 2017

Zu den sicherlich überraschenden Ergebnissen der vorliegenden Studie gehört, dass gesellschaftliche Wertorientierungen einzig bei den Wählern der SPD zu keinem Zeitpunkt einen signifikanten direkten Effekt auf deren Wahlverhalten haben. Darüber hinaus zeigt sich, dass diese im Verlauf des hier analysierten Zeitraums in einem immer geringeren Umfang überhaupt noch auf eine Identifikation mit der Partei und die Intensität eben dieser einwirken. Die Motivation, sich allgemein noch mit der SPD zu identifizieren, lässt sich zumindest empirisch immer weniger mit einer entsprechenden Wertebindung begründen – zumindest mit der hier vorgenommenen Operationalisierung. Dabei ist jedoch eine linksmaterialistische Wertorientierung weiterhin, wenn auch in geringem Umfang, ein entsprechend signifikanter Prädiktor. Dennoch liefern gesellschaftliche Wertorientierungen allgemein nahezu keinen Beitrag für die Erklärung des Wahlverhaltens zu Gunsten der Sozialdemokraten.

Für die SPD ist die hier beschriebene Situation hochgradig problematisch. Sie wirft aus wissenschaftlicher Sicht die Frage auf, weshalb Individuen sich überhaupt noch mit der SPD identifizieren oder diese wählen, wenn es so zu sein scheint, dass Werte oder an ihnen ausgerichtete Orientierungen nicht ursächlich dafür sind – im Verlauf abnehmende Prädiktorstärken lassen zumindest vermuten, dass diese in der Vergangenheit bedeutsamer gewesen sein könnten. Erklärungsansätze, in denen vor allem die Zugehörigkeit zur Arbeiterschaft als zentrales Charakteristikum genannt werden, erweisen sich als ebenso großes Problem für die Partei, werden doch klassische Arbeiter und gewerkschaftlich organisierte Individuen, die über Jahrzehnte ein treues Wählerreservoir der SPD waren, in ihrer Gesamtzahl immer weniger. Sobald jedoch diese klassischen Allianzen und eine Wertebindung zwischen Wählern und der Partei verschwinden, unterliegen Wahlergebnisse einer höheren Instabilität und bringen auch Unsicherheiten für die SPD mit. Dass die SPD bei den Bundestagswahlen 2009 bis 2017 ihre schlechtesten drei Wahlergebnisse seit Gründung der Bundesrepublik Deutschland erzielt hat, scheint dabei mehr Symptom eines viel größeren Problems, denn die tatsächliche Ursache zu sein. Jene Hypothese, in der ein Effekt einer linksmaterialistischen Wertorientierung auf eine Wahl der SPD postuliert wurde, muss demnach zurückgewiesen werden. Die zu beobachtenden Effekte verlaufen allesamt indirekt über die Parteiidentifikation und wirken demnach nicht direkt auf das Wahlverhalten ein.

4.3.3 Wahlverhalten zu Gunsten der FDP

Auch das Wahlverhalten für die FDP wird in vier Schritten zusammenfassend erläutert. In Abschnitt 4.3.3.1 werden zunächst die Ergebnisse für die Bundestagswahl 2009 vorgestellt, um dann in Abschnitt 4.3.3.2 die FDP-Wahl bei der Bundestagswahl 2013 in den Fokus zu nehmen. In Abschnitt 4.3.3.3 werden anschließend die Einflussgrößen bei der Bundestagswahl 2017 im Hinblick auf die Wahl der FDP einer tiefergehenden Analyse unterzogen. Schließlich werden im Abschnitt 4.3.3.4 die Ergebnisse zusammengefasst, die sich aus der Analyse des Wahlverhaltens für die FDP bei den Bundestagswahlen 2009 bis 2017 ermitteln lassen.

4.3.3.1 Bundestagswahl 2009

Gesellschaftliche Wertorientierungen sind beim Wahlverhalten – wie auch bei den Sozialdemokraten – für die Freien Demokraten im Bundestagswahljahr 2009 ein nahezu irrelevanter Prädiktor. So sinkt der für das AIC ausgewiesene Wert durch eine Addition dieser unabhängigen Variablen von 775,3 im Grundmodell auf 760,7 im Wertemodell. Einzig durch das Wertemodell ist kaum die in den Daten abgebildete gesellschaftliche Realität zu erklären, die bei der Analyse des Wahlverhaltens entsteht, liegt das R^2 nach Hosmer-Lemeshow hier bei einem Wert von 0,006 und beschreibt demnach eine Erklärungskraft, die gegen null läuft. Durch die Addition sozio-demographischer Variablen im Kontrollmodell erhöht sich dieser Wert nur marginal auf 0,04. Ferner zeigt sich am $\Delta-2LL$ auch, dass die Erklärungskraft durch diese sozio-demographischen Komponenten nur eine minimale Verbesserung des Kontrollmodells gegenüber dem Wertemodell darstellt, dieser Wert aber deutlich jenen übertrifft, der durch das Wertemodell gegenüber dem Grundmodell erzielt wird. Im Gesamtmodell schließlich wird durch die Erweiterung um die Parteiidentifikation und Kandidatenorientierung die geschätzte Modellgüte deutlich größer, beträgt das R^2 hier doch 0,18. Das Modell verbessert sich, gemessen an der Verbesserung der Log-Likelihood, gegenüber dem Kontrollmodell deutlich. In den hier berechneten geschachtelten Modellen zeigt sich wiederum, dass für die FDP bei der Bundestagswahl 2009 vor allem eine nationalistische Wertorientierung einen klar signifikanten ($p < 0,01$) und positiven Effekt auf das Wahlverhalten ihrer Wähler hat. Der entsprechende Effekt bleibt über das Kontroll- und Gesamtmodell hinweg signifikant (vgl. Tabelle 4.26).

Tabelle 4.26 Binär-logistische Regressionen – Wahl der FDP 2009

	Grundmodell	Wertemodell	Kontrollmodell	Gesamtmodell
Konstante	−1,648*** (0,091)	−3,134*** (0,437)	−4,958*** (0,673)	−5,172*** (0,891)
Links-Rechts-Materialismus		0,090* (0,041)	0,083* (0,042)	0,012 (0,047)
Religiös-Säkular		−0,083 (0,077)	−0,028 (0,083)	0,007 (0,089)
Postmaterialismus-Materialismus		0,106** (0,039)	0,096* (0,040)	0,048 (0,046)
Kosmopolitismus-Nationalismus		0,069 (0,039)	0,127** (0,042)	0,138** (0,047)
Geschlecht			−0,159 (0,197)	0,059 (0,218)
Alter			0,000 (0,006)	−0,002 (0,007)
Bildung			0,451*** (0,088)	0,338*** (0,100)
Parteiidentifikation				0,905*** (0,104)
Merkel				0,113* (0,045)
Steinmeier				−0,014 (0,049)
N	886	886	886	886
AIC	775,30	760,70	739,00	638,92
−2LL	860,6	855,3	821,90	700,90
Δ−2LL		5,30	33,40	121,00
Δ(df)	1	4	3	3
Hosmer-Lemeshow R^2		0,0061	0,0449	0,1855

Quelle: Eigene Darstellung und Berechnung, basierend auf den Daten von Rattinger et al. 2019a. *p < 0,05; **p < 0,01; ***p < 0,001. Ausgewiesen werden Logit-Koeffizienten. Standardfehler in Klammern.

Eine rechts-materialistische sowie eine materialistische Wertorientierung haben so gemäß des Werte- und des Kontrollmodells ebenso einen signifikanten Einfluss auf die FDP-Wahl, werden aber bei Ergänzung der Parteiidentifikation und der Kandidatenorientierung in die Modellrechnungen zu nicht signifikanten Prädiktoren. Die Intensität einer Identifikation mit der Partei hat wiederum einen hohen und zudem hoch signifikanten ($p < 0{,}001$) Einfluss auf die Wahl der FDP. Während eine positive Bewertung der CDU/CSU-Kanzlerkandidatin ebenso einen positiven und signifikanten Effekt ($p < 0{,}05$) auf das Wahlverhalten zu Gunsten der FDP hat, hat eine Einschätzung des SPD-Kanzlerkandidaten Steinmeier keinen signifikanten Effekt auf das Wahlverhalten. Dass dieser Effekt bei der Unionskandidatin Merkel zu beobachten ist, könnte unter anderem darauf zurückzuführen sein, dass eigentlich den Unionsparteien zugeneigte Wähler die FDP beispielsweise aus koalitionsstrategischen Erwägungen wählen.

Eine Analyse der konkreten Effektstärken mit Hilfe der Berechnung von Average Marginal Effects zeigt, dass die Existenz und eine dazugehörige Intensität der Parteiidentifikation tatsächlich der wichtigste Prädiktor für die Wahl der FDP bei dieser Bundestagswahl ist (vgl. Abbildung 4.49).

Mit jeder Stufe einer stärkeren Parteiidentifikation, steigt die durchschnittliche Wahrscheinlichkeit der FDP-Wahl um rund 9,4 Prozent. Dieser hohe Effekt wird zudem begleitet von einer nationalistischen Wertorientierung, die das entsprechende Wahlverhalten ebenso signifikant prägt. Der durchschnittliche Effekt auf die Wahl der FDP, sofern ein Individuum sich eine Stufe stärker in Richtung einer nationalistischen Wertorientierung positioniert, beträgt hier 1,45 Prozent. Die Wahrscheinlichkeit, dass ein Individuum demnach die FDP wählt, wird im direkten Vergleich vor allem über die Parteiidentifikation beeinflusst. Als weiterer signifikanter Prädiktor ist ferner eine positive Bewertung der Unionskandidatin Merkel zu nennen.

4.3 Effekte gesellschaftlicher Wertorientierungen ... 327

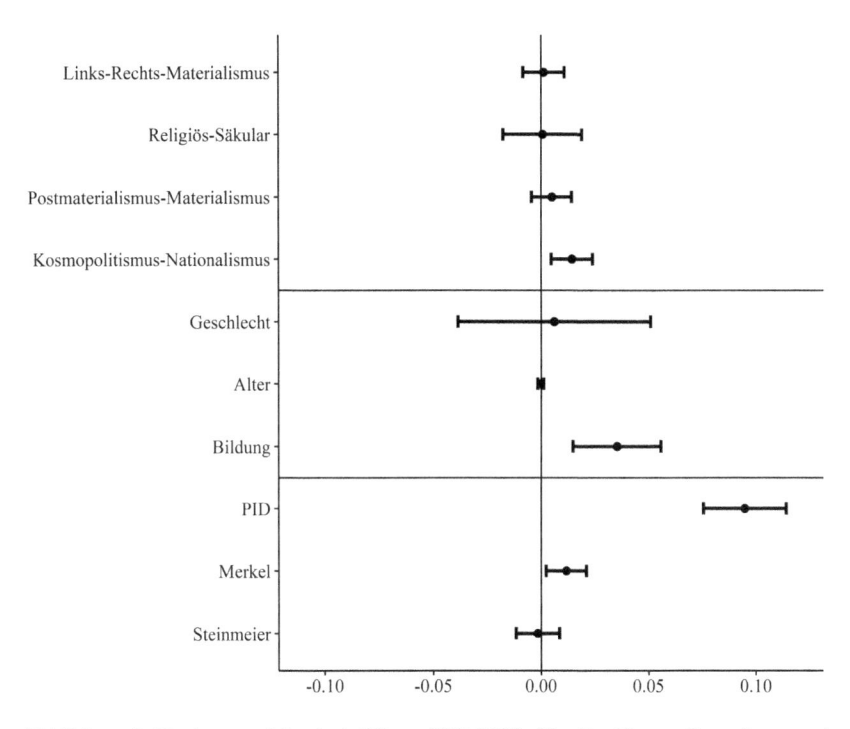

Abbildung 4.49 Average Marginal Effects FDP 2009. (Quelle: Eigene Darstellung und Berechnung, basierend auf den Daten von Rattinger et al. 2019a. Angegeben sind durchschnittliche marginale Effekte (in Prozentpunkten) und 95 %-Konfidenzintervalle, basierend auf Logit-Koeffizienten)

Eine nähere Betrachtung des Pfadmodells zur Erklärung des Wahlverhaltens zu Gunsten der FDP bei der Bundestagswahl 2009 zeigt verschiedene hochgradig relevante Ergebnisse, die so nur in Form der hier vorliegenden Modellierung sichtbar werden. Eine zentrale Erkenntnis ist, wie auch die geschachtelten Regressionsmodelle sowie die Average Marginal Effects zeigen, dass eine Identifikation mit der FDP ein sehr wichtiger und hochgradig signifikanter ($p < 0{,}001$) Prädiktor für die Parteiwahl ist. Interessant ist dabei, dass jene gesellschaftliche Wertorientierungen, welche einen direkten oder indirekten Effekt auf das Wahlverhalten haben, nur einen der beiden Wege der Einflussnahme finden. So hat eine nationalistische Wertorientierung einen geringfügigen, aber signifikanten Effekt ($p < 0{,}05$) auf die Wahl der FDP. Nichtsdestotrotz wirkt diese Wertorientierung nur direkt auf das Wahlverhalten, nicht jedoch auf die Identifikation mit der FDP ein. Neben dem schon beobachteten Effekt, den eine positive Bewertung der CDU/CSU-Kanzlerkandidatin Merkel auf die FDP-Wahl hat, könnte auch dies ein Indiz dafür sein, dass dieser Effekt aufgrund koalitionstaktischer Wähler entsteht. Es darf an dieser Stelle nicht der historische Kontext der Wahl vergessen werden, bei der nach der ersten Großen Koalition unter Angela Merkel (CDU) die FDP ihr historisch bestes Ergebnis erzielte, während die Unionsparteien ihr bis dato schlechtestes Ergebnis seit 1949 erreichten. Durchaus besser zu erklären ist – was auch im Einklang mit der bisherigen Forschung zur Erfassung der FDP-Wählerschaft steht – der Umstand, dass eine rechts-materialistische Wertorientierung ebenso auf eine Identifikation mit der Partei einwirkt wie eine materialistische Wertorientierung. Die Präferenz für einen wirtschaftspolitisch weniger regulativen und gleichzeitig weniger expansiven Sozialstaat sowie eine Priorisierung der Ökonomie gegenüber der Ökologie sind in Bezug auf die FDP-Wählerschaft nicht allzu überraschend, bilden diese Werthaltungen doch eine eher wirtschaftsliberale Ausrichtung ab, die sich die FDP zu eigen macht. Dass es zu Verzerrungen durch Wähler kommt, die der Union nahestehen, zeigt auch, dass die Parteiidentifikation keinen signifikanten Effekt auf die Bewertung der CDU/CSU-Kandidatin Merkel hat, diese Kandidatenbewertung allerdings einen signifikanten Effekt auf die FDP-Wahl entfaltet. Eine hohe Identifikation mit der FDP hat jedoch einen stark negativen und hoch signifikanten Effekt auf die Einschätzung von SPD-Kanzlerkandidat Steinmeier (vgl. Abbildung 4.50).

Mit anderen Worten gibt es nachvollziehbare Gründe, die dafür sprechen, dass eine Parteiidentifikation mit der FDP eine negative Bewertung des SPD-Kandidaten Steinmeier zur Folge hat. Auf dieser Basis muss zwangsläufig keine Wirkung auf das tatsächliche Wahlverhalten entstehen. Im hier dargestellten Pfadmodell lässt sich aber ein klar signifikanter Effekt ($p < 0,01$) der Orientierung an der CDU/CSU-Kandidatin Merkel auf das FDP-Wahlverhalten beschreiben, der theoretisch jedoch keinen Sinn ergibt, da seitens der Parteiidentifikation kein direkter Effekt auf diese Kandidatenbewertung ausgeht. Der entsprechende Effekt entsteht mit hoher Wahrscheinlichkeit nicht durch originär FDP-geneigte Wähler. Nichtsdestotrotz sind die hier festgestellten Effekte, sofern es sich hierbei um signifikante Prädiktoren handelt, auch entsprechend einzuordnen und kritisch zu beleuchten.

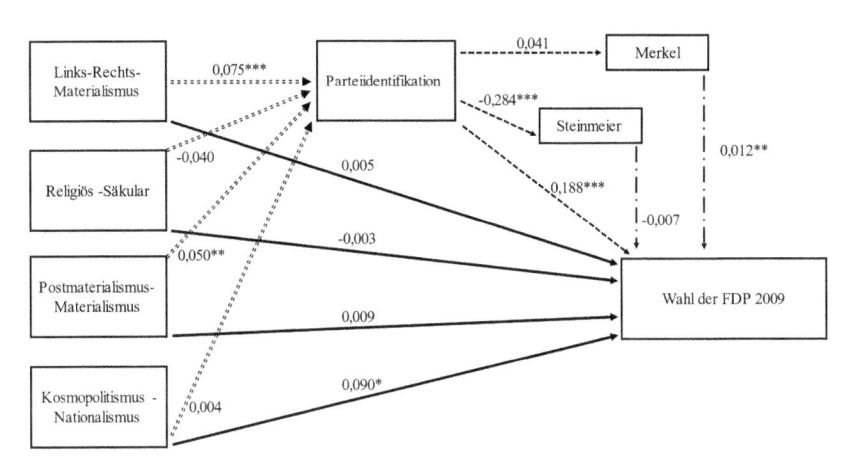

4.3 Effekte gesellschaftlicher Wertorientierungen ... 329

Abbildung 4.50 Pfadmodell FDP 2009. (Quelle: Eigene Darstellung und Berechnung, basierend auf den Daten von Rattinger et al. 2019a. $x^2 = 168{,}765$; CFI $= 0{,}296$; RMSEA $= 0{,}142$)

Diese hier beschriebenen, statistisch nicht plausiblen Einflussgrößen führen dann wiederum dazu, dass der Modell-Fit des Pfadmodells als nicht unzureichend bezeichnet werden muss. Der CFI-Wert (0,296) ist fern dessen, was als gut oder akzeptabel eingeordnet werden kann, Ähnliches gilt für den RMSEA-Wert (0,142). Mit dem vorliegenden Modell kann das Wahlverhalten für die FDP folglich nicht gut geklärt werden, gleichwohl mit diesem nicht nur Schwächen und darüber hinaus weitere erklärungsbedürftige Faktoren ersichtlich werden, die in der Zukunft einer tiefergehenden Analyse bedürfen. Die hier gemessenen Effekte werden davon aber nicht tangiert. Ein hierfür hinreichender Grund mag durchaus auch in der geringen Anzahl an Fällen zu finden sein, die für diese Analyse herangezogen werden konnten.

4.3.3.2 Bundestagswahl 2013

Für die Erklärung des Wahlverhaltens zu Gunsten der FDP bei der Bundestagswahl 2013 gestalten sich diese Umstände anders (vgl. Tabelle 4.27).

Tabelle 4.27 Binär-logistische Regressionen – Wahl der FDP 2013

	Grundmodell	Wertemodell	Kontrollmodell	Gesamtmodell
Konstante	−3,512*** (0,168)	−6,391*** (0,908)	−9,428*** (1,603)	−9,018*** (1,602)
Links-Rechts-Materialismus		0,331*** (0,090)	0,349*** (0,094)	0,301*** (0,089)
Religiös-Säkular		0,004 (0,133)	−0,025 (0,141)	−0,004 (0,133)
Postmaterialismus-Materialismus		0,039 (0,090)	0,037 (0,093)	0,024 (0,086)
Kosmopolitismus-Nationalismus		0,046 (0,075)	0,064 (0,082)	0,074 (0,077)
Geschlecht			0,647 (0,415)	0,755 (0,387)
Alter			0,021 (0,013)	0,014 (0,012)
Bildung			0,394* (0,181)	0,247 (0,170)
Parteiidentifikation				1,182*** (0,173)
Merkel				0,126 (0,087)
Steinbrück				−0,109 (0,076)
N	1255	1255	1255	1255
AIC	314,61	300,70	300,55	257,96
−2LL	335,10	312,70	303,30	255,20
Δ−2LL		22,40	9,40	48,10
Δ(df)	1	4	3	3
Hosmer-Lemeshow R^2		0,0163	0,0340	0,4724

Quelle: Eigene Darstellung und Berechnung, basierend auf den Daten von Rattinger et al. 2019b. *p < 0,05; **p < 0,01; ***p < 0,001. Ausgewiesen werden Logit-Koeffizienten. Standardfehler in Klammern.

Dabei muss insbesondere berücksichtigt werden, dass es sich hierbei um jene Wahl handelt, bei der die FDP nicht nur nahezu zehn Prozentpunkte einbüßte, im direkten Vergleich zur Bundestagswahl 2009, sondern auch den Einzug in den Bundestag verpasste. Zunächst zeigt sich, dass sich die prädiktive Kraft gesellschaftlicher Wertorientierungen als solche in der Summe – seit 2009 – geringfügig verbessert hat. Im direkten Vergleich der für 2013 berechneten vier geschachtelten Modelle steigt die Erklärungskraft in jenem Moment, in welchem die Parteiidentifikation und die Kandidatenorientierung, die im Gesamtmodell ergänzt werden, einen Einfluss auf das Wahlverhalten entfalten können. Der für das AIC ausgewiesene Wert sinkt von 314,61 im Grundmodell auf schlussendlich 257,96 im Gesamtmodell. Liegt die Modellgüte im Wertemodell, in welchem nur gesellschaftliche Wertorientierungen auf ihren tatsächlichen Effekt untersucht werden, gemäß Hosmer-Lemeshows R^2 bei 0,01, so steigt der für das R^2 berechnete Wert auf 0,47 im Gesamtmodell.

Die durch Ergänzung der Parteiidentifikation und Kandidatenorientierung erzielte Modellverbesserung vom Kontroll- zum Gesamtmodell, orientiert am $\Delta-2LL$, entspricht dem zweifachen Wert dessen, wie sich die Erklärungskraft durch das Wertemodell – gegenüber dem Grundmodell – verbessert. In der konkreten Betrachtung der Effekte sind zwei zentrale Ergebnisse festzustellen: Einerseits wirkt eine rechts-materialistische Wertorientierung in allen hier berechneten Modellen in einem hoch signifikanten Umfang ($p < 0,001$) auf das Wahlverhalten ein, andererseits zeigt sich ein ebenso signifikanter Effekt durch die Intensität der Parteiidentifikation.

Der konkrete Effekt der Parteiidentifikation auf das Wahlverhalten zu Gunsten der FDP bei der Bundestagswahl 2013 ist zwar weiterhin stark ausgeprägt, liegt aber deutlich unter jenem Wert, den diese gemäß der Modellierung der Average Marginal Effects für die Bundestagswahl 2009 entfalten konnte. So steigt die Wahrscheinlichkeit der FDP-Wahl 2013 um durchschnittlich nur noch 2,6 Prozent, je höher die entsprechende Parteiidentifikation ist. Eine rechts-materialistische Wertorientierung beeinflusst die Wahl der FDP gleichermaßen signifikant. Demnach gilt, dass je stärker ein Individuum rechts-materialistisch orientiert ist, die Wahrscheinlichkeit der FDP-Wahl um durchschnittlich je 0,68 Prozent steigt. Weitere signifikante Effekte sind auf die Wahl der FDP nicht zu erfassen (vgl. Abbildung 4.51).

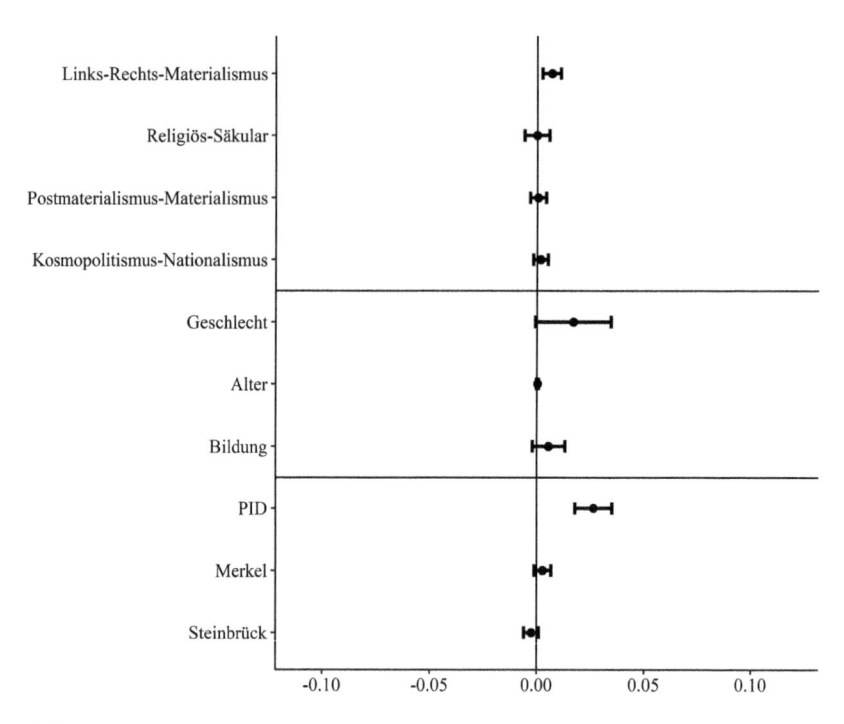

[Forest plot showing average marginal effects with variables: Links-Rechts-Materialismus, Religiös-Säkular, Postmaterialismus-Materialismus, Kosmopolitismus-Nationalismus, Geschlecht, Alter, Bildung, PID, Merkel, Steinbrück on y-axis; x-axis from -0.10 to 0.10]

Abbildung 4.51 Average Marginal Effects FDP 2013. (Quelle: Eigene Darstellung und Berechnung, basierend auf den Daten von Rattinger et al. 2019b. Angegeben sind durchschnittliche marginale Effekte (in Prozentpunkten) und 95 %-Konfidenzintervalle, basierend auf Logit-Koeffizienten)

Während zur Bundestagswahl 2009 noch ein Effekt durch die Orientierung an den Spitzenkandidaten festzustellen ist, kann dieser Effekt für die Daten der Bundestagswahl 2013 nicht erneut bestätigt werden. Auch ist hier kein Effekt gesellschaftlicher Wertorientierungen auf das Wahlverhalten zu beobachten, der nicht auch gleichzeitig auf die Intensität der Parteiidentifikation einwirkt. Im hier dargelegten Pfadmodell ist so zwar eine rechts-materialistische Einflussgröße auf die Ausbildung der Parteiidentifikation zu belegen, die signifikant ist ($p < 0{,}05$), im Effekt jedoch nur einen geringfügigen Umfang hat. Die Parteiidentifikation wiederum wirkt dann ausschließlich in einem starken positiven und auch hoch signifikanten Umfang ($p < 0{,}001$) auf die FDP-Wahl, nicht jedoch auf die Einschätzung der jeweiligen Spitzenkandidaten von CDU/CSU und SPD, Angela

4.3 Effekte gesellschaftlicher Wertorientierungen ...

Merkel und Peer Steinbrück. Direkte Effekte einer gesellschaftlichen Wertorientierung lassen sich so auf das Wahlverhalten, zumindest auf der Ebene einer Individualdatenanalyse, nicht belegen. Einzig indirekte Effekte können sich über die Ausbildung einer entsprechenden Parteiidentifikation entfalten, wenngleich die hier beschriebenen Effekte nur sehr gering sind (vgl. Abbildung 4.52).

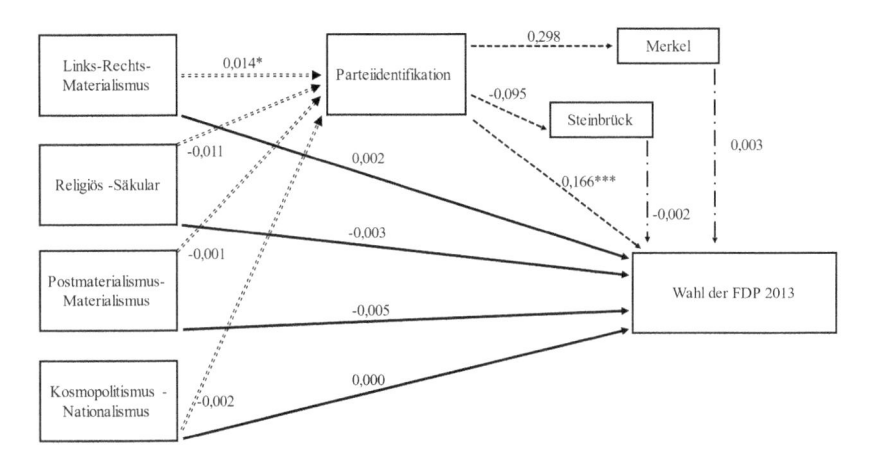

Abbildung 4.52 Pfadmodell FDP 2013. (Quelle: Eigene Darstellung und Berechnung, basierend auf den Daten von Rattinger et al. 2019b. $x^2 = 153{,}150$; CFI $= 0{,}056$; RMSEA $= 0{,}112$)

Die hier nahezu nicht vorhandenen Effekte lassen schon, auch aufgrund der für die FDP-Wählerschaft sehr prekären Datenlage, einen sehr problematischen Modell-Fit erwarten. In der Tat ist dies hier der Fall. Insbesondere der CFI-Wert (0,056) ist als besonders bezeichnend zu bewerten, ist die Modellgüte demnach als nichts aussagend einzuschätzen. Auch der RMSEA-Wert (0,112) überschreitet den zuvor definierten kritischen Schwellenwert. Demnach kann die Wahl der FDP bei der Bundestagswahl 2013 mit dem hier berechneten Pfadmodell nicht hinreichend erklärt werden. Dies ist neben der geringen Fallzahl der FDP-Wähler ohne Zweifel vor allem auch darauf zurückzuführen, dass gesellschaftliche Wertorientierungen bei dieser Wahl schlicht keinen direkten Effekt beim individuellen Wahlverhalten zu Gunsten der FDP haben.

Es zeigt sich zusammenfassend also auch für die Bundestagswahl 2013, dass eine rechts-materialistische Orientierung als einzige der entsprechenden Dimensionen gesellschaftlicher Wertorientierungen zumindest die Intensität einer Identifikation mit der FDP beeinflusst, das tatsächliche Wahlverhalten kann sie aber nicht erklären, allenfalls und sehr geringfügig auf indirektem Weg über die Parteiidentifikation.

4.3.3.3 Bundestagswahl 2017

Für 2017 zeichnet sich ab, dass die grundsätzliche Erklärungskraft gesellschaftlicher Wertorientierungen zwar durchaus auf das Wahlverhalten zu Gunsten der FDP einwirkt, wenngleich der Effekt weiterhin nur ein geringfügiger ist. So sind die Parteiidentifikation und die Kandidatenorientierung im Rahmen der geschachtelten Modelle jene Prädiktoren, die im direkten Vergleich den größten Erklärungszuwachs für die Modellierung liefern, die Wertorientierungen dagegen haben kaum Erklärungskraft.

So gestaltet es sich derart, dass der für das AIC berechnete Wert zwischen dem Grundmodell und dem Wertemodell um 44,43 Punkte sinkt. Durch die Ergänzung sozio-demographischer Variablen sinkt dieser Wert nur marginal um 5,3 Einheiten. Durch wiederum den Einbezug der Parteiidentifikation und Kandidatenorientierung in die Modellierung sinkt das AIC deutlich um weitere 181,12 Punkte. Da das AIC kritischer im Umgang bei der Ergänzung zusätzlicher Variablen in die Modellierung ist, ist die Wertigkeit dieser Prädiktoren zweifelsohne festzustellen. Das R^2 nach Hosmer-Lemeshow bestraft den Umfang eines Modells wiederum nicht, zeigt aber auch, dass die Modellgüte von aufgerundet 0,05 im Wertemodell auf 0,06 im Kontrollmodell und schließlich auf 0,22 im Gesamtmodell steigt. Über alle Modelle hinweg zeigt sich, dass sowohl eine rechts-materialistische Wertorientierung als auch eine materialistische Wertorientierung das Wahlverhalten zu Gunsten der FDP hoch signifikant ($p < 0,001$) positiv beeinflussen.

Offensichtlich gelingt es der FDP demnach, Wähler an sich zu binden, die in diesen Fragen eine klassisch wirtschaftsliberale Haltung haben. Insbesondere aber eine Identifikation mit der FDP als Partei, aber auch eine negative Einschätzung des SPD-Spitzenkandidaten Martin Schulz sind auch im Hinblick auf ihren Einfluss auf das Wahlverhalten zu nennen. Beide Faktoren haben in der hier vorgenommenen Modellierung einen klar bis hoch signifikanten Einfluss auf das individuelle Wahlverhalten der FDP-Wählerschaft. Eine kosmopolitische Wertorientierung bleibt nur im Wertemodell signifikant und hat im Gesamtmodell keinen signifikanten Effekt auf das Wahlverhalten zu Gunsten der FDP (vgl. Tabelle 4.28).

4.3 Effekte gesellschaftlicher Wertorientierungen ...

Tabelle 4.28 Binär-logistische Regressionen – Wahl der FDP 2017

	Grundmodell	Wertemodell	Kontrollmodell	Gesamtmodell
Konstante	−1,944*** (0,079)	−3,444*** (0,351)	−4,983*** (0,623)	−4,427*** (0,787)
Links-Rechts-Materialismus		0,225*** (0,040)	0,239*** (0,041)	0,205*** (0,044)
Religiös-Säkular		−0,099 (0,058)	−0,105 (0,061)	−0,101 (0,065)
Postmaterialismus-Materialismus		0,165*** (0,040)	0,182*** (0,041)	0,170*** (0,044)
Kosmopolitismus-Nationalismus		−0,077* (0,036)	−0,050 (0,039)	−0,047 (0,043)
Geschlecht			0,328* (0,167)	0,283 (0,182)
Alter			0,004 (0,005)	−0,001 (0,005)
Bildung			0,234** (0,078)	0,138 (0,083)
Parteiidentifikation				0,981*** (0,084)
Merkel				0,066 (0,035)
Schulz				−0,102** (0,035)
N	1479	1479	1479	1479
AIC	1097,53	1053,40	1048,01	866,98
−2LL	1127,00	1072,00	1058,00	868,90
Δ−2LL		55,00	14,00	189,10
Δ(df)		1	4	3	3
Hosmer-Lemeshow R^2		0,0488	0,0612	0,2290

Quelle: Eigene Darstellung und Berechnung, basierend auf den Daten von Roßteutscher et al. 2019. *p < 0,05; **p < 0,01; ***p < 0,001. Ausgewiesen werden Logit-Koeffizienten. Standardfehler in Klammern.

Der tatsächliche Effektvergleich mit Hilfe der Berechnung von Average Marginal Effects belegt dann zweierlei: Zum einen ist es so, dass eine rechts-materialistische und eine materialistische Wertorientierung in der Tat das Wahlverhalten für die FDP hoch signifikant ($p < 0{,}001$) beeinflussen. Mit jeder Skalenstufe, die sich ein Individuum stärker entsprechend einordnet, steigt die durchschnittliche Wahrscheinlichkeit der FDP-Wahl um 1,6 Prozent im Fall einer rechts-materialistischen und um 1,4 Prozent im Fall einer materialistischen Wertorientierung. Darüber hinaus sinkt die durchschnittliche Wahrscheinlichkeit, die FDP zu wählen, wenn der SPD-Kanzlerkandidat Schulz positiv bewertet wird, um 0,8 Prozent. Auch dieser Effekt ist klar signifikant ($p < 0{,}01$), jedoch deutlich geringer als jener, der für die Wertorientierungen zu beobachten ist. Als wichtigster Prädiktor erscheint aber vor allem die Intensität einer Parteiidentifikation mit der FDP. Identifiziert sich ein Individuum mit der Partei, steigt die Wahrscheinlichkeit der FDP-Wahl bei jedem Intensitätsschritt um durchschnittlich 8,0 Prozent (vgl. Abbildung 4.53).

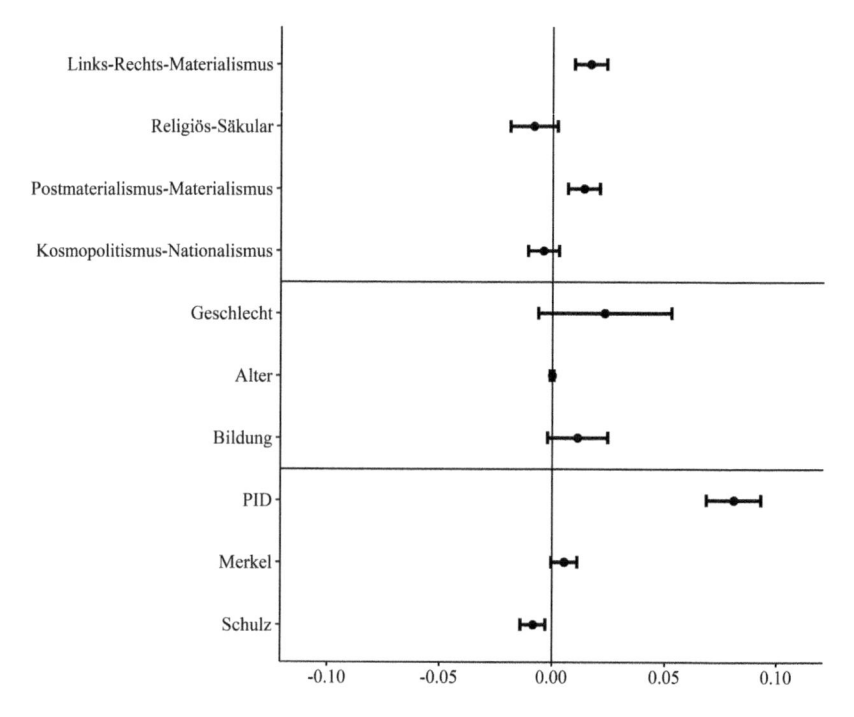

Abbildung 4.53 Average Marginal Effects FDP 2017. (Quelle: Eigene Darstellung und Berechnung, basierend auf den Daten von Roßteutscher et al. 2019. Angegeben sind durchschnittliche marginale Effekte (in Prozentpunkten) und 95 %-Konfidenzintervalle, basierend auf Logit-Koeffizienten)

4.3 Effekte gesellschaftlicher Wertorientierungen ...

Durch die Pfadmodellierung zeigt sich dann wiederum, dass die bei den Average Marginal Effects errechneten Effekte in der Tat auch in der Grundtendenz zu belegen sind. Eine rechts-materialistische Wertorientierung hat einen ebenso großen Effekt wie eine materialistische Wertorientierung auf die Wahl der FDP bei der Bundestagswahl 2017. Beide Effekte werden als hoch signifikant (p < 0,001) ausgewiesen. Interessant ist aber, dass eine rechts-materialistische Wertorientierung, anders als eine materialistische, darüber hinaus auch einen klar signifikanten (p < 0,01) positiven Effekt auf die Ausbildung und Intensität einer Identifikation mit der FDP hat. Der dafür errechnete Koeffizient liegt mit 0,039 auch in einem Umfang vor, der mehr als dem doppelten jenes Effekts entspricht, der sich direkt auf die Parteiwahl zu entfalten vermag. Ferner wirkt besonders die Parteiidentifikation sehr stark und hoch signifikant auf die FDP-Wahl ein. Gemessen an den vorangegangenen Berechnungen sowie im direkten Vergleich zu anderen Elektoraten ist dies jedoch nicht weiter überraschend. Ebenfalls wenig überraschend ist, dass Individuen, die sich stark mit der FDP identifizieren, den SPD-Kanzlerkandidaten entsprechend negativ bewerten, obgleich sich so eine Beobachtung für die Kanzlerkandidatin von CDU und CSU, Angela Merkel, nicht machen lässt. Wenn dann wiederum der SPD-Kandidat positiv bewertet wird, sinkt die Wahrscheinlichkeit der FDP-Wahl signifikant, wenngleich auch nur in einem geringen Umfang (vgl. Abbildung 4.54).

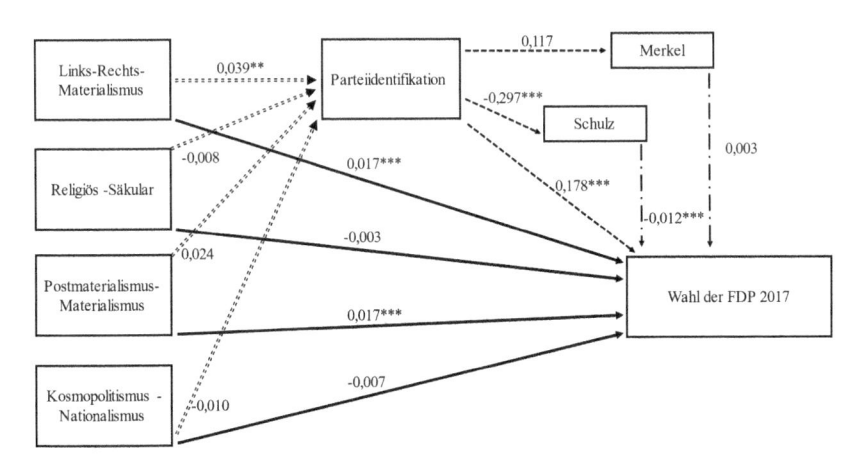

Abbildung 4.54 Pfadmodell FDP 2017. (Quelle: Eigene Darstellung und Berechnung, basierend auf den Daten von Roßteutscher et al. 2019. $x^2 = 183{,}328$; CFI $= 0{,}397$; RMSEA $= 0{,}114$)

Die hier berechneten Model-Fits sind als unzureichend zu bewerten, liegt doch der CFI-Wert (0,397) deutlich unter dem notwendigen Schwellenwert, während der RMSEA-Wert (0,114) deutlich darüber liegt. Das vorliegende Pfadmodell kann demnach das Wahlverhalten für die FDP bei der Bundestagswahl 2017 nicht hinreichend erklären – zumindest mit den hier verwendeten Daten. Dies ist im Wesentlichen darauf zurückzuführen, dass Querverbindungen zwischen gesellschaftlichen Wertorientierungen und einer Evaluation der Spitzenkandidaten von CDU/CSU und SPD statistisch ermittelbar sind, diese allerdings im Kausalitätstrichter als Modellvorlage nicht vorhergesehen sind. Darunter leidet dann auch die Modellgüte, da diese Querverbindungen hier nicht einbezogen werden, da die im theoretischen Modell des Kausaltrichters nicht vorgesehen sind. Ebenso ist die geringe Fallzahl als mögliche Ursache zu nennen. Nichtsdestotrotz liefert das Pfadmodell wichtige Erkenntnisse darüber, dass gesellschaftliche Wertorientierungen tatsächlich einen Effekt auf das Wahlverhalten zu Gunsten der FDP haben. Diese liegen sowohl für direkt als auch über den indirekten Weg durch die Parteiidentifikation vor.

4.3.3.4 Zusammenfassung der FDP-Wahl 2009 bis 2017

In der Summe hat die vorgenommene Analyse mehrere Erkenntnisse hervorgebracht. Zunächst ist es so, dass gesellschaftliche Wertorientierungen für das Wahlverhalten der FDP-Wähler durchaus einen signifikanten Effekt haben, wenngleich diese zumeist indirekt über die Parteiidentifikation auf die Parteiwahl einwirken und nur einen geringen Umfang haben. Insbesondere für das Wahljahr 2009 zeigt die Analyse gewisse Inkonsistenzen, die theoretisch zunächst nicht erklärbar sind. So beeinflusst eine nationalistische Wertorientierung dort das Wahlverhalten für die FDP signifikant, hat gleichzeitig aber keinen Effekt auf die Entstehung und Intensität der Parteiidentifikation. Eine hier aufgestellte Vermutung, die in der Zukunft einer näheren Analyse unterzogen werden sollte, bezieht sich auf mögliche Sympathisanten von CDU/CSU, die für einen Regierungswechsel koalitionstaktisch gewählt haben und dadurch die Messung verzerrt haben könnten. Dieser Effekt ist bei den darauffolgenden Bundestagswahlen 2013 und 2017 nicht mehr zu beobachten. Besonders eine Analyse der Ergebnisse zur Bundestagswahl 2013 gestaltet sich aber auf vielen Ebenen sehr problematisch, ist doch die Anzahl der FDP-Wähler nicht nur bei der Wahl, sondern auch in dem zur Analyse herangezogenen Datensatz deutlich gesunken. Die Analyse ist für diese Zeitpunkte demnach nur schwierig seriös abschließend zu bewerten, da bedeutsame Verzerrungen aufgrund der geringen Fallzahl nicht ausgeschlossen werden können. Die für 2017 errechneten Ergebnisse sind in sich theoretisch konsistent. Die FDP hat sich gemäß entsprechender Wahlprogrammanalysen dazu entschieden, „ihren Markenkern zu betonen und mit einem modernisierten wirtschaftsliberalen Programm bevorzugt ihre Kernwähler anzusprechen" (Anan 2019, S. 93). Im Anbetracht der vorliegenden Ergebnisse scheint ihr das gelungen zu sein. Eher rechts-materialistisch orientierte Wähler votierten für die Partei ebenso wie materialistisch gesinnte Wähler. Demnach wird eine ökonomische Prosperität klar gegenüber ökologischen Schwerpunktsetzungen vorgezogen. Ferner wirkt sich die Ablehnung sozialpolitischer Umverteilungsmaßnahmen in Abwägung zu einer besitzstandswahrenden Grundhaltung signifikant auf das Wahlverhalten aus. Es gelingt so zumindest für die Bundestagswahl 2017 durchaus eine Kongruenz zwischen Angebot und Nachfrage für die FDP-Wählerschaft herzustellen. Auch bei den vorangegangenen Bundestagswahlen wirkt eine rechts-materialistische Orientierung über die Parteiidentifikation indirekt auf das Wahlverhalten ein. Nichtsdestotrotz muss die Hypothese, dass eine rechts-materialistische Wertorientierung auf das Wahlverhalten zu Gunsten der FDP einwirkt, für die Bundestagswahlen 2009 und 2013 zurückgewiesen werden, wurde hier doch ein direkter Effekt erwartet. Für die Bundestagswahl 2017 hingegen kann die Hypothese angenommen werden.

Die hier vorliegende Analyse für die FDP-Wähler bei den Bundestagswahlen 2009 bis 2017 illustriert darüber hinaus die weiterhin bestehende Gültigkeit spezifischer Annahmen des Michigan-Modells. Insbesondere die Parteiidentifikation hat zu allen Zeitpunkten einen eindeutig signifikanten, hohen und positiven Effekt auf die Wahl der FDP. Die hier durch die Analyse ermittelten Ergebnisse weisen darauf hin, dass die Wirkungskraft gesellschaftlicher Wertorientierungen nicht als Substitut für bereits gängige Erklärungsansätze, sondern als weitere Ergänzung bei der Erklärung des Wahlverhaltens zu verstehen ist.

4.3.4 Wahlverhalten zu Gunsten der Grünen

Ebenso wie auch bei den vorangegangenen Elektoraten wird im Folgenden nun in Abschnitt 4.3.4.1 zunächst das Wahlverhalten für die Grünen bei der Bundestagswahl 2009 einer Analyse unterzogen. Anschließend wird auf die gleiche Weise in Abschnitt 4.3.4.2 mit der Bundestagswahl 2013 verfahren, um abschließend in Abschnitt 4.3.4.3 die Ergebnisse zur Bundestagswahl 2017 vorzustellen. In Abschnitt 4.3.4.4 werden die vorliegenden Resultate zusammengefasst und einer kritischen Einordnung unterzogen.

4.3.4.1 Bundestagswahl 2009

Handelt es sich bei den Grünen um eine Partei, die ursächlich nicht entlang eines in der Sozialstruktur verankerten Wertekonflikts entstanden ist, sind die hier vorliegenden Ergebnisse von besonderem Interesse. So ist insbesondere von einem wirkungsvollen Effekt seitens einer postmaterialistischen Wertorientierung auszugehen, ist diese doch für die Grünen seit ihrer Gründung konstitutiv.

Für die Bundestagswahl 2009 zeigt sich, dass hier die Erklärungsstärke gesellschaftlicher Wertorientierungen auf das Wahlverhalten als sehr groß einzuschätzen ist. Im Grundmodell liegt der für das AIC berechnete Wert bei 639,02 und sinkt im darauffolgenden Wertemodell auf 496,5 ab. Demnach verbessert sich der für das AIC berechnete Wert deutlich. Durch die Ergänzung sozio-demographischer Variablen im Kontrollmodell sinkt dieser Wert nur marginal, bis zum Gesamtmodell aber auf einen Wert von 415,17. Auch der durch die Log-Likelihood ($-2LL$) ausgewiesene Wert beschreibt eine ähnliche Veränderung. Die durch das $\Delta-2LL$ beschriebene Verbesserung des Modells durch die Inklusion gesellschaftlicher Wertorientierungen im Wertemodell entspricht mehr als dem doppelten Wert dessen, wie sich das Modell durch den Einbezug der Kandidatenorientierung und Parteiidentifikation im Gesamtmodell verbessert. In den geschachtelten Regressionsmodellen zeigt sich dann, dass sowohl eine links-materialistische Wertorientierung klar signifikant ($p < 0{,}01$) als auch eine postmaterialistische Wertorientierung hoch signifikant ($p < 0{,}001$) auf die Wahl der Grünen bei der Bundestagswahl 2009 einwirken. Insbesondere Letzteres ist auch im Rahmen der hier postulierten Erwartungen, da die Grünen als eine Art parteipolitisch institutionalisierter Postmaterialismus zu verstehen sind. Auch wirkt die Parteiidentifikation mit den Grünen als Prädiktor hoch signifikant ($p < 0{,}001$) auf das tatsächliche Wahlverhalten ein. Ferner hat eine kosmopolitische Wertorientierung zumindest im Werte- und Kontrollmodell einen hoch signifikanten Effekt ($p < 0{,}001$) auf das Wahlverhalten, wenngleich dieser bei Inklusion der Parteiidentifikation und Kandidatenorientierung nivelliert wird. Die erklärte Passgenauigkeit zwischen der theoretischen Modellierung und den tatsächlichen Daten lässt sich auch unter Zuhilfenahme von Hosmer-Lemeshows R^2 näher erfassen. So steigt die durch das Wertemodell errechnete Modellgüte von 0,24 auf schließlich 0,36 im Gesamtmodell (vgl. Tabelle 4.29).

Tabelle 4.29 Binär-logistische Regressionen – Wahl der Grünen 2009

	Grundmodell	Wertemodell	Kontrollmodell	Gesamtmodell
Konstante	−1,986*** (0,103)	2,621*** (0,446)	2,311** (0,792)	0,633 (0,976)
Links-Rechts-Materialismus		−0,142** (0,050)	−0,152** (0,051)	−0,157** (0,057)
Religiös-Säkular		−0,141 (0,093)	−0,074 (0,097)	−0,110 (0,107)
Postmaterialismus-Materialismus		−0,491*** (0,064)	−0,475*** (0,065)	−0,350*** (0,069)
Kosmopolitismus-Nationalismus		−0,227*** (0,045)	−0,172*** (0,048)	−0,068 (0,053)
Geschlecht			0,137 (0,240)	0,169 (0,259)
Alter			−0,020* (0,008)	−0,013 (0,008)
Bildung			0,209 (0,109)	0,159 (0,124)
Parteiidentifikation				0,872*** (0,117)
Merkel				−0,083 (0,052)
Steinmeier				0,085 (0,058)
N	886	886	886	886
AIC	639,02	496,5	487,13	415,17
−2LL	733,80	556,70	548,30	464,50
Δ−2LL		177,10	8,40	83,80
Δ(df)		1	4	3	3
Hosmer-Lemeshow R^2		0,2413	0,2527	0,3669

Quelle: Eigene Darstellung und Berechnung, basierend auf den Daten von Rattinger et al. 2019a. * p < 0,05; ** p < 0,01; ***p < 0,001. Ausgewiesen werden Logit-Koeffizienten. Standardfehler in Klammern.

Die Berechnung der Average Marginal Effects, die zur Erläuterung der Effektstärken herangezogen werden, zeigen in der Tat, dass die Wahrscheinlichkeit der Grünen-Wahl signifikant entlang gesellschaftlicher Wertorientierungen und der Parteiidentifikation beeinflusst wird (vgl. Abbildung 4.55).

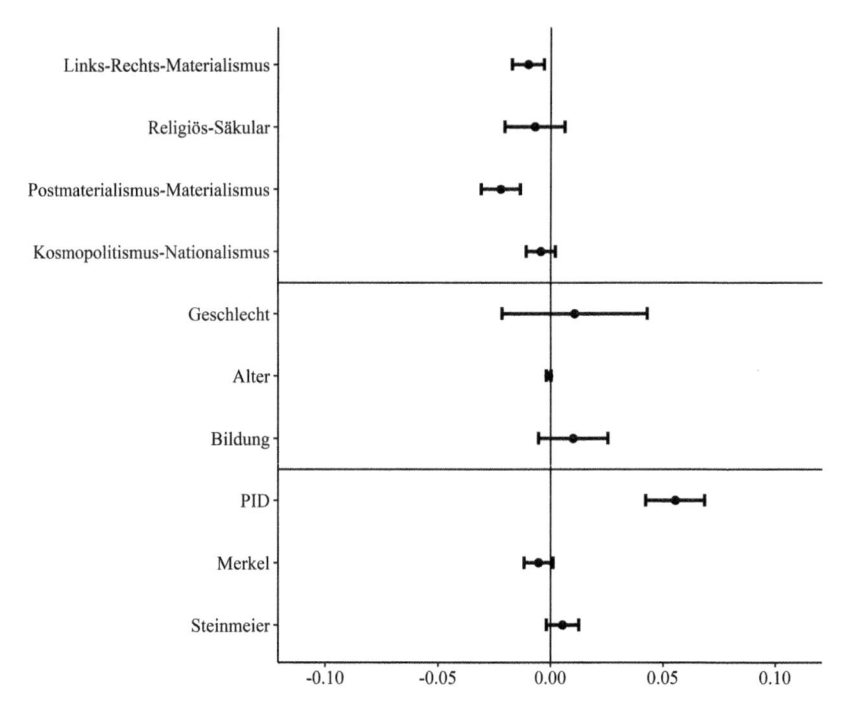

Abbildung 4.55 Average Marginal Effects Grüne 2009. (Quelle: Eigene Darstellung und Berechnung, basierend auf den Daten von Rattinger et al. 2019a. Angegeben sind durchschnittliche marginale Effekte (in Prozentpunkten) und 95 %-Konfidenzintervalle, basierend auf Logit-Koeffizienten)

Die Wahrscheinlichkeit, bei der Bundestagswahl 2009 für die Grünen zu votieren, steigt um durchschnittlich 2,2 Prozent, je klarer sich ein Individuum auf der Postmaterialismus-Materialismus-Skala in Richtung einer postmaterialistischen Wertorientierung positioniert. Ein geringerer Effekt von einer durchschnittlich um 1,0 Prozent steigenden Wahrscheinlichkeit liegt für eine stärker linksmaterialistische Wertorientierung vor. Vor allem aber zeigt sich, dass eine höhere Intensität der Identifikation mit den Grünen auch einen sehr starken Effekt auf die Wahrscheinlichkeit der Wahl dieser Partei hat. Der durchschnittliche Effekt, um den diese zunimmt, beträgt hier 5,5 Prozent. Darüber hinaus sind keine weiteren signifikanten Effekte auf die Wahl der Grünen festzustellen.

4.3 Effekte gesellschaftlicher Wertorientierungen ... 343

In der Pfadmodellierung zeigt sich überraschenderweise, dass der Effekt gesellschaftlicher Wertorientierungen höher und umfangreicher zu sein scheint als zunächst nach Berechnung der geschachtelten Regressionsmodelle und der Average Marginal Effects angenommen. So hat neben einer postmaterialistischen und einer links-materialistischen Wertorientierung auch eine kosmopolitische Wertorientierung einen eindeutigen Effekt auf das Wahlverhalten zu Gunsten der Grünen. Darüber hinaus wirken diese drei Dimensionen gesellschaftlicher Wertorientierungen signifikant auf die Parteiidentifikation ein. Insbesondere eine postmaterialistische und eine kosmopolitische Wertorientierung sind aufgrund der Stärke der Koeffizienten besonders betonenswert. Solche Veränderungen beobachten zu können, sind ein klarer Vorteil, der durch die Pfadmodellierung möglich wird, da nur dadurch Kausalpfade statistisch nachvollziehbar werden (vgl. Abbildung 4.56).

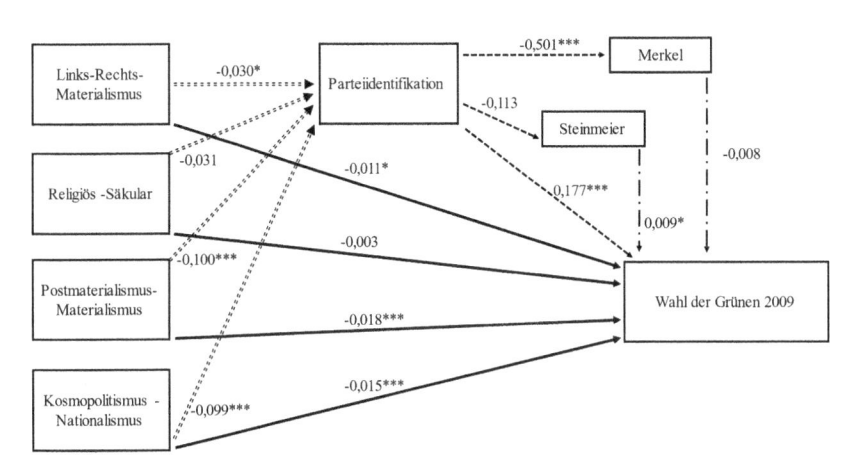

Abbildung 4.56 Pfadmodell Grüne 2009. (Quelle: Eigene Darstellung und Berechnung, basierend auf den Daten von Rattinger et al. 2019a. $x^2 = 166{,}063$; CFI $= 0{,}363$; RMSEA $= 0{,}140$)

Da die Grünen von allen im Jahr 2009 analysierten Elektoraten – in der deskriptiven Analyse – schon als besonders kosmopolitisch identifiziert wurden, ist dies jedoch nicht allzu überraschend, sondern schlägt sich vielmehr dann in der Unterstützung für die grüne Partei nieder. Als Einflussgröße ist vor allem die Parteiidentifikation zu nennen, die hoch signifikant (p < 0,001) und in einem positiven Umfang auf die Grünen-Wahl einwirkt. Ferner führt eine hohe Intensität der Identifikation mit den Grünen zu einer deutlich negativeren Bewertung der CDU/CSU-Kanzlerkandidatin Merkel. Für den Kandidaten der SPD, Frank-Walter Steinmeier, lassen sich keine derartigen Rückschlüsse identifizieren. In einem nahezu non-existenten Umfang wirkt dann wiederum eine positive

Bewertung Steinmeiers auf die Wahl der Grünen ein. Erklärbar ist dies durch die Wirkungsrichtung der Parteiidentifikation jedoch nicht. Eine Wahl der Grünen durch originär SPD-nahe Wähler könnte hier aber durchaus ein hinreichender Grund für diese Verzerrung sein.

Die hier festgestellte Modellgüte ist jedoch keineswegs hinreichend, um die Wahl der Grünen bei der Bundestagswahl 2009, zumindest auf Basis der vorliegenden Daten, ausschöpfend erklären zu können. So liegt nicht nur der CFI-Wert (0,363) deutlich unter dem kritischen Schwellenwert, sondern der entsprechende RMSEA-Wert (0,140) auch deutlich darüber. Weitere Modellspezifikationen ergeben aber, wie auch schon in den zuvor dargestellten Modellen, für das hier vorliegende Vorhaben theoretisch wenig Sinn.

Nichtsdestotrotz sind die Effekte, die auf das Wahlverhalten für die Grünen bei der Bundestagswahl 2009 festgestellt werden können, inhaltlich plausibel und spiegeln durchaus die zuvor formulierten Erwartungen.

4.3.4.2 Bundestagswahl 2013

Es zeigt sich für die Grünen-Wähler, dass die Stärke der Erklärungskraft gesellschaftlicher Wertorientierungen auf das Wahlverhalten bei der Bundestagswahl 2013 abnimmt, jedoch keineswegs an Bedeutung verliert. So liegt der AIC-Wert beim Gesamtmodell noch bei 828,37 und sinkt im darauf aufbauenden Wertemodell zwar auf 700,63 ab, hat jedoch nicht mehr den deutlichen Effekt zur Modellverbesserung, der für das Bundestagswahljahr 2009 zu beobachten ist. Auch bei der Inklusion sozio-demographischer Variablen verbessert sich das Modell nur geringfügig, was den Erfahrungen bei der Berechnung vorangegangener Modelle für andere Elektorate entspricht. Eine klare Verbesserung zeichnet sich unter Zuhilfenahme der Parteiidentifikation und der Kandidatenorientierung ab, sinkt doch der AIC-Wert hier auf nun 510,98. Gemessen am $\Delta -2LL$ zeigt sich aber, dass das Gesamtmodell gegenüber dem Kontrollmodell zwar eine klare Verbesserung darstellt, aber nicht deutlich mehr Erklärungskraft bietet als jene, die durch Einbezug gesellschaftlicher Wertorientierungen erzielt wird. Hosmer-Lemeshows R^2 wiederum steigt im Modellaufbau von 0,16 im Wertemodell auf zunächst abgerundet 0,18 im Kontrollmodell. Beim Gesamtmodell liegt die Modellgüte, abgebildet durch das R^2, schließlich bei 0,40. Dabei sei aber, wie schon angeführt, daran erinnert, dass das Akaike Information Criterion, anders als das R^2, eine steigende Modellkomplexität durch entsprechende Anpassungen bestraft. Über die Modellrechnungen als solche zeigt sich dann, dass eine links-materialistische Orientierung ebenso einen signifikanten Effekt hat wie eine postmaterialistische oder eine kosmopolitische Wertorientierung. Ferner hat weiterhin die Identifikation mit den Grünen einen hoch signifikanten ($p < 0,001$) und positiven Effekt auf die Wahlentscheidung zu Gunsten der Partei (vgl. Tabelle 4.30).

Tabelle 4.30 Binär-logistische Regressionen – Wahl der Grünen 2013

	Grundmodell	Wertemodell	Kontrollmodell	Gesamtmodell
Konstante	−2,028*** (0,088)	1,590*** (0,369)	2,534*** (0,637)	1,520 (0,876)
Links-Rechts-Materialismus		−0,131** (0,042)	−0,128** (0,043)	−0,103* (0,052)
Religiös-Säkular		−0,053 (0,068)	−0,017 (0,070)	−0,019 (0,084)
Postmaterialismus-Materialismus		−0,402*** (0,059)	−0,393*** (0,058)	−0,215** (0,067)
Kosmopolitismus-Nationalismus		−0,183*** (0,040)	−0,148*** (0,042)	−0,141** (0,050)
Geschlecht			0,107 (0,197)	0,089 (0,236)
Alter			−0,028*** (0,006)	−0,021** (0,007)
Bildung			0,038 (0,088)	−0,135 (0,110)
Parteiidentifikation				1,133*** (0,099)
Merkel				−0,053 (0,042)
Steinbrück				0,018 (0,048
N	1255	1255	1255	1255
AIC	828,37	700,63	678,91	510,98
−2LL	918,10	771,20	746,30	547,20
Δ−2LL		146,90	24,90	199,10
Δ(df)		1	4	3	3
Hosmer-Lemeshow R^2		0,1600	0,1871	0,4039

Quelle: Eigene Darstellung und Berechnung, basierend auf den Daten von Rattinger et al. 2019b. *p < 0,05; **p < 0,01; ***p < 0,001. Ausgewiesen werden Logit-Koeffizienten. Standardfehler in Klammern.

Der zunächst im Gesamtmodell vorliegende Effekt einer linksmaterialistischen Wertorientierung auf das Wahlverhalten für die Grünen bei der Bundestagswahl 2013 ist auch bei Überprüfung durch die Berechnung der Average Marginal Effects vorzufinden. Der entsprechende Effekt ist mit durchschnittlich 0,5 Prozent aber äußerst gering. Anders gestaltet sich dies mit der postmaterialistischen und der kosmopolitischen Wertorientierung der Grünen-Wähler. Die Wahrscheinlichkeit der Grünen-Wahl steigt um durchschnittlich 1,1 Prozent, je postmaterialistischer ein Individuum gesinnt ist. Der Effekt einer kosmopolitischen Wertorientierung liegt mit durchschnittlich 0,7 Prozent entsprechend darunter. Ein weitaus stärkerer Effekt liegt mit durchschnittlich 6,2 Prozent steigender Wahrscheinlichkeit für die Grünen zu votieren vor, wenn sich ein Individuum mit der Partei identifiziert. Der Effekt liegt dann aber auch für die steigende Intensität der Identifikation vor. Ebenso sinkt die Wahrscheinlichkeit der Grünen-Wahl signifikant mit steigendem Alter. Weitere Einflussgrößen, die eine signifikante Auswirkung auf das Wahlverhalten für die Grünen haben, lassen sich durch dieses Modell nicht identifizieren (vgl. Abbildung 4.57).

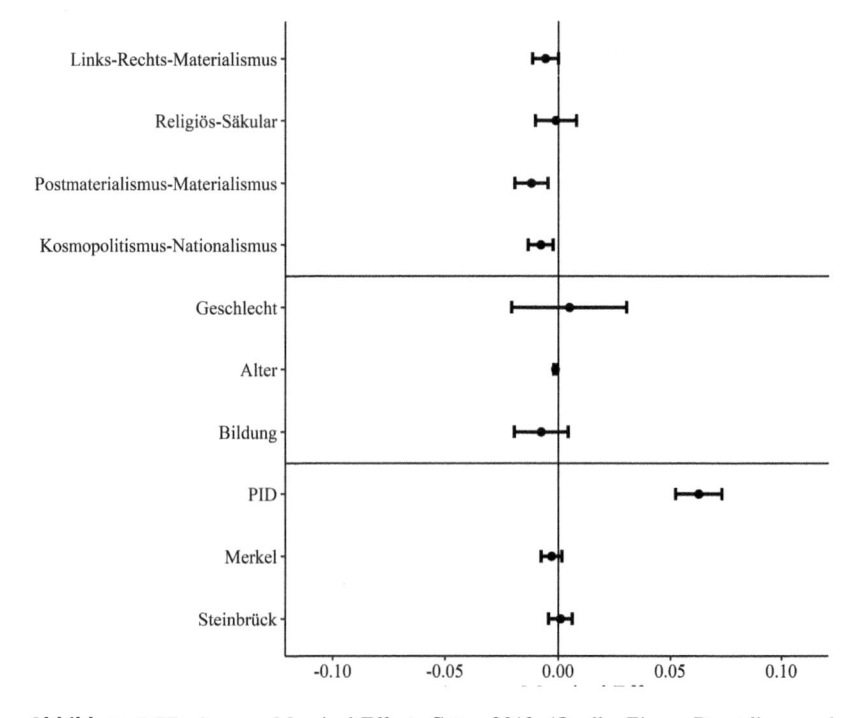

Abbildung 4.57 Average Marginal Effects Grüne 2013. (Quelle: Eigene Darstellung und Berechnung, basierend auf den Daten von Rattinger et al. 2019b. Angegeben sind durchschnittliche marginale Effekte (in Prozentpunkten) und 95 %-Konfidenzintervalle, basierend auf Logit-Koeffizienten)

4.3 Effekte gesellschaftlicher Wertorientierungen ...

Obgleich eine kosmopolitische Wertorientierung zwar bei der Berechnung der Average Marginal Effects als wenig einflussreich auf die Wahl der Grünen identifiziert werden konnte, zeigt sich in der Modellierung des Pfadmodells, dass diese – als einzige unter allen gesellschaftlichen Wertorientierungen – einen direkten Einfluss auf das Wahlverhalten für die Grünen bei der Bundestagswahl 2013 hat. Der entsprechende Effekt ist zwar als gering einzuschätzen, beeinflusst die Grünen-Wahl aber klar signifikant ($p < 0{,}01$). Demnach führt eine an einer liberalen und offenen Gesellschaft ausgerichtete kosmopolitische Wertorientierung dazu, dass eine solche Wahl wahrscheinlicher wird. Einen deutlich höheren Effekt, der darüber hinaus auch hoch signifikant ist ($p < 0{,}001$), hat eine derartige Wertorientierung aber vor allem auf die Ausbildung und Intensität der Parteiidentifikation mit den Grünen. Besonders klar und ebenso signifikant ist auch eine postmaterialistische Wertorientierung. Wenn ein Individuum demnach in der Abwägung zwischen ökonomischen und ökologischen Interessen eher in Richtung des zweiteren geneigt ist, steigt die Wahrscheinlichkeit, sich mit den Grünen zu identifizieren, deutlich. Ein direkter und signifikanter Effekt auf das Wahlverhalten durch eine postmaterialistische Wertorientierung liegt hier aber nicht vor. Wenngleich der Effekt eindeutig geringer ist, hat darüber hinaus eine linksmaterialistische Wertorientierung, die einen Ausbau des Sozialstaats gegenüber dessen Abbau favorisiert, einen Einfluss auf eine Identifikation mit den Grünen. Als besonders wirkungsvoll und hoch signifikant ($p < 0{,}001$) wirkt die Parteiidentifikation dann wiederum auf die Wahl der Grünen bei der Bundestagswahl 2013 ein. Auch zeigt sich, dass eine Identifikation mit den Grünen negativ auf die Bewertung der CDU/CSU-Kanzlerkandidatin Merkel wirkt. Darüber hinaus lassen sich keine signifikanten Effekte auf das Wahlverhalten nachweisen (vgl. Abbildung 4.58).

Die Modellgüte des Pfadmodells muss wiederum als erneut nicht aussagekräftig bezeichnet werden. Erneut sind der CFI-Wert (0,389) und der RMSEA-Wert (0,110) als nicht akzeptabel zu bezeichnen, weswegen auch hier wieder festgestellt werden muss, dass das Modell nicht in der Lage ist, die sich in den Daten wiederfindende Varianz hinreichend abzubilden. Nichtsdestotrotz ist zumindest auch hier zu konstatieren, dass Wertorientierungen auch und besonders für die Grünen-Wählerschaft ein relevanter Prädiktor für ihr Wahlverhalten ist. Dass eine postmaterialistische Wertorientierung auf die Parteiidentifikation einwirkt, ist so nicht weiter verwunderlich, gleichwohl auch ein solcher direkter Effekt auf das Wahlverhalten an sich postuliert wurde. Dieser liegt für die Wahl der Grünen bei der Bundestagswahl 2013 offenkundig nicht vor. Dafür wirkt die kosmopolitische Ausrichtung innerhalb der Wählerschaft, wenn auch in deutlich variierendem Umfang, direkt wie indirekt auf die Wahl der Grünen ein.

Pfadmodell Grüne 2013

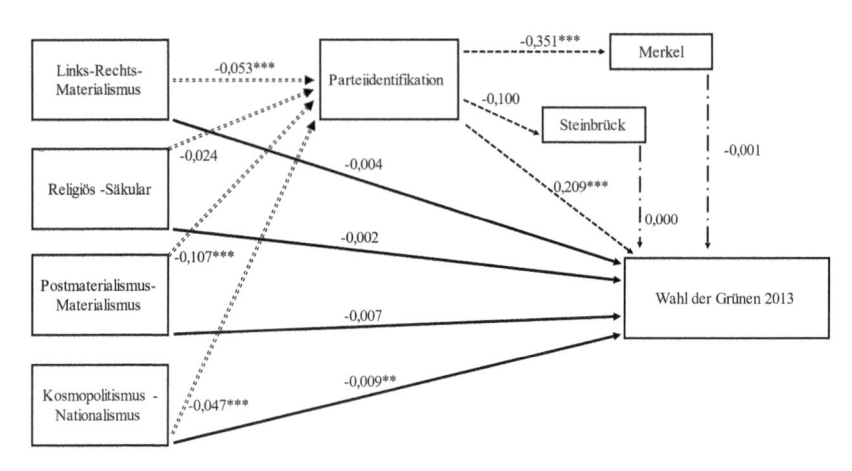

```
Links-Rechts-      -0,053***
Materialismus  ············▶  Parteiidentifikation  ─ ─ -0,351*** ─ ─ ▶  Merkel
                                                  ↘ -0,100
                                                              Steinbrück
               -0,024              -0,004                                    -0,001
Religiös-Säkular                                      ↘ 0,209***
                          -0,002                              │ 0,000
             -0,107***                                        ↓
Postmaterialismus-
Materialismus                                              Wahl der Grünen 2013
                              -0,007

                              -0,009**
Kosmopolitismus-
Nationalismus    -0,047***
```

Abbildung 4.58 Pfadmodell Grüne 2013. (Quelle: Eigene Darstellung und Berechnung, basierend auf den Daten von Rattinger et al. 2019b. $x^2 = 144{,}335$; CFI $= 0{,}389$; RMSEA $= 0{,}110$)

4.3.4.3 Bundestagswahl 2017

Bei der Erklärung des Wahlverhaltens zu Gunsten der Grünen bei der Bundestagswahl 2017 gewinnen die geschachtelten Regressionsmodelle wiederum leicht an prädiktiver Kraft. Ähnlich wie schon bei der vorangegangenen Bundestagswahl 2013 ist es auch hier so, dass die durch das Gesamtmodell neu hinzukommenden Variablen der Parteiidentifikation und Kandidatenorientierung zwar gemessen am $\Delta-2LL$ dieses am stärksten verbessern, jedoch nur geringfügig mehr als dies mit den gesellschaftlichen Wertorientierungen im Wertemodell der Fall ist. Durch den AIC-Wert wiederum lässt sich eindeutig eine Verbesserung der jeweiligen Modelle nachvollziehen. Während dieses im Grundmodell zunächst noch bei 1197,2 liegt, sinkt es im weiteren Verlauf deutlich auf 996,86 im Wertemodell, 972,49 im Kontrollmodell und schließlich auf 716,43 im Gesamtmodell. Gleichzeitig steigt Hosmer-Lemeshows R^2 von 0,17 im Wertemodell auf 0,42 im Gesamtmodell. Auch hier zeigt sich der nur geringfügige Informationsgewinn beziehungsweise eine nur marginale Verbesserung der Modellgüte durch Einbezug der sozio-demographischen Variablen. Über alle Modellrechnungen hinweg, die mehr Variablen als nur die Konstante umfassen, haben darüber hinaus eine postmaterialistische und eine kosmopolitische Wertorientierung, wie auch schon in den Modellrechnungen für die vorangegangene Bundestagswahl, einen signifikanten Effekt auf die Wahl der Grünen. Vor allem die Parteiidentifikation mit

4.3 Effekte gesellschaftlicher Wertorientierungen ...

den Grünen wird hier als hochgradig signifikanter Prädiktor (p < 0,001) ausgewiesen. Ferner liegt offensichtlich ein positiv signifikanter Effekt (p < 0,05) von der Einstellung zur Kanzlerkandidatin von CDU und CSU, Angela Merkel, auf das entsprechende Wahlverhalten vor. Weitere signifikante Prädiktoren werden im Gesamtmodell nicht ausgewiesen. Eine links-materialistische Wertorientierung, die im Werte- und Grundmodell noch signifikant ist, verliert ihre Signifikanz durch Ergänzung der Parteiidentifikation und der Kandidatenorientierung (vgl. Tabelle 4.31).

Tabelle 4.31 Binär-logistische Regressionen – Wahl der Grünen 2017

	Grundmodell	Wertemodell	Kontrollmodell	Gesamtmodell
Konstante	−1,741*** (0,073)	1,739*** (0,289)	−0,210 (0,597)	−2,027* (0,867)
Links-Rechts-Materialismus		−0,128*** (0,037)	−0,110** (0,039)	−0,047 (0,049)
Religiös-Säkular		−0,020 (0,056)	0,004 (0,061)	−0,069 (0,076)
Postmaterialismus-Materialismus		−0,359*** (0,050)	−0,354*** (0,054)	−0,233*** (0,060)
Kosmopolitismus-Nationalismus		−0,236*** (0,036)	−0,183*** (0,040)	−0,140** (0,050)
Geschlecht			0,039 (0,167)	−0,129 (0,206)
Alter			−0,003 (0,005)	−0,004 (0,006)
Bildung			0,398*** (0,085)	0,233* (0,100)
Parteiidentifikation				0,947*** (0,066)
Merkel				0,105* (0,048)
Schulz				0,011 (0,044)
N	1479	1479	1479	1479

(Fortsetzung)

Tabelle 4.31 (Fortsetzung)

	Grundmodell	Wertemodell	Kontrollmodell	Gesamtmodell
AIC	1197,20	996,86	972,49	716,43
−2LL	1259,00	1041,00	1012,00	726,90
Δ−2LL		218,00	29,00	285,10
Δ(df)	1	4	3	3
Hosmer-Lemeshow R^2		0,1731	0,1961	0,4226

Quelle: Eigene Darstellung und Berechnung, basierend auf den Daten von Roßteutscher et al. 2019. *p < 0,05; **p < 0,01; ***p < 0,001. Ausgewiesen werden Logit-Koeffizienten. Standardfehler in Klammern.

Bei der Berechnung der Average Marginal Effects zeigt sich dann, dass unter jenen gesellschaftlichen Wertorientierungen, die einen signifikanten Effekt auf das Wahlverhalten haben, jener einer postmaterialistischen Wertorientierung der wirkungsmächtigste ist. Die Wahrscheinlichkeit der Grünen-Wahl steigt um durchschnittlich 1,5 Prozent, je postmaterialistischer ein Individuum eingestellt ist, während sie bei einer kosmopolitischen Wertorientierung durchschnittlich um 0,9 Prozent steigt. Als wichtigster Prädiktor für das Wahlverhalten wird jedoch zweifelsohne die Parteiidentifikation ausgemacht. Die Wahrscheinlichkeit der Grünen-Wahl steigt durchschnittlich um 6,2 Prozent, je stärker sich ein Individuum mit der Partei identifiziert. Darüber hinaus hat in diesem Modell auch eine positive Haltung zur CDU/CSU-Kanzlerkandidatin Merkel einen signifikant positiven Effekt auf das Wahlverhalten zu Gunsten der Grünen – ein Umstand, der theoretisch nicht erklärbar ist. Einzig Untersuchungen, die eine allgemeine und steigende Beliebtheit von Kanzlerin Merkel in den Wählerschaften etablierter Parteien seit ihrem Amtsantritt nachweisen konnten (Berz 2019, S. 550), können diesen überraschenden Effekt plausibilisieren. Die Tatsache, dass gemessen an den Average Marginal Effects ein signifikanter Effekt auf das Wahlverhalten zu Gunsten der Grünen vorliegen soll (vgl. Abbildung 4.59), wenn die Kandidatin der Union positiv bewertet wird, macht eine tiefergehende Analyse notwendig, die nun mit Hilfe einer Pfadmodellierung erfolgen soll, um entsprechende Beziehungen zwischen den Variablen näher zu beleuchten.

4.3 Effekte gesellschaftlicher Wertorientierungen ...

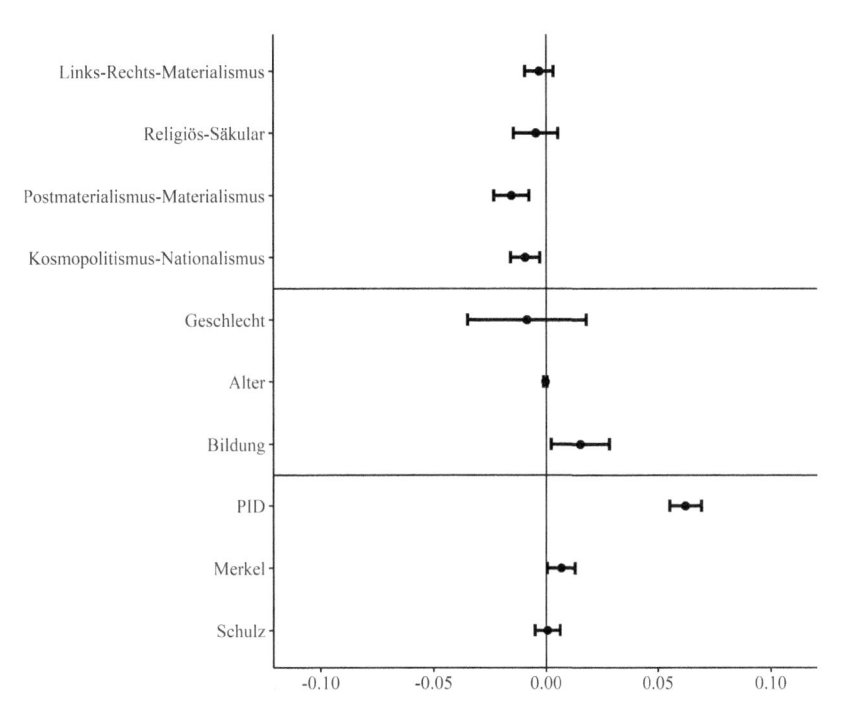

Abbildung 4.59 Average Marginal Effects Grüne 2017. (Quelle: Eigene Darstellung und Berechnung, basierend auf den Daten von Roßteutscher et al. 2019. Angegeben sind durchschnittliche marginale Effekte (in Prozentpunkten) und 95 %-Konfidenzintervalle, basierend auf Logit-Koeffizienten)

Im Rahmen dieser Pfadmodellierung zeigt sich zunächst, dass eine postmaterialistische und eine kosmopolitische Wertorientierung einen direkten und hoch signifikanten (p < 0,001) Effekt auf die Wahl der Grünen bei der Bundestagswahl 2017 haben. Darüber hinaus haben diese zusätzlich, in einem deutlich höheren Umfang, einen eindeutig signifikanten Effekt auf die Ausbildung und Intensität einer Identifikation mit den Grünen. Besonders stark wirkt sich eine postmaterialistische Wertorientierung darauf aus. Zusätzlich wirken auch eine links-materialistische und eine kosmopolitische Wertorientierung hoch signifikant (p < 0,001) auf eben diese ein. Folglich zeigt sich, dass eine ökologische und nachhaltige Politik ebenso wie die Vorstellung einer liberalen und offenen Gesellschaft durchaus nicht nur prägen, ob sich ein Individuum mit den Grünen identifiziert, sondern auch eine Wirkung – wenn auch in geringem Umfang – auf das Wahlverhalten haben. Die Befürwortung eines umfangreichen

Sozialstaats sowie entsprechender höherer sozialpolitischer Maßnahmen haben wiederum nur darauf Einfluss, ob sich ein Individuum mit der Partei identifiziert, nicht jedoch direkt auf das Wahlverhalten. Diese Parteiidentifikation wirkt dann wiederum in einem starken und hoch signifikanten (p < 0,001) Umfang auf die Wahl der Partei ein. Ein Effekt der Parteiidentifikation auf die Einschätzung der CDU/CSU-Kanzlerkandidatin liegt demnach nicht vor, ebenso wenig wie diese für sich allein auf das Wahlverhalten zu Gunsten der Grünen einwirkt. Dagegen wirkt im Pfadmodell eine Identifikation mit der grünen Partei auf die Einschätzung des SPD-Kanzlerkandidaten positiv ein. Davon wiederum geht jedoch kein signifikanter Effekt auf das Wahlverhalten aus. Dieser ist vielmehr als ein Nulleffekt einzuordnen, befindet er sich nicht einmal mehr im Bereich hier messbarer Parameter (vgl. Abbildung 4.60).

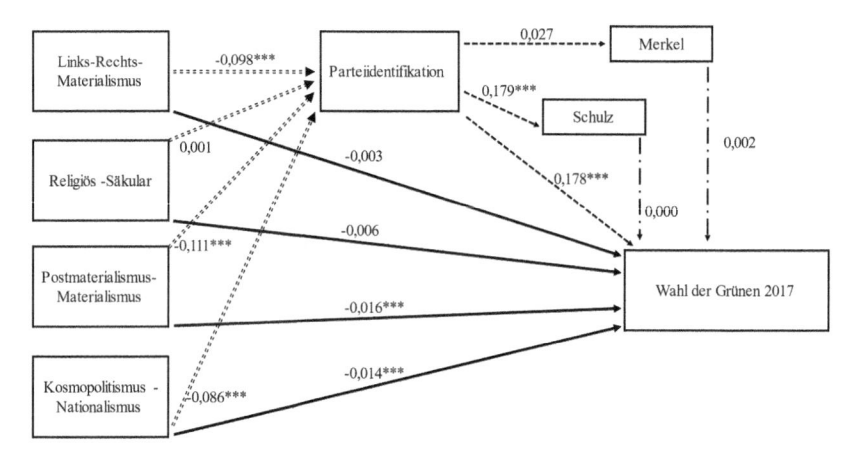

Abbildung 4.60 Pfadmodell Grüne 2017. (Quelle: Eigene Darstellung und Berechnung, basierend auf den Daten von Roßteutscher et al. 2019. $x^2 = 175,044$; CFI = 0,561; RMSEA = 0,112)

Wie auch bei den vorangegangenen Pfadmodellierungen ist auch für dieses Modell keine akzeptable Modellgüte festzustellen. Die Modell-Fits weisen gemäß eines deutlich zu geringen CFI-Werts (0,561) und eines zu hohen RMSEA-Werts (0,112) darauf hin, dass das Modell nicht in der Lage ist, das Wahlverhalten der Grünen bei der Bundestagswahl 2017 hinreichend zu erklären. Es gibt so beispielsweise auch hier theoretisch nicht hinreichend erklärbare Querverbindungen zwischen den gesellschaftlichen Wertorientierungen und den Spitzenkandidaten von CDU/CSU und SPD. Das hier vorgelegte Modell, welches auch grundsätzlich schon sehr voraussetzungsvoll ist, da unterschiedliche Mediatoren in die Modellierung aufgenommen werden, würde durch Ergänzungen sicherlich an prädiktiver Kraft gewinnen, aber schnell übersättigt sein und theoretisch unplausible Effekte abbilden. Tatsächlich zeigt sich aber, dass die hier inkludierten unabhängigen Variablen durchaus Erklärungskraft für die Wahl der Grünen haben. Zudem bestätigt sich, vor allem mit Blick auf einen Vergleich zwischen der Pfadmodellierung und den Average Marginal Effects, dass erstere durchaus den höheren Erkenntnisgewinn ermöglicht. Einerseits ist so festzustellen, welche Effekte indirekt dann das Wahlverhalten beeinflussen können, beispielsweise eine links-materialistische Wertorientierung, die über die Parteiidentifikation auf die Grünen-Wahl einwirkt. Andererseits wird durch die Pfadmodellierung jener Effekt nivelliert, welcher gemäß der Average Marginal Effects besagte, dass eine positive Bewertung Angela Merkels sich auch positiv auf die Grünen-Wahl auswirkt. Die Pfadmodellierung hat sich allein aufgrund dieser Feststellung als lohnend erwiesen.

4.3.4.4 Zusammenfassung der Grünen-Wahl 2009 bis 2017

Bei der Zusammenfassung der Ergebnisse für das Wahlverhalten der Grünen bei den Bundestagswahlen 2009, 2013 und 2017 sind mehrere Aspekte zu betonen. Zunächst kann klar benannt werden, dass für Wähler der Grünen in einem wesentlichen Umfang auch gesellschaftliche Wertorientierungen bedeutsam sind. Insbesondere bei der Bundestagswahl 2009 wirken drei dieser Dimensionen direkt auf das Wahlverhalten ein. Vor allem eine kosmopolitische Wertorientierung bleibt dann über alle drei Erhebungszeitpunkte hinweg in ihrem Effekt signifikant. Die Vorstellung von einer liberalen und weltoffenen Gesellschaft, die Menschen zur Teilhabe einlädt und nicht aufgrund einer Migrationsgeschichte ausschließt, gehört zu den wesentlichen Gründen, die gemäß der hier vorliegenden Ergebnisse das Wahlverhalten für die Grünen prägt. Im Hinblick auf die postmaterialistische Wertorientierung der Grünen-Wähler sind für 2009 und 2017 direkte Effekte auf das Wahlverhalten zu Gunsten der Partei zu beobachten, wohingegen zu allen drei Untersuchungszeitpunkten indirekte Effekte über die Parteiidentifikation auf das Wahlverhalten einwirken. 2013 liegen zwischen einer postmaterialistischen Wertorientierung und dem tatsächlichen Wahlverhalten für die Grünen keine signifikanten Effekte vor. Demnach muss für die Bundestagswahl 2013 jene Hypothese zurückgewiesen werden, die einen entsprechenden direkten Effekt postulierte, wohingegen sie für die Bundestagswahlen 2009 und 2017 angenommen werden kann. Erkennbar wird hieraus dann beispielsweise durchaus, dass die Wertebasis, über die sich die Wähler der Grünen definieren, zumindest im besagten Wahljahr anders gelagert ist als bei den Bundestagswahlen 2009 und 2017. Ansatzweise erkennbar war dies schon im Rahmen der deskriptiven Analyse, bei der für die Bundestagswahl 2013 eine im Vergleich zu den

Elektoraten der anderen Parteien eine stärker materialistische Wertorientierung innerhalb der Grünen-Wählerschaft festgestellt werden konnte. Während 2009 noch ein direkter Effekt einer links-materialistischen Wertorientierung auf das Wahlverhalten vorhanden ist, wirkt diese 2013 und 2017 nur noch indirekt auf dieses ein. Eine mögliche Ursache mag darin zu finden sein, dass im Rahmen parteipolitischer Abwägungen immer wieder auch eine Öffnung der Grünen für eine eher bürgerlich orientierte Wählerschicht diskutiert wird und wurde, die dann beispielhaft in Gedankenspielen um schwarz-grüne Bündnisse mündeten (Richter 2016, S. 29; Blumberg 2011, S. 205). Waren die Unterstützer der Grünen in der Bundesrepublik so zwar seit jeher Anhänger einer redistributiven Sozialpolitik (Kitschelt und Hellemans 1990, S. 214–215) und ordneten sich schon früh als eher links gerichtet ein (Müller-Rommel 1993, S. 22–23), sind seitdem nicht unwesentliche Veränderungen zu beobachten, die sich auch in den hier vorliegenden Daten zeigen. Entsprechend links-materialistisch orientierte Wähler wenden sich so womöglich entsprechend klar positionierten Parteien oder dem Nichtwählerspektrum zu.

Wenn 2009 die Erklärungskraft gesellschaftlicher Wertorientierungen auf das Wahlverhalten, im Rahmen der geschachtelten Regressionsmodelle, als sehr umfänglich einzuschätzen ist, zeigt sich für 2013 und 2017 eine zunehmende Bedeutung der Parteiidentifikation und der Kandidatenorientierung. Gleichwohl ist die Feststellung notwendig, dass deren Erklärungskraft nicht bedeutend höher ist als jene, die durch die Modellierung mit gesellschaftlichen Wertorientierungen erzielt wird. In der Tat ist es so, dass die Grünen eine Partei sind, deren Wählerschaft nahezu gleichermaßen durch beide Faktoren-Bündel beeinflusst wird. So ist der grundsätzliche theoretische Ausgangspunkt des Kausaltrichters der Wahlentscheidung zwar durchaus weiterhin in der Grundannahme dahingehend richtig, dass etwa die Parteiidentifikation auf das Wahlverhalten einwirkt, sie erklärt das Wahlverhalten für die Grünen aber nicht allumfassend. Dafür ist der direkte Effekt gesellschaftlicher Wertorientierungen auf die Grünen-Wahl dann doch zu relevant, um ihn zu übergehen. Letztlich zeigt sich aber auch, dass die Grünen weiterhin eine Partei sind, die immens durch postmaterialistisch orientierte Wähler profitiert. Wenngleich das Wahlverhalten nicht zu allen drei Untersuchungszeitpunkten direkt über eine postmaterialistische Wertorientierung beeinflusst wird, so wirkt diese doch immer indirekt und in deutlichem Umfang auf eine Identifikation mit der Partei ein. Zumindest in dieser Hinsicht scheint sich für die Grünen zwischen 2009 bis 2017 wenig verändert zu haben. Die Grünen werden demnach als Partei, die ursprünglich aus dem Wertekonflikt zwischen postmaterialistischen und materialistischen Werten entstanden ist – anders als CDU/CSU, SPD und FDP, die aus sozialstrukturell definierten Konfliktstrukturen entstanden sind – bedeutsam durch Wähler gestützt, die entsprechende gesellschaftliche Wertorientierungen mit ihr teilen.

4.3.5 Wahlverhalten zu Gunsten der Linken

Auch das Wahlverhalten zu Gunsten der Linken wird im Folgenden nun einer Analyse in je drei Schritten unterzogen. So werden auch für die Linken-Wählerschaft zunächst binär-logistische Regressionsmodelle gerechnet, die die Erklärungskraft gesellschaftlicher Wertorientierungen als solche in verschiedenen Modellkonfigurationen erklären sollen. Mit der Berechnung von Average Marginal Effects werden dem anschließend die konkreten Effektstärken vorgestellt und entsprechend interpretiert. Darauffolgend wird mit einer Pfadmodellierung schließlich geklärt, ob gesellschaftliche Wertorientierungen tatsächlich einen direkten oder doch vielmehr indirekten Effekt auf das Wahlverhalten haben. Dafür werden im nun folgenden Abschnitt 4.3.5.1 zunächst die Ergebnisse zur Bundestagswahl 2009 vorgestellt. In dem sich anschließenden Abschnitt 4.3.5.2 werden dann die Modellrechnungen und deren Ergebnisse zur Bundestagswahl 2013 vorgestellt, um in dem darauffolgenden Abschnitt 4.3.5.3 selbiges für die Bundestagswahl 2017 vorzunehmen. In Abschnitt 4.3.5.4 werden sodann die Ergebnisse für die Wählerschaft der Linken bei den Bundestagswahlen 2009 bis 2017 zusammengefasst.

4.3.5.1 Bundestagswahl 2009

Die hier vorgenommene Modellierung in Form von geschachtelten Regressionsmodellen eignet sich sehr gut, um individuelle Faktoren des Wahlverhaltens zu Gunsten der Linken bei der Bundestagswahl 2009 nachzuvollziehen. Der für das AIC berechnete Wert im Grundmodell liegt so noch bei 530,0 und sinkt bis zum Gesamtmodell auf 318,05. Dies entspricht einer Verbesserung der Modellgüte um über 40 Prozent, wohlgemerkt vor dem Hintergrund, dass das Akaike Information Criterion eine steigende Modellkomplexität berücksichtigt und in seinen Berechnungen sanktioniert. Der größte Anteil der Verbesserung der Modellgüte wird durch die Inklusion der individuellen Parteiidentifikation und Kandidatenorientierung erzielt. Dies gilt nicht nur für das AIC, sondern darüber hinaus auch für den $\Delta-2LL$-Wert. Die konkrete Verbesserung durch das Wertemodell beträgt demnach nur 39 Einheiten gegenüber dem Grundmodell. Wie auch bei vorangegangenen Modellrechnungen sinkt der entsprechende Wert durch die Ergänzung von sozio-demographischen Variablen nur geringfügig, wohingegen die Inklusion der Parteiidentifikation und der Kandidatenorientierung in die Modellierung eine Verbesserung – gemäß des $\Delta-2LL$ – um 203,5 Einheiten bewirkt. Gleichzeitig steigt die Modellgüte der Modellierung, gemessen an Hosmer-Lemeshows R^2, von 0,06 im Wertemodell auf schlussendlich 0,44 im Gesamtmodell (vgl. Tabelle 4.32).

Tabelle 4.32 Binär-logistische Regressionen – Wahl der Linken 2009

	Grundmodell	Wertemodell	Kontrollmodell	Gesamtmodell
Konstante	−2,338*** (0,119)	−0,020 (0,499)	2,483** (0,869)	4,053** (1,398)
Links-Rechts-Materialismus		−0,077 (0,055)	−0,104* (0,052)	−0,032 (0,073)
Religiös-Säkular		−0,355*** (0,115)	−0,241* (0,114)	−0,005 (0,157)
Postmaterialismus-Materialismus		−0,188** (0,058)	−0,181** (0,056)	−0,137 (0,074)
Kosmopolitismus-Nationalismus		−0,030 (0,049)	−0,023 (0,050)	0,046 (0,074)
Geschlecht			−0,073 (0,242)	0,077 (0,354)
Alter			−0,036*** (0,008)	−0,043*** (0,013)
Bildung			−0,304* (0,130)	−0,312 (0,185)
Parteiidentifikation				1,232*** (0,158)
Merkel				−0,310*** (0,073)
Steinmeier				−0,296*** (0,075)
N	886	886	886	886
AIC	530,00	504,35	493,17	318,05
−2LL	593,60	554,60	533,80	330,30
Δ−2LL		39,00	20,80	203,50
Δ(df)	1	4	3	3
Hosmer-Lemeshow R^2		0,0657	0,1007	0,4435

Quelle: Eigene Darstellung und Berechnung, basierend auf den Daten von Rattinger et al. 2019a. *p < 0,05; **p < 0,01; ***p < 0,001. Ausgewiesen werden Logit-Koeffizienten. Standardfehler in Klammern.

4.3 Effekte gesellschaftlicher Wertorientierungen ...

Einen bis einschließlich zum Kontrollmodell signifikanten Effekt auf das Wahlverhalten für die Linken hat sowohl eine postmaterialistische Wertorientierung (p < 0,01) als auch eine links-materialistische (p < 0,05) und eine säkulare Wertorientierung (p < 0,05). Im Gesamtmodell zeigt sich, dass auch eine Identifikation mit der Linken sowie die jeweilige Bewertung der Spitzenkandidaten von CDU/CSU und SPD 2009 als hoch signifikante (p < 0,001) Prädiktoren auf die Linken-Wahl einwirken. Weitere Faktoren wie beispielsweise eine säkulare Wertorientierung der Linken-Wählerschaft werden im Gesamtmodell zu einem insignifikanten Prädiktor. Überraschend an den Ergebnissen ist hier, dass eine links-materialistische Wertorientierung einzig im Kontrollmodell signifikant auf die Linken-Wahl einwirkt, darüber hinaus im Werte- oder Gesamtmodell allerdings keine von der Konfliktlinie signifikante Wirkung festzustellen ist.

Gemäß den Ergebnissen der Berechnung der Average Marginal Effects lässt sich dreierlei festhalten. Zunächst ist es so, dass eine postmaterialistische Wertorientierung keinen signifikanten Effekt auf die Linken-Wahl hat. Demgegenüber

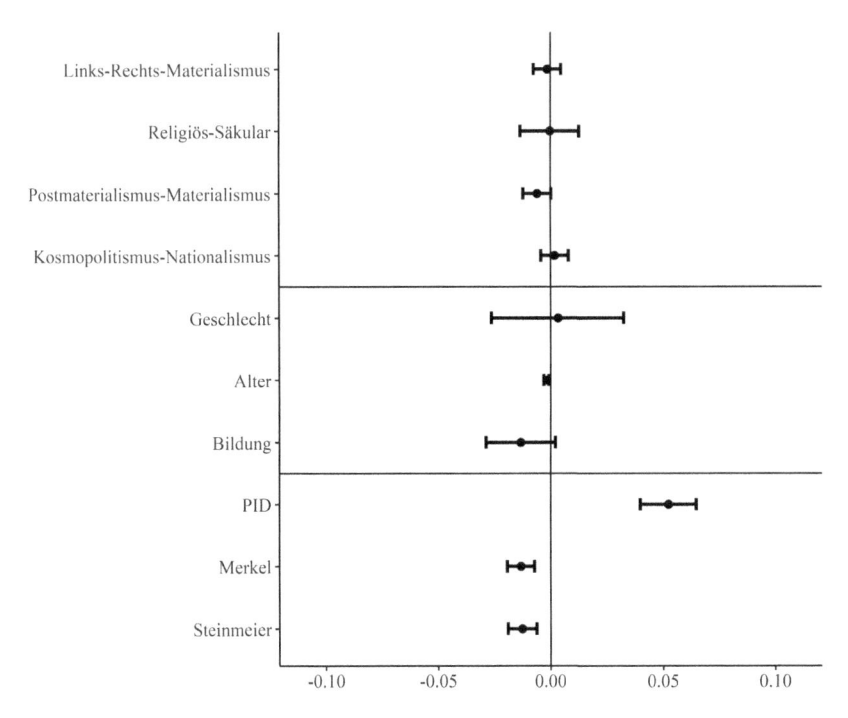

Abbildung 4.61 Average Marginal Effects Linke 2009. (Quelle: Eigene Darstellung und Berechnung, basierend auf den Daten von Rattinger et al. 2019a. Angegeben sind durchschnittliche marginale Effekte (in Prozentpunkten) und 95 %-Konfidenzintervalle, basierend auf Logit-Koeffizienten)

steht der festzustellende Effekt für Individuen, die sich mit der Linken als Partei identifizieren (vgl. Abbildung 4.61).

Mit Vorhandensein und steigender Intensität einer solchen Parteiidentifikation steigt auch die Wahrscheinlichkeit der Linken-Wahl um durchschnittlich 5,2 Prozent. Dieser Effekt ist, neben jenem, der durch die Kandidatenorientierung auf das Wahlverhalten einwirkt, hoch signifikant ($p < 0{,}001$). Dass mit einer positiven Einschätzung der Kandidaten von CDU/CSU und SPD, Merkel und Steinmeier, eine sinkende Wahrscheinlichkeit der Linken-Wahl einhergeht, erscheint zunächst nicht unplausibel. Der entsprechende Effekt von durchschnittlich 1,3 Prozent durch die Merkel-Evaluation und 1,2 Prozent durch die Steinmeiner-Einschätzung je Bewertungsstufe, ist wiederum vergleichsweise hoch. Dabei ist nicht von Bedeutung, ob es sich hier um negative oder positive Effekte handelt. Der klarste Effekt auf das Wahlverhalten scheint sich demnach insbesondere durch die Ablehnung des SPD-Kandidaten Steinmeier, der CDU/CSU-Kandidatin Merkel sowie einer Parteiidentifikation mit der Linken zu entfalten. Der ausbleibende Effekt durch eine links-materialistische Wertorientierung lässt sich auch bei der Berechnung der durchschnittlichen marginalen Effekte belegen

Durch die Pfadmodellierung zeigt sich dann, dass eine postmaterialistische Wertorientierung durchaus direkt auf das Wahlverhalten einwirkt, wenn auch nur in einem geringen Ausmaß. Nichtsdestotrotz ist der entsprechende Effekt als signifikant ($p < 0{,}05$) einzustufen. Auf die Parteiidentifikation lässt sich durch diese Wertorientierung wiederum kein Effekt nachvollziehen, der als signifikant einzuordnen wäre. Während weitere Dimensionen gesellschaftlicher Wertorientierungen nicht direkt auf das Wahlverhalten einwirken, entfalten diese jedoch allesamt eine Wirkung auf eine Identifikation mit der Linken. Besonders eine säkulare Wertorientierung hat demnach einen positiven und hoch signifikanten ($p < 0{,}001$) Effekt auf die Parteiidentifikation. Darüber hinaus wirken auch eine eher links-materialistische und eine kosmopolitische Orientierung auf eine entsprechende Ausbildung und Intensität der Parteiidentifikation ein. Diese wiederum wirkt dann sehr stark und hoch signifikant ($p < 0{,}001$) auf die Wahl der Linken ein. Der Effekt einer kosmopolitischen Wertorientierung auf die Parteiidentifikation ist insofern bemerkenswert, da die Linken-Wählerschaft 2009 – zumindest in der deskriptiven Analyse – noch als durchschnittlich nationalistisch orientiert eingeordnet werden muss. Darüber hinaus entfaltet sich über die Ablehnung der CDU/CSU-Spitzenkandidatin ein geringfügig positiver Effekt auf die Wahl der Linken. Theoretisch nicht zu erklären ist, weshalb sich die Parteiidentifikation nicht auf die Einschätzung des SPD-Kanzlerkandidaten Steinmeier auswirkt, von dieser aber ein eigenständiger negativer Effekt auf das Wahlverhalten ausgeht. Dies kann, wie bereits im Theoriekapitel angedeutet, Grundlage

4.3 Effekte gesellschaftlicher Wertorientierungen ...

für weiterführende Forschung sein, um eigenständige Kandidateneffekte auf das Wahlverhalten adäquat abzubilden. Gesellschaftliche Wertorientierungen wirken also bei der Bundestagswahl 2009 auf vielfältige Art und Weise, direkt wie indirekt, auf das Wahlverhalten zu Gunsten der Linken ein. Es zeigt sich aber, dass die konkreten Wirkungswege eine gewisse Heterogenität aufweisen, wirken doch drei Aspekte ausschließlich indirekt, einer wiederum ausschließlich direkt auf die Linken-Wahl. Insbesondere die indirekte Wirkung, die eine links-materialistische Wertorientierung signifikant über die Parteiidentifikation entfaltet, steht zwar in ihrer Stärke der durch eine säkulare Wertorientierung nach, hat aber als konstitutive Wertorientierung für die Linken eine besondere Bedeutung (vgl. Abbildung 4.62).

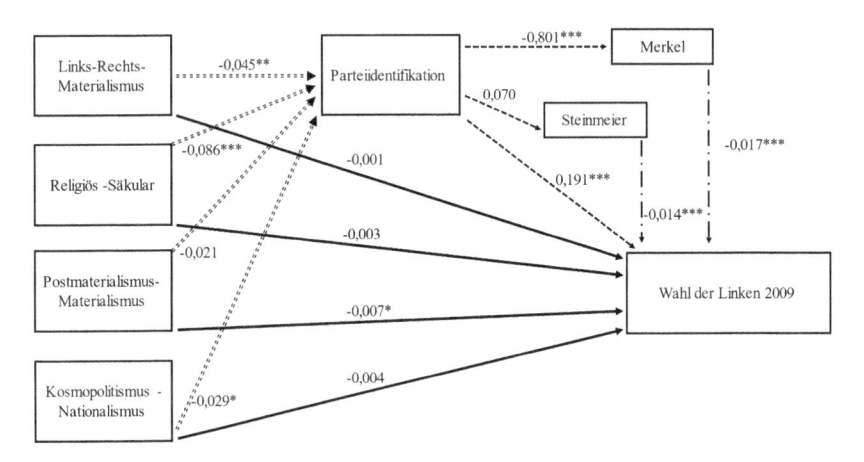

Abbildung 4.62 Pfadmodell Linke 2009. (Quelle: Eigene Darstellung und Berechnung, basierend auf den Daten von Rattinger et al. 2019a. $x^2 = 161,185$; CFI = 0,286; RMSEA = 0,138)

Die vorliegende Modellgüte entspricht jedoch nicht dessen, was als akzeptabel bezeichnet werden kann. Der CFI-Wert (0,286) verfehlt den kritischen Schwellenwert deutlich. Auch der RMSEA-Wert (0,138) zeigt eine entsprechend geringe Modellgüte an. Demnach eignet sich das hier vorliegende Modell nicht, um die Heterogenität des Wahlverhaltens für die Linke gut abzubilden. Hinreichende Gründe wurden hier schon an verschiedenen Stellen angeführt. Unter anderem liegt dies an theoretisch nicht sinnigen Verknüpfungen, die empirisch wohl zu einem besseren Modell-Fit führen würden. Gleichwohl deuten diese Ergebnisse aber immer mehr darauf hin, dass die hier vorgenommene Modellierung offensichtlich auch deswegen eine geringe Güte aufweist, da manche Verbindungen, etwa im hier vorliegenden Fall zwischen einigen Wertorientierungen und dem Wahlverhalten, nicht nur keine Signifikanz aufweisen, sondern darüber hinaus kaum signifikant messbare Effekte haben.

4.3.5.2 Bundestagswahl 2013

Wie bei der Analyse anderer Parteien zeigt sich auch bei der Wahl der Linken zur Bundestagswahl 2013, dass die Stärke gesellschaftlicher Wertorientierungen, im Rahmen geschachtelter Regressionsmodelle, an Erklärungskraft einbüßt. So sinkt der für das AIC berechnete von Wert von 880,38 im Grundmodell auf 798,93 im Wertemodell. Im darauffolgenden Kontrollmodell ist gar eine Verschlechterung zu erkennen, steigt der entsprechende Kennwert hier auf 805,6. Dies ist, wie erläutert, darauf zurückführbar, dass das AIC unnötige Komplexitätserhöhungen bestraft. Erst durch das Gesamtmodell ist dann wieder eine deutliche Verbesserung der Modellgüte zu erkennen, sinkt der AIC-Wert dann auf letztlich 493,54 (vgl. Tabelle 4.33).

Gemessen am $\Delta-2LL$ entspricht die ermittelte Modellverbesserung durch das Gesamtmodell ungefähr dem vierfachen jenes Werts, welcher durch die Ergänzung gesellschaftlicher Wertorientierungen im vorgelagerten Wertemodell ermittelt werden kann. So haben gesellschaftliche Wertorientierungen zwar eine Erklärungskraft für das Wahlverhalten, jene durch die Hinzunahme der Parteiidentifikation und der Kandidatenorientierung ist aber entsprechend größer. In der konkreten Analyse der Effektstärken zeigt sich dann wiederum, dass insbesondere eine säkulare Wertorientierung der Linken-Wähler einen signifikanten Effekt ($p < 0,05$) im Gesamtmodell auf das Wahlverhalten entfaltet. Weitere Wertorientierungen haben keinen signifikanten Einfluss im Gesamtmodell. Eine links-materialistische Wertorientierung ist im Werte- und Kontrollmodell in ihrem Effekt als hochgradig signifikant ($p < 0,001$) einzuschätzen bis schließlich die Parteiidentifikation und Kandidatenorientierung in die Modellierung aufgenommen werden. Diese wirken ihrerseits hoch signifikant ($p < 0,001$) auf das Wahlverhalten ein. Die Intensität der Parteiidentifikation hat einen starken positiven Effekt auf die Linken-Wahl, eine positive Bewertung der Spitzenkandidaten von CDU/CSU und SPD führt hingegen zu einer geringeren Wahrscheinlichkeit der Linken-Wahl.

4.3 Effekte gesellschaftlicher Wertorientierungen ...

Tabelle 4.33 Binär-logistische Regressionen – Wahl der Linken 2013

	Grundmodell	Wertemodell	Kontrollmodell	Gesamtmodell
Konstante	−2,369***	−0,146	−0,127	0,642
	(0,101)	(0,448)	(0,755)	(1,139)
Links-Rechts-Materialismus		−0,172**	−0,172**	−0,042
		(0,053)	(0,052)	(0,065)
Religiös-Säkular		−0,20***	−0,617***	−0,320*
		(0,118)	(0,119)	(0,138)
Postmaterialismus-Materialismus		0,003	0,003	0,007
		(0,055)	(0,055)	(0,072)
Kosmopolitismus-Nationalismus		0,007	0,012	−0,061
		(0,047)	(0,049)	(0,064)
Geschlecht			0,007	−0,023
			(0,233)	(0,305)
Alter			−0,002	−0,010
			(0,007)	(0,010)
Bildung			−0,014	0,064
			(0,106)	(0,141)
Parteiidentifikation				1,304***
				(0,119)
Merkel				−0,174***
				(0,050)
Steinbrück				−0,155**
				(0,059)
N	1255	1255	1255	1255
AIC	880,38	798,93	805,60	493,54
−2LL	746,10	678,30	678,20	392,50
Δ−2LL		67,80	0,10	285,70
Δ(df)	1	4	3	3
Hosmer-Lemeshow R^2		0,0908	0,0910	0,4739

Quelle: Eigene Darstellung und Berechnung, basierend auf den Daten von Rattinger et al. 2019b. *p < 0,05; **p < 0,01; ***p < 0,001. Ausgewiesen werden Logit-Koeffizienten. Standardfehler in Klammern.

Eine Analyse der konkreten Effektstärken ist wiederum über die Berechnung der Average Marginal Effects möglich. Die Wahrscheinlichkeit der Linken-Wahl steigt bei der Bundestagswahl 2013 durchschnittlich um 1,2 Prozent, je säkularer die Wertorientierung eines Individuums ist (vgl. Abbildung 4.63).

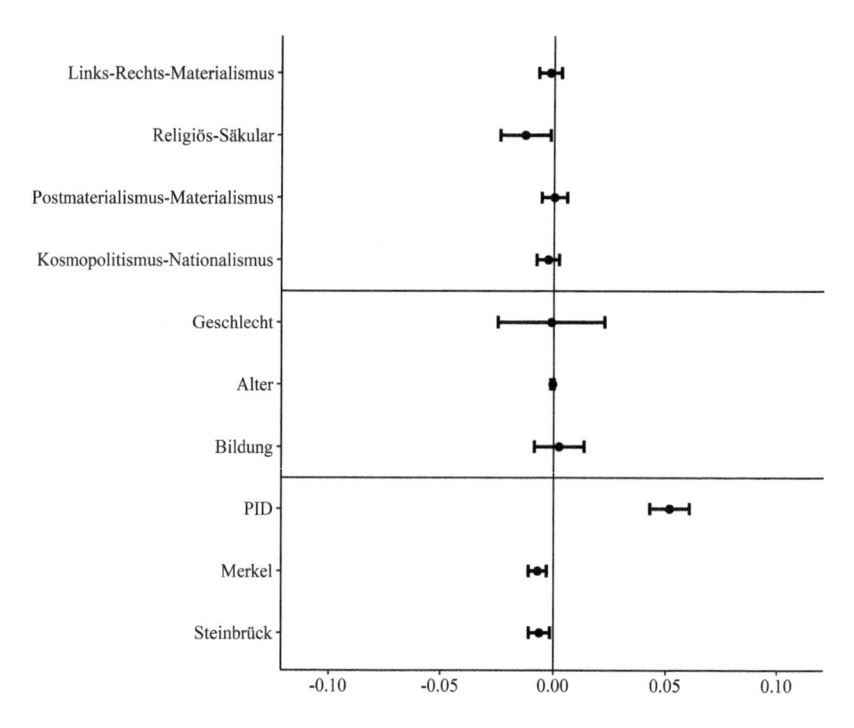

Abbildung 4.63 Average Marginal Effects Linke 2013. (Quelle: Eigene Darstellung und Berechnung, basierend auf den Daten von Rattinger et al. 2019b. Angegeben sind durchschnittliche marginale Effekte (in Prozentpunkten) und 95 %-Konfidenzintervalle, basierend auf Logit-Koeffizienten)

Ferner ist weiterhin eine Identifikation mit der Linken der wichtigste Prädiktor für ein entsprechendes Wahlverhalten. Die entsprechende Wahrscheinlichkeit einer Linken-Wahl steigt um durchschnittlich 5,1 Prozent, je intensiver die entsprechend vorliegende Identifikation mit der Partei ist. Auch weisen die hier vorliegenden Ergebnisse darauf hin, dass auch weiterhin eine ablehnende Haltung gegenüber den Kanzlerkandidaten von CDU/CSU und SPD als signifikante Prädiktoren zu verstehen sind. So sinkt die Wahrscheinlichkeit der Wahl der Linken

4.3 Effekte gesellschaftlicher Wertorientierungen ...

doch um durchschnittlich 0,6 Prozent, wenn diese Kandidaten positiv bewertet werden. Darüber hinaus sind mit Hilfe der durch die Average Marginal Effects errechneten Effektgrößen keine weiteren signifikanten Prädiktoren zu finden. Die Pfadmodellierung für das Wahlverhalten zu Gunsten der Linken bei der Bundestagswahl 2013 zeigt sodann, dass sowohl eine säkulare Wertorientierung das Wahlverhalten für diese klar signifikant (p < 0,01) beeinflusst als auch – in einem deutlich erheblicheren Ausmaß und hochgradig signifikant (p < 0,001) – eine Identifikation mit der Partei. Dies ergibt insbesondere vor dem Hintergrund der deskriptiven Analyse Sinn, ist doch die Linken-Wählerschaft im Bundestagswahljahr 2013 deutlich säkular orientiert. Ebenso hoch signifikant wirkt schließlich auch eine links-materialistische Wertorientierung auf die Ausbildung und Intensität der Identifikation mit der Linken ein (vgl. Abbildung 4.64).

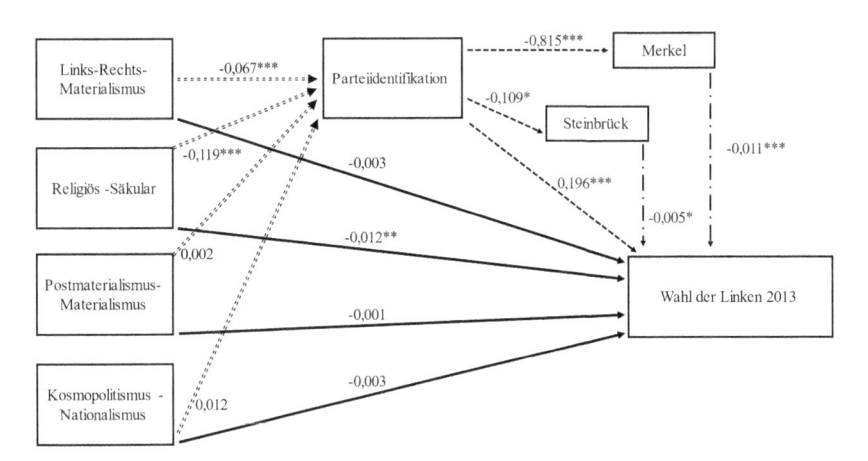

Abbildung 4.64 Pfadmodell Linke 2013. (Quelle: Eigene Darstellung und Berechnung, basierend auf den Daten von Rattinger et al. 2019b. $x^2 = 134{,}195$; CFI = 0,508; RMSEA = 0,105)

So gelingt es der Linken, Individuen an sich zu binden, die redistributive Maßnahmen und einen starken Sozialstaat befürworten, gleichwohl der daraus resultierende Effekt auf das Wahlverhalten dann nur indirekt über die Identifikation mit der Partei verläuft. Die Parteiidentifikation ihrerseits wirkt dann nicht nur stark positiv, sondern auch hoch signifikant auf die Wahl der Linken ein. Gleichzeitig führt eine hohe Identifikation mit der Partei zu einer deutlich negativeren Einschätzung der CDU/CSU-Kandidatin Merkel und in einem deutlich geringeren Umfang zu einer negativen Einschätzung des SPD-Kandidaten Steinbrück. Von diesen gehen nur geringfügige Effekte auf die Linken-Wahl aus Auch dieses Pfadmodell ist nicht in der Lage, das Wahlverhalten zu Gunsten der Linken bei der Bundestagswahl 2013 hinreichend zu erklären. Die Modellgüte ist entsprechend der jeweiligen Modell-Fits, also dem CFI-Wert (0,508) und dem RMSEA-Wert (0,105), als nicht hinreichend zu bewerten. Nichtsdestotrotz zeigen die vorliegenden Modellierungen, dass Effekte gesellschaftlicher Wertorientierungen auf das Wahlverhalten durchaus existent sind.

Im direkten Vergleich zur Bundestagswahl 2009 sind diese im Fall der Linken-Wählerschaft aber auch deutlich konzentrierter, zeigt sich doch hier seitens der Konfliktlinien zwischen Postmaterialismus und Materialismus sowie Kosmopolitismus und Nationalismus kein signifikanter Effekt auf die Linken-Wahl bei der Bundestagswahl 2013.

4.3.5.3 Bundestagswahl 2017

Der sich schon bei der Modellierung für die Bundestagswahl 2013 abzeichnende Trend, dass gesellschaftliche Wertorientierungen an prädiktiver Kraft – im Vergleich zu 2009 – eingebüßt haben, zeigt sich auch in den Daten zur Bundestagswahl 2017. So liegt der AIC-Wert im Grundmodell hier bei 1048,52 und sinkt im weiteren Verlauf bis zum Gesamtmodell auf den Wert von 634,25. Das Modell verbessert sich so zwar immer weiter, allerdings ist eine entsprechende Modellverbesserung durch die Ergänzung gesellschaftlicher Wertorientierungen im Wertemodell deutlich geringer als die vergleichbare Verbesserung durch die Inklusion der Parteiidentifikation und Kandidatenorientierung im Gesamtmodell. Auch die erklärte und durch Hosmer-Lemeshows R^2 abgebildete Modellgüte steigt von 0,11 im Wertemodell auf 0,40 im Gesamtmodell. Demnach ist auch hier nachzuvollziehen, dass insbesondere die klassischen Erklärungsfaktoren der Wahlforschung, die unter anderem aus dem Michigan-Modell abgeleitet werden können, keineswegs ihre exponierte Rolle bei der Erklärung des Wahlverhaltens einbüßen. Tatsächlich haben diese einen signifikanten Effekt auf die Linken-Wahl. Darüber hinaus hat aber auch nicht nur eine links-materialistische Wertorientierung einen hoch signifikanten ($p < 0,001$) klaren Effekt, sondern auch der Einfluss einer säkularen Wertorientierung ist klar signifikant ($p < 0,01$). Eine kosmopolitische oder nationalistische Wertorientierung hingegen hat in keinem der berechneten Modelle einen signifikanten Effekt. Eine postmaterialistische Wertorientierung wiederum wird in dem Moment insignifikant, in dem die Parteiidentifikation und die Kandidatenorientierung in die Modellierung aufgenommen werden (vgl. Tabelle 4.34).

4.3 Effekte gesellschaftlicher Wertorientierungen ... 365

Tabelle 4.34 Binär-logistische Regressionen – Wahl der Linken 2017

	Grundmodell	Wertemodell	Kontrollmodell	Gesamtmodell
Konstante	−2,221*** (0,088)	0,823* (0,340)	1,094 (0,667)	−0,090 (0,913)
Links-Rechts-Materialismus		−0,279*** (0,046)	−0,283*** (0,046)	−0,219*** (0,053)
Religiös-Säkular		−0,441*** (0,091)	−0,425*** (0,092)	−0,285** (0,105)
Postmaterialismus-Materialismus		−0,145** (0,051)	−0,144** (0,051)	−0,102 (0,057)
Kosmopolitismus-Nationalismus		−0,008 (0,040)	0,007 (0,043)	0,013 (0,050)
Geschlecht			−0,162 (0,192)	−0,147 (0,231)
Alter			−0,007 (0,006)	−0,010 (0,007)
Bildung			0,012 (0,092)	0,066 (0,111)
Parteiidentifikation				1,110*** (0,078)
Merkel				−0,166*** (0,040)
Schulz				0,112* (0,047)
N	1479	1479	1479	1479
AIC	1048,52	948,57	954,20	634,25
−2LL	956,90	850,50	848,00	566,90
Δ−2LL		106,40	2,50	281,10
Δ(df)	1	4	3	3
Hosmer-Lemeshow R^2		0,1111	0,1138	0,4075

Quelle: Eigene Darstellung und Berechnung, basierend auf den Daten von Roßteutscher et al. 2019. *p < 0,05; **p < 0,01; ***p < 0,001. Ausgewiesen werden Logit-Koeffizienten. Standardfehler in Klammern.

Die vorliegenden signifikanten Einflussgrößen lassen sich dann, mit Hilfe der Berechnung der Average Marginal Effects, im Hinblick auf ihren konkreten Effekt untersuchen. In der Tat steigt die Wahrscheinlichkeit der Linken-Wahl um durchschnittlich 1,4 Prozent, je säkularer die Wertorientierung eines Individuums ist. Außerdem erhöht sich die Wahrscheinlichkeit der Linken-Wahl um durchschnittlich 1,1 Prozent, je links-materialistischer ein Individuum orientiert ist. Ferner hat weiterhin vor allem die Ausbildung und Intensität einer Identifikation mit der Partei einen klaren Effekt darauf, ob diese gewählt wird. Je stärker eine entsprechende Parteiidentifikation ist, desto wahrscheinlicher ist auch die Linken-Wahl: Der durchschnittliche Effekt beträgt 5,7 Prozent. Eine positive Bewertung der Spitzenkandidaten von CDU/CSU und SPD, Angela Merkel und Martin Schulz, senkt wiederum die Wahrscheinlichkeit der Linken-Wahl um durchschnittlich 0,8 beziehungsweise 0,5 Prozent. Weitere signifikante Einflussgrößen sind für die Wahl der Linken bei der Bundestagswahl 2017 nicht festzustellen (vgl. Abbildung 4.65).

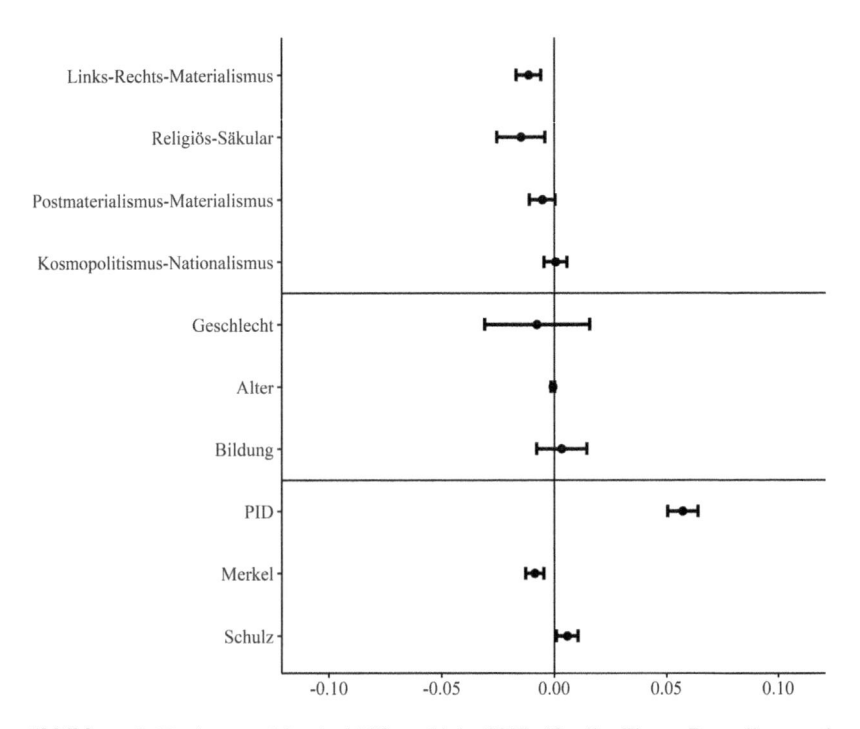

Abbildung 4.65 Average Marginal Effects Linke 2017. (Quelle: Eigene Darstellung und Berechnung, basierend auf den Daten von Roßteutscher et al. 2019. Angegeben sind durchschnittliche marginale Effekte (in Prozentpunkten) und 95 %-Konfidenzintervalle, basierend auf Logit-Koeffizienten)

Weshalb eine postmaterialistische Wertorientierung im Rahmen des Gesamtmodells der geschachtelten Regressionsmodelle an Signifikanz verliert, wird durch die Modellierung des Pfadmodells klarer. So liegt demnach tatsächlich kein direkter und signifikanter Effekt seitens dieser Wertorientierung auf das Wahlverhalten vor, obgleich ein hoch signifikanter Effekt ($p < 0{,}001$) auf die Ausbildung und Intensität der Parteiidentifikation ermittelt werden kann, der dann seinerseits indirekt wirkt. Darüber hinaus haben eine säkulare und eine links-materialistische Wertorientierung einen positiven Effekt nicht nur auf die Parteiidentifikation, sondern darüber hinaus, wenn auch in einem deutlich geringeren Umfang, ebenso auf das Wahlverhalten zu Gunsten der Linken. Eine kosmopolitische oder nationalistische Wertorientierung wiederum hat keinerlei signifikanten Effekt, weder direkt noch indirekt, auf die Wahl der Partei. Die Parteiidentifikation hat nicht nur einen hochgradig signifikanten ($p < 0{,}001$), sondern ferner einen deutlich positiven Einfluss auf die Entscheidung, die Linke zu wählen. Gleichzeitig kann festgestellt werden, dass eine hohe Identifikation mit der Partei auch darüber hinaus zu einer negativeren Bewertung der CDU/CSU-Kanzlerkandidatin Merkel führt. Dadurch wiederum entsteht ein geringfügiger Effekt auf das Wahlverhalten. Dabei ist festzustellen, dass eine positive Bewertung die Wahl der Linken unwahrscheinlicher macht. Anders formuliert: Eine höhere Identifikation mit der Linken zieht eine negative Evaluation Angela Merkels nach sich, die dann wiederum positiv auf die Wahrscheinlichkeit einer Linken-Wahl einwirkt (vgl. Abbildung 4.66).

Das vorliegende Pfadmodell ist im Hinblick auf die Modellgüte, gemessen am CFI-Wert (0,434) und dem RMSEA-Wert (0,114), als nicht hinreichend zur Erklärung des Wahlverhaltens für die Wahl der Linken bei der Bundestagswahl 2017 einzuschätzen. Diese Problematik liegt, wie bereits angeführt, primär in der Logik der Pfadmodellierung. So könnten hier durchaus entsprechende Querverbindungen ergänzt oder entfernt werden, um die Erklärungsgüte des Modells zu erhöhen, dabei würde aber die theoretische Logik der hier vorgenommenen Analyse verletzt werden. Tatsächlich werden hier zwei zentrale Erkenntnisse ermittelt: Einerseits beeinflussen Wertorientierungen auch bei dieser Wahl teils direkt, teils indirekt das Wahlverhalten. Dabei wirken aber manche Wertorientierungen – wie die einer postmaterialistischen Gesinnung – in diesem Fall ausschließlich indirekt über die Parteiidentifikation auf diese ein. Andererseits unterstreicht die hier vorgenommene Modellierung, dass die Parteiidentifikation weiterhin als maßgeblicher Prädiktor für das Wahlverhalten zu Gunsten der Linken bei der Bundestagswahl 2017 herangezogen werden sollte.

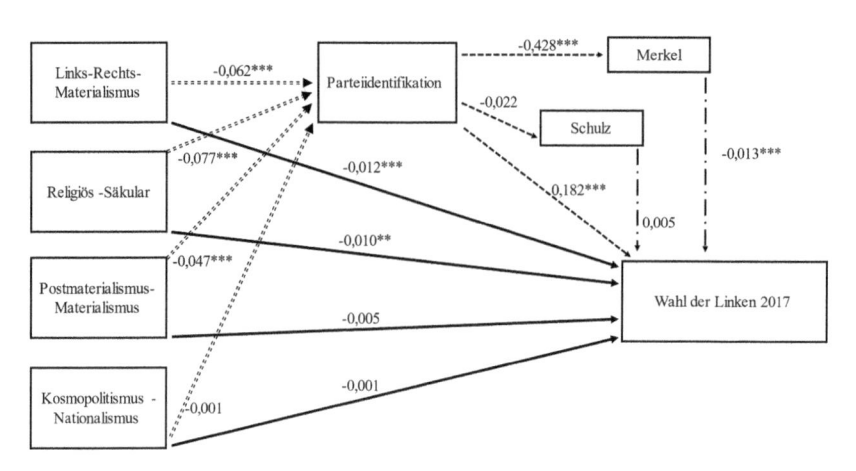

Abbildung 4.66 Pfadmodell Linke 2017. (Quelle: Eigene Darstellung und Berechnung, basierend auf den Daten von Roßteutscher et al. 2019. $x^2 = 181{,}058$; CFI $= 0{,}434$; RMSEA $= 0{,}114$)

4.3.5.4 Zusammenfassung der Linken-Wahl 2009 bis 2017

Nach der Fusion von WASG und Linkspartei.PDS im Jahr 2007 bleibt auch die innerparteiliche Programmatik und die dadurch kommunizierten Positionen äußerst heterogen, ist doch der kleinste gemeinsame Nenner vor allem eine nach links integrierende Sozialpolitik (Zettl 2014, S. 27). Diese schlägt sich dann auch in Teilen in einer entsprechend hohen Heterogenität von Weltanschauungen, Einstellungen oder auch Wertorientierungen in Partei und Wählerschaft nieder (Zettl 2014, S. 40; Neller und Thaidigsmann 2007, S. 435–436). Tatsächlich zeigt sich zumindest dieser vermeintliche kleine gemeinsame Nenner darin, dass eine links-materialistische Wertorientierung, in der eine Forderung nach einer umfangreichen Sozial- und Wohlfahrtsstaatspolitik inkludiert ist, in der Tat eine Parteiidentifikation mit der Linken signifikant beeinflusst. Einen direkten Einfluss auf das Wahlverhalten zu entfalten vermag sie aber nur bei der Bundestagswahl 2017. Jene Hypothese, in der ein Einfluss eben dieser Wertorientierung auf das Wahlverhalten für die Linke postuliert wurde, muss demnach für die Bundestagswahljahre 2009 und 2013 zurückgewiesen werden, kann aber zumindest für die Bundestagswahl 2017 angenommen werden. Es wird hier sehr deutlich, dass die Wähler der Linken in der Tat nicht nur in sich deutlich heterogener sind als zunächst womöglich angenommen, sondern zudem auch Wertorientierungen internalisiert haben, die ihr Wahlverhalten prägen, obgleich diese Beziehung so

4.3 Effekte gesellschaftlicher Wertorientierungen ...

zunächst nicht angenommen werden konnte. So zeigt sich, dass eine säkulare Wertorientierung bei allen drei Untersuchungszeitpunkten signifikant auf die Parteiidentifikation einwirkt, sich hier also ein indirekter Effekt dieser Orientierung auf das Wahlverhalten entfalten kann. Ferner wirkt diese säkulare Wertorientierung auch bei den Bundestagswahlen 2013 und 2017 direkt auf die Wahl der Linken ein.

Dass eine links-materialistische Wertorientierung aber offenkundig, neben dem Wahlverhalten für die Grünen bei der Bundestagswahl 2009, nur einmalig bei einer der eher sozialpolitisch linksgerichteten Parteien – der Linken im Wahljahr 2017 – einen signifikanten direkten Einfluss auf das Wahlverhalten hat, überrascht an dieser Stelle dann doch. So wäre es durchaus plausibel, dass insbesondere eine Partei wie die Linke, die sich explizit auch parteipolitisch durch ihre Gegenposition zur Agenda 2010 zwar nicht unbedingt etablierte, aber politisch doch stärker profilieren konnte, entsprechend orientierte Bürger umso stärker anspricht.

Die hier vorgenommenen Modellierungen haben sich, gleichwohl die entsprechenden Modell-Fits nicht hinreichend gut sind, um das Wahlverhalten für die Linke angemessen zu erklären, dennoch in mehrfacher Hinsicht gelohnt. Zunächst wurde durch die geschachtelten Regressionsmodelle ersichtlich, dass manche Prädiktoren durch den Schritt von den Kontroll- zu den Gesamtmodellen an Signifikanz verlieren. Dies betrifft 2009 eine säkulare Wertorientierung, 2013 eine links-materialistische Wertorientierung und 2009 sowie 2017 eine postmaterialistische Wertorientierung. Tatsächlich ist es so, dass durch die Pfadmodellierung nachgehalten werden kann, dass zu allen drei Zeitpunkten diese zwar nicht direkt das Wahlverhalten beeinflussen, jedoch signifikant auf die Intensität der Parteiidentifikation einwirken. Sie bleiben demnach als indirekte Effektgrößen wirkungsstark.

Die Logik des Trichters der Wahlentscheidung hat zur Erklärung des Wahlverhaltens für die Linke auch weiterhin eine nicht unwesentliche Erklärungskraft. Insbesondere die Parteiidentifikation, die auch durch gesellschaftliche Wertorientierungen effektiv beeinflusst wird, ist für die Linken-Wahl ein signifikanter und wichtiger Prädiktor. Die hier für die Linke ermittelten Ergebnisse sind aus diesem Grund eine wichtige Ergänzung, keinesfalls jedoch als alles erklärender Ersatz zu verstehen, der weitere Erklärungsansätze obsolet machen würde.

Es bestätigt sich so auch für die Linke, dass die klassischen Prädiktoren des Michigan-Modells, also die Parteiidentifikation und die Kandidatenorientierung, weiterhin essenziell sind, um das Wahlverhalten für diese Partei zu erklären. Eine gegenüber der CDU/CSU-Kandidatin positive Haltung hat über die Modellvergleiche hinweg einen signifikant negativen Effekt auf die Wahl der Linken. Zumindest in dieser Frage gibt es hier daher, neben der Parteiidentifikation, wenig Heterogenität, die es zu erklären gilt.

4.3.6 Wahlverhalten zu Gunsten der AfD

Während die bisher vorgestellten Parteien im untersuchten Zeitraum nicht nur zu allen in der Analyse inkludierten Bundestagswahlen existierten, sondern auch zu ihnen kandidierten, konnte auch eine entsprechende Analyse für diese Zeitpunkte vorgenommen werden. Dies ist im Fall der AfD anders, gründete sich diese erst im Jahr 2013 und trat dann auch bei der Bundestagswahl im gleichen Jahr erstmals an.

Demnach fokussiert sich die Analyse der AfD-Wählerschaft im Folgenden auf die Bundestagswahl 2013 in Abschnitt 4.3.6.1 und auf die anschließende Bundestagswahl 2017 in Abschnitt 4.3.6.2. In Abschnitt 4.3.6.3 werden sodann die Ergebnisse für die AfD-Wählerschaft zu den zwei Bundestagswahlen zusammengefasst. Als besondere Herausforderung ist hier aber vorab die im Bundestagswahljahr 2013 problematische Datenlage zu erwähnen, die schon in Abschnitt 4.1.5 erläutert wurde. Von den dort befragten AfD-Wählern haben nur 19 Individuen angegeben, sie würden sich mit der AfD als Partei identifizieren. Auch die Verteilung dieser Individuen auf der entsprechenden Skala verläuft sehr unausgeglichen. Es ist demnach mit Messproblemen zu rechnen.

4.3.6.1 Bundestagswahl 2013

Wie bei den Wählerschaften der zuvor analysierten Parteien liegt auch bei der AfD zur Bundestagswahl 2013 die Erklärungskraft durch gesellschaftliche Wertorientierungen bei der Berechnung der geschachtelten Regressionsmodelle zwar vor, allerdings nur in einem geringen Umfang. So beträgt der für das AIC berechnete Wert im Grundmodell noch 454,03 und sinkt dann im Wertemodell auf 438,54 ab. Bis zum Gesamtmodell verbessert sich die Modellgüte schließlich so, dass ein finaler AIC-Wert von 356,77 erreicht wird. Gemessen an der $\Delta-2LL$ verbessert sich das Modell durch die Inklusion der Parteiidentifikation und Kandidatenorientierung um das Dreifache jenes Wertes, was durch die gesellschaftlichen Wertorientierungen an Modellverbesserung erreicht werden kann. In der Summe ist die Modellgüte, gemessen an Hosmer-Lemeshows R^2, zwar über die Modellerweiterung hinweg steigend und erreicht im Gesamtmodell den Wert 0,25. Sie ist jedoch nicht vergleichbar mit den Werten, die für andere Elektorate im Wahljahr 2013 erzielt wird. Einzig die SPD- und FDP-Wählerschaften können mit dem Gesamtmodell für das Bundestagswahljahr 2013 ähnlich schlecht abgebildet werden. Die Modellierung der geschachtelten Regressionsmodelle zeigt, dass eine nationalistische Wertorientierung über die entsprechenden Modelle hinweg einen signifikanten Einfluss behält. Selbst unter Einbezug der Parteiidentifikation und Kandidatenorientierung bleibt diese Einflussgröße klar signifikant ($p < 0,01$). Die Parteiidentifikation als solche hat keinen signifikanten Effekt

4.3 Effekte gesellschaftlicher Wertorientierungen ...

auf das Wahlverhalten für die AfD – zumindest keinen, der statistisch signifikant ermittelt werden kann. Dies ist auf zwei Gründe zurückzuführen, die hier schon ansatzweise im Vorfeld angedeutet wurden. Schon genannt wurde hier die geringe Anzahl von Individuen, die überhaupt angeben, sie würden sich mit der AfD identifizieren – für eine im Wahljahr neu gegründete Partei ist dies nicht allzu verwunderlich. Dadurch kommt es allerdings zu einer höheren Sensitivität von Messfehlern. Der zweite Grund ist demnach insbesondere im exorbitant hohen Standardfehler zu finden, der durch die nicht-gleichmäßige Verteilung von Befragten auf dieser Skala entsteht. Als signifikante Einflussgrößen sind nichtsdestotrotz eine Ablehnung des SPD-Kanzlerkandidaten Steinbrück ebenso festzustellen wie auch der signifikante Effekt durch eine Ablehnung der Unionskanzlerkandidatin Merkel. Interessant ist hier allerdings, dass der Effekt, der von einer Ablehnung des SPD-Kandidaten ausgeht, höher ist als jener Effekt, der durch die Ablehnung der Unionskandidatin Merkel entsteht – vor dem Hintergrund späterer Entwicklungen der AfD ist dies eine nicht unbedeutende Feststellung. Beide Bewertungen der Kandidaten haben einen signifikanten Einfluss auf das Wahlverhalten zu Gunsten der AfD (vgl. Tabelle 4.35).

Tabelle 4.35 Binär-logistische Regressionen – Wahl der AfD 2013

	Grundmodell	Wertemodell	Kontrollmodell	Gesamtmodell
Konstante	−2.992*** (0,132)	−5,115*** (0,653)	−3.763*** (0,933)	−1,854 (1,138)
Links-Rechts-Materialismus		0,083 (0,062)	0,091 (0,061)	0,074 (0,069)
Religiös-Säkular		−0,100 (0,104)	0,026 (0,101)	−0,049 (0,125)
Postmaterialismus-Materialismus		0,095 (0,064)	0,073 (0,063)	0,049 (0,069)
Kosmopolitismus-Nationalismus		0,180** (0,060)	0,244*** (0,063)	0,232** (0,071)
Geschlecht			−1,208*** (0,316)	−1,0100** (0,350)

(Fortsetzung)

Tabelle 4.35 (Fortsetzung)

	Grundmodell	Wertemodell	Kontrollmodell	Gesamtmodell
Alter			−0,033*** (0,008)	−0,029** (0,009)
Bildung			0,052 (0,129)	0,074 (0,147)
Parteiidentifikation				6,162 (328,184)
Merkel				−0,101* (0,051)
Steinbrück				−0,192** (0,060)
N	1255	1255	1255	1255
AIC	454,03	438,54	414,13	356,77
−2LL	490,20	466,90	433,90	363,00
Δ−2LL		23,30	33,00	70,90
Δ(df)	1	4	3	3
Hosmer-Lemeshow R^2		0,0475	0,1148	0,2594

Quelle: Eigene Darstellung und Berechnung, basierend auf den Daten von Rattinger et al. 2019b. *p < 0,05; **p < 0,01; ***p < 0,001. Ausgewiesen werden Logit-Koeffizienten. Standardfehler in Klammern.

Dass die Parteiidentifikation einen so exorbitant hohen Standardfehler aufweist[8], führt dann dazu, dass diese im Rahmen der Berechnung von Average Marginal Effects graphisch nicht abgebildet werden kann. Durch die Berechnung zeigt sich allerdings, dass ein Effekt von einer nationalistischen Wertorientierung auf das Wahlverhalten für die AfD besteht. Je nationalistischer ein Individuum demnach gesinnt ist, desto wahrscheinlicher wird auch die AfD-Wahl. Der hier zu observierende Effekt auf die Wahrscheinlichkeit der Parteiwahl beträgt im Durchschnitt 0,8 Prozent. Darüber hinaus führt eine positive Einstellung gegenüber dem SPD-Kanzlerkandidaten Peer Steinbrück sodann zu einer signifikant (p < 0,01) geringeren Wahrscheinlichkeit der AfD-Wahl (vgl. Abbildung 4.67).

---

[8] Der Standardfehler beträgt hier, je nach Variable, zwischen einer bis vier Millionen Einheiten.

4.3 Effekte gesellschaftlicher Wertorientierungen ... 373

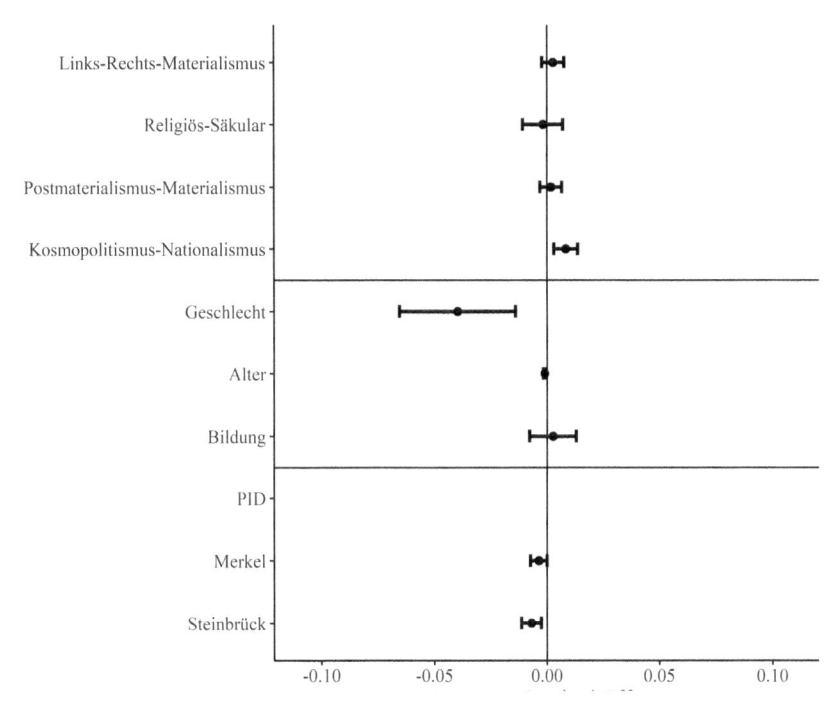

Abbildung 4.67 Average Marginal Effects AfD 2013. (Quelle: Eigene Darstellung und Berechnung, basierend auf den Daten von Rattinger et al. 2019b. Angegeben sind durchschnittliche marginale Effekte (in Prozentpunkten) und 95 %-Konfidenzintervalle, basierend auf Logit-Koeffizienten)

Auf Basis des immens hohen Standardfehlers bezüglich der Messung der Parteiidentifikation mit der AfD lässt sich statistisch keine Pfadmodellierung berechnen. So kann mit den vorliegenden Daten keine kausale Abhängigkeit dargestellt werden. Nichtsdestotrotz können die vorliegenden Ergebnisse einer Interpretation unterzogen werden. So zeigt sich die eher nationalistische Ausrichtung innerhalb der AfD-Wählerschaft hier in Ansätzen bereits 2013. Interessant sind die vorliegenden Ergebnisse auch, da die AfD, mit Ausnahme der FDP im Bundestagswahljahr 2009, die einzige Partei ist, die durch eine nationalistische Wertorientierung ihrer Wähler direkt profitiert. Bei allen anderen Parteien handelt es sich ausschließlich um insignifikante Effekte oder gar um eine dezidiert kosmopolitische Grundhaltung, die einen Einfluss auf das Wahlverhalten entfaltet. Interessant ist auch, dass eine Einstellung gegenüber der CDU/CSU-Kanzlerkandidatin Merkel schon zu diesem Zeitpunkt als signifikanter Prädiktor auf das Wahlverhalten einwirkt, wird doch vier Jahre später, am Abend der

Bundestagswahl 2017, AfD-Spitzenpolitiker Alexander Gauland verkünden: „Wir werden Frau Merkel jagen" (Benz 2018).

4.3.6.2 Bundestagswahl 2017

Die Modellrechnungen zur Erklärung des Wahlverhaltens für die AfD bei der Bundestagswahl 2017 sind von besonderer Bedeutung. So zeigt sich, dass in diesem Fall die Erklärungskraft gesellschaftlicher Wertorientierungen im weiteren Modellaufbau ähnlich derer ist, die durch den Einbezug einer individuellen Parteiidentifikation und Kandidatenorientierung erzielt wird. So wird das Modell an sich auch hier immer besser, sinkt der für das AIC berechnete Wert von 956,19 im Grundmodell auf 745,14 im Wertemodell, auf 718,40 im Kontrollmodell und schlussendlich auf 491,64 im Gesamtmodell. Die konkrete durch den $\Delta -2LL$-Wert gemessene Modellverbesserung vom Grundmodell zum Wertemodell beträgt 211,6 Einheiten, wohingegen die vom Kontroll- zum Gesamtmodell bei 225,4 Einheiten liegt. Waren zuvor noch die Grünen-Wähler jene, bei denen gesellschaftliche Wertorientierung annäherungsweise die Modellgüte so beeinflussten wie die Parteiidentifikation und die Kandidatenorientierung, so setzt die AfD-Wählerschaft bei der Bundestagswahl 2017 sozusagen neue Maßstäbe, ist der entsprechende Effekt hier doch recht hoch. Auch ist die Modellgüte des Wertemodells hier, ausgedrückt durch Hosmer-Lemeshows R^2, mit einem Wert von 0,23 bedeutsam höher als bei den vergleichbaren Modellrechnungen für die Bundestagswahl 2017 – mit Ausnahme der Modellierung für die Grünen-Wahl. Dieser Wert steigt dann auf 0,51 im Gesamtmodell. Die so im Gesamtmodell erreichte Modellgüte ist der höchste Wert, der durch die Modellierung für eines der Elektorate zur Bundestagswahl 2017 erzielt werden kann. Auch ist einzig die für die CDU/CSU bei der Bundestagswahl 2013 errechnete Modellgüte im Gesamtmodell höher. Der konkrete Einfluss gesellschaftlicher Wertorientierung ist demnach – im Zusammenspiel mit weiteren hier dargelegten Faktoren – für die AfD-Wählerschaft entsprechend bedeutsam und umfangreich. Es zeigt sich, dass nicht nur eine rechts-materialistische Wertorientierung einen signifikanten Einfluss ($p < 0,05$) auf die Wahl der AfD hat, sondern auch eine säkulare Wertorientierung sich klar signifikant ($p < 0,01$) darauf auswirkt. Diese Beobachtung erscheint nur kohärent, sofern jene Ergebnisse der deskriptiven Analyse, die die AfD-Wähler als besonders säkular ausweisen, als Grundlage möglicher Vorüberlegungen dienen. Vor allem aber eine nationalistische Wertorientierung, die ebenso in der deskriptiven Analyse schon auffällig ist, hat einen hochgradig signifikanten Effekt ($p < 0,001$) auf das Wahlverhalten zu Gunsten der AfD. Anders als 2013 jedoch ist hier die Parteiidentifikation als hochgradig signifikanter Prädiktor ($p < 0,001$) in die Analyse einzubeziehen (vgl. Tabelle 4.36).

4.3 Effekte gesellschaftlicher Wertorientierungen ...

Tabelle 4.36 Binär-logistische Regressionen – Wahl der AfD 2017

	Grundmodell	Wertemodell	Kontrollmodell	Gesamtmodell
Konstante	−2,299*** (0,090)	−6,218*** (0,596)	−5,087*** (0,895)	−2.163* (0,966)
Links-Rechts-Materialismus		0,100* (0,048)	0,079 (0,051)	0,132* (0,055)
Religiös-Säkular		−0,503*** (0,102)	−0,447*** (0,109)	−0,342** (0,107)
Postmaterialismus-Materialismus		0,087 (0,048)	0,067 (0,050)	0,021 (0,055)
Kosmopolitismus-Nationalismus		0,495*** (0,055)	0,562*** (0,064)	0,394*** (0,062)
Geschlecht			−0,828*** (0,248)	−0,765** (0,263)
Alter			−0,024** (0,006)	−0,016 (0,007)
Bildung			−0,006 (0,108)	−0,001 (0,111)
Parteiidentifikation				1,702*** (0,281)
Merkel				−0,259*** (0,038)
Schulz				−0,165*** (0,042)
N	1479	1479	1479	1479
AIC	956,19	745,14	718,40	491,64
−2LL	912,20	700,60	670,10	444,70
Δ−2LL		211,60	30,50	225,40
Δ(df)		1	4	3	3
Hosmer-Lemeshow R^2		0,2319	0,2654	0,5124

Quelle: Eigene Darstellung und Berechnung, basierend auf den Daten von Roßteutscher et al. 2019. *p < 0,05; **p < 0,01; ***p < 0,001. Ausgewiesen werden Logit-Koeffizienten. Standardfehler in Klammern.

Der Standardfehler weicht hier nicht länger in großem Ausmaß von dem entsprechender Alternativmodelle anderer Parteien ab. Ferner haben eine positive Haltung zur CDU/CSU-Kanzlerkandidatin Merkel sowie eine positive Haltung zum SPD-Kanzlerkandidaten Schulz einen ebenso signifikanten und negativen Effekt ($p < 0{,}001$) auf die Wahl der AfD bei der Bundestagswahl 2017.

Die Berechnung der Average Marginal Effects weist tatsächlich auch mannigfaltige signifikante Einwirkungen auf das Wahlverhalten für die AfD bei der Bundestagswahl 2017 aus. So zeigt sich, dass eine rechts-materialistische Wertorientierung durchaus einen signifikanten Effekt auf die Wahrscheinlichkeit der AfD-Wahl hat. Diese steigt um durchschnittlich 0,5 Prozent, je stärker die jeweiligen Individuen in Richtung des Rechts-Materialismus orientiert sind. Besonders deutlich wirkt sich aber eine säkulare Haltung auf die Wahlentscheidung aus. Die Wahrscheinlichkeit der AfD-Wahl steigt um durchschnittlich 1,4 Prozent, je säkularer ein Individuum ist. Übertroffen wird dieser Wert, zumindest im direkten Vergleich der hier untersuchten gesellschaftlichen Wertorientierungen, einzig durch den Einfluss einer nationalistischen Wertorientierung auf die AfD-Wahl (vgl. Abbildung 4.68).

Wenn eine nationalistische Wertorientierung auf Individualebene vorliegt, steigt die Wahrscheinlichkeit der AfD-Wahl um durchschnittlich 1,6 Prozent, je stärker diese Orientierung ist. Die Wahl-Wahrscheinlichkeit steigt ferner mit durchschnittlich 7,2 Prozent immens, sofern eine Identifikation mit der AfD vorliegt. Dies gilt dann wiederum auch für die steigende Intensität eben dieser Identifikation. Ferner zeigt sich, dass eine negative Bewertung der Spitzenkandidaten von Union und SPD signifikante Effekte auf das Wahlverhalten zu Gunsten der AfD hat. Ganz konkret bedeutet dies, dass eine positive Bewertung der CDU/CSU-Spitzenkandidatin die Wahrscheinlichkeit der AfD-Wahl um durchschnittlich 1,1 Prozent senkt.

4.3 Effekte gesellschaftlicher Wertorientierungen ...

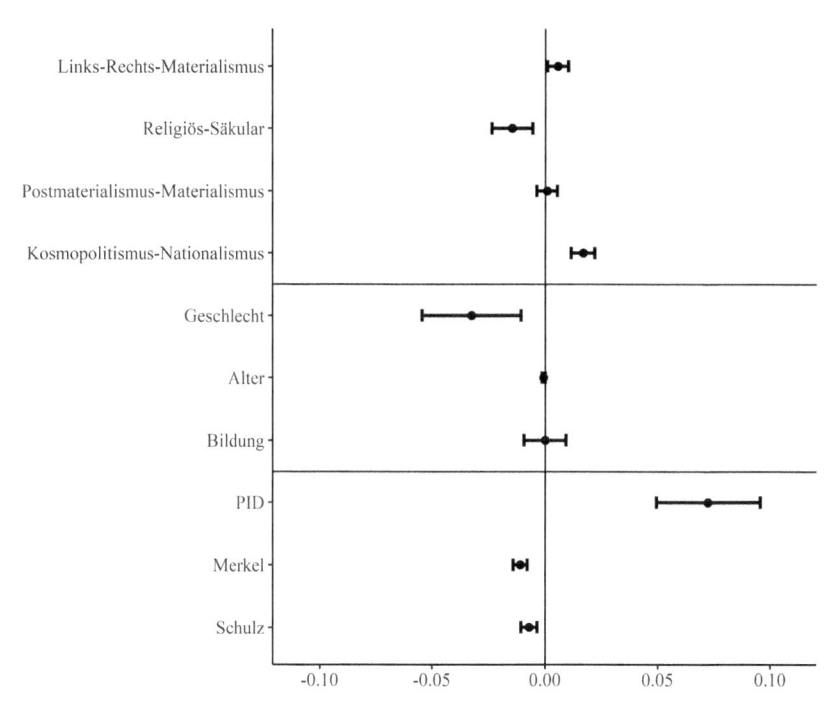

Abbildung 4.68 Average Marginal Effects AfD 2017. (Quelle: Eigene Darstellung und Berechnung, basierend auf den Daten von Roßteutscher et al. 2019. Angegeben sind durchschnittliche marginale Effekte (in Prozentpunkten) und 95 %-Konfidenzintervalle, basierend auf Logit-Koeffizienten)

Im direkten Vergleich hat so die Ablehnung der CDU/CSU-Kandidatin Merkel, die als Einflussgröße in ihrem Effekt stärker ist als beispielsweise eine rechts-materialistische Wertorientierung der AfD-Wähler, einen bedeutsamen Platz eingenommen. Die Ablehnung des SPD-Kanzlerkandidaten Schulz entfaltet ebenso einen signifikanten Effekt, liegt aber mit einer durchschnittlichen Effektstärke von 0,7 Prozent auf die Wahlentscheidung klar unter jenem, der durch eine Ablehnung Angela Merkels festzustellen ist. Im direkten Vergleich wird unter Betrachtung aller berechneten Average Marginal Effects deutlich, dass nur bei den Grünen im Bundestagswahljahr 2009 derart viele Dimensionen gesellschaftlicher Wertorientierungen gleichzeitig einen Einfluss auf die Wahlentscheidung entfalten konnten. Ferner verdeutlicht die entsprechende Analyse, in welchem

Ausmaß tatsächlich eine nationalistische Wertorientierung das Wahlverhalten für die AfD beeinflusst. So zeigt sich nicht nur in der deskriptiven Analyse, dass die AfD im Spektrum nationalistisch orientierter Wähler eine sehr exponierte Rolle einnimmt. Darüber hinaus ist auch der konkret gemessene durchschnittliche Effekt dieser Wertorientierung, im direkten Vergleich zu den Elektoraten anderer Parteien, besonders hoch. Vergleichbare Effektstärken sind einzig 2017 bei einer religiösen Wertorientierung und der Wahl der Union sowie bei einer materialistischen Wertorientierung und der Wahl der FDP festzustellen.

So erscheint es kaum verwunderlich, dass diese nationalistische Wertorientierung nicht nur die Wahl der AfD bei der Bundestagswahl 2017, sondern auch eine entsprechende Ausbildung und Intensität einer Identifikation mit der Partei in einem hoch signifikanten Ausmaß ($p < 0{,}001$) positiv beeinflusst. Es lässt sich demnach attestieren, dass die AfD zum Wahljahr 2017 durchaus erfolgreich jene Wähler für sich mobilisieren kann, die 2013 aufgrund einer solchen Orientierung schon die Partei als solche favorisierten. Durch die Ausbildung einer Identifikation mit der AfD wird eine derartige Allianz aber auch stärker manifestiert als dies zuvor der Fall war. Darüber hinaus hat auch eine säkulare Wertorientierung der Anhänger einen signifikanten Einfluss nicht nur auf die Intensität der Parteiidentifikation, sondern auch auf das konkrete Wahlverhalten für die AfD. Auch dies war schon aufgrund der Häufigkeitsverteilung auf jener Konfliktdimension zwischen einer religiösen und einer säkularen Wertorientierung zu erwarten, nimmt die AfD-Wählerschaft doch 2017 die Rolle des am stärksten säkularen Elektorats ein. Eine materialistische Wertorientierung wiederum beeinflusst einzig die Ausbildung der Parteiidentifikation, nicht jedoch das konkrete Wahlverhalten. Dass die AfD nach der Bundestagswahl 2017 verstärkt auf jene Wählerschichten zugeht, ist unterdessen auch an Aussagen des AfD-Spitzenpolitikers Alexander Gauland abzuleiten, der da sagt: „Das Märchen vom menschengemachten Klimawandel glauben wir nicht" (Sternberg 2019). Geht es doch bei dieser Dimension ganz konkret um die Abwägung zwischen ökologischen und ökonomischen gesellschaftlichen Priorisierungen, scheint die Position der AfD hier zweifelsohne festzustehen und für entsprechend orientierte Wähler Identifikation zu bieten. Sie positioniert sich hier demnach als materialistischer Antipode zu den Grünen. Die seitens der AfD noch zu Beginn klar wirtschaftsliberale Positionierung hat insofern Spuren hinterlassen, dass auch 2017 noch eine rechts-materialistische Wertorientierung die Wahl der AfD beeinflusst, nicht jedoch die Ausbildung einer Parteiidentifikation. Der zu beobachtende Effekt ist

4.3 Effekte gesellschaftlicher Wertorientierungen ...

allerdings nur noch von geringem Ausmaß. Im Gegenteil dazu ist die Parteiidentifikation ein hoch signifikanter ($p < 0,001$) und starker positiver Prädiktor, der die Wahl der AfD beeinflusst. Diese wirkt aber auch ebenso klar auf die Beurteilung der konkurrierenden Spitzenkandidaten. Auffällig ist hier, dass der negative Effekt, welcher von einer Parteiidentifikation auf die Bewertung der CDU/CSU-Kandidatin Merkel ausgeht, der höchste Wert ist, der im Rahmen der hier vorgelegten Studie – positiv wie negativ – in diesem Kontext festzustellen ist. Der konkrete Effekt, welchen eine Identifikation mit der AfD im negativen Sinne auf eine Bewertung der CDU/CSU-Kandidatin Merkel hat, entspricht nahezu dem dreifachen dessen, wie eine Identifikation mit der Union im positiven Sinne auf die Bewertung der eigenen Kanzlerkandidatin wirkt. Die Person der Angela Merkel wird so nicht nur seitens der AfD zum politischen Feindbild erklärt, sondern auch von Anhängern und Wählern der AfD entsprechend rezipiert. Die Ablehnung seitens Individuen mit Parteiidentifikation innerhalb AfD-Wählerschaft ist hierbei umfangreicher als eine Unterstützung seitens Individuen, die sich mit der CDU/CSU identifizieren. Die hier vorgenommene Pfadmodellierung ist, wenngleich sich klare Effekte feststellen lassen, wie auch die vorangegangenen Modellierungen, in seiner Güte nicht zufriedenstellend. Die entsprechenden Werte für den CFI (0,417) und den RMSEA (0,103) signalisieren einen nicht akzeptablen Modell-Fit. Einer der Gründe ist hier beispielhaft, dass eine nationalistische Wertorientierung in einem hohen Umfang auch die Einschätzung der CDU/CSU-Kandidatin Merkel beeinflusst. Dabei ist festzustellen, dass je nationalistischer die Wertorientierung eines Individuums ist, desto negativer fällt auch seine Einschätzung der Kanzlerkandidatin aus. Eine Modellanpassung ist aber, wie bereits mehrfach argumentiert, aus theoretischer Sicht nicht sinnvoll. Vielmehr zeigt die Modellierung, dass es sich hier möglicherweise eher um Defizite bei Erklärungsansätzen der Wahlforschung handelt. Dies tangiert aber keineswegs die vorliegenden Ergebnisse, die einen direkten Effekt gesellschaftlicher Wertorientierungen ebenso sehr beobachten lassen wie auch indirekte Effekte (vgl. Abbildung 4.69).

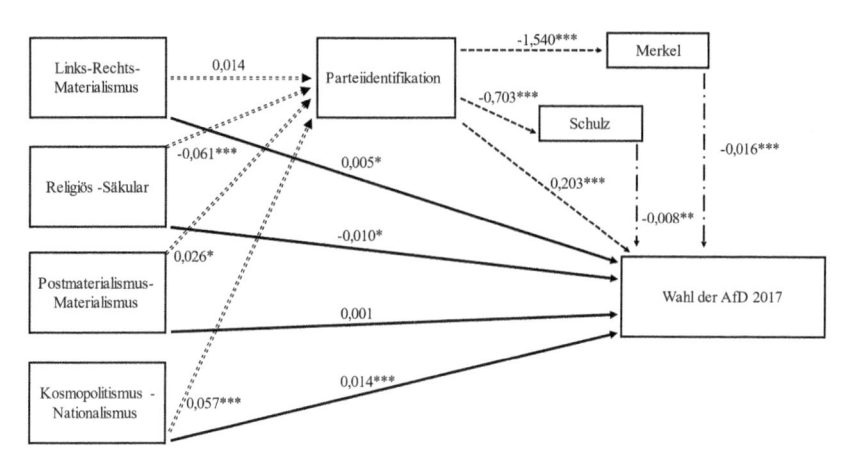

Abbildung 4.69 Pfadmodell AfD 2017. (Quelle: Eigene Darstellung und Berechnung, basierend auf den Daten von Roßteutscher et al. 2019. $x^2 = 148{,}770$; CFI $= 0{,}417$; RMSEA $= 0{,}103$)

4.3.6.3 Zusammenfassung der AfD-Wahl 2013 bis 2017

Eine Zusammenfassung der vorliegenden Ergebnisse für die AfD-Wahl ist insofern als nicht unproblematisch einzuordnen, da mit den hier vorliegenden Modellierungen zumindest für 2017 mehr Erkenntnisse erzielt werden konnten als mit jenen für 2013. Dies betrifft auch die Analyseebene, war doch für das besagte Wahljahr 2013 keine Pfadmodellierung möglich. Tatsächlich liegt dies aber weniger an der theoretischen Konzeption, sondern ist in den hier verwendeten Daten begründet. Eine Pfadmodellierung wie jene, die für 2017 vorgenommen wurde, ist aufgrund der Datenlage für die Bundestagswahl 2013 demnach unmöglich. Der zu beobachtende Effekt, der eine nationalistische Wertorientierung aber auch hier zu entfalten vermag, ist jedoch keineswegs von der Hand zu weisen. Orientiert an den Average Marginal Effects hat sich die durchschnittliche Effektstärke einer solchen Wertorientierung auf das Wahlverhalten zwischen 2013 und 2017 verdoppelt. Auch ist zumindest für 2017 durchaus zu konstatieren, dass die Gauland'sche Doktrin der *Merkel-Jagd* keineswegs überraschend sein dürfte, scheint eine Ablehnung der CDU/CSU-Kanzlerkandidatin eindeutig und omnipräsent zu sein. Dass die Wählerbasis der AfD im Bundestagswahljahr 2017 durch mehr Dimensionen gesellschaftlicher Wertorientierungen geprägt wird als noch 2013, zeigt ferner, wie erfolgreich die AfD inzwischen aus der einstigen Position einer euroskeptischen Nischenpartei an Profil gewinnen konnte, beispielsweise durch eine Erweiterung des inhaltlichen Angebots an die Wähler.

Auch wenn die Pfadmodellierungen nicht in der Lage sind, das Wahlverhalten für die AfD ausschöpfend zu erklären, so zeigen sie durchaus die Kausalbeziehungen zwischen einer entsprechenden Wertorientierung und den dazugehörigen direkten und indirekten Effekten, die auf die Wahl der Partei wirken. Im direkten Vergleich zu den Elektoraten anderer Parteien wird am Beispiel der AfD im Bundestagswahljahr 2017 sichtbar, in welchem Ausmaß gesellschaftliche Wertorientierungen als Prädiktor für das Wahlverhalten wirken können. Bei keinem anderen Elektorat als dem der AfD 2017 ist es so, dass die Erklärungskraft der Parteiidentifikation und einer Kandidatenorientierung dem der gesellschaftlichen Wertorientierungen nahezu gleichgestellt ist. Einzig für die Grünen-Wähler lassen sich 2013 und 2017 annäherungsweise vergleichbar hohe Modellverbesserungen erzielen.

In der Summe ist es so, dass jene Hypothese, in der ein Einfluss durch eine nationalistische Wertorientierung auf die Wahl der AfD bei den Bundestagswahlen 2013 und 2017 postuliert wurde, angenommen werden kann. Der entsprechende Effekt hat sich zwischen den beiden Wahlen sogar noch weiter vergrößert. Dies gilt aber unter dem Vorbehalt der Einschränkung, dass sich diese Interpretation einer genauen Effektstärke für 2013 ausschließlich auf die Berechnung der Average Marginal Effects bezieht. Für die Bundestagswahl 2013 konnte keine Pfadmodellierung mit möglichen Mediatoreffekten vorgenommen werden, wohingegen dies für die AfD-Wahl bei der Bundestagswahl 2017 möglich war.

4.4 Zusammenfassung der Ergebnisse der Analyse

In der Summe zeigen sich innerhalb der deutschen Bevölkerung teilweise immense Veränderungen entlang der Konfliktdimensionen gesellschaftlicher Wertorientierungen. Interessant ist so beispielhaft, dass die Gesamtbevölkerung in der Summe links-materialistischer geworden ist, nichtsdestotrotz aber weiterhin mittig zwischen beiden Polen positioniert ist. Demnach wird gesamtgesellschaftlich, zumindest durchschnittlich, in Abwägung zwischen beiden Extrempositionen ein Mittelweg bevorzugt.

Auf Ebene der Wähler der hier untersuchten Parteien zeigt sich schließlich, dass mit Ausnahme der AfD-Wählerschaft alle Elektorate im Zeitverlauf der hier beobachteten Bundestagswahlen links-materialistischer werden. Die Wähler der AfD hingegen wenden sich im Schnitt 2017 noch etwas stärker einer rechts-materialistischen Wertorientierung zu. Nichtsdestotrotz bleiben die Wähler der CDU/CSU und FDP, anders als die der SPD, Grünen und Linken, auch weiterhin dezidiert rechts-materialistisch orientiert. Eine entsprechende Veränderung der Position auf dieser Achse darf demnach keineswegs darüber hinwegtäuschen, dass es sich hier um weiterhin im Schnitt moderat bis sehr klar marktwirtschaftlich orientierte Elektorate handelt. Tatsächlich sind vor allem die Elektorate der CDU/CSU und FDP zur Bundestagswahl 2009, ab 2013 auch ergänzt um die AfD-Wählerschaft, entlang dieser Konfliktlinie nicht signifikant voneinander zu unterscheiden, liegen entsprechende Durchschnittspositionen hier schlicht zu nahe beieinander. Eine ähnliche Beobachtung ist bei den Wählern von Grünen und Linken zu machen, die sich auf dieser Konfliktlinie nicht signifikant voneinander unterscheiden lassen. Diese sind hier allerdings als links-materialistisch orientiert einzustufen. Die entsprechenden Differenzen beider Elektorate sind – zumindest im Durchschnitt – nur marginaler Natur. Für die Wähler der SPD wiederum ist zu konstatieren, dass diese 2009 nicht signifikant von denen der Linken zu unterscheiden sind, 2013 wiederum nicht von denen der AfD. Einzig im Bundestagswahljahr 2017 liegen statistisch signifikante Unterschiede zu den Elektoraten aller hier untersuchten Parteien vor.

Daraus ergeben sich zumindest in dieser Hinsicht schon weitreichende Chancen, die aber auch gleichermaßen als Problem identifiziert werden müssen. Insbesondere für die SPD und Linke, die sich politisch entlang dieser Konfliktlinie als Vertreter mit entsprechendem Alleinstellungsmerkmal gerieren, ist demnach festzustellen, dass dies nicht der Fall ist. Links-materialistisch orientierte Wähler finden auf dieser Konfliktlinie mehrere Parteien, die ihnen ein entsprechendes inhaltliches Angebot machen können, auf welches diese aber nicht notwendigerweise eingehen müssen. Einzig 2017 liegen statistisch signifikante Unterschiede für die Wählerschaft der SPD zu allen weiteren Elektoraten vor. Dies darf aber keineswegs darüber hinwegtäuschen, dass die SPD-Wähler zu dieser Wahl zwar im links-materialistischen Spektrum zu verorten sind, dabei aber gleichzeitig durchschnittlich eher in Richtung der Achsenmitte tendieren. Die SPD gewinnt demnach vor allem Stimmen von Wählern, die ein eher mittig bis linkes Profil auf dieser Konfliktdimension haben, wohingegen Grüne und Linke vor allem bei tatsächlich links-materialistisch orientierten Wählern zu punkten vermögen. Dabei stehen sie aber auch gleichzeitig in Konkurrenz um diese Wähler, woraus kein eindeutiger Alleinvertretungsanspruch abzuleiten ist.

Dass sich im Feld jener Individuen, die eine rechts-materialistische Wertorientierung haben, mit der CDU/CSU, der FDP und der AfD gleich drei Parteien anzubieten scheinen, die diese bündeln und aggregieren können, erscheint als wenig überraschend. Demgegenüber erfüllen SPD, Grüne und Linke diese Rolle für jene Individuen, die links-materialistisch orientiert sind. Nichtsdestotrotz ist zumindest für die FDP diese Konfliktlinie von hoher Relevanz, definiert sich diese jahrzehntelang als eher marktwirtschaftliche und wirtschaftsliberale Partei. Wenn

4.4 Zusammenfassung der Ergebnisse der Analyse

hier also festgestellt wird, dass Individuen mit einer entsprechenden Wertorientierung ihr Wahlverhalten nicht nur auf die FDP beschränken, wird dies zumindest auf lange Sicht womöglich zu einem Problem für sie. Dies ist darin begründet, dass der FDP schon in der Vergangenheit ein zu monothematischer Zuschnitt auf ihre Wirtschafts- und Steuerpolitik (Vorländer 2011, S. 114) attestiert wurde. Eine weitere Entwicklung in diese Richtung wäre demnach als strategisches Risiko einzuschätzen, da die Partei hier viel elektorale Unterstützung gewinnen, gleichzeitig aber auch viel verlieren könnte, steht sie doch hier nicht ohne Konkurrenz dar.

Für die jeweiligen Wahlentscheidungen zeigt sich dann, dass eine entsprechende Varianz innerhalb der jeweiligen Elektorate festzustellen ist. Eine rechts-materialistische Wertorientierung hat so für die Wähler der CDU/CSU keinerlei signifikanten Effekt auf ihr Wahlverhalten, wohl aber in einem nicht unwesentlichen Umfang darauf, ob sich ein Individuum mit der Union zu identifizieren vermag. Der entsprechende Effekt nimmt aber im Verlauf der Analyse von 2009 bis 2017 stetig ab.

Während für die SPD-Wählerschaft keinerlei signifikante Effekte einer linksmaterialistischen Wertorientierung auf das Wahlverhalten attestiert werden können, ist zumindest für das Bundestagswahljahr 2017 ein Effekt einer entsprechend rechts-materialistischen Wertorientierung auf das Wahlverhalten zu Gunsten der FDP festzustellen. Zwar wirkt bei beiden Elektoraten die jeweilige Wertorientierung signifikant zumindest auf die Parteiidentifikation ein und somit indirekt auch auf das Wahlverhalten, doch sinkt diese Effektstärke im hier beobachteten Zeitraum. Vor allem für die SPD-Wählerschaft bricht dieser Wert nahezu vollends ein. Eingangs wurde für die FDP-Wählerschaft die folgende Hypothese formuliert:

H1: Je stärker ein Individuum rechts-materialistisch orientiert ist, desto wahrscheinlicher ist es, dass es die FDP wählt.

Gemessen an den vorliegenden Ergebnissen kann diese Hypothese für die Bundestagswahl 2017 bestätigt werden, gleichwohl sie für die Bundestagswahlen 2009 und 2013 zurückgewiesen werden muss. Zwar hat eine entsprechend rechtsmaterialistische Wertorientierung durchaus über die Parteiidentifikation einen indirekten Effekt auf das Wahlverhalten, ein direkter Effekt kann jedoch nur für eine der drei Bundestagswahlen beobachtet werden. Ob der FDP auch auf langfristige Sicht die Bindung eben dieser Wähler gelingt, müssen dann entsprechende Folgestudien zeigen. Der hier beobachtete Effekt zeigt aber in der Tat, dass die Bundestagswahl 2017 insofern auch von besonderem Interesse ist, da die FDP hier nicht nur indirekt, sondern gleichermaßen direkt über diese gesellschaftliche Wertorientierung ihrer Unterstützer profitieren kann. Anders gestaltet sich dies für die SPD, für deren Wählerschaft eingangs die folgende Hypothese formuliert wurde:

> H2: Je stärker ein Individuum links-materialistisch orientiert ist, desto wahrscheinlicher ist es, dass es die SPD wählt.

Zu keiner der hier in die Analyse einbezogenen Bundestagswahlen liegt ein direkter Effekt einer links-materialistischen Wertorientierung auf das Wahlverhalten zu Gunsten der SPD vor. Demnach muss die entsprechende Hypothese zurückgewiesen werden. Handelt es sich bei der Konfliktlinie zwischen Links-Materialismus und Rechts-Materialismus um eine modernisierte Form des Sozialstaatskonflikts, sind die vorliegenden Ergebnisse für die Partei alarmierend. So liegt nicht nur eine fehlende direkte Prägungskraft dieser Wertorientierung auf das Wahlverhalten vor, auch die Intensität einer SPD-Parteiidentifikation wird mit immer weiter abnehmender Stärke durch diese beeinflusst. Es stellt sich die Frage, auf welcher Basis eine Wahlentscheidung für die SPD gefällt wird, wenn gleichzeitig, so wird hier noch im Folgenden auch zusammengefasst, keinerlei Wertorientierung einen solchen direkten Effekt hat. Sollten langfristige Faktoren immer weiter an Bedeutung für das individuelle Wahlverhalten verlieren, hat die Partei ein Problem, da sie keine gefestigte Wählerreserve hat, auf die sie dann noch zurückgreifen kann.

Die Grünen als dezidert links-materialistisch orientierte Partei wiederum profitieren auf der Ebene individuellen Wahlverhaltens nur bei der Bundestagswahl 2009 direkt und signifikant durch diese Wertorientierung. Dennoch ist es so, dass zumindest der indirekte Effekt, der sich von der Wertorientierung auf die Parteiidentifikation und erst dann auf das Wahlverhalten entfaltet, im Zeitverlauf stärker wird, wenn auch nur in einem geringfügigen Ausmaß.

Viel wichtiger erscheint an dieser Stelle auch die Linken-Wählerschaft in den Blick zu nehmen, lautete doch die dritte Hypothese wie folgt:

> H3: Je stärker ein Individuum links-materialistisch orientiert ist, desto wahrscheinlicher ist es, dass es die Linke wählt.

Diese Hypothese muss für die Wählerschaft der Linken bei den Bundestagswahlen 2009 und 2013 zurückgewiesen werden, liegt bei diesen doch kein direkter Effekt auf das Wahlverhalten vor. Demgegenüber ist es bei der Bundestagswahl 2017 so, dass eine links-materialistische Wertorientierung durchaus einen direkten und positiven Effekt auf das Wahlverhalten hat. Zudem zeigen die Pfadmodellierungen, dass die Entstehung und Intensität einer Parteiidentifikation durch diese Wertorientierung signifikant und positiv beeinflusst wird. Dieser

4.4 Zusammenfassung der Ergebnisse der Analyse

Effekt wird im Zeitverlauf von 2009 bis 2017 stärker. Nichtsdestotrotz zeigt sich hier ein zunehmender Bedeutungsverlust dieser Konfliktdimension für den Parteienwettbewerb. Mögliche Gründe könnten in einer Überlagerung durch neue Themenlagen oder einer Neujustierung vorherrschender Wertpräferenzen liegen, womöglich auch darin begründet sein, dass das Gesamtelektorat im Durchschnitt links-materialistischer wird. Eine als Abbild des Sozialstaatskonflikts verstandene links-materialistische Wertorientierung prägt hier nur geringfügig direkt das Wahlverhalten für eine Partei, die sich einer linken Sozialpolitik und entsprechend umfangreichen redistributiven Politikvorschlägen verschrieben hat.

Dass das Wahlverhalten zu Gunsten der AfD bei der Bundestagswahl 2017 auch durch eine eher rechts-materialistische Ausrichtung geprägt wird, wenn auch nur in einem geringen Ausmaß, zeigt einen Bedeutungszuwachs dieser Konfliktlinie – zumindest zum Zeitpunkt dieser Bundestagswahl. So entfaltet sich eine direkte Wirkung auf das Wahlverhalten entlang dieser Konfliktdimension während der drei Beobachtungszeitpunkte insgesamt vier Mal, wobei drei dieser Einflussgrößen bei der Bundestagswahl 2017 beobachtet werden können. Eine links-materialistische Wertorientierung entfaltet bei dieser Wahl ausschließlich einen direkten Effekt auf die Linken-Wahl, eine rechts-materialistische Wertorientierung wiederum auf die Wahl von FDP und AfD.

Neben dieser Konfliktlinie ist, wie in der vorliegenden Arbeit dargelegt, vor allem der Konflikt zwischen einer religiösen und einer säkularen Wertorientierung für die Ausdifferenzierung des deutschen Parteiensystems relevant gewesen. Im Verlauf der vergangenen Jahrzehnte hat sich die deutsche Gesamtbevölkerung immer stärker säkularisiert, davon sind auch die hier beobachteten drei Bundestagswahlen von 2009 bis 2017 nicht ausgenommen. So zeigt sich weiterhin eine zunehmende Säkularisierung der Gesamtbevölkerung.

Interessant ist hierbei insbesondere, dass zwar fast alle Elektorate im Schnitt zwischen 2009 und 2017 säkularer werden, jenes der Grünen aber geringfügig religiöser wird und sich somit entgegen dem gesamtgesellschaftlichen Trend entwickelt. Die Unionsparteien haben jedoch weiterhin das religiöseste Elektorat, wohingegen die Linke und die AfD die säkularsten Wähler haben. Aus diesem Grund sind zumindest die CDU/CSU-Wähler zu den Bundestagswahlen 2009 und 2017 statistisch signifikant zu den Elektoraten der anderen hier untersuchten Parteien abzugrenzen, handelt es sich bei ihnen um die eindeutig religiöseste Wählerschaft. Für 2013 liegen keine statistisch signifikanten Unterschiede zu allen Parteien vor, lassen sich die Wähler der CDU/CSU und die der FDP nicht klar voneinander auf dieser Dimension und zu diesem Zeitpunkt unterscheiden. Zu den Wahlen 2009 und 2017 wiederum liegen zwischen den Wählerschaften der SPD, der FDP und den Grünen keine statistisch signifikant ermittelbaren Differenzen vor. Gleiches gilt 2017 für die Linken-Wähler und die Wähler der AfD, handelt es sich doch dabei um die am weitesten säkularisierten Elektorate. Eine Unterscheidbarkeit auf dieser Konfliktlinie erscheint allerdings vor allem für die Unionsparteien als hochgradig relevant, reklamieren diese doch bis heute, nicht zuletzt durch ihren Parteinamen, zumindest die religiösen Weltanschauungen von in Deutschland lebenden Christen abzubilden. Entsprechende Bemühungen sind aber insbesondere für Individuen jüdischen Glaubens und auch zumindest in Teilen der Partei auch muslimischen Glaubens durchaus nachvollziehbar. Die eingangs zu dieser Konfliktdimension formulierte Hypothese lautete demnach:

H4: Je religiöser ein Individuum ist, desto wahrscheinlicher ist es, dass es CDU/CSU wählt.

Tatsächlich ist es so, dass eine religiöse Wertorientierung einzig 2017 einen direkten positiven und statistisch signifikanten Effekt auf das Wahlverhalten für die Unionsparteien hat. Einen indirekten Effekt entfaltet eine religiöse Wertorientierung darüber hinaus aber insbesondere über die Parteiidentifikation auf das Wahlverhalten für CDU/CSU. Die hier angenommene und darauf auch basierende Beziehung ist demnach nicht zu allen drei Untersuchungszeitpunkten feststellbar. Die entsprechende Hypothese muss deshalb für die Bundestagswahlen 2009 und 2013 verworfen werden und kann einzig für die Bundestagswahl 2017 angenommen werden.

Dies hat für die CDU/CSU eine hohe Bedeutung. So kann aus strategischer Sicht durchaus konstatiert werden, dass vor allem eine Identifikation mit der Union auch weiterhin in einem hohen Ausmaß durch eine solche religiöse Wertorientierung geprägt wird. Die hier vorliegenden Daten zeigen sogar, dass der Effekt zwischen 2009 und 2017 in der Summe zugenommen hat. Nicht vergessen werden sollte aber, dass konfessionelle Gemeinschaften in Deutschland an Bedeutung verlieren, scheiden doch immer mehr Menschen aus ihnen aus, sei es durch Tod oder Austritt. Studien zu diesem Thema haben aber schon in der Vergangenheit belegt, dass Schrumpfprozesse konfessioneller Gemeinschaften die gesamtgesellschaftliche Bedeutung dieser auch für das Wahlverhalten sinken lassen, dies aber nicht zwangsläufig etwas am Wahlverhalten innerhalb dieser Gruppen ändern muss. Religiös geprägte Individuen wählen auch weiterhin Parteien, die diese Wertvorstellungen am ehesten zu spiegeln vermögen (Elff und Roßteutscher 2011, S. 109; S. Pickel 2018, S. 593). Die hier vorliegende Analyse zeigt jedoch, dass Unterschiede mehr und mehr nivelliert werden, sodass eine

4.4 Zusammenfassung der Ergebnisse der Analyse

religiöse Wertorientierung nicht mehr zwangsläufig hohe und direkte Effekte auf das Wahlverhalten haben muss. Tatsächlich ist eher das Gegenteil der Fall, ist inzwischen vor allem auch eine säkulare Wertorientierung maßgeblich für das Wahlverhalten innerhalb mancher Elektorate.

Im Fall der SPD ist zu beobachten, dass die Konfliktlinie zwischen einer säkularen und einer religiösen Wertorientierung zu keinem Zeitpunkt das Wahlverhalten direkt beeinflusst. Auch auf die Parteiidentifikation wirkt eine säkulare Wertorientierung nur bei der Bundestagswahl 2013 ein. Zur besagten Wahl liegt der konkrete Effekt gar über jenem, den eine links-materialistische Wertorientierung auf die Intensität der Parteiidentifikation hat. Ansonsten lassen sich in der SPD-Wählerschaft keine weiterführenden Einflüsse feststellen.

Für die FDP wiederum spielt diese Wertorientierung keine Rolle, weder im Hinblick auf das Wahlverhalten noch auf die Intensität der Parteiidentifikation. Diese Ergebnisse für SPD und FDP sind dahingehend bemerkenswert, als dass es diese beiden Parteien waren, welche bei Gründung der Bundesrepublik maßgeblich daran beteiligt waren, religiöse und kirchliche Einflüsse auf Politik und Staat zurückzudrängen. Für die Wähler beider Parteien ist dieses historische Erbe demnach nicht länger maßgeblich für eine Identifikation mit oder Wahl der Partei. Besonders für die FDP sind die Ergebnisse aber deshalb interessant, weil zumindest für die Bundestagswahl 2013 kein statistisch signifikanter Unterschied zwischen der FDP-Wählerschaft und den Wählern der Unionsparteien entlang dieser Konfliktlinie ermittelt werden kann.

Während seitens der Grünen-Wählerschaft keine Einflüsse einer religiösen oder säkularen Wertorientierung auf die Intensität der Parteiidentifikation oder des Wahlverhaltens vorliegen, hat zumindest eine säkulare Wertorientierung einen klar signifikanten Einfluss auf die Wahl der Linken. Tatsächlich beeinflusst diese bei allen drei Bundestagswahlen in einem nicht unwesentlichen Umfang eine Identifikation mit der Linken und damit indirekt auch die Wahl dieser Partei. Ferner liegen für die Bundestagswahlen 2013 und 2017 direkte Effekte auf das Wahlverhalten vor. Eine säkulare Wertorientierung ist folglich nicht nur identitätsstiftend, sondern auch handlungsleitend für die Linken-Wählerschaft. Dabei darf selbstredend nicht vergessen werden, dass die Linke, wenngleich sie heute auch in Westdeutschland zunehmende Unterstützung erfährt, eine Partei ist, die traditionell „ihre Hochburgen (…) in Ostdeutschland hat" (Träger 2020, S. 168). Wenn also gesamtgesellschaftliche Säkularisierungsprozesse zu beobachten sind, darf dann auch in diesem Kontext nicht ausgeblendet werden, wie auch davon gesprochen wird, dass sich „die Westdeutschen an die ostdeutsche Kultur der Religionslosigkeit annähern" (Pickel 2013, S. 93). Die demnach starken Effekte einer säkularen Wertorientierung auf das Wahlverhalten zu Gunsten der Linken können dann wiederum, selbstredend zugespitzt, als eine Art politischer Heimvorteil gedeutet werden.

Dass die AfD-Wählerschaft, die zur Bundestagswahl 2017 das im Schnitt säkularste aller Elektorate ist, demnach auch durch eine säkulare Wertorientierung weitreichend beeinflusst wird im Wahlverhalten und der Intensität, in der sich die Wähler mit der Partei identifizieren, erscheint nicht überraschend. So ist das grundsätzliche Verhältnis der Kirchen und der AfD keineswegs als harmonisch zu beschreiben, positionierten sich beispielsweise die katholischen Bischöfe vor der Bundestagswahl 2017 mehr als deutlich zur AfD. So sagte der damalige Vorsitzende der Deutschen Bischofskonferenz, Kardinal Reinhard Marx, im Vorfeld der Wahl: „Wir distanzieren uns klar vom populistischen Vorgehen und vielen inhaltlichen Haltungen der Partei" (Neuerer 2017). Ähnlich angespannt ist die Beziehung zu muslimischen Gemeinden, nimmt die AfD doch dezidert anti-muslimische Positionen ein. Auch strukturelle Faktoren dürfen dabei sicher, wie auch bei der Linken, eine entscheidende Rolle spielen, erfährt die AfD doch im weitestgehend säkularen Ostdeutschland zwei Mal so viel Unterstützung wie in Westdeutschland (Weisskircher 2020, S. 614). Die genauen Ursachen für die Säkularität der AfD-Wählerschaft lassen sich hier aber nicht zweifelsfrei festhalten.

Es zeigt sich bei näherer Betrachtung, dass Deutschlands „Religionslandschaft (…) ein wenig pluralistischer, vor allem aber deutlich säkularer geworden" (Wolf und Roßteutscher 2013, S. 151) ist. Dadurch verliert Religion aber auch langfristig „ihre Funktion, politische Einstellungen und Verhaltensweisen zu determinieren. Religion wird somit immer weniger politisch sinnstiftend, es kommt zu einer weitgehenden Entkopplung von Religiosität und politischen Orientierungen" (Wolf und Roßteutscher 2013, S. 175). Während manche Parteien wie die Linke oder die AfD, wie hier in der Analyse dargestellt, davon offensichtlich profitieren können, vermag es für die Union durchaus die politische Existenz gefährden, sofern sie nicht auch aufgrund anderer Qualitäten denn ihrer religiösen Ausrichtung unterstützt wird, beispielsweise aufgrund anderer gesellschaftlicher Wertorientierungen.

Eine Möglichkeit dafür bietet sich beispielhaft bei jener zwischen einer materialistischen und einer postmaterialistischen Wertorientierung an. Während die Grünen zu ihrer Gründungsphase einen nahezu alleinigen Vertretungsanspruch für postmaterialistisch orientierte Wähler entwickeln konnten, war die Situation für materialistisch orientierte Individuen dahingehend anders gelagert, dass

4.4 Zusammenfassung der Ergebnisse der Analyse

sich dort mehrere Parteien als Repräsentanten anboten. Eine etwas hervorgehobene Stellung nahm hier vor allem die Union ein, die besonders attraktiv für materialistische Wähler erschien.

In der Summe wird die gesamtdeutsche Bevölkerung zwischen 2009 und 2017 durchaus postmaterialistischer, wenngleich diese ohnehin schon zu jedem der drei untersuchten Zeitpunkte eher postmaterialistisch orientiert ist. Der für die Bevölkerung auf dieser Achse durchschnittliche erfasste Wert verschiebt sich allerdings klarer in Richtung des postmaterialistischen Pols.

Eine Analyse der jeweiligen Elektorate, die im Schnitt zu jedem Zeitpunkt alle eher postmaterialistisch bis stark postmaterialistisch geprägt sind, zeigt dann wiederum in Teilen weitreichende Veränderungen im Verlauf der Bundestagswahlen von 2009 bis 2017. So werden die Wählerschaften von CDU/CSU und FDP deutlich postmaterialistischer, weitaus geringere Entwicklungsschritte sind wiederum bei der SPD-Wählerschaft zu beobachten. Auch diese wird aber im Schnitt postmaterialistischer. Die Wählerschaften von Grünen und Linken, die bereits 2009 durchschnittlich klar postmaterialistisch orientiert sind, werden im Zeitverlauf hingegen materialistischer, wobei die entsprechende Entwicklung für die Grünen-Wähler weitaus erheblicher ist als die bei den Wählern der Linken. Auch die AfD-Wählerschaft wird im Schnitt von 2013 bis 2017 materialistischer, obgleich auch hier der entsprechende Effekt nur marginal ist.

Im gewählten Untersuchungszeitraum sind die Wähler der Grünen jene mit der stärksten postmaterialistischen Wertorientierung. Die FDP-Wählerschaft nimmt 2009 wiederum die Rolle der am stärksten materialistisch orientierten Wählergruppe ein, wird jedoch bei den darauffolgenden Bundestagswahlen 2013 und 2017 schließlich von der AfD darin abgelöst.

Bei den Bundestagswahlen 2009, 2013 und 2017 sind die Wähler der CDU/CSU und FDP auf dieser Dimension nicht signifikant voneinander zu unterscheiden, jene der AfD kommen bei den beiden letztgenannten Wahlterminen hinzu. Aufgrund ihrer exponiert postmaterialistischen Wertorientierung lassen sich die Wähler der Grünen von allen anderen Elektoraten sehr gut differenzieren. Diese Beobachtung kann bei allen drei Bundestagswahlen gemacht werden. Die Wähler der Linken und der SPD wiederum lassen sich nur 2009 signifikant voneinander unterscheiden, sind sich jedoch 2013 und 2017 auf dieser Dimension zu ähnlich, um sie voneinander differieren zu können. Auch sind sich die Wähler der AfD und der Linken, zumindest bei der Bundestagswahl 2013, entlang dieser Dimension zu ähnlich, um statistisch signifikante Differenzen feststellen zu können.

An Effekten ist dann tatsächlich bei der Union zu den Bundestagswahlen 2013 und 2017 zu beobachten, dass eine materialistische Wertorientierung einen signifikanten und positiven Effekt auf die Wahl der dazugehörigen Parteien hat. Darüber hinaus wirkt eine materialistische Wertorientierung bei allen drei in der Untersuchung einbezogenen Bundestagswahlen positiv und signifikant auf eine Identifikation mit der CDU/CSU ein. Demnach führt eine höhere materialistische Wertorientierung nicht nur zu einer höheren Wahrscheinlichkeit der Wahl der Union, sondern insbesondere zu einem höheren Identifikationsgrad mit den Christdemokraten. Für die Wahl der SPD hingegen hat diese Wertorientierung keinen direkten signifikanten Effekt. Einzig die Parteiidentifikation wird 2009 und 2013 positiv und signifikant durch diese Konfliktlinie beeinflusst, sofern ein Individuum als postmaterialistisch orientiert einzuordnen ist. Darüber hinaus sind dann auch geringfügige Effekte auf das Wahlverhalten durchaus plausibel. Es zeigt sich aber der fortsetzende Trend, dass die Wahl der SPD, zumindest in Form direkter Beziehungen, nicht durch die hier erfassten Wertorientierungen beeinflusst wird.

Die Wahl der FDP wird einzig 2017 klar durch eine materialistische Wertorientierung beeinflusst, 2009 hingegen liegt einzig eine entsprechende Identifikation mit der Partei durch diese Dimension vor. Weitere Effekte sind demnach nicht zu beobachten, die einen langfristigeren Trend vermuten lassen würden. Nichtsdestotrotz fällt dies im Fall der FDP bei der Bundestagswahl 2017 offenkundig zusammen mit jenem Effekt, den auch eine rechts-materialistische Wertorientierung bei dieser Wahl auf das Wahlverhalten für die Partei hat. Es ist demnach durchaus möglich, dass die FDP hier marktwirtschaftlich orientierte Individuen für sich gewinnen kann, die einen allzu umfassenden Sozialstaat ebenso ablehnen wie auch die Bevorzugung einer mehr an der Ökologie denn an der Ökonomie ausgerichteten Politik.

Wähler der Grünen werden wiederum bei allen hier drei untersuchten Zeitpunkten indirekt durch eine postmaterialistische Wertorientierung beeinflusst, hat diese doch einen positiven und signifikanten Effekt auf die Entstehung und Intensität einer Identifikation mit der Partei. Ferner zeigt sich, dass es auch einen direkten Effekt einer solchen Wertorientierung auf die Wahl der Grünen gibt, zumindest bei den Bundestagswahlen 2009 und 2017. Im Hinblick auf diese Beziehung wurde die folgende Hypothese aufgestellt:

H5: Je stärker ein Individuum postmaterialistisch orientiert ist, desto wahrscheinlicher ist es, dass es die Grünen wählt.

Tatsächlich kann diese entsprechend für die Bundestagswahlen 2009 und 2017 angenommen, muss aber für die Bundestagswahl 2013 zurückgewiesen werden.

4.4 Zusammenfassung der Ergebnisse der Analyse

Zum besagten Zeitpunkt sind keine direkten Effekte einer solchen postmaterialistischen Wertorientierung zu identifizieren. Für die Grünen als Partei sind die vorliegenden Ergebnisse zunächst sehr positiv einzuschätzen, da es ihr offensichtlich bis heute gelingt, entsprechend orientierte Wähler für sich zu gewinnen, die ursächlich mal die Kernklientel ausmachten und dies heute offenkundig weiterhin tun. Dass dieser Effekt 2013 zumindest auf direkte Art und Weise nicht zu beobachten ist, mindert diese Ergebnisse als solche nicht, schließlich entfaltet sich zumindest über die Parteiidentifikation eine indirekte Wirkung – dies auch zu allen Untersuchungszeitpunkten.

Für die Wähler der Linken spielt die entsprechende Konfliktlinie zwischen einer materialistischen und einer postmaterialistischen Wertorientierung eine weniger umfassende Rolle, entfaltet aber auch signifikante Effekte. So ist es hier so, dass die Linken-Wahl 2009 direkt und signifikant durch eine postmaterialistische Wertorientierung beeinflusst wird, wenngleich der entsprechende Effekt äußerst gering ist. 2017 wird dann eine Identifikation mit der Linken in erheblich stärkerem Ausmaß durch eine solche postmaterialistische Wertorientierung beeinflusst. Somit liegt hier zumindest 2017 eine indirekte Wirkungsweise auf das Wahlverhalten vor.

Für die AfD wiederum lassen sich nur für die Bundestagswahl 2017 indirekte Effekte über die Parteiidentifikation feststellen. Je materialistischer ein Individuum gesinnt ist, desto höher ist hier entsprechend die empfundene Identifikation mit der Partei. Davon gehen dann indirekte Effekte auf das Wahlverhalten aus, die hier jedoch nicht ganz konkret nachgezeichnet werden können. Zumindest zur Bundestagswahl 2017 ist aber festzustellen, dass eine materialistische Wertorientierung zugleich die einzige unter den hier vier analysierten Dimensionen ist, bei der kein direkter Effekt auf die AfD-Wahl nachvollziehbar ist. Viel wichtiger sind für die Partei und ihre Wähler letztlich jene Effekte, die auf der Konfliktdimension zwischen Kosmopolitismus und Nationalismus zu beobachten sind.

Auf eben dieser Konfliktlinie zwischen Kosmopolitismus und Nationalismus sind vielschichtige und interessante Ergebnisse festzustellen. Zunächst ist die Gesamtbevölkerung im Beobachtungszeitraum deutlich kosmopolitischer geworden, verbleibt aber im Schnitt leicht nationalistisch orientiert. Es zeigt sich hierdurch, dass die Fluchtbewegungen seit 2015 nicht dazu geführt haben, dass die deutsche Gesamtwählerschaft nationalistischer geworden ist, sondern im Gegenteil kosmopolitischer orientiert ist. Ferner hat dies insofern Bedeutung, da somit die hier vorliegenden Ergebnisse auch für die AfD-Wählerschaft deutlich an Aussagekraft gewinnen. Artikuliert und definiert sich die AfD doch dezidiert als Vertreterin einer nationalistischen Wertorientierung, hat ihre Entstehung und vorläufige Etablierung keinen gesamtgesellschaftlichen Umbruch vorherrschender Denkweisen verursacht.

Die Analyse der jeweiligen Elektorate zeigt dann, dass die Wählerschaften deutscher Parteien, mit Ausnahme der AfD, im Schnitt kosmopolitischer geworden sind, während die Wählerschaft der AfD zwischen 2013 und 2017 deutlich nationalistischer wird. Nichtsdestotrotz bleiben die Wähler von CDU/CSU, SPD und FDP im Bundestagswahljahr 2017 eher mittig orientiert – allerdings mit einer leichten Tendenz zu einer nationalistischen Wertorientierung. Die Wählerschaften von Grünen und Linken sind hingegen als klar kosmopolitisch zu identifizieren. So ist es nicht verwunderlich, dass die Grünen-Wähler, im direkten Vergleich aller Elektorate, die am weitesten kosmopolitisch orientierte Wählergruppe sind. Die AfD-Wähler hingegen sind am ehesten durch eine nationalistische Wertorientierung durchdrungen und bilden somit den Antipoden zur Wählerschaft der Grünen. Die für die AfD-Wähler gemessenen Werte auf dieser Konfliktdimension sind zudem die am stärksten in Richtung des nationalistischen Extrempols gelegenen Durchschnittswerte.

Bei den Wählern der CDU/CSU, die an sich im Schnitt kosmopolitischer werden, setzt eine stärkere Konzentration ein, die Heterogenität auf dieser Dimension nimmt demnach ab. Die SPD-Wählerschaft hingegen wird ebenso kosmopolitischer, gleichzeitig aber auch heterogener. So sind die hier vorliegenden Ergebnisse für die SPD-Wähler von einer stärkeren Polarisierung durchdrungen, was auch darauf zurückzuführen sein kann, dass nicht unwesentliche Teile dieser Wähler eine doch eher ablehnende Haltung gegenüber kulturellen Öffnungen und Zuwanderung haben.

Für die Elektorate von FDP, Grünen und Linken sind wiederum klare Veränderungen zu erkennen, werden diese doch allesamt deutlich kosmopolitischer. Insbesondere für die Grünen-Wählerschaft ist zwischen 2009 und 2017 darüber hinaus auch zu attestieren, dass diese in sich weniger heterogen wird. Es zeigt sich demnach hier eine deutlich stärkere Konzentration für die Wähler der Grünen. Eine ebenso starke Konzentration zeigt sich am anderen Pol dieser Konfliktdimension für die Wähler der AfD, die nicht nur an sich nationalistischer werden, sondern auch gleichzeitig homogener in dieser Frage. Es scheint hier sowohl bei den Wählern der Grünen als auch denen der AfD zu einer zunehmenden Festigung einer entsprechenden Wertorientierung zu kommen.

Während auf dieser Dimension die Wähler von CDU/CSU und FDP einerseits und jene von SPD und Linken andererseits nicht signifikant jeweils untereinander zu unterscheiden sind, lassen sich die Wähler von AfD und Grünen über diese Dimension sehr gut von den Elektoraten aller anderen Parteien abgrenzend betrachten. Diese nehmen dabei jeweils entsprechende Extrempositionen ein. Die

4.4 Zusammenfassung der Ergebnisse der Analyse

Wählerschaft der AfD ist demnach auch statistisch signifikant durch ihre besonders nationalistische Wertorientierung sehr exponiert, wohingegen die Wähler der Grünen dies durch ihre klar kosmopolitische Wertorientierung sind.

Für die Wähler der CDU/CSU wurde die folgende Hypothese für diese Konfliktdimension formuliert:

> H6: Je nationalistischer die Wertorientierung eines Individuums bei den Bundestagswahlen 2009 und 2013 ist, desto wahrscheinlicher ist die Wahl von CDU und CSU.

Diese Hypothese muss klar zurückgewiesen werden. Bei den hier vorliegenden Ergebnissen ist es in der Tat so, dass eine nationalistische Wertorientierung zu keinem Zeitpunkt einen direkten Einfluss auf das Wahlverhalten zu Gunsten der Union hat. Einzig für 2009 und 2017 lassen sich indirekte Effekte feststellen, die über die Parteiidentifikation auf das Wahlverhalten einwirken. 2013 hingegen ist selbst dieser Effekt nicht statisch signifikant. Dadurch kann aber klar festgestellt werden, dass eine nationalistische Wertorientierung, zumindest bei den hier untersuchten Bundestagswahlen, kein Leitmotiv für die Wahl der Unionsparteien ist. Sie führt zwar dazu, dass Individuen sich eher mit der CDU/CSU identifizieren, dies aber auch nicht zu allen Untersuchungszeitpunkten. Wenn demnach von Patzelt (2018a) insinuiert wird, die Union habe einen Repräsentationsanspruch für derartig gesinnte Wähler aufgegeben, lässt sich dies mit den vorliegenden Daten zwar nicht belegen oder widerlegen, es erscheint aber als wenig plausibel. Dies ist damit zu erklären, dass ein entsprechend begründeter Anspruch, zumindest auf Basis der Wertorientierungen ihrer eigenen Wähler, in den hier vorliegenden Daten nicht zu finden ist. Es ist zwar so, dass eine Identifikation mit der Union, entlang dieser Konfliktachse, durch eine entsprechende nationalistische Wertorientierung beeinflusst wird, ein direkter Effekt auf die Wahl liegt hingegen nicht vor. Eine entsprechende Wertorientierung ist auch in ihrer Wirkungskraft, verglichen zu denen durch andere Dimensionen gesellschaftlicher Wertorientierungen, welche hier abgebildet werden, bedeutsam geringer. So liegt beispielsweise 2017 der konkrete Effekt auf die Parteiidentifikation mit der Union, abgebildet durch den Regressionskoeffizienten, für eine religiöse Wertorientierung bei 0,254. Der für eine nationalistische Wertorientierung hingegen bei 0,050. Allein an diesem klaren Unterschied wird auch der Bedeutungsgehalt einer solchen Orientierung für das Elektorat klarer – dies gilt auch unabhängig davon, dass sich die Skalierung der entsprechend verwendeten Variablen unterscheidet.

Bei der SPD-Wählerschaft hat eine entsprechende Wertorientierung wiederum keinen direkten Effekt auf das Wahlverhalten. Auch auf die Parteiidentifikation wirkt zur Bundestagswahl 2009 eine kosmopolitische Wertorientierung nur in einem geringen Umfang ein. Das Elektorat der FDP wird zur Bundestagswahl 2009 wiederum direkt durch eine nationalistische Wertorientierung in ihrem Wahlverhalten beeinflusst. Dieser Effekt bleibt aber für die FDP-Wähler singulär und entfaltet keinen zusätzlichen Effekt auf eine Identifikation mit der Partei.

Anders verhält es sich mit der Wählerschaft der Grünen. Diese wird sowohl im Hinblick auf die Identifikation mit der Partei, aber auch im direkten Effekt auf das Wahlverhalten durchgehend – zu allen drei Untersuchungszeitpunkten – durch eine kosmopolitische Wertorientierung geprägt. Je kosmopolitischer demnach ein Individuum orientiert ist, desto wahrscheinlicher ist auch eine entsprechende Wahl der Grünen. Für die Grünen, die wie hier schon angeführt, auch eine exemplarische Gegenposition zur AfD entlang dieser Achse einnehmen, ist dies insofern von besonderer Bedeutung, da sie auch schon vor Entstehung der AfD durch eine solche Wertorientierung der eigenen Wähler maßgeblich profitiert haben. Ein entsprechender Erfolg in der Ansprache eigener Wähler hat sich folglich sogar nur weiter verfestigt. Die Wähler der Grünen sind so nicht nur der Antipode zu den Wählern der AfD auf dieser Konfliktdimension, sondern offensichtlich wird die Partei auch als eine Repräsentantin für eine kosmopolitische Weltanschauung identifiziert.

Für die Wählerschaft der Linken hat diese Konfliktdimension hingegen nur bei der Bundestagswahl 2009 eine bedeutende Rolle, hat eine kosmopolitische Wertorientierung dort zumindest einen Effekt darauf, dass sich entsprechend orientierte Individuen stärker mit der Partei identifizieren. Darüber hinaus sind keine weiteren Effekte, direkter oder indirekter Natur, festzustellen.

Der zu den Wählern der Grünen institutionalisierte nationalistische Gegensatz wird hingegen durch die AfD verkörpert. In diesem Kontext wurde die folgende Hypothese formuliert:

H7: Je nationalistischer die Wertorientierung eines Individuums ist, desto wahrscheinlicher ist die Wahl der AfD.

Diese Hypothese kann angenommen werden, da dies der entsprechende Effekt in der hier vorliegenden Analyse klar gezeigt hat. Dabei ist zwar darauf hinzuweisen, dass eine Pfadmodellierung für die Bundestagswahl 2013 für die Wähler der AfD nicht möglich war, ein positiver Effekt durch die Berechnung von Average Marginal Effects aber zumindest bei der gleichrangigen Behandlung aller Variablen nachgewiesen werden konnte. In der Tat ist es aber insbesondere bei der Bundestagswahl 2017 so, dass eine nationalistische Wertorientierung nicht nur eine höhere Identifikation mit der AfD nach sich zieht, sondern darüber hinaus auch einen positiven Effekt auf das Wahlverhalten entfaltet. Die AfD hat sich

4.4 Zusammenfassung der Ergebnisse der Analyse

so zwischen 2013 und 2017 nicht nur zu einer stärker nationalistisch orientierten Partei entwickelt, ihre Wähler sind im Schnitt auch deutlich nationalistischer geworden. Dabei sind sie, zumindest auf dieser Konfliktlinie, deutlich homogener verteilt als noch 2013.

Welche Implikationen sich aus den hier vorliegenden Analysen ergeben und wie diese vor allem auch im Hinblick auf die hier angewendete Analysemethode und die theoretische Grundlage zu bewerten sind, wird nun in dem diese Studie abschließenden Fazit bewertet.

Open Access Dieses Kapitel wird unter der Creative Commons Namensnennung 4.0 International Lizenz (http://creativecommons.org/licenses/by/4.0/deed.de) veröffentlicht, welche die Nutzung, Vervielfältigung, Bearbeitung, Verbreitung und Wiedergabe in jeglichem Medium und Format erlaubt, sofern Sie den/die ursprünglichen Autor(en) und die Quelle ordnungsgemäß nennen, einen Link zur Creative Commons Lizenz beifügen und angeben, ob Änderungen vorgenommen wurden.

Die in diesem Kapitel enthaltenen Bilder und sonstiges Drittmaterial unterliegen ebenfalls der genannten Creative Commons Lizenz, sofern sich aus der Abbildungslegende nichts anderes ergibt. Sofern das betreffende Material nicht unter der genannten Creative Commons Lizenz steht und die betreffende Handlung nicht nach gesetzlichen Vorschriften erlaubt ist, ist für die oben aufgeführten Weiterverwendungen des Materials die Einwilligung des jeweiligen Rechteinhabers einzuholen.

Zusammenfassung und Fazit: Warum sich der Blick auf gesellschaftliche Wertorientierungen lohnt

In den nun folgenden Kapiteln soll die Frage beantwortet werden, weshalb sich ein analytischer Blick auf gesellschaftliche Wertorientierungen und die aus ihnen erwachsenden Effekte für die Wahl- und Parteienforschung lohnt und welche Konsequenzen aus diesen Effekten entstehen. Dafür werden in Abschnitt 5.1 zunächst die zentralen Befunde noch einmal zusammengefasst und vor dem Hintergrund des theoretischen Grundmodells diskutiert. In dem sich anschließenden Abschnitt 5.2 wird die spezifische methodische Vorgehensweise kritisch reflektiert. Ziel ist hierbei außerdem die Defizite, die sich im Rahmen der vorliegenden Studie ergeben haben, aufzugreifen und im Kontext der Arbeit einzuordnen. Gleichzeitig sollen noch einmal jene Aspekte herausgestellt werden, die aus Sicht des Autors einen methodischen Mehrwert für weitere Forschung darstellen. In Abschnitt 5.3 werden Vorschläge unterbreitet, die sich aus den hier vorliegenden Ergebnissen für die politische Praxis ableiten lassen. Gemeint sind hiermit konkrete Handlungsempfehlungen für die hier analysierten Parteien, die sich als Grundlage für weitere Diskussionen anbieten. Im abschließenden Abschnitt 5.4 werden bestehende Forschungsdesiderate genannt, die einen Ausblick darauf geben, an welchen Punkten in Zukunft noch weitere Forschung betrieben werden kann oder sollte, um dem Stellenwert gesellschaftlicher Wertorientierungen für die Wahlforschung gerecht zu werden.

5.1 Zusammenfassung und Diskussion

Die hier vorliegende Studie beschäftigte sich mit der Fragestellung, inwiefern sich gesellschaftliche Wertorientierungen innerhalb der deutschen Bevölkerung von 2009 bis 2017 verändert haben und welchen Effekt die darauf basierenden unterschiedlichen Konfliktdimensionen auf das Wahlverhalten für spezifische Parteien entfalten.

In diesem Kontext wurde hier zunächst ausführlicher das Konzept der so genannten Cleavages vorgestellt, die ursächlich für die Ausdifferenzierung von Parteiensystemen Westeuropas und auch für das der Bundesrepublik Deutschland waren. Insbesondere der ursprünglich von Lipset und Rokkan (1967) beschriebene Konflikt zwischen Kapital und Arbeit, der sozio-ökonomische Verteilungskämpfe und soziale Ungleichheit abbildete, aber auch jener zwischen Kirche und Staat, bei dem es um religiös-kirchliche Einflussnahme auf den Staat ging, haben sich für das deutsche Parteiensystem und seine Wähler als konstitutiv erwiesen. Die historischen Wurzeln der heutigen Sozial- und Christdemokratie sind ebenso tief verankert wie die des politischen Liberalismus in Deutschland. Über mehrere Jahrzehnte reichten Ansätze, die die individuelle sozialstrukturelle Verankerung in den Mittelpunkt von Wahlentscheidungen rückten, für die Erklärung eben dieser aus. Der durch die Sozialstruktur ausgehende Effekt hat jedoch spätestens in den 1970ern begonnen an Wirkungsstärke einzubüßen, gleichwohl auch heute noch entsprechende Einflussgrößen feststellbar sind. Katholiken wählen auch heute noch überdurchschnittlich stark die CDU/CSU, Arbeiter sind derweil hingegen nicht mehr einer klar definierten politischen Heimat zuzuschreiben. Waren sie früher primär in der Wählerschaft der SPD vertreten, teilen sie sich heute, so die Ergebnisse hier vorgestellter Studien, gleichermaßen auf die SPD, die CDU/CSU, die Linke und inzwischen auch auf die AfD auf.

Die Entstehung von grünen und grün-alternativen Parteien ist unter Zuhilfenahme des Cleavage-Konzepts, sofern man Cleavages – wie in der hier vorliegenden Arbeit – als in der Sozialstruktur verankerte Konfliktlinien definiert, hingegen nicht zu erklären. Inglehart hat mit seinem Konzept der so genannten Silent Revolution ein Phänomen beschrieben, welches eine Loslösung von derartigen sozialstrukturellen Faktoren beschreibt und die Orientierung an spezifischen Werten, so genannte Wertorientierungen, als essenzielles Charakteristikum für diese Entwicklung ausmacht. Demnach findet in nahezu allen westlich-industrialisierten Ländern ein unbemerkter Wertewandel statt, welcher zur Aufkündigung eines unbegrenzten Wachstumskonsenses führt und schließlich eine stärkere Priorisierung postmaterialistischer denn materialistischer Werte bedingt.

In diesem Kontext werden dann Argumente angebracht, die den nahenden Bedeutungsverlust klassischer Prädiktoren für das Wahlverhalten, wie eben die Verortung in der Sozialstruktur, als gegeben ansehen. Tatsächlich hat sich im Zeitverlauf gezeigt, dass dies nicht der Fall ist. Auch die ursächlich sozialstrukturell

5.1 Zusammenfassung und Diskussion

begründeten Konfliktlinien haben sich in der weiteren zeitlichen Entwicklung als überaus wehrhaft erwiesen und sind auch heute noch für den politischen Konfliktraum von immenser Bedeutung, wenngleich sie nicht mehr so wirkungsstark sind wie früher. Der bis heute in den Arbeiten Ingleharts bestehende Mehrwert lässt sich aber an zwei zentralen Beobachtungen ausmachen. Zum einen ist dies daran zu erkennen, dass die Entstehung grüner oder grün-alternativer Parteien insbesondere durch einen Konflikt zwischen wertspezifischen Extrempolen, den Postmaterialismus und den Materialismus, erklären lässt, nicht aber durch die bisherigen Cleavages. Dies führt zum anderen dann dazu, dass der Konsens, politische Konflikträume ließen sich einzig durch eine zweidimensionale analytische Erfassung beschreiben, immer brüchiger wird. Eine viel wesentlichere Erkenntnis lässt sich dann besonders daran festmachen, dass erst durch Inglehart ein stärkerer Fokus auf die Frage verlegt wird, ob nicht auch schon Werte oder entsprechende Wertorientierungen tatsächlich eine viel ursächlichere Komponente sind, die auch schon dem Konflikt zwischen Kapital und Arbeit einerseits sowie Kirche und Staat andererseits innewohnten. Die Sozialstruktur kann demnach weniger als Ursache, denn vielmehr als ein Symptom spezifischen Wahlverhaltens gedeutet werden. Es kommt in Folge zweifelsohne zu einer Loslösung tradierter sozialstruktureller Konfliktmuster und einer weitaus stärker zunehmenden Fokussierung auf das Individuum, welches als Träger spezifischer Werte fungiert. Die Orientierung an diesen Werten wird sodann als handlungsanleitendes Motiv vor allem für das Wahlverhalten ersichtlich und gleichsam wichtiger.

Wenn so demnach die Bedeutung der Zugehörigkeit zu einer konfessionellen Gruppe oder zur sozialstrukturell definierten Gruppe der Arbeiterschaft als solche an Einfluss auf die Wahlentscheidung verliert, gilt dies nicht zwangsläufig für die in diesen Gruppen, aber auch darüber hinaus in der Gesellschaft zentralen Wertorientierungen (Ohr 2005, S. 18; Klein und Rosar 2005, S. 191). Mit dem zahlenmäßigen Rückgang an Gläubigen und Arbeitern verschwinden weder die Religion, die aus ihr abgeleiteten religiösen Werte oder aber das grundsätzliche Spannungsverhältnis, welches durch soziale Ungleichheit entsteht, an Prägungskraft. Nicht umsonst lautet eine der hier dargelegten Beobachtungen, dass aus dem so genannten Cleavage Voting ein Value Voting wird (Knutsen und Scarbrough 1995, S. 519–520). Die Konfliktlinie zwischen Kapital und Arbeit wird demnach fortan als Konflikt zwischen Links-Materialismus und Rechts-Materialismus beschrieben (Knutsen 2018b, S. 75), wohingegen der Kirche-Staat-Konflikt weniger über die Zugehörigkeit zum Katholizismus, sondern stärker über eine grundlegende religiöse Wertorientierung verstanden wird, die sich in einem Spannungsverhältnis zu einer säkularen Wertorientierung befindet (Weßels 2019, S. 190–191). Im Fokus ist demnach nicht mehr die bloße Zugehörigkeit zu einer Gruppe und die Annahme einer entsprechend zugeschrieben Identität, sondern explizit auch die individuelle Ausrichtung des eigenen Handelns an entsprechenden Werten, die in Folge als Wertorientierungen verstanden werden.

Entsprechende Berücksichtigung findet dies dann auch im *Trichter der Wahlentscheidung* (Dalton 1988, S. 178), in welchem Wertorientierungen zwischen sozialen Konfliktlinien mit dem dazugehörigen sozialstrukturellen Kontext und Prädiktoren des so genannten Michigan-Modells verortet werden. Dabei wirken Wertorientierungen gemäß dem Trichter direkt auf die Parteiidentifikation ein. Diese beeinflusst dann sowohl indirekt über die Themen- und die Kandidatenorientierung, aber auch ihrerseits direkt das Wahlverhalten. Dass Wertorientierungen, welche auch als gesellschaftliche Wertorientierungen bezeichnet werden, sofern sie als für das Wahlverhalten relevante Indikatoren identifiziert werden können, dabei aber keinen direkten Einfluss auf die Wahlentscheidung zugesprochen bekommen, erscheint gewagt. So wurde gerade in der Wahlforschung immer wieder festgestellt, dass gesellschaftliche Wertorientierungen „im Erklärungsschema der Wahlsoziologie kaum eine Rolle" (Pappi und Laumann 1974, S. 157) spielen und über langen Zeitraum hinweg in Analysen schlicht ausgeblendet wurden (Knutsen 1995b, S. 461). Dass sich daran auch vierzig Jahre später nicht wesentlich etwas geändert hat (Klein 2014, S. 564), erscheint umso problematischer, weshalb die Untersuchung direkter Effekte von gesellschaftlichen Wertorientierungen auf das Wahlverhalten sogleich Ausgangspunkt der vorliegenden Studie ist.

Dafür ist es zunächst geboten, jene Konfliktlinien zu bestimmen, die als für das Wahlverhalten relevante gesellschaftliche Wertorientierungen identifiziert werden können. Ausgehend von der Logik, dass diese auch zumindest für die Entstehung einer Partei konstitutiv sein müssen, wurden hier zunächst die Konfliktlinien des Links-Rechts-Materialismus, der religiös-säkularen Konfliktdimension sowie der Inglehart'sche Konfliktraum zwischen einer postmaterialistischen und einer materialistischen Wertorientierung aufgenommen.

Diese Dimensionen gesellschaftlicher Wertorientierungen sind in der Lage, die Entstehung und Etablierung der CDU/CSU, der SPD, der FDP, der Grünen und auch der Linken zu erklären. Einzig für die Entstehung der AfD lässt sich aus ihnen keine theoretische Grundlage ableiten, die diese hinreichend erläutern könnte. Stattdessen wurde hier die Debatte in den wesentlichsten Grundzügen abgebildet, welche als Grundlage für die Erklärung der Entstehung von rechtspopulistischen, rechtsradikalen oder rechtsextremen Parteien herangezogen wird. Gemein haben alle Erklärungsansätze aber, dass eine sie verbindende Komponente in der starken Betonung nationalistischer Werte durch die Parteien liegt.

5.1 Zusammenfassung und Diskussion

Ebenso einschlägig ist die Tatsache, dass auch ihre Wähler über eine entsprechend ausgeprägte nationalistische Wertorientierung verfügen. Diese Parteien spiegeln demnach die in Teilen der Gesellschaft vorhandenen (gesellschafts-)politischen Wünsche und Bedürfnisse wider. Um diesem Umstand Rechnung zu tragen, wurde hier sodann eine vierte Konfliktlinie zwischen einem eher gesellschaftspolitisch liberal orientierten und migrationsfreundlichen Kosmopolitismus und einem eher zuwanderungspolitisch restriktiv orientierten Nationalismus aufgenommen.

Wenn Scherer (2011) für das gesamtdeutsche Parteiensystem attestiert, dieses sei auf allen relevanten Konfliktdimensionen nach links gerückt, so sollte dies auch Ausdruck dessen sein, dass es sich hierbei um eine Reaktion auf entsprechende Verschiebungen der Wertorientierungen innerhalb der Bevölkerung handelt. Zumindest auf Ebene des gesamtdeutschen Elektorats kann die hier vorliegende Analyse den Beleg erbringen, dass es zwischen 2009 und 2017 links-materialistischer, säkularer, postmaterialistischer und auch kosmopolitischer geworden ist. Insbesondere auf der Konfliktlinie zwischen einem eher liberalen Kosmopolitismus und einem tendenziell eher illiberalen Nationalismus zeigt sich eine besonders deutliche Veränderung. Dies ist vor allem deshalb bemerkenswert, da die Entstehung und das starke Wahlergebnis der AfD bei der Bundestagswahl 2017 nicht selten auch als „Ausdruck einer rechten Konsensverschiebung" (Korte 2018a, S. 6) gedeutet wird. Betrachtet man einzig die faktische Entstehung und Etablierung einer rechtspopulistischen Partei, die sich explizit rechts der Unionsparteien positioniert als derartigen Ausdruck, so trifft diese Diagnose zu. Ist es jedoch die Entwicklung oder Veränderung einer Position der Bevölkerung auf einer derartigen Konfliktlinie gesellschaftlicher Wertorientierungen, so ist diese Einschätzung zurückzuweisen. Daran ändern auch die besonders in den Fokus geratenden Fluchtbewegungen von 2015 nichts, nach denen auch weiterhin eine zunehmende, am Kosmopolitismus ausgerichtete Wertorientierung der Bevölkerung festzustellen ist. Besonders deutlich hat sich die Bevölkerung aber in der Tat zumindest auf dieser Konfliktlinie zwischen 2009 und 2013 liberalisiert. Dies darf aber keineswegs darüber hinwegtäuschen, dass die bundesdeutsche Bevölkerung auch heute noch im Schnitt mittig bis leicht nationalistisch orientiert einzuordnen ist. So konsolidiert sich die Bevölkerung zwar mehr und mehr in Richtung der Mitte zwischen beiden Extrempolen, ist aber bei weitem nicht als kosmopolitisch zu verstehen. Auf Basis der Datengrundlage ist keine allzu schnelle Abkehr davon zu erwarten, was als Indiz dafür gewertet werden muss, dass eine migrationskritische bis -feindliche Grundhaltung auch weiterhin im politischen Konfliktraum ihren Platz haben wird. Neu ist dabei jedoch, dass der vormals als unipolar erscheinende Konfliktraum durch einen kosmopolitischen und somit migrationsfreundlichen Pol erweitert wird und so zumindest augenscheinlich zu einem bipolaren Konfliktraum aufgefächert wird.

Ferner wird ersichtlich, dass auch die Wählerschaften nahezu aller Parteien grundsätzlich immer kosmopolitischer werden. Auch die Etablierung und der elektorale Erfolg der AfD tut dem keinen Abbruch. Die AfD-Wählerschaft wird, anders als die Elektorate der anderen untersuchten Parteien, im untersuchten Zeitraum jedoch immer nationalistischer.

Auf der Konfliktdimension zwischen einer postmaterialistischen und einer materialistischen Wertorientierung lässt sich für alle drei Untersuchungszeitpunkte eine im Schnitt klare Priorisierung der Gesamtbevölkerung für eine postmaterialistisch orientierte Politik erkennen. Diese hat im hier vorliegenden Untersuchungszeitraum gar zugenommen. Dass auch in Deutschland zuletzt die Klimabewegung *Fridays for Future* immer mehr Zulauf erhält (Sommer et al. 2019), scheint vor diesem Hintergrund ebenso wenig überraschend wie Rekordergebnisse der Grünen bei Landtagswahlen seit 2018 und auch bei der Europawahl 2019, die mehr als nur der Ausdruck situativer Faktoren sein könnten. Nichtsdestotrotz sind entsprechende Berichterstattungen, in denen die Andeutung gemacht wird, es handle sich um ein Fanal eines neuen grünen Zeitgeists (Schuler 2019) als zumindest gewagt einzuordnen. So fallen diese Entwicklungen sichtlich nicht auf fruchtlosen Boden, ist doch eine postmaterialistische Wertorientierung in der Bevölkerung zweifelsohne weit verbreitet. Gleichwohl war sie dies auch schon zum Zeitpunkt der vorangegangenen Bundestagswahlen und führte dort nicht zu ähnlichen Wahlergebnissen für die grüne Partei. Offensichtlich konnten entsprechende Narrative, die nun zu entsprechenden Rekordergebnissen führen, dort nicht hinreichend verfangen.

Während sich die Gesamtbevölkerung im beobachteten Zeitraum zwar immer klarer säkular orientiert, lassen sich unter den Wählern der CDU/CSU nur marginale Veränderungen in diese Richtung beobachten. Für die Union, die ursprünglich als Vertreterin (auch konfessionell motivierter) religiöser Wertvorstellungen entstanden ist, ist ein derartiger Befund durchaus relevant. Zumindest scheint das durch sie offerierte Angebot auch bis heute weiter prägend zu sein.

Im Hinblick auf die Dimension zwischen einer links-materialistischen und einer rechts-materialistischen Wertorientierung sind die hier vorliegenden Ergebnisse der Analyse weniger eindeutig. So ist zunächst festzustellen, dass sich die Gesamtbevölkerung im Verlauf der hier durchgeführten Beobachtung stärker einer links-materialistischen Wertorientierung zuwendet.

Bei der Analyse der Parteielektorate zeigt sich, dass der ursprünglich aus dem Konflikt aus Kapital und Arbeit entstandene Sozialstaatskonflikt auch heute noch wirkungsvoll ist. Bei allen hier untersuchten Elektoraten und zu allen

5.1 Zusammenfassung und Diskussion

Zeitpunkten, mit Ausnahme der AfD im Jahr 2013, entfaltet die Konfliktlinie zwischen Links-Materialismus und Rechts-Materialismus eine indirekte oder direkte Wirkung für die tatsächliche Wahlentscheidung. Während eine entsprechende Orientierung der eigenen Wähler bei CDU/CSU und SPD auf die Parteiidentifikation einwirkt und somit einzig über diese einen indirekten Effekt auf die Wahlentscheidung zu entfalten vermag, kommen bei der FDP 2017, bei den Grünen 2009 und bei der Linken 2017 – zusätzlich zu der indirekten Wirkungsweise – noch direkte Einflüsse auf die Wahlentscheidung hinzu. Bei den Wählern der AfD wiederum gibt es 2017 ausschließlich einen direkten Effekt seitens dieser Wertorientierung auf das Wahlverhalten.

Während eine rechts-materialistische Wertorientierung die Identifikation mit der CDU/CSU und der FDP erhöht, ist dies für eine links-materialistische Wertorientierung gleichermaßen für eine Identifikation mit der SPD, den Grünen und der Linken der Fall. Dabei sind mehrere Dinge bemerkenswert. So lässt sich mit den hier vorgestellten Daten zeigen, dass die konkrete Effektstärke einer rechts-materialistischen Wertorientierung bei den Wählern der CDU/CSU und eine links-materialistische Wertorientierung bei den Wählern der SPD auf die Ausbildung einer Parteiidentifikation im untersuchten Zeitraum geringer wird. Gleichzeitig wird der beobachtete Einfluss einer links-materialistischen Wertorientierung auf eine Identifikation mit den Grünen und der Linken größer, wenngleich dieser an sich nur geringfügig ist. Handelt es sich bei dieser Konfliktlinie um eine der zwei grundlegenden Konfliktdimensionen, die zur Ausdifferenzierung des bundesdeutschen Parteiensystems beigetragen hat, sind diese Ergebnisse umso bemerkenswerter. Formierten sich sozialistische oder sozialdemokratische Parteien wie die SPD explizit als Vertreterin der Arbeiter und einer sozio-ökonomischen Umverteilungspolitik sowie eines starken Sozialstaats, so sind die hier vorliegenden Ergebnisse für die Partei alarmierend. Zwar wirkt eine links-materialistische Wertorientierung indirekt über die Parteiidentifikation auf das Wahlverhalten ein, direkte Effekte liegen hingegen nicht vor. Darüber hinaus sinkt auch die Einflussgröße dieser Wertorientierung auf die Ausbildung einer Parteiidentifikation mit der SPD deutlich. Dass sich Wähler der SPD auf dieser Konfliktlinie 2009 nicht signifikant von denen der Linken und 2013 nicht von denen der AfD unterscheiden lassen, ist auch nur ein weiteres Anzeichen dafür, dass die Partei hier ihren vormals alleinigen Vertretungsanspruch verloren hat. Ferner finden links-materialistisch orientierte Wähler auch bei den Grünen und der Linken ein alternatives politisches Angebot. So zeigen die vorgestellten Ergebnisse, dass die Elektorate beider Parteien im Jahr 2017 durchschnittlich stärker links-materialistisch orientiert sind als noch im Jahr 2009.

Wenn also diagnostiziert wird, dass die SPD „ihre innere Mitte verloren" (Walter 2013, S. 273) hat, das heißt wie sehr sich die Partei beispielsweise von ihrer Tradition und dazugehörigen Grundwerten entfremdet hat, so kann diese Diagnose durchaus bestätigt werden, wenn damit die von ihren Wählern als wahlentscheidungsrelevante Wertorientierungen verstanden werden. Dass die für in diesem Kontext formulierte Hypothese eines direkten Einflusses einer links-materialistischen Wertorientierung auf die Wahl der SPD zurückgewiesen werden muss, ist politisch für die Partei nicht wünschenswert. Viel schwerwiegender ist aber, dass auch der indirekte Effekt einer derartigen Wertorientierung über die Parteiidentifikation auf das Wahlverhalten bis 2017 drastisch zurückgegangen ist. Die SPD ist folglich immer weniger in der Lage, Individuen mit entsprechender Wertorientierung an sich zu binden.

Eine rechts-materialistische Wertorientierung hat zwar auch bei Wählern der CDU/CSU keinen direkten Einfluss auf das Wahlverhalten, nichtsdestotrotz wird die Parteiidentifikation auch weiterhin in nicht unwesentlichem Umfang durch diese geprägt. Seit 2009 ist der konkrete Effekt zwar geringer geworden, gleichzeitig ist er zwischen 2013 und 2017 relativ stabil geblieben. So scheinen zumindest Individuen, die eine besitzstandswahrende Politik für sehr wünschenswert halten, weiterhin in der CDU/CSU eine Interessenvertretung zu erkennen. Dass der zu beobachtende Effekt zuletzt jedoch geringer geworden ist, mag zweifelsohne auch in einer vermehrt nach links integrierenden Sozialpolitik der Unionsparteien begründet sein. Immerhin auf dieser Konfliktlinie, bei der die Union historisch gesehen stets der FDP nahestand, lassen sich auch weiterhin – zumindest auf der Ebene ihrer Elektorate – keine signifikanten Unterschiede feststellen. Mit der neu hinzugekommenen AfD wird die entsprechende Gemengelage sodann auch nicht weniger komplex, ergibt sich hier die Möglichkeit einer zunehmenden sozio-ökonomisch begründeten Fluidität im Wahlverhalten, sofern eine Wahlentscheidung an dieser Konfliktlinie ausgerichtet wird.

Die dauerhafte Absicherung des eigenen Wählerpotenzials hat sich – historisch betrachtet – für die FDP als äußerst schwierig erwiesen. Neben allzu großen politischen Richtungswechseln, beispielsweise in Begründung und Beendigung der sozialliberalen Bundesregierung, die mehr politischen Brüchen galten, ist das tatsächlich für die FDP erreichbare Wählermilieu „im Lebensstil, in den politischen wie kulturellen Normen und Mentalitäten ziemlich heterogen" (Lösche und Walter 1996, S. 203). Dass die FDP, die seit Gründung der Bundesrepublik Deutschland eine eher marktwirtschaftliche und wirtschaftsliberale Grundhaltung vertritt, sich demnach hier weiterhin politisch klar positioniert, erscheint zunächst nicht weiter verwunderlich (Dittberner 2010, S. 123–124). Für die Bundestagswahlen 2009 bis 2017 lässt sich feststellen, dass seitens der FDP-Wählerschaft eine demnach von der Partei vertretene rechts-materialistische Werthaltung als solche (an-)erkannt wird. Schließlich steigt die Wahrscheinlichkeit einer Parteiidentifikation mit der FDP, je rechts-materialistischer ein Individuum orientiert ist. Interessant ist hier aber, dass diese indirekten Effekte auf die Wahlentscheidung für die Partei einzig bei der Bundestagswahl 2017 um eine direkte Einflussgröße ergänzt werden, lässt sich doch nur hier eine derartig direkte Beziehung zur FDP-Wahl nachweisen. Es bieten sich verschiedene Erklärungen an, die im Fall der Bundestagswahl 2013 mit dem für die Partei desaströsen Wahlergebnis, 2009 hingegen mit dem überdurchschnittlich starken Wahlergebnis zusammenhängen könnten. Während mögliche Verzerrungen für 2009 vorliegen könnten, da bei dieser Bundestagswahl überdurchschnittlich auch viele der CDU/CSU zugeneigten Wähler, in Form einer Richtungswahl, den Politikwechsel von der Großen Koalition zu einer Neuauflage christlich-liberaler Bündnisse vollziehen wollten und deshalb für die FDP votierten (Bytzek und Huber 2011, S. 256–259), sind die vorliegenden Ergebnisse für die FDP aufgrund der geringen Wähler- und damit auch Fallzahl mit sehr viel Vorsicht abschließend zu bewerten. In der Summe konnte die Erwartung, dass eine rechts-materialistische Wertorientierung zugleich auch mit einer höheren Wahrscheinlichkeit der FDP-Wahl einhergeht, zumindest für die Bundestagswahl 2017 bestätigt werden.

Bei den Wählern der Grünen zeigt sich, dass sich eine links-materialistische Wertorientierung zu allen drei Untersuchungszeitpunkten signifikant auf eine Identifikation mit der Partei als solche auswirkt. Im hier untersuchten Zeitraum wird der entsprechende Effekt auch fortlaufend größer. Die Grünen-Wählerschaft ist ferner, neben den Wählern der Linken, zu allen drei Untersuchungszeitpunkten stärker links-materialistisch orientiert denn jene Wähler der SPD. Je stärker redistributive Maßnahmen und ein starker Sozialstaat befürwortet werden, desto wahrscheinlicher wird folglich die Wahl von Grünen und Linken. Darüber hinaus ist auch zur Bundestagswahl 2017 der entsprechende Effekt auf eine Identifikation mit den Grünen und den Linken, der von einer links-materialistischen Wertorientierung ausgeht, größer als jener bei den Wählern der SPD. Auch hier zeigt sich der fortschreitende Bedeutungsverlust dieser Konfliktlinie für die SPD als Partei, aber auch ihrer Wähler. An ihre Stelle treten dann punktuell, wie erläutert, direkte Effekte auf das Wahlverhalten für die Grünen 2009 oder die Linken 2017, gleichwohl stets indirekte Effekte über die Parteiidentifikation zu allen Zeitpunkten vorliegen.

Wenn die direkten Effekte auf das Wahlverhalten zu Gunsten der AfD bei der Bundestagswahl 2017 in die Berechnung mit einbezogen werden, so gibt es keine Dimension gesellschaftlicher Wertorientierungen, die im hier untersuchten

Zeitraum öfter direkte oder indirekte Einflüsse auf das Wahlverhalten der Parteielektorate zu entfalten vermag als die des Links-Rechts-Materialismus. Einzig bei der AfD-Wählerschaft können für 2013, auch aufgrund der prekären Datenlage, keine entsprechenden Effekte nachgewiesen werden.

In der Summe ist der Konflikt des Links-Rechts-Materialismus auch heute noch eine für das deutsche Parteiensystem relevante Konfliktlinie, die jedoch für unterschiedliche Elektorate in einem unterschiedlichen Ausmaß eine Rolle spielt. Aus diesem Grund sind die Wähler der großen Parteien auch vergleichsweise heterogen entlang dieser Konfliktlinie verteilt, wenngleich hier schon durchaus noch festzustellen ist, dass die SPD, die Grünen und die Linken Individuen mit einer durchschnittlich eher links-materialistischen und die CDU/CSU, die FDP und die AfD Individuen mit einer durchschnittlich eher rechts-materialistischen Wertorientierung für sich gewinnen können.

Die originär aus dem Konflikt zwischen Kirche und Staat entstandene religiöse Konfliktlinie, bei der sich eine religiöse und eine säkulare Wertorientierung konfliktär gegenüberstehen, ist gesellschaftlich hingegen ein wenig in den Hintergrund getreten. Dies ist im Wesentlichen vor allem darin begründet, dass der gesellschaftliche Wandel und fortschreitende Säkularisierungsprozesse zu einem Bedeutungsverlust der Religion und religiöser Praktiken im öffentlichen Leben geführt haben. Davon ist auch die gesamtdeutsche Bevölkerung nicht unberührt geblieben. Gleiches gilt sodann aber auch für die jeweiligen Elektorate der hier als relevant identifizierten Parteien. Diese werden mit Ausnahme der Grünen-Wählerschaft im beobachteten Zeitraum durchschnittlich säkularer. Nichtsdestotrotz bleiben die Wähler der Unionsparteien auch weiterhin die im Durchschnitt am deutlichsten religiös orientierte Wählergruppe, gleichwohl auch hier die Intensität der religiösen Wertorientierung im Rückgang begriffen ist.

Im direkten Vergleich der Elektorate zeigt sich weiterhin klar, dass sich diese Konfliktlinie gesellschaftlicher Wertorientierungen sehr gut zur Differenzierung der CDU/CSU-Wählerschaft von den Wählergruppen anderer Parteien eignet. 2009 und 2017 unterscheiden sie sich hoch signifikant von diesen, einzig 2013 sind keine signifikanten Unterschiede zu den Wählern der FDP festzustellen. Die Unionsparteien entstanden nach Gründung der Bundesrepublik Deutschland als Vertreter kirchlich-religiöser Interessen und ihre Wähler sind auch heute noch überdurchschnittlich religiös geprägt. Daher erscheint es als wenig verwunderlich, dass eine religiöse Wertorientierung auch heute noch einen Einfluss auf die Wahl der CDU/CSU entfaltet. Die zu beobachtenden Effekte wirken insbesondere über die Parteiidentifikation indirekt auf eben dieses Wahlverhalten ein. Je religiöser die Wertorientierung eines Individuums ist, desto höher ist entsprechend auch die Identifikation mit den Unionsparteien. Dies kann für die drei Bundestagswahlen

5.1 Zusammenfassung und Diskussion

2009, 2013 und 2017 sehr anschaulich belegt werden. Einen direkten Einfluss auf das Wahlverhalten zu Gunsten der Unionsparteien hat eine religiöse Wertorientierung allerdings einzig bei der Bundestagswahl 2017. Aus diesem Grund konnte die in diesem Kontext formulierte Hypothese nur für die Bundestagswahl 2017 angenommen werden.

Mit Blick auf die Elektorate von SPD, FDP und Grünen überrascht, dass einzig bei der Wählerschaft der SPD für die Bundestagswahl 2013 ein geringfügiger Effekt durch eine säkulare Wertorientierung auf die Ausbildung einer Parteiidentifikation festgestellt werden kann. Demnach ist es bei dieser Wahl so, dass je stärker ein Individuum säkular orientiert ist, desto wahrscheinlicher ist die Identifikation mit der SPD. Es bleibt aber bei diesem singulären Effekt, da er weder 2009 noch 2017 vergleichbar zu beobachten ist. Die Wähler von FDP und Grünen werden wiederum zu keinem der hier beobachteten Zeitpunkte direkt oder indirekt durch eine säkulare oder religiöse Wertorientierung in ihrem Wahlverhalten signifikant beeinflusst. Dies ist besonders deshalb beachtlich, da sich die FDP zur Gründung der Bundesrepublik, gemeinsam mit der SPD und der KPD, vor allem für die Wahrung einer Trennung zwischen Staat und Kirche einsetzte. Dies mag so zwar heute auch noch ein inhaltlicher Schwerpunkt in der parteipolitischen Positionierung der entsprechenden Vereinigungen sein, das Wahlverhalten ihrer Wähler beeinflusst es aber nicht signifikant. Die Position als säkularer Gegenpol wird inzwischen von den Wählern der Linken und seit 2017 auch von den Wählern der AfD besetzt. Es zeigt sich dabei, dass vor allem die Wähler der Linken nicht nur über eine hochgradig säkulare Wertorientierung verfügen, sondern über diese auch sehr gut von den Wählerschaften anderer Parteien abgegrenzt werden können.

Die Wählerschaft der Linken wird zu allen drei Zeitpunkten indirekt über die Parteiidentifikation in ihrem Wahlverhalten durch eine derartige säkulare Wertorientierung beeinflusst. Demnach gilt, dass je säkularer ein Individuum orientiert ist, desto höher ist auch die Identifikation mit der Linken als Partei. Zusätzlich liegen auch bei den Bundestagswahlen 2013 und 2017 direkte Effekte auf das Wahlverhalten zu Gunsten der Linken vor. Auch hier gilt, dass die Wahl der Partei wahrscheinlicher wird, je säkularer ein Individuum orientiert ist. Die Linken stehen damit auch in der direkten Tradition der PDS, deren Wähler, wie auch Neu (2004) zeigen konnte, hochgradig säkular waren. Es zeigt sich bei der Linken-Wählerschaft sogar, dass diese zwischen 2009 und 2017 öfter direkt durch ihre säkulare Wertorientierung in ihrem Wahlverhalten beeinflusst wird als die Unionswählerschaft durch eine entsprechend religiöse Wertorientierung. Im konkreten Einfluss sind die Effekte bei den Wählern von CDU/CSU durch diese religiöse Wertorientierung jedoch bedeutend größer als die Effekte durch eine säkulare Wertorientierung auf die Wähler der Linken. Zusätzlich zu den Wählern der Linken zeigt sich ein derartiger Einfluss durch eine säkulare Wertorientierung auf die Ausbildung und Intensität einer Parteiidentifikation und ganz spezifisch auch auf das Wahlverhalten zusätzlich im Bundestagswahljahr 2017 bei den Wählern der AfD. Diese nehmen bei der besagten Wahl nicht nur die Position des säkularsten Elektorats ein, sondern werden zu dieser Wahl gleichzeitig – direkt wie indirekt – durch diese Wertorientierung in ihrem Wahlverhalten beeinflusst. Eine säkulare Wertorientierung führt so nicht nur zu einer höheren Identifikation mit der Partei, sondern erhöht gleichzeitig auch die Wahrscheinlichkeit, die AfD tatsächlich zu wählen. Für 2013 lassen sich diese Effekte aufgrund der nicht möglichen Pfadmodellierung wiederum nicht nachweisen. Zu diesem Zeitpunkt ist das Elektorat der AfD aber noch keineswegs derart säkular wie 2017.

In der Summe zeigt sich für die Konfliktlinie zwischen einer säkularen Wertorientierung und einer religiösen Wertorientierung zweierlei: Zum einen ist diese Wertorientierung auch heute noch ausgesprochen relevant, jedoch nicht für alle Elektorate. So zeigt sich eine „zunehmende Entkirchlichung als eine Spätwirkung der Rationalisierung moderner Gesellschaften" (Ohr 2005, S. 17). Bei den hier zwischen 2009 und 2017 beobachteten 17 Wählergruppen zeigt sich insgesamt acht Mal ein direkter oder indirekter Effekt einer entsprechenden Wertorientierung auf das Wahlverhalten. Dabei ist dies je drei Mal der Fall bei den Wählern von Union und Linken sowie je ein Mal bei den Wählern der SPD und der AfD. Zum anderen sind die hier festgestellten Effekte vor allem weiterhin bei den Wählern der CDU/CSU sehr hoch. Auch knapp 70 Jahre nach der Gründung der Bundesrepublik Deutschland sind religiös orientierte Individuen innerhalb der Unionswählerschaft weiterhin überrepräsentiert. Eine religiöse Wertorientierung beeinflusst dabei vor allem die Identifikation mit der CDU/CSU. Wenngleich die Wähler der Linken und zusätzlich, zumindest bei der Bundestagswahl 2017, auch die Wähler der AfD und 2013 auch die der SPD durch eine entsprechend säkulare Wertorientierung in ihrem Wahlverhalten beeinflusst werden, sind die entsprechenden Effekte bedeutend geringer als jene, die eine religiöse Wertorientierung auf die Unionswählerschaft zu entfalten vermag. Demnach nimmt die säkular-religiöse Wertorientierung auch heute noch eine strukturierende Funktion im politischen Wettbewerb ein, bei der die Unionsparteien weiterhin besonders attraktiv für religiös orientierte Wähler erscheinen mögen. Zumindest in dieser Hinsicht scheint sich, wenngleich auch die Anzahl konfessionell gebundener Individuen in der Summe rückläufig ist und Religiosität grundsätzlich abgenommen hat, eine gewisse Kontinuität zu zeigen. Dies

5.1 Zusammenfassung und Diskussion

darf aber nicht darüber hinwegtäuschen, dass eine religiöse Wertorientierung, ähnlich wie eine links-materialistische bei der SPD, nicht zu allen Zeitpunkten einen direkten Einfluss auf das Wahlverhalten für die Union hat. Anders als bei einer links-materialistischen Wertorientierung und einer Parteiidentifikation mit der SPD ist es hier aber so, dass der spezifische Effekt einer religiösen Wertorientierung auf eine Identifikation mit der CDU/CSU zwischen 2009 und 2017 in der Summe größer wird. Bei einer links-materialistischen Wertorientierung und einer SPD-Parteiidentifikation ist das Gegenteil zu beobachten.

Mit Hinblick auf die ursprünglich von Inglehart eingeführte Konfliktlinie zwischen einer postmaterialistischen und einer materialistischen Wertorientierung sind zwei Feststellungen zentral. Die erste bezieht sich explizit auf die von Scherer und Roßteutscher (2020) gemachte Beobachtung, dass der so genannte Inglehart-Index nicht mehr für die notwendige Trennschärfe zwischen den Elektoraten der in der Bundesrepublik Deutschland zentralen Parteien sachdienlich ist. Auch deshalb erscheint es als gegeben, dass dieser Problematik mit der hier vorgenommenen Untersuchung Abhilfe geschaffen wird. In der Tat kann mit der vorliegenden Analyse eine stärkere Trennschärfe hergestellt werden, gleichwohl alle Elektorate im Durchschnitt zu allen drei Untersuchungszeitpunkten als eher bis stark postmaterialistisch orientiert eingeordnet werden können. Dass im Zeitverlauf alle Elektorate durchschnittlich postmaterialistischer werden, mit Ausnahme von jenen der Grünen und der AfD, welche im Schnitt materialistischer werden, ist sodann zumindest im Fall der Grünen-Wählerschaft überraschend.

Nichtsdestotrotz ist gerade die Grünen-Wählerschaft auf dieser Konfliktlinie die einzige Wählergruppe, die sich zwischen 2009 bis 2017 entlang dieser zu jeder Bundestagswahl signifikant von den Elektoraten anderer Parteien unterscheiden lässt. Für die Grünen als Partei ist dies ein immens wichtiger Punkt. So hat die Partei die am stärksten von einer postmaterialistischen Wertorientierung durchdrungene Wählerschaft, was insbesondere deshalb von hoher Bedeutung ist, da die Partei ursächlich als Folge eines postmaterialistischen Wertewandels entstanden ist. Auf einer derartigen Konfliktdimension weiterhin ein klares Wählerprofil vorzuweisen, wenn diese auch für die Entstehung der Partei ursächliche Relevanz besessen hat, zeigt sodann auch, wie diese historischen Gegebenheiten bis heute nachwirken. Entsprechende Effekte sind folglich auch im Hinblick auf direkte wie indirekte Einflüsse auf das Wahlverhalten festzustellen. Je stärker Individuen über eine postmaterialistische Wertorientierung verfügen, desto höher fällt auch der Wert für eine Identifikation mit der grünen Partei aus. Zumindest für die Bundestagswahlen 2009 und 2017 lassen sich ähnliche Effekte auf das Wahlverhalten beobachten, welche in diesem Fall allerdings direkt verlaufen. Die Wahrscheinlichkeit, die Grünen zu wählen, steigt also mit zunehmender postmaterialistischer

Wertorientierung. Entsprechend konnte die hier aufgestellte Hypothese, dass ein derartiger Zusammenhang besteht, zumindest für diese zwei Zeitpunkte bestätigt werden. Die Grünen und ihre Wähler bleiben folglich bis heute klar erkennbar als von einer postmaterialistischen Wertorientierung durchdrungen.

Wenngleich auch die Elektorate von CDU/CSU und FDP, ab 2013 dann auch der AfD, in der Summe mittig bis postmaterialistisch zu verordnen sind, so zeigen die hier vorliegenden Ergebnisse eine nicht unwichtige Heterogenität auf dieser Konfliktlinie. Sind die Wähler dieser Parteien auf der entsprechenden Achse zwar nicht signifikant voneinander zu unterscheiden, liegen jedoch nicht bei allen Elektoraten gleichermaßen ausgebildete direkte wie indirekte Effekte auf das Wahlverhalten vor. So wird vor allem bei den Wählern der Unionsparteien nicht nur die Intensität einer Parteiidentifikation durch eine materialistische Wertorientierung höher, sondern zumindest auch 2013 und 2017 die Wahl der CDU/CSU wahrscheinlicher. Je stärker Individuen über eine materialistische Wertorientierung verfügen, desto höher fällt die Wahrscheinlichkeit der CDU/CSU-Wahl entsprechend aus. Bei den Wählern der FDP sind geringfügige Effekte einer materialistischen Wertorientierung auf die Parteiidentifikation im Jahr 2009 und auf das Wahlverhalten 2017 festzustellen, bei den Wählern der AfD einzig 2017 ein Effekt auf die Ausbildung einer Parteiidentifikation.

War eine der hier vorgestellten grundlegenden Erkenntnisse der Vergangenheit, dass materialistisch orientierte Individuen innerhalb der Wählerschaft der Union deutlich überrepräsentiert waren (Terwey 1989), so hat sich dies zumindest im Hinblick auf die Verteilung der Unionswähler entlang dieser Konfliktlinie verändert. Gleichwohl ist eine materialistische Wertorientierung in nicht unwesentlichem Umfang relevant für die Ausbildung einer Parteiidentifikation oder das Wahlverhalten für die CDU/CSU. Die hier festgestellten Effekte sind gar höher und vielschichtiger als die einer rechts-materialistischen Wertorientierung. Neben einer religiösen Wertorientierung ist eine materialistische Wertorientierung die zweitwichtigste Determinante, mit der die Wahl der CDU/CSU bei den Bundestagswahlen 2009 bis 2017 erklärt werden kann – zumindest dann, wenn der Blick auf gesellschaftliche Wertorientierungen als solche verengt wird. Die schon früh getroffene Beobachtung, dass so genannte Materialisten keine eindeutige politische Heimat haben, zeigt sich auf Basis der hier vorliegenden Daten umso klarer. Es muss aber heute vielmehr davon ausgegangen werden, dass diese Materialisten, wenn sie denn nicht inzwischen vollends im Sinne Ingleharts dem eines Mischtypen gewichen sind, vielmehr politische Heimatlose sind. Selbst jene Parteien, bei deren Wählern eine materialistische Wertorientierung Effekte auf die Ausbildung und Intensität der Parteiidentifikation oder des

5.1 Zusammenfassung und Diskussion

Wahlverhaltens hat, haben in der Summe durchschnittlich postmaterialistisch orientierte Wählerschaften. Insbesondere für die FDP und die AfD sind die hier vorliegenden Daten deshalb wichtig, da beide Parteien sich offenkundig in einem Konkurrenzverhältnis um Wähler befinden, die nicht nur eine sozio-ökonomisch rechts-materialistische, sondern zusätzlich auch eine materialistische Wertorientierung haben. Eine besitzstandswahrende Grundhaltung scheint Wählern beider Elektorate ebenso wichtig zu sein wie eine moderate Position zwischen Ökologie und Ökonomie. Die AfD-Wählerschaft hat die FDP-Wähler jedoch auf beiden Konfliktachsen in der Position als am stärksten rechts-materialistisch und materialistisch durchdrungenes Elektorat abgelöst. Es lässt sich für die Unionsparteien, die FDP und auch die AfD zusammenfassend feststellen, dass diese Konfliktlinie für ihre Wähler von unterschiedlicher Relevanz ist, gleichwohl sie sich entlang dieser nicht signifikant unterscheiden lassen.

Für die SPD-Wählerschaft sind hier, wie auch bei den zuvor vorgestellten Dimensionen gesellschaftlicher Wertorientierungen, keine direkten Effekte auf das Wahlverhalten festzustellen. Tatsächlich wird aber die Identifikation mit der Partei als solche durch diese Konfliktlinie bei den Bundestagswahlen 2009 und 2013 signifikant beeinflusst. Dass es sich hierbei um eine postmaterialistische Wertorientierung handelt, die eine entsprechende Parteiidentifikation stärker werden lässt, ist vor dem Hintergrund der historischen Entwicklung der SPD als Vertreterin eher materialistischer Interessen vergleichsweise überraschend. Zumindest 2013 ist der konkret gemessene Effekt einer postmaterialistischen Wertorientierung auf die Identifikation mit der SPD gar höher als der vergleichbare Effekt bei einer Identifikation mit den Grünen. Dies ist besonders deshalb von Interesse, da die Wählerschaft der SPD zu diesem Zeitpunkt weder von der FDP noch von der Linken auf dieser Konfliktachse zu unterscheiden ist. Der indirekte Einfluss auf das Wahlverhalten ist so zwar zweifelsohne über die Parteiidentifikation festzustellen, eine annäherungsweise messbare Trennschärfe zu anderen Elektoraten liegt hingegen nicht vor. Auch 2017 sind sich die Elektorate von SPD und Linken auf dieser Konfliktlinie schlicht zu ähnlich, um sie klar voneinander unterscheiden zu können. Bei letzterer ist es so, dass 2009 das Wahlverhalten ihrer Wähler in geringem Umfang durch eine postmaterialistische Wertorientierung beeinflusst wird, 2017 wird wiederum die Intensität der Parteiidentifikation beeinflusst. Während bei der Linken-Wählerschaft der entsprechende Effekt auf die Parteiidentifikation klar hinter jenen zurückbleibt, die eine links-materialistische oder säkulare Wertorientierung haben, so kann dies für die SPD-Wähler nicht bestätigt werden. Tatsächlich ist der entsprechende Effekt durch eine postmaterialistische Wertorientierung auf eine Identifikation mit der Partei höher als jener durch eine links-materialistische Wertorientierung.

Mit anderen Worten ist es so, dass jene Partei, deren historische Entwicklung wesentlich durch die Ideale einer Herstellung ökonomischer Gerechtigkeit und materieller Sicherheit geprägt war, dies offensichtlich auf elektoraler Ebene nicht länger abzubilden vermag. War die SPD als Interessenvertreterin prekär Beschäftigter zu verstehen, deren Leben durch materielle Unsicherheit gekennzeichnet war, scheint sich dies heute verändert zu haben. Ihre Wähler wenden sich offenkundig zunehmend post-ökonomischen Interessen zu. Fraglich ist in diesem Zusammenhang dann, ob es der SPD heute womöglich nicht mehr gelingt, entsprechende Wähler anzusprechen oder ob die Gesellschaft hier Zeuge eines Produkts strukturellen Wandels ist, bei dem klassisch materialistische Wähler an sich immer weniger werden. Zumindest die hier vorgelegte Analyse deutet darauf hin, wenn die Gesellschaft als solche, ebenso wie die unterschiedlichen Teilelektorate, in ihrer Gänze heute als eher postmaterialistisch einzustufen ist, sich die Konfliktlinie inzwischen womöglich verlagert hat. Dabei bleibt sodann eine postmaterialistische Wertorientierung als einer der beiden Extrempole bestehen. Sofern es zu einer immer stärkeren Verschiebung entlang dieser Konfliktachse kommt, könnte anstelle des materialistischen Extrempols, die bisweilen eher moderate zwischen beiden Extrempositionen abwägende Position treten. Von einem Bedeutungsverlust dieser Konfliktlinie kann hier aber keineswegs die Rede sein. Besonders für die Grünen als Partei und ihre Wähler hat diese Konfliktlinie weiterhin eine immense Bedeutung. Offenkundig zeigen sich aber auch bei den Wählern der CDU/CSU und weiterer Parteien entsprechende Effekte. Während der Materialismus bis heute keine eindeutige politische Heimat hat, gleichwohl es eine gewisse Neigung zu den Unionsparteien gibt, so sind ähnliche Entwicklungstendenzen ebenso beim Postmaterialismus und den Grünen zu erkennen. Die eindeutige Symbiose zwischen Grünen und postmaterialistischen Werten besteht bis heute, durchaus haben sich entsprechend orientierte Individuen aber auch in Teilen neue politische Repräsentanten gesucht. Der Einfluss einer postmaterialistischen Wertorientierung, direkt wie indirekt, bleibt jedoch ungebrochen. In der vorliegenden Untersuchung sind solche Effekte durch eine materialistische oder postmaterialistische Wertorientierung auf das Wahlverhalten bei 13 von insgesamt 17 Elektoraten zu beobachten.

Ferner konnten mit der vorliegenden Untersuchung wichtige Erkenntnisse zur vierten Konfliktlinie, der zwischen einer kosmopolitischen und einer nationalistischen Wertorientierung, gewonnen werden. Zum einen steht die schon berichtete Beobachtung, dass die gesamtdeutsche Bevölkerung zwischen 2009 und 2017 in der Summe kosmopolitischer geworden ist. Es hat demnach nicht die diagnostizierte „rechte Konsensverschiebung" (Korte 2018a, S. 6) gegeben. Vielmehr ist es so, dass mit der gesamtdeutschen Bevölkerung entsprechend auch der Großteil der

5.1 Zusammenfassung und Diskussion 413

Parteielektorate liberalisiert wurde und zunehmend durch eine kosmopolitische Wertorientierung durchdrungen wird, gleichwohl sie keineswegs per se kosmopolitisch werden. Wenn Patzelt (2018a) demnach davon spricht, dass es zu einem Repräsentationsdefizit gekommen ist, ist dies dahingehend zu verneinen, dass zwar insbesondere die Elektorate von CDU/CSU, SPD, FDP und Linken 2009 noch als überdurchschnittlich stark nationalistisch orientiert eingeschätzt werden können, diese aber nicht von den bereits beschriebenen gesamtgesellschaftlichen Folgeentwicklungen unberührt blieben. Bis 2013 ändert sich an der ursprünglichen Grundtendenz nichts, wenngleich die Elektorate dieser Parteien bis dahin bedeutend kosmopolitischer werden. Ein Prozess, der sich bis 2017 weiter verstärkt. Interessant ist auch vor dem Hintergrund der vergleichenden Betrachtung, dass 2009 noch alle Elektorate direkt oder indirekt durch die Konfliktlinie zwischen einer kosmopolitischen und einer nationalistischen Wertorientierung in ihrem Wahlverhalten beeinflusst wurden. 2013 ist dies nur noch für die Wähler der Grünen und der AfD der Fall. Der politische Konfliktraum spannt sich so zu einer Bundestagswahl, bei der migrationspolitische Fragen nicht im Mittelpunkt des Wahlkampfes standen, zwischen jenen beiden Wählergruppen auf, die auch 2017 maßgeblich durch diesen definiert werden. Die AfD schafft es so schon im Jahr ihrer Gründung, dem Bundestagswahljahr 2013, nicht nur das am stärksten von einer nationalistischen Wertorientierung durchdrungene Elektorat zu haben, sondern auch bis 2017 in dieser Tendenz noch bedeutsam klarer zu werden. Die Wähler der AfD sind, zumindest im Durchschnitt und für den beobachteten Zeitraum, die am nationalistischsten orientierte Gruppierung. Es ist folglich auch nicht weiter verwunderlich, dass sie sich auf dieser Konfliktlinie sehr gut von den Elektoraten anderer Parteien unterscheiden lassen. Anstatt eine *rechte Konsensverschiebung* zu diskutieren, die demnach de facto nicht stattgefunden hat, erscheint es viel sinnvoller, stattdessen von einer *Neulokalisierung* nationalistisch orientierter Wähler oder einem hier schon beschriebenen Repräsentanzwechsel zu sprechen. Zwar haben verschiedene Untersuchungen durchaus zeigen können, dass die AfD vor allem von einwanderungskritischen und EU-feindlichen Positionen auf elektoraler Ebene profitiert (Schwarzbözl und Fatke 2016, S. 284–285), diese gar ein Leitmotiv sein können, um das individuelle Wahlverhalten zu Gunsten der AfD zu verändern – direkte Effekte auf die Wahlentscheidung hatte eine nationalistische Wertorientierung allerdings im beobachteten Zeitraum nur geringfügig.

Die vorliegende Untersuchung mag so zeigen, dass die AfD durchaus in der Lage ist, Individuen mit entsprechender Wertorientierung für sich zu gewinnen, die noch 2009 in nahezu allen Parteien, mit Ausnahme der Grünen, zu finden waren. Insbesondere die oftmals angebrachte Bemerkung, die Unionsparteien hätten den Anspruch zur Repräsentation für derartig orientierte Bürger durch ihre Flüchtlingspolitik seit 2015 aufgegeben, lässt sich empirisch keineswegs stützen. Durchaus richtig ist dagegen, dass 2009 und 2017 eine nationalistische Wertorientierung die Identifikation mit der CDU/CSU signifikant erhöht hat. Ein direkter Effekt auf die Wahl der Unionsparteien liegt hingegen nicht vor. 2013 ist es gar so, dass weder ein direkter Effekt auf die Wahl von CDU/CSU noch ein indirekter Effekt über die Parteiidentifikation zur Wahl der Union festzustellen ist. Dies ist insofern von hoher Bedeutung, da der entsprechende Wahltermin rund zwei Jahre vor der Entscheidung der Regierung Angela Merkels (CDU) lag, in Ungarn angekommene Flüchtlinge in der Bundesrepublik aufzunehmen.

Während 2009 eine kosmopolitische Wertorientierung einen signifikant positiven Effekt auf eine Identifikation mit der SPD und den Linken hat, entfaltet sich bei den Wählern der FDP ein geringfügiger Einfluss auf das Wahlverhalten durch eine nationalistische Wertorientierung. Im weiteren Verlauf sind keine signifikanten Effekte für die Elektorate dieser Parteien festzustellen. Demgegenüber wird die Wählerschaft der Grünen in hohem Ausmaß durch eine kosmopolitische Wertorientierung beeinflusst. So entfaltet diese bei allen drei in dieser Untersuchung beobachteten Bundestagswahlen 2009, 2013 und 2017 einen indirekten Einfluss auf die Grünen-Wahl durch die Parteiidentifikation, wird diese doch stärker, je kosmopolitischer die Wertorientierung eines Individuums ist. Zusätzlich sind aber auch direkte Effekte auf die Wahl der Partei festzustellen. Die Wahl der Grünen wird signifikant wahrscheinlicher, je kosmopolitischer ein Individuum orientiert ist. Insbesondere der direkte Effekt auf das Wahlverhalten wird im vorliegenden Untersuchungszeitraum stärker, gewinnt also für die Wahl an Bedeutung. Zumindest für die AfD kann dann aber auch zugleich festgestellt werden, dass für ihre Wähler eine nationalistische Wertorientierung an Bedeutung gewinnt. Ist 2013 schon ein direkter Effekt seitens einer solchen Wertorientierung auf die Wahl der Partei festzustellen, nimmt 2017 nicht nur die Wahrscheinlichkeit der AfD-Wahl, sondern auch die Identifikation mit der Partei durch diese zu. Wenn im Anbetracht der Bundestagswahl 2017 konstatiert wird, dass das Land womöglich Zeuge der Entstehung einer neuen Konfliktlinie sei „mit der AfD und den GRÜNEN [sic!] in Deutschland als zentralen Antipoden an den Rändern eines entsprechenden Kontinuums" (Pickel 2019, S. 167), kann ihr auf Basis der hier vorliegenden Analysen zugestimmt werden. Zweifelsohne ist es so, dass fremdenfeindliche Motive in der bundesdeutschen Gesellschaft nie verschwunden waren, sondern stets womöglich auch einen Bestandteil der bundesdeutschen Identität ausmachten. Nicht umsonst hält Adorno schon in einem 1967 gehaltenen und 2019 veröffentlichten Vortrag fest, „die Menschen in Deutschland scheinen in einer immerwährenden Angst

5.1 Zusammenfassung und Diskussion

um ihre nationale Identität zu leben, eine Angst, die zu der Überwertigkeit des Nationalbewußtseins sicher das Ihrige beiträgt" (Adorno 2019, S. 22). Tatsächlich neu ist hier aber, dass es eine gesamtgesellschaftliche Entwicklung hin zum Kosmopolitismus gibt, die auch in vielschichtiger Weise auf die Elektorate der hier untersuchten Parteien einwirkt. Der Kosmopolitismus ist dabei der neu hinzukommende Pol, welcher als ergänzender Faktor den Raum politischer Konfliktlinien und darauf basierenden Wahlverhaltens aufspannt. Durch die zumindest vorläufig neu entstandene Konfliktsituation, deren zukünftige Entwicklung zwar noch nicht absehbar ist, entsteht jedoch eine Situation, in welcher zumindest die strategischen Extrempositionen bereits mit AfD und Grünen – so lässt sich an ihren Wählern erkennen – erfolgreich besetzt sind.

Durch die vorliegende Analyse zeigt sich, dass die Konfliktdimensionen zwischen einer postmaterialistischen und einer materialistischen Wertorientierung sowie die einer kosmopolitischen und einer nationalistischen Wertorientierung für das Wahlverhalten verschiedener Elektorate bedeutsam sind. Überraschend ist, dass gesellschaftliche Wertorientierungen vor allem für die Parteien, welche sich entlang entsprechender Konfliktdimensionen etablieren konnten, also der Grünen und der AfD, einen hohen Beitrag für die Erklärung des Wahlverhaltens liefern. Für die Wahl der Grünen und der AfD erbringen gesellschaftliche Wertorientierungen einen annäherungsweise gleich hohen Erklärungswert wie jene Prädiktoren des Michigan-Modells. Dies ist im Fall der Elektorate der anderen großen Parteien anders, liefert dort vor allem die Parteiidentifikation den höchsten Erklärungsbeitrag. Bei den Wählern von Grünen und AfD handelt es sich hierbei um zusätzliche, komplementäre Faktoren, die das individuelle Wahlverhalten für diese Parteien besser verständlich machen.

Die vorgenommene dreistufige Modellierung zur Beobachtung derartiger Effekte hat demnach klar ihren Zweck erfüllt. Es zeigt sich so in der Tat bei der Modellierung geschachtelter Modelle, dass einige Dimensionen gesellschaftlicher Wertorientierungen dann als nicht signifikant ausgewiesen werden, wenn die Parteiidentifikation in die Modellierung aufgenommen wird. Erklärbar ist dies damit, dass die Parteiidentifikation hier in allen Modellrechnungen, mit Ausnahme der AfD zur Bundestagswahl 2013, einen signifikanten Effekt auf das Wahlverhalten für eine entsprechende Partei hat. Durch die Average Marginal Effects konnte dann auch klar nachgewiesen werden, dass der konkrete Effekt von einer Parteiidentifikation weiterhin sehr hoch und hoch signifikant ist. Sie bleibt weiterhin eine der, neben weiteren Determinanten, wichtigsten Einflussgrößen, die auf das Wahlverhalten einwirkt. Was dadurch jedoch nicht ersichtlich wurde, ist, weshalb entsprechende Wertorientierungen an Signifikanz verlieren – die im Kontrollmodell der geschachtelten Regressionsmodelle noch als signifikant ausgewiesen werden – sobald die Parteiidentifikation in die Modellierungen aufgenommen wird. Die Analyse der Pfadmodelle zeigt, dass bei 17 von 19 dieser Einflussgrößen (knapp 90 Prozent), die im Kontrollmodell der geschachtelten Regressionsmodelle noch als signifikant ausgewiesen werden, deshalb in den Gesamtmodellen an Signifikanz verlieren, weil sie als Prädiktoren signifikant auf die Parteiidentifikation einwirken. Es entsteht so der Eindruck, dass der durch gesellschaftliche Wertorientierungen ausgehende Einfluss absorbiert wird. So sind sie in der Tat eindeutig nicht als direkte Einflussgrößen identifizierbar, wirken aber durchaus indirekt über eine entsprechende Parteiidentifikation auf das Wahlverhalten zu Gunsten entsprechender Parteien ein. Ohne die hier angewandte Vorgehensweise wäre dieser wichtige und umfangreiche Effekt gesellschaftlicher Wertorientierungen unerkannt geblieben.

Bezöge sich die hier vorliegende Analyse einzig auf die Bundestagswahl 2017, so wäre festzustellen, dass die in den Hypothesen postulierten Effekte nahezu alle zutreffen. In der Tat wirkt dort eine links-materialistische Wertorientierung auf die Wahl der Linken, eine religiöse Wertorientierung auf die Wahl der CDU/CSU, eine postmaterialistische Wertorientierung auf die Wahl der Grünen, eine rechtsmaterialistische Wertorientierung auf die Wahl der FDP und eine nationalistische Wertorientierung auf die Wahl der AfD ein. Einzig die für die SPD postulierten direkten Effekte auf das Wahlverhalten liegen zu keinem Zeitpunkt vor. Darüber hinaus zeigt sich aber, auch mit Ausnahme der SPD-Wählerschaft, dass verschiedene Wertorientierungen zu verschiedenen Zeitpunkten durchaus an einigen Stellen mehr und an anderen Stellen weniger das Wahlverhalten für diese Parteien signifikant beeinflussen. Die hier festgestellten Effekte sind auch theoretisch plausibel. Einzig der Umstand, dass das Wahlverhalten für die SPD nicht unter Zuhilfenahme gesellschaftlicher Wertorientierungen erläutert werden kann, ist vor allem für die Partei generell überaus problematisch.

Politische Verlässlichkeit zeichnet sich auch dadurch aus, dass gesellschaftliche Wertorientierungen in Parteien gespiegelt werden, weshalb diese dann bei Wahlen entsprechend unterstützt werden. Neben fehlenden direkten Effekten auf das Wahlverhalten sind im fortschreitenden Verlauf immer geringfügigere indirekte Effekte über die Parteiidentifikation nachzuvollziehen. Sollte sich dieser Trend derartig fortführen, sind Werte oder Wertorientierungen als solche, die grundsätzlich eher langfristig denn kurzfristig angelegt sind, nicht ausschlaggebend für die Wahl der SPD. Eine schwerwiegendere Diagnose ist für eine Partei, die aus einem wertebasierten Kampf um sozio-ökonomische Gerechtigkeit und der Forderung nach der demokratischen Teilhabe weiter Bevölkerungsteile wie der Arbeiterschaft entstanden ist, kaum zu fällen.

5.1 Zusammenfassung und Diskussion

Während Cleavages so als Ausdruck sozialstruktureller Konfliktlinien immer mehr an Bedeutung einbüßen, ist dies für die von Campbell et al. (1960) beschriebene Einflussgröße einer individuellen Parteiidentifikation auf das Wahlverhalten nicht der Fall. Mit Ausnahme der AfD bei der Bundestagswahl 2013 lassen sich bei allen Elektoraten signifikante Effekte durch eine Parteiidentifikation auf die spezifische Wahlentscheidung feststellen. Die Grundannahme des Trichters der Wahlentscheidung gilt insofern weiterhin, dass eine Parteiidentifikation in der Tat durch Wertorientierungen beeinflusst wird und dann auf das spezifische Wahlverhalten einwirkt. Neu ist aber die hier erbrachte Erkenntnis, dass Wertorientierungen nicht nur, wie so beschrieben, indirekt auf die Wahlentscheidung einwirken, sondern auch einen direkten Effekt auf diese entfalten können. Dass die für die Konstitution bestimmter Parteien relevanten gesellschaftlichen Konfliktlinien auch heute noch immens auf die Identifikation mit denen durch sie vertretenden Parteien wirken, ist darüber hinaus bemerkenswert. Es zeigt sich einmal mehr, dass Wertmuster und aus ihnen entstandene politische „Gruppierungen (…) Systeme und Katastrophen [überdauern]" (Adorno 2019, S. 25). Dies muss aber, wie von Adorno beschrieben, nicht nur für Rechtsradikale gelten, denen sich sein Vortrag widmete, sondern gilt gleichermaßen auch für Parteien-Wähler-Koalitionen, die aus den Konfliktlinien zwischen Kapital und Arbeit oder Kirche und Staat hervorgingen. Dennoch kommt die ursprünglich zweidimensionale Betrachtung von Parteiensystemen und dem dazugehörigen Wahlverhalten schnell an ihre Grenzen, wenn auch eine sich wandelnde Gesellschaft abgebildet werden soll. Die Heterogenität der Wählerschaften hat immens zugenommen, gleichwohl es keine prinzipielle Abkehr von das Wahlverhalten für eine Partei erklärenden Faktoren im hier vorgestellten Untersuchungszeitraum gegeben hat. Die festgestellten Muster zur Erklärung der individuellen Wahlentscheidungen bleiben innerhalb der jeweiligen Elektorate konsistent oder werden ineffektiv, an manchen Punkten allenfalls reaktiviert. Eine grundlegende Trendumkehr ist allerdings nicht feststellbar.

Werte sind und bleiben demnach auch weiterhin für Wähler und Parteien essenziell, vor allem dann, wenn sie in Form von (gesellschaftlichen) Wertorientierungen zu handlungsanleitenden Maßstäben erklärt werden. Der hier erarbeitete Vorschlag zur Messung von Wertorientierungen hat den intendierten Zweck erfüllt und ist in der Lage, vor allem für das Bundestagswahljahr 2017, relevante Einflussgrößen für das Wahlverhalten adäquat abzubilden. Vor allem die Konfrontation mit Zielkonflikten erscheint so auch aus theoretischer Perspektive für die Messung von gesellschaftlichen Wertorientierungen zielführender als das klassische *Ranking*- oder *Rating*-Verfahren. Insbesondere vor dem Hintergrund, weil hier der Beleg erbracht wurde, dass gesellschaftliche Wertorientierungen durchaus direkte Effekte auf die individuelle Wahlentscheidung haben, gilt es, diese Gegebenheit in der Zukunft weitergehend zu erforschen. Fraglich ist beispielsweise, ob es sich hierbei um einen für die Bundestagswahl 2017 besonderen, singulären Effekt handelt oder ob gesellschaftliche Wertorientierungen in Zukunft noch deutlich stärker das Wahlverhalten direkt prädeterminieren als zunächst angenommen werden konnte.

Alles in allem kann die vorliegende Untersuchung belegen, dass die ursächlich das Wahlverhalten und damit auch das Parteiensystem strukturierenden gesellschaftlichen Wertorientierungen auch weiterhin eine Bedeutung haben. Gleichzeitig sind die Elektorate der untersuchten Parteien deutlich heterogener als erwartet und werden in ihrer Wahlentscheidung von bedeutend mehr Dimensionen – direkt wie indirekt – beeinflusst als zunächst postuliert. Ferner sind diese nicht bei allen Elektoraten gleichermaßen wirkungsstark.

Auf Basis der hier vorgestellten Ergebnisse lässt sich sodann auch für die jeweiligen Parteien eine inhaltliche Nische ausmachen, die diese inhaltlich erfolgreich besetzen können. Vor allem die Grünen, die in Folge eines postmaterialistischen Wertewandels entstanden, aber auch die AfD, die Ausdruck eines immer mehr in die Defensive geratenden gesellschaftlichen Nationalismus ist, sind in der Lage, Wähler für sich zu gewinnen, die einander auf allen Dimensionen konfliktär gegenüberstehen. Auch der Linken, der CDU/CSU und der FDP gelingt es zweifelsohne sehr erfolgreich, die Pfadabhängigkeiten ihrer historisch-politischen Wurzeln zu bedienen, deuten darauf doch die gesellschaftlichen Wertorientierungen der jeweiligen Wählerschaften hin. Zusätzlich zeigen sich hierbei Effekte, die zwar durchaus plausibel erscheinen, in ihrem Umfang aber nicht vorhersehbar gewesen sind. Beispielhaft ist die säkulare Prägung der Linken-Wählerschaft zu nennen, die auch das Wahlverhalten zu Gunsten der Partei zu strukturieren vermag.

Einzig für die SPD sind die hier vorgestellten theoretischen Ansatzpunkte immer weniger erklärungsstark. Die hier vorgenommene Modellierung ist nicht in der Lage, direkte Effekte gesellschaftlicher Wertorientierungen auf die Wahl der SPD zu erfassen, gleichermaßen sinken die zu erfassenden Effektstärken, welche indirekter Natur sind. So kann auch eine Identifikation mit der Sozialdemokratischen Partei Deutschlands durch diese immer weniger erklärt werden. Ob dies einem fortschreitenden und demnach auch existenziell bedrohlichen Bedeutungsverlust der Partei geschuldet ist oder einer nicht zu erklärbaren Problematik mit der Messung, kann hier nicht abschließend geklärt werden. Fest steht aber eines: Gesellschaftliche Wertorientierungen haben sich zwischen 2009 und 2017 nicht nur in der Gesellschaft, sondern insbesondere auch in Folge dann in den Elektoraten der hier untersuchten Parteien verändert. Sie sind so nicht nur heterogen, sondern insbesondere auch vielschichtig in ihrer Wirkungsweise. Wenn festzustellen ist, dass es in einer sich wandelnden Welt „auf politische Kunst, taktische Beweglichkeit, strategische Raffinesse und ein wertefundiertes Ethos [ankommt], das den Elastizitäten Richtung und Ziel verleiht" (Walter 2013, S. 291), so erscheint dies, zweifelsohne mit Blick auf ihre Wählerschaften, manchen Parteien offenkundig besser zu gelingen als anderen. Bleiben perspektivisch die Themenfelder der Migrations- und Klimapolitik auch in Zukunft salient, so haben vor allem die Grünen und die AfD in Teilen aber auch CDU/CSU, FDP und Linke die Möglichkeit, eine wertfundierte Antwort auf daraus abzuleitende Fragen zu geben und Orientierungspunkte für ihre Wähler zu sein. In diesen und in anderen Bereichen sind die entsprechenden Parteien aber auch heute schon vergleichsweise breit aufgestellt, weshalb weitere Anknüpfungspunkte durchaus vorhanden sind. Für die SPD-Wählerschaft hingegen lässt sich, zumindest auf Basis der Ergebnisse der vorliegenden Analyse, kein klares Werteprofil identifizieren, durch welches die Parteiwahl begünstigt wird. Auch die Ausbildung einer individuellen Parteiidentifikation wird kaum noch durch Wertorientierungen beeinflusst. Fraglich ist dann also, an welchen Werten die Partei in Zukunft ihre Politik ausrichten soll, um Wähler für sich gewinnen zu können. Gelingt ihr aber nicht, dies zeitig hervorzuheben, können mögliche Wähler die Partei und ihre Politik, ebenso wie die durch sie vertretenen Werte, nicht als Orientierungs- und Identifikationspunkte ausmachen. Die möglicherweise für eine Wahl der SPD hinreichenden Prädispositionen gesellschaftlicher Wertorientierungen könnten, wie sich bereits ansatzweise zeigt, die Wahlentscheidung zu Gunsten anderer Parteien begünstigen. Es erscheint ungewiss, ob diese sich schon über mehrere Bundestagswahlen erstreckende Entwicklung noch reversibel ist.

5.2 Methodische Reflexion

In dieser Untersuchung wurde der Versuch unternommen, gesellschaftliche Wertorientierungen nicht nur theoretisch, sondern gleichermaßen konzeptionell näher erfassen zu können, um sie einer anschließenden, empirischen Analyse zu unterziehen. In diesem Zusammenhang wurden Vor- und Nachteile beschrieben, die sich aus Anwendung des Ranking- oder Rating-Verfahrens ergeben. Hierbei wurde auf entsprechende Defizite verwiesen, die sich aus den jeweiligen Verfahrensweisen ergeben. Dies mündete schließlich in der Entscheidung für eine andere Vorgehensweise, welche als eine Art Mittelweg beschrieben werden kann.

Der hier konzeptionell eingeschlagene Weg zwischen beiden Verfahren besteht darin, dass gesellschaftliche Wertorientierungen nur durch eine Konfrontation mit

Zielkonflikten sichtbar werden. Hierfür ist allerdings auch die Möglichkeit zur Abstufung zwischen entsprechenden Extrempositionen notwendig. Von essenzieller Bedeutung ist dabei, dass die Extrempositionen dasselbe Politikfeld betreffen müssen oder ein Spannungsverhältnis nur dann hergestellt werden darf, wenn entsprechende Zielvorstellungen wirklich in einem derartigen Verhältnis zueinanderstehen. Darüber hinaus soll auch die Konsequenz, die aus der Entscheidung für die jeweiligen Extrempositionen erwachsen würde, klar definiert werden. Auf dieser Grundlage können dann auch aus individueller Perspektive in sich kohärentere Standpunkte eingenommen werden. Das Rating-Verfahren etwa ist, wie hier dargestellt, für Inkonsistenzen im Antwortverhalten anfällig. Die hier beschriebene und konzeptionell vorgeschlagene Vorgehensweise ist aus zweierlei Gründen aber auch kritisch zu hinterfragen. Zum einen besteht das Risiko, dass beispielhaft an der Dimension des Links-Rechts-Materialismus, bei der ein Zielkonflikt zwischen einem Mehr an Sozialstaat und höheren Steuern, um ihn zu finanzieren, auf der einen Seite und niedrigeren Steuern, die dann auch gleichbedeutend sind mit einem Abbau des Sozialstaats auf der anderen Seite, auch das Risiko bieten, in sich inkonsistent zu sein. So wird insbesondere von sozio-ökonomisch eher links orientierten Parteien nicht das Ziel verfolgt, Steuern per se für alle Gesellschaftsschichten zu erhöhen, sondern vielmehr eher vermögende Bevölkerungsteile höher zu besteuern, um den Sozialstaat zu finanzieren und Menschen mit geringem Einkommen steuerlich zu entlasten. Aus individueller Perspektive wird aber hier der Eindruck erweckt, höhere Steuern würden zwangsläufig alle Teile der Gesellschaft betreffen. Die Einführung einer Vermögenssteuer trifft aber beispielhaft im Regelfall keine Geringverdiener.

Zum anderen ist die Frage, ob und wie eine derartige Messung in der wissenschaftlichen Praxis umzusetzen ist. Mit den Nachwahlbefragungen der German Longitudinal Election Study (GLES) hat sich für die hier vorgenommene Untersuchung die passende Datengrundlage gefunden. So wurden durch diese Befragungen Daten erhoben, welche die hier beschriebenen Dimensionen gesellschaftlicher Wertorientierungen bestmöglich abbilden, zum anderen aber auch weitere wahlverhaltensrelevante Faktoren wie eine Parteiidentifikation oder die Kandidatenorientierung inkludiert werden. Eine Betrachtung alternativer Datenquellen zeigt, dass insbesondere die wahlverhaltensrelevanten Faktoren in originären Wahlstudien umfassender abgefragt werden als dies in anderen Erhebungen der Fall ist. Nichtsdestotrotz haben auch die Daten der GLES-Wahlstudien Schwächen. So zeigt sich, dass aus theoretischer Perspektive beispielsweise die hier verwendete Kirchgangshäufigkeit auch heute noch als Proxy für die Messung einer individuellen Religiosität verwendet wird, was jedoch nicht darüber hinwegtäuschen darf, dass durchaus Potenzial besteht, um das Messverfahren in Zukunft

5.2 Methodische Reflexion

zu verbessern. Dies gilt insbesondere dann, wenn das hier dargelegte Argument darin besteht, Wertorientierungen und gesellschaftliche Wertorientierungen im Spezifischen nur über Zielkonflikte abbilden zu können. Mit der hier beschriebenen Vorgehensweise wurde diese Prämisse allerdings aufgrund bestehender Defizite in der Datenverfügbarkeit verletzt. Die daraus entstandene Konsequenz ist, unabhängig davon, ob die Kirchgangshäufigkeit ein gängiger Prädiktor ist, nicht wünschenswert, da es somit zum Einsatz unterschiedlicher Messinstrumente bei der Erfassung gesellschaftlicher Wertorientierungen gekommen ist. Dem ist in Zukunft Abhilfe zu schaffen, um mögliche Messfehler auszuschließen beziehungsweise die Fehleranfälligkeit zu reduzieren, die durch diese Vorgehensweise entstehen können. Als ebenso problematisch hat sich herausgestellt, dass eine Differenzierung nach Religionsgemeinschaften nicht möglich war. Dies ist vor dem Hintergrund einer wachsenden muslimischen Gemeinde von Bedeutung, da so keine differenzierte Betrachtung religiöser Individuen nach spezifischer Konfessionszugehörigkeit möglich war.

Für die Konfliktlinie zwischen Postmaterialismus und Materialismus wiederum ergibt sich vor allem die Problematik, dass in der GLES-Wahlstudie 2009 noch die Position der befragten Individuen zur Kernkraft abgefragt worden ist. Dabei wurde zwar eine Darstellung in Form von Zielkonflikten bemüht, jedoch keine möglichen Implikationen aus der Entscheidung für die jeweiligen Extrempositionen mit ausgewiesen. Dies ändert sich ab 2013, wird doch seit diesem Zeitpunkt eine Gegenüberstellung zwischen dem *Vorrang für Wirtschaftswachstum* und dem *Vorrang für die Bekämpfung des Klimawandels* mit entsprechenden Implikationen zur Erfassung genutzt. Demnach kann die Dimension zwischen einer postmaterialistischen und einer materialistischen Wertorientierung nicht konsistent mit dem gleichen Item abgebildet werden. Der dafür zu nennende Kritikpunkt ist, dass sich das Antwortverhalten durchaus unterscheiden kann, wenn keine Implikationen – wie in den Daten von 2013 und 2017 vorliegend – für eine jeweilige Entscheidung auf dieser Skala enthalten sind. Dem entgegnet werden kann einzig, dass bei Trendstudien wie der hier vorliegenden, im Zweifel, sofern nicht anders möglich, auch auf inhaltlich vergleichbare Items zurückgegriffen werden muss. Tatsächlich fallen sowohl eine Positionierung zur Kernenergie als auch zu Fragen des Wirtschaftswachstums und Klimawandels durchaus theoretisch in den Bereich jener „postökonomisch-idealistische[n]" (Welzel 2009, S. 124) Werte, die Inglehart (1977) im Konzept der Stillen Revolution auch aufgreift und die auch charakteristisch für diese Konfliktlinie sind. Nichtsdestotrotz handelt es sich hierbei um eine nicht intendierte Inkonsistenz, die aber aufgrund der vorliegenden Datenlage nicht zu vermeiden war. Ähnlich wie bei der Messung einer religiösen Wertorientierung wäre es folglich wünschenswert, wenn dies in künftigen Wahlstudien, beispielsweise bei der GLES, hinreichend berücksichtigt würde.

Die Konfliktlinie zwischen Kosmopolitismus und Nationalismus, die sich hier über die individuelle Positionierung der befragten Personen zwischen einer liberalen und einer restriktiven Einwanderungspolitik aufspannt, eignet sich inhaltlich sehr gut, um diese gesellschaftliche Wertorientierung abzubilden. Einzige Schwachstelle ist hier, dass die Individuen keinerlei Implikationen aus den jeweiligen Entscheidungen für eine der entsprechenden Extrempositionen erfahren. Eine ähnliche Problematik zeigt sich auch bei den hier nicht verwendeten Datenquellen, die einer entsprechenden Begutachtung unterzogen wurden. Dieses Defizit kann und konnte demnach nicht geheilt werden. Dies bedeutet in letzter Instanz allerdings auch, dass nicht abschließend geklärt werden kann, ob die Befragten eine möglichst konsistente Entscheidung in der Abwägung beider Zielvorstellungen treffen konnten, weil ihnen daraus resultierende Konsequenzen bewusst waren. Als essenzielle Herausforderung erscheint dabei die Entwicklung entsprechender Items, die bei der Darstellung möglicher Implikationen keine (rassistischen) Ressentiments schüren oder gar suggestiv sind.

Die schließlich in der vorliegenden Analyse verwendeten Items sind zwar inhaltlich passgenau zu den relevanten Dimensionen gesellschaftlicher Wertorientierungen, gleichwohl diese aufgrund der Datenlage nur durch je ein Item abgebildet werden können. Auch hier besteht ein umfassender Bedarf zur konzeptionellen Entwicklung weiterer Items, die der adäquaten Messung gesellschaftlicher Wertorientierungen gerecht werden. In der Summe behalten Bauer-Kaase und Kaase (1998) somit Recht: Die Messung von (gesellschaftlichen) Wertorientierungen ist nur mit konzeptionellen Kompromissen umzusetzen. Im vorliegenden Fall betrifft dies insbesondere die Anzahl der Items, die schlussendlich für die Abbildung und Messung gesellschaftlicher Wertorientierungen verwendet werden konnten, aber auch die Replizierbarkeit entsprechender Indikatoren.

Die positiven Aspekte der GLES-Daten wurden in dieser Arbeit bereits hinreichend gewürdigt, die sich unter anderem auch auf die Repräsentativität für die bundesdeutsche Bevölkerung beziehen und demnach hochwertige Analysen ermöglichen. Wünschenswert wäre jedoch, wenn auch für die jeweiligen Elektorate eine entsprechende Anzahl von Befragten erfasst würde, um eine höhere Aussagekraft für darauf basierende Analysen zu erzielen. Die besonders geringe Fallzahl für die Elektorate von FDP und AfD im Bundestagswahljahr 2013 hat im Fall der Wähler der letztgenannten Partei dazu beigetragen, dass eine Pfadmodellierung statistisch nicht möglich war. Die GLES-Daten sind nichtsdestotrotz von hoher Qualität, entsprechen – wie in dieser Studie dargelegt – diese doch den

5.2 Methodische Reflexion

höchsten Standards für Stichprobenerhebungen. Allerdings geben die hier verwendeten Querschnittdaten nur Auskunft über die Befragten zu einem Zeitpunkt, in diesem Fall nach der entsprechenden Bundestagswahl. So kann auch nicht abschließend geklärt werden, ob gesellschaftliche Wertorientierungen, obgleich sie als langfristig angelegte Prädiktoren zu verstehen sind (Campbell et al. 1960; Dalton 1988), nicht auch im Rahmen der Mobilisierung in einem Bundestagswahljahr gewissen Schwankungen unterliegen. Ein weiterer kritischer Aspekt, der hier zu nennen wäre, bezieht sich explizit auf die Verwendung der Querschnittdaten der GLES-Nachwahlbefragung. Es kann mit diesen nicht einwandfrei sichergestellt werden, ob das Wahlverhalten Ausdruck einer koalitionstaktischen Überlegung ist oder auf tiefgehenden Überzeugungen beruht. Spezifische Koalitionspräferenzen wurden im Rahmen der GLES-Studien nur einmalig 2013 in der Nachwahlbefragung erhoben, weswegen für eine tiefergehende Analyse keine Vergleichbarkeit gewährleistet werden könnte.

Eine weitere Schwäche der vorliegenden Ausarbeitung liegt darin, dass in die hier vorgenommenen Modellierungen keine Einstellungsvariablen aufgenommen werden konnten. Der dafür ursächliche Grund liegt erneut in der Datenverfügbarkeit, die keine langfristige Vergleichbarkeit ermöglichte. Erst durch die Aufnahme einer umfangreicheren Issuebatterie im Rahmen der Nachwahlbefragung von 2017 (Roßteutscher et al. 2019) ist eine solche Analyse nun zwar für die entsprechende Bundestagswahl, nicht jedoch rückwirkend möglich. Eine Ergänzung von Einstellungsvariablen hätte zu einer sich verändernden Modellkomplexität geführt, die wiederum entsprechende Vergleiche zwischen den Bundestagswahljahren eingeschränkt hätte. Aus diesem Grund wurde eine derartige Modellierung hier unterlassen, diese sollte aber in Folgestudien aufgegriffen werden.

Dass in der Untersuchung von Effekten gesellschaftlicher Wertorientierungen auf das Wahlverhalten auf eine dreischrittige Vorgehensweise zurückgegriffen wurde, bei der binär-logistische Regressionsanalysen, die Berechnung von Average Marginal Effects sowie der Berechnung von Pfadmodellen Anwendung fand, hat sich als gute Entscheidung erwiesen. So konnten unterschiedliche, direkte wie indirekte, Effekte gesellschaftlicher Wertorientierungen nachgewiesen werden, die ohne eine Pfadmodellierung nicht sichtbar geworden wären. Auch die Schachtelung entsprechender Regressionsmodelle hat zu einem stärkeren Verständnis beigetragen, in welcher Konstellation gesellschaftliche Wertorientierungen eine signifikante Wirkung entfalten und ab wann ein solcher Effekt nicht länger vorzuliegen scheint.

5.3 Praktische Schlussfolgerungen

Welche praktischen Schlussfolgerungen lassen sich aus den Ergebnissen der hier vorliegenden Studie ableiten? Zwar konnte gezeigt werden, dass die Parteielektorate untereinander durchaus in einem hohen Maß heterogen sind, eine gewisse Heterogenität gar innerhalb der jeweiligen Elektorate vorzufinden ist, manche gesellschaftliche Wertorientierungen, die für die Parteien in ihrer Geschichte Relevanz besaßen, jedoch bis heute Bedeutung haben.

Wenn für die Union aus CDU und CSU seit jeher die religiöse Wertorientierung der eigenen Anhänger eine Rolle spielte, so führt diese auch bis heute zu einer höheren Identifikation mit den Christdemokraten und Christsozialen. Der entsprechende Effekt ist weiterhin hoch. Für die CDU/CSU zeigt dies im Wesentlichen zunächst, dass die historischen Entwicklungspfade auch weiterhin Einfluss haben – zumindest dann, wenn der Blick, wie hier vorgenommen, auf die Wähler verengt wird. Demgegenüber steht allerdings eine gesamtgesellschaftliche Entwicklung einer zunehmenden Säkularisierung, die sich sukzessive in der bundesdeutschen Bevölkerung zu vollziehen scheint.

Daraus entstehen Chancen für alle Parteien, insbesondere für die CDU/CSU, gleichermaßen aber auch Risiken. Die Chance besteht für alle Parteien darin, auch säkular orientierte Individuen noch stärker in die eigene Wählerschaft zu integrieren. Für die CDU/CSU ist ein solches Vorgehen aber als politischer Drahtseilakt zu verstehen, denn eine Öffnung gegenüber Individuen mit einer säkularen Wertorientierung könnte gerade auch zu einer Entfremdung religiös orientierter Wählerschichten führen. Potenziale bestehen hier insofern vor allem für Parteien, deren Wählerschaft durch eine säkulare Wertorientierung geprägt ist. Gleichwohl muss der immer stärker zurückgehende Anteil religiös orientierter Wähler innerhalb der Gesamtbevölkerung Anlass für die CDU/CSU sein, auch diesen Wählern ein inhaltliches Angebot zu machen. Der Wettbewerb um entsprechende Wählerstimmen ist folglich keineswegs ausgemacht und könnte in Zukunft durchaus auch wieder an inhaltlicher Brisanz gewinnen, wenn es beispielsweise um Fragen des technologischen Fortschritts geht, die sich in einem Spannungsfeld mit ethischen oder religiösen Themen befindet.

Dass die Unionsparteien nach der Bundestagswahl 2017 wiederum nicht den klimapolitischen Kurs der Grünen eingeschlagen haben, bei dem wirtschaftliches Wachstum der Bekämpfung des Klimawandels hintangestellt wird, scheint sich vor dem Hintergrund der hier durchgeführten Datenanalyse als nicht unklug herauszustellen. Waren die Wähler der Union historisch gesehen stets akzentuiert materialistisch orientiert, so zeigt sich in der Wählerschaft inzwischen eine vergleichsweise moderate Haltung. Die CDU/CSU ist daher gut beraten, dieser

5.3 Praktische Schlussfolgerungen

Position Aufmerksamkeit zu zollen. Die spezifische Abwägung ökologischer und ökonomischer Interessen scheint, so zumindest bei den hier vorgestellten Ergebnissen, bisweilen ein Erfolgsrezept für den Erfolg der CDU/CSU zu sein, wirkt sich diese doch auf die Identifikation mit der Partei und auch ihre Wahl aus. Eine nationalistische Wertorientierung hatte wiederum bereits 2013 keine für die CDU/CSU relevante Effektgröße – nicht auf eine Identifikation mit der Union, aber auch nicht auf deren Wahl. Folglich scheint sich eine liberalisierende Einwanderungspolitik für die Unionsparteien langfristig auszuzahlen, sofern diese behutsam umgesetzt wird. Vorschläge, welche auf der Darstellung eines umfassenderen Repräsentationsdefizits beruhen und ein Versagen der Unionsparteien in dieser Frage attestieren, erscheinen wenig zielführend in dieser komplexen Debatte.

Für die SPD lassen sich in der hier vorliegenden Analyse allenfalls nur geringfügige Effekte feststellen, die gesellschaftliche Wertorientierungen indirekt auf die Parteiwahl entfalten. Es kann an dieser Stelle nicht abschließend geklärt werden, ob es sich hierbei um das Resultat eines langfristigen Bedeutungsverlusts handelt oder ob die Analysen für die Bundestagswahlen 2009, 2013 und 2017 einen seit jeher geltenden Status quo widerspiegeln. Für einen Bedeutungsverlust gesellschaftlicher Wertorientierungen lässt sich allenfalls als Anhaltspunkt der Rückgang der Effektstärken feststellen, welche gesellschaftliche Wertorientierungen auf die Parteiidentifikation haben. Möglich ist allerdings auch, dass sich inzwischen überhaupt immer weniger Menschen mit der SPD identifizieren und die kausalen Mechanismen des Trichters der Wahlentscheidung (Campbell et al. 1960; Dalton 1988) folglich nicht mehr funktional sind. Vor dem Hintergrund dieser Ergebnisse lassen sich demnach kaum praktische Empfehlungen geben, die über Mutmaßungen hinaus gehen, welche Ratschläge der SPD aus dieser – möglichen – Misere helfen könnten. Einzig eine Fokussierung auf eine links-materialistische Sozialpolitik, die verbunden wäre mit einer postmaterialistischen Gesellschaftstransformation, könnte wieder zur Revitalisierung der Partei beitragen. Dies ist darin begründet, dass der Effekt durch eine postmaterialistische Wertorientierung auf eine Identifikation mit der SPD 2013 sogar jenen übersteigt, den eine links-materialistische Wertorientierung zu entfalten vermag. Mit den Grünen und der Linken gibt es jedoch zwei Konkurrenzparteien, die auf diesen Enden der jeweiligen Konfliktachsen ebenso um Wählerstimmen konkurrieren. Der Ausgang einer solchen Neuausrichtung erscheint ungewiss.

Waren die vergangenen drei Bundestagswahlen ein Wechselbad der Gefühle für die FDP, hat sie doch 2009 das beste und 2013 schließlich das schlechteste Wahlergebnis ihrer Geschichte erzielt, was in letzterem Fall auch zum Ausscheiden aus dem Bundestag führte, so scheint bis 2017 ein gewisser Grad an Normalisierung zurückgekehrt zu sein. Eine besitzstandswahrende und eine die Ökonomie der Ökologie gegenüber bevorzugende Grundhaltung der eigenen Wähler entfaltet zu dieser Wahl klar messbare Einflüsse – auf eine Identifikation, aber auch auf eine Wahl der Partei. Dies darf allerdings nicht darüber hinwegtäuschen, dass auf der sozio-ökonomisch definierten Konfliktachse des Links-Rechts-Materialismus keine signifikante Unterscheidbarkeit zwischen den Wählern der FDP einerseits und den Wählern der Union oder AfD andererseits vorliegt. Für die Liberalen ist dies als Chance und Risiko gleichermaßen zu verstehen. Das Risiko ergibt sich daraus, dass auch andere Parteien hier offensichtlich in Konkurrenz um entsprechend orientierte Wähler stehen. Die FDP ist gut beraten, zumindest diesen Wählern ein politisches Angebot zu unterbreiten, da diese für ihre politische Existenz eine immense Bedeutung haben – auch historisch gesehen haben diese stets eine Stütze der Partei gebildet. Daraus ergibt sich sodann aber auch eine Chance, da gerade die CDU/CSU durch Regierungsformationen unter der Ära Merkel sozio-ökonomisch immer stärker von marktwirtschaftlichen Werten abgerückt ist und daraus ein Repräsentationsdefizit entstehen kann oder bereits entstanden sein könnte. Dieses Defizit auf Seiten der Unionsparteien kann die FDP mit einem klar erkennbaren wirtschaftsliberalen Profil für sich nutzen und inhaltlich besetzen. Langfristig ist sodann abzuwarten, ob es zu einer Neuausrichtung im Gefüge des deutschen Parteiensystems kommt, bei der die AfD dem Weg vieler rechtspopulistischer Parteien folgen wird und einer eher sozialprotektionistisch linken Politik folgen wird. In diesem Fall könnte es der FDP gelingen, jene rechts-materialistisch orientierten Wähler zurückzugewinnen, die sie im AfD-Gründungsjahr 2013 an die Partei verloren hatte – wenn sie diese nicht längst zurückgewonnen hat.

Mit Blick auf die Grünen lässt sich konstatieren, dass es der Partei gut gelingt, Wähler entlang der für die Partei zentralen Konfliktlinien gesellschaftlicher Wertorientierungen zu mobilisieren. Dazu ist nicht nur die für die Grünen zentrale postmaterialistische Wertorientierung zu zählen, die die Gründungsgeschichte der Partei und eine daraufolgende Etablierung prägte, sondern auch eine kosmopolitische Wertorientierung der Wählerschaft. Essenziell ist hier insbesondere die sehr exponierte Position der Grünen-Wähler, lassen sich diese doch als die am stärksten von einer postmaterialistischen und einer kosmopolitischen Wertorientierung durchdrungen identifizieren. Wird die grüne Partei als einer von zwei sich in einem Konflikt gegenüberstehenden Polen gesellschaftlicher Spaltung wahrgenommen (Franz et al. 2019), die im direkten Widerspruch zu zentralen Werten der AfD positioniert ist, so lässt sich eine ähnliche Diagnose auch für die eigene Wählerschaft treffen. Die Wähler der Grünen „vertreten in jeder Hinsicht gegenteilige Einstellungen [zu den Wählern der AfD] und haben nichts mit ihnen

5.3 Praktische Schlussfolgerungen

gemeinsam" (Pickel 2019, S. 163). Auch auf der Ebene gesellschaftlicher Wertorientierungen, die im Kausalmodell nach Campbell et al. (1960) eine politischen Einstellungen vorgelagerte Rolle einnehmen, bilden die Elektorate von Grünen und AfD sich zwei gegenüberstehende Konfliktpole ab, bei denen keine relevanten Überschneidungen festzustellen sind. Zusätzlich lassen sich leichte Tendenzen dahingehend feststellen, dass die Bedeutung einer links-materialistischen Wertorientierung innerhalb der Wählerschaft der Grünen im Zeitverlauf zugenommen hat, zumindest für eine Identifikation mit der Partei. Es erscheint für die Partei deswegen durchaus als relevant, derartige Entwicklungen bei künftigen Positionierungen oder Regierungsbildungen in die entsprechenden Abwägungen und Verhandlungen berücksichtigend einzubringen.

Auch das Profil der Linken-Wählerschaft ist insofern interessant, als dass hier vor allem eine säkulare Identität ebenso wie eine links-materialistische Wertorientierung relevant sind. Gerade die eindeutig säkulare Wertorientierung der Wähler der Linken mag durchaus auch auf das alte PDS-Erbe zurückführbar sein (Neu 2004), da deren Wähler und Mitglieder ähnlich säkular orientiert waren wie die der heutigen Linken. Verwunderlich ist allerdings, dass ausschließlich 2017 direkte und signifikante Effekte seitens einer links-materialistischen Wertorientierung auf das Wahlverhalten attestierbar sind. Nichtsdestotrotz prägt eine solche Wertorientierung auch noch bis 2017 in einem nicht irrelevanten Umfang eine Identifikation mit der Linken. Dass die Linke sich hiernach als sozio-ökonomisch links orientierte Partei versteht, erscheint vor dem Hintergrund der durchgeführten Analysen weiterhin sinnvoll. Grundsätzlich stellt sich aber die Frage, ob es dem Erfolg der Linken nicht zuträglich wäre, im politischen Raum einen noch stärkeren Fokus auf eine säkular orientierte Politik zu richten, auch um sich thematisch breiter aufzustellen und stärker innerhalb des linken politischen Lagers abzugrenzen. Die Wirkpfade gesellschaftlicher Wertorientierungen auf die Linken-Wahl verlaufen allerdings nicht kontinuierlich, sondern sind im Analyseverlauf gewissen Schwankungen ausgesetzt. Zumindest auf dieser Datenlage erscheinen weitreichende Empfehlungen als wenig sinnvoll.

Für die AfD legen die vorliegenden Ergebnisse nahe, dass die Grundbedingungen für eine längerfristige Etablierung als nationalistischer Gegenpol zum Kosmopolitismus der Grünen bereits 2013 auf Elektoratsebene geschaffen waren. Zwar konnten in der vorliegenden Studie keine Pfadmodelle für diese entsprechende Wahl berechnet werden, doch zeigt sich in den anderen Modellierungen bereits ein klarer Effekt. Demnach hatte 2013 einzig eine nationalistische Wertorientierung einen signifikanten Effekt auf das Wahlverhalten zu Gunsten der AfD. Zur Bundestagswahl 2017 nimmt der entsprechende Effekt deutlich zu. Die Ergebnisse der Datenanalyse deuten darüber hinaus darauf hin, dass es der AfD sehr erfolgreich gelungen ist, auch grundsätzlich als Partei ein Identifikationsobjekt für jene Individuen zu werden, die eine entsprechende Wertorientierung haben. Hinzu kommen weitere Wirkungspfade, die Grund zu der Annahme geben, dass der AfD eine inhaltlich breitere und wertefundierte Aufstellung gelungen ist. Demnach ist die Ablehnung einer sozialpolitisch redistributiven Politik, die Priorisierung wirtschaftlichen Wachstums gegenüber der Bekämpfung des Klimawandels sowie eine säkulare Wertorientierung essenziell für den Erfolg der AfD. Mit anderen Worten bedient die AfD eine vergleichsweise klar definierte Nachfrage im Elektorat – und dies recht erfolgreich, wenn sich der für die Bundestagswahl 2017 festgestellte Entwicklungstrend auch in Zukunft bestätigen sollte. Ein Zusammenspiel aus Nationalismus, Säkularismus und (Rechts-) Materialismus geben der AfD auf der Ebene gesellschaftlicher Wertorientierungen ihrer eigenen Wählerschaft ein einzigartiges Werteprofil, welches sich vermutlich in Zukunft nur marginal verändern wird. Ginge die AfD beispielsweise in der Zukunft den Weg vieler rechtspopulistischer Parteien Westeuropas, die sich schließlich sozio-ökonomisch einer eher sozialprotektionistischen Ausrichtung zuwendeten, würde dies womöglich sogar zum Erfolg der Partei beitragen. Zumindest lässt sich für 2017 nur ein geringfügiger Effekt seitens einer rechtsmaterialistischen Wertorientierung auf die AfD-Wahl nachweisen. Demnach erscheint für die AfD eine Kombination aus einer nationalistisch lesbaren und links-materialistisch begründeten Sozialpolitik vielversprechend. Zusammenfassend bleibt gerade die weitere Entwicklung der AfD, insbesondere dann, wenn sie als expliziter Gegenpol zu den Grünen verstanden wird, vor dem Hintergrund der hier vorgestellten Analysen spannend.

Gemessen an den Analysen zeigt sich, dass die Parteiidentifikation weiterhin *der* zentrale Prädiktor ist, durch und über den eine Wahlentscheidung maßgeblich beeinflusst wird. Alle hier analysierten Parteien sind demnach gut beraten, von ihnen als wahlrelevant identifizierten Bevölkerungsgruppen ein Angebot zu machen beziehungsweise eine Identifikationsfläche zu bieten, um diese Wählergruppen – optimalerweise langfristig – an sich zu binden. Maßgeblich ist hierbei allerdings auch, in welchem Umfang und wie deutlich die Parteiidentifikation durch gesellschaftliche Wertorientierungen geprägt wird.

5.4 Ausblick und Forschungsdesiderate

Wie im vorangegangenen Kapitel beschrieben, bleibt die Parteiidentifikation ein zentraler Prädiktor, um die Wahlentscheidung von Individuen vorhersagen zu können. Die Idee der vorliegenden Studie, dass gesellschaftliche Wertorientierungen über diese Parteiidentifikation schließlich auf die spezifische Wahlentscheidung einwirken, hat sich als ebenso richtig herausgestellt wie auch die Feststellung, dass gesellschaftliche Wertorientierungen – je nach Dimension und Partei – auch einen von der Parteiidentifikation unabhängigen Wirkungspfad haben können. Die Grundannahme des Kausaltrichters der Wahlentscheidung ist demnach in der Grundtendenz bestätigt, wenngleich er aus verschiedenen Gründen auch weiterhin kritisch hinterfragt werden sollte, da er gleichermaßen partiell widerlegt wurde. Gesellschaftliche Wertorientierungen wirken tatsächlich primär über die Parteiidentifikation, jedoch *auch* unabhängig von dieser auf das Wahlverhalten ein. Für die Wahlforschung beziehungsweise die Politikwissenschaft stellen sich auf Basis der vorliegenden Ergebnisse einige Fragen, die in Folgestudien untersucht werden müssen.

Zentral ist hierbei nicht nur eine Untersuchung, ob gesellschaftliche Wertorientierungen beispielsweise einen direkten Effekt auf die Einstellungen zu spezifischen Kandidaten – gemeint ist hier die Kandidatenorientierung – haben. Die Wirkungsweise der Parteiidentifikation bleibt zwar weiterhin stark, gleichwohl verfügt nicht jedes Individuum über eine derartige Bindung zu einer Partei. Entsprechende Individuen stehen dadurch sozusagen im Schatten jener Individuen, die sich mit einer Partei identifizieren. Auch ist die Grundannahme des Kausaltrichters nach Campbell et al. (1960) und Dalton (1988) in einem zentralen Punkt schlichtweg unlogisch, sofern die vorliegende Studie als Ausgang für weitere Untersuchungen genommen wird: Wenn sich Einstellungen zu Themen als gesellschaftlichen Wertorientierungen nachgelagerte Einflussgrößen bestimmen lassen, immerhin leiten sich politische Einstellungen doch aus ihnen ab, so muss das Konzept des Trichters der Wahlentscheidung überarbeitet werden. Dies ist damit zu begründen, dass im Ursprungskonzept die Einstellungen zu bestimmten Themen keine direkte Beziehung zu (gesellschaftlichen) Wertorientierungen aufweisen, sondern einzig aus der Parteiidentifikation abgeleitet und von dieser beeinflusst werden. Auf Basis der hier konzeptuell unterbreiteten Vorschläge ist diese fehlende Beziehung theoretisch unlogisch.

Zu fragen ist zudem, ob die Annahme weiterhin Gültigkeit hat, dass zwischen der Kandidaten- und der Themenorientierung kein wechselseitiger Einfluss besteht. Vor dem Hintergrund zunehmender Personalisierung von Wahlkämpfen und politischen Prozessen erscheint eine derartige Untersuchung wünschenswert. Auch ist zu untersuchen, ob die Parteiidentifikation heute noch in ihrer Entstehung der kausalen Logik folgt, dass diese vor allem über Wertorientierungen, Gruppenloyalitäten oder eine familiäre Sozialisation vermittelt wird. Demnach könnte ein Ausgangspunkt für weitere Untersuchungen jener sein, mögliche Effekte seitens der Kandidaten- oder Themenorientierung auf die Entstehung und

Ausbildung einer Parteiidentifikation zu untersuchen. Fraglich ist dann beispielsweise auch, ob es hier altersgruppen-spezifische Unterschiede gibt oder ob die Annahme kausaler Mechanismen beispielsweise auch auf Menschen zu übertragen ist, die überhaupt nicht oder nur teilweise in Deutschland politisch sozialisiert wurden.

Dabei müssen dann die hier in Teilen bestehenden Defizite, beispielsweise die nicht mögliche Replizierbarkeit von Einstellungsvariablen, die dadurch nicht in die Analyse aufgenommen werden konnten, oder aber auch sich im Zeitverlauf verändernde Items, ausgeglichen oder behoben werden. Auch die allgemeine Anzahl an Items, die zur Abbildung der jeweiligen Dimensionen gesellschaftlicher Wertorientierungen herangezogen werden, müssen dem folgend erweitert werden. Dafür sind sodann theoretisch-konzeptionelle Schritte nötig, um entsprechende Items zu entwickeln, die einer empirischen Untersuchung sachdienlich sind. Wünschenswert ist ferner, dass derartige Wahlstudien in Zukunft noch eine bedeutsam größere Zahl an Wählern erfassen, da nur dadurch robuste Messungen auch für die Elektorate kleinerer Parteien möglich sind. Dies hätte womöglich auftretende Schwierigkeiten mit der Erklärung des Wahlverhaltens für die AfD bei der Bundestagswahl 2013 verhindern können. Auch lassen sich Pfadmodellierungen deutlich besser mit größeren Fallzahlen realisieren. Dieses Defizit konnte in der hier vorliegenden Arbeit nicht behoben werden. Mögliche Ansatzpunkte für anschließende Untersuchungen sind vielfältig und sollten verfolgt werden, um das zu Beginn dieser Untersuchung beschriebene Defizit eines stiefmütterlichen Umgangs mit gesellschaftlichen Wertorientierungen langfristig zu beheben. Auf lange Sicht könnte sich dies als lohnend erweisen. Dabei könnte sodann auch beispielhaft die Frage verfolgt werden, weshalb etwa die Konfliktdimension des Links-Rechts-Materialismus zwar die Identifikation mit allen hier einer Untersuchung unterzogenen Parteien – mit Ausnahme der AfD aufgrund der angeführten Messproblematik – signifikant beeinflusst, direkte Effekte auf das Wahlverhalten hingegen nur geringfügig festzustellen sind. In diesem Kontext sollte in Folge auch zwingenderweise ein stärkerer Fokus auf der Erklärung des Wahlverhaltens zu Gunsten der SPD liegen, da dieses hier, auf Basis der vorliegenden Analysen, nicht anhand von gesellschaftlichen Wertorientierungen zu erklären ist. Ob es sich hierbei um ein systematisches Problem der SPD oder doch nur der verwendeten Daten handelt, werden Folgestudien zeigen.

Die vorliegende Untersuchung hat vor allem den Blick darauf gerichtet, inwiefern Parteien auf sich wandelnde Wertorientierungen innerhalb der Bevölkerung reagieren und die für sie wichtigen historischen Wurzeln heute noch abzubilden vermögen. Nicht betrachtet wurde dabei aber, wie die entsprechende Angebotsseite – gemeint sind hiermit die Parteien – womöglich auch Einfluss nehmen

5.4 Ausblick und Forschungsdesiderate

kann auf die Ausgestaltung oder Veränderung von gesellschaftlichen Wertorientierungen, die bereits den politischen Raum prägen. Zielführend könnte hierbei etwa eine Untersuchung der programmatischen Kommunikation von Parteien oder Parteieliten sein, die auf die Forcierung entsprechender Politikziele ausgerichtet ist und zu einer langfristigen Restrukturierung im politischen Wettbewerb beitragen könnte. Alleine hieraus ergeben sich zahlreiche Anknüpfungspunkte für die Erforschung gesellschaftlicher Wertorientierungen, die den vormals stiefmütterlichen Umgang mit ihnen – so ist zumindest die hier formulierte Hoffnung – zu einer Randnotiz der Vergangenheit werden lassen.

Open Access Dieses Kapitel wird unter der Creative Commons Namensnennung 4.0 International Lizenz (http://creativecommons.org/licenses/by/4.0/deed.de) veröffentlicht, welche die Nutzung, Vervielfältigung, Bearbeitung, Verbreitung und Wiedergabe in jeglichem Medium und Format erlaubt, sofern Sie den/die ursprünglichen Autor(en) und die Quelle ordnungsgemäß nennen, einen Link zur Creative Commons Lizenz beifügen und angeben, ob Änderungen vorgenommen wurden.

Die in diesem Kapitel enthaltenen Bilder und sonstiges Drittmaterial unterliegen ebenfalls der genannten Creative Commons Lizenz, sofern sich aus der Abbildungslegende nichts anderes ergibt. Sofern das betreffende Material nicht unter der genannten Creative Commons Lizenz steht und die betreffende Handlung nicht nach gesetzlichen Vorschriften erlaubt ist, ist für die oben aufgeführten Weiterverwendungen des Materials die Einwilligung des jeweiligen Rechteinhabers einzuholen.

Literaturverzeichnis

Aarts, Olav, Ariana Need, Manfred Te Grotenhuis und Nan Dirk De Graaf. 2010. Does Duration of Deregulated Religious Markets Affect Church Attendance? Evidence from 26 Religious Markets in Europe and North America Between 1981 and 2006. In: Journal for the Scientific Study of Religion, 49(4), S. 657–672.

Abels, Heinz. 2007. Einführung in die Soziologie. Band 2: Die Individuen in ihrer Gesellschaft. Wiesbaden: VS Verlag für Sozialwissenschaften.

Abou-Chadi, Tarik. 2015. Das Thema europäische Integration und die Wahlentscheidung bei der Bundestagswahl 2013. In: Giebler, Heiko und Aiko Wagner (Hrsg.): Wirtschaft, Krise und Wahlverhalten. Baden-Baden: Nomos Verlagsgesellschaft, S. 84–106.

Abramson, Paul R. und Ronald Inglehart. 1987. Generational Replacement and the Future of Post-Materialist Values. In: The Journal of Politics, 49(1), S. 231–241.

Abromeit, Heindrun und Michael Stoiber. 2006. Demokratien im Vergleich. Einführung in die vergleichende Analyse politischer Systeme. Wiesbaden: VS Verlag für Sozialwissenschaften.

Ackermann, Kathrin und Richard Traunmüller. 2015. Zur neuen Relevanz des sozialen Kontexts für das Wahlverhalten. Antwort auf die kritischen Anmerkungen von Franz Urban Pappi. In: Politische Vierteljahresschrift, 56(2), S. 284–298.

Adorno, Theodor W. 2019. Aspekte des neuen Rechtsradikalismus. Ein Vortrag. Berlin: Suhrkamp Verlag.

Aichholzer, Julian. 2017. Einführung in lineare Strukturgleichungsmodelle mit Stata. Wiesbaden: Springer VS.

Ajzen, Icek. 2005. Attitudes, Personality and Behavior. Second Edition. Milton Keynes: Open University Press.

Alber, Jens. 1985. Modernisierung, neue Spannungslinien und die politischen Chancen der Grünen. In: Politische Vierteljahresschrift, 26(3), S. 211–226.

Alemann, Ulrich von. 2010. Das Parteiensystem der Bundesrepublik Deutschland. 4., vollständig überarbeitete und aktualisierte Auflage. Wiesbaden: VS Verlag für Sozialwissenschaften.

Alemann, Ulrich von. 2017. Krisenphänomen AfD: Volkspartei, Fokuspartei oder Protestpartei. In: Bieber, Christoph, Andreas Blätte, Karl-Rudolf Korte und Niko Switek (Hrsg.): Regieren in der Einwanderungsgesellschaft. Impulse zur Integrationsdebatte aus Sicht der Regierungsforschung. Wiesbaden: Springer VS, S. 63–68.

Alemann, Ulrich von, Philipp Erbentraut und Jens Walther. 2018. Das Parteiensystem der Bundesrepublik Deutschland. Wiesbaden: Springer VS.

Alexander, Amy C. und Christian Welzel. 2017. The Myth of Deconsolidation: Rising Liberalism and the Populist Reaction. In: ILE Working Paper Series, Nr. 10, Universität Hamburg, Institut für Recht und Ökonomik. Online verfügbar unter: https://www.econstor.eu/bitstream/10419/170694/1/ile-wp-2017-10.pdf – abgerufen am 17.02.2020.

Amann, Melanie, Maik Baumgärtner, Markus Feldenkirchen, Martin Knobbe, Ann-Kathrin Müller, Alexander Neubacher und Jörg Schindler. 2015. Aufstand der Ängstlichen. In: Der Spiegel, 51/2015, S. 18–27.

Anan, Deniz. 2019. Ist Opas FDP wirklich tot? Eine Analyse des FDP-Bundestagswahlprogramms 2017 im Lichte der strategischen Neuorientierung nach 2013. In: Zeitschrift für Politikwissenschaft, 29(1), S. 53–75.

Anstötz, Pascal und Bettina Westle. 2019. Wertvorstellungen, nationale Identifikation, gruppenbezogene Ausgrenzung und Bedrohungswahrnehmung als Determinanten von Einstellungen zu Immigration. In: Bytzek, Evelyn, Markus Steinbrecher und Ulrich Rosar (Hrsg.): Wahrnehmung – Persönlichkeit – Einstellungen. Psychologische Theorien und Methoden in der Wahl- und Einstellungsforschung. Wiesbaden: Springer VS, S. 101–142.

Arzheimer, Kai. 2005. „Freiheit oder Sozialismus?" Gesellschaftliche Wertorientierungen, Staatszielvorstellungen und Ideologien im Ost-West-Vergleich. In: Gabriel, Oscar W., Jürgen W. Falter und Hans Rattinger (Hrsg.): Wächst zusammen, was zusammen gehört? Stabilität und Wandel politischer Einstellungen im wiedervereinigten Deutschland. Baden-Baden: Nomos Verlagsgesellschaft, S. 285–313.

Arzheimer, Kai. 2007. Angus Campbell/Philip E. Converse/Warren E. Miller/Donald E. Stokes, The American Voter, New York 1960. In: Kailitz, Steffen (Hrsg.): Schlüsselwerke der Politikwissenschaft. Wiesbaden: VS Verlag für Sozialwissenschaften, S. 67–72.

Arzheimer, Kai. 2015. The AfD: Finally a Successful Right-Wing Populist Eurosceptic Party for Germany. In: West European Politics, 38(3), S. 535–556.

Arzheimer, Kai. 2016. Strukturgleichungsmodelle. Eine anwendungsorientierte Einführung. Wiesbaden: Springer VS.

Arzheimer, Kai und Carl C. Berning. 2019. How the Alternative for Germany (AfD) and their voters veered to the radical right, 2013–2017. In: Electoral Studies. Online first: https://doi.org/10.1016/j.electstud.2019.04.004.

Arzheimer, Kai und Jürgen W. Falter. 2013. Versöhnen statt spalten? Das Ergebnis der Bundestagswahl 2009 und die Rolle der PDS/Linkspartei in Ost-West-Perspektive. In: Weßels, Bernhard, Harald Schoen und Oscar W. Gabriel (Hrsg.): Wahlen und Wähler. Analysen aus Anlass der Bundestagswahl 2009. Wiesbaden: Springer VS, S. 118–150.

Arzheimer, Kai und Markus Klein. 2000. Gesellschaftspolitische Wertorientierungen und Staatszielvorstellungen im Ost-West-Vergleich. In: Falter, Jürgen W., Oscar W. Gabriel und Hans Rattinger (Hrsg.): Wirklich ein Volk? Die politischen Orientierungen von Ost- und Westdeutschen im Vergleich. Opladen: Leske + Budrich, S. 363–402.

Arzheimer, Kai und Tatjana Rudi. 2007. Wertorientierungen und ideologische Einstellungen. In: Rattinger, Hans, Oscar W. Gabriel und Jürgen W. Falter (Hrsg.): Der gesamtdeutsche Wähler. Stabilität und Wandel der Wählerverhaltens im wiedervereinigten Deutschland. Baden-Baden: Nomos Verlagsgesellschaft, S. 166–187.

Arzheimer, Kai und Harald Schoen. 2007. Mehr als eine Erinnerung an das 19. Jahrhundert? Das sozioökonomische und das religiös-konfessionelle Cleavage und Wahlverhalten 1994–2005. In: Rattinger, Hans, Oscar W. Gabriel und Jürgen W. Falter (Hrsg.): Der gesamtdeutsche Wähler. Stabilität und Wandel des Wählerverhaltens im wiedervereinigten Deutschland. Baden-Baden: Nomos Verlagsgesellschaft, S. 89–111.

Backhaus, Klaus, Bernd Erichson, Wulff Plinke und Rolf Weiber. 2011. Multivariate Analysemethoden. Eine anwendungsorientierte Einführung. 13., überarbeitete Auflage. Berlin und Heidelberg: Springer-Verlag.

Bauer, Petra. 1993. Ideologie und politische Beteiligung in der Bundesrepublik Deutschland. Eine empirische Untersuchung politischer Überzeugungssysteme. Opladen: Westdeutscher Verlag GmbH.

Bauer-Blaschkowski, Svenja, Fabian Engler und Reimut Zohlnhöfer. 2019. Parteienwettbewerb und Politikentscheidungen in der 18. Wahlperiode. Euro- und Flüchtlingskrise im Vergleich. In: Zohlnhöfer, Reimut und Thomas Saalfeld (Hrsg.): Zwischen Stillstand, Politikwandel und Krisenmanagement. Eine Bilanz der Regierung Merkel 2013–2017. Wiesbaden: Springer VS, S. 111–140.

Bauer-Kaase, Petra und Max Kaase. 1998. Werte und Wertewandel – ein altes Thema und eine neue Facette. In: Galler, Heinz P. und Gerd Wagner (Hrsg.): Empirische Forschung und wirtschaftspolitische Beratung. Festschrift für Hans-Jürgen Krupp zum 65. Geburtstag. Frankfurt am Main und New York: Campus Verlag, S. 256–274.

Baumann, Zygmunt. 2016. Die Angst vor den anderen: Ein Essay über Migration und Panikmache. 3. Auflage. Berlin: Suhrkamp Verlag.

Baur, Nina. 2011. Ordinalskalenproblem. In: Akremi, Leila, Nina Baur, Sabine Fromm, (Hrsg.): Datenanalyse mit SPSS für Fortgeschrittene. 3. Auflage. Wiesbaden: VS Verlag für Sozialwissenschaften, S. 211–221.

Bebnowski, David. 2015. Die Alternative für Deutschland: Aufstieg und gesellschaftliche Repräsentanz einer rechten populistischen Partei. Wiesbaden: Springer VS.

Beck, Ulrich. 2001. Das Zeitalter des „eigenen Lebens". Individualisierung als „paradoxe Sozialstruktur" und andere offene Fragen. In: Aus Politik und Zeitgeschichte, 29/2001, S. 3–6.

Beck, Ulrich. 2016. Risikogesellschaft. Auf dem Weg in eine andere Moderne. 23. Auflage. Frankfurt am Main: Suhrkamp Verlag.

Beck, Ulrich und Elisabeth Beck-Gernsheim. 2002. Individualization. Institutionalized Individualism and its Social and Political Consequences. London: SAGE Publications Ltd.

Beckers, Tilo. 2018. Werte. In: Kopp, Johannes und Anja Steinbach (Hrsg.): Grundbegriffe der Soziologie. Wiesbaden: Springer VS, S. 507–511.

Benz, Wolfgang. 2018. Wie Gauland sich an Hitlers Rede anschmiegt. Online verfügbar unter: https://www.tagesspiegel.de/wissen/analyse-des-historikers-wolfgang-benz-wie-gauland-sich-an-hitlers-rede-anschmiegt/23166272.html – abgerufen am 09.11.2020.

Berelson, Bernard R., Paul F. Lazarsfeld und William N. McPhee. 1954. Voting: A Study of Opinion Formation in a Presidential Campaign. Chicago: University of Chicago Press.

Berg, Justin Allen. 2015. Explaining Attitudes toward Immigrants and Immigration Policy: A Review of the Theoretical Literature. In: Sociology Compass, 9(1), S. 23–34.

Bergmann, Knut, Matthias Diermeier und Judith Niehues. 2017. Die AfD: Eine Partei der sich ausgeliefert fühlenden Durchschnittsverdiener? In: Zeitschrift für Parlamentsfragen, 48(1), S. 57–75.

Bergmann, Knut, Matthias Diermeier und Judith Niehues. 2018. Ein komplexes Gebilde. Eine sozio-ökonomische Analyse des Ergebnisses der AfD bei der Bundestagswahl 2017. In: Zeitschrift für Parlamentsfragen, 49(2), S. 243–264.

Bernauer, Thomas, Detlef Jahn, Patrick M. Kuhn und Stefanie Walter. 2018. Einführung in die Politikwissenschaft. 4., durchgesehene Auflage. Baden-Baden: Nomos Verlagsgesellschaft.

Berning, Carl. 2018. Strukturgleichungsmodelle. In: Wagemann, Claudius, Achim Goerres und Markus Siewert (Hrsg.): Handbuch Methoden der Politikwissenschaft. Wiesbaden: Springer VS, S. 1–18.

Bértoa, Fernando C. 2014. Party systems and cleavage structures revisited: A sociological explanation of party system institutionalization in East Central Europe. In: Party Politics, 20(1), S. 16–36.

Berz, Jan. 2019. 14 Jahre Bundeskanzlerin Angela Merkel: Unterstützung durch Annäherung. In: Zeitschrift für Parlamentsfragen, 50(3), S. 545–556.

Best, Henning und Christof Wolf. 2010. Logistische Regression. In: Wolf, Christof und Henning Best (Hrsg.): Handbuch der sozialwissenschaftlichen Datenanalyse. Wiesbaden: VS Verlag für Sozialwissenschaften, S. 827–854.

Best, Henning und Christof Wolf. 2012. Modellvergleich und Ergebnisinterpretation in Logit- und Probit-Regressionen. In: Kölner Zeitschrift für Soziologie und Sozialpsychologie, 64(2), S. 377–395.

Betz, Hans-Georg. 2001. Radikaler Rechtspopulismus im Spannungsfeld zwischen neoliberalistischen Wirtschaftskonzepten und antiliberaler autoritärer Ideologie. In: Loch, Dietmar und Wilhelm Heitmeyer (Hrsg.): Schattenseiten der Globalisierung. Rechtsradikalismus, Rechtspopulismus und separatistischer Regionalismus in westlichen Demokratien. Frankfurt am Main: Suhrkamp Verlag, S. 167–185.

Beyme, Klaus von. 1982. Parteien in westlichen Demokratien. München: R. Piper & Co. Verlag.

Beyme, Klaus von. 2003. Die Entwicklung des Parteienwettbewerbs. In: Egle, Christoph, Tobias Ostheim und Reimut Zohlnhöfer (Hrsg.): Das Rot-Grüne Projekt. Eine Bilanz der Regierung Schröder 1998–2002. Wiesbaden: Westdeutscher Verlag GmbH, S. 53–66.

Beyme, Klaus von. 2010. Das politische System der Bundesrepublik Deutschland. Eine Einführung. 11., vollständig überarbeitete Auflage Wiesbaden: VS Verlag für Sozialwissenschaften.

Beyme, Klaus von. 2018. Rechtspopulismus. Ein Element der Neodemokratie? Wiesbaden: Springer VS.

Bieber, Ina und Evelyn Bytzek. 2013. Herausforderungen und Perspektiven der empirischen Wahlforschung in Deutschland am Beispiel der German Longitudinal Election Study (GLES). In: Analyse & Kritik, 35(2), S. 341–370.

Bieber, Ina und Sigrid Roßteutscher. 2014. Dominante Union und taumelnde FDP: Zur Ausgangslage der Bundestagswahl 2013. In: Schmitt-Beck, Rüdiger, Hans Rattinger, Sigrid Roßteutscher, Bernhard Weßels und Christof Wolf (Hrsg.): Zwischen Fragmentierung und Konzentration: Die Bundestagswahl 2013. Baden-Baden: Nomos Verlagsgesellschaft, S. 19–33.

Bieber, Ina und Sigrid Roßteutscher. 2019. Deutschland und die Welt in Aufruhr – Zur Ausgangslage der Bundestagswahl 2017. In: Roßteutscher, Sigrid, Rüdiger Schmitt-Beck, Harald Schoen, Bernhard Weßels und Christof Wolf (Hrsg.): Zwischen Polarisierung

und Beharrung. Die Bundestagswahl 2017. Baden-Baden: Nomos Verlagsgesellschaft, S. 15–32.
Bieber, Ina, Sigrid Roßteutscher und Philipp Scherer. 2018. Die Metamorphosen der AfD-Wählerschaft: Von einer euroskeptischen Protestpartei zu einer (r)echten Alternative? In: Politische Vierteljahresschrift, 59(3), S. 433–461.
Biebricher, Thomas. 2018. Geistig-Moralische Wende. Die Erschöpfung des deutschen Konservatismus. Berlin: Matthes & Seitz Berlin.
Birsl, Ursula und Peter Lösche. 2001. (Neo-)Populismus in der deutschen Parteienlandschaft. Oder: Erosion der politischen Mitte. In: Loch, Dietmar und Wilhelm Heitmeyer (Hrsg.): Schattenseiten der Globalisierung. Rechtsradikalismus, Rechtspopulismus und separatistischer Regionalismus in westlichen Demokratien. Frankfurt am Main: Suhrkamp Verlag, S. 346–377.
Blumberg, Fabian. 2011. Schwarz-Grün als bürgerliches Projekt. Warum CDU und Grüne auf kommunaler Ebene koalieren. In: Kronenberg, Volker und Christoph Weckenbrock (Hrsg.): Schwarz-Grün. Die Debatte. Wiesbaden: VS Verlag für Sozialwissenschaften, S. 193–210.
Blumenberg, Manuela S. und Tobias Gummer. 2013. Gewichtung in der German Longitudinal Election Study 2009. Technical Reports 2013/19. Online verfügbar unter: https://www.gesis.org/fileadmin/upload/forschung/publikationen/gesis_reihen/gesis_method enberichte/2013/TechnicalReport_2013-19.pdf – abgerufen am 21.08.2020.
Blumenberg, Manuela S. und Tobias Gummer. 2016. Gewichtung in der German Longitudinal Election Study 2013. GESIS Papers 2016/1. Online verfügbar unter: https://www.gesis.org/fileadmin/upload/forschung/publikationen/gesis_reihen/gesis_papers/2016/GESIS-Papers_2016-01.pdf – abgerufen am 21.08.2020.
Boehnke, Klaus und Christian Welzel. 2006. Wertetransmission und Wertewandel. Eine explorative Drei-Generationen-Studie. In: Zeitschrift für Soziologie der Erziehung und Sozialisation, 26(4), S. 341–360.
Bökenkamp, Gérard und Jürgen Frölich. 2012. Das „Lambsdorff-Papier" – entscheidende Wendemarke in der bundesdeutschen Wirtschafts- und Gesellschaftspolitik. In: Bökenkamp, Gérard, Detmar Doering, Jürgen Frölich und Ewald Grothe (Hrsg.): 30 Jahre „Lambsdorff-Papier". Texte und Dokumente zum „Konzept für eine Politik zur Überwindung der Wachstumsschwäche und zur Bekämpfung der Arbeitslosigkeit" (9. September 1982). Berlin: Friedrich-Naumann-Stiftung für die Freiheit, S. 7–13.
Börzel, Tanja A. 2005. Mind the gap! European integration between level and scope. In: Journal of European Public Policy, 12(2), S. 217–236.
Bogner, Kathrin und Uta Landrock. 2015. Antworttendenzen in standardisierten Umfragen. Mannheim, GESIS Leibniz-Institut für Sozialwissenschaften (GESIS Survey Guidelines). DOI: https://doi.org/10.15465/gesis-sg_016.
Bortz, Jürgen. 1999. Statistik für Sozialwissenschaftler. 5. vollständig überarbeitete Auflage. Berlin: Springer-Verlag.
Bohmann, Ulf und Hartmut Rosa. 2012. Das Gute und das Rechte. Die kommunitaristischen Demokratietheorien. In: Lembcke, Oliver W., Claudia Ritzi und Gary S. Schaal (Hrsg.): Zeitgenössische Demokratietheorie. Band 1: Normative Demokratietheorien. Wiesbaden: Springer VS, S. 127–155.
Bornschier, Simon. 2009. Cleavage politics in old and new democracies. In: Living Reviews in Democracy, 1(1), S. 1–13.

Bornschier, Simon. 2010. The New Cultural Divide and the Two-Dimensional Political Space in Western Europe. In: West European Politics, 33(3), S. 419–444.
Bornschier, Simon. 2012. Why a right-wing populist party emerged in France but not in Germany: cleavages and actors in the formation of a new cultural divide. In: European Political Science Review, 4(1), S. 121–145.
Bourdieu, Pierre. 1973. Cultural Reproduction and Social Reproduction. In: Brown, Richard (Hrsg.): Knowledge, Education and Cultural Change. Papers in the Sociology of Education. London: Routledge, S. 71–112.
Bourdieu, Pierre.1986. The forms of capital. In: Richardson, John G. (Hrsg.): Handbook of Theory and Research for the Sociology of Education. New York: Greenwood, S. 241–258.
Bowler, Shaun. 2017. Institutions and Voter Choice: Who Chooses, What Do They Choose Over and How Do They Choose. In: Arzheimer, Kai, Jocelyn Evans und Michael S. Lewis-Beck (Hrsg.): The SAGE Handbook of Electoral Behaviour. Los Angeles: SAGE Publications Ltd., S. 9–29.
Bowler, Shaun. 2018. Party identification. In: Fisher, Justin, Edward Fieldhouse, Mark N. Franklin, Rachel Gibson, Marta Cantijoch und Christopher Wlezien (Hrsg.): The Routledge Handbook of Elections, Voting Behavior and Public Opinion. New York: Routledge, S. 146–157.
Braun Michael. 2000. Evaluation der Äquivalenz eines gemeinsamen Satzes an Indikatoren in der interkulturell vergleichenden Sozialforschung. In: GESIS-How-to-Reihe, 3. Mannheim: Zentrum für Umfragen, Methoden und Analysen – ZUMA.
Bräuninger, Thomas, Marc Debus, Jochen Müller and Christian Stecker. 2020. Parteienwettbewerb in den deutschen Bundesländern. 2. Auflage. Wiesbaden: Springer VS.
Browne, Michael W. und Robert Cudeck. 1993. Alternative ways of assessing model fit. In: Bollen, Kenneth A. und J. Scott Long (Hrsg.): Testing structural equation models. Newbury Park: Sage Publications, S. 136–162.
Bündnis 90/Die Grünen. 2019. Grüne Chronik 1979–2019. Online verfügbar unter: https://cms.gruene.de/uploads/documents/GRUENE_Chronik_1979-2019.pdf – abgerufen am 29.11.2020.
Bürklin, Wilhelm P. 1981. Die Grünen und die „Neue Politik": Abschied vom Dreiparteiensystem? In: Politische Vierteljahresschrift, 22(4), S. 359–382.
Bürklin, Wilhelm P. 1984. Grüne Politik. Ideologische Zyklen. Wähler und Parteiensystem. Opladen: Westdeutscher Verlag GmbH.
Bürklin, Wilhelm P. 1988. Wählerverhalten und Wertewandel. Wiesbaden: Springer Fachmedien GmbH.
Bürklin, Wilhelm und Markus Klein. 1998. Wahlen und Wählerverhalten. Eine Einführung. 2. Auflage. Opladen: Leske + Budrich.
Bürklin, Wilhelm, Markus Klein und Achim Ruß. 1996. Postmaterieller oder anthropozentrischer Wertewandel? Eine Erwiderung auf Ronald Inglehart und Hans-Dieter Klingemann. In: Politische Vierteljahresschrift, 37(3), S. 517–536.
Bukow, Sebastian. 2017. Bundestagswahl 2017. Ergebnisse und Analysen. Berlin: Heinrich-Böll-Stiftung e.V.
Bukow, Sebastian und Uwe Jun. 2017. Parteien unter Wettbewerbsdruck. In: Bukow, Sebastian und Uwe Jun (Hrsg.): Parteien unter Wettbewerbsdruck. Wiesbaden: Springer VS, S. 1–37.

Bukow, Sebastian und Niko Switek. 2017. Ökonomie sticht Ökologie? Programmatische Reaktionen der grünen Parteifamilie als Folge der globalen Finanz- und Wirtschaftskrise. In: Zeitschrift für Vergleichende Politikwissenschaft, 11(1), S. 104–128.

Bundeszentrale für politische Bildung. 2018. Wahlbeteiligung und Briefwahl. Online verfügbar unter: https://www.bpb.de/nachschlagen/zahlen-und-fakten/bundestagswahlen/280218/wahlbeteiligung-und-briefwahl – abgerufen am 13.10.2020.

Busch, Andreas und Philip Manow. 2001. The SPD and the Neue Mitte in Germany. In: White, Stuart (Hrsg.): New Labour. The Progressive Future? London: Palgrave Publishers Ltd, S. 175–189.

Butterwegge, Christoph. 2006. Generationengerechtigkeit – politischer Kampfbegriff oder sinnvolle Neuinterpretation der sozialen Frage? Kritische Anmerkungen zu einem Kernaspekt des aktuellen Gerechtigkeitsdiskurses in Deutschland. In: Grasse, Alexander, Carmen Ludwig und Berthold Dietz (Hrsg.): Soziale Gerechtigkeit. Reformpolitik am Scheideweg. Wiesbaden: VS Verlag für Sozialwissenschaften, S. 117–128.

Butzlaff, Felix. 2017. Die FDP. Von der honorigen Bürgerpartei zur Partei der Besserverdienenden. In: Wiesendahl, Elmar (Hrsg.): Parteien und soziale Ungleichheit. Wiesbaden: Springer VS, S. 169–190.

Bytzek, Evelyn und Sascha Huber. 2011. Koalitionen und strategisches Wählen. In: Rattinger, Hans, Sigrid Roßteutscher, Rüdiger Schmitt-Beck und Bernhard Weßels (Hrsg.): Zwischen Langeweile und Extremen: Die Bundestagswahl 2009. Baden-Baden: Nomos Verlagsgesellschaft, S. 247–263.

Campbell, Angus, Gerald Gurin und Warren E. Miller. 1954. The Voter Decides. Evanston: Row, Peterson and Company.

Campbell, Angus, Philip E. Converse, Warren E. Miller und Donald E. Stokes. 1960. The American Voter. New York: John Wiley.

Ceobanu, Alin M. und Xavier Escandell. 2010. Comparative Analyses of Public Attitudes Toward Immigrants and Immigration Using Multinational Survey Data: A Review of Theories and Research. In: Annual Review of Sociology, 36(1), S. 309–328.

Chen, Fang. 2007. Sensitivity of Goodness of Fit Indexes to Lack of Measurement Invariance. In: Structural Equation Modeling, 14(3), S. 464–504.

Clemens, Clay. 2018. The CDU/CSU's ambivalent 2017 Campaign. In: German Politics and Society, 36(2), S. 55–75.

Converse, Philip E. 1962. Information Flow and the Stability of Partisan Attitudes. In: Public Opinion Quarterly, 26(4), S. 578–599.

Crouch, Colin. 2016. Globalisierung oder Nationalismus. In: Cicero. Magazin für politische Kultur, 10/2016, S. 40–47.

Crouch, Colin. 2018. Der Kampf um die Globalisierung. Wien: Passagen Verlag.

Dahl, Robert A. 1971. Polyarchy. Participation and Opposition. New Haven: Yale University Press.

Dahrendorf, Ralf. 1985. Soziale Klassen und Klassenkonflikt: Zur Entwicklung und Wirkung eines Theoriestücks. Ein persönlicher Bericht. In: Zeitschrift für Soziologie, 14(3), S. 236–240.

Dahrendorf, Ralf. 2007. Auf der Suche nach einer neuen Ordnung: Vorlesungen zur Politik der Freiheit im 21. Jahrhundert. 4. Auflage. München: Verlag C.H. Beck.

Dalton, Russell J. 1977. Was There A Revolution? A Note on Generational Versus Life Cycle Explanations of Value Differences. In: Comparative Political Studies, 9(4), S. 459–474.

Dalton, Russel J. 1984a. The West German Party System between Two Ages. In: Dalton, Russel J., Scott Flanagan und Paul Allen Beck (Hrsg.): Electoral Change in Advanced Industrial Democracies: Realignment or Dealignment? Princeton: Princeton University Press, S. 93–133.

Dalton, Russel J. 1984b. Cognitive mobilization and partisan dealignment in advanced industrial democracies. In: The Journal of Politics, 46(1), S. 264–284.

Dalton, Russel J. 1988. Citizen Politics in Western Democracies. Public Opinion and Political Parties in the United States, Great Britain, West Germany, and France. New Jersey: Chatham House Publishers.

Dalton, Russell J. 1996. Political Cleavages, Issues, and Electoral Change. In: LeDuc, Lawrence, Richard G. Niemi und Pippa Norris (Hrsg.): Comparing Democracies: Elections and Voting in Global Perspective. Thousand Oaks: SAGE Publications Ltd, S. 319–342.

Dalton, Russell J. 2000. The Decline of Party Identifications. In: Dalton, Russell J. und Martin P. Wattenberg (Hrsg.): Parties without Partisans: Political Change in Advanced Industrial Democracies. Oxford: Oxford University Press, S. 19–36.

Dalton, Russell J. 2002. Political cleavages, issues, and electoral change. In: LeDuc, Lawrence, Richard G. Niemi und Pippa Norris (Hrsg.): Comparing Democracies 2. New Challenges in the Study of Elections and Voting. London: Sage Publications, S. 189–209.

Dalton, Russell J. 2003. Vergleichende Wertewandelforschung. In: Schlosser-Berg, Dirk und Ferdinand Müller-Rommel (Hrsg.): Vergleichende Politikwissenschaft. Ein einführendes Studienhandbuch. 4. Auflage. Opladen: Leske + Budrich GmbH, S. 151–165.

Dalton, Russell J. 2008. Citizen Politics in Western Democracies. Public Opinion and Political Parties in Advanced Industrial Democracies. Washington D.C.: CQ Press.

Dalton, Russell J. 2009. Economics, environmentalism and party alignments: A note on partisan change in advanced industrial democracies. In: European Journal of Political Research, 48(2), S. 161–175.

Dalton, Russell J. 2012. Apartisans and the changing German electorate. In: Electoral Studies, 31(1), S. 35–45.

Dalton, Russell J. 2018. Political Realignment. Economics, Culture and Electoral Change. Oxford: Oxford University Press.

Dalton, Russell J. und Willy Jou. 2010. Is There A Single German Party System? In: German Politics and Society, 28(2), S. 34–52.

Dalton, Russell J. und Martin P. Wattenberg. 1993. The Not So Simple Act of Voting. In: Finifter, Ada W. (Hrsg.): Political Science. The State of the Discipline II. Washington D.C.: The American Political Science Association, S. 193–218.

Dalton, Russell J., Paul Allen Beck und Scott C. Flanagan. 1984. Electoral Change in Advanced Industrial Democracies. In: Dalton, Russell J, Scott C. Flanagan und Paul Allen Beck (Hrsg.): Electoral Change in Advanced Industrial Democracies: Realignment or Dealignment? Princeton: Princeton University Press, S. 3–22.

Dassonneville, Ruth und Marc Hooghe. 2017. The Noise of the Vote Recall Question: The Validity of the Vote Recall Question in Panel Studies in Belgium, Germany, and the Netherlands. In: International Journal of Public Opinion Research, 29(2), S. 316–338.

Dassonneville, Ruth, Marc Hooghe und Bram Vanhoutte. 2014. Partisan Dealignment in Germany: A Rejoinder to Russell Dalton. In: German Politics, 23(1–2), S. 145–155.

Däubler, Thomas. 2017. Links-rechts und darüber hinaus – eine Neuvermessung der deutschen Parteienlandschaft mit einem auf die MARPOR/CMP-Daten angewandten IRT-Modell. In: Bukow, Sebastian und Uwe Jun (Hrsg.): Parteien unter Wettbewerbsdruck. Wiesbaden: Springer VS, S. 57–88.

Davidov, Eldad. 2010. Testing for comparability of human values across countries and time with the third round of the European Social Survey. In: International Journal of Comparative Sociology, 51(3), S. 171–191.

Debus, Marc. 2007. Die programmatische Entwicklung der deutschen Parteien auf Bundes- und Landesebene zwischen den Bundestagswahlen 1998 und 2005. In: Brettschneider, Frank, Oskar Niedermayer und Bernhard Weßels (Hrsg.): Die Bundestagswahl 2005. Analysen des Wahlkampfes und der Wahlergebnisse. Wiesbaden: VS Verlag für Sozialwissenschaften, S. 43–63.

Debus, Marc. 2017. Die Thematisierung der Flüchtlingskrise im Vorfeld der Landtagswahlen 2016: Mangelnde Responsivität als eine Ursache für den Erfolg der AfD? In: Bieber, Christoph, Andreas Blätte, Karl-Rudolf Korte und Niko Switek (Hrsg.): Regieren in der Einwanderungsgesellschaft. Impulse zur Integrationsdebatte aus Sicht der Regierungsforschung. Wiesbaden: Springer VS, S. 91–98.

Debus, Marc und Jochen Müller. 2020. Soziale Konflikte, sozialer Wandel, sozialer Kontext und Wählerverhalten. In: Faas, Thorsten, Oscar W. Gabriel und Jürgen Maier (Hrsg.): Politikwissenschaftliche Einstellungs- und Verhaltensforschung. Handbuch für Wissenschaft und Studium. Baden-Baden: Nomos Verlagsgesellschaft, S. 437–457.

Decker, Frank. 1999. Parteien und Parteiensysteme im Wandel. In: Zeitschrift für Parlamentsfragen, 30(2), S. 345–361.

Decker, Frank. 2014. Zur Entwicklung des bundesdeutschen Parteiensystems vor und nach der Bundestagswahl 2013: Überwindung der koalitionspolitischen Segmentierung. In: Korte, Karl-Rudolf (Hrsg.): Die Bundestagswahl 2013. Analysen der Wahl-, Parteien-, Kommunikations- und Regierungsforschung. Wiesbaden: Springer VS, S. 143–163.

Decker, Frank. 2015. Parteiendemokratie im Wandel. Beiträge zur Theorie und Empirie. Baden-Baden: Nomos Verlagsgesellschaft.

Decker, Frank. 2016a. Das demokratische System als Parteiensystem. In: Lembcke, Oliver W., Claudia Ritzi und Gary S. Schaal (Hrsg.): Zeitgenössische Demokratietheorie. Band 2: Empirische Demokratietheorien. Wiesbaden: Springer VS, S. 59–77.

Decker, Frank. 2016b. Die » Alternative für Deutschland « aus der vergleichenden Sicht der Parteienforschung. In: Häusler, Alexander (Hrsg.): Die Alternative für Deutschland. Programmatik, Entwicklung und politische Verortung. Wiesbaden: Springer VS, S. 7–23.

Decker, Frank. 2017. Die Ankunft des neuen Rechtspopulismus im Parteiensystem der Bundesrepublik. In: Bieber, Christoph, Andreas Blätte, Karl-Rudolf Korte und Niko Switek (Hrsg.): Regieren in der Einwanderungsgesellschaft. Impulse zur Integrationsdebatte aus Sicht der Regierungsforschung. Wiesbaden: Springer VS, S. 55–61.

Decker, Frank. 2018a. Parteiendemokratie im Wandel. In: Decker, Frank und Viola Neu (Hrsg.): Handbuch der deutschen Parteien. 3. Auflage. Wiesbaden: Springer VS, S. 3–39.

Decker, Frank. 2018b. Jenseits von Links und Rechts. Lassen sich Parteien noch klassifizieren. In: Aus Politik und Zeitgeschichte, 46–47/2018, S. 21–26.

Decker, Frank. 2019a. Kosmopolitismus versus Kommunitarismus: eine neue Konfliktlinie in den Parteiensystemen? In: Zeitschrift für Politik, 66(4), S. 445–454.

Decker, Frank. 2019b. Über Jamaika zur Fortsetzung der Großen Koalition. Die Entwicklung des Parteiensystems vor und nach der Bundestagswahl 2017. In: Korte, Karl-Rudolf und Jan Schoofs (Hrsg.): Die Bundestagswahl 2017. Analysen der Wahl-, Parteien-, Kommunikations- und Regierungsforschung. Wiesbaden: Springer VS, S. 201–224.

Decker, Frank und Philipp Adorf. 2018. Coalition Politics in Crisis? The German Party System Before and After the 2017 Federal Election. In: German Politics and Society, 36(2), S. 5–26.

Decker, Frank und Volker Best. 2015. Neuaufstellung im bürgerlichen Lager: FDP und/oder AfD? In: Decker, Frank (Hrsg.): Parteiendemokratie im Wandel. Beiträge zur Theorie und Empirie. Baden-Baden: Nomos Verlagsgesellschaft, S. 205–235.

Decker, Oliver und Elmar Brähler. 2016. Autoritäre Dynamiken: Ergebnisse der bisherigen »Mitte«-Studien und Fragestellung. In: Decker, Oliver, Johannes Kiess und Elmar Brähler (Hrsg.): Die enthemmte Mitte. Autoritäre und rechtsextreme Einstellung in Deutschland. Die Leipziger »Mitte«-Studie 2016. 2. Auflage. Gießen: Psychosozial Verlag, S. 11–22.

Der Bundeswahlleiter. 2015. Wahlstatistik. Online verfügbar unter: https://www.bundeswahlleiter.de/service/glossar/w/wahlstatistik.html – zuletzt abgerufen am 12.07.2021.

Deutscher Bundestag. o.J. Bundestagswahlergebnisse seit 1949 – Zweitstimmen. Online verfügbar unter: https://www.bundestag.de/parlament/wahlen/ergebnisse_seit1949-244692 – abgerufen am 22.07.2020.

Deutscher Bundestag. 2017. Neue Ausgabe des Datenhandbuchs zur Geschichte des Deutschen Bundestages. Online verfügbar unter: https://www.bundestag.de/resource/blob/196106/b4daa14a76f53a3d58892a6373259a9d/Kapitel_01_16_Stimmenanteil_-_Mandatsanteil-data.pdf – abgerufen am 04.11.2019.

Dilling, Matthias. 2018. Two of the same kind?: The Rise of the AfD and its implications for the CDU/CSU. In: German Politics and Society, 36(1), S. 84–104.

Dittberner, Jürgen. 1987. FDP – Partei der zweiten Wahl. Ein Beitrag zur Geschichte der liberalen Partei und ihrer Funktionen im Parteisystem der Bundesrepublik. Opladen: Westdeutscher Verlag GmbH.

Dittberner, Jürgen. 2010. Die FDP. Geschichte, Personen, Organisation, Perspektiven. Eine Einführung. 2., überarbeitete und aktualisierte Auflage. Wiesbaden: VS Verlag für Sozialwissenschaften.

Dittberner, Jürgen. 2012. Der programmierte Abstieg? Perspektiven der FDP. In: Jesse, Eckhard und Roland Sturm (Hrsg.): »Superwahljahr« 2011 und die Folgen. Baden-Baden: Nomos Verlagsgesellschaft, S. 89–108.

Döring, Nicola und Jürgen Bortz. 2016. Forschungsmethoden und Evaluation in den Sozial- und Humanwissenschaften. 5. vollständig überarbeitete, aktualisierte und erweiterte Auflage. Berlin und Heidelberg: Springer-Verlag GmbH.

Downs, Anthony. 1957a. An Economic Theory of Democracy. New York: Harper & Brothers.

Downs, Anthony. 1957b. An Economic Theory of Political Action in a Democracy. In: The Journal of Political Economy, 65(2), S. 135–150.

Downs, Anthony. 1968. Ökonomische Theorie der Demokratie. Tübingen: JCB Mohr.

Eder, Christina, Manuela S. Kulick und Christof Wolf. 2010. Daten, Service und Analysen für die Wahlforschung. Das Forschungsdatenzentrum „Wahlen". In: Zeitschrift für Politikberatung, 3(2), S. 217–222.

Eisenstadt, Shmuel N. 1971. Sozialer Wandel, Differenzierung und Evolution. In: Zapf, Wolfgang (Hrsg.): Theorien des sozialen Wandels. 3. Auflage. Berlin: Kiepenheuer & Witsch, S. 75–91.
Eisenstadt, Shmuel N. 1999. Multiple Modernities in Age of Globalization. In: Canadian Journal of Sociology, 24(2), S. 283–295.
Eisenstadt, Shmuel N. 2000. Multiple Modernities. In: Deadalus, 129(1), S. 1–29.
Eith, Ulrich. 2008. Gesellschaftliche Konflikte und politischer Wettbewerb: Möglichkeiten und Grenzen eines überregionalen Vergleichs. In: Köllner, Patrick und Karsten Grabow (Hrsg.): Parteien und ihre Wähler. Gesellschaftliche Konfliktlinien und Wählermobilisierung im internationalen Vergleich, Sankt Augustin: Konrad-Adenauer-Stiftung/German Institut of Global and Area Studies (GIGA), S. 23–34.
Eith, Ulrich. 2010. Volksparteien unter Druck. Koalitionsoptionen, Integrationsfähigkeit und Kommunikationsstrategien nach der Übergangswahl 2009. In: Korte, Karl-Rudolf (Hrsg.): Die Bundestagswahl 2009. Analysen der Wahl-, Parteien-, Kommunikations- und Regierungsforschung. Wiesbaden: VS Verlag für Sozialwissenschaften, S. 117–129.
Eith, Ulrich und Jacqueline Meier. 2018. Bündnis 90/Die Grünen im Wechselbad zwischen Regierungsbeteiligung und kleinster Oppositionspartei. In: Grabow, Karsten und Viola Neu (Hrsg.): Das Ende der Stabilität? Parteien und Parteiensystem in Deutschland. Sankt Augustin und Berlin: Konrad-Adenauer-Stiftung, Heft 7, S. 5–38.
Elff, Martin. 2005. Wertorientierungen und Parteipräferenz. In: Falter, Jürgen W., Oscar Gabriel und Bernhard Weßels (Hrsg.): Wahlen und Wähler. Analysen aus Anlass der Bundestagswahl 2002. Wiesbaden: VS Verlag für Sozialwissenschaften, S. 309–338.
Elff, Martin. 2007. Social Structure and Electoral Behavior in Comparative Perspective: The Decline of Social Cleavages in Western Europe Revisited. In: Perspectives on Politics, 5(2), S. 277–294.
Elff, Martin. 2018. Ideology and Electoral Choice. In: Fisher, Justin, Edward Fieldhouse, Mark N. Franklin, Rachel Gibson, Marta Cantijoch und Christopher Wlezien (Hrsg.): The Routledge Handbook of Elections, Voting Behavior and Public Opinion. London und New York: Taylor & Francis Ltd, S. 136–145.
Elff, Martin und Sigrid Roßteutscher. 2009. Die Entwicklung sozialer Konfliktlinien in den Wahlen von 1994 bis 2005. In: Gabriel, Oscar W., Bernhard Weßels und Jürgen W. Falter (Hrsg.): Wahlen und Wähler. Analysen aus Anlass der Bundestagswahl 2005. Wiesbaden: VS Verlag für Sozialwissenschaften, S. 307–327.
Elff, Martin und Sigrid Roßteutscher. 2011. Stability or Decline? Class, Religion and the Vote in Germany. In: German Politics, 20(1), S. 107–127.
Elff, Martin und Sigrid Roßteutscher. 2016. Parteiwahl und Nichtwahl: Zur Rolle sozialer Konfliktlinien. In: Schoen, Harald und Bernhard Weßels (Hrsg.): Wahlen und Wähler. Analysen aus Anlass der Bundestagswahl 2013. Wiesbaden: Springer VS, S. 45–69.
Elff, Martin und Sigrid Roßteutscher. 2017a. Social Cleavages and Electoral Behaviour in Long-Term Perspective: Alignment without Mobilisation? In: German Politics, 26(1), S. 12–34.
Elff, Martin und Sigrid Roßteutscher. 2017b. Religion. In: Arzheimer, Kai, Jocelyn Evans und Michael S. Lewis-Beck (Hrsg,): The SAGE Handbook of Electoral Behaviour. Los Angeles: SAGE Publications Ltd, S. 199–219.
Engels, David. 2016. Das Ende des Westens, wie wir ihn kannten. In: Cicero. Magazin für politische Kultur, 11/2016, S. 21–30.

Evans. Geoffrey. 2017. Social Class and Voting. In: Arzheimer, Kai, Jocelyn Evans und Michael S. Lewis-Beck (Hrsg.): The SAGE Handbook of Electoral Behaviour. Los Angeles: SAGE Publications Ltd, S. 177–198.

Evans, Geoffrey und Ksenia Northmore-Ball. 2018. Long-Term Factors. Class and religious cleavages. In: Fisher, Justin, Edward Fieldhouse, Mark N. Franklin, Rachel Gibson, Marta Cantijoch und Christopher Wlezien (Hrsg.): The Routledge Handbook of Elections, Voting Behavior and Public Opinion. London: Routledge, S. 123–135.

Faas, Thorsten und Tristan Klingelhöfer. 2019. The more things change, the more they stay the same? The German federal election of 2017 and its consequences. In: West European Politics, 42(4), S. 914–926.

Falter, Jürgen W. und Harald Schoen. 2014. Handbuch Wahlforschung. 2. Auflage. Wiesbaden: Springer VS.

Falter, Jürgen W., Harald Schoen und Claudio Caballero. 2000. Dreißig Jahre danach: Zur Validierung des Konzepts ‚Parteiidentifikation' in der Bundesrepublik. In: Klein, Markus, Wolfgang Jagodzinski, Ekkehard Mochmann und Dieter Ohr (Hrsg.): 50 Jahre Empirische Wahlforschung in Deutschland. Entwicklung, Befunde, Perspektiven, Daten. Wiesbaden: Westdeutscher Verlag GmbH, S. 235–271.

Faulbaum, Frank, Peter Prüfer und Margit Rexroth. 2009. Was ist eine gute Frage? Die systematische Evaluation der Fragenqualität. Wiesbaden: VS Verlag für Sozialwissenschaften.

FAZ. 2003. Merkel verteidigt Irak-Krieg. Online verfügbar unter: https://www.faz.net/aktuell/politik/cdu-csu-merkel-verteidigt-irak-krieg-189806.html – abgerufen am 17.08.2020.

Flanagan, Scott C. und Aie-Rie Lee. 2003. The New Politics, Culture Wars, and The Authoritarian-Libertarian Value Change in Advanced Industrial Democracies. In: Comparative Political Studies, 36(3), S. 235–270.

Field, Andy, Jeremy Miles und Zoe Field. 2012. Discovering Statistics Using R. Los Angeles: SAGE Publications Ltd.

Findeis, Alexander. 2012. Methoden der empirischen Wahlforschung. In: Gabriel, Oscar W. und Bettina Westle (Hrsg.): Wählerverhalten in der Demokratie. Eine Einführung. Baden-Baden: Nomos Verlagsgesellschaft, S. 117–133.

Fogt, Helmut und Pavel Uttitz. 1984. Die Wähler der Grünen 1980–1983: Systemkritischer neuer Mittelstand. In: Zeitschrift für Parlamentsfragen, 15(2), S. 210–226.

Forschungsgruppe Wahlen e.V. 2017. Bundestagswahl. Eine Analyse der Wahl vom 24. September 2017. Mannheim: Berichte der Forschungsgruppe Wahlen e. V.

Franz, Christian, Marcel Fratzscher, und Alexander Kritikos. 2019. Grüne und AfD als neue Gegenpole der gesellschaftlichen Spaltung in Deutschland. DIW Wochenbericht, 34, S. 592–602.

Franzmann, Simon T. 2014. Die Wahlprogrammatik der AfD in vergleichender Perspektive. In: Mitteilungen des Instituts für Parteienrecht und Parteienforschung, 20. Jahrgang, S. 115–124.

Franzmann, Simon T. 2018. Von der EURO-Opposition zur Kosmopolitismus-Opposition. Der Fall der deutschen AfD. In: Anders, Lisa H., Henrik Scheller und Thomas Tuntschew (Hrsg.): Parteien und die Politisierung der Europäischen Union. Wiesbaden: Springer VS, S. 365–402.

Franzmann, Simon T. und Marcel Lewandowsky. 2020. Populismus? Populismen! Programmatische Heterogenität rechtspopulistischer Parteien in Westeuropa. Bonn: Bonner Akademie für Forschung und Lehre praktischer Politik (BAPP) GmbH.
Frey, Dieter, Mirka Henninger, Ricarda Lübke und Anja Kluge. 2016. Einführung und konzeptionelle Klärung. In: Frey, Dieter (Hrsg.): Psychologie der Werte. Von Achtsamkeit bis Zivilcourage – Basiswissen aus Psychologie und Philosophie. Berlin: Springer VS, S. 1–12.
Friedel, Andreas. 2010. Die Gewerkschaften und die CSU: Auf ewig in Frontstellung? In: Hopp, Gerhard, Martin Sebaldt und Benjamin Zeitler (Hrsg.): Die CSU. Strukturwandel, Modernisierung und Herausforderungen einer Volkspartei. Wiesbaden: VS Verlag für Sozialwissenschaften, S. 121–145.
Friedrichs, Jürgen. 1968. Werte und soziales Handeln. Ein Beitrag zur soziologischen Theorie. Tübingen: Mohr Verlag.
Fuchs, Dieter und Robert Rohrschneider. 2001. Der Einfluß politischer Wertorientierungen auf Regimeunterstützung und Wahlverhalten. In: Klingemann, Hans-Dieter und Max Kasse (Hrsg.): Wahlen und Wähler. Analysen aus Anlass der Bundestagswahl 1998. Opladen: Westdeutscher Verlag GmbH, S. 245–282.
Fuhse, Jan A. 2004. Links oder rechts oder ganz woanders? Zur Konstruktion der politischen Landschaft. In: Österreichische Zeitschrift für Politikwissenschaft, 33(2), S. 209–225.
Gabriel, Karl. 2001. Kirchen/Religionsgemeinschaften. In: Schäfers, Bernhard und Wolfgang Zapf (Hrsg.): Handwörterbuch zur Gesellschaft Deutschlands. Opladen: Leske + Budrich, S. 380–391.
Gabriel, Oscar W. 1986. Politische Kultur, Postmaterialismus und Materialismus in der Bundesrepublik Deutschland. Opladen: Westdeutscher Verlag GmbH.
Gabriel, Oscar W. und Jürgen Maier. 2009. Politische Soziologie in Deutschland – Forschungsfelder, Analyseperspektiven, ausgewählte empirische Befunde. In: Politische Vierteljahresschrift, 50(3), S. 506–538.
Gabriel, Oscar W. und Katja Neller. 2005. Kandidatenorientierungen und Wahlverhalten bei den Bundestagswahlen 1994–2002. In: Falter, Jürgen W., Oscar W. Gabriel und Bernhard Weßels (Hrsg.): Wahlen und Wähler. Analysen aus Anlass der Bundestagswahl 2002. Wiesbaden: VS Verlag für Sozialwissenschaften, S. 213–243.
Gabriel, Oscar W. und Bettina Westle. 2012. Wählerverhalten in der Demokratie: Eine Einführung. Baden-Baden: Nomos Verlagsgesellschaft.
Gallus, Alexander. 2007. Ronald Inglehart, The Silent Revolution. Changing Values and Political Styles Among Western Publics, Princeton/New Jersey 1977. In: Kailitz, Steffen (Hrsg.): Schlüsselwerke der Politikwissenschaft. Wiesbaden: VS Verlag für Sozialwissenschaften, S. 190–194.
Gautschi, Thomas. 2010. Maximum-Likelihood Schätztheorie. In: Wolf, Christof und Henning Best (Hrsg.): Handbuch der sozialwissenschaftlichen Datenanalyse. Wiesbaden: VS Verlag für Sozialwissenschaften, S. 205–235.
Geiser, Christian. 2011. Datenanalyse mit Mplus. Eine anwendungsorientierte Einführung. 2. Auflage. Wiesbaden: VS Verlag für Sozialwissenschaften.
Gerngroß, Marcus. 2010. (K)eine Bindung auf ewig – die CSU und die Kirchen. In: Hopp, Gerhard, Martin Sebaldt und Benjamin Zeitler (Hrsg.): Die CSU. Strukturwandel, Modernisierung und Herausforderungen einer Volkspartei. Wiesbaden: VS Verlag für Sozialwissenschaften, S. 77–98.

GESIS – Leibniz-Institut für Sozialwissenschaften. 2019. GLES 2017. Nachwahl-Querschnitt. ZA6801, Version 4.0.1. Studienbeschreibung. Online verfügbar unter: http://info1.gesis.org/dbksearch/download.asp?id=64492 – abgerufen am 21.08.2020.

GLES. 2018a. Geschichte der GLES. Online verfügbar unter: https://gles.eu/gles/geschichte/ – abgerufen am 20.08.2020.

GLES. 2018b. GLES-Design 2009–2017. Online verfügbar unter: https://gles.eu/wp-content/uploads/2019/03/GLES-Design_2009-2017.png – abgerufen am 20.08.2020.

Glinitzer, Konstantin und Nils Jungmann. 2019. Spitzenkandidaten. In: Roßteutscher, Sigrid, Rüdiger Schmitt-Beck, Harald Schoen, Bernhard Weßels und Christof Wolf (Hrsg): Zwischen Polarisierung und Beharrung: Die Bundestagswahl 2017. Baden-Baden: Nomos Verlagsgesellschaft, S. 247–261.

Gluchowski, Peter, Jutta Graf und Ulrich von Wilamowitz-Moellendorff. 2002. Sozialstruktur und Wahlverhalten in der Bundesrepublik Deutschland. In: Gabriel, Oscar W., Oskar Niedermayer und Richard Stöss (Hrsg.): Parteiendemokratie in Deutschland. 2., aktualisierte und erweiterte Auflage. Wiesbaden: Westdeutscher Verlag GmbH, S. 181–203.

Goerres, Achim, Dennis C. Spies und Staffan Kumlin. 2018. The Electoral Supporter Base of the Alternative for Germany. In: Swiss Political Science Review, 24(3), S. 246–269.

Görl, Tilo. 2007. Klassengebundene Cleavage-Strukturen in Ost- und Westdeutschland. Eine empirische Untersuchung. Baden-Baden: Nomos Verlagsgesellschaft.

Goldthorpe, John H., David Lockwood, Frank Bechhofer und Jennifer Platt. 1967. The Affluent Worker and the Thesis of Embourgeoisement: Some Preliminary Research Findings. In: Sociology, 1(1), S. 11–31.

Grabow, Karsten und Sabine Pokorny. 2018. Das Parteiensystem in Deutschland ein Jahr nach der Bundestagswahl. In: Grabow, Karsten und Viola Neu (Hrsg.): Das Ende der Stabilität? Parteien und Parteiensystem in Deutschland. Sankt Augustin und Berlin: Konrad-Adenauer-Stiftung, Heft 1, S. 3–45.

Graaf, Nan Dirk de und Manfred te Grotenhuis. 2008. Traditional Christian Belief and Belief in the Supernatural: Diverging Trends in the Netherlands Between 1979 and 2005? In: Journal for the Scientific Study of Religion, 47(4), S. 585–598.

Grande, Edgar. 2014. Neue Konfliktlinien durch die Globalisierung. In: Teufel, Erwin und Winfried Mack (Hrsg.): Aus der Krise lernen. Auf dem Weg zu einer weltoffenen und humanen Gesellschaft. Freiburg im Breisgau: Verlag Herder GmbH, S. 44–57.

Grande, Edgar und Hanspeter Kriesi. 2013. Das Doppelgesicht der Politisierung. Zur Transformation politischer Konfliktstrukturen im Prozess der Globalisierung. In: Zürn, Michael und Matthias Ecker-Ehrhardt (Hrsg.): Die Politisierung der Weltpolitik. Berlin: Suhrkamp Verlag, S. 84–108.

Großbölting, Thomas. 2013. Der verlorene Himmel. Glaube in Deutschland seit 1945. Göttingen: Vandenhoeck & Ruprecht.

Habermas, Jürgen. 1985. Die Neue Unübersichtlichkeit. Frankfurt am Main: Suhrkamp Verlag.

Habermas, Jürgen. 2020. Moralischer Universalismus in Zeiten politischer Regression. In: Leviathan, 48(1), S. 7–28.

Häder, Michael. 2015. Empirische Sozialforschung: Eine Einführung. 3. Auflage. Wiesbaden: Springer VS.

Häder, Sabine. 2015. Stichproben in der Praxis. Mannheim, GESIS Leibniz-Institut für Sozialwissenschaften (GESIS Survey Guidelines). DOI: https://doi.org/10.15465/sdm-sg_014.
Halman, Loek. 2007. Political Values. In: Dalton, Russell J. und Hans-Dieter Klingemann (Hrsg.): The Oxford Handbook of Political Behavior. Oxford: Oxford University Press, S. 305–322.
Handwerker, Christoph. 2019. Die gespaltene Union zwischen Macht und Werten. Die Flüchtlingskrise als Zerreißprobe für CDU und CSU? In: Hidalgo, Oliver und Gert Pickel (Hrsg.): Flucht und Migration in Europa. Neue Herausforderungen für Parteien, Kirchen und Religionsgemeinschaften. Wiesbaden: Springer VS, S. 127–159.
Hartmann, Jürgen. 2011. Westliche Regierungssysteme. Parlamentarismus, präsidentielles und semi-präsidentielles Regierungssystem. 3. Auflage. Wiesbaden: VS Verlag für Sozialwissenschaften.
Haußner, Stefan und Michael Kaeding. 2019. Der erste Eindruck trügt. Eine Analyse der Wahlbeteiligung der Bundestagswahl 2017 auf Bundes-, Landes- und Städteebene im europäischen Kontext. In: Korte, Karl-Rudolf und Jan Schoofs (Hrsg.): Die Bundestagswahl 2017: Analysen der Wahl-, Parteien-, Kommunikations- und Regierungsforschung, S. 177–197.
Heath, Anthony, Roger Jowell, John Curtice und Geoff Evans. 1990. The rise of the new political agenda? In: European Sociological Review, 6(1), S. 31–48.
Helbing, Marc und Céline Teney. 2015. The cosmopolitan elite in Germany: transnationalism and postmaterialism. In: Global Networks, 15(4), S. 446–468.
Hemmelmann, Petra. 2017. Der Kompass der CDU. Analyse der Grundsatz- und Wahlprogramme von Adenauer bis Merkel. Wiesbaden: Springer VS.
Hennis, Wilhelm. 1998. Auf dem Weg in den Parteienstaat. Aufsätze aus vier Jahrzehnten. Stuttgart: Reclam jun. GmbH & Co. KG.
Hess, Christin und Simon Green. 2016. Introduction: The Changing Politics and Policies of Migration in German. In: German Politics, 25(3), S. 315–328.
Hidalgo, Oliver. 2013. Die „säkulare" Demokratie. Theoretische Überlegungen mit einer speziellen Perspektive auf das Beispiel Deutschland. In: Pickel, Gert und Oliver Hidalgo (Hrsg.): Religion und Politik im vereinigten Deutschland. Was bleibt von der Rückkehr des Religiösen? Wiesbaden: Springer VS, S. 165–191.
Hillmann, Karl-Heinz. 1986. Wertwandel. Würzburg: Carolus Verlag e.K.
Hillmann, Karl-Heinz. 2001. Zur Wertewandelforschung: Einführung, Übersicht und Ausblick. In: Oesterdiekhoff, Georg W. und Norbert Jegelka (Hrsg.): Werte und Wertewandel in westlichen Gesellschaften. Resultate und Perspektiven der Sozialwissenschaften. Wiesbaden: VS Verlag für Sozialwissenschaften, S. 15–39.
Hilmer, Richard und Stefan Merz. 2014. Die Bundestagswahl vom 22. September 2013: Merkels Meisterstück. In: Zeitschrift für Parlamentsfragen, 45(1), S. 175–206.
Hirscher, Gerhard. 2020. Die Wählerschaft der CSU im Wandel. In: Sebaldt, Martin, Gerhard Hopp und Benjamin Zeitler (Hrsg.): Christlich-Soziale Union. Politisches Kapital und zentrale Herausforderungen der CSU im 21. Jahrhundert. Wiesbaden: Springer VS, S. 141–159.
Höhne, Benjamin und Uwe Jun. 2019. Die Wiederauferstehung der FDP. In: Korte, Karl-Rudolf und Jan Schoofs (Hrsg.): Die Bundestagswahl 2017. Analysen der Wahl-,

Parteien-, Kommunikations- und Regierungsforschung. Wiesbaden: Springer VS, S. 225–244.

Höhne, Benjamin und Uwe Jun. 2020. Die FDP zwischen Wahlerfolgen, Regierungsflucht und Stagnation. In: Jun, Uwe und Oskar Niedermayer (Hrsg.): Die Parteien nach der Bundestagswahl 2017. Wiesbaden: Springer VS, S. 133–157.

Hoffmann, Jürgen. 1998. Die doppelte Vereinigung. Vorgeschichte, Verlauf und Auswirkungen des Zusammenschlusses von Grünen und Bündnis 90. Wiesbaden: VS Verlag für Sozialwissenschaften.

Hoffmann-Nowotny, Hans Joachim. 1979. Soziologische Notizen zu einigen Problemen des Wertewandels. In: Klages, Helmut und Peter Kmieciak (Hrsg.): Wertwandel und gesellschaftlicher Wandel. Frankfurt und New York: Campus Verlag, S. 61–66.

Hofmann, Robert. 1993. Geschichte der deutschen Parteien. Von der Kaiserzeit bis zur Gegenwart. München: Piper Verlag.

Holtmann, Everhard. 2012. Der Parteienstaat in Deutschland. Erklärungen, Entwicklungen, Erscheinungsbilder. Bonn: Bundeszentrale für politische Bildung.

Holtz-Bacha, Christina. 2019. Bundestagswahl 2017: Flauer Wahlkampf? Spannende Wahl! In: Holtz-Bacha, Christina (Hrsg.): Die (Massen-)Medien im Wahlkampf. Die Bundestagswahl 2017. Wiesbaden: Springer VS, S. 1–26.

Hooghe, Liesbet und Gary Marks. 2018. Cleavage theory meets Europe's crises: Lipset, Rokkan, and the transnational cleavage. In: Journal of European Public Policy, 25(1), S. 109–135.

Hooghe, Liesbet, Gary Marks und Carole J. Wilson. 2002. Does Left/Right Structure Party Positions on European Integration. In: Comparative Political Studies, 35(8), S. 965–989.

Hradil, Stefan. 2002. Vom Wandel des Wertewandels – Die Individualisierung und eine ihrer Gegenbewegungen. In: Glatzer, Wolfgang, Roland Habich und Karl Ulrich Mayer (Hrsg.): Sozialer Wandel und gesellschaftliche Dauerbeobachtung. Opladen: Leske + Budrich, S. 31–47.

Huber, John D. 1989. Values and partisanship in left-right orientations: measuring ideology. In: European Journal of Political Research, 17(5), S. 599–621.

Hunsicker, Stefan, Matthias Jung, Bernhard Kornelius, Annette Mayer, Yvonne Schroth und Andrea Wolf. 2013. Entpolarisierung statt Mobilisierung. Die Bundestagswahl vom 27. September 2009. In: Weßels, Bernhard, Harald Schoen und Oscar W. Gabriel (Hrsg.): Wahlen und Wähler. Analysen aus Anlass der Bundestagswahl 2009. Wiesbaden: Springer VS, S. 30–62.

Huntington, Samuel P. 1974. Postindustrial Politics: How Benign Will It Be? In: Comparative Politics, 6(2), S. 163–191.

Huntington, Samuel P. 1996. The Clash of Civilizations and the Remaking of World Order. New York: Simon & Schuster.

Huß, Christian. 2015. Durch Fukushima zum neuen Konsens? Die Umweltpolitik von 2009 bis 2013. In: Zohlnhöfer, Reimut und Thomas Saalfeld (Hrsg.): Politik im Schatten der Krise. Eine Bilanz der Regierung Merkel 2009–2013. Wiesbaden: Springer VS, S. 521–553.

Hutchings, Vincent L. und Hakeem J. Jefferson. 2018. The sociological and social-psychological approaches. In: Fisher, Justin, Edward Fieldhouse, Mark N. Franklin, Rachel Gibson, Marta Cantijoch und Christopher Wlezien (Hrsg.): The Routledge Handbook of Elections, Voting Behavior and Public Opinion. New York: Routledge, S. 21–29.

Ignazi, Piero. 1992. The silent counter-revolution. Hypotheses on the emergence of extreme right-wing parties in Europe. In: European Journal of Political Research, 22(1), S. 3–34.
Ignazi, Piero. 1997. New Challenges: Postmaterialism and the Extreme Right. In: Rhodes, Martin, Paul Heywood und Vincent Wright (Hrsg.): Developments in West European Politics. London: Palgrave Macmillan, S. 300–319.
Infratest dimap. 2021. ARD-DeutschlandTREND. Juni 2021. Online verfügbar unter: https://www.infratest-dimap.de/fileadmin/user_upload/DT2106_Bericht.pdf – abgerufen am 11.07.2021.
Inglehart, Ronald. 1977. The Silent Revolution. Changing Values and Political Styles Among Western Publics. Princeton: Princeton University Press.
Inglehart, Ronald. 1979. Wertwandel in den westlichen Gesellschaften: Politische Konsequenzen von materialistischen und postmaterialistischen Prioritäten. In: Klages, Helmut und Peter Kmieciazk (Hrsg.): Wertwandel und gesellschaftlicher Wandel. Frankfurt und New York: Campus Verlag, S. 279–316.
Inglehart, Ronald. 1983. Traditionelle politische Trennungslinien und die Entwicklung der neuen Politik in westlichen Gesellschaften. In: Politische Vierteljahresschrift, 24(2), S. 139–165.
Inglehart, Ronald. 1984. The Changing Structure of Political Cleavages in Western Society. In: Dalton, Russell J., Scott C. Flanagan und Paul Allen Beck (Hrsg.): Electoral Change in Advanced Industrial Democracies: Realignment or Dealignment? Princeton: Princeton University Press, S. 25–69.
Inglehart, Ronald. 1990. The Nature of Value Change. In: Mair, Peter (Hrsg.): The West European Party Systems. Oxford: Oxford University Press, S. 247–252.
Inglehart, Ronald. 1995. Kultureller Umbruch. Wertwandel in der westlichen Welt. Frankfurt/New York: Campus Verlag.
Inglehart, Ronald. 1997. Modernization and Postmodernization: Culture, Economic, and Political Change in 43 Societies. Princeton: University Press.
Inglehart, Ronald. 2007. Postmaterialist Values and the Shift from Survival to Self-Expression Values. In: Dalton, Russell J. und Hans-Dieter Klingemann (Hrsg.): The Oxford Handbook of Political Behavior. Oxford: Oxford University Press, S. 223–239.
Inglehart, Ronald. 2018. Cultural Evolution. People's Motivations are Changing, and Reshaping the World. Cambridge: Cambridge University Press.
Inglehart, Ronald und Wayne E. Baker. 2000. Modernization, Cultural Change, and the Persistence of Traditional Values. In: American Sociological Review, 65(1), S. 19–51.
Inglehart, Ronald und Scott C. Flanagan. 1987. Value Change in Industrial Societies. In: The American Political Science Review, 81(4), S. 1289–1319.
Inglehart, Ronald und Pippa Norris. 2017. Trump and the Populist Authoritarian Parties: The Silent Revolution in Reverse. In: Perspectives on Politics, 15(2), S. 443–454.
Inglehart, Ronald und Christian Welzel. 2005. Modernization, Cultural Change, and Democracy. The Human Development Sequence. Cambridge: Cambridge University Press.
Inglehart, Ronald, Miguel Basáñez und Alejandro Moreno. 2001. Human Values and Beliefs: A Cross-Cultural Sourcebook. Political, Religious, Sexual, and Economic Norms in 43 Societies: Findings from the 1990–1993 World Values Survey. Michigan: The University of Michigan Press.
Jacobs, Jörg. 2000. Die konfessionell-religiöse Spannungslinie bei der Bundestagswahl 1998. In: Pickel, Gert, Dieter Walz und Wolfram Brunner (Hrsg.): Deutschland nach den

Wahlen. Befunde zur Bundestagswahl 1998 und zur Zukunft des deutschen Parteiensystems. Opladen: Leske + Budrich, S. 141–164.

Jagodzinski, Wolfgang und Karel Dobbelaere. 1995. Secularization and Church Religiosity. In: van Deth, Jan W. und Elinor Scarbrough (Hrsg.): The Impact of Values. New York: Oxford University Press, S. 76–119.

Jagodzinski, Wolfgang und Steffen M. Kühnel. 2002. Werte und Ideologien im Parteienwettbewerb. In: Gabriel, Oscar W., Oskar Niedermayer und Richard Stöss (Hrsg.): Parteiendemokratie in Deutschland. 2., aktualisierte und erweiterte Auflage. Wiesbaden: Westdeutscher Verlag GmbH, S. 204–227.

Jahn, Detlef. 2013. Einführung in die vergleichende Politikwissenschaft. 2. Auflage. Wiesbaden: Springer VS.

Jakobs, Simon und Uwe Jun. 2018. Parteienwettbewerb und Koalitionsbildung in Deutschland 2017/18: Eine Analyse der Wahlprogramme. In: Zeitschrift für Parlamentsfragen, 49(2), S. 265–285.

Jesse, Eckhard. 2012. „Superwahljahr" 2011 – ein Schlüsseljahr? Voraussetzungen, Ergebnisse, Folgen. In: Jesse, Eckhard und Roland Sturm (Hrsg.):»Superwahljahr«2011 und die Folgen. Baden-Baden: Nomos Verlagsgesellschaft, S. 21–45.

Jesse, Eckhard. 2013. Das Parteiensystem des Kaiserreichs und der Weimarer Republik. In: Niedermayer, Oskar (Hrsg.): Handbuch Parteienforschung. Wiesbaden: Springer VS, S. 685–710.

Jesse, Eckhard. 2018. Parteien. In: Voigt, Rüdiger (Hrsg.): Handbuch Staat. Wiesbaden: Springer VS, S. 821–831.

Jesse, Eckhard. 2019. Das Aufkommen der Alternative für Deutschland. Deutschland ist kein Ausnahmefall mehr. In: Brinkmann, Heinz Ulrich und Isabelle-Christine Panreck (Hrsg.): Rechtspopulismus in Einwanderungsgesellschaften. Die politische Auseinandersetzung um Migration und Integration. Wiesbaden: Springer VS, S. 97–131.

Jesse, Eckhard und Jürgen P. Lang. 2012. Die Linke – eine gescheiterte Partei? München: Olzog Verlag.

Joas, Hans. 1997. Die Entstehung der Werte. Frankfurt am Main: Suhrkamp Verlag.

Jun, Uwe. 2000. Die CDU: Behutsamer Übergang in der Zeit nach Kohl. In: Pickel, Gert, Dieter Walz und Wolfram Brunner (Hrsg.): Deutschland nach den Wahlen. Befunde zur Bundestagswahl 1998 und zur Zukunft des deutschen Parteiensystems. Opladen: Leske + Budrich, S. 207–226.

Jun, Uwe. 2004. Der Wandel von Parteien in der Mediendemokratie. SPD und Labour Party im Vergleich. Frankfurt am Main: Campus Verlag.

Jun, Uwe. 2009. Politische Parteien als Gegenstand der Politischen Soziologie. In: Kaina, Viktoria und Andrea Römmele (Hrsg.): Politische Soziologie. Ein Studienbuch. Wiesbaden: VS Verlag für Sozialwissenschaften, S. 235–265.

Jun, Uwe. 2013. Typen und Funktionen von Parteien. In: Niedermayer, Oskar. 2013. Handbuch Parteienforschung. Wiesbaden: Springer VS, S. 119–144.

Jun, Uwe. 2017. Repräsentation durch Parteien. Die Entwicklung des deutschen Parteiensystems und Parteienwettbewerbs nach 1945. In: Koschmieder, Carsten (Hrsg.): Parteien, Parteiensysteme und politische Orientierungen. Aktuelle Beiträge der Parteienforschung. Wiesbaden: Springer VS, S. 87–111.

Jun, Uwe. 2018. Die SPD nach der Bundestagswahl 2017. Raus aus der GroKo, rein in die GroKo. In: Grabow, Karsten und Viola Neu (Hrsg.): Das Ende der Stabilität? Parteien und

Parteiensystem in Deutschland. Sankt Augustin und Berlin: Konrad-Adenauer-Stiftung, Heft 3, S. 5–60.

Jun, Uwe. 2019. Die SPD in der Ära Merkel: Eine Partei auf der Suche nach sich selbst. In: Zohlnhöfer, Reimut und Thomas Saalfeld (Hrsg.): Zwischen Stillstand, Politikwandel und Krisenmanagement. Eine Bilanz der Regierung Merkel 2013–2017. Wiesbaden: Springer VS, S. 39–62.

Jung, Matthias und Andrea Wolf. 2005. Der Wählerwille erzwingt die große Koalition. In: Aus Politik und Zeitgeschichte, 51–52/2005, S. 3–12.

Jung, Matthias, Yvonne Schroth und Andrea Wolf. 2010. Wählerverhalten und Wahlergebnis. Regierungswechsel ohne Wechselstimmung. In: Korte, Karl-Rudolf (Hrsg.): Die Bundestagswahl 2009. Analysen der Wahl-, Parteien-, Kommunikations- und Regierungsforschung. Wiesbaden: VS Verlag für Sozialwissenschaften, S. 35–47.

Jung, Matthias, Yvonne Schroth und Andrea Wolf. 2019. Bedingt regierungsbereit – Eine Analyse der Bundestagswahl 2017. In: Korte, Karl-Rudolf und Jan Schoofs (Hrsg.): Die Bundestagswahl 2017. Analysen der Wahl-, Parteien-, Kommunikations- und Regierungsforschung. Wiesbaden: Springer VS, S. 23–45.

Kaase, Max. 1979. Legitimitätskrise in westlichen demokratischen Industriegesellschaften: Mythos oder Realität? In: Klages, Helmut und Peter Kmieciak (Hrsg.): Wertwandel und gesellschaftlicher Wandel. Frankfurt und New York: Campus Verlag, S. 328–350.

Kaina, Viktoria und Franziska Deutsch. 2006. Verliert die „Stille Revolution" ihren Nachwuchs? Wertorientierungen in Deutschland im Kohorten- und Zeitvergleich. In: Roller, Edeltraud, Frank Brettschneider und Jan van Deth (Hrsg.): Jugend und Politik: „Voll normal!". Der Beitrag der politischen Soziologie zur Jugendforschung. Wiesbaden: VS Verlag für Sozialwissenschaften, S. 157–181.

Kamakura, Wagner A. und José Afonso Mazzon. 1991. Value Segmentation: A Model for the Measurement of Values and Value Systems. In: Journal of Consumer Research, 18(2), S. 208–218.

Katz, Richard und Peter Mair. 2002. The Ascendancy of the Party in Pubic Office: Party Organizational Change in Twentieth-Century Democracies. In: Gunther, Richard, José Ramón Montero und Juan Linz (Hrsg.): Political Parties: Old Concepts and New Challenges. Oxford: Oxford University Press, S. 113–135.

Keele, Luke und Jennifer Wolak. 2006. Value Conflict and Volatility in Party Identification. In: British Journal of Political Science, 36(4), S. 671–690.

Kellermann von Schele, Dorothee. 2009. Erfolgsfaktor Kampagnenmanagement? Oppositionswahlkämpfe im Vergleich. Baden-Baden: Nomos Verlagsgesellschaft.

Kessler, Johannes und Christian Steiner. 2009. Facetten der Globalisierung: Zwischen Ökonomie, Politik und Kultur. Wiesbaden: VS Verlag für Sozialwissenschaften.

Kießling, Andreas. 2004. Die CSU. Machterhalt und Machterneuerung, Wiesbaden: VS Verlag für Sozialwissenschaften.

Kitschelt, Herbert. 1997. European Party Systems: Continuity and Change. In: Rhodes, Martin, Paul Heywood und Vincent Wright (Hrsg.): Developments in West European Politics. New York: St. Martin's Press, S. 131–150.

Kitschelt, Herbert. 2001. Politische Konfliktlinien in westlichen Demokratien: Ethnischkulturelle und wirtschaftliche Verteilungskonflikte. In: Loch, Dietmar und Wilhelm Heitmeyer (Hrsg.): Schattenseiten der Globalisierung. Rechtsradikalismus, Rechtspopulismus, und separatistischer Regionalismus in westlichen Demokratien. Frankfurt am Main: Suhrkamp, S. 418–441.
Kitschelt, Herbert und Staf Hellemans. 1990. The Left-Right-Semantics and the New Politics Cleavage. In: Comparative Political Studies, 23(2), S. 210–238.
Kitschelt, Herbert und Anthony J. McGann. 1997. The Radical Right in Western Europe. A Comparative Analysis. Ann Arbor: The University of Michigan Press.
Klages, Helmut. 1984. Wertorientierungen im Wandel: Rückblick, Gegenwartsanalyse, Prognosen. Frankfurt am Main und New York: Campus Verlag.
Klages, Helmut. 1992. Die gegenwärtige Situation der Wert- und Wertewandelforschung – Probleme und Perspektiven. In: Klages, Helmut, Hans-Jürgen Hippler und Willi Herbert (Hrsg.): Werte und Wandel. Ergebnisse und Methoden einer Forschungstradition. Frankfurt am Main und New York: Campus Verlag, S. 5–39.
Klages, Helmut. 1998. Wertewandel und Moralität. In: Lüschen, Günther (Hrsg.): Das Moralische in der Soziologie. Wiesbaden: Westdeutscher Verlag GmbH, S. 107–125.
Klages, Helmut. 2001. Brauchen wir eine Rückkehr zu traditionellen Werten? In: Aus Politik und Zeitgeschichte, 29/2001, S. 7–14.
Klages, Helmut. 2008. Entstehung, Bedeutung und Zukunft der Werteforschung. In: Witte, Erich H. (Hrsg.): Sozialpsychologie und Werte. Lengerich: Pabst Science Publishers, S. 11–29.
Klages, Helmut und Peter Kmieciak. 1979. Einführung. In: Klages, Helmut und Peter Kmieciak (Hrsg.): Wertwandel und gesellschaftlicher Wandel. Frankfurt und New York: Campus Verlag, S. 11–19.
Klein, Markus. 2014. Gesellschaftliche Wertorientierungen, Wertewandel und Wählerverhalten. In: Falter, Jürgen W. und Harald Schoen (Hrsg.): Handbuch Wahlforschung. Wiesbaden: Springer VS, S. 563–590.
Klein, Markus. 2016. The Silent Counter-Revolution. Der Wandel gesellschaftspolitischer Wertorientierungen in Westdeutschland zwischen 1980–2012. In: Roßteutscher, Sigrid, Thorsten Faas und Ulrich Rosar (Hrsg.): Bürgerinnen und Bürger im Wandel der Zeit. 25 Jahre Wahl- und Einstellungsforschung in Deutschland. Wiesbaden: Springer VS, S. 251–277.
Klein, Markus und Kai Arzheimer. 2000. Einmal mehr: Ranking oder Rating? Über die adäquate Messung von gesellschaftlichen Wertorientierungen. Eine Erwiderung auf Stefan Sacchi. In: Kölner Zeitschrift für Soziologie und Sozialpsychologie, 52(3), S. 553–563.
Klein, Markus und Jürgen W. Falter. 2003. Der lange Weg der GRÜNEN: eine Partei zwischen Protest und Regierung. München: C.H. Beck.
Klein, Markus und Manuela Pötschke. 2000. Gibt es einen Wertewandel hin zum „reinen" Postmaterialismus? Eine Zeitreihenanalyse der Wertorientierungen der westdeutschen Bevölkerung zwischen 1970 und 1997. In: Zeitschrift für Soziologie, 29(3), S. 202–216.
Klein, Markus und Ulrich Rosar. 2005. Die Wähler ziehen Bilanz: Determinanten der Wahlteilnahme und der Wahlentscheidung. In: Güllner, Manfred, Hermann Dülmer, Markus Klein, Dieter Ohr, Markus Quandt, Ulrich Rosar und Hans-Dieter Klingemann (Hrsg.):

Die Bundestagswahl 2002. Eine Untersuchung im Zeichen hoher politischer Dynamik. Wiesbaden: VS Verlag für Sozialwissenschaften, S. 181–198.

Klein, Markus, Hermann Dülmer, Dieter Ohr, Markus Quandt und Ulrich Rosar. 2004. Response sets in the measurement of values: A comparison of rating and ranking procedures. In: International Journal of Public Opinion Research, 16(4), S. 474–483.

Klein, Thomas. 1990. Postmaterialismus und generatives Verhalten. In: Zeitschrift für Soziologie, 19(1), S. 57–64.

Kleinhenz, Thomas. 1995. Die Nichtwähler: Ursachen der sinkenden Wahlbeteiligung in Deutschland. Wiesbaden: Westdeutscher Verlag GmbH.

Kline, Rex B. 2016. Principles and Practice of Structural Equation Modeling. Fourth Edition. New York und London: The Guilford Press.

Klingemann, Hans-Dieter. 1973. Issue-Kompetenz und Wahlentscheidung: die Einstellung zu wertbezogenen politischen Problemen im Zeitvergleich. In: Politische Vierteljahresschrift, 14(2), S. 227–256.

Kluckhohn, Clyde. 1951. Values and Value-Orientations in the Theory of Action: An Exploration in Definition and Classification. In: Parsons, Talcott und Edward Shils (Hrsg.): Toward a General Theory of Action. Cambridge: Harvard University Press, S. 388–433.

Kmieciak, Peter. 1976. Wertstrukturen und Wertewandel in der Bundesrepublik. Grundlagen einer interdisziplinären empirischen Wertforschung mit einer Sekundäranalyse von Umfragedaten. Göttingen: Schwartz.

Kneuer, Marianne und Hans-Joachim Lauth. 2016. Parteien und Parteiensysteme in der Vergleichenden Politikwissenschaft. In: Lauth, Hans-Joachim, Marianne Kneuer und Gert Pickel (Hrsg.): Handbuch Vergleichende Politikwissenschaft. Wiesbaden: Springer VS, S. 453–468.

Knutsen, Oddbjørn. 1995a. The Impact of Old Politics and New Politics Value Orientations on Party Choice: A Comparative Study. In: Journal of Public Policy, 15(1), S. 1–63.

Knutsen, Oddbjørn. 1995b. Party Choice. In: van Deth, Jan W. und Elinor Scarbrough (Hrsg.): The Impact of Values. New York: Oxford University Press, S. 461–491.

Knutsen, Oddbjørn. 1995c. Left-Right Materialist Value Orientations. In: van Deth, Jan W. und Elinor Scarbrough (Hrsg.): The Impact of Values. New York: Oxford University Press, S. 160–196.

Knutsen, Oddbjørn. 1996. Value Orientations and Party Choice: A Comparative Study of the Relationship between five Value Orientations and Voting Intention in thirteen West European Democracies. In: Gabriel, Oscar W. und Jürgen W. Falter (Hrsg.): Wahlen und politische Einstellungen in westlichen Demokratien. Frankfurt am Main: Peter Lang GmbH, S. 247–320.

Knutsen, Oddbjørn. 1998. The Strength of the Partisan Component of Left-Right Identity. A Comparative Longitudinal Study of Left-Right Party Polarization in Eight West European Countries. In: Party Politics, 4(1), S. 5–31.

Knutsen, Oddbjørn. 2018a. Attitudes, Values and Belief Systems. In: Fisher, Justin, Edward Fieldhouse, Mark N. Franklin, Rachel Gibson, Marta Cantijoch und Christopher Wlezien (Hrsg.): The Routledge Handbook of Elections, Voting Behavior and Public Opinion. London und New York: Taylor & Francis Ltd, S. 343–356.

Knutsen, Oddbjørn. 2018b. Social Structure, Value Orientations and Party Choice in Western Europe. London: Palgrave Macmillan.

Knutsen, Oddbjørn und Elinor Scarbrough. 1995. Cleavage Politics. In: van Deth, Jan W. und Elinor Scarbrough (Hrsg.): The Impact of Values. New York: Oxford University Press, S. 492–523.
Köcher, Renate. 2017. Unschlüssige Wähler. Online verfügbar unter: https://www.ifd-allens bach.de/fileadmin/kurzberichte_dokumentationen/FAZ_August2017_Unentschlossene. pdf – abgerufen am 23.07.2020.
König, Pascal D. 2017. Intra-Party Dissent as a Constraint in Policy Competition: Mapping and Analysing the Positioning of Political Parties in the German Refugee Debate from August to November 2015. In: German Politics, 26(3), S. 337–359.
Köthemann, Dennis. 2014. Macht und Leistung als Werte in Europa. Über gesellschaftliche und individuelle Einflüsse auf Wertprioritäten. Wiesbaden: Springer VS.
Koppetsch, Cornelia. 2018. In Deutschland daheim, in der Welt zu Hause? Der Heimat-Diskurs und die Transnationalisierung von Klassenstrukturen. In: Aus Politik und Zeitgeschichte, 48/2018, S. 18–26.
Korte, Karl-Rudolf. 2008. Neue Formeln zur Macht. Parteienwettbewerb in Deutschland. In: Die Politische Meinung, 53. Jahrgang, Ausgabe 465, S. 5–9.
Korte, Karl-Rudolf. 2010. Die Bundestagswahl 2009 – Konturen des Neuen: Problemstellungen der Regierungs-, Parteien-, Wahl- und Kommunikationsforschung. In: Korte, Karl-Rudolf (Hrsg.): Die Bundestagswahl 2009. Analysen der Wahl-, Parteien-, Kommunikations- und Regierungsforschung. Wiesbaden: VS Verlag für Sozialwissenschaften, S. 9–32.
Korte, Karl-Rudolf. 2013. Sinkt der Einfluss der Wähler auf die Koalitionsbildung? Acht Thesen zur deutschen Koalitionsdemokratie auf dem Wählermarkt. In: Decker, Frank und Eckhard Jesse (Hrsg.): Die deutsche Koalitionsdemokratie vor der Bundestagswahl 2013. Baden-Baden: Nomos Verlagsgesellschaft, S. 35–57.
Korte, Karl-Rudolf. 2015. Die Bundestagswahl 2013 – ein halber Machtwechsel: Problemstellungen der Wahl-, Parteien-, Kommunikations- und Regierungsforschung. In: Korte, Karl-Rudolf (Hrsg.): Die Bundestagswahl 2013. Analysen der Wahl-, Parteien-, Kommunikations- und Regierungsforschung. Wiesbaden: Springer VS, S. 9–31.
Korte, Karl-Rudolf. 2016a. Politik in unsicheren Zeiten: Einwanderungspolitik als Krisen-Symptom. In: Korte, Karl-Rudolf (Hrsg.): Politik in unsicheren Zeiten. Kriege, Krisen und neue Antagonismen. Baden-Baden: Nomos Verlagsgesellschaft, S. 9–24.
Korte, Karl-Rudolf. 2016b. Bürgerliche Mitte. Wie die etablierten Parteien sie neu erkämpfen können. In: Die Politische Meinung, 61. Jahrgang, Ausgabe 540, S. 14–21.
Korte, Karl-Rudolf. 2017. Identitätsfragen als neue demokratische Herausforderung des Politikmanagements. In: Bieber, Christoph, Andreas Blätte, Karl-Rudolf Korte und Niko Switek (Hrsg.): Regieren in der Einwanderungsgesellschaft. Impulse zur Integrationsdebatte aus Sicht der Regierungsforschung. Wiesbaden: Springer VS, S. 9–17.
Korte, Karl-Rudolf. 2018a. Parteienwettbewerb als Freiheitsgarant in der Krise? - Essay. In: Aus Politik und Zeitgeschichte, 46–47/2018, S. 4–8.
Korte, Karl-Rudolf. 2018b. Wählermobilisierung im Superwahljahr 2017. In: Hilz, Wolfram und Antje Nötzold (Hrsg.): Die Zukunft Europas in einer Welt im Umbruch. Festschrift zum 65. Geburtstag von Prof. Dr. Beate Neuss. Wiesbaden: Springer VS, S. 413–427.
Korte, Karl-Rudolf. 2019. Die Bundestagswahl 2017: Ein Plebiszit über die Flüchtlingspolitik. In: Korte, Karl-Rudolf und Jan Schoofs (Hrsg.): Die Bundestagswahl 2017. Analysen

der Wahl-, Parteien-, Kommunikations- und Regierungsforschung. Wiesbaden: Springer VS, S. 1–19.

Korte, Karl-Rudolf. 2020. Über den elastischen Sicherheitskonservatismus der CDU-Wähler. In: Lammert, Norbert (Hrsg.): Christlich Demokratische Union. Beiträge und Positionen zur Geschichte der CDU. München: Siedler Verlag, S. 335–359.

Korte, Karl-Rudolf und Manuel Fröhlich. 2009. Politik und Regieren in Deutschland. Strukturen, Prozesse, Entscheidungen. 3. Auflage. Paderborn: Verlag Ferdinand Schöningh.

Korte, Karl-Rudolf, Jan Schoofs und Jan Treibel. 2012. Stärke durch Wandel? Perspektiven der Union. In: Jesse, Eckhard und Roland Sturm (Hrsg.):»Superwahljahr« 2011 und die Folgen. Baden-Baden: Nomos Verlagsgesellschaft, S. 45–63.

Kratz, Agatha. 2019. Politische Sachfragen. In: Roßteutscher, Sigrid, Rüdiger Schmitt-Beck, Harald Schoen, Bernhard Weßels und Christof Wolf (Hrsg): Zwischen Polarisierung und Beharrung: Die Bundestagswahl 2017. Baden-Baden: Nomos Verlagsgesellschaft, S. 229–245.

Kriesi, Hanspeter. 2007. Vergleichende Politikwissenschaft. Teil 1: Grundlagen. Eine Einführung. Baden-Baden: Nomos Verlagsgesellschaft.

Kriesi, Hanspeter. 2018. The 2017 French and German Elections. In: Journal of Common Market Studies, 56(51), S. 51–62.

Kriesi, Hanspeter, Swen Hutter und Jasmine Lorenzini. 2018. Restrukturierung des westeuropäischen Parteienwettbewerbs in der großen Rezession. In: Anders, Lisa H., Henrik Scheller und Thomas Tuntschew (Hrsg.): Parteien und die Politisierung der Europäischen Union. Wiesbaden: Springer VS, S. 39–72.

Kriesi, Hanspeter, Edgard Grande, Romain Lachat, Martin Dolezal, Simon Bornschier und Timotheos Frey. 2006. Globalization and the transformation of the national political space: Six European Countries. In: European Journal of Political Research, 45(6), S. 921–956.

Kriesi, Hanspeter, Edgar Grande, Romain Lachat, Martin Dolezal, Simon Bornschier, und Timotheos Frey. 2012. West European politics in the age of globalization. Cambridge: Cambridge University Press.

Kronenberg, Volker. 2005. Patriotismus in Deutschland. Perspektiven für eine weltoffene Nation. Wiesbaden: VS Verlag für Sozialwissenschaften.

Kühnel, Steffen und Anja Mays. 2009. Das Michigan-Modell des Wahlverhaltens und die subjektive Sicht der Wähler. Zur Korrespondenz der Effekte von Parteieigung, Kandidatenbewertungen und Urteilen zu politischen Sachthemen mit der subjektiven Begründung von Wahlentscheidungen. In: Kühnel, Steffen, Oskar Niedermayer und Bettina Westle (Hrsg.): Wähler in Deutschland. Sozialer und politischer Wandel, Gender und Wahlverhalten. Wiesbaden: VS Verlag für Sozialwissenschaften, S. 313–328.

Kühnel, Steffen und Dagmar Krebs. 2010. Statistik für die Sozialwissenschaften. Grundlagen, Methoden, Anwendungen. 5. Auflage. Hamburg: Rohwolt Verlag GmbH.

Lacewell, Onawa und Wolfgang Merkel. 2013. Die neue Komplexität der Globalisierung. In: Berliner Republik – Das Debattenmagazin, 02/2013, S. 72–74.

Lachat, Romain. 2017. Value Cleavages. In: Arzheimer, Kai, Jocelyn Evans und Michael S. Lewis-Beck (Hrsg.): The SAGE Handbook of Electoral Behaviour. Los Angeles: SAGE Publications Ltd, S. 561–583.

Lang, Jürgen P. 2018. Abschied vom Osten? Die Linke nach der Bundestagswahl 2017. In: Grabow, Karsten und Viola Neu (Hrsg.): Das Ende der Stabilität? Parteien und Parteiensystem in Deutschland. Sankt Augustin und Berlin: Konrad-Adenauer-Stiftung, Heft 6, S. 5–68.

Lauth, Hans-Joachim, Gert Pickel und Susanne Pickel. 2009. Methoden der vergleichenden Politikwissenschaft: Eine Einführung. Wiesbaden: VS Verlag für Sozialwissenschaften.

Lauth, Hans-Joachim, Gert Pickel und Susanne Pickel. 2014. Vergleich politischer Systeme: Eine Einführung. Paderborn: Verlag Ferdinand Schöningh.

Lazarsfeld, Paul, Bernard Berelson und Hazel Gaudet. 1944. The People's Choice. How the Voter Makes Up his Mind in a Presidential Campaign. New York und London: Columbia University Press.

Lechleiter, Philipp. 2016. Wertekonstellationen im Wandel. Eine empirische Bestandsaufnahme. Wiesbaden: Springer VS.

Leggewie, Claus. 2001. What's next? oder: Neokapitalismus und neue Linke. In: Loch, Dietmar und Wilhelm Heitmeyer (Hrsg.): Schattenseiten der Globalisierung. Rechtsradikalismus, Rechtspopulismus und separatistischer Regionalismus in westlichen Demokratien. Frankfurt am Main: Suhrkamp Verlag, S. 443–460.

Lembcke, Oliver W. 2016. Theorien demokratischer Repräsentation. In: Lembcke, Oliver W., Claudia Ritzi und Gary S. Schaal (Hrsg.): Zeitgenössische Demokratietheorie. Band 2: Empirische Demokratietheorien. Wiesbaden: Springer VS, S. 23–58.

Lengfeld, Holger. 2017. Die „Alternative für Deutschland": eine Partei für Modernisierungsverlierer? In: Kölner Zeitschrift für Soziologie und Sozialpsychologie, 69(2), S. 209–232.

Lengfeld, Holger und Clara Dilger. 2018. Kulturelle und ökonomische Bedrohung. Eine Analyse der Ursachen der Parteiidentifikation mit der „Alternative für Deutschland" mit dem Sozio-oekonomischen Panel 2016. In: Zeitschrift für Soziologie, 47(3), S. 181–199.

Lewandowsky, Marcel. 2018. Alternative für Deutschland (AfD). In: Decker, Frank und Viola Neu (Hrsg.): Handbuch der deutschen Parteien. 3., erweiterte und aktualisierte Auflage. Wiesbaden: Springer VS, S. 161–170.

Lewandowsky, Marcel, Heiko Giebler und Aiko Wagner. 2016. Rechtspopulismus in Deutschland. Eine empirische Einordnung der Parteien zur Bundestagswahl 2013 unter besonderer Berücksichtigung der AfD. In: Politische Vierteljahresschrift, 57(2), S. 247–275.

Lijpart, Arend. 1990. Dimensions of Ideology in European Party Systems. In: Mair, Peter (Hrsg.): The West European Party System. Oxford: Oxford University Press, S. 253–265.

Lipset, Seymour M. 1959a. Some Social Requisites of Democracy: Economic Development and Political Legitimacy. In: American Political Science Review, 53(1), S. 69–105.

Lipset, Seymour M. 1959b. Democracy and Working-Class Authoritarianism. In: American Sociological Review, 24(4), S. 482–501.

Lipset, Seymour M. 1960. Political Man. The Social Bases of Politics. New York: Doubleday & Company, Inc.

Lipset, Seymour M. 2001. Cleavages, parties and democracy. In: Karvonen, Lauri und Stein Kuhnle (Hrsg.): Party Systems and Voter Alignments Revisited. London und New York: Routledge Chapman & Hall, S. 2–8.

Lipset, Seymour M. und Stein Rokkan. 1967. Cleavage Structures, Party Systems, and Voter Alignments: An Introduction. In: Rokkan, Stein und Seymour M. Lipset (Hrsg.): Party

Systems and Voter Alignments: Cross-National Perspectives. New York und London: Free Press, S. 1–64.

Lösche, Peter und Franz Walter. 1996. Die FDP. Richtungsstreit und Zukunftszweifel. Darmstadt: Wissenschaftliche Buchgesellschaft.

Luhmann, Niklas. 2010. Politische Soziologie. Berlin: Suhrkamp Verlag.

Lupton, Robert N., Adam M. Enders und William G. Jacoby. 2017. Ideology and Core Values. In: Arzheimer, Kai, Jocelyn Evans und Michael S. Lewis-Beck (Hrsg.): The SAGE Handbook of Electoral Behaviour. Los Angeles: SAGE Publications Ltd, S. 491–520.

Luxemburg, Rosa. 1990. Rosa Luxemburg und die Freiheit der Andersdenkenden. Berlin: Dietz Verlag.

Maag, Gisela. 1989. Zur Erfassung von Werten in der Umfrageforschung. Ein empirischer Beitrag zur Neukonzeptualisierung und Operationalisierung. In: Zeitschrift für Soziologie, 18(4), S. 313–323.

Mader, Matthias und Harald Schoen. 2019. The European refugee crisis, party competition, and voters' responses in Germany. In: West European Politics, 42(1), S. 67–90.

Magin, Raphael, Markus Freitag und Adrian Vatter. 2009. Cleavage Structures and Voter Alignments within Nations. Explaining Electoral Outcome in Germany's Counties, 1998 to 2005. In: Zeitschrift für Vergleichende Politikwissenschaft, 3(2), S. 231–256.

Maier, Hans. 1975. Revolution und Kirche: Zur Frühgeschichte der christlichen Demokratie. München: Deutscher Taschenbuch Verlag GmbH & Co. KG.

Maio, Gregory R., Neal J. Roese, Clive Seligman und Albert Katz. 1996. Rankings, Ratings, and the Measurement of Values: Evidence for the Superior Validity of Ratings. In: Basic and Applied Social Psychology, 18(2), S. 171–181.

Mair, Peter. 2001. The Freezing Hypothesis: An Evaluation. In: Karvonen, Lauri und Stein Kuhnle (Hrsg.): Party Systems and Voter Alignments Revisited. London: Routledge, S. 27–44.

Mair, Peter. 2013. Ruling the Void: The Hollowing Of Western Democracy. London: Verso.

Mair, Peter, Wolfgang C. Müller und Fritz Plasser. 1999. Veränderungen in den Wählermärkten: Herausforderungen für die Parteien und deren Antworten. In: Mair, Peter, Wolfgang C. Müller und Fritz Plasser (Hrsg.): Parteien auf komplexen Wählermärkten. Reaktionsstrategien politischer Parteien in Westeuropa. Wien: Signum Verlag, S. 11–29.

Marschall, Stefan. 2018. Parlament. In: Voigt, Rüdiger (Hrsg.): Handbuch Staat. Wiesbaden: Springer VS, S. 811–820.

Masch, Lena. 2020. Politicians' Expression of Anger and Leadership Evaluations. Empirical Evidence from Germany. Baden-Baden: Nomos Verlagsgesellschaft.

Maslow, Abraham Harold. 1943. A Theory of Human Motivation. In: Psychological Review, 50(4), S. 370–396.

Mayer, Sabrina J. 2017. Die Parteiidentifikation. Eine Konstruktvalidierung neuer Maße auf Basis des Ansatzes sozialer Identität. Wiesbaden: Springer VS.

Mayer, Sabrina J. und Martin Schultze. 2019. The effects of political involvement and cross-pressures on multiple party identifications in multi-party systems – evidence from Germany. In: Journal of Elections, Public Opinion and Parties, 29(2), S. 245–261.

Mays, Anja und Verena Hambauer. 2019. Migration und die Entwicklung von Wertorientierungen. In: Hidalgo, Oliver und Gert Pickel (Hrsg.): Flucht und Migration in Europa. Wiesbaden: Springer VS, S. 345–370.

Merkel, Wolfgang. 2015. Schluss: Ist die Krise der Demokratie eine Erfindung. In: Merkel, Wolfgang (Hrsg.): Demokratie und Krise. Zum schwierigen Verhältnis von Theorie und Empirie. Wiesbaden: Springer VS, S. 473–498.

Merkel, Wolfgang. 2016a. Das Recht des Schwächeren. Ein Plädoyer gegen die politische Bevormundung. In: Cicero. Magazin für politische Kultur, 12/2016, S. 52–54.

Merkel, Wolfgang. 2016b. Bruchlinien, Kosmopolitismus, Kommunitarismus und die Demokratie. In: WZB Mitteilungen, Nr. 154, S. 11–14. Online verfügbar unter: https://bibliothek.wzb.eu/artikel/2016/f-20214.pdf – abgerufen am 11.12.2019.

Merkel, Wolfgang. 2017a. Kosmopolitismus versus Kommunitarismus: Ein neuer Konflikt in der Demokratie. In: Harfst, Philipp, Ina Kubbe und Thomas Poguntke (Hrsg.): Parties, Governments and Elites. The Comparative Study of Democracy. Wiesbaden: Springer VS, S. 9–23.

Merkel, Wolfgang. 2017b. Die populistische Revolte. In: Kulturpolitische Mitteilungen, 157(2), S. 53–56.

Merz, Stefan und Jürgen Hofrichter. 2013. Wähler auf der Flucht: die Wählerwanderung zur Bundestagswahl 2009. In: Weßels, Bernhard, Harald Schoen und Oscar W. Gabriel (Hrsg.): Wahlen und Wähler. Analysen aus Anlass der Bundestagswahl 2009. Wiesbaden: Springer VS, S. 97–117.

Meulemann, Heiner. 1996. Werte und Wertewandel. Zur Identität einer geteilten und wieder vereinten Nation. München und Weinheim: Juventa Verlag.

Meulemann, Heiner. 1998. Einleitung. Wertunterschiede zwischen West- und Ostdeutschland – Fakten und Erklärungsmöglichkeiten. In: Meulemann, Heiner (Hrsg.): Werte und nationale Identität im vereinten Deutschland. Erklärungsansätze der Umfrageforschung. Opladen: Leske + Budrich, S. 7–21.

Meyer, Henning. 2016. Wege aus der »Kosmopolitismusfalle«. Warum die Sozialdemokratie kommunitaristisch und kosmopolitisch sein muss. In: Neue Gesellschaft Frankfurter Hefte, 04/2016, S. 43–46.

Meyer, Ruth. 1979. Wertforschung im systematischen internationalen Vergleich, In: Klages, Helmut und Peter Kmieciak (Hrsg.): Wertwandel und gesellschaftlicher Wandel. Frankfurt und New York: Campus Verlag, S. 41–60.

Meyer, Thomas. 2004. Die Agenda 2010 und die soziale Gerechtigkeit. In: Politische Vierteljahresschrift, 45(2), S. 181–190.

Middendorp, Cees P. 1991. Ideology in Dutch Politics: The Democratic System Reconsidered (1970–1985). Assen: Van Gorcum.

Mielke, Gerd. 2001. Gesellschaftliche Konflikte und ihre Repräsentation im deutschen Parteiensystem. Anmerkungen zum Cleavage-Modell von Lipset und Rokkan. In: Eith, Ulrich und Gerd Mielke (Hrsg.): Gesellschaftliche Konflikte und Parteiensystem. Länder und Regionalstudien. Wiesbaden: Westdeutscher Verlag GmbH, S. 77–95.

Miller, Warren E. und J. Merrill Shanks. 1996. The New American Voter. Cambridge: Harvard University Press.

Minkenberg, Michael. 2010. Party Politics, Religion and Elections in Western Democracies. In: Comparative European Politics, 8(4), S. 385–414.

Mochmann, Ekkehard. 2014. Quantitative Daten für die Sekundäranalyse. In: Baur, Nina und Jörg Blasius (Hrsg.): Handbuch Methoden der empirischen Sozialforschung. Wiesbaden: Springer VS, S. 233–244.

Mohamad-Klotzbach, Christoph. 2016. Wertewandel in der Vergleichenden Politikwissenschaft. In: Lauth, Hans-Joachim, Marianne Kneuer und Gert Pickel (Hrsg.): Handbuch Vergleichende Politikwissenschaft. Wiesbaden: Springer VS, S. 557–573.
Mood, Carina. 2010. Logistic Regression: Why We Cannot Do What We Think We Can Do, and What We Can Do About It. In: European Sociological Review, 26(1), S. 67–82.
Moreau, Patrick. 2018. Arbeit & soziale Gerechtigkeit – Die Wahlalternative (WASG). In: Decker, Frank und Viola Neu (Hrsg.): Handbuch der deutschen Parteien. 3. Auflage. Wiesbaden: Springer VS, S. 177–182.
Mouffe, Chantal. 2016. Über das Politische. Wider die kosmopolitische Illusion. Frankfurt am Main: Suhrkamp Verlag.
Mouffe, Chantal. 2018. Das demokratische Paradox. Wien und Berlin: Verlag Turia + Kant.
Mudde, Cas und Cristóbal Rovira Kaltwasser. 2017. Populism. A Very Short Introduction. Oxford: Oxford University Press.
Müller, Walter. 1998. Sozialstruktur und Wahlverhalten. Eine Widerrede gegen die Individualisierungs-These. In: Friedrichs, Jürgen (Hrsg.): Die Individualisierungsthese. Wiesbaden: VS Verlag für Sozialwissenschaften, S. 249–261.
Müller-Rommel, Ferdinand. 1992. Erfolgsbedingungen Grüner Parteien in Westeuropa. In: Politische Vierteljahresschrift, 33(2), S. 189–218.
Müller-Rommel, Ferdinand. 1993. Grüne Parteien in Westeuropa. Entwicklungsphasen und Erfolgsbedingungen. Opladen: Westdeutscher Verlag GmbH.
Nachtwey, Oliver und Tim Spier. 2007. Günstige Gelegenheit? Die sozialen und politischen Entstehungshintergründe der Linkspartei. In: Spier, Tim, Felix Butzlaff, Matthias Micus und Franz Walter (Hrsg.): Die Linkspartei. Zeitgemäße Idee oder Bündnis ohne Zukunft? Wiesbaden: VS Verlag für Sozialwissenschaften, S. 13–69.
Namenwirth, J. Zvi. 1973. Wheels of Time and the Interdependence of Value Change in America. In: The Journal of Interdisciplinary History, 3(4), S. 649–683.
Nellessen-Schumacher, Traute. 1978. Sozialprofil der deutschen Katholiken. Eine konfessionsstatistische Analyse. Mainz: Matthias-Grünewald-Verlag.
Neller, Katja und Isabelle S. Thaidigsmann. 2007. Gelungene Identitätserweiterung durch Namensänderung? „True" Wähler, Zu- und Abwanderer der Linkspartei bei der Bundestagswahl 2005. In: Brettschneider, Frank, Oskar Niedermayer und Bernhard Weßels (Hrsg.): Die Bundestagswahl 2005. Analysen des Wahlkampfes und der Wahlergebnisse. VS Verlag für Sozialwissenschaften, S. 421–453.
Neu, Viola. 2004. Das Janusgesicht der PDS. Wähler und Partei zwischen Demokratie und Extremismus. Baden-Baden: Nomos Verlagsgesellschaft.
Neu, Viola. 2014. Hidden champions oder ewige Verlierer? Die „sonstigen" Parteien bei der Bundestagswahl. In: Jesse, Eckhard und Roland Sturm (Hrsg.): Bilanz der Bundestagswahl 2013: Voraussetzungen, Ergebnisse, Folgen. Baden-Baden: Nomos Verlagsgesellschaft, S. 295–312.
Neu, Viola. 2018. Die Linke (DIE LINKE). In: Decker, Frank und Viola Neu (Hrsg.): Handbuch der deutschen Parteien. 3. Auflage. Wiesbaden: Springer VS, S. 384–401.
Neuerer, Dietmar. 2017. Alle gegen die AfD. Online verfügbar unter: https://www.handelsblatt.com/politik/deutschland/bundestagswahl/alle-schlagzeilen/bundestagswahl-alle-gegen-die-afd/20343226-all.html – abgerufen am 13.11.2020.

Niedermayer, Oskar. 2003. Parteiensystem. In: Jesse, Eckhard und Roland Sturm (Hrsg.): Demokratien des 21. Jahrhunderts im Vergleich. Historische Zugänge, Gegenwartsprobleme, Reformperspektiven. Opladen: Leske + Budrich, S. 261–288.
Niedermayer, Oskar. 2009. Gesellschaftliche und parteipolitische Konfliktlinien. In: Kühnel, Steffen, Oskar Niedermayer und Bettina Westle (Hrsg.): Wähler in Deutschland. Sozialer und politischer Wandel, Gender und Wahlverhalten. Wiesbaden: VS Verlag für Sozialwissenschaften, S. 30–67.
Niedermayer, Oskar. 2010. Parteien und Parteiensystem. In: Bukow, Sebastian und Wenke Seemann (Hrsg.): Die Große Koalition. Regierung – Politik – Parteien 2005–2009. Wiesbaden: VS Verlag für Sozialwissenschaften, S. 247–261.
Niedermayer, Oskar. 2013a. Die Analyse einzelner Parteien. In: Niedermayer, Oskar (Hrsg.): Handbuch Parteienforschung. Wiesbaden: Springer VS, S. 61–82.
Niedermayer, Oskar. 2013b. Keine Parteienverdrossenheit, aber Parteienkritik. Die Bürgerorientierungen gegenüber den Bundestagsparteien. In: Niedermayer, Oskar, Benjamin Höhne und Uwe Jun (Hrsg.): Abkehr von den Parteien? Parteiendemokratie und Bürgerprotest. Wiesbaden: Springer VS, S. 45–65.
Niedermayer, Oskar. 2013c. Die Analyse von Parteiensystemen. In: Niedermayer, Oskar (Hrsg.): Handbuch Parteienforschung. Wiesbaden: Springer VS, S. 83–117.
Niedermayer, Oskar. 2015a. Eine neue Konkurrentin im Parteiensystem? Die Alternative für Deutschland. In: Niedermayer, Oskar (Hrsg.): Die Parteien nach der Bundestagswahl 2013. Wiesbaden: Springer VS, S. 175–207.
Niedermayer, Oskar. 2015b. Von der dritten Kraft zur marginalen Partei: Die FDP von 2009 bis nach der Bundestagswahl 2013. In: Niedermayer, Oskar (Hrsg.): Die Parteien nach der Bundestagswahl 2013. Wiesbaden: Springer VS, S. 103–134.
Niedermayer, Oskar. 2018a. Die Aufsteiger. Die Alternative für Deutschland. In: Grabow, Karsten und Viola Neu (Hrsg.): Das Ende der Stabilität? Parteien und Parteiensystem in Deutschland. Sankt Augustin und Berlin: Konrad-Adenauer-Stiftung, Heft 4, S. 5–49.
Niedermayer, Oskar. 2018b. Die Entwicklung des bundesdeutschen Parteiensystems. In: Decker, Frank und Viola Neu (Hrsg.): Handbuch der deutschen Parteien. 3. Auflage. Wiesbaden: Springer VS, S. 97–125.
Niedermayer, Oskar und Jürgen Hofrichter. 2016. Die Wählerschaft der AfD: Wer ist sie, woher kommt sie und wie weit rechts steht sie? In: Zeitschrift für Parlamentsfragen, 47(2), S. 267–284.
Nieuwbeerta, Paul. 1995. The Democratic Class Struggle in Twenty Countries 1945/1990. Amsterdam: Thesis Publishers.
Nohlen, Dieter. 2002. Globalisierung. In: Nohlen, Dieter und Rainer-Olaf Schultze (Hrsg.): Lexikon der Politikwissenschaft. Band 1. A-M. Theorien, Methoden, Begriffe. München: C. H. Beck, S. 293–296.
Nohlen, Dieter. 2009. Wahlrecht und Parteiensystem. 6. Auflage. Opladen und Farmington Hills: Verlag Barbara Budrich.
Norris, Pippa. 2013. Radical Right. Voters and Parties in Electoral Market. Cambridge: University Press.
Norris, Pippa und Ronald Inglehart. 2011. Sacred and Secular. Religion and Politics Worldwide. Second Edition. Cambridge: Cambridge University Press.
Norris, Pippa und Ronald Inglehart. 2017. Cultural backlash: Values and voting for populist authoritarian parties in Europe. Konferenzpapier für das APSA Annual Meeting &

Exhibition 2017. Online verfügbar unter: https://www.dropbox.com/s/srf42y5l19dnd1s/ APSA%202017%20Cultural%20backlash%20and%20the%20new%20populism.pdf? dl=0 – abgerufen am 13.02.2020.
Norris, Pippa und Ronald Inglehart. 2019. Cultural Backlash. Trump, Brexit, and Authoritarian Populism. Cambridge: Cambridge University Press.
Oberndörfer, Dieter, Gerd Mielke und Ulrich Eith. 2009. Vom Zweieinhalb- zum Fünf-Parteiensystem: neue Bündnisse oder alte Lager? In: Liedhegener, Antonius und Torsten Oppelland (Hrsg.): Parteiendemokratie in der Bewährung. Baden-Baden: Nomos Verlagsgesellschaft, S. 257–269.
Offe, Claus. 1986. Zwischen Bewegung und Partei. Die Grünen in der politischen „Adoleszenzkrise"? In: Kallscheuer, Otto (Hrsg.): Die Grünen – Letzte Wahl? Berlin: Rotbuch Verlag, S. 40–60.
Ohr, Dieter. 2000. Wird das Wählerverhalten zunehmend personalisierter, oder: Ist jede Wahl anders? Kandidatenorientierungen und Wahlentscheidung in Deutschland von 1961 bis 1998. In: Klein, Markus, Wolfgang Jagodzinski, Ekkehard Mochmann und Dieter Ohr (Hrsg.): 50 Jahre Empirische Wahlforschung in Deutschland. Entwicklung, Befunde, Perspektiven, Daten. Wiesbaden: Westdeutscher Verlag GmbH, S. 272–302.
Ohr, Dieter. 2005. Wahlen und Wählerverhalten im Wandel: Der individualisierte Wähler in der Mediendemokratie. In: Güllner, Manfred, Hermann Dülmer, Markus Klein, Dieter Ohr, Markus Quandt, Ulrich Rosar und Hans-Dieter Klingemann (Hrsg.): Die Bundestagswahl 2002. Eine Untersuchung im Zeichen hoher politischer Dynamik. Wiesbaden: VS Verlag für Sozialwissenschaften, S. 15–30.
Ohr, Dieter und Markus Quandt. 2011. Parteiidentifikation in Deutschland: Eine empirische Fundierung des Konzeptes auf Basis der Theorie sozialer Identität. In: Schmitt-Beck, Rüdiger (Hrsg.): Wählen in Deutschland. Politische Vierteljahresschrift, Sonderheft 45. Baden-Baden: Nomos Verlagsgesellschaft, S. 179–202.
Ohr, Dieter, Markus Klein und Ulrich Rosar. 2013. Bewertungen der Kanzlerkandidaten und Wahlentscheidung bei der Bundestagswahl 2009. In: Weßels, Bernhard, Harald Schoen und Oscar W. Gabriel (Hrsg.): Wahlen und Wähler. Analysen aus Anlass der Bundestagswahl 2009. Wiesbaden: Springer VS, S. 206–230.
Oppelland, Torsten. 2015. Die thüringische Landtagswahl vom 14. September: Startschuss zum Experiment einer rot-rot-grünen Koalition unter linker Führung. In: Zeitschrift für Parlamentsfragen, 46(1), S. 39–56.
Oppelland, Torsten. 2018. Wahlkampf im Zeichen der Flüchtlingskrise. Die Strategien von CDU und CSU für die Bundestagswahl 2017. In: Grabow, Karsten und Viola Neu (Hrsg.): Das Ende der Stabilität? Parteien und Parteiensystem in Deutschland. Sankt Augustin und Berlin: Konrad-Adenauer-Stiftung, Heft 2, S. 5–74.
Oppelland, Torsten und Hendrik Träger. 2014. Die Linke. Willensbildung in einer ideologisch zerstrittenen Partei. Baden-Baden: Nomos Verlagsgesellschaft.
Ostheim, Tobias. 2007. Einsamkeit durch Zweisamkeit? Die Europapolitik der zweiten Regierung Schröder. In: Egle, Christoph und Reimut Zohlnhöfer (Hrsg.): Ende des rot-grünen Projektes. Eine Bilanz der Regierung Schröder 2002 – 2005. Wiesbaden: VS Verlag für Sozialwissenschaften, S. 480–508.
Otjes, Simon. 2016. What's Right about the Left-Right Dimension? The Causes and Consequences of Ideological Inconsistency on Economic Issues in Germany. In: German Politics, 25(4), S. 581–603.

Palm, Christian. 2017. Mehr Sex statt „Klartext" zum Gähnen. Online verfügbar unter: https://www.faz.net/aktuell/politik/bundestagswahl/faz-net-countdown-so-langweilig-ist-der-wahlkampf-15195086.html – abgerufen am 23.07.2020.
Panreck, Isabelle-Christine und Heinz Ulrich Brinkmann. 2019. Migration und Rechtspopulismus – zwei Seiten einer Medaille? Eine gängige These der Rechtspopulismusforschung auf dem Prüfstand. In: Brinkmann, Heinz Ulrich und Isabelle-Christine Panreck (Hrsg.): Rechtspopulismus in Einwanderungsgesellschaften. Die politische Auseinander-setzung um Migration und Integration. Wiesbaden: Springer VS, S. 1–21.
Pappi, Franz Urban. 1977. Sozialstruktur, gesellschaftliche Wertorientierungen und Wahlabsicht: Ergebnisse eines Zeitvergleichs des deutschen Elektorats 1953 und 1976. In: Politische Vierteljahresschrift, 18(2–3), S. 195–229.
Pappi, Franz Urban. 1979. Konstanz und Wandel der Hauptspannungslinien in der Bundesrepublik. In: Matthes, Joachim (Hrsg.): Sozialer Wandel in Westeuropa: Verhandlungen des 19. Deutschen Soziologentages in Berlin 1979. Frankfurt am Main: Campus Verlag, S. 465–479.
Pappi, Franz Urban. 1983. Die Links-Rechts-Dimension des deutschen Parteiensystems und die Parteipräferenz-Profile der Wählerschaft. In: Kaase, Max und Hans-Dieter Klingemann (Hrsg.): Wahlen und politisches System. Analysen aus Anlaß der Bundestagswahl 1980. Wiesbaden: VS Verlag für Sozialwissenschaften, S. 422–441.
Pappi, Franz Urban. 1985. Die konfessionell-religiöse Konfliktlinie in der deutschen Wählerschaft: Entstehung, Stabilität, und Wandel. In: Oberndörfer, Dieter, Hans Rattinger und Karl Schmitt (Hrsg.): Wirtschaftlicher Wandel, religiöser Wandel und Wertewandel. Folgen für das politische Verhalten in der Bundesrepublik Deutschland. Berlin: Duncker & Humblot, S. 263–290.
Pappi, Franz Urban. 2002. Cleavage. In: Nohlen, Dieter und Rainer-Olaf Schultze (Hrsg.): Lexikon der Politikwissenschaft. Band 1. A-M. Theorien, Methoden, Begriffe. München: C.H. Beck Verlag, S. 101–103.
Pappi, Franz Urban. 2015. Individual- und Kontextanalysen der Wahlentscheidung. Kritische Anmerkungen zu Kathrin Ackermanns und Richard Traunmüllers „Jenseits von Schwerkraft und Höllenfeuer" in PVS 2014, 55: 33–66. In: Politische Vierteljahresschrift, 56(2), S. 278–283.
Pappi, Franz Urban, Anna-Sophie Kurella und Thomas Bräuninger. 2019a. Die Etablierung neuer Parlamentsparteien. Wählerpräferenzen als Erfolgsfaktor für die Alternative für Deutschland 2017 und die Grünen 1986. In: Politische Vierteljahresschrift, 60(2), S. 273–298.
Pappi, Franz Urban, Anna-Sophie Kurella und Thomas Bräuninger. 2019b. Die Politikpräferenz der Wähler und die Wahrnehmung von Parteipositionen als Bedingungen für den Parteienwettbewerb um Wählerstimmen. In: Bytzek, Evelyn, Markus Steinbrecher und Ulrich Rosar (Hrsg.): Wahrnehmung – Persönlichkeit – Einstellungen. Psychologische Theorien und Methoden in der Wahl- und Einstellungsforschung. Wiesbaden: Springer VS, S. 1–30.
Pappi, Franz Urban und Jens Brandenburg. 2010. Sozialstrukturelle Interessenlagen und Parteipräferenz in Deutschland. Stabilität und Wandel seit 1980. In: Kölner Zeitschrift für Soziologie und Sozialpsychologie. 62(3), 459–483.
Pappi, Franz Urban und Edward O. Laumann. 1974. Gesellschaftliche Wertorientierungen und politisches Verhalten. In: Zeitschrift für Soziologie, 3(2), S. 157–188.

Pappi, Franz Urban und Susumu Shikano. 2007. Wahl- und Wählerforschung. Baden-Baden: Nomos Verlagsgesellschaft.
Parsons, Talcott. 1968. On the Concept of Value-Commitments. In: Sociological Inquiry, 38(2), S. 135–160.
Parsons, Talcott, Edward A. Shills, Gordon W. Allport, Clyde Kluckhohn, Henry A Murray, Robert R. Sears, Richard C. Sheldon, Samuel A. Stouffer und Edward C. Tolman. 1951. Some Fundamental Categories of the Theory of Action: A General Statement. In: Parsons, Talcott und Edward A. Shills (Hrsg.): Toward a General Theory of Action. Cambridge: Harvard University Press, S. 3–29.
Patzelt, Werner J. 2018a. Parteien und Bürger – erreichen die Parteien noch die Bürger? In: Morlok, Martin, Thomas Poguntke und Ewgenij Sokolov (Hrsg.): Parteienstaat – Parteiendemokratie. Baden-Baden: Nomos Verlagsgesellschaft, S. 25–38.
Patzelt, Werner J. 2018b. Mängel in der Responsivität oder Störungen in der Kommunikation? Deutschlands Repräsentationslücke und die AfD. In: Zeitschrift für Parlamentsfragen, 49(4), S. 885–895.
Peuckert, Rüdiger. 2006. Werte. In: Schäfers, Bernhard und Johannes Kopp (Hrsg.): Grundbegriffe der Soziologie. 9., grundlegend überarbeitete und aktualisierte Auflage. Wiesbaden: VS Verlag für Sozialwissenschaften, S. 352–355.
Pfahl-Traughber, Armin. 2019. Die AfD und der Rechtsextremismus. Eine Analyse aus politikwissenschaftlicher Perspektive. Wiesbaden: Springer VS.
Pickel, Gert. 2003. Die Verwendung von Individualdaten zum Nationenvergleich: Anmerkungen und Beispiele aus der vergleichenden Forschung. In: Pickel, Susanne, Gert Pickel, Hans-Joachim Lauth und Detlef Jahn (Hrsg.): Vergleichende politik-wissenschaftliche Methoden. Neue Entwicklungen und Diskussionen. Wiesbaden: VS Verlag für Sozialwissenschaften, S. 151–178.
Pickel, Gert. 2013. Die Situation der Religion in Deutschland – Rückkehr des Religiösen oder voranschreitende Säkularisierung. In: Pickel, Gert und Oliver Hidalgo (Hrsg.): Religion und Politik im vereinigten Deutschland. Was bleibt von der Rückkehr des Religiösen? Wiesbaden: Springer VS, S. 65–101.
Pickel, Gert. 2018. Religion und Wertorientierungen. In: Pollack, Detlef, Volkhard Krech, Olaf Müller, Markus Hero (Hrsg.): Handbuch Religionssoziologie. Wiesbaden: Springer VS, S. 957–979.
Pickel, Gert. 2020. Kirchenbindung und Religiosität in Ost und West. Online verfügbar unter: https://www.bpb.de/geschichte/deutsche-einheit/lange-wege-der-deutschen-einheit/47190/kirchennaehe – abgerufen am 19.07.2021.
Pickel, Gert und Susanne Pickel. 2019. Der „Flüchtling" als Muslim – und unerwünschter Mitbürger? In: Hidalgo, Oliver und Gert Pickel (Hrsg.): Flucht und Migration in Europa. Neue Herausforderungen für Parteien, Kirchen und Religionsgemeinschaften. Wiesbaden: Springer VS, S. 279–323.
Pickel, Gert, Dieter Walz und Wolfram Brunner. 2000. Die Bundestagswahl 1998 – Das Ende einer Ära. In: Pickel, Gert, Dieter Walz und Wolfram Brunner. 2000. Deutschland nach den Wahlen. Befunde zur Bundestagswahl 1998 und zur Zukunft des deutschen Parteiensystems. Opladen: Leske + Budrich, S. 7–14.
Pickel, Susanne. 2000. Die F.D.P. – modernisierte Klientelpartei oder auf dem Weg zur APO? In: Pickel, Gert, Dieter Walz und Wolfram Brunner (Hrsg.): Deutschland nach den

Wahlen. Befunde zur Bundestagswahl 1998 und zur Zukunft des deutschen Parteiensystems. Opladen: Leske + Budrich, S. 277–294.

Pickel, Susanne. 2016. Methodologische Grundlagen des Vergleichs und Vergleichsdesigns. In: Lauth, Hans-Joachim, Marianne Kneuer und Gert Pickel (Hrsg.): Handbuch Vergleichende Politikwissenschaft. Wiesbaden: Springer VS, S. 25–45.

Pickel, Susanne. 2017. Nichts als Frust und Angst vor der Zukunft? Warum die AfD nicht nur in Sachsen-Anhalt so erfolgreich ist. In: Bieber, Christoph, Andreas Blätte, Karl-Rudolf Korte und Niko Switek (Hrsg.): Regieren in der Einwanderungsgesellschaft. Impulse zur Integrationsdebatte aus Sicht der Regierungsforschung. Wiesbaden: Springer VS, S. 99–107.

Pickel, Susanne. 2018. Neue Konflikte – neue gesellschaftliche Koalitionen? Die europäischen Wähler und ihre Parteien – Cleavages in West- und Osteuropa. Online verfügbar unter: https://doi.org/10.17185/duepublico/45520 – abgerufen am 14.10.2019.

Pickel, Susanne. 2019. Die Wahl der AfD. Frustration, Deprivation, Angst oder Wertekonflikt? In: Korte, Karl-Rudolf und Jan Schoofs (Hrsg.): Die Bundestagswahl 2017. Analysen der Wahl-, Parteien-, Kommunikations- und Regierungsforschung. Wiesbaden: Springer VS, S. 145–175.

Pickel, Susanne und Gert Pickel. 2018. Empirische Politikforschung. Einführung in die Methoden der Politikwissenschaft. Berlin und Bosten: Walter de Gruyter GmbH.

Plischke, Thomas. 2014. Politische Sachfragen. In: Schmitt-Beck, Rüdiger, Hans Rattinger, Sigrid Roßteutscher, Bernhard Weßels und Christof Wolf (Hrsg.): Zwischen Fragmentierung und Konzentration: Die Bundestagswahl 2013. Baden-Baden: Nomos Verlagsgesellschaft, S. 253–266.

Poguntke, Thomas. 2000. Parteiorganisation im Wandel. Gesellschaftliche Verankerung und organisatorische Anpassung im europäischen Vergleich. Wiesbaden: Westdeutscher Verlag GmbH.

Poguntke, Thomas. 2005. Parteien ohne (An)bindung: Verkümmern die organisatorischen Wurzeln der Parteien? In: Schmid, Josef und Udo Zolleis (Hrsg.): Zwischen Anarchie und Strategie. Der Erfolg von Parteiorganisationen. Wiesbaden: VS Verlag für Sozialwissenschaften, S. 43–62.

Pötschke, Manuela. 2010. Datengewinnung und Datenaufbereitung. In: Wolf, Christof und Henning Best (Hrsg.): Handbuch der sozialwissenschaftlichen Datenanalyse. Wiesbaden: VS Verlag für Sozialwissenschaften, S. 41–64.

Pokorny, Sabine. 2020. Einstellungswandel in der Wählerschaft. In: Grünewald, Robert, Sandra Busch-Janser und Melanie Piepenschneider (Hrsg.): Politische Parteien in der modernen Demokratie: Beiträge zur Politische Bildung. Münster: Lit Verlag, S. 147–165.

Pollack, Detlef. 2018. Säkularisierung. In: Pollack, Detlef, Volkhard Krech, Olaf Müller und Markus Hero (Hrsg.): Handbuch Religionssoziologie. Wiesbaden: Springer VS, S. 303–327.

Pollack, Detlef und Gert Pickel. 1999. Individualisierung und religiöser Wandel in der Bundesrepublik Deutschland. In: Zeitschrift für Soziologie, 28(6), S. 465–483.

Pollack, Detlef und Gert Pickel. 2000. Die Bundestagswahl 1998 in Ostdeutschland – Zwei getrennte Elektorate oder nur partielle Abweichungen? In: Pickel, Gert, Dieter Walz und Wolfram Brunner (Hrsg): Deutschland nach den Wahlen. Befunde zur Bundestagswahl 1998 und zur Zukunft des deutschen Parteiensystems. Opladen: Leske + Budrich, S. 79–98.

Popper, Karl R. 2003. Die offene Gesellschaft und ihre Feinde. Band 2. Falsche Propheten: Hegel, Marx und die Folgen. 8. durchgesehene und ergänzte Auflage. Tübingen: J. C. B. Mohr.
Popper, Karl R. 2018. Alles Leben ist Problemlösen. Über Erkenntnis, Geschichte und Politik. 19. Auflage. München: Piper Verlag GmbH.
Probst, Lothar. 2013. Bündnis 90/Die Grünen (GRÜNE). In: Niedermayer, Oskar (Hrsg.): Handbuch Parteienforschung. Wiesbaden: Springer VS, S. 509–540.
Probst, Lothar. 2018a. Bündnis 90/Die Grünen (GRÜNE). In: Decker, Frank und Viola Neu (Hrsg.): Handbuch der deutschen Parteien. 3., erweiterte und aktualisierte Auflage. Wiesbaden: Springer VS, S. 203–218.
Probst, Lothar. 2018b. Geschichte der Parteienlandschaft der Bundesrepublik. In: Aus Politik und Zeitgeschichte, 46–47/2018, S. 14–20.
Puhle, Hans-Jürgen. 2002. Still the Age of Catch-allism? Volksparteien und Parteienstaat in Crisis und Re-equilibration. In: Gunther, Richard, José Ramón Montero und Juan J. Linz (Hrsg.): Political Parties: Old Concepts and New Challenges. Oxford: Oxford University Press, S. 58–83.
Rae, Douglas W. und Michael Taylor. 1970. The Analysis of Political Cleavages. New Haven und London: Yale University Press.
Raschke, Joachim und Christoph Hohlfeld. 1995. Bündnis 90/Die Grünen. In: Andersen, Uwe und Wichard Woyke (Hrsg.): Handwörterbuch des politischen Systems der Bundesrepublik Deutschland. Wiesbaden: VS Verlag für Sozialwissenschaften, S. 38–42.
Rattinger, Hans. 2009. Einführung in die Politische Soziologie. München: Oldenbourg Wissenschaftsverlag.
Rattinger, Hans, Sigrid Roßteutscher, Rüdiger Schmitt-Beck und Bernhard Weßels. 2011. Einleitung. In: Rattinger, Hans, Sigrid Roßteutscher, Rüdiger Schmitt-Beck und Bernhard Weßels (Hrsg.): Zwischen Langeweile und Extremen: Die Bundestagswahl 2009. Baden-Baden: Nomos Verlagsgesellschaft, S. 9–16.
Reese-Schäfer, Walter. 1999. Neuere Entwicklungen kommunitarischer Politik. In: Forschungsjournal Neue Soziale Bewegungen, 12(2), S. 65–76.
Reese-Schäfer, Walter. 2001. Kommunitarismus. 3., vollständig überarbeitete Auflage. Frankfurt und New York: Campus Verlag.
Reichardt, Robert. 1979. Wertstrukturen im Gesellschaftssystem – Möglichkeiten makrosoziologischer Analysen und Vergleiche. In: Klages, Helmut und Peter Kmieciak (Hrsg.): Wertwandel und gesellschaftlicher Wandel. Frankfurt und New York: Campus Verlag, S. 23–40.
Reinecke, Jost und Andreas Pöge. 2010. Strukturgleichungsmodelle. In: Wolf, Christof und Henning Best (Hrsg.): Handbuch der sozialwissenschaftlichen Datenanalyse. Wiesbaden: VS Verlag für Sozialwissenschaften, S. 775–804.
Rhodes, Martin, Paul Heywood und Vincent Wright. 1997. Towards a New Europe? In: Rhodes, Martin, Paul Heywood und Vincent Wright (Hrsg.): Developments in West European Politics. New York: St. Martin's Press, S. 1–15.
Richter, Saskia. 2016. Die Grünen: Eine bürgerliche Partei? In: Kronenberg, Volker (Hrsg.): Schwarz-Grün. Erfahrungen und Perspektiven. Wiesbaden: Springer VS, S. 23–29.
Rokeach, Milton. 1973. The Nature of Human Values. New York: Free Press.
Rokkan, Stein. 1980. Eine Familie von Modellen für die vergleichende Geschichte Europas. In: Zeitschrift für Soziologie, 9(2), S. 118–128.

Römmele, Andrea. 1999. Cleavage Structures and Party Systems in East and Central Europe. In: Lawson, Kay, Andrea Römmele und Georgi Karasimeonov (Hrsg.): Cleavages, Parties, and Voters. Studies from Bulgaria, the Czech Republic, Hungary, Poland, and Romania. Westport: Praeger Publishers, S. 3–18.
Rosenfelder, Joel. 2017. Die Programmatik der AfD: Inwiefern hat sie sich von einer primär euroskeptischen zu einer rechtspopulistischen Partei entwickelt? In: Zeitschrift für Parlamentsfragen, 48(1), S. 123–140.
Roßteutscher, Sigrid. 2004. Explaining politics: An empirical test of competing value measures. In: European Journal of Political Research, 43(5), S. 769–795.
Roßteutscher, Sigrid. 2011. Die konfessionell-religiöse Konfliktlinie zwischen Säkularisierung und Mobilisierung. In: Schmitt-Beck, Rüdiger (Hrsg.): Wählen in Deutschland. Politische Vierteljahresschrift, Sonderheft 45. Baden-Baden: Nomos Verlagsgesellschaft, S. 111–133.
Roßteutscher, Sigrid. 2013. Werte und Wertewandel. In: Mau, Steffen und Nadine M. Schöneck (Hrsg.): Handwörterbuch zur Gesellschaft Deutschlands. 3., grundlegend überarbeitete Auflage. Wiesbaden: Springer VS, S. 936–948.
Roßteutscher, Sigrid und Armin Schäfer. 2016. Asymmetrische Mobilisierung: Wahlkampf und ungleiche Wahlbeteiligung. In: Politische Vierteljahresschrift, 57(3), S. 455–483.
Roßteutscher, Sigrid und Philipp Scherer. 2013a. Wertorientierungen. In: van Deth, Jan W. und Markus Tausendpfund (Hrsg.): Politik im Kontext. Ist alle Politik lokale Politik? Wiesbaden: Springer VS, S. 67–91.
Roßteutscher, Sigrid und Philipp Scherer. 2013b. Links und rechts im politischen Raum: eine vergleichende Analyse der ideologischen Entwicklung in Ost- und Westdeutschland. In: Weßels, Bernhard, Harald Schoen und Oscar W. Gabriel (Hrsg.): Wahlen und Wähler. Analysen aus Anlass der Bundestagswahl 2009. Wiesbaden: Springer VS, S. 380–406.
Roth, Dieter. 2008. Empirische Wahlforschung. Ursprung, Theorien, Instrumente und Methoden. 2., aktualisierte Auflage. Wiesbaden: VS Verlag für Sozialwissenschaften.
Roudometof, Victor. 2005. Transnationalism, Cosmopolitanism and Glocalization. In: Current Sociology, 53(1), S. 113–135.
Rucht, Dieter. 1987. Zum Verhältnis von sozialen Bewegungen und politischen Parteien. In: Journal für angewandte Sozialforschung, 27(3–4), S. 297–313.
Rucht, Dieter. 2003. Neue soziale Bewegungen. In: Andersen, Uwe und Wichard Woyke (Hrsg.): Handwörterbuch des politischen Systems der Bundesrepublik Deutschland. 5. Auflage. Opladen: Leske + Buderich, S. 421–425.
Rudzio, Wolfgang. 2002. Koalitionen in Deutschland: Flexibilität informellen Regierens. In: Kropp, Sabine, Suzanne S. Schüttemeyer und Roland Sturm (Hrsg.): Koalitionen in West- und Osteuropa. Wiesbaden: VS Verlag für Sozialwissenschaften, S. 43–67.
Rudzio, Wolfgang. 2015. Das politische System der Bundesrepublik Deutschland. 9. Auflage. Wiesbaden: Springer VS.
Ruß, Sabine und Jochen Schmidt. 1998. Herausforderungen von links und rechts: Wertewandel und Veränderungen in den Parteiensystemen in Deutschland und Frankreich. In: Köcher, Renate und Joachim Schild (Hrsg.): Wertewandel in Deutschland und Frankreich: Nationale Unterschiede und europäische Gemeinsamkeiten. Opladen: Leske + Budrich, S. 265–287.
Rüschemeyer, Dietrich. 1969. Partielle Modernisierung. In: Zapf, Wolfgang (Hrsg.): Theorien des sozialen Wandels. Köln und Berlin: Kiepenheuer & Witsch, S. 382–396.

Saalfeld, Thomas. 2002. The German Party System: Continuity and Change. In: German Politics, 11(3), S. 99–130.
Sacchi, Stefan. 2000. Messung von Wertorientierungen: Ranking oder Rating? Kritische Anmerkungen zum Beitrag von Klein und Arzheimer. In: Kölner Zeitschrift für Soziologie und Sozialpsychologie, 52(3), S. 541–552.
Sartori, Giovanni. 1968. The Sociology of Parties: A Critical Review. In: Stammer, Otto (Hrsg.): Party Systems, Party Organizations, and the Politics of New Masses. Berlin: Institut für politische Wissenschaft an der Freien Universität Berlin, S. 1–25.
Sartori, Giovanni. 2016. Parties and Party Systems. A Framework for Analysis. Colchester: ECPR Press.
Schäfer, Anne und Rüdiger Schmitt-Beck. 2014. Parteibindungen. In: Schmitt-Beck, Rüdiger, Hans Rattinger, Sigrid Roßteutscher, Bernhard Weßels und Christof Wolf (Hrsg.): Zwischen Fragmentierung und Konzentration: Die Bundestagswahl 2013. Baden-Baden: Nomos Verlagsgesellschaft, S. 203–211.
Schäfer, Anne und Alexander Staudt. 2019. Parteibindungen. In: Roßteutscher, Sigrid, Rüdiger Schmitt-Beck, Harald Schoen, Bernhard Weßels und Christof Wolf (Hrsg): Zwischen Polarisierung und Beharrung: Die Bundestagswahl 2017. Baden-Baden: Nomos Verlagsgesellschaft, S. 207–217.
Schärdel, Julian. 2017. Vom euroskeptischen Herausforderer zur rechtsextremen Gefahr? Eine Untersuchung der regionalen Berichterstattung über die AfD in neun deutschen Landtagswahlkämpfen. In: Zeitschrift für Parlamentsfragen, 48(1), S. 76–101.
Schenk, Josef. 1980. Forschungsnotiz. Gemeinsamkeiten und Unterschiede von Konservatismus und Autoritarismus. In: Zeitschrift für Soziologie, 9(4), S. 390–395.
Scherer, Philipp. 2011. Jenseits von Links und Rechts: Spielt Ideologie für Parteien und Wähler keine Rolle mehr? In: Bytzek, Evelyn und Sigrid Roßteutscher (Hrsg.): Der unbekannte Wähler? Mythen und Fakten über das Wahlverhalten der Deutschen. Frankfurt am Main: Campus Verlag GmbH, S. 23–41.
Scherer, Philipp und Sigrid Roßteutscher. 2020. Wertorientierungen und Wertewandel. In: Faas, Thorsten, Oscar W. Gabriel und Jürgen Maier (Hrsg.): Politikwissenschaftliche Einstellungs- und Verhaltensforschung. Handbuch für Wissenschaft und Studium. Baden-Baden: Nomos Verlagsgesellschaft, S. 209–229.
Scheuer, Angelika. 2016. Wertorientierungen, Ansprüche und Erwartungen. In: Bundeszentrale für politische Bildung (Hrsg.): Datenreport 2016: ein Sozialbericht für die Bundesrepublik Deutschland. Bonn: Bundeszentrale für politische Bildung, S. 417–425.
Schindler, Peter. 1999. Datenhandbuch zur Geschichte des Deutschen Bundestages 1949 bis 1999. Gesamtausgabe in drei Bänden. Eine Veröffentlichung der Wissenschaftlichen Dienste des Deutschen Bundestages. Baden-Baden: Nomos Verlagsgesellschaft.
Schmid, Josef. 2021. CDU – Christlich Demokratische Union Deutschlands. In: Andersen, Uwe, Jörg Bogumil, Stefan Marschall und Wichard Woyke (Hrsg.): Handwörterbuch des politischen Systems der Bundesrepublik Deutschland. 8., überarbeitete und erweiterte Auflage. Wiesbaden: Springer VS, S. 155–164.
Schmid, Josef und Christian Steffen. 2003. Stark aufgeholt und doch nicht gewonnen: CDU/CSU nach der Wahl. In: Niedermayer, Oskar (Hrsg.): Die Parteien nach der Bundestagswahl 2002. Opladen: Leske + Budrich, S. 71–87.

Schmidt, Carmen. 2015. Die Transformation der Moderne: Konfliktstruktur und politisches System im Umbruch. In: Giebler, Heiko und Aiko Wagner (Hrsg.): Wirtschaft, Krise und Wahlverhalten. Baden-Baden: Nomos Verlagsgesellschaft, S. 361–395.
Schmidt, Manfred G. 2007. Das politische System Deutschlands. Institutionen, Willensbildung und Politikfelder. München: Verlag C.H.Beck.
Schmitt, Hermann. 1987. Neue Politik in alten Parteien. Zum Verhältnis von Gesellschaft und Parteien in der Bundesrepublik. Opladen: Westdeutscher Verlag GmbH.
Schmitt, Hermann. 2000. Die Deutsche Nationale Wahlstudie – eher kollektive Aufgabe als aktuelle Realität. In: Klein, Markus, Wolfgang Jagodzinski, Ekkehard Mochmann und Dieter Ohr (Hrsg.): 50 Jahre Empirische Wahlforschung in Deutschland. Entwicklung, Befunde, Perspektiven, Daten. Wiesbaden: Westdeutscher Verlag GmbH, S. 529–541.
Schmitt, Hermann. 2001. Zur vergleichenden Analyse des Einflusses gesellschaftlicher Faktoren auf das Wahlverhalten: Forschungsfragen, Analysestrategien und einige Ergebnisse. In: Klingemann, Hans-Dieter und Max Kaase (Hrsg.): Wahlen und Wähler. Analysen aus Anlass der Bundestagswahl 1998. Wiesbaden: Westdeutscher Verlag GmbH, S. 623–645.
Schmitt, Karl. 1989. Konfession und Wahlverhalten in der Bundesrepublik Deutschland. Berlin: Duncker & Humblot.
Schmitt-Beck, Rüdiger. 2001. Ein Sieg der „Kampa"? Politische Symbolik in der Wahlkampagne der SPD und ihrer Resonanz in der Wählerschaft. In: Klingemann, Hans-Dieter und Max Kaase (Hrsg.): Wahlen und Wähler. Analysen aus Anlass der Bundestagswahl 1998. Wiesbaden: Westdeutscher Verlag GmbH, S. 133–161.
Schmitt-Beck, Rüdiger. 2007. Seymour M. Lipset/Stein Rokkan (Hrsg.), Party Systems and Voter Alignments: Cross-National Perspectives, New York/London 1967. In: Kailitz, Steffen (Hrsg.): Schlüsselwerke der Politikwissenschaft. Wiesbaden: VS Verlag für Sozialwissenschaften, S. 251–255.
Schmitt-Beck, Rüdiger. 2011a. Empirische Wahlforschung in Deutschland: Stand und Perspektiven zu Beginn des 21. Jahrhunderts. In: Schmitt-Beck, Rüdiger (Hrsg.): Wählen in Deutschland. Politische Vierteljahresschrift, Sonderheft 45. Baden-Baden: Nomos Verlagsgesellschaft, S. 2–39.
Schmitt-Beck, Rüdiger. 2011b. Parteibindungen. In: Rattinger, Hans, Sigrid Roßteutscher, Rüdiger Schmitt-Beck und Bernhard Weßels (Hrsg.): Zwischen Langeweile und Extremen: Die Bundestagswahl 2009. Baden-Baden: Nomos Verlagsgesellschaft, S. 155–164.
Schmitt-Beck, Rüdiger. 2011c. Spitzenkandidaten. In: Rattinger, Hans, Sigrid Roßteutscher, Rüdiger Schmitt-Beck und Bernhard Weßels (Hrsg.): Zwischen Langeweile und Extremen: Die Bundestagswahl 2009. Baden-Baden: Nomos Verlagsgesellschaft, S. 205–221.
Schmitt-Beck, Rüdiger. 2014a. Die Parteiwahl und ihre Hintergründe. Einleitung. In: Schmitt-Beck, Rüdiger, Hans Rattinger, Sigrid Roßteutscher, Bernhard Weßels und Christof Wolf (Hrsg.): Zwischen Fragmentierung und Konzentration: Die Bundestagswahl 2013. Baden-Baden: Nomos Verlagsgesellschaft, S. 179–186.
Schmitt-Beck, Rüdiger. 2014b. Euro-Kritik, Wirtschaftspessimismus und Einwanderungsskepsis: Hintergründe des Beinah-Wahlerfolges der Alternative für Deutschland (AfD) bei der Bundestagswahl 2013. In: Zeitschrift für Parlamentsfragen, 45(1), S. 94–112.
Schmitt-Beck, Rüdiger. 2016. Bandwagon Effect. In: Mazzoleni, Gianpietro (Hrsg.): The International Encyclopedia of Political Communication. 2016. Chichester: Wiley Blackwell, S. 57–61.

Schmitt-Beck, Rüdiger. 2019. Die Parteiwahl und ihre Hintergründe. Einleitung. In: Roßteutscher, Sigrid, Rüdiger Schmitt-Beck, Harald Schoen, Bernhard Weßels und Christof Wolf (Hrsg.): Zwischen Polarisierung und Beharrung: Die Bundestagswahl 2017. Baden-Baden: Nomos Verlagsgesellschaft, S. 181–188.
Schmitt-Beck, Rüdiger, Jan W. van Deth und Alexander Staudt. 2017. Die AfD nach der rechtspopulistischen Wende. Wählerunterstützung am Beispiel Baden-Württembergs. In: Zeitschrift für Politikwissenschaft, 27(3), S. 273–303.
Schmitt-Beck, Rüdiger, Hans Rattinger, Sigrid Roßteutscher und Bernhard Weßels. 2010. Die deutsche Wahlforschung und die German Longitudinal Election Study (GLES). In: Faulbaum, Frank und Christof Wolf (Hrsg.): Gesellschaftliche Entwicklungen im Spiegel der empirischen Sozialforschung. Wiesbaden: VS Verlag für Sozialwissenschaften, S. 141–172.
Schnapp, Kai-Uwe. 2015. Design, x-zentriertes. In: Diaz-Bone, Rainer und Christoph Weischer (Hrsg.): Methoden-Lexikon für die Sozialwissenschaften. Wiesbaden: Springer VS, S. 86.
Schneider, Holger. 2007. Nachweis und Behandlung von Multikollinearität. In: Albers, Sönke, Daniel Klapper, Udo Konradt, Achim Walter und Joachim Wolf (Hrsg.): Methodik der empirischen Forschung. 2., überarbeitete und erweiterte Auflage. Wiesbaden: GWV Fachverlage GmbH, S. 183–198.
Schnell, Rainer und Ulrich Kohler. 1995. Empirische Untersuchung einer Individualisierungshypothese am Beispiel der Parteipräferenz 1953–1992. In: Kölner Zeitschrift für Soziologie und Sozialpsychologie, 47(4), S. 634–657.
Schnell, Rainer und Ulrich Kohler. 1997. Zur Erklärungskraft sozio-demographischer Variablen im Zeitverlauf: Entgegnung auf Walter Müller sowie auf Wolfgang Jagodzinski und Markus Quandt. In: Kölner Zeitschrift für Soziologie und Sozialpsychologie, 49(4), S. 783–795.
Schnell, Rainer, Paul B. Hill und Elke Esser. 2011. Methoden der empirischen Sozialforschung. 9. Auflage. München: Oldenbourg Wissenschaftsverlag GmbH.
Schoen, Harald. 2000. Den Wechselwählern auf der Spur: Recall- und Paneldaten im Vergleich. In: van Deth, Jan W., Hans Rattinger und Edeltraud Roller (Hrsg.): Die Republik auf dem Weg zur Normalität? Wahlverhalten und politische Einstellungen nach acht Jahren Einheit. Opladen: Leske + Budrich, S. 199–226.
Schoen, Harald. 2009. Wahlsoziologie. In: Kaina, Viktoria und Andrea Römmele (Hrsg.): Politische Soziologie. Ein Studienbuch. Wiesbaden: VS Verlag für Sozialwissenschaften, S. 181–208.
Schoen, Harald. 2014. Soziologische Ansätze in der empirischen Wahlforschung. In: Falter, Jürgen und Harald Schoen (Hrsg.): Handbuch Wahlforschung. 2. Auflage. Wiesbaden: Springer VS, S. 169–239.
Schoen, Harald und Jürgen W. Falter. 2005. Die Linkspartei und ihre Wähler. In: Aus Politik und Zeitgeschichte, 51–52/2005, S. 33–40.
Schoen, Harald und Konstantin Gavras. 2019. Eher anhaltende Polarisierung als vorübergehende Verstimmung. Die Flüchtlingskrise und die Bürgerurteile über die Große Koalition zwischen 2013 und 2017. In: Zohlnhöfer, Reimut und Thomas Saalfeld (Hrsg.): Zwischen Stillstand, Politikwandel und Krisenmanagement. Eine Bilanz der Regierung Merkel 2013–2017. Wiesbaden: Springer VS, S. 17–37.

Schoen, Harald und Cornelia Weins. 2014. Der sozialpsychologische Ansatz zur Erklärung von Wahlverhalten. In: Falter, Jürgen W. und Harald Schoen (Hrsg.): Handbuch Wahlforschung. 2. Auflage. Wiesbaden: Springer VS, S. 241–329.

Schoen, Harald und Bernhard Weßels. 2016. Die Bundestagswahl 2013 – eine Zäsur im Wahlverhalten und Parteiensystem? In: Schoen, Harald und Bernhard Weßels (Hrsg.): Wahlen und Wähler. Analysen aus Anlass der Bundestagswahl 2013. Wiesbaden: Springer VS, S. 3–19.

Schoen, Harald und Christian Zettl. 2012. Sozialstruktur und Wählerverhalten. In: Gabriel, Oscar W. und Bettina Westle (Hrsg.): Wählerverhalten in der Demokratie. Eine Einführung. Baden-Baden: Nomos Verlagsgesellschaft, S. 149–182.

Schoultz, Åsa von. 2017. Party Systems and Voter Alignments. In: Arzheimer, Kai, Jocelyn Evans, Michael S. Lewis-Beck (Hrsg.): The SAGE Handbook of Electoral Behaviour. London und Los Angeles: SAGE Publications Ltd, S. 30–55.

Schuler, Katharina. 2019. Urgrün ist der Zeitgeist. Online verfügbar unter: https://www.zeit.de/politik/deutschland/2019-05/wahlergebnis-die-gruenen-europawahl-erfolg – abgerufen am 09.12.2020.

Schultze, Martin. 2016. Wahlverhalten und Wählerheterogenität. Theorie und Empirie auf der Grundlage des Michigan-Modells. Wiesbaden: Springer VS.

Schultze, Rainer-Olaf. 2021. Wahlforschung. In: Andersen, Uwe, Jörg Bogumil, Stefan Marschall und Wichard Woyke (Hrsg.): Handwörterbuch des politischen Systems der Bundesrepublik Deutschland. Wiesbaden: Springer VS, S. 975–981.

Schulze-Fielitz, Helmuth. 2015. Die Integrationskraft politischer Parteien im Wandel. In: Krüper, Julian, Heike Merten und Thomas Poguntke (Hrsg.): Parteienwissenschaften. Baden-Baden: Nomos Verlagsgesellschaft, S. 105–144.

Schwander, Hannah und Philip Manow. 2017. It's not the economy, stupid! Explaining the electoral success of the German right-wing populist AfD. CIS Working Paper 94. Zürich: Center for Comparative and International Studies (CIS).

Schwartz, Shalom H. 1992. Universals in the Content and Structure of Values: Theoretical Advances and Empirical Tests in 20 Countries. In: Advances in Experimental Social Psychology, 25, S. 1–65.

Schwartz, Shalom H. 1994. Are There Universal Aspects in the Structure and Contents of Human Values? In: Journal of Social Issues, 50(4), S. 19–45.

Schwartz, Shalom H. 2016. Basic individual values: sources and consequences. In: Brosch, Tobias und David Sander (Hrsg.): Handbook of Value. Perspectives from Economics, Neuroscience, Philosophy, Psychology, and Sociology. Oxford: Oxford University Press, S. 63–84.

Schwartz, Shalom H. und Wolfgang Bilsky. 1987. Toward A Universal Psychological Structure of Human Values. In: Journal of Personality and Social Psychology, 53(3), S. 550–562.

Schwartz, Shalom H. und Klaus Boehnke. 2004. Evaluating the Structure of human values with confirmatory factor analysis. In: Journal of Research in Personality, 38(3), S. 230–255.

Schwarzbözl, Tobias und Matthias Fatke. 2016. Außer Protesten nichts gewesen? Das politische Potenzial der AfD. Politische Vierteljahresschrift, 57(2), S. 276–299.

Sebaldt, Martin. 2021. CSU – Christlich-Soziale Union. In: Andersen, Uwe, Jörg Bogumil, Stefan Marschall und Wichard Woyke (Hrsg.): Handwörterbuch des politischen Systems

der Bundesrepublik Deutschland. 8., überarbeitete und erweiterte Auflage. Wiesbaden: Springer VS, S. 165–171.
Siaroff, Alan. 2000. Comparative European Party Systems: An Analysis of Parliamentary Elections Since 1945. New York: Garland Publishing.
Siri, Jasmin und Thorsten Faas. 2017. Methoden und Daten zur Erforschung spezieller Organisationen: Parteien. In: Liebig, Stefan, Wenzel Matiaske und Sophie Rosenbohm (Hrsg.): Handbuch Empirische Organisationsforschung. Wiesbaden: Springer VS, S. 699–721.
Sommer, Moritz, Dieter Rucht, Sebastian Haunss und Sabrina Zajak. 2019. Fridays for Future. Profil, Entstehung und Perspektiven der Protestbewegung in Deutschland. In: ipb working paper series, 2/2019. Berlin: ipb.
Spier, Tim. 2011. Welche politischen Einstellungen haben die Mitglieder der Parteien? In: Spier, Tim, Markus Klein, Ulrich von Alemann, Hanna Hoffmann, Annika Laux, Alexandra Nonnenmacher und Katharina Rohrbach (Hrsg.): Parteimitglieder in Deutschland. Wiesbaden: VS Verlag für Sozialwissenschaften, S. 121–137.
Spier, Tim und Ulrich von Alemann. 2013. Die Sozialdemokratische Partei Deutschlands (SPD). In: Niedermayer, Oskar (Hrsg.): Handbuch Parteienforschung. Wiesbaden: Springer VS, S. 439–467.
Stark, Toralf und Theresia Smolka. 2019. Wählen in Zeiten der Unsicherheit. Wie beeinflusste das individuelle Sicherheitsempfinden das Wahlverhalten bei der Bundestagswahl 2017? In: Korte, Karl-Rudolf und Jan Schoofs (Hrsg.): Die Bundestagswahl 2017. Analysen der Wahl-, Parteien-, Kommunikations- und Regierungsforschung. Wiesbaden: Springer VS, S. 83–113.
Staudt, Alexander. 2019. Die Dynamik von Mobilisierung und Meinungswandel im Wahlkampf. In: Roßteutscher, Sigrid, Rüdiger Schmitt-Beck, Harald Schoen, Bernhard Weßels und Christof Wolf (Hrsg.): Zwischen Polarisierung und Beharrung: Die Bundestagswahl 2017. Baden-Baden: Nomos Verlagsgesellschaft, S. 81–96.
Stein, Petra. 2014. Forschungsdesigns für die quantitative Sozialforschung. In: Baur, Nina und Jörg Blasius (Hrsg.): Handbuch Methoden der empirischen Sozialforschung. Wiesbaden: Springer VS, S. 135–151.
Steiner, Nils D. und Claudia Landwehr. 2018. Populistische Demokratiekonzeptionen und die Wahl der AfD: Evidenz aus einer Panelstudie. In: Politische Vierteljahresschrift, 59(3), S. 463–491.
Steinmann, Günter, Reinhard Büscher und Jürgen Pfister. 1979. Gesellschaftlicher Wertwandel und makroökonomisches Zielsystem. Der Einfluss von Werten und Wertveränderungen auf Inhalt, Rang und Verwirklichung einiger wirtschaftspolitischer Ziele. In: Klages, Helmut und Peter Kmieciak (Hrsg.): Wertwandel und gesellschaftlicher Wandel. Frankfurt am Main und New York: Campus Verlag, S. 97–121.
Sternberg, Jan. 2019. AfD gehört in Europa zu den härtesten Klimawandel-Leugnern. Online verfügbar unter: https://www.haz.de/Nachrichten/Politik/Deutschland-Welt/AfD-gehoert-in-Europa-zu-den-haertesten-Klimawandel-Leugnern – zuletzt abgerufen am 03.08.2021.
Stifel, Andreas. 2018. Vom erfolgreichen Scheitern einer Bewegung. Bündnis 90/Die Grünen als politische Partei und soziokulturelles Phänomen. Wiesbaden: Springer VS.

Stocké, Volker. 2004. Entstehungsbedingungen von Antwortverzerrungen durch soziale Erwünschtheit: Ein Vergleich der Prognosen der Rational-Choice Theorie und des Modells der Frame-Selektion. In: Zeitschrift für Soziologie, 33(4), S. 303–320.

Stokes, Donald E. 1963. Spatial Models of Party Competition. In: The American Political Science Review, 57(2), S. 368–377.

Stokes, Donald E. 1966. Some Dynamic Elements of Contests for the Presidency. In: The American Political Science Review, 60(1), S. 19–28.

Stöss, Richard. 2017. Die linken Parteien unter Globalisierungsdruck. In: Koschmieder, Carsten (Hrsg.): Parteien, Parteiensysteme und politische Orientierungen. Aktuelle Beiträge der Parteienforschung. Wiesbaden: Springer VS, S. 155–175.

Stöss, Richard, Melanie Haas und Oskar Niedermayer. 2006. Parteiensysteme in Westeuropa: Stabilität und Wandel. In: Niedermayer, Oskar, Richard Stöss und Melanie Haas (Hrsg.): Die Parteiensysteme Westeuropas. Wiesbaden: VS Verlag für Sozialwissenschaften, S. 7–37.

Switek, Niko. 2015. Bündnis 90/Die Grünen. Koalitionsentscheidungen in den Ländern. Baden-Baden: Nomos Verlagsgesellschaft.

Taggart, Paul. 1995. New populist parties in Western Europe. In: European Politics, 18(1), S. 34–51.

Terwey, Michael. 1989. Zum „Postmaterialismus" in der Bundesrepublik der 80er Jahre: Eine exemplarische Analyse mit den Daten des kumulierten ALLBUS 1980–86. In: ZA-Information/Zentralarchiv für Empirische Sozialforschung, 25, S. 36–43.

Thome, Helmut. 1985a. Wertewandel in der Politik? Eine Auseinandersetzung mit Ingleharts Thesen zum Postmaterialismus. Berlin: Wissenschaftlicher Autoren-Verlag.

Thome, Helmut. 1985b. Wandel zu postmaterialistischen Werten?: Theoretische und empirische Einwände gegen Ingleharts Theorie-Versuch. In: Soziale Welt, 36(1), S. 27–59.

Thome, Helmut. 2001. Mehr Postmaterialismus, mehr Wertsynthese – oder nur mehr Zufall? Kommentar zu Klein/Pötschke: „Gibt es einen Wertewandel hin zum ‚reinen' Postmaterialismus?". In: Zeitschrift für Soziologie, 30(6), S. 485–488.

Thome, Helmut. 2014. Wandel gesellschaftlicher Wertvorstellungen aus Sicht der empirischen Sozialforschung. In: Dietz, Bernhard, Christopher Neumaier und Andreas Rödder (Hrsg.): Gab es den Wertewandel? Neue Forschungen zum gesellschaftlich-kulturellen Wandel seit den 1960er Jahren. München: Oldenbourg, S. 41–67.

Thome, Helmut. 2019. Werte und Wertebildung aus soziologischer Sicht. In: Verwiebe, Roland (Hrsg.): Werte und Wertebildung aus interdisziplinärer Perspektive. Wiesbaden: Springer VS, S. 47–77.

Thomeczek, Jan Philipp, Michael Jankowski und André Krouwel. 2019. Die politische Landschaft zur Bundestagswahl 2017. Befunde aus zwei Voting Advice Applications und dem Chapel Hill Expert Survey. In: Korte, Karl-Rudolf und Jan Schoofs (Hrsg.): Die Bundestagswahl 2017. Analysen der Wahl-, Parteien-, Kommunikations- und Regierungsforschung. Wiesbaden: Springer VS, S. 267–291.

Thurner, Paul W., Ingrid Mauerer und Martin Binder. 2011. Parteienspezifisches Issue-Voting bei den Bundestagswahlen 2002 bis 2009. In: Schmitt-Beck, Rüdiger (Hrsg.): Wählen in Deutschland. Politische Vierteljahresschrift, Sonderheft 45. Baden-Baden: Nomos Verlagsgesellschaft, S. 302–320.

Tocqueville, Alexis de. 1985. Über die Demokratie in Amerika. Stuttgart: Reclam jun. GmbH & Co. KG.

Torcal, Mariano und Scott Mainwaring. 2003. The Political Recrafting of Social Bases of Party Competition: Chile, 1973–95. In: British Journal of Political Science, 33(1), S. 55–84.

Träger, Hendrik. 2020. Die Linke zwischen internen Konflikten, der ersten Koalition im Westen, Niederlagen im Osten und dem Ramelow-Effekt. In: Jun, Uwe und Oskar Niedermayer (Hrsg.): Die Parteien nach der Bundestagswahl 2017. Wiesbaden: Springer VS, S. 159–186.

Treibel, Jan. 2014. Die FDP. Prozesse innerparteilicher Führung 2000–2012. Baden-Baden: Nomos Verlagsgesellschaft.

Treibel, Jan. 2018. Freie Demokratische Partei (FDP). In: Decker, Frank und Viola Neu (Hrsg.): Handbuch der deutschen Parteien. 3., erweiterte und aktualisierte Auflage. Wiesbaden: Springer VS, S. 319–331.

Turner, John C., Penelope J. Oakes, S. Alexander Haslam und Craig McGarty. 1994. Self and Collective: Cognition and Social Context. In: Personality and Social Psychology Bulletin, 20(5), S. 454–463.

Urban, Dieter und Jochen Mayerl. 2011. Regressionsanalyse. Theorie, Technik und Anwendung. 4. Auflage. Wiesbaden: VS Verlag für Sozialwissenschaften.

van der Brug, Wouter und Joost van Spanje. 2009. Immigration, Europe and the ‚new' cultural dimension. In: European Journal of Political Research, 48(3), S. 309–334.

van Deth, Jan W. 1983. Ranking the Ratings: The Case of Materialist and Post-Materialist Value Orientations. In: Political Methodology, 9(4), S. 407–431.

van Deth, Jan W. 1995. Introduction: The Impact of Values. In: van Deth, Jan W. und Elinor Scarbrough (Hrsg.): The Impact of Values. New York: Oxford University Press, S. 1–18.

van Deth, Jan W. 2001. Wertewandel im internationalen Vergleich. Ein deutscher Sonderweg? In: Aus Politik und Zeitgeschichte, 29/2001, S. 23–30.

van Deth, Jan W. und Elinor Scarbrough. 1995. The Concept of Values. In: van Deth, Jan W. van und Elinor Scarbrough (Hrsg.): The Impact of Values. New York: Oxford University Press, S. 21–47.

Varwick, Johannes. 2015. Globalisierung. In: Woyke, Wichard und Johannes Varwick (Hrsg.): Handwörterbuch Internationale Politik. 13. Auflage. Opladen/Toronto: Verlag Barbara Budrich, S. 147–157.

Veen, Hans-Joachim. 2000. Die Bundestagswahl 1998 und ihre Bedeutung für die Zukunft des Parteiensystems in Deutschland. In: Pickel, Gert, Dieter Walz und Wolfram Brunner. 2000. Deutschland nach den Wahlen. Befunde zur Bundestagswahl 1998 und zur Zukunft des deutschen Parteiensystems. Opladen: Leske + Budrich, S. 17–30.

Veen, Hans-Joachim und Peter Gluchowski. 1994. Die Anhängerschaften der Parteien vor und nach der Einheit – eine Langfristbetrachtung von 1953 bis 1993. In: Zeitschrift für Parlamentsfragen, 25(2), S. 165–186.

Veen, Hans-Joachim und Jürgen Hoffmann. 1992. Die Grünen zu Beginn der neunziger Jahre. Profil und Defizite einer fast etablierten Partei. Bonn und Berlin: Bouvier.

Völkl, Kerstin und Wolfgang Langer. 2011. Cleavages und Landtagswahlen 1981 bis 2009. In: Schmitt-Beck, Rüdiger (Hrsg.): Wählen in Deutschland. Politische Vierteljahresschrift, Sonderheft 45. Baden-Baden: Nomos Verlagsgesellschaft, S. 63–84.

Völkle, Manuel C. und Edgar Erdfelder. 2010. Varianz- und Kovarianzanalyse. In: Wolf, Christof und Henning Best (Hrsg.): Handbuch der sozialwissenschaftlichen Datenanalyse. Wiesbaden: VS Verlag für Sozialwissenschaften, S. 455–493.

Vorländer, Hans. 2001. Dritter Weg und Kommunitarismus. In: Aus Politik und Zeitgeschichte, 16–17/2001, S. 16–23.
Vorländer, Hans. 2011. Als Phönix zurück in die Asche? Die FDP nach der Bundestagswahl 2009. In: Niedermayer, Oskar (Hrsg.): Die Parteien nach der Bundestagswahl 2009. Wiesbaden: VS Verlag für Sozialwissenschaften, S. 107–129.
Vorländer, Hans. 2013a. Die Freie Demokratische Partei (FDP). In: Niedermayer, Oskar (Hrsg.): Handbuch Parteienforschung. Wiesbaden: Springer VS, S. 497–507.
Vorländer, Hans. 2013b. Welche Koalition sichert das Überleben? Bündnisaussichten der FDP. In: Decker, Frank und Eckhard Jesse (Hrsg.): Die deutsche Koalitionsdemokratie vor der Bundestagswahl 2013b. Parteiensystem und Regierungsbildung im internationalen Vergleich. Baden-Baden: Nomos Verlagsgesellschaft, S. 389–405.
Wagner, Aiko und Bernhard Weßels. 2011. Kanzlerkandidaten – Wie beeinflussen sie die Wahlentscheidung? In: Schmitt-Beck, Rüdiger (Hrsg.): Wählen in Deutschland. Politische Vierteljahresschrift, Sonderheft 45. Baden-Baden: Nomos Verlagsgesellschaft, S. 352–377.
Wagner, Aiko. 2014a. Party-Specific Vote Functions. In: Weßels, Bernhard, Hans Rattinger, Sigrid Roßteutscher und Rüdiger Schmitt-Beck (Hrsg.): Voters on the Move or on the Run. Oxford: Oxford University Press, S. 40–64.
Wagner, Aiko. 2014b. Spitzenkandidaten. In: Schmitt-Beck, Rüdiger, Hans Rattinger, Sigrid Roßteutscher, Bernhard Weßels und Christof Wolf (Hrsg.): Zwischen Fragmentierung und Konzentration: Die Bundestagswahl 2013. Baden-Baden: Nomos Verlagsgesellschaft, S. 267–279.
Walter, Franz. 2000. Vom Betriebsrat der Nation zum Kanzlerwahlverein? Die SPD. In: Pickel, Gert, Dieter Walz und Wolfram Brunner. 2000. Deutschland nach den Wahlen. Befunde zur Bundestagswahl 1998 und zur Zukunft des deutschen Parteiensystems. Opladen: Leske + Budrich, S. 227–252.
Walter, Franz. 2007a. Eliten oder Unterschichten? Die Wähler der Linken. In: Spier, Tim, Felix Butzlaff, Matthias Micus und Franz Walter (Hrsg.): Die Linkspartei. Zeitgemäße Idee oder Bündnis ohne Zukunft? Wiesbaden: VS Verlag für Sozialwissenschaften, S. 325–337.
Walter, Franz. 2007b. Die Linkspartei zwischen Populismus und Konservatismus. Ein Essay über „Vergreisung als Chance". In: Spier, Tim, Felix Butzlaff, Matthias Micus und Franz Walter (Hrsg.): Die Linkspartei. Zeitgemäße Idee oder Bündnis ohne Zukunft? Wiesbaden: VS Verlag für Sozialwissenschaften, S. 339–343.
Walter, Franz. 2013. Vorwärts oder abwärts? Zur Transformation der Sozialdemokratie. 2. Auflage. Berlin: Suhrkamp Verlag.
Walter, Franz, Christian Werwath und Oliver D'Antonio. 2014. Die CDU. Entstehung und Verfall christdemokratischer Geschlossenheit. 2. überarbeitete Auflage. Baden-Baden: Nomos Verlagsgesellschaft.
Wassermann, Rudolf. 1986. Die Zuschauerdemokratie. Düsseldorf und Wien: ECON Verlag GmbH.
Weber, Max. 2017. Politik als Beruf. Stuttgart: Reclam jun. GmbH & Co. KG.
Weckenbrock, Christoph. 2017. Schwarz-Grün für Deutschland? Wie aus politischen Erzfeinden Bündnispartner wurden. Bielefeld: transcript Verlag.

Weigl, Michael. 2011. Auf dem Weg zu einer normalen Partei? Die CSU nach der Bundestagswahl 2009. In: Niedermayer, Oskar (Hrsg.): Die Parteien nach der Bundestagswahl 2009. Wiesbaden: VS Verlag für Sozialwissenschaften, S. 79–106.
Weigl, Michael. 2013. Die Christlich-Soziale Union in Bayern e.V. (CSU). In: Niedermayer, Oskar (Hrsg.): Handbuch Parteienforschung. Wiesbaden: Springer VS, S. 469–495.
Weigl, Michael. 2017. Ratlos und verwundbar. Das Taumeln von Union und SPD in der „Flüchtlingskrise". In: Bieber, Christoph, Andreas Blätte, Karl-Rudolf Korte und Niko Switek (Hrsg.): Regieren in der Einwanderungsgesellschaft. Impulse zur Integrationsdebatte aus Sicht der Regierungsforschung. Wiesbaden: Springer VS, S. 69–72.
Weins, Cornelia. 2010. Uni- und bivariate deskriptive Statistik. In: Wolf, Christof und Henning Best (Hrsg.): Handbuch der sozialwissenschaftlichen Datenanalyse. Wiesbaden: VS Verlag für Sozialwissenschaften, S. 65-89.
Weisskircher, Manès. 2020. The Strength of Far-Right AfD in Eastern Germany: The East-West Divide and the Multiple Causes behind 'Populism'. In: The Political Quarterly, 91(3), S. 614–622.
Welzel, Christian. 2009. Werte- und Wertewandelforschung. In: Kaina, Viktoria und Andrea Römmele (Hrsg): Politische Soziologie. Wiesbaden: VS Verlag für Sozialwissenschaften, S. 109-139.
Weßels, Bernhard. 2000. Gruppenbindung und Wahlverhalten: 50 Jahre Wahlen in der Bundesrepublik. In: Klein, Markus, Wolfgang Jagodzinski, Ekkehard Mochmann und Dieter Ohr (Hrsg.): 50 Jahre Empirische Wahlforschung in Deutschland. Entwicklung, Befunde, Perspektiven, Daten. Wiesbaden: Westdeutscher Verlag GmbH, S. 129–158.
Weßels, Bernhard. 2009. Parteien und Kanzlerkandidaten bei den Bundestagswahlen 2002 und 2005 – Was, wenn sie zueinander passen, was, wenn nicht? In: Gabriel, Oscar W., Bernhard Weßels und Jürgen W. Falter (Hrsg.): Wahlen und Wähler. Analysen aus Anlass der Bundestagswahl 2005. Wiesbaden: VS Verlag für Sozialwissenschaften, S. 358–379.
Weßels, Bernhard. 2014a. Wahlverhalten sozialer Gruppen. In: Schmitt-Beck, Rüdiger, Hans Rattinger, Sigrid Roßteutscher, Bernhard Weßels und Christof Wolf (Hrsg.): Zwischen Fragmentierung und Konzentration: Die Bundestagswahl 2013. Baden-Baden: Nomos Verlagsgesellschaft, S. 187–202.
Weßels, Bernhard. 2014b. Voters' Motivations: How and Why Short-Term Factors Grow in Importance. In: Weßels, Bernhard, Hans Rattinger, Sigrid Roßteutscher und Rüdiger Schmitt-Beck (Hrsg.): Voters on the Move or on the Run? Oxford: Oxford University Press, S. 238-262.
Weßels, Bernhard. 2019. Wahlverhalten sozialer Gruppen. In: Roßteutscher, Sigrid, Rüdiger Schmitt-Beck, Harald Schoen, Bernhard Weßels und Christof Wolf (Hrsg.): Zwischen Polarisierung und Beharrung: Die Bundestagswahl 2017. Baden-Baden: Nomos Verlagsgesellschaft, S. 189–206.
Weßels, Bernhard, Hans Rattinger, Sigrid Roßteutscher, Rüdiger Schmitt-Beck. 2014. The Changing Context and Outlook of Voting. In: Weßels, Bernhard, Hans Rattinger, Sigrid Roßteutscher, Rüdiger Schmitt-Beck (Hrsg.): Voters on the Move or on the Run. Oxford: Oxford University Press, S. 3–14.
Westle, Bettina. 2012. „Postdemokratien?" – Zur Wahrnehmung der Parteien auf der ideologischen Links-Rechts-Skala: Großbritannien, Frankreich und Deutschland. In: Zeitschrift für Vergleichende Politikwissenschaft, 6(2), S. 255–301.

Westle, Bettina und Oskar Niedermayer. 2009. Orientierungen gegenüber der Demokratie. In: Kühnel, Steffen, Oskar Niedermayer und Bettina Westle (Hrsg.): Wähler in Deutschland. Wiesbaden: VS Verlag für Sozialwissenschaften, S. 11–29.
Wiesendahl, Elmar. 2006a. Mitgliederparteien am Ende? Eine Kritik der Niedergangsdiskussion. Wiesbaden: VS Verlag für Sozialwissenschaften.
Wiesendahl, Elmar. 2006b. Parteien. Frankfurt am Main: Fischer Verlag GmbH.
Wiesendahl, Elmar. 2015. Noch auf der Höhe der Zeit? Die Parteienforschung im Epochenumbruch der Moderne. In: Krüper, Julian, Heike Merten und Thomas Poguntke (Hrsg.): Parteienwissenschaften. Baden-Baden: Nomos Verlagsgesellschaft, S. 161–184.
Wiesendahl, Elmar. 2017. Strategische Lehren aus dem Bundestagswahlkampf 2017. In: Das Progressive Zentrum, Discussion Paper 4/2017. Online verfügbar unter: https://www.progressives-zentrum.org/wp-content/uploads/2017/11/Strategische-Lehren-aus-dem-Bundestagswahlkampf-2017_Elmar-Wiesendahl_Das-Progressive-Zentrum.pdf – abgerufen am 16.11.2018.
Willems, Ulrich. 2016. Wertkonflikte als Herausforderung der Demokratie. Wiesbaden: Springer VS.
Winkler, Jürgen R. 2010. Parteien und Parteiensysteme. In: Lauth, Hans-Joachim (Hrsg.): Vergleichende Regierungslehre. Eine Einführung. 3., aktualisierte und erweiterte Auflage. Wiesbaden: VS Verlag für Sozialwissenschaften, S. 215–236.
Wolf, Christof und Sigrid Roßteutscher. 2013. Religiosität und politische Orientierung – Radikalisierung, Traditionalisierung oder Entkopplung? In: Kölner Zeitschrift für Soziologie und Sozialpsychologie, 65(1), S. 149–181.
Wollschläger, Daniel. 2017. Grundlagen der Datenanalyse mit R. Eine anwendungsorientierte Einführung. Berlin und Heidelberg: Springer-Verlag GmbH Deutschland.
Wurthmann, Lucas Constantin, Stefan Marschall, Vasiliki Triga und Vasilis Manavopoulos. 2020. Many losers – One winner? An examination of vote switching to the AfD in the 2017 German federal election using VAA data. In: Party Politics. Online first: https://doi.org/10.1177/1354068820914959.
Wuttke, Alexander. 2020. New political parties through the voters' eyes. In: West European Politics, 43(1), S. 22–48.
Zacharakis, Zacharias. 2016. Schäubles Rendezvous mit der Globalisierung. Online verfügbar unter: https://www.zeit.de/wirtschaft/2016-03/wolfgang-schaeuble-fluechtlinge-finanzminister-bundeshaushalt – abgerufen am 11.12.2019.
Zanetti, Véronique. 2004. Ist der gemäßigte Nationalismus moralisch vertretbar? In: Giesen, Klaus-Gerd (Hrsg.): Ideologien in der Weltpolitik. Wiesbaden: VS Verlag für Sozialwissenschaften, S. 189–210.
Zapf, Wolfgang. 2006. Modernisierungstheorie – und die nicht-westliche Welt. In: Schwinn, Thomas (Hrsg.): Die Vielfalt und Einheit der Moderne. Wiesbaden: VS Verlag für Sozialwissenschaften, S. 227–235.
Zeit Online. 2015. AfD verliert massiv an Zustimmung. Online verfügbar unter https://www.zeit.de/politik/deutschland/2015-07/afd-umfrage-petry – abgerufen am 08.07.2020
Zettl, Christian. 2014. Die Wähler der Linkspartei. PDS von 1994 bis 2009. Wiesbaden: Springer VS.
Zohlnhöfer, Reimut und Christoph Egle. 2010. Zwischen Reform und Blockade – die Bilanz der Großen Koalition 2005–2009. In: Egle, Christoph und Reimut Zohlnhöfer (Hrsg.):

Die zweite Große Koalition. Eine Bilanz der Regierung Merkel 2005 – 2009. Wiesbaden: VS Verlag für Sozialwissenschaften, S. 578–596.
Zolleis, Udo. 2008. Die CDU. Das politische Leitbild im Wandel der Zeit. Wiesbaden: VS Verlag für Sozialwissenschaften.
Zolleis, Udo und Josef Schmid. 2011. Regierungswechsel statt Machtverlust – die CDU nach der Bundestagswahl 2009. In: Niedermayer, Oskar (Hrsg.): Die Parteien nach der Bundestagswahl 2009. Wiesbaden: VS Verlag für Sozialwissenschaften, S. 37–56.
Zolleis, Udo und Josef Schmid. 2013. Die Christlich Demokratische Union Deutschlands (CDU). In: Niedermayer, Oskar (Hrsg.): Handbuch Parteienforschung. Wiesbaden: Springer VS, S. 415–437.
Zons, Gregor. 2016. Die programmatische Neuheit neuer Parteien nach der Finanz- und Eurokrise. In: Morlok, Martin, Thomas Poguntke und Gregor Zons (Hrsg.): Etablierungschancen neuer Parteien. Baden-Baden: Nomos Verlagsgesellschaft, S. 9–34.

Datensätze und Fragebögen

European Social Survey. 2018a. ESS-7 2014 Documentation Report. Edition 3.2. Bergen, European Social Survey Data Archive, NSD – Norwegian Centre for Research Data for ESS ERIC. doi:https://doi.org/10.21338/NSD-ESS7-2014.
European Social Survey. 2018b. ESS-8 2016 Documentation Report. Edition 2.1. Bergen, European Social Survey Data Archive, NSD – Norwegian Centre for Research Data for ESS ERIC. doi:https://doi.org/10.21338/NSD-ESS8-2016.
European Social Survey. 2020. ESS-9 2018 Documentation Report. Edition 2.0. Bergen, European Social Survey Data Archive, NSD – Norwegian Centre for Research Data for ESS ERIC. doi:https://doi.org/10.21338/NSD-ESS9-2018.
EVS. 2016. European Values Study 2008: Integrated Dataset (EVS 2008). GESIS Data Archive, Cologne. ZA4800 Data file Version 4.0.0, https://doi.org/10.4232/1.12458
EVS. 2020. European Values Study 2017: Integrated Dataset (EVS 2017). GESIS Data Archive, Cologne. ZA7500 Data file Version 3.0.0, https://doi.org/10.4232/1.13511
GESIS – Leibniz-Institut für Sozialwissenschaften. 2011. Allgemeine Bevölkerungsumfrage der Sozialwissenschaften ALLBUS 2010. GESIS Datenarchiv, Köln. ZA4610 Datenfile Version 1.1.0, https://doi.org/10.4232/1.10760.
GESIS – Leibniz-Institut für Sozialwissenschaften. 2013. Allgemeine Bevölkerungsumfrage der Sozialwissenschaften ALLBUS 2012. GESIS Datenarchiv, Köln. ZA4614 Datenfile Version 1.1.1, https://doi.org/10.4232/1.11753.
GESIS – Leibniz-Institut für Sozialwissenschaften. 2018. Allgemeine Bevölkerungsumfrage der Sozialwissenschaften ALLBUS 2014. GESIS Datenarchiv, Köln. ZA5240 Datenfile Version 2.2.0, https://doi.org/10.4232/1.13141.
Haerpfer, Christian, Ronald Inglehart, Alvarez Moreno, Christian Welzel, Kseniya Kizilova, Jaime Diez-Medrano, Marta Lagos, Pippa Norris, Eduard Ponarin und Bi Puranen et al. (Hrsg.). 2020. World Values Survey: Round Seven–Country-Pooled Datafile. Madrid, Spain & Vienna, Austria: JD Systems Institute & WVSA Secretariat. Version: http://www.worldvaluessurvey.org/WVSDocumentationWV7.jsp.
Inglehart, Ronald, Christian Haerpfer, Alvarez Moreno, Christian Welzel, Kseniya Kizilova, Jaime Diez-Medrano, Marta Lagos, Pippa Norris, Eduard Ponarin und Bi Puranen et al.

(Hrsg.). 2014a. World Values Survey: Round Five – Country-Pooled Datafile 2005–2008. Madrid: JD Systems Institute. Version: http://www.worldvaluessurvey.org/WVSDocumentationWV5.jsp.

Inglehart, Ronald, Christian Haerpfer, Alvarez Moreno, Christian Welzel, Kseniya Kizilova, Jaime Diez-Medrano, Marta Lagos, Pippa Norris, Eduard Ponarin und Bi Puranen et al. (Hrsg.). 2014b. World Values Survey: Round Six – Country-Pooled Datafile 2010–2014. Madrid: JD Systems Institute. Version: http://www.worldvaluessurvey.org/WVSDocumentationWV6.jsp.

Rattinger, Hans, Sigrid Roßteutscher, Rüdiger Schmitt-Beck, Bernhard Weßels und Aiko Wagner. 2019a. Nachwahl-Querschnitt (GLES 2009). GESIS Datenarchiv, Köln: ZA5300 Datenfile Version 4.0.2, doi:https://doi.org/10.4232/1.13229.

Rattinger, Hans, Sigrid Roßteutscher, Rüdiger Schmitt-Beck, Bernhard Weßels, Christof Wolf, Aiko Wagner und Heiko Giebler. 2019b. Nachwahl-Querschnitt (GLES 2013). GESIS Datenarchiv, Köln: ZA5701 Datenfile Version 3.0.1, doi:https://doi.org/10.4232/1.13232.

Roßteutscher, Sigrid, Harald Schoen, Rüdiger Schmitt-Beck, Bernhard Weßels, Christof Wolf und Aiko Wagner. 2019. Nachwahl-Querschnitt (GLES 2017). GESIS Datenarchiv, Köln: ZA6801 Datenfile Version 4.0.1, doi:https://doi.org/10.4232/1.13235.

Software und Software Packages

Baddeley, Adrian, Rolf Turner und Ege Rubak. 2020. Package 'spatstat': Spatial Point Pattern Analysis, Model-Fitting, Simulation, Tests. Online verfügbar unter: https://cran.r-project.org/web/packages/spatstat/spatstat.pdf – zuletzt abgerufen am 15.01.2021.

Barnier, Julien, François Briatte und Joseph Larmarange. 2020. Package 'questionr': Functions to Make Surveys Processing Easier. R package version 0.7.4. Online verfügbar unter: https://cran.r-project.org/web/packages/questionr/questionr.pdf – zuletzt abgerufen am 15.01.2021.

Chang, Winston. 2014. Package 'extrafont': Tools for using fonts. R package version 0.17. Online verfügbvar unter: https://cran.r-project.org/web/packages/extrafont/extrafont.pdf – zuletzt abgerufen am 15.01.2021.

Fox, John, Brad Price, Daniel Adler, Douglas Bates, Gabriel Baud-Bovy, Ben Bolker, Steve Ellison, David Firth, Michael Friendly, Gregor Gorjanc, Spencer Graves, Richard Heiberger, Pavel Krivitsky, Rafael Laboissiere, Martin Maechler, Georges Monette, Duncan Murdoch, Henric Nilsson, Derek Ogle, Brian Ripley, William Venables, Steve Walker, David Winsemius, Achim Zeileis und R Core. 2020. Package 'car': Companion to Applied Regression. R package version 3.0–10. Online verfügbar unter: https://cran.r-project.org/web/packages/car/car.pdf – zuletzt abgerufen am 15.01.2021.

Hlavac, Marek. 2018. Package 'stargazer': Well-Formatted Regression and Summary Statistics Tables. R package version 5.2.2. Online verfügbar unter: https://cran.r-project.org/web/packages/stargazer/stargazer.pdf – zuletzt abgerufen am 15.01.2021.

Leeper, Thomas J. 2018. Package 'margins': Marginal Effects for Model Objects. R package version 0.3.23. Online verfügbar unter: https://cran.r-project.org/web/packages/margins/margins.pdf – zuletzt abgerufen am 10.01.2021.

Lumley, Thomas. 2020. Package 'survey': Analysis of Complex Survey Samples. R package version 4.0. Online verfügbar unter: https://cran.r-project.org/web/packages/survey/survey.pdf – zuletzt abgerufen am 15.01.2021.

Oberski, Daniel. 2014. Package 'lavaan.survey': Complex Survey Structural Equation Modeling (SEM). R package version 1.3.1.1. Online verfügbar unter: https://cran.r-project.org/web/packages/lavaan.survey/lavaan.survey.pdf – zuletzt abgerufen am 15.01.2021.

Pasek, Josh. 2020. Package 'weights': Weighting and Weighted Statistics. R package version 1.0.1. Online verfügbar unter: https://cran.r-project.org/web/packages/weights/weights.pdf – zuletzt abgerufen am 15.01.2021.

R Core Team. 2017. R: A language and environment for statistical computing. R Core 3.6.3. Online verfügbar unter: https://www.r-project.org/ – zuletzt abgerufen am 15.09.2020.

Robette, Nicolas. 2020. Package 'GDAtools': A Toolbox for Geometric Data Analysis and More. R package version 1.5. Online verfügbar unter: https://cran.r-project.org/web/packages/GDAtools/GDAtools.pdf – abgerufen am 10.01.2020.

Rosseel, Yves, Terrence D. Jorgensen, Nicholas Rockwood, Daniel Oberski, Jarrett Byrnes, Leonard Vanbrabant, Victoria Savalei, Ed Merkle, Michael Hallquist, Mijke Rhemtulla, Myrsini Katsikatsou, Mariska Barendse und Florian Scharf. 2020. Package 'lavaan': Latent Variable Analysis. R package version 0.6–7. Online verfügbar unter: https://cran.r-project.org/web/packages/lavaan/lavaan.pdf – zuletzt abgerufen am 10.01.2021.

RStudio Team. 2020. RStudio: Integrated Development for R. Online verfügbar unter: http://www.rstudio.com/ – zuletzt abgerufen am 15.09.2020.

Wickham, Hadley und Dana Seidel. 2020. Package 'scales': Scale Functions for Visualization. R package version 1.1.1. Online verfügbar unter: https://cran.r-project.org/web/packages/scales/scales.pdf – zuletzt abgerufen am 15.01.2021.

Wickham, Hadley und Evan Miller. 2020. Package 'haven': Import and Export 'SPSS', 'Stata' and 'SAS' Files. R package version 2.3.1. Online verfügbar unter: https://cran.r-project.org/web/packages/haven/haven.pdf – zuletzt abgerufen am 15.01.2021.

Wickham, Hadley, Romain François, Lionel Henry und Kirill Müller. 2020a. Package 'dplyr:' A Grammar of Data Manipulation. R package version 1.0.2. Online verfügbar unter: https://cran.r-project.org/web/packages/dplyr/dplyr.pdf – zuletzt abgerufen am 10.01.2021.

Wickham, Hadley, Winston Chang, Lionel Henry, Thomas Lin Pedersen, Kohske Takahashi, Claus Wilke, Kara Woo, Hiroaki Yutani, Dewey Dunnington. 2020b. Package 'ggplot2': Create Elegant Data Visualisations Using the Grammar of Graphics. R package version 3.3.3. Online verfügbar unter: https://cran.r-project.org/web/packages/ggplot2/ggplot2.pdf – zuletzt abgerufen am 15.01.2021.

Wickham, Hadley. 2019. Package 'tidyverse': Easily Install and Load the 'Tidyverse'. Online verfügbar unter: https://cran.r-project.org/web/packages/tidyverse/tidyverse.pdf – zuletzt abgerufen am 15.01.2021.